해커스공기업
NCS 통합
봉투모의고사

모듈형/피듈형/PSAT형+전공

NCS 실전모의고사
1회

모듈형

해커스

NCS 실전모의고사
1회
(모듈형)

시작과 종료 시각을 정한 후, 실전처럼 모의고사를 풀어보세요.

시   분 ~   시   분 (총 50문항/60분)

□ **시험 유의사항**

[1] 모듈형 시험은 NCS 국가직무능력표준에서 제공하는 학습모듈 및 NCS 워크북의 이론과 개념을 기반으로 한 문제로 구성되며, 국민연금공단, 경기도 공공기관 등의 기업에서 출제하고 있습니다.
※ 2021년 필기시험 기준으로 변동 가능성이 있습니다.

[2] 본 실전모의고사는 직업기초능력평가 10개 영역 50문항으로 구성되어 있으므로 영역별 제한 시간 없이 1문항당 풀이 시간을 고려하여 60분 내에 푸는 연습을 하시기 바랍니다. 전공 시험을 치르는 직무의 경우 각 직무에 맞는 전공 실전모의고사를 추가로 풀어보는 것이 좋습니다.

[3] 본 실전모의고사 마지막 페이지에 있는 OMR 답안지와 해커스잡 애플리케이션의 모바일 타이머를 이용하여 실전처럼 모의고사를 풀어본 후, 해설집의 '바로 채점 및 성적 분석 서비스' QR코드를 스캔하여 응시 인원 대비 본인의 성적 위치를 확인해보시기 바랍니다.

01. 다음과 같은 경우에 필요한 문서는?

> 김 과장은 필요한 물품을 매입하기 위해 회사의 승인을 얻고 싶어 한다. 하지만 김 과장의 회사는 대규모 회사여서 크고 작은 경비집행을 일일이 승인할 수 없어 미리 집행한 후 집행금액과 영수증 등을 첨부하여 결과사항을 다시 결재받는 과정을 거치게 된다.

① 지출 품의서　　② 지출 결의서　　③ 지출 기획서　　④ 지출 내역서　　⑤ 품목 확인서

02. 박 사원이 작성한 ○○회사 창립 20주년 기념행사에 참석을 요청하는 공문서가 다음과 같을 때, 김 대리가 박 사원에게 요청한 수정사항으로 가장 적절하지 않은 것은?

> ○○회사
>
> 수신자 수신처 참조
> (경유)
> 제 목 ○○회사 창립 20주년 기념행사(紀念行事) 참석 요청
> --
> 1. 귀사의 무궁한 발전을 기원합니다.
> 2. ○○회사는 생필품 가전을 시작으로 현재는 반도체 및 LED 생산과 판매를 통해 현재까지 20년간 매출액 10% 이상 상승하였으며, 연 매출 5000억 원이 넘는 회사로 성장하고 있습니다.
> 3. 이를 기념하고자 아래와 같이 창립 20주년 기념행사(紀念行事)를 개최하고자 하오니 협력업체 및 협회 분들의 많은 참여를 부탁드립니다.
>
> – 아 래 –
>
> 가. 일시: 2020. X. X.(수) 오후 3시
> 나. 장소: XX 리조트 ○○홀
> 다. 주제: ○○회사 창립 20주년 기념 및 공로 시상
> 라. 대상: ○○회사 협력업체 및 협회 임원
>
> 붙임. ○○회사 창립 20주년 기념행사(紀念行事) 수신처 목록 1부, ○○회사 창립 20주년 기념행사(紀念行事) 행사 계획 1부.
>
> ○○전자 대표이사

① 문서 의미 전달에 중요하지 않다면 한자 사용은 지양해야 합니다.
② 날짜 다음 괄호를 사용하는 경우 괄호 뒤에 마침표를 표기해야 하므로 (수) 다음 마침표를 추가해주세요.
③ 시간 표기는 24시간제를 적용해야 하므로 15:00로 수정해야 합니다.
④ 첨부물이 두 가지 이상일 때는 항목을 구분하여 표시해야 하므로 붙임 1, 붙임 2로 나누어 표기해 주세요.
⑤ 마지막엔 한 글자를 띄우고 '끝'자로 마무리해주세요.

[03 − 04] 다음 문서를 보고 각 물음에 답하시오.

○○금융연구원

문서번호:
시행일자: 2021년 8월 9일
수　　신: ○○과학기술원 원장
참　　조: 신기술창업지원단 ○○○

제　　목: 정책자금 및 경영서식 종합정보서비스 [정보사용료] 지급요청
----
1. 과학기술 발전과 기술산업입국을 위해 항상 노고가 많으심에 감사를 드립니다.
2. 귀원과 체결(계약번호 S03-123)한 정책자금 및 경영서식 종합정보서비스 제공계약 제7조(정보사용료)에 따라 붙임 자료와 같이 정보사용료 지급을 요청합니다.
　가. 정보사용료에 대한 기준: 사업자별로 매 분기 초 시작일과 매 분기 말 종료일의 가입자 수를 합하여 평균한 값을 적용한 것입니다.
　나. 정보사용료에 대한 종류: 이동통신, 휴대인터넷, 무선호출, 주파수공용통신, 위치기반서비스, 위성휴대통신에 대해서도 무선데이터통신 단가를 적용합니다.
3. 검토하여 처리해주시기 바라며 귀원의 무궁한 발전을 기원 드립니다.

붙임. 1. 사업자등록증 사본 1부.
　　 2. 지정은행 통장 사본 1부.
　　 3. 세금계산서 1부. 끝.

○○금융연구원장

---

03. 위의 문서의 종류로 옳은 것은?

① 기안서　　　　　　　　② 품의서　　　　　　　　③ 기획서

④ 결의서　　　　　　　　⑤ 공문서

04. 다음을 읽고 문서의 작성에서 잘못된 점을 지적한 것으로 가장 적절한 것은?

① 가. 나.의 세부적인 내용에서 ':(쌍점)'의 띄어쓰기를 잘못하였으므로 제목과 세부내용을 각각 띄어쓴다.

② '2.'의 세부내용을 '가, 나'로 쓰지 않고 '1), 2)'로 고쳐써야 한다.

③ 문서의 마지막에 쓰는 '끝'을 '○○금융연구원장'의 마지막으로 옮겨야 한다.

④ 시행일자에서 '2021년 8월 9일'을 '2021. 8. 9.'로 바꿔써야 한다.

⑤ 붙임에서 각각 되어 있는 붙임 파일을 사업자등록증 사본, 지정은행 통장 사본, 세금계산서 각각 1부로 고쳐쓴다.

05. 다음은 문서의 효력 시기에 대한 설명이나 문서의 효력 발생에 대한 입법주의로 맞는 것은?

> 의사표시가 성립한 때에 효력이 발생한다는 원칙으로 상대방이 없는 의사표시는 표시가 완료된 때에 효력이 발생하는 원칙이다. 이는 서면 작성에 관하여 효력이 발생하는 원칙이다.

① 표백주의　　　② 발신주의　　　③ 도달주의　　　④ 수신주의　　　⑤ 요지주의

06. 다음 중 밑줄 친 부분에 대응하는 한자어로 적절하지 않은 것은?

① 한번 들인 습관은 고치기가 어렵다. → 수선(修繕)

② 그 기업은 사규를 고쳐 휴일을 조정했다. → 개정(改正)

③ 공문서의 표현을 형식에 맞게 고쳤다. → 정정(訂正)

④ 수리업체를 통해 컴퓨터를 고쳤다. → 수리(修理)

⑤ 그 한의사는 뇌졸중을 잘 고친다. → 치료(治療)

07. 다음 밑줄 친 단어 중 맞춤법에 맞는 것은?

① 물건 개수를 정확히 세어봅시다.

② 눈에 띠는 모습으로 다니지 말아라.

③ 모든 사람들이 희노애락에 초연할 수는 없다.

④ 이렇게 거칠은 환경에서 정말 잘 자라주었구나!

⑤ 몇 월 몇 일에 도착하는지 정확하게 정하기를 바랍니다.

08. 찬희는 두 개의 컵에 소금물을 만들기로 했다. 하나의 컵에는 물 58g에 소금 12g을 넣어 섞었으며, 다른 하나의 컵에는 100g의 물에 소금 한 숟갈을 탔다. 소금을 완전히 용해시킨 두 컵의 소금물을 합친 뒤 농도를 재어 보니 21%였다면 소금 한 숟갈은 몇 g인가?

① 20g   ② 25g   ③ 30g   ④ 35g   ⑤ 40g

09. ○○제품 1개를 만들기 위해 A와 B가 같이 작업을 하면 18일이 걸리고, B가 단독으로 작업하면 A가 단독으로 작업했을 때보다 1.5배의 시간이 걸린다. A가 단독으로 작업했을 때 ○○제품 1개를 만드는 데 걸리는 시간은? (단, A와 B가 같이 작업을 했을 때, A, B가 각각 단독으로 작업했을 때 모두 A, B의 작업속도는 동일하다.)

① 21일   ② 30일   ③ 35일   ④ 42일   ⑤ 45일

10. 겨울 스키장 리조트의 숙박비는 비수기 대비 20% 할증된 가격으로 운영된다. 객실의 수는 총 100개이며 비수기 하루 매출과 성수기 하루 매출의 평균은 665만 원이다. 이때, 성수기의 하루 숙박료는? (단, 비수기에는 매일 정확히 30%의 공실이 발생하며, 성수기에는 만실이라고 가정한다.)

① 64,000원   ② 70,000원   ③ 72,000원   ④ 80,000원   ⑤ 84,000원

11. H 기업에서 체육대회를 여는데 400m 계주를 하게 되었고, 영업팀은 운동장에서 달리기 연습을 하기로 하였다. 영업팀의 세 팀원 A, B, C가 각각 100m, 100m, 200m를 뛰게 되었으며, A는 평균 시속 20km로 달리고, B는 100m를 보통 15초 만에 뛴다. 홍보팀이 400m 계주 시 평균 63초 만에 달린다면, 영업팀이 홍보팀을 이기기 위해서는 C가 얼마나 빨리 달려야 하는가?

① 시속 20km 초과　　　　② 시속 24km 초과　　　　③ 시속 25km 초과

④ 시속 28km 초과　　　　⑤ 시속 30km 초과

12. ○○기업에서 작년에 신입사원을 총 2,000명 채용하였다. 올해는 작년에 비해 남성 신입사원은 15% 증가하였고, 여성 신입사원은 12.5% 감소하였다. 올해 전체 신입사원의 수는 작년에 비해 4% 증가하였을 때 올해 채용된 남성 신입사원의 수는?

① 800명　　　② 920명　　　③ 1,150명　　　④ 1,265명　　　⑤ 1,380명

13. 한 공장 안에 있는 A, B, C 세 기계장치는 안전 점검을 주기별로 필히 시행해야 한다. A는 한 번은 20일 만에 점검하고 그다음에는 21일 만에 점검, 그다음에도 반복적으로 20일, 21일을 주기로 반복하며 안전 점검을 시행한다. B와 C는 각각 정확히 51일, 34일 만에 한 번씩 점검 주기를 갖는다. 3월 2일에 세 기계의 안전 점검을 시행했다면, 다음으로 세 기계의 안전 점검을 동시에 시행하는 날짜는?

① 5월 10일　　　② 6월 12일　　　③ 9월 22일　　　④ 10월 30일　　　⑤ 12월 25일

14. 다음 표는 1995~2015년 전국 시도의 인구밀도와 관련한 자료이다. 조건의 설명을 토대로 (A)~(D) 지역을 순서대로 올바르게 연결한 것은?

[1995~2015년 전국 시도별 인구밀도]

(단위: 명/km²)

구분	1995	2000	2005	2010	2015
전국	449.4	463.9	474.5	485.6	509.2
서울특별시	16,889.3	16,342.2	16,221.0	16,188.9	16,364.0
(A)	5,093.1	4,820.4	4,609.4	4,452.3	4,479.9
(B)	2,766.1	2,801.0	2,786.5	2,767.4	2,791.0
인천광역시	2,417.0	2,566.2	2,546.3	2,587.5	2,755.5
(C)	2,508.8	2,697.8	2,827.5	2,945.6	2,998.8
대전광역시	2,356.3	2,534.5	2,673.0	2,781.2	2,852.3
(D)	756.3	886.4	1,028.1	1,119.3	1,226.4
강원도	88.7	89.7	88.2	88.2	90.2
충청북도	187.9	197.3	196.5	203.4	214.6
충청남도	206.7	214.9	219.7	235.0	256.6
전라북도	236.0	234.9	221.5	220.3	227.4
전라남도	173.5	166.6	150.7	142.2	146.1
경상북도	140.7	143.2	137.1	136.6	140.8
경상남도	332.5	283.2	290.5	300.0	316.4
제주도	273.9	278.0	287.8	287.7	327.5

※ 출처: KOSIS(통계청, 인구총조사)

〈조건〉

㉠ (A), (B), (C), (D) 지역은 경기도, 광주광역시, 대구광역시, 부산광역시 중 하나이다.

㉡ 1995~2015년 동안 조사가 진행된 시점에 대구광역시의 인구밀도는 인천광역시보다 항상 높았다.

㉢ 1995~2015년까지 경기도와 광주광역시의 인구밀도는 꾸준한 증가 추이를 보인다.

㉣ 조사가 진행된 모든 시점에 부산광역시의 면적이 경기도의 3배라면 인구는 9배 이상이다.

	(A)	(B)	(C)	(D)
①	대구광역시	부산광역시	경기도	광주광역시
②	대구광역시	부산광역시	광주광역시	경기도
③	부산광역시	광주광역시	경기도	대구광역시
④	부산광역시	대구광역시	광주광역시	경기도
⑤	경기도	광주광역시	부산광역시	대구광역시

15. 다음은 결혼과 동거에 대한 성별·연령별 조사 자료이다. 자료에 대한 설명으로 옳은 것은?

[결혼과 동거에 대한 견해]

(단위: %)

구분		계	결혼				동거	
			해야 한다	해도 좋고 하지 않아도 좋다	하지 말아야 한다	모르겠다	동의한다	반대한다
2016년		100.0	51.9	42.9	3.1	2.1	48.0	52.0
2018년		100.0	48.1	46.6	3.0	2.3	56.4	43.6
성별	남자	100.0	52.8	42.3	2.2	2.7	58.9	41.1
	여자	100.0	43.5	50.8	3.8	1.9	53.9	46.1
연령대	13~19세	100.0	28.4	58.5	4.9	8.2	69.5	30.5
	20~29세	100.0	33.5	58.4	5.3	2.8	74.4	25.6
	30~39세	100.0	36.2	58.7	3.6	1.5	73.2	26.8
	40~49세	100.0	41.9	53.9	2.9	1.3	60.1	39.9
	50~59세	100.0	55.7	40.7	2.0	1.6	45.6	54.4
	60세 이상	100.0	71.2	25.6	1.6	1.6	34.8	65.2

① 결혼에 대해 '해야 한다'고 응답한 인원수는 여자보다 남자가 많다.

② 동거에 대해 '동의한다'고 응답한 인원수는 30대 이후로 감소한다.

③ 2018년 동거에 대해 '동의한다'고 응답한 전체 비율은 2년 전 대비 8.4% 증가하였다.

④ 결혼과 동거에 대해서는 남자가 여자보다 '해야 한다'와 '동의한다'고 생각하는 경향이 높다.

⑤ 연령대가 높아질수록 결혼에 대해 '해야 한다'고 응답한 비율과 동거에 대해 '동의한다'고 응답한 비율의 증감 추이는 정반대이다.

16. 문제를 해결하는 데 장애가 되는 요소들은 조직이 직면한 상황과 맡고 있는 담당업무의 특성에 따라서 굉장히 다양하게 나타날 수 있다. 이와 같은 문제해결의 장애요인에 대한 설명으로 옳은 것은?

① 문제를 접한 다음 문제가 무엇인지 문제의 구도를 심도 있게 분석하지 않더라도 문제해결이 쉽게 이루어질 수 있다.

② 어떤 문제가 발생했을 때 직관으로 성급하게 판단하여 문제의 본질을 명확하게 분석하지 않고 대책안을 수립, 실행하게 되면 근본적인 해결을 하지 못하거나 새로운 문제를 야기하는 결과를 초래할 수 있다.

③ 정확한 상황의 분석을 위해서 증거와 논리보다는 개인적인 경험, 습관으로 정해진 규정과 틀에 따를 때 새로운 아이디어와 가능성을 발견할 수 있다.

④ 우리가 알고 있는 단순한 정보도 문제를 해결하는 데 중요한 역할을 한다.

⑤ 자료를 수집하는 데 있어 무계획적인 자료 수집이라고 하더라도 많은 자료를 얻으려는 노력은 문제를 해결하는 데 도움을 줄 수 있다.

17. 다음 중 창의적 사고에 대한 설명으로 옳지 않은 것은?

① 문제를 빠르게 해결했다고 해서 그 사람을 창의적이라고 할 수는 없다.

② 창의적 사고란 내적 정보인 현상과 외적 정보인 지식의 조합이다.

③ 창의적 사고는 사회나 개인에게 새로운 가치를 창출한다.

④ 창의적 사고는 교육훈련을 통해 개발될 수 있는 능력이다.

⑤ 창의적 사고에는 사고력을 비롯해서 성격, 태도에 걸친 전인격적인 가능성까지도 포함된다.

18. 다음은 창의적 사고의 개발 방법에 대한 설명이다. 빈칸 안에 들어갈 내용을 순서대로 올바르게 나타낸 것은?

> • 자유연상법은 어떤 생각에서 다른 생각을 계속해서 떠올리는 작용을 통해 어떤 주제에서 생각나는 것을 계속해서 열거해 나가는 발산적 사고 중 하나의 방법이며 가장 대표적인 방법이 바로 (　　　)이다.
> • 강제연상법은 각종 힌트에서 강제로 연결 지어 발상하는 방법이며 가장 대표적인 방법은 (　　　)이다.
> • 비교발상법은 주제와 본질적으로 닮은 것을 힌트로 하여 새로운 아이디어를 얻는 방법이며 가장 대표적인 방법은 대상과 비슷한 것을 찾아내 그것을 힌트로 새로운 아이디어 등을 생각해 내는 (　　　), 서로 관련이 없어 보이는 것들을 조합하여 새로운 것을 도출해내는 집단 아이디어 발상법인 (　　　)이다.

① 브레인스토밍 – 체크리스트 – NM법 – 시네틱스
② 체크리스트 – 브레인스토밍 – 시네틱스 – NM법
③ 시네틱스 – 브레인스토밍 – NM법 – 체크리스트
④ 브레인스토밍 – 체크리스트 – 시네틱스 – NM법
⑤ 체크리스트 – 시네틱스 – NM법 – 브레인스토밍

19. 다음은 논리적 오류에 관한 설명이다. 잘못 짝지어진 것은?

① 권위나 인신공격에 의존한 논증 – 정치인들이 활용하는 전형적 수법으로 같은 맥락으로 동정이나 연민에 의존하는 논증도 오류로 빠질 수 있다.

② 애매성의 오류 – 문맥을 무시하고 과도하게 문구에만 집착하는 경우로, 예를 들어 '이웃을 사랑하라'는 말을 도피 중인 중범죄자까지 보호해 주어야 한다고 생각하는 오류이다.

③ 성급한 일반화 오류 – 돌팔이 약장수들이 질병 치료에 성공한 몇몇 사례를 토대로 물건을 팔 때 사용하는 전형적 논리로 특정한 몇몇 사례만을 토대로 일반화하는 경우이다.

④ 무지의 오류 – 수많은 사이비들이 애용하는 논리적 오류로 증명되지 않았다고 해서 그 반대의 주장이 참인 것으로 판단하는 오류이다.

⑤ 허수아비 공격의 오류 – 법정에서 많이 활용되며 논리가 빈약한 경우 엉뚱한 다른 문제를 공격해 이익을 취하는 경우이다.

20. 다음은 문제인식의 과제 선정 절차 시 과제안을 평가하는 기준을 나타낸 것이다. 빈칸에 들어갈 내용을 바르게 정리한 것은?

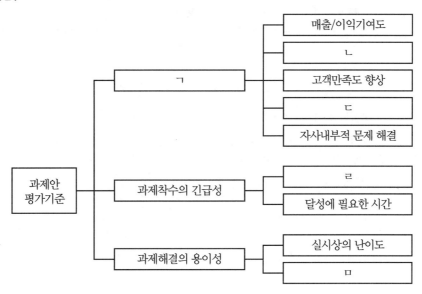

① ㄱ: 과제해결의 정확성, ㄷ: 경쟁사와의 차별화
② ㄱ: 과제해결의 중요성, ㄹ: 달성의 긴급도
③ ㄴ: 긴급성/집중성, ㄷ: 경쟁사와의 차별화
④ ㄴ: 지속성/파급성, ㅁ: 필요자원 조달 가능성
⑤ ㄹ: 달성의 중요도, ㅁ: 필요자원 적정성

21. 다음 중 실행계획 수립에 대한 설명으로 옳지 않은 것은?

① 무엇을(What), 어떤 목적으로(Why), 언제(When), 어디서(Where), 누가(Who), 어떤 방법으로(How)의 물음에 대한 답을 가지고 계획하는 단계이다.
② 실행계획 수립 시 인적, 물적, 예산, 시간 자원을 고려해야 한다.
③ 실행계획 수립 시에는 해결안별 난이도를 고려하여 세부 실행내용을 구체적으로 수립하는 것이 좋다.
④ 실행의 목적과 과정별 진행 내용을 일목요연하게 정리해야 한다.
⑤ 중요도와 실현 가능성을 고려해서 종합적인 평가를 내리고 채택 여부를 결정해야 한다.

22. 다음은 문제 유형을 기준에 따라 구분한 것이다. 빈칸 안에 들어갈 내용을 순서대로 바르게 나타낸 것은?

> • 해결방법에 따른 문제 유형: 논리적 문제, (㉠) 문제
> • 업무수행 과정 중 발생한 문제 유형: 발생형 문제(= ㉡), 탐색형 문제(= 찾는 문제), 설정형 문제(= ㉢)

	㉠	㉡	㉢
①	창의적	개선문제	이탈문제
②	합리적	보이는 문제	이탈문제
③	창의적	보이는 문제	미래문제
④	합리적	개선문제	이탈문제
⑤	창의적	달성문제	미래문제

23. 다음은 문제해결을 위한 기본적 사고 4가지에 대한 설명이다. 각각의 내용을 순서대로 바르게 나타낸 것은?

> 1. (㉠)
> 현재 당면하고 있는 문제와 그 해결방법에만 집착하지 말고, 그 문제와 해결방안이 상위 시스템 또는 다른 문제와 어떻게 연결되어 있는지를 생각하는 것이 필요하다.
> 2. (㉡)
> 전체를 각각의 요소로 나누어 그 요소의 의미를 도출한 다음 우선순위를 부여하고 구체적인 문제해결방법을 실행하는 것이 요구된다.
> 3. (㉢)
> 사물과 세상을 바라보는 인식의 틀을 전환하여 새로운 관점에서 바로 보는 사고를 지향해야 한다.
> 4. (㉣)
> 문제해결 시 기술, 재료, 방법, 사람 등 필요한 자원 확보 계획을 수립하고 내·외부자원을 효과적으로 활용해야 한다.

	㉠	㉡	㉢	㉣
①	내·외부자원의 활용	분석적 사고	발상의 전환	전략적 사고
②	전략적 사고	분석적 사고	발상의 전환	내·외부자원의 활용
③	전략적 사고	발상의 전환	분석적 사고	내·외부자원의 활용
④	발상의 전환	분석적 사고	전략적 사고	내·외부자원의 활용
⑤	분석적 사고	전략적 사고	내·외부자원의 활용	발상의 전환

24. 자신이 어떤 사람인지 알아내는 방법에는 스스로 질문을 통해 알아내는 방법이 있으며, 다른 사람의 의견이나 표준화된 검사 도구를 활용하는 방법도 있다. 자아 인식을 위한 표준화된 검사 도구가 아닌 것은?

① AMI 성취동기검사

② MBTI 검사

③ KAD 검사

④ Pap 검사

⑤ STRONG 검사

25. ○○공사 재무 2팀에 근무하고 있는 진성호 대리는 오늘따라 느리게 작동하는 컴퓨터 때문에 곤란을 겪고 있다. 새로 입사한 최동민 사원이 컴퓨터를 잘 안다고 해서 원인을 물어보니 컴퓨터를 오래 사용할수록 계속 쌓이는 이것을 주기적으로 초기화해주면 윈도우즈를 더 쾌적하게 사용할 수 있다고 한다. 이것은 무엇인가?

① 가상 메모리(Virtual Memory)

② 대기모드 메모리(Standby Memory)

③ 캐시 메모리(Cache Memory)

④ 플래시 메모리(Flash Memory)

⑤ 버퍼 메모리(Buffer Memory)

26. 4차 산업혁명 시대를 맞아 기술의 혁신은 빠른 속도로 성장하여 생산성 향상으로 인해 삶의 질이 높아진 반면 노동자계급과 중산층은 붕괴되어 계급의 양극화 현상은 더욱 심화될 전망이다. 다음 중 4차 산업혁명으로 인해 변할 노동환경으로 적절하지 않은 것은?

① 인공지능이 대체할 수 있는 직업이 소멸하면서 4차 산업의 핵심 기술과 관련된 직종이 유망 직업으로 각광받을 것이다.

② 초·중등 교육 과정에서는 4차 산업혁명에 발맞춰 스마트 기술을 개발하고 관리할 수 있는 능력을 키우기 위해 코딩 교육과 데이터 분석 교육이 이루어질 것이다.

③ 4차 산업혁명으로 스마트 공장화가 실현된다면 사물 인터넷을 통한 자동생산 체계가 구축되어 큰 힘을 들이지 않고도 소품종 대량생산 체계를 실현할 수 있을 것이다.

④ 기계화, 자동화, 지능화로 편리함과 풍요로운 생활을 기대할 수 있는 반면 산업 구조의 개편으로 고용 불안과 대량 실업 등의 문제가 발생할 것이다.

⑤ 4차 산업혁명 시대에는 기계로 대체할 수 없는 타인과의 소통능력, 비판적 사고력, 창의력 등의 역량을 갖춘 인재를 필요로 할 것이다.

27. 귀하는 물품 구매 담당 부서로 배치를 받은 뒤 귀하의 상사인 K 부장으로부터 다음과 같은 지시를 받았다. 아래의 내용을 토대로 귀하가 가장 먼저 해야 하는 행동으로 옳은 것은?

> K 부장: ○○씨, 같이 일하게 되어 반갑습니다. 아무래도 업무를 처음 진행하게 되었으니 우선은 차근차근 순서에 맞게 진행하는 것에 집중하여 업무를 진행해 주시기 바랍니다. 입사 오리엔테이션 시간에 배웠겠지만, 자원을 효율적으로 활용하기 위해서는 자원관리 기본 과정을 따라서 진행하는 것이 좋은 방법입니다. 새로운 업무를 맡아서 의욕적인 것은 좋지만, 순서에 맞지 않는 업무는 효율적이지 못할 수 있으니 항상 주의하시기 바랍니다.

① 물품을 효율적으로 구매하기 위해 물품 구매를 위한 자금을 최대한 확보한다.

② 현재 확보되어 있는 자금을 토대로 좀 더 저렴하게 물품을 구입하거나, 동일한 가격에서 품질이 좋은 물품을 구입할 수 있는 방법을 찾아본다.

③ 현재 우리 회사에서 구입하고 있는 물품의 종류와 거래처, 운용 자금의 수준을 파악한다.

④ 새로운 거래처에서의 물품 구매를 위해 보고서를 작성하고 물품 구매를 진행한다.

⑤ 물품별 거래처를 확정한 뒤 최대한 빠른 시간 안에 물품을 구매한다.

28. 다음 중 시간 자원에 대해 잘못 이해하고 있는 사람을 모두 고르면?

> 종석: 시간은 누구도 멈출 수 없고 누구에게나 동일하게 주어지는 자원이야. 그렇기 때문에 모두에게 있어서 시간은 언제나 그 가치가 동일한 자원이라고 할 수 있어.
> 지훈: 직장에서 목적이 불명확하거나 계획이 불충분하게 되면 시간이 낭비될 수 있어.
> 상무: 기한을 지키는 것은 분명 중요하지만 일을 완벽히 끝내지 못했는데 기한을 지키기 위해 마무리하는 것은 옳지 못해.
> 영훈: 시간 관리는 상식 수준에서도 충분히 할 수 있다는 생각은 시간 관리에 대한 오해야. 시간 관리에 대한 지식과 기술을 학습해야 시간이 낭비되는 것을 막을 수 있어.

① 종석   ② 종석, 지훈   ③ 종석, 상무   ④ 지훈, 상무   ⑤ 상무, 영훈

29. A 회사는 회사의 효율적인 운영을 위해 전체 공정 및 업무 진행 사항에 대해 시간 관리를 진행했다. 많은 부분에서 효율적인 시간 관리를 진행할 수 있게 된 A 회사가 얻을 수 있는 효과를 잘못 설명한 것은?

① 전체적인 업무가 효율적으로 바뀜에 따라 업무를 하는 사원들의 스트레스가 감소되는 효과를 얻을 수 있었다.

② 업무 효율이 향상됨에 따라 생산품의 품질이 향상되고 더 많은 제품을 생산할 수 있게 되었다.

③ 품질이 좋은 제품을 생산함에 따라 경쟁사와의 품질 격차를 증가시킬 수 있게 되어 물건의 가격을 높일 수 있는 기회를 얻게 되었다.

④ 경쟁사와의 품질 격차가 증가됨에 따라 시장에서의 점유율이 향상되는 결과를 얻게 되었다.

⑤ 공정의 효율성과 유연성을 확보하게 되어 고객사의 무리한 요청에도 특별한 위기를 겪지 않고 해결할 수 있게 되었다.

30. 다음 중 자원을 낭비하는 행동이 아닌 것을 고르면?

① 동우는 편리하고 설거지하는 데 드는 시간이 줄어든다는 이유로 일회용 빨대와 수저를 애용한다.

② 명수는 업무를 하는 중간중간 여유가 있을 때 책상 위 또는 컴퓨터 파일을 정리하는 데 시간을 사용한다.

③ 유행에 민감한 기석은 트렌드에 뒤처지지 않도록 매달 쇼핑을 한다.

④ 재석은 업무가 너무 많아서 회사 동료나 주변 지인들과의 관계를 유지하는 데 어려움을 느끼고 그 관계가 소원해지고 있다.

⑤ 준비성이 철저한 호동은 마트에서 새로운 물건을 볼 때마다 '언젠가 사용할 때가 있을 거야'라는 마음으로 1개씩 구매하여 집 안에 보관하고 있다.

31. 다음은 A 씨가 진행한 업무 목록이다. A 씨는 자원관리 교육을 받은 뒤 효율적인 자원관리 기본과정에 따라 업무를 진행했다고 할 때, A 씨가 업무를 진행한 순서를 올바르게 연결한 것은?

> ㉠ 신규 구매 물품의 목록 및 파악된 금액에 따라 예산을 신청하여 확보했다.
> ㉡ 확보된 예산을 토대로 물품 구매 또는 대여 등에 대해 확인하고 세부적인 계획을 수립했다.
> ㉢ 현재 회사에서 보유 중인 물품과 프로젝트 진행을 위해 필요한 물품 및 구매를 위한 금액 등에 대한 정보를 수집했다.
> ㉣ 물품을 구매하고 프로젝트를 수행하면서 문제점이 발생하는 부분은 없는지 파악했다.

① ㉠ - ㉡ - ㉢ - ㉣
② ㉢ - ㉠ - ㉡ - ㉣
③ ㉢ - ㉠ - ㉣ - ㉡
④ ㉣ - ㉡ - ㉢ - ㉠
⑤ ㉣ - ㉢ - ㉡ - ㉠

32. 다음은 A 씨가 작성한 워크숍 기획안이다. 아래의 기획안을 보고 판단한 내용으로 옳은 것을 고르면?

[○○회사 제조 1팀 20XX년 상반기 결산 워크숍 기획안]

1. **목표:** 상반기 실적에 대한 정리 및 하반기 목표 달성을 위한 업무 방향 공유
2. **참석대상:** 팀원 전원(팀장님 외 38명)
3. **장소:** ○○회사 경기도 가평 수련원
4. **일정:** 20XX년 6월 8일 ~ 6월 9일(1박 2일)

구분	시간	활동 사항	비고
1	6월 8일 07:30~08:00	집합 및 인원 체크	
2	08:00~09:30	본사 → 가평 수련원 이동	회사버스 이용 (45인승 1대)
3	10:00~12:00	상반기 실적 공유	개별 노트북 지급
4	12:00~13:00	중식	수련원 측에서 준비
5	13:00~17:00	상반기 프로젝트 평가	우수상 수상
6	17:00~18:00	석식	수련원 측에서 준비
7	18:00~21:00	회식	바비큐 업체 예약 완료
8	21:00	자유시간	–
9	6월 9일 07:00~08:00	조식	수련원 측에서 준비
10	08:00~12:00	하반기 목표 점검	프로젝트 보고 병행
11	12:00~13:30	가평 수련원 → 본사 이동	회사 버스 이용 (45인승 1대)
12	13:30	귀가	개별 기념품 증정

※ 1) 워크숍 중 빔프로젝터는 사용하지 않으며 개별 노트북을 지급하여 진행 예정
   2) 노트북 39대 준비 완료
   3) 수련원 대여 시 당일 중식, 석식, 다음날 조식이 포함됨

---

① 편안한 이동을 위해 회사 버스를 2대 대절해야 한다.

② 둘째 날 본사로 이동하기 전 점심식사를 해야 한다.

③ 노트북을 여유분을 포함하여 40대 이상 확보해야 한다.

④ 예산 절약을 위해 회식은 바비큐 업체를 따로 예약하지 않고 수련원 측에 요청해야 한다.

⑤ 예산 절약을 위해 기념품은 증정하지 않아야 한다.

33. ○○도 인재개발원은 총 6기에 걸쳐 신규 임용 후보자 및 신규 임용자 1,600명을 대상으로 '신규 임용 과정' 교육을 추진했다. 이번 교육은 신규자가 올바른 공직관을 갖추고 조기에 적응할 수 있도록 마련했으며, 특히 다양한 상황에 고객 만족을 이끌어낼 수 있는 고객서비스능력 향상에 중점을 두었다. 다음은 강사가 새내기 맞춤형 교육에서 고객의 불만을 다루는 프로세스를 가르치기 위해 제시한 상황이다. 가장 우선적으로 처리되어야 할 단계에 해당하는 대응을 한 교육생은?

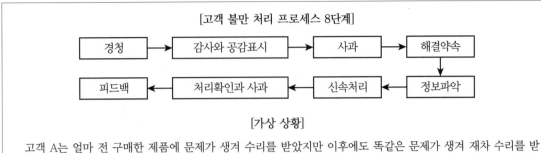

[고객 불만 처리 프로세스 8단계]

경청 → 감사와 공감표시 → 사과 → 해결약속 → 정보파악 → 신속처리 → 처리확인과 사과 → 피드백

[가상 상황]

고객 A는 얼마 전 구매한 제품에 문제가 생겨 수리를 받았지만 이후에도 똑같은 문제가 생겨 재차 수리를 받았다. 하지만 문제가 해결되지 않아 환불받기를 원한다. 고객상담센터에 방문한 고객에게 어떻게 할 것인가?

[교육생들의 답변]

교육생 A: 고객의 요구사항이 뭔지 정확하게 기록해야 합니다.
교육생 B: 고객의 항의를 끝까지 들어야 합니다.
교육생 C: 문제점을 인정하고 사과부터 해야 합니다.
교육생 D: 고객의 상황에 관심을 갖고 빨리 해결하겠다고 약속해야 합니다.
교육생 E: 잘못된 부분을 최대한 빨리 해결해야 합니다.

① 교육생 A   ② 교육생 B   ③ 교육생 C   ④ 교육생 D   ⑤ 교육생 E

34. 우리는 수많은 자료를 취합하여 정보와 지식을 얻는다. 다음 분류 기준으로 정리했을 때 빈칸에 들어갈 수 있는 내용으로 적절하지 않은 것은?

구분	개념	사례
자료(Data)	가치가 평가되지 않은 메시지	연령별 성별 실업자 수, 월별 실업자 수 변동
정보(Information)	특정 상황에서 평가된 데이터	( )
지식(Knowledge)	정보가 더 넓은 시간·내용의 관계를 나타내는 것	2020년 고용 전망, 4차 산업혁명 시대의 실업 대책

① 연령별 실업률 변화의 원인 분석

② 고졸자와 대졸자 중 실업자 수의 변화 파악

③ 10년간의 물가변동률이 실업률에 미친 영향 파악

④ 지역별, 교육수준별 격차로 인한 실업률의 변동 추이 파악

⑤ 연령별 실업률과 평균 근속기간의 연관성 분석

35. 귀하는 문제 해결과정 중 아래와 같이 작성되어 있는 논리회로를 확인했다. 아래 논리회로의 출력값으로 가장 적절한 것은?

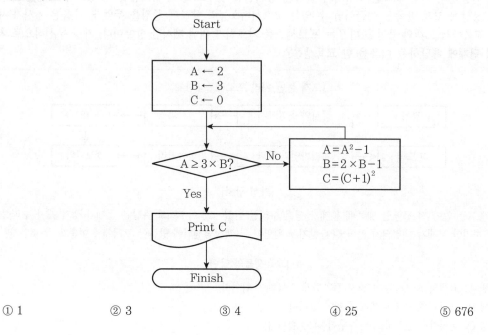

① 1   ② 3   ③ 4   ④ 25   ⑤ 676

36. 귀하는 이번에 팀에 배정된 박수민 인턴의 기초 직무교육을 맡게 되었다. 박수민 인턴은 자격증 취득을 위해 엑셀을 배웠지만 실제 업무에 사용해본 적이 없어 일일이 설명해줘야 하는 상황이다. 다음 [A1:D1] 영역을 채우기 핸들을 이용하여 아래쪽으로 드래그하였을 때, 3행에 채워지는 값으로 가장 적절한 것은? (단, 엑셀 정렬 데이터에 사용자지정 항목은 추가하지 않았다.)

	A	B	C	D
1	가	갑	월	자
2				
3				
4				
5				

① 가, 갑, 월, 자   ② 가, 병, 수, 자   ③ 가, 병, 수, 인

④ 다, 갑, 수, 자   ⑤ 다, 병, 수, 인

37. Windows10의 제어판은 프로그램 추가 및 제거, 사용자 계정 관리 등 기본적인 시스템 설정과 상태를 변경할 수 있다. 다음 중 제어판에서 할 수 없는 기능은?

① 마우스의 클릭 속도를 조절하고 오른쪽 단추와 왼쪽 단추의 기능을 바꿀 수 있다.

② 날짜와 시간을 변경함과 동시에 시계를 추가하여 다른 표준 시간대로 시간을 표시할 수 있다.

③ 컴퓨터의 성능을 최대로 낮추어 에너지를 절약하거나 디스플레이를 종료하는 시간을 설정할 수 있다.

④ 파일의 복사, 이동, 삭제, 이름 바꾸기, 속성 확인 등을 관리할 수 있다.

⑤ 화면에서 작업표시줄의 위치를 변경하거나, 자동 숨기기를 설정할 수 있다.

38. 신입사원 PC 실무 교육을 받고 있던 김도경 사원은 문득 인턴 때 곤혹스러웠던 경험이 떠올라 쉬는 시간에 따로 강사에게 질문을 했다. 강사의 답변에 들어갈 단축키로 적절한 것은?

> 김도경 사원: 제가 기획팀으로 발령받은 첫 날, 인터넷 브라우저 창과 PDF 파일 등 많은 창을 한꺼번에 켜 놓고 관련 자료를 참고하여 문서를 작성하는 업무를 했었습니다. 그러다 바탕화면에 저장해 놓은 파일을 열기 위해 창에 띄워 놓은 자료들을 하나씩 다 닫아야 해서 곤혹스러웠는데요, 한 번에 창을 내리고 바탕화면을 볼 수는 없나요?
>
> 강   사: 있죠. (   )을/를 누르면, 열려있는 모든 창이 최소화되고 바탕화면이 나타난답니다.

① ⊞

② ⊞ + [D]

③ ⊞ + [T]

④ ⊞ + [L]

⑤ ⊞ + [R]

39. 기술 시스템(Technological system)은 개별 기술이 네트워크로 결합하는 것으로, 기술이 발전하면서 이전에는 없던 연관이 개별 기술들 사이에서 만들어지는 것을 말한다. 다음 기술 시스템의 발전 단계에 대한 설명 중 빈칸에 들어갈 내용으로 적절한 것은?

발전 단계	특징	Key man
발명·개발·혁신의 단계	기술 시스템이 탄생하고 성장	기술자
(㉠)	성공적인 기술이 다른 지역으로 이동	(㉢)
기술 경쟁의 단계	기술 시스템 사이의 경쟁	(㉣)
(㉡)	경쟁에서 승리한 기술 시스템의 관성화	자문 엔지니어, 금융전문가

① ㉠: 기술 이전의 단계, ㉡: 기술 공고화 단계, ㉢: 기술자, ㉣: 기업가

② ㉠: 기술 공고화 단계, ㉡: 기술 이전의 단계, ㉢: 기술자, ㉣: 금융전문가

③ ㉠: 기술 이전의 단계, ㉡: 기술 혁신의 단계, ㉢: 기업가, ㉣: 기술자

④ ㉠: 기술 혁신의 단계, ㉡: 기술 공고화 단계, ㉢: 발명가, ㉣: 기업가

⑤ ㉠: 기술 공고화 단계, ㉡: 기술 혁신의 단계, ㉢: 발명가, ㉣: 금융전문가

40. 기술을 선택할 때 새로운 기술을 개발하기도 하지만 성공한 기술의 벤치마킹(Benchmarking)을 통해 더 큰 성공을 거두기도 한다. 벤치마킹은 특정 분야에서 뛰어난 업체나 상품, 기술, 경영 방식 등을 배워 합법적으로 응용하는 것을 말한다. 다음 자료에 나온 벤치마킹의 종류는?

> 서울 종로구 인사동은 조선시대 때 그림 그리는 일을 관장하던 '도화서'가 있던 곳으로 오랜 시간 우리나라 회화의 중추적 역할을 해 온 지역이다. 1960~1970년대 고미술시장이 활성화되면서 화랑과 표구, 필방 등도 인사동의 주종을 이루며 전성시대를 맞았다. 그러나 2000년대 들어 건축 양식 변화와 고미술시장 침체 현상 등에 따라 표구 장인들의 활동이 점차 줄어들어 오늘날에 이르렀다.
> 이에 종로구는 인사동을 대표하는 전통문화자원 표구를 주제로 다채로운 작품 전시를 진행하고 시민들에게 표구에 대한 관심을 환기시키려 한다. 표구의 역사와 의미를 재조명하는 「표구를 창작하라 "인사동에 가면 코끼리도 표구할 수 있을까?"」 전시회를 개최한다. 아울러 참치 해체 쇼를 벤치마킹한 '표구 해체 쇼'를 진행하여, 한 표구 장인의 작업 과정을 가감 없이 드러내고 관련 지식을 전달하는 의미 있는 시간으로 꾸렸다.

※ 출처: 종로구(2021-11-18 보도자료)

① 간접적 벤치마킹 　　② 내부 벤치마킹 　　③ 경쟁적 벤치마킹

④ 비경쟁적 벤치마킹 　　⑤ 글로벌 벤치마킹

41. '지속가능한 기술(Sustainable technology)'은 환경보호와 경제적 발전을 동시에 추구하는 지속가능한 발전을 위한 기술을 의미한다. 현재 선진 기업들은 환경·사회·지배구조 외에도 지속가능한 기술 혁신을 위한 R&D 역량 강화에 노력하고 있다. 다음 지속가능한 기술에 대한 내용 중 바르지 않은 것은?

① 지속가능한 기술은 기술적 효용만이 아닌 환경효용을 추구하며, 지금의 주된 발전 기술과 근본적으로 다르다.

② 기존의 품질경영을 환경분야까지 확장한 환경경영이 기업의 필수요건이 되고 있다.

③ 국제표준화기구(ISO)는 환경경영시스템을 규정한 국제규격인 ISO 14000 시리즈를 제정하였다.

④ 친환경제품에 대한 인식이 증가하면서 제품의 환경성을 과장하는 '그린워싱'의 문제가 대두되고 있다.

⑤ 우리나라는 환경친화적인 제품을 위한 정보를 제공하기 위해 '환경표시제도'를 시행하고 있다.

42. 귀하는 한 경제연구소에서 국내외 경제 상황을 분석하는 업무를 맡고 있다. 다음 내용을 분석하여 보고서를 작성한다고 할 때, 보고서에 포함할 내용으로 가장 적절하지 않은 것은?

> • 미국의 서비스업, 제조업 부문이 뚜렷한 상승세를 보이면서 미국 연방준비기구의 기준금리 인상에 대한 기대가 더욱 커지고 있다. 민간 부문의 고용률 성장세는 다소 둔화하였지만 지속적으로 고용은 상승, 해고는 하락하는 추세를 보이고 있어 완전 고용에 근접했다는 평가가 이어지고 있다.
> • 미국 법무부는 2008년 금융위기 당시 독일 도이체방크(Deutsche Bank)가 부실 상품 판매를 통해 금융 불안을 조장했다는 이유로 거액의 벌금을 부과하였는데, 이것이 유럽 시장에 계속해서 악재로 작용하고 있다. 다행히 벌금 감면에는 도달한 것으로 보이지만, 실추된 독일 최대 은행으로서의 명예는 회복이 어려울 것으로 보여 리스크는 여전한 상황이다. 더욱이 브렉시트 이슈까지 더해지면서 세계 금융 시장이 또 한 번 출렁일 전망이다.
> • 달러화와 함께 세계 투자자들로부터 안전자산으로 대접받았던 일본 엔화의 입지가 위태로워졌다는 분석이 나왔다. 장기화되고 있는 불황과 높은 수준의 국가채무, 가속화되고 있는 고령화 등으로 인해 과연 일본 엔화가 안전자산의 역할을 지속할 수 있을지에 대해 의문이 제기되고 있는 것이다. 당장은 경상수지 흑자, 거대한 대외순자산에 힘입어 안전자산의 지위를 잃지 않겠지만, 중장기적으로 보았을 때 엔화 가치 하락 압박은 쉽게 사라지지 않을 것으로 보인다.

① 일본 엔화와 유로화의 가치는 하락하고, 상대적으로 미국 달러화의 가치는 상승할 것으로 예상된다.
② 대미 수출이 주요 수입원인 우리나라 기업의 경우 일본·유럽 상품과 경쟁하는 분야에서 상대적으로 가격 경쟁력이 떨어지는 것에 대비해야 한다.
③ 장기적인 관점으로 보면 미국 달러화 자산보다는 일본 엔화 자산 보유액을 늘리는 방향으로 투자계획을 세우는 것이 좋다.
④ 달러화 강세가 전망됨에 따라 유럽 내에 있던 투자자금이 이탈하여 미국으로 이동할 가능성이 크다.
⑤ 현 상황이 유지될 경우 유로/달러 환율 상승이 예상되므로 일부 유럽 기업의 경우 대미 수출 호재를 맛볼 수 있다.

43. 다음 글에 제시된 문제를 설명할 수 있는 이론으로 가장 적절하지 않은 것은?

> ○○전기공사는 직원들의 근무 의욕이 낮아지고 있는 문제를 인식하였다. 이를 해결하기 위해 공사는 보수, 작업 조건 등의 업무 환경을 꾸준히 개선하였다. 하지만 직원들의 직무 수행과 관련된 성취감, 책임감 등이 낮아 문제는 여전히 해결되지 않고 있다. 이에 직원들에게 불만을 주는 위생 요인과 만족을 주는 동기 요인을 따로 구분하여 문제를 해결해 보고자 한다.

① 만족의 반대는 불만족이 아니라 만족이 없는 상태이다.
② 조직 구성원에게 불만을 주는 요인과 만족을 주는 요인은 상호 연계되어 있다.
③ 근무 환경과 같이 충족되지 않으면 조직 구성원의 불만족을 유발하지만 충족되어도 적극적 동기 부여가 되지는 않는 요인을 위생 요인이라고 한다.
④ 연구자료는 평정자인 감독자가 피평정자의 근무 실적에 큰 영향을 주는 중요한 사건들을 기록한 중요사건기록법을 근거로 수집되어 동기 요인이 과대평가되어 있다.
⑤ 개인차에 대한 고려가 없는 위생 요인과 동기 요인이 실제 현실에서 개인에게 미치는 영향은 개인의 연령이나 직위에 따라 다르다.

44. ○○에너지공사 경영혁신부 TF1팀을 이끌고 있는 오 과장은 팀원들의 직무역량을 강화하기 위한 스터디 모임을 운영하고 있다. 다음 〈보기〉는 이번 모임에서 각자 정리해온 관리 기법의 정의를 모은 자료로, 〈보기〉에서 설명하는 관리 기법은?

〈보기〉

팀원 A: 기업이 고객에 대한 정보(연령, 성별, 소비행태 등)를 바탕으로 고객을 관리하는 전략으로 단순히 제품을 팔기보다는 고객과의 관계와 고객의 니즈에 주안점을 둔다.

팀원 B: 구체적으로 고객 성향이나 취향을 먼저 파악한 뒤 이를 토대로 고객이 원하는 제품을 만들고 마케팅 전략을 개발한다. 이를 위해서는 고객들의 행동 패턴, 소비 패턴 등 고객이 원하는 바를 알아내야 하므로 고도의 정보분석 기술이 필요하다.

팀원 C: 신규고객 창출보다는 기존고객 관리에 초점을 맞추는 전략이다.

① ERP　　　　② CSV　　　　③ ESG　　　　④ CSR　　　　⑤ CRM

45. 다음은 ○○은행에 대한 SWOT 분석을 한 결과이다. SWOT 분석 자료를 분석해서 강점은 살리면서 약점을 보완할 수 있는 전략으로 적절한 것은?

[SWOT 분석]

강점(S)	약점(W)
• 국내 모바일은행의 선두주자 • 기업금융의 강자 • 숙련된 전문인력	• 중소기업대출 대폭 증가 • 전산 시스템의 잦은 오류 • 외국환 분야 노하우 부족
기회(O)	위협(T)
• 글로벌 시장 진출 확대 • 디지털 기술의 발전과 금융서비스 확산	• 글로벌 경기 불확실성 증대 • 진입규제 완화로 인한 경쟁 심화

① 글로벌 네트워크를 활용해 동남아 시장 진출을 시도한다.

② 현재 부문별로 운영되는 전산시스템을 통합한다.

③ 기업금융 전문인력을 외국환 거래에 활용해 경쟁력을 확보한다.

④ 글로벌 SNS(Social Networking Service) 업체와 제휴해 모바일 금융을 강화한다.

⑤ 부동산대출을 확대해 중소기업대출 연체율을 낮춘다.

46. 세계 최고의 혁신기업 ○○○는 엄격한 위계질서나 고지식한 영역 주장이 조직원들의 상호작용을 방해하고 팀 워크를 무너뜨린다는 생각에 연공 서열이나 담당 부서 같은 구분이 철저히 무시된다. 다음에서 설명하는 조직 문화의 기능은?

> ○○○는 전 직원이 600명 조금 넘는 규모지만, 세계적인 기업들과 작업하며 '혁신'의 대명사로 불리는 디자인 컨설팅 기업이다. ○○○가 창안한 애플 컴퓨터의 첫 번째 마우스, P&G 크레스트 치약의 한 번 돌려 여는 뚜껑, 개인용 휴대단말기(PDA) 팜(Parm) V 등은 디자인을 통해 기술을 혁신한 사례로 꼽힌다.
>
> ○○○가 창의성과 혁신의 무대가 될 수 있었던 가장 큰 요인으로 주인의식이 꼽힌다. ○○○에서는 일방적으로 인사 발령을 내는 일이 드물다. 자신이 속하고 싶은 팀이나 도전해보고 싶은 프로젝트를 직원들 스스로 선택할 수 있다. 우수한 직원에게 팀장 권한을 주고 팀원 10~20명을 모은 다음, 사무실 여러 곳 중 원하는 곳을 골라 일한다.
>
> 그러나 팀장이라고 해서 무턱대고 팀원을 지명할 수는 없다. 팀장은 직원들에게 자신이 하려는 일과 자신이 생각하는 혁신적인 작업방식에 대해 공개적으로 설명하고, 직원들의 선택을 받아야 한다.
>
> 직원들이 직장에 주인의식을 가지면 아주 긍정적인 결과로 이어진다. ○○○는 어디서 누구와 일할지 스스로 선택하게 함으로써 직원들에게 강력한 오너십을 갖게 했다.

① 행동 지침 제공
② 구성원의 조화와 단합
③ 환경 적응 강화
④ 조직 몰입의 강화
⑤ 조직의 안정성 유지

[47 – 48] 다음 글을 읽고 물음에 답하시오.

국민권익위원회는 매년 중앙행정기관과 지방자치단체, 교육청, 공직유관단체 등 공공기관 580곳의 청렴도를 평가한다. 평가에는 국민과 해당 기관 공직자가 응답한 설문조사 결과와 부패사건 발생현황을 반영한다. ○○○○공단은 공공기관 최초로 6년 연속으로 가장 높은 등급인 1등급에 랭크되었다. 또한, ○○○○공단은 정부의 경영실적 평가에서도 A 등급을 이어가고 있다. '경영실적 평가제도'는 기획재정부가 매년 공기업·준정부기관의 자율·책임경영체계 확립을 위해 경영 노력과 성과를 평가하는 제도이다. ○○○○공단은 이런 성과에 대해 '교육' 부분을 강화한 것이 주효했다고 자평하며, 앞으로 적용된 이해충돌방지법 교육에도 박차를 가할 예정이다.

47. 공직자의 '이해충돌방지법'이 시행되면서 중앙정부와 지방자치단체, 공기업 등 각 행정기관에서 교육이 활발하게 시행되고 있다. 다음 중 적절하지 않은 내용은?

① 공직자의 직무수행 중 발생할 수 있는 이해충돌을 방지하여 공정한 직무수행을 보장한다.

② 이해충돌은 공직자가 직무를 수행할 때 사적 이해관계가 관련되어 청렴한 직무수행을 할 수 없는 상황을 말한다.

③ 공공기관은 내부 고발한 공직자가 불이익을 당하지 않도록 보호해야 한다.

④ 공직자는 사적 이해관계로 인해 공정한 직무수행이 어려운 경우 직무수행을 회피해야 한다.

⑤ 적용 대상은 국회와 법원, 중앙행정기관, 지방자치단체, 지방의회, 공직유관단체, 교육청, 국공립학교·사립학교 임직원과 민간 언론사 종사자 등이다.

48. 다음은 이해충돌방지법 교육에 사용된 사례이다. 다음 중 이해충돌방지법을 위반하지 않은 경우는?

① ○○지방의회 최지만 의원은 위원회 활동을 하면서 관광자원 활성화 사업 예산을 따낸 지역에 자신의 명의로 상가를 매입하였다.

② ○○부 관리국 오정희 국장은 친동생이 임원으로 근무하는 외국계 기업의 제품 관련 허가신청을 처리해주었다.

③ ○○청 건축 관련 부서 지수진 과장은 함께 근무하다가 최근 1년 전 퇴직한 선배가 자신의 부서에 토지형질 변경 허가를 신청한 후 주말에 골프를 치자고 연락와서 현직자가 아니라 수락했다.

④ ○○주택도시공사의 김장호 과장은 부인이 기관에서 수행하는 '도시개발사업' 지구의 부동산을 매수하였음을 알게 되었지만 계약을 취소하지 않고 다음날 서면 신고만 했다.

⑤ ○○공사 유영호 사장은 기관에서 발주한 용역 계약을 동생이 대표자인 법인과 체결하도록 유도하였다.

49. ○○공사 정기공채가 끝나고 신입사원들이 첫 출근한 날의 점심시간에 신입사원들끼리 직업의 의미에 대해 이야기하고 있다. 다음 중 직업의 의미를 바르게 말한 사람은 모두 몇 명인가?

> A: 어릴 적부터 꿈꿔온 ○○공사에 입사해 너무 기뻐요. 월급 안 받아도 열심히 회사에 다니고 싶어요.
> B: 다 먹고 살자고 하는 일이잖아요. 월급 받은 만큼은 열심히 일해야지요.
> C: 지금까지 해온 아르바이트하고 큰 차이는 없는 것 같아요.
> D: 입사하려고 정말 열심히 노력했는데 이제는 슬슬 즐기면서 회사에 다니고 싶어요.
> E: 여기서 하는 일이 나뿐만 아니라 우리 사회에도 도움이 됐으면 해요.

① 1명   ② 2명   ③ 3명   ④ 4명   ⑤ 5명

50. 올바른 식사 매너를 갖추는 것은 자신의 인격과 품위를 나타낼 수 있는 수단이 되기도 하며, 좋은 이미지 형성에도 큰 도움이 된다. 다음에서 설명하고 있는 식사 매너 중 적절하지 않은 것은?

① 한식 테이블에서는 연장자가 먼저 숟가락을 들면 따라서 든다.
② 일식 테이블에서는 밥공기나 국그릇을 들지 않으며, 젓가락을 사용하여 음식을 먹는다.
③ 중식에서 요리를 덜 때는 자신의 젓가락으로 덜지 않고 나눔 젓가락을 사용해 던다.
④ 서양식 식사 도중 포크나 나이프를 떨어뜨렸을 경우 줍지 말고 새것으로 주문한다.
⑤ 우리나라의 경우 첨잔을 하지 않으나 일본은 첨잔하는 것이 매너이다.

약점 보완 해설집 p.3

NCS 실전모의고사 1회 모듈형

수험번호						

생년월일						

성명				

1	① ② ③ ④ ⑤	21	① ② ③ ④ ⑤	41	① ② ③ ④ ⑤
2	① ② ③ ④ ⑤	22	① ② ③ ④ ⑤	42	① ② ③ ④ ⑤
3	① ② ③ ④ ⑤	23	① ② ③ ④ ⑤	43	① ② ③ ④ ⑤
4	① ② ③ ④ ⑤	24	① ② ③ ④ ⑤	44	① ② ③ ④ ⑤
5	① ② ③ ④ ⑤	25	① ② ③ ④ ⑤	45	① ② ③ ④ ⑤
6	① ② ③ ④ ⑤	26	① ② ③ ④ ⑤	46	① ② ③ ④ ⑤
7	① ② ③ ④ ⑤	27	① ② ③ ④ ⑤	47	① ② ③ ④ ⑤
8	① ② ③ ④ ⑤	28	① ② ③ ④ ⑤	48	① ② ③ ④ ⑤
9	① ② ③ ④ ⑤	29	① ② ③ ④ ⑤	49	① ② ③ ④ ⑤
10	① ② ③ ④ ⑤	30	① ② ③ ④ ⑤	50	① ② ③ ④ ⑤
11	① ② ③ ④ ⑤	31	① ② ③ ④ ⑤		
12	① ② ③ ④ ⑤	32	① ② ③ ④ ⑤		
13	① ② ③ ④ ⑤	33	① ② ③ ④ ⑤		
14	① ② ③ ④ ⑤	34	① ② ③ ④ ⑤		
15	① ② ③ ④ ⑤	35	① ② ③ ④ ⑤		
16	① ② ③ ④ ⑤	36	① ② ③ ④ ⑤		
17	① ② ③ ④ ⑤	37	① ② ③ ④ ⑤		
18	① ② ③ ④ ⑤	38	① ② ③ ④ ⑤		
19	① ② ③ ④ ⑤	39	① ② ③ ④ ⑤		
20	① ② ③ ④ ⑤	40	① ② ③ ④ ⑤		

해커스공기업
NCS 통합
봉투모의고사

모듈형/피둘형/PSAT형+전공

NCS 실전모의고사
2회

모듈형

해커스

수험번호	
성명	

NCS 실전모의고사
2회
(모듈형)

시작과 종료 시각을 정한 후, 실전처럼 모의고사를 풀어보세요.

시　　분 ~　　시　　분 (총 50문항/60분)

□ **시험 유의사항**

[1] 모듈형 시험은 NCS 국가직무능력표준에서 제공하는 학습모듈 및 NCS 워크북의 이론과 개념을 기반으로 한 문제로 구성되며, 국민연금공단, 경기도 공공기관 등의 기업에서 출제하고 있습니다.
※ 2021년 필기시험 기준으로 변동 가능성이 있습니다.

[2] 본 실전모의고사는 직업기초능력평가 10개 영역 50문항으로 구성되어 있으므로 영역별 제한 시간 없이 1문항당 풀이 시간을 고려하여 60분 내에 푸는 연습을 하시기 바랍니다. 전공 시험을 치르는 직무의 경우 각 직무에 맞는 전공 실전모의고사를 추가로 풀어보는 것이 좋습니다.

[3] 본 실전모의고사 마지막 페이지에 있는 OMR 답안지와 해커스잡 애플리케이션의 모바일 타이머를 이용하여 실전처럼 모의고사를 풀어본 후, 해설집의 '바로 채점 및 성적 분석 서비스' QR코드를 스캔하여 응시 인원 대비 본인의 성적 위치를 확인해보시기 바랍니다.

01. 다음은 문서의 작성방법에 대한 내용이다. 이 중 틀린 내용은 모두 몇 개인가?

> ⊙ 문서의 마지막에는 모두 '끝'을 표기한다. 또한 첨부물이 있는 때는 첨부의 표시를 한 다음 1자 띄우고 '끝'자를 쓴다.
>
> ⊙ 날짜는 숫자로 표기하되 연월일의 글자는 생략하고, 그 자리에 온점을 찍어 표시한다. 단, 연도는 생략 가능하다.
>
> ⊙ 시간은 오전과 오후로 나눠서 표기하며 시, 분의 글자는 생략하고 그 사이에 쌍점을 찍어 구분한다.
>
> ⊙ 금액은 아라비아 숫자로 쓰고 숫자 다음에 괄호를 하고 한 번 더 아라비아 숫자로 표기한다.
>
> ⊙ 직함이나 직위는 모두 붙여 쓴다.
>
> ⊙ 제목은 문서의 내용을 환기시킬 수 있도록 비유를 통해 표기해야 한다.

① 1개   ② 2개   ③ 3개   ④ 4개   ⑤ 5개

02. 다음을 읽고 문단의 순서 배열을 바르게 한 것은?

(가) 또한 권력은 모든 방면에서 동시에 이동하고 있다. 우리가 초기호경제로 이행해 감에 따라 권력의 성격 자체가 변화하고 있는 것이다. 이전의 경제에서는 모든 활동이 순차적이고 서로 독립된 별개의 것으로 이해되었지만, 초기호경제의 새로운 생산모델은 생산을 더욱더 동시적, 종합적인 것으로 파악한다. 이 과정의 부분들은 전체가 아니며 또한 서로 분리될 수도 없다. 단속성이 아닌 연속성, 분해가 아닌 통합, 순차적 단계가 아닌 실시간적인 동시성 등이 새로운 생산 패러다임의 바탕에 깔린 가설들이다.

(나) 지식은 경제를 초기호적인 것으로 몰고 간다. 이전의 공장굴뚝 돈에서 초기호적인 돈으로 권력이 이동하는 것이다. 여기에 권력뿐 아니라 권력의 스타일까지 변화하고 있다. 개인주의자, 과격파, 배짱파 혹은 기업특공대까지 조직하는 여러 사람이 권력의 스타일을 교활한 것으로 만든다. 그들은 지식을 획득하기 위해 전쟁을 치르는 참모총장과도 같아서 이전의 느긋하고 정의로운 스타일은 더 이상 살아남기 어려워졌다.

(다) 초기호경제로 흘러 들어감에 따라 모든 단계에서 가치를 구현하고 부가해주는 것은 값싼 노동력이 아닌 지식이 될 것이다. 부가가치의 원천에 관한 이 폭넓은 재정은 중대한 결과를 초래할 텐데, 그것은 자유시장주의와 마르크스주의 가설을 똑같이 분쇄하고, 또한 이 두 가지를 만들어낸 물질우위론의 가설마저 분쇄하는 것이다. 초기호경제에서 실업감축 전략 등 일반 경제의 문제들을 해결하기 위한 효과를 발휘하려면 부의 배분보다는 지식의 배분에 더욱 의존해야만 하는 것이다.

(라) 어떤 경제체제를 이해하는 데 가장 중요한 것 중의 하나는 클록-타임, 즉 체제 운영의 속도이다. 일반적으로 경제활동의 속도가 빨라지면 매시간 단위의 금전적 가치가 늘어난다. 초기호경제에서 이 속도는 지능에 기인한다. 전화, 전자 고속도로, 중추신경 네트워크 등 시스템 내에 지능을 주입하여 스스로 판단하는 이전까지의 '내적지능'도 이제는 무용지물이 되어 버렸다. 메시지를 수용하여 변환할 수 있는 '외적지능' 시스템이 광범위하게 이용되고 있는 것이다. 특히, 부가가치 네트워크인 VAN의 등장은 자율신경계통과 결부되면서 유기체에 자의식과 자체 변화능력을 부여할 뿐 아니라 기업에서부터 시작하여 우리 생활에 직접 개입할 수 있는 능력까지도 부여하기 시작하고 있다.

(마) 이러한 외적지능은 초기호경제를 중앙화 혹은 분산화시키며 클록-타임을 기하급수적으로 늘어나게 한다. 그에 따라 이제 인간은 정보처리의 역할 정도, 추상화의 수준, 자율성과 책임성 등의 영역마저도 외적지능의 발전적 형태인 또 다른 제3의 두뇌에게 넘겨주게 될지도 모른다.

(바) 이처럼 시간의 가치와 인간의 가치가 기호를 중심축으로 반비례하는 초기호경제임에도 불구하고 새로운 경제는 자유로운 표현, 지배자와 피지배자 간의 보다 원활한 피드백, 대중적인 정책결정 과정에의 참여가 있을 때 번영할 것이다. 그것은 덜 관료적이고 더욱 탈중앙집권화된 신속한 정부를 만들어낼 수 있다. 또한 그것은 개인의 독립성 증대, 즉 국가로부터의 권력의 이동을 조성할 수 있다. 무엇보다 초기호경제에서 가장 중요한 것은 지식에 관한 지식이라는 명제일 것이다.

① (나) - (가) - (다) - (라) - (마) - (바)
② (나) - (다) - (라) - (마) - (바) - (가)
③ (나) - (라) - (마) - (가) - (바) - (다)
④ (라) - (가) - (나) - (마) - (바) - (다)
⑤ (라) - (나) - (마) - (가) - (바) - (다)

03. 업무 협조를 구하거나 의견을 전달하기 위해 작성하는 문서로, '사내 공문서' 또는 '회사 내 공문서'라고 불리는 문서는?

① 공문서 ② 기안서 ③ 기획서 ④ 보고서 ⑤ 설명서

04. 다음은 '학교 주변 폭력 문제'에 대한 글을 쓰기 위해 정리한 내용의 일부이다. 괄호 안에 들어갈 내용으로 적절하지 않은 것은?

■ 제목: 학교 주변 폭력 문제

■ 문제 제기: 최근 학교 주변 폭력이 심각해지고 있다.

■ 문제의 원인 분석
1. 청소년을 건전한 사회인으로 성장시켜야 할 책임이 있는 기성세대가 자신의 역할을 다 하지 못하고 있다.
2. 퇴폐 향락적인 대중 매체와 생활환경은 청소년의 심리적 특징인 호기심을 자극한다.
3. 입시 위주의 교육으로 학교에서 소외된 학생들은 패거리를 통해 자신의 존재를 확인하고 사회에서 도피하려 한다.

■ 문제 해결을 위한 방안: ( )

---

① 청소년들에게 잃어버린 가정의 기능을 회복해주어야 한다.

② 기성세대는 청소년 세대와의 문화적 차이를 인정해야 한다.

③ 청소년들의 욕구를 건전하게 분출할 수 있는 공간을 조성해야 한다.

④ 청소년들의 잘못된 호기심과 쾌락을 부추기는 사회 환경을 개선해야 한다.

⑤ 학교에서는 비행 학생들에 대해 처벌보다는 선도 중심의 교육을 정착시켜야 한다.

05. 다음을 읽고 문단의 순서 배열을 바르게 한 것은?

> (가) 예술이나 음악 분야에서 박사 학위를 받은 유명 예술가나 음악가는 몇 명일까? 실제로 많은 교육을 받은 예술가와 음악가가 있지만 선택한 진로에 대한 학문적 훈련을 받은 사람은 거의 없다. 유튜브, 페이스북에서 유명해진 사람들도 마찬가지다. 여기서 종종 나타나는 일반적인 오해는 학교 성적이 좋지 못한 사람들이 멍청하거나 재능이 없다고 하지만 이는 사실이 아니다.
>
> (나) 우리는 성공의 길은 학교를 통해 있다고 들어왔다. 그러나 부유하고 성공한 비즈니스 리더, 업계 아이콘 등 학업이 아닌 다른 길을 택한 위대한 영웅들에 관한 사례가 바로 위에 있다는 것을 알 수 있다.
>
> (다) 수년 전에 초등학교나 중고등학교를 중퇴한 755명의 유명한 사람들의 삶을 조사한 연구결과가 공개되었다. 이 목록에는 25명의 억만장자, 8명의 미국 대통령, 10명의 노벨상 수상자, 8명의 올림픽 메달 수상자, 8명의 아카데미 수상자, 55명의 베스트셀러 작가, 31명의 기사 작위 수여자가 있었다.
>
> (라) 오늘날 「포브스 400」 목록에 있는 미국에서 가장 부유한 400명의 억만장자 가운데, 여덟 명 중 한 명은 대학을 중퇴했다. 역사상 많은 유명인이 학업 실패와 중퇴자였기 때문에 이것은 새로운 것이 아니다. 토머스 에디슨, 앤드류 카네기, 헨리 포드, 월트 디즈니 등이 대표적 인물이다.

① (가) – (나) – (다) – (라)

② (가) – (나) – (라) – (다)

③ (가) – (다) – (라) – (나)

④ (나) – (가) – (라) – (다)

⑤ (나) – (라) – (다) – (가)

06. 다음 중 〈보기〉의 ㉠과 문맥적 의미가 유사한 것은?

> 〈보기〉
>
> '동북공정(東北工程)'은 '동북변강사여현상계열연구공정'의 줄임말로 '동북 변경 지역의 역사와 현상에 관한 체계적인 연구 과제'를 말한다. 이 연구는 중국의 전략 지역인 동북 지역, 특히 고구려·발해 등 한반도와 관련된 역사를 중국의 역사로 ㉠만드는 작업이라는 점에서 관심 있게 지켜보아야 한다.

① 개발계획이 수립된 지 5년 만에 도로를 만들었다.

② 제발 일을 크게 만들어서 사람을 귀찮게 하지 말아라.

③ 이웃들이 모여 협동조합을 만들어 운영하기 시작했다.

④ 경기 규칙을 다시 만들어야 한다는 의견이 나오기 시작했다.

⑤ 그 작가는 우리들의 이야기를 시나리오로 만들겠다고 했다.

07. 다음 밑줄 친 부분이 〈보기〉의 ⊙에 해당하지 않는 것은?

〈보기〉

주어가 남에게서 어떤 행동을 당하는 경우를 '피동'이라고 합니다. 우리말에는 피동을 나타내는 방법이 몇 가지 있는데, 먼저 피동의 접미사를 사용하는 방법이 있습니다. '보이다, 잡히다, 팔리다. 쫓기다' 등에 쓰인 '-이-, -히-, -리-, -기-' 따위가 바로 피동의 뜻을 더하는 접미사들입니다. 다음으로, '-어지다'를 붙이는 방법이 있습니다. '만들다, 이루다, 늦추다, 느끼다' 등과 비교하면 '만들어지다, 늦추어지다, 느껴지다' 등에 피동의 뜻이 있음을 쉽게 알 수 있습니다. 그런데 이 두 가지는 동시에 사용할 수 없습니다. 즉, 이미 피동의 뜻이 담긴 '보이다'에 또다시 피동의 뜻을 더하는 '-어지다'를 붙여서 '보여지다와 같이 쓰는 것은 ⊙ 잘못이라는 뜻입니다.

① 그때 그 사건은 쉽게 잊혀지지 않습니다.
② 하늘이 구름으로 덮여지자 금방이라도 비가 올 것 같습니다.
③ 주변 사람들이 모두 떠나고 홀로 남겨지자 외로움을 느꼈습니다.
④ 좋은 책은 많은 사람들에게 읽혀지고 오래도록 기억에 남습니다.
⑤ 그분의 말씀은 한번 마음에 담겨지면 여간해서 잊기가 어렵습니다.

08. 인사팀의 김 매니저는 이번 달에 입사한 신입사원들의 명함을 발주하려고 한다. A 명함회사는 1명분의 명함을 18,000원에 만들어주고, B 명함회사는 1명분의 명함 제작비는 19,000원이지만 6명분 이상 제작 의뢰가 된다면 5명 초과분에 대한 제작분은 10%를 할인해준다. 최소 몇 명분 이상의 명함을 발주할 때, B 명함회사에 발주하는 것이 이익인가?

① 7명 　　　② 8명 　　　③ 9명 　　　④ 10명 　　　⑤ 11명

09. 성열이는 여러 명의 커피를 타기 위한 물을 끓이기 위해 전기 포트에 물을 받으려고 한다. A 정수기로 물을 가득 채워 받는 데 1분이 걸리고, B 정수기로 물을 받으려고 하니 1분 12초가 걸린다. 두 정수기를 동시에 이용하여 물을 받기 시작하여 이 전기 포트에 물을 채우는 데 걸리는 시간은?

① 약 30초 　　　② 약 33초 　　　③ 약 35초 　　　④ 약 37초 　　　⑤ 약 40초

10. A 사원은 회사 업무를 위해 사무실에서 출발하여 은행에 다녀왔다. 갈 때는 킥보드를 이용하여 12km/h로 이동했고, 은행에서는 대기표를 받고 업무를 처리하는 데 총 20분이 소요되었다. 업무를 마치고 사무실로 복귀하는 길에는 4km/h로 걸어서 돌아왔다. 사무실에서 출발하여 복귀하는 데 총 50분이 소요되었다면, 사무실과 은행 사이의 거리는?

① 1km   ② 1.2km   ③ 1.5km   ④ 1.8km   ⑤ 2.1km

11. 4%의 소금물과 12%의 소금물을 섞은 후 물을 증발시켜 10%의 소금물 600g을 만들었다. 증발시킨 물의 양이 처음 컵에 섞은 4%의 소금물 양의 절반일 때, 처음 컵에 섞은 4%의 소금물의 양은?

① 300g   ② 450g   ③ 500g   ④ 550g   ⑤ 600g

12. 부산의 한 회사의 영업 1팀에서는 신사업 프로젝트를 위해 영업 3팀과 협업을 진행 중이고, 이와 관련하여 Kick-off 회의를 진행하려고 한다. 테이블의 좌측은 임원진이 위치하고, 우측은 3년 차 이상의 직원 4명과 3년 차 미만 직원 3명이 함께 앉으려고 한다. 이때 우측 열의 자리는 직원의 팀과 직책에 따른 자리 구분을 하지 않으나 3년 차 미만 직원들은 서로 인접하여 앉아야 한다. 우측 열 자리에 직원 7명이 앉을 수 있는 경우의 수는 몇 가지인가?

① 240가지   ② 720가지   ③ 1,440가지   ④ 2,400가지   ⑤ 4,320가지

13. 방패소년단 무대의 관람객 모두에게 공연 중 흔들 수 있는 네 가지 색의 점멸등을 나눠준다고 한다. 오후 5시에 공연이 시작될 때, 관람객 모두 동시에 각자가 받은 색의 점멸등을 켠다. 빨간색 점멸등은 3초 간격으로 깜박이고, 초록색 점멸등은 2.5초, 노란색 점멸등은 4초, 파란색 점멸등은 4.5초에 한 번씩 깜박인다면, 5시 이후로 다시 한번 처음으로 네 가지 점멸등이 동시에 깜박이는 것은 언제인가?

① 1분 30초 뒤   ② 2분 뒤   ③ 2분 30초 뒤   ④ 3분 뒤   ⑤ 4분 뒤

14. 다음 근로여건 만족도에 대해 조사한 자료를 바탕으로 작성한 보고서의 내용 중 옳지 않은 것은?

[근로여건 만족도]

(단위: %)

구분			하는 일				근무환경				근로시간			
			만족	보통	불만	모르겠음	만족	보통	불만	모르겠음	만족	보통	불만	모르겠음
2013년			32.1	50.4	16.6	0.9	27.3	45.4	25.2	2.1	25.2	45.5	28.2	1.1
2015년			30.8	51.9	16.2	1.1	27.4	45.9	24.6	2.1	24.3	46.4	28.0	1.3
2017년			35.2	48.4	15.6	0.8	30.5	44.0	24.1	1.4	28.0	44.4	26.8	0.8
	성별	남자	35.1	48.0	16.2	0.7	29.1	43.4	26.4	1.1	26.0	45.3	28.0	0.7
		여자	35.4	49.1	14.7	0.8	32.3	44.9	21.0	1.8	30.7	43.3	25.1	0.9
	직군	전문관리직	52.8	37.4	9.6	0.2	44.9	38.9	15.7	0.5	38.0	38.5	23.3	0.2
		사무직	38.4	49.3	11.9	0.4	39.7	45.7	14.0	0.6	34.9	43.1	21.7	0.3
		서비스판매직	29.6	53.2	16.6	0.6	24.5	50.8	23.3	1.4	22.2	46.2	31.0	0.6
		기능노무직	21.4	54.3	22.7	1.6	15.8	43.7	37.7	2.8	18.1	49.2	31.1	1.6

1. 하는 일
  ▶ ① 2017년 우리나라 임금근로자가 하는 일에 대하여 만족하는 비율은 35.2%로 2년 전보다 4.4%p 증가함
  ▶ 성별로 하는 일에 대하여 만족하는 비율은 남자와 여자가 비슷함
  ▶ 하는 일에 대하여 만족하는 직군은 전문관리직이 52.8%로 가장 높음

2. 근무환경
  ▶ ② 2017년 우리나라 임금근로자가 근무환경에 대하여 만족하는 비율은 30.5%로 전년 대비 증가함
  ▶ ③ 성별로 근무환경에 대하여 만족하는 비율은 여자가 남자보다 3.2%p 높음
  ▶ 근무환경에 대하여 만족하는 직군은 전문관리직이 44.9%로 가장 높음

3. 근로시간
  ▶ 2017년 우리나라 임금근로자가 근로시간에 대하여 만족하는 비율은 28.0%로 2년 전보다 3.7%p 증가함
  ▶ ④ 성별로 근로시간에 대하여 만족하는 비율은 여자가 남자보다 4.7%p 높음
  ▶ ⑤ 근로시간에 대하여 만족하는 직군은 전문관리직과 사무직이 각각 38.0%, 34.9%로 나타나 상대적으로 다른 직군보다 만족도가 높음

15. 다음은 프랜차이즈 업종별 가맹점 수 현황에 대해 조사한 자료이다. 자료에 대한 설명으로 옳지 않은 것은?

[업종별 가맹점 수 현황]

구분	2017년	2018년		2017년 대비 2018년	
	가맹점 수 (천 개)	가맹점 수 (천 개)	구성비 (%)	증감량 (천 개)	증감률 (%)
계	169,449	175,200	100.0	5,751	3.4
편의점	39,549	41,359	23.6	1,810	4.6
의약품	3,893	3,632	2.1	-261	-6.7
안경·렌즈	2,925	3,184	1.8	259	8.9
한식	28,240	29,209	16.7	969	3.4
외국식	6,482	7,561	4.3	1,079	16.6
제과점	7,815	7,354	4.2	-461	-5.9
피자·햄버거	11,755	11,576	6.6	-179	-1.5
치킨	24,654	25,110	14.3	456	1.8
김밥·간이음식	11,856	13,077	7.5	1,221	10.3
생맥주·기타주점	12,026	11,676	6.7	-350	-2.9
커피·비알코올 음료	16,795	17,565	10.0	770	4.6
두발 미용	3,459	3,897	2.2	438	12.7

① 2018년 가맹점 수 상위 3대 업종은 편의점, 한식, 치킨으로 이는 전체의 54.6%를 차지한다.

② 2018년 업종별 가맹점 수의 전년 대비 증감률은 외국식이 16.6%로 가장 높고, 두발 미용이 12.7%, 김밥·간이음식이 10.3%로 증가한 반면, 의약품과 제과점은 각각 -6.7%, -5.9%로 감소하였다.

③ 2018년 치킨의 가맹점 수는 생맥주·기타주점 가맹점 수의 2배 이상이며 제과점 가맹점 수의 3배 이상이다.

④ 2018년 전체 가맹점 수의 전년 대비 증감량에서 2017년 대비 2018년에 증가한 편의점 가맹점 수가 차지하는 비중은 30% 이하이다.

⑤ 2017년 대비 2018년에 증가한 가맹점 수가 가장 많은 업종과 가장 적은 업종의 2018년 가맹점 수의 차이는 38,000천 개 이상이다.

16. 다음 중 비판적 사고에 대한 설명으로 옳지 않은 것은?

① 어떤 주제나 주장 등에 대해서 적극적으로 분석하고 종합하며 평가하는 능동적인 사고이다.

② 어떤 논증, 추론, 증거, 가치를 표현한 사례를 타당한 것으로 수용할 것인가 아니면 불합리한 것으로 거절할 것인가에 대한 결정에 필요한 사고이다.

③ 시시콜콜한 문제가 아닌 문제의 핵심을 중요한 대상으로 한다.

④ 지식, 정보를 바탕으로 객관적 근거에 기초를 두고 현상을 분석하고 평가하는 사고이다.

⑤ 다른 사람을 공감시켜 움직일 수 있게 하며, 짧은 시간에 헤매지 않고 사고할 수 있게 하고, 행동하기 전 생각을 하게 함으로써 설득을 쉽게 할 수 있게 한다.

17. 다음 빈칸 안에 들어갈 단어로 옳은 것은?

난폭운전으로 전복사고가 일어났을 때, 사고의 발생을 문제라 하고, 난폭운전은 (   )이다. 이렇게 (   ) 은/는 개선해야 할 사항이나 손을 써야 할 사항, 그에 의해서 문제가 해결될 수 있고 문제의 발생을 미리 방지할 수 있는 사항을 말한다.

① 목표   ② 현상   ③ 문제점
④ 해결방안   ⑤ 문제 해결

18. SWOT 분석방법 중 외부환경요인 분석에 대한 설명으로 옳은 것은?

① 외부환경요인은 강점과 약점으로 구분된다.

② 자신을 포함하여 모든 정보를 기술하며 좋은 쪽으로 작용하는 것은 기회, 나쁜 쪽으로 작용하는 것은 위협으로 분류한다.

③ 언론매체, 개인 정보망 등을 통하여 입수한 당사자에게 미치는 영향을 시작으로 상식적인 세상의 변화 내용을 순서대로, 점차 일반화한다.

④ 동일한 Data라도 자신에게 긍정적으로 전개되면 기회로, 부정적으로 전개되면 위협으로 구분한다.

⑤ 외부환경분석에는 MMMITI 체크리스트를 활용하면 편리하다.

19. 브레인스토밍(Brain Storming)은 미국의 알렉스 오즈번이 고안한 그룹발산기법으로, 창의적인 사고를 위한 발산방법 중 가장 흔히 사용되는 방법이다. 다음 중 브레인스토밍 진행방법에 대한 내용으로 적절한 것은?

① 논의하고자 하는 주제는 포괄적이고 추상적일수록 많은 아이디어가 도출될 수 있다.

② 구성원들의 얼굴을 볼 수 있도록 사각형이나 타원형으로 책상을 배치해야 하고, 떠오르는 아이디어를 나중에 모아서 한 번에 적을 수 있도록 하는 것이 바람직하다.

③ 직급이나 근무경력을 바탕으로 리더를 선출하여 주제를 잘 분석하고 다양한 아이디어를 산출할 수 있게 하는 방법들을 연구해야 한다.

④ 구성원은 전문가 위주로 5~8명 정도로 구성하며, 주제에 대한 비전문가를 절반 이하로 구성한다.

⑤ 누구나 무슨 말이라도 할 수 있도록 해야 하는데 제시된 아이디어는 비판해서는 안 된다.

20. 문제 인식은 해결해야 할 전체 문제를 파악하여 우선순위를 정하고, 선정문제에 대한 목표를 정확히 하는 절차를 거친다. 다음 중 문제 인식에 관한 내용으로 옳지 않은 것은?

① 문제가 발생하였을 때 가장 먼저 고려해야 하는 점은 환경을 분석하는 일인데, 환경 분석을 위해 사용되는 기법으로는 3C 분석, SWOT 분석이 있다.

② 3C 분석에서 3C는 자사, 경쟁사, 고객을 의미한다.

③ SWOT 분석에서 기업 외부 환경요인으로 강점과 약점을, 기업 내부 환경요인으로 기회와 위협을 분석·평가한다.

④ SWOT 분석에서 위협을 회피하기 위해 강점을 사용하는 전략을 ST 전략이라고 한다.

⑤ 문제 인식을 위해 환경 분석, 주요 과제 도출, 과제 선정의 절차를 수행하는 과정이 필요하다.

21. 문제해결절차는 '문제 인식 – 문제 도출 – 원인 분석 – 해결안 개발 – 실행 및 평가'를 거치게 된다. 이 가운데 원인 분석에 대한 설명으로 적절한 것은?

① Data 분석, Issue 분석, 원인 파악의 절차로 진행된다.

② Issue 분석 절차는 Data 수집계획 수립, 정리·가공, 해석을 그 내용으로 한다.

③ 데이터 수집 시에는 목적에 따라 수집범위를 정하고 객관적인 사실을 수집해야 하며 자료의 출처가 드러나지 않도록 해야 한다.

④ 데이터를 분석할 때에는 '무엇을', '어떻게', '왜'라는 것을 고려해서 데이터 분석을 실시한다.

⑤ Data 분석 절차는 근본 원인을 파악하고 원인과 결과를 도출하는 것을 그 내용으로 한다.

22. 다음 보도자료를 통해 김상호 과장이 겪고 있는 경력 단계에 대한 설명으로 적합한 것은?

> ○○○○공사 인재개발원 글로벌교육과장에 인적자원개발(HRD) 분야의 민간 전문가인 김상호 씨가 임용됐다. 김상호 신임 글로벌교육과장은 민간 기업(△△엘리베이터, □□전자 등)에서 글로벌 교육 기획·운영 업무를 담당해 온 관련분야 전문가다. 그는 글로벌 기업에서 HRD 전문성 및 기획력을 바탕으로 다양한 교육 과정을 기획·운영해왔으며, 미국, 중국, 인도 3개국, 유럽 3개국, 터키 등 여러 국가에서 국가별 맞춤형 교육 프로젝트를 수행하면서 체득한 국제적 감각 및 비즈니스 매너, 유창한 영어 실력을 보유한 글로벌 HRD 분야 전문가다.
> 글로벌교육과장은 국내·외국 공무원에 대한 글로벌 역량교육 및 국내·외 유관기관과의 교류 협력 사업을 수행하는 등 인사혁신처의 글로벌교육을 총괄하는 관리자다. 신임 김상호 글로벌교육과장의 글로벌 HRD 분야 전문지식과 현장 경험은 글로벌 교육콘텐츠 개발 및 네트워크 강화를 통해 해외 관련기관과의 교류·협력과 인적교류 활동을 활성화하는 데 기여할 것으로 기대된다.

① 자신이 선택한 경력 분야에서 원하는 조직의 일자리를 얻으며, 직무를 선택하는 과정이다.

② 퇴직에 대한 개인적인 고민과 함께 조직의 압력을 받기도 한다.

③ 새로운 환경의 변화에 직면하여 생산성을 유지하는 데 어려움을 겪기도 한다.

④ 자신에 대한 탐색과, 직업에 대한 탐색이 동시에 이루어져야 한다.

⑤ 조직에서 자신의 입지를 확고히 다져나가 승진에 많은 관심을 가지는 시기이다.

23. 귀하는 여성의 경제적 자립을 지원하는 지역인력개발센터에서 일하고 있다. 자기개발능력 향상을 위한 교육 프로그램을 진행하면서 자기개발의 특징을 설명하려고 할 때, 다음 중 귀하가 교육 프로그램에 포함시킬 내용으로 가장 적절한 것은?

① 자신을 이해하는 것이 자기개발의 첫걸음이라고 할 수 있다.

② 자기개발은 직업을 가진 경우에만 필요하다.

③ 자기개발은 어떤 특정한 사건이나 요구가 있을 때 일시적으로 이루어지는 과정이다.

④ 자기개발은 발전을 원하는 특정한 사람만이 하는 것이므로 매우 어려운 일이다.

⑤ 모든 사람은 자기개발의 지향점과 선호하는 자기개발 방법 등이 동일하다.

24. 인공지능(AI)과 로봇으로 대표되는 4차 산업혁명이 가져올 미래의 변화는 긍정적·부정적 요소를 동시에 가지면서 고용, 교육, 경제, 일상생활에 이르기까지 광범위한 분야에서 일어날 것으로 예상된다. 전통적인 일자리는 사라지고 직업의 생성, 분화, 소멸 속도는 빨라질 것이라는 전망이 나오고 있어 4차 산업혁명 시대에는 개인에게 진로탄력성, 창의성, 융복합성 등을 요구할 것으로 보인다. 특히 변화된 환경에 효과적으로 대처하고 적응할 수 있는 진로탄력성이 떠오르고 있는데, 다음에서 설명하는 진로탄력성의 구성요소로 옳은 것은?

> 사람은 누구나 다양한 역경과 위기를 겪으며 살게 된다. 특히 커리어에 역경과 위기를 맞게 되면 생존과 직결되는 만큼 삶의 자신감과 자존감이 급속도로 떨어지는 것을 확인할 수 있다.
> 그래서 미래의 어려운 상황에서도 극복할 수 있다는 긍정적인 믿음으로 부정적인 감정을 다스려야 한다. 자신의 상황에 감사하는 마음과 미래를 낙관적으로 생각하고 끊임없이 노력하는 미래지향적 태도가 필요하다. 이를 위해서는 감사일기 쓰기와 규칙적인 운동이 가장 효과적이다.

① 적응성   ② 자기이해   ③ 자기조절   ④ 긍정적 태도   ⑤ 대인·정보관계

25. 일반적으로 사람은 일관성 있는 자신만의 대인관계 양식을 갖고 있다. 따라서 대인관계를 잘 형성하고 유지하기 위해서는 본인의 대인관계 양식에 대한 이해가 필요하다. 다음의 대화를 통해 알 수 있는 ○○물산 영업 2팀 지수연 대리의 대인관계 양식에 적합한 보완점은?

> **오종혁 사원:** 지수연 대리님, 이번에 사회적 거리 두기 조치 해제되면 바로 회식 잡아야 하는 것 아닌가요? 다음 주 금요일에 우리 팀 회식 잡으시죠.
> **지수연 대리:** 당연하죠. 안 그래도 팀장님도 그런 지시 하셨어요.
> **오종혁 사원:** 아직 재택근무 중인 팀원들도 있으니 팀 그룹 방에 공지 올리겠습니다.
> **최수정 대리:** 저번에 이직할 뜻을 비쳤던 박미경 사원은 어떻게 할까요? 곧 갈 사람이니 송별회 겸하는 게 좋겠어요.
> **지수연 대리:** 아니에요. 갈 사람은 빼는 게 좋겠어요. 안 그래도 인력 부족한데 이럴 때 간다는 건 용납하기 어렵네요.
> **오종혁 사원:** 그래도 단체공지를 보면 기분 나쁠 수도 있을 텐데요.
> **지수연 대리:** 상관없어요. 그런 사람 그냥 두면 다른 사람들까지 흔들려요.

① 타인의 이익과 입장을 배려하는 노력이 필요하다.
② 타인의 의견을 잘 경청하고 수용하는 자세가 필요하다.
③ 자신의 의견을 좀 더 강하게 표현하고 주장할 필요가 있다.
④ 타인의 감정 상태에 깊은 관심을 가져야 한다.
⑤ 타인에게 인정받으려는 욕구를 깊이 생각해 보는 것이 바람직하다.

26. 당신은 ○○회사에서 스마트폰 전자 부품 개발 진척 관리를 맡게 될 구매 담당자이다. 현재 해당 프로젝트의 리더로서 관련 팀을 구성하는 단계에 있다. 프로젝트 팀의 리더로서 해야 할 행동으로 가장 적절하지 않은 것은?

① 프로젝트 팀을 구성하기 위하여 각 부서에 인원 협조를 요청한다.
② 팀원이 구성되기 전에 부품 개발 일정과 매뉴얼을 상세히 작성해 두고 팀이 구성되면 본인도 팀원의 한 사람으로서 실무를 맡아 하도록 한다.
③ 보다 효율적인 업무 수행을 위해 팀원 간 소통을 원활하게 할 수 있는 환경을 조성한다.
④ 재무 관련 부서, 상위 관리자 등 관련 이해 당사자에게 프로젝트 수행에 필요한 자금 계획을 보내고 승인을 구한다.
⑤ 해당 프로젝트의 목표를 달성하기 위하여 팀 업무를 수행할 적임자가 누구인지 파악한다.

27. 다음 중 빈칸 안에 들어가기에 적합한 말은?

> 우리가 자원을 적절히 관리하지 않으면 안 되는 이유는 자원의 (　　　) 때문이다. 자원의 (　　　) 때문에 효과적으로 확보, 유지, 활용하는 것이 매우 중요하며, 따라서 무엇이 얼마나 필요한지를 확인하고, 활용 가능한 자원을 최대한 확보하여 사용 계획을 수립하고 효율적으로 활용하는 관리 능력이 필요하다.

① 유한성　　　　② 가치성　　　　③ 희소성　　　　④ 한계성　　　　⑤ 중복성

28. 다음 중 인맥 관리에 대해 올바르게 이해하고 있는 사람은 몇 명인가?

> 갑: SNS와 같은 사적인 수단은 인맥을 관리하는 수단이라고 볼 수는 없다.
> 을: 인맥을 핵심인맥과 파생인맥으로 구분한다고 해서 꼭 핵심인맥이 파생인맥보다 본인에게 더 많은 영향을 준 사람인 것은 아니다.
> 병: 상대방의 명함에 뭔가를 적는 것은 무례한 행동이니 명함을 받게 되면 받은 상태 그대로 명함 수첩에 잘 보관해서 이후에도 명함의 내용을 확인할 수 있도록 해야 한다.
> 정: 인맥 구축과 채용에 도움이 되는 비즈니스 특화 SNS를 BNS라고 한다.

① 0명　　　　② 1명　　　　③ 2명　　　　④ 3명　　　　⑤ 4명

29. 다음 중 시간에 대해 제대로 이해하지 못하고 있는 사람은?

① 시간은 비록 모두에게 동일하게 주어지는 자원이지만, 그 가치는 서로 다를 수 있다.

② 시간관리에 대한 기술과 지식을 학습하지 않으면 상식 수준의 시간관리로 인해 시간 낭비가 발생할 수 있다.

③ 시간관리는 할 일에 대한 목록을 작성하는 것은 물론이고, 명확한 목표를 가지고 우선순위, 소요 시간 등에 대한 정보를 토대로 계획을 수립할 필요가 있다.

④ 완벽하지 못하지만 시간에 맞춘 업무보다는 조금 늦더라도 완벽한 업무가 더 좋은 평가를 받을 수 있다.

⑤ 시간에 쫓기게 되면 업무 효율이 증가된다고 오해하는 경우가 많지만 실제로는 실수가 증가하여 시간 낭비가 발생되고, 전체적인 업무 효율은 오히려 감소될 수 있다.

[커피 원두 견적]

1) 필요 품목: 커피 원두(에티오피아 예가체프 원두)
2) 드립 커피 1잔 추출 시 필요 원두의 양: 10g
3) 1달 예상 판매량: 드립 커피 기준 1,500잔
4) 업체별 원두 정보

로스터리 명	원두 품질		가격(g당 가격)
	소비자 만족 점수	전문가 평가 점수	
A	85	88	9원
B	90	85	10원
C	92	90	10원
D	88	90	12원
E	90	88	9원

※ 1) 원두 품질 점수는 소비자 만족 점수 50%, 전문가 평가 점수 50%를 합산하여 계산함
　 2) 모든 업체는 1kg씩 포장 판매를 하고 있으며, 포장 금액은 별도로 1kg당 1,000원이 부가됨(모든 업체 동일)
　 3) 모든 업체는 10kg 이상 계약 시 배송 비용은 별도로 부가되지 않음

30. 카페를 운영하는 A 씨는 새로운 원두를 구입하기 위해 커피 원두를 조사하고 위와 같은 결과표를 작성하였다. A 씨가 원두를 결정하기 위해 만든 기준이 아래와 같을 때, A 씨가 거래처로 선정하기에 적합한 로스터리는?

[선정 기준]

1. 가격이 저렴한 원두를 최우선으로 선택한다.
2. 가격이 동일하다면 품질이 더 좋은 원두를 선택한다.
3. 드립 커피 1잔당 원두 차이에 따른 원가 상승이 10원을 초과하지 않으면 품질이 더 좋은 원두를 선택한다.

① A 로스터리　　② B 로스터리　　③ C 로스터리　　④ D 로스터리　　⑤ E 로스터리

31. A 씨는 위의 기준에 맞추어 거래처를 선택한 뒤 포장 비용과 배송 비용을 포함한 1달 치 원두 구매 금액을 계약금으로 지불하려고 한다. 월간 예상 판매량에 따라 금액을 계산하여 지불하려고 할 때, A 씨가 계약금으로 지불해야 하는 금액은?

① 145,000원　　② 150,000원　　③ 155,000원　　④ 160,000원　　⑤ 165,000원

32. 민교는 자원관리 강의에서 배운 시간 계획 순서에 따라 시간 계획을 수립했지만, 계획대로 업무를 수행하지 못하는 일이 많았다. 민교가 만든 시간 매트릭스와 시간 계획표가 아래와 같을 때, 민교가 계획대로 업무를 수행하지 못한 원인은?

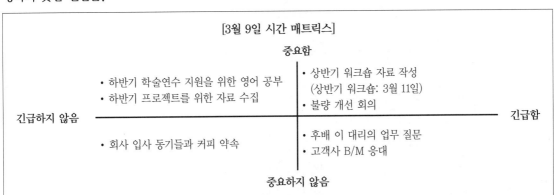

[3월 9일 시간 매트릭스]

중요함

긴급하지 않음 | 중요함 / 긴급함

- 하반기 학술연수 지원을 위한 영어 공부
- 하반기 프로젝트를 위한 자료 수집

- 상반기 워크숍 자료 작성 (상반기 워크숍: 3월 11일)
- 불량 개선 회의

긴급함

- 회사 입사 동기들과 커피 약속

- 후배 이 대리의 업무 질문
- 고객사 B/M 응대

중요하지 않음

구분	시간	업무명	비고
1	–	고객사 B/M 응대	이 대리에게 위임하여 이 대리가 진행
2	–	하반기 프로젝트 자료 수집	다음 주에 시작하는 것으로 변경
3	09:00~12:00	상반기 워크숍 자료 작성	
4	12:00~13:00	점심 식사	
5	13:00~13:30	이 대리 질문 응대	B/M 응대에 필요한 질문만 간략히
6	13:30~15:00	불량 개선 회의	기술 그룹 주관 회의 참석
7	15:00~18:00	상반기 워크숍 자료 작성	
8	18:00~19:00	저녁 식사	
9	19:00~20:00	영어 공부	회사 지원 프로그램 이용

※ 1) 회사 입사 동기들과 커피 약속은 다음 주에 일정이 한가해지면 진행하는 것으로 변경됨
2) 상반기 워크숍 자료 작성업무는 예상 소요시간이 3시간이며, 확인까지 총 6시간이 소요됨

① 업무 우선순위 선정이 잘못되었다. 이 대리의 질문에 응대하는 스케줄은 포함할 필요가 없었다.

② 상반기 워크숍 자료 작성을 하는 데 너무 많은 시간을 할애했다.

③ 불량 개선 회의에 참석하지 않고 다른 업무에 시간을 투자했어야 한다.

④ 영어 공부 스케줄을 포함하지 않았어야 한다.

⑤ 계획을 작성할 때 여유시간을 포함하여 작성했어야 한다.

33. ○○고등학교의 A 선생님은 최정 학생의 성적 상담을 위해 점수를 확인하고자 K3 열에 VLOOKUP 함수를 이용하여 함수식을 입력하였다. 다음 중 적합한 결괏값은?

◢	A	B	C	D	E	F	G	H	I	J	K
1											
2		이름	국어	영어	수학	과학	평균		구분	이름	???
3		최정	88	90	72	87	84.3		1	최정	= VLOOKUP(J3, B2:G12, 6, FALSE)
4		이경종	74	93	65	94	81.5				
5		김수천	81	88	78	76	80.8				
6		장정호	80	91	66	88	81.3				
7		장대수	90	86	84	92	88.0				
8		윤종식	72	87	82	74	78.8				
9		최태호	68	65	78	68	69.8				
10		이필중	78	78	64	70	72.5				
11		한정필	92	89	91	80	88.0				
12		김해광	88	93	85	98	91.0				
13											

① 72   ② 84.3   ③ 87   ④ 88   ⑤ 90

34. ○○기업의 장세영 사원은 최근 정보능력을 강화하기 위해 사내 직무교육을 신청했다. 어제 배운 Windows 단축키를 업무 중 사용해보았는데 잘못 작동하는 것이 있다. Windows 10에서 사용하는 바로가기 키에 대한 설명으로 옳지 않은 것은?

① 〈Alt〉 + 〈ESC〉: 시작 메뉴

② 〈Shift〉 + 〈F10〉: 선택한 항목의 바로가기

③ 〈Ctrl〉 + A: 텍스트 모두 선택

④ 〈Alt〉 + 〈Enter〉: 선택한 파일의 속성 바로가기 및 확인

⑤ 〈Ctrl〉 + 숫자(1~9): 누른 숫자만큼의 탭으로 이동

35. 공기업 취업을 준비하는 박○○은 면접 전형을 앞두고 제출한 서류를 저장해두지 않아 난처한 상황을 겪고 있다. 함께 공부하는 친구가 꼭 별도로 저장해두라고 조언하면서 여러 가지 방법을 알려주었는데, 다음 중 Windows10에서 원하는 화면을 캡처(Capture)할 수 있는 방법이 아닌 것은?

① 윈도우키 + W

② 윈도우키 + Print Screen

③ 윈도우키 + M

④ 윈도우키 + Shift + S

⑤ Alt + Print Screen

[System Monitoring Screen]

System is checking now……
Monitoring system type is NTPS.
Data Labeling process type is C:

Running……
Problem founded at 43$27$_A_0

Sorting index……
Index QDOPISD with CRT

Input code:

System type	항목	세부사항	
NTFS	오류 발생 범위	Problem founded 뒤에 나타나는 문자 예 11$12$_A_1: A_1 구역 Disk 중 (11 × 12)개 Data	
	오류 해결 기간 (오류 발생 Data 범위에 따라 결정)	50개 미만	3시간 이내
		50개 이상 100개 미만	12시간 이내
		100개 이상 300개 미만	24시간 이내
		300개 이상 500개 미만	48시간 이내
		500개 이상	72시간 이상
	오류 타입	Index 뒤에 나타나는 7개의 문자	
	치명도	오류 타입 뒤 (with) 문자 위에 나타나는 3개의 문자	

판단 기준	오류 타입	치명도	Input code
안전코드와 알파벳 차이 3개 미만	단순 Data 오류	NOR	PSNM
		WAR	PSNM
		CRT	RADM
안전코드와 알파벳 차이 3개 이상 5개 미만	단순 Data 삭제	WAR	RCPG
		CRT	CDIM
안전코드와 알파벳 차이 5개 이상	Data 복구 불가	CRT	RCPG
		PSD	PGSD

※ 1) 안전코드: QXOPIAE
　 2) 치명도: NOR(평범) < WAR(주의) < CRT(치명) < PSD(System Shut down 필요)

36. 귀하가 Data Monitoring을 하던 중 위와 같은 오류 메시지가 확인되었다. 이 오류를 해결하기 위해 필요한 기간은?

　　① 3시간 이내

　　② 12시간 이내

　　③ 24시간 이내

　　④ 48시간 이내

　　⑤ 72시간 이상

37. 귀하는 오류 메시지를 확인하고 이를 정상적으로 해결하기 위한 코드를 입력하고자 한다. 위의 자료를 토대로 귀하가 입력해야 하는 코드로 올바른 것은?

　　① PSNM

　　② RADM

　　③ RCPG

　　④ CDIM

　　⑤ PGSD

38. 다음에서 설명하고 있는 전자금융사기 수법에 대한 대처법으로 적절한 것은?

> PC 내 메모리에 악성코드를 심어 은행 사이트에서 보안카드 번호 앞뒤 2자리만 입력하여 부당 인출하는 해킹 수법을 말한다. 정상적인 은행 사이트에 접속하여 고객이 이체 거래하는 과정에서 금융정보를 알아내 돈을 빼돌리며, 유형은 두 가지로 나뉜다.
>
> 첫 번째, 정상적인 인터넷 뱅킹을 시도하다가 오류가 반복되는 경우이다. 이 경우는 범죄자들이 피해자 컴퓨터에 악성코드를 감염시키고 피해자가 정상적인 인터넷 뱅킹 절차(보안카드 번호 앞뒤 2자리)를 입력하고 이체를 누르면 오류가 발생하게 하여 이체정보를 미전송하고 일정시간이 경과하면 범죄자가 동일한 보안카드 번호를 입력하여 범행계좌로 이체하는 수법이다.
>
> 두 번째, 인터넷 뱅킹으로 정상적인 계좌이체가 끝나고 보안카드 번호를 또 입력하라는 요구를 하는 수법이다. 이 경우는 위와 같이 피해자 PC에 악성코드를 감염시키고 피해자가 정상적인 계좌이체를 종료하면 보안강화 팝업창이 뜨면서 보안카드 번호 앞뒤 2자리를 입력하라고 요구하여 일정시간이 경과하면 범행계좌로 이체되는 수법이다.

① 웹사이트를 속일 수 있는 위장 기법을 차단하는 장치를 마련한다.

② 금융회사에 직접 전화를 걸어 이메일에서 안내한 사항이 사실인지를 확인한다.

③ 출처가 확인되지 않은 문자메시지에 있는 인터넷 주소에 접속하지 않는다.

④ OTP(일회성 비밀번호 생성기), 보안토큰(비밀정보 복사 방지)을 사용한다.

⑤ 데이터를 암호화한다.

39. 우리나라 순수 자체 기술로 개발한 한국형 발사체 '누리호(KSLV-Ⅱ)'가 지난 2021년 10월 21일 발사되었다. 전남 고흥 나로우주센터 내 제2발사대에서 날아올라 고도 700km까지 정상 비행했으나 탑재된 1.5톤급 모사체 위성의 궤도 안착에는 실패해 '절반의 성공'이라는 평가를 받고 있다. 처음 개발한 발사체가 성공적으로 발사될 확률은 30%에 불과한 것으로 알려졌다. 실제 일론 머스크가 만든 스페이스X도 첫 발사 성공까지 세 번이나 실패를 경험했다. 이처럼 연구 개발과 같이 지식을 획득하는 과정에서 실패는 항상 발생한다. 다음 중 기술적 실패 혹은 실패한 기술에 대해 잘못 설명한 것은?

① 혁신적인 기술능력을 가진 사람은 성공과 실패의 경계를 유동적인 것으로 만들어, 실패의 영역에서 성공의 영역으로 자신의 기술을 이동시킬 줄 안다.

② 실패는 일을 하는 과정에서 어쩔 수 없이 일어나거나 직면하는 원인이 있는 반면, 태만이나 고의적 부정처럼 의도적인 행위에 의한 원인도 있다.

③ 실패를 은폐하거나 과거의 실패를 반복하는 것은 어떤 의미에서도 바람직하지 않다.

④ 실패에는 다양한 이유가 있으며, '실패는 성공의 어머니'라는 말처럼 어떤 경우의 실패라도 분명히 보탬이 된다.

⑤ 실패를 은폐하다 보면 실패가 반복될 수 있고, 이로 인해 커다란 재앙이 발생하기도 한다.

40. 근로자가 안전하고 건강하게 일할 수 있도록 안전의식을 제고하여 산업 재해 사고사망자를 감소시키기 위한 대국민 홍보 캠페인이 추진되고 있다. 다음 자료에 대한 설명으로 적절하지 않은 것은?

[중대재해 사례: 조류 착지 방지 장치 설치를 위해 이동하던 중 감전]

■ 재해 개요

○○시에서 조류가 송전 선로에 착지하지 못하도록 철탑에 착지 방지 장치 설치를 위해 중간암의 끝단으로 이동하던 근로자가 상부암 활선에 신체를 접촉하거나 접근 한계 거리(170cm) 이내로 접근하여 감전으로 인해 추락사한 사건 발생

■ 재해 발생 원인

1) 충전 선로에서 작업 시 감전 방지 조치 미실시
   – 충전 선로에서 조류 착지 방지 장치 설치작업 시 감전될 우려가 있으나 154kV 송전 선로에 대한 정전조치 미실시
2) 충전 선로에 대한 접근 한계 거리 미준수
   – 충전 선로(154kV) 충전부에 신체가 접촉 또는 접근 한계 거리(170cm) 이내로 접근함

■ 재해예방 대책

1) 충전 선로에서 작업 시 해당 전로를 차단하거나 접근 한계 거리를 준수해야 함
   – 충전 선로에서 조류 착지 방지 장치 설치작업 시 154kV 송전 선로에 대한 정전 조치를 실시해야 함
   – 충전 선로(154kV) 정전작업이 어려운 경우, 충전부에 재해자의 신체가 접촉 또는 접근 한계 거리(170cm) 이내로 접근 시 공기의 절연파괴로 인한 섬락으로 감전위험이 있으므로 접근 한계 거리 밖에서 조류 착지 방지 장치를 설치하거나 이동하여야 함
2) 추락 방지용 안전대 착용에 대해 관리·감독을 철저히 해야 함
   – 조류 착지 방지 장치 설치작업을 하거나 이동하면서 추락 방지용 안전대를 수평이동봉에 걸도록 관리·감독하여야 함

※ 출처: 한국산업안전보건공단

---

① 자료와 같은 산업 재해는 산업 재해의 기본적 원인 중에서 작업관리상 원인에 해당한다.

② 작업 시 해당 선로 차단 또는 접근 한계 거리 준수는 불안전한 행동 방지를 위한 방법에 해당한다.

③ 자료와 같은 산업 재해가 발생한 원인은 직접적 원인 중에서 불안전한 상태에 해당한다.

④ 추락 방지용 안전대 착용 관리·감독은 불안전한 상태를 제거하는 방법에 해당한다.

⑤ 자료와 같은 대책은 산업 재해 예방 대책 중에서 4단계 '시정책의 선정'에 해당한다.

41. 철강업체의 선박용접기술팀 부장으로 일하고 있는 귀하는 기술경영자로서의 성장을 목표로 삼고 있지만, 사실 기술경영자가 어떤 사람인지 잘 알지 못한다. 이에 따라 성공한 기술경영자 사례를 통해 기술경영자의 능력을 배우기로 했다. 다음의 빌 게이츠 사례에서 귀하가 배울 수 있는 기술경영자의 능력으로 가장 적절한 것은?

> 지금의 마이크로소프트사를 만든 것은 Windows 이전에 MS-DOS였다. 1981년 당시 세계 최대의 컴퓨터 회사인 IBM은 후에 IBM-PC로 불리게 되는 퍼스널 컴퓨터 개발에 착수하였으며, 마이크로소프트사에 8086용 CP/M 개발을 의뢰했다. 이에 빌 게이츠는 시애틀 컴퓨터사가 독자적으로 개발한 86-DOS의 판권을 구입한 후 IBM PC용으로 보완하여 PC-DOS를 만들어냈으며, 이후 마이크로소프트사는 자사상표인 MS-DOS라는 이름으로 이를 시장에 내놓았다. 사용자들은 너도나도 IBM-PC를 사용하기를 원했고, IBM-PC에서 사용할 수 있는 유일한 OS는 거의 MS-DOS뿐이었다.

① 기술을 기업의 전반적인 전략 목표에 통합시키는 능력

② 조직 내의 기술 이용을 수행할 수 있는 능력

③ 기술 전문 인력을 운용할 수 있는 능력

④ 크고 복잡하며 서로 다른 분야에 걸쳐 있는 프로젝트를 수행할 수 있는 능력

⑤ 빠르고 효과적으로 새로운 기술을 습득하고 기존의 기술에서 탈피하는 능력

42. 다음 자료에 제시된 조직의 특성으로 적절한 것은?

> ○○○○공사 인천김포권지사는 인천 서구 노숙인재활시설 '은혜의집'을 방문해 코로나19 예방 용품을 전달했다.
> 은혜의집은 지난 19XX년도에 설립돼 각종 장애와 가족 체계 와해로 일정한 거주지와 직업이 없는 이들을 대상으로 사회의 정상적인 일원으로 복귀할 수 있도록 종합적인 서비스를 제공하고 있는 노숙인 재활시설이다.
> ○○○○공사는 현재 전국 117개 '물사랑나눔단' 봉사동아리별로 지역 취약계층, 복지시설 등을 대상으로 다양한 프로그램을 통해 나눔과 봉사를 실천하고 있으며, 인천김포권지사는 20XX년부터 노숙인 재활시설 은혜의집에서 생활하고 있는 노숙인들을 위해 후원금과 생필품 등을 지원해 왔다.

① 목표나 임무가 비교적 명확하게 규정된 조직

② 조직 구성원들의 행동을 통제할 장치가 마련되어 있는 조직

③ 이윤을 목적으로 하는 조직

④ 인간관계에 따라 형성된 자발적인 조직

⑤ 규모와 기능 그리고 규정이 조직화되어 있는 조직

43. 자동차 회사의 뛰어난 영업사원인 양수호 대리는 자신이 속한 영업직군의 특성상 사람을 매일 만나야 하고 정보가 중요하기 때문에 동기 모임, 직급별 모임, 동호회 그리고 학연, 지연 모임까지 활발하게 활동하고 있다. 그중에서 조기 축구회에서는 3년째 회장을 맡고 있는데, 항상 다른 팀을 분석하고 새로운 전술에 대해 연구한 결과를 회원들에게 알려 준 것이 좋은 평가를 받았기 때문이다. 동호회에서 양수호 대리의 활동은 경영자의 역할 중 어떤 것에 가까운가?

① 대인적 역할　　　　　　　② 정보적 역할　　　　　　　③ 의사결정적 역할

④ 관리적 역할　　　　　　　⑤ 대외적 역할

44. ○○식품은 프로젝트를 중심으로 일하는 구조를 만들기 위해 전사 팀 조직을 다음과 같이 대대적으로 개편해 직급과 관계없이 누구나 팀장이 될 수 있도록 했다. 상호보완적인 기능을 가진 사람들이 공동의 목표를 달성하기 위해 형성하는 조직인 팀제에 관한 설명으로 가장 적절한 것은?

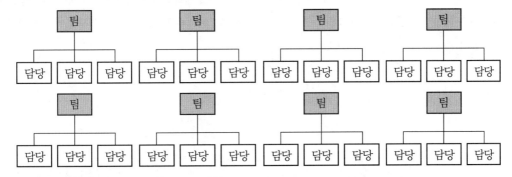

① 고객의 수요 변화 등 동태적 상황에 대한 조직 구성원의 신속한 의사결정을 저해시킨다.

② 팀 내 업무 분담이 명확하기 때문에 팀원의 무임승차 행위로 인한 업무 공동화 현상은 나타나지 않는다.

③ 계급제적 속성이 강한 사회에서는 팀 조직이 성공적으로 형성될 확률이 높다.

④ 수평적 조직구조로서 전략적 업무를 수행하는 조직에 적합하다.

⑤ 팀장은 최고경영자의 결정을 정확하게 전달하고 팀원들의 역할을 관리한다.

45. 남북경제협력의 미래를 추측해보고 이를 통해 향후 경영환경의 변화를 예측해보고자 한다. 다음 자료를 통해 남북경제협력 예측에 사용해야 하는 기법에 대한 설명으로 적절한 것은?

> 남북의 경제협력을 상징하는 개성공단 사업은 2000년 8월 현대아산과 북한 간 '개성공업지구건설운영에 관한 합의서'를 체결하면서 시작되었다. 개성공단은 남측의 자본과 기술, 북측의 토지와 인력이 결합한 사업으로, 2015년에는 125개의 입주 기업이 누적 생산액 5억 6000만 달러를 돌파하였으나 2016년 2월 북한의 4차 핵실험으로 인해 개성공단의 가동은 전면 중단되었다. 2007년 남북정상회담 이후 11년 만인 지난 2018년에 열린 남북정상회담으로 남북관계의 개선과 개성공단 사업 재개에 대한 기대감이 커졌지만, 북미 간 핵 협상이 교착 상태에 빠지면서 다시 한 치 앞을 알 수 없는 상황이 되었다. 한편, 코로나19가 확산되면서 보건 시스템이 취약한 북한은 국경을 폐쇄하고 국가비상방역체계로 전환하였다. 이로 인해 중국과의 무역이 중단되면서 경제 불안의 위험이 커지고 있다. 금강산 개별 관광으로 돌파구를 찾으려던 우리 정부는 새로운 변수를 만나게 된 것이다. 코로나19 대응을 위한 의료 협력을 관계 개선의 계기로 삼자는 주장도 나오고 있다. 북한에서 코로나19 확진자가 발생하면 의료 물품 지원이 절실해져 북한의 유화적 태도 변화를 기대할 수 있다는 입장이다. 하지만 우선 국제 사회와 협의가 필수적이다. 2019년 인플루엔자 확산을 막기 위한 타미플루 대북지원이 대북제재로 인해 미뤄진 사례를 잊어서는 안 된다.

① 주관적 판단에 근거를 두고 미래를 예측하는 기법이다.

② 미래의 가상적 상황에 관한 단편적인 예측이 아닌, 복수(複數)의 미래를 예상하고 각각의 시나리오에서 드러나는 문제점 등을 예측한다.

③ 전문가들을 대상으로 반복적인 피드백을 통해 수집된 의견을 발전시켜 문제를 해결하려는 미래 예측 기법이다.

④ 대개 연구 초기에 전반적인 상황을 전망하고 연구 주제를 구체화하거나 과제를 추출하는 단계에서 활용된다.

⑤ 일련의 데이터를 연장하는 방식으로 경향을 투사할 수 있으며, 수학적 혹은 통계적 방법이 빈번하게 사용된다.

46. ○○기술은 이번에 새롭게 비전 2030을 수립하고 여기에 걸맞도록 기존의 조직문화를 개선하고자 한다. 다음 중 조직문화의 방향성을 결정할 때 참고해야 할 사항이 아닌 것은?

① 새로운 조직문화의 방향성은 기업의 정체성을 강화시키는 데 기여할 수 있어야 한다.

② 기존 조직문화의 장단점을 비교하고 제거해야 할 조직문화를 찾아본다.

③ 조직문화의 방향성은 외부 환경의 변화 방향까지도 반영할 수 있어야 한다.

④ 매출 및 성과와 직접적으로 연계시켜 정량화해야 한다.

⑤ 조직문화를 변화시키고자 하는 목적이 분명하고 합리적이어야 한다.

47. 서준섭 대리는 오늘 점심시간에 백화점 세일에 다녀온 것을 친구에게 메신저로 자랑하기에 바쁘다. "오늘 땡잡았어! 스키용품을 싸게 샀어.", "넌 혼자만 일하니? 대충해. 그래서 큰 회사 다녀야 땡땡이치기 쉽다니까." 상사인 귀하가 서준섭 대리에게 주의를 줬지만 변명하기에 급급하다. 귀하가 서준섭 대리에게 해 줄 수 있는 말로 가장 적절하지 않은 것은?

① 근면한 자세를 갖추는 게 중요해.

② 업무 시간에는 개인적인 일을 하지 않아야 해.

③ 자신의 행동을 감추려고 하지 말고 솔직하게 이야기해.

④ 사무실 내에서는 메신저 등을 통해 사적인 대화를 나누지 말아야 해.

⑤ 모든 결과는 자신의 선택으로 말미암아 일어난다는 것을 반드시 알아야 해.

48. 인사는 예절의 기본이며 인간관계의 시작이기 때문에 상대와 상황에 따라 적절하게 해야 한다. ○○전자 신입사원 교육에서 다룬 다음 사례 중 인사 예절에 어긋나는 인사를 한 사람은?

- 지원자 김수정 씨는 면접 장소에 들어가서 면접관에게 45도 정도 허리 숙여 정중하게 인사했다.
- 윤태호 사원은 상담이 끝난 후 고객을 배웅하면서 30도 정도 허리 숙여 인사했다.
- 박소원 대리는 복잡한 엘리베이터에서 만난 최재혁 과장에게 가볍게 묵례로 인사했다.
- 김성현 대리는 화장실에서 상사인 김호진 과장을 만나 가볍게 미소를 지으면서 15도 정도 허리 숙여 인사했다.
- 승진해서 해외지사로 발령받은 김호진 과장은 상사인 홍수현 부장에게 그간 감사했다는 마음을 표현하기 위해 90도로 허리 숙여 인사했다.

① 지원자 김수정 씨

② 윤태호 사원

③ 박소원 대리

④ 김성현 대리

⑤ 김호진 과장

49. 지난해 공공기관 경영평가에서 낙제점을 받은 ○○공사는 올해 윤리경영 확립을 목표로 조직문화를 쇄신할 수 있는 방안을 마련하는 데 힘을 쏟고 있다. 21세기 경영환경의 변화는 이제 공공기관에도 고도의 윤리경쟁력 강화를 요구하고 있으며, 이에 발맞춰 각 공공기관은 윤리경영을 도입하여 투명하고 깨끗한 경영을 위해 끊임없이 노력하고 있다. 다음 중 공공기관이 실천하고 있는 윤리경영의 사례로 보기 어려운 것은?

> A 사: 청렴교육 실시 등 맞춤형 특화교육을 통해 구성원의 윤리의식을 제고하였다.
> B 사: 기후변화대응부를 신설, 농어촌용수의 기후변화 영향을 분석하고 선제적으로 대응하고 있다.
> C 사: 미(美)연방 조직범죄 판결지침의 '준법 프로그램 구성요소'를 준용하여 '윤리경영 시스템'을 구축하였다.
> D 사: ISO 19600 국제인증을 도입했으며 내부신고 통합플랫폼을 개발하였다.
> E 사: '명절에 선물 안 주고 안 받기' 캠페인을 전개하였다.
> F 사: 지속적으로 발생하는 부정 대출을 막기 위해 금융기관 간에 정보공유체계를 구축하였다.
> G 사: 클래식 음악 발전을 위해 인재를 발굴하고 예술가의 활동을 지원하였다.

① A 사, B 사   ② B 사, D 사   ③ B 사, G 사
④ C 사, F 사   ⑤ D 사, G 사

50. 성희롱은 인권과 근로권, 성적자기결정권을 침해하는 불법행위이다. 이는 권위주의적이고 성차별적인 조직문화나 왜곡된 직장 내 권력관계 속에서 발생하므로 직장 내 성희롱은 개인의 문제로 치부할 게 아니라 우리 모두의 문제로 인식하고 함께 대처해야 한다. 다음 중 성희롱 피해자에게 적절하지 않은 조언을 한 사람은?

> A: 문제해결을 위해 누구로부터 도움을 받을 것인지 먼저 결정해야 합니다.
> B: 성희롱을 당하면 단호하게 거부의 의사를 표현하고 합리적인 해결방안을 모색하세요.
> C: 직장 내 성희롱 구제 절차가 마련되어 있다면 해당 기구에 신고하고, 기구나 담당자가 없는 경우 인사부서에 신고하세요.
> D: 상대방과의 대화 내용을 녹음하는 것은 불법이기 때문에 피하고, 만나서 이야기할 경우 자신의 입장을 잘 정리하여 말할 수 있도록 준비하는 게 좋아요.
> E: 성폭력 범죄 등 형사 처벌되는 법 위반행위에 대해서는 검찰에 고소하고, 성희롱으로 인하여 발생한 손해배상 청구는 법원에 민사소송을 제기하면 됩니다.

① A, B   ② A, D   ③ B, C   ④ B, D   ⑤ C, E

약점 보완 해설집 p.13

NCS 실전모의고사 2회 모듈형

성명

수험번호

생년월일

1	① ② ③ ④ ⑤	21	① ② ③ ④ ⑤	41	① ② ③ ④ ⑤
2	① ② ③ ④ ⑤	22	① ② ③ ④ ⑤	42	① ② ③ ④ ⑤
3	① ② ③ ④ ⑤	23	① ② ③ ④ ⑤	43	① ② ③ ④ ⑤
4	① ② ③ ④ ⑤	24	① ② ③ ④ ⑤	44	① ② ③ ④ ⑤
5	① ② ③ ④ ⑤	25	① ② ③ ④ ⑤	45	① ② ③ ④ ⑤
6	① ② ③ ④ ⑤	26	① ② ③ ④ ⑤	46	① ② ③ ④ ⑤
7	① ② ③ ④ ⑤	27	① ② ③ ④ ⑤	47	① ② ③ ④ ⑤
8	① ② ③ ④ ⑤	28	① ② ③ ④ ⑤	48	① ② ③ ④ ⑤
9	① ② ③ ④ ⑤	29	① ② ③ ④ ⑤	49	① ② ③ ④ ⑤
10	① ② ③ ④ ⑤	30	① ② ③ ④ ⑤	50	① ② ③ ④ ⑤
11	① ② ③ ④ ⑤	31	① ② ③ ④ ⑤		
12	① ② ③ ④ ⑤	32	① ② ③ ④ ⑤		
13	① ② ③ ④ ⑤	33	① ② ③ ④ ⑤		
14	① ② ③ ④ ⑤	34	① ② ③ ④ ⑤		
15	① ② ③ ④ ⑤	35	① ② ③ ④ ⑤		
16	① ② ③ ④ ⑤	36	① ② ③ ④ ⑤		
17	① ② ③ ④ ⑤	37	① ② ③ ④ ⑤		
18	① ② ③ ④ ⑤	38	① ② ③ ④ ⑤		
19	① ② ③ ④ ⑤	39	① ② ③ ④ ⑤		
20	① ② ③ ④ ⑤	40	① ② ③ ④ ⑤		

해커스공기업

NCS 통합

봉투모의고사

모듈형/피듈형/PSAT형+전공

NCS 실전모의고사
3회

피듈형

해커스

NCS 실전모의고사
3회
(피듈형)

시작과 종료 시각을 정한 후, 실전처럼 모의고사를 풀어보세요.

시   분 ~   시   분 (총 60문항/70분)

□ **시험 유의사항**

[1] 피듈형 시험은 모듈형의 문제와 PSAT형의 문제가 혼합된 형태로 구성되며, 건강보험심사평가원, 서울교통공사, 한국수자원공사, 한전KPS 등의 기업에서 출제하고 있습니다.
   ※ 2021년 필기시험 기준으로 변동 가능성이 있습니다.

[2] 본 실전모의고사는 직업기초능력평가 10개 영역 60문항으로 구성되어 있으므로 영역별 제한 시간 없이 1문항당 풀이 시간을 고려하여 70분 내에 푸는 연습을 하시기 바랍니다. 전공 시험을 치르는 직무의 경우 각 직무에 맞는 전공 실전모의고사를 추가로 풀어보는 것이 좋습니다.

[3] 본 실전모의고사 마지막 페이지에 있는 OMR 답안지와 해커스잡 애플리케이션의 모바일 타이머를 이용하여 실전처럼 모의고사를 풀어본 후, 해설집의 '바로 채점 및 성적 분석 서비스' QR코드를 스캔하여 응시 인원 대비 본인의 성적 위치를 확인해보시기 바랍니다.

01. 다음을 읽고 바르게 이해하지 못한 것은?

문화체육관광부(이하 문체부) 황희 장관은 "대중문화예술인의 예술요원 편입제도 신설이 필요하다. 「병역법」 개정안의 조속한 국회 통과를 촉구한다"라고 밝혔다.

대중문화예술은 그칠 줄 모르는 한류 열풍의 핵심 동력,
순수예술인, 체육인과 동일한 제도적 지원으로 국가에 더 크게 이바지할 기회 제공 필요

황희 장관은 "최근 우리나라 대중문화예술인의 활약이 눈부시다. 대중문화예술인이 전 세계에 한류를 전파해 오늘날 우리나라가 높은 문화의 힘을 가진 나라로 우뚝 서는 데 이바지했다"라고 평했다. 또한 "대중문화예술인의 국위선양 업적이 뚜렷하고 기량이 절정에 이르렀음에도 불구하고, 병역의무 이행으로 인해 활동을 중단할 수밖에 없으며, 이는 문화 자원을 지킬 수 없는 분단국의 현실을 알린다는 점에서 국가적 손실이자, 세계적 예술인의 활동 중단이라는 점에서 전 인류의 문화적 손실"이라고 말했다.

이어 황 장관은 "이제 대중문화예술인의 예술요원 편입제도를 신설해야 할 시점이다. 예술·체육요원 제도는 우수한 기량을 바탕으로 국위를 선양해온 인재에게 자기 특기를 살려 국가에 더 크게 기여할 기회를 주는 제도로 뜻깊게 운영되어왔고, 대중문화예술 분야가 여기에 포함되지 않을 이유가 없다"라고 강조했다.

아울러 "특히 케이팝은 세계적 흥행을 이어가며 대중음악사에 한 획을 그었으며, 그중에서 방탄소년단(BTS)은 콘서트 1회당 1조 2천억 원에 달하는 생산유발효과*를 일으키고, 해외 유수의 음악상을 석권하는 등 세계를 울리는 문화적 파급력을 보여주고 있다. 최근 방탄소년단 일부 멤버의 입대를 앞두고 찬반양론이 대립하는 상황에서 누군가는 책임 있는 목소리를 내야 한다고 생각했고, 문체부 장관으로 해외 주요국을 다니며, 우리 문화의 힘을 드높이기 위한 더욱 적극적인 지원이 필요하다는 확신이 들었다"라고 설명했다.

* 방탄소년단 콘서트 1회당 효과: ▲ 생산유발효과 최대 1조 2,207억 원, ▲소비창출액 최대 7,422억 원, ▲ 부가가치유발효과
최대 5,706억 원, ▲ 고용유발효과 최대 10,815명(한국문화관광연구원, '22년 3월)

「병역법」 개정안의 조속한 통과 요청, 관계부처 간 협의 통해 편입기준 마련 계획

마지막으로 황희 장관은 현재 국회에 계류 중인 대중문화예술인 예술요원 편입제도 신설에 관한 「병역법」 개정안*을 조속히 통과시켜 줄 것을 국회에 요청했다. 개정안이 통과되면 합리적이고 공정한 편입기준을 마련하기 위해 관계부처와 함께 노력하겠다고 덧붙였다.

문체부는 「병역법」 개정 이후, 국방부, 병무청 등 관계부처와 실무협의를 거쳐 국위를 선양한 대중문화예술인에게 예술요원으로 복무할 기회를 부여함과 동시에, 제도 남용을 막기 위한 공정하고 엄격한 기준을 마련할 계획이다.

* (주요내용) 「병역법」 제33조의7 내에 예술·체육요원 편입 대상을 규정하고, 편입 대상 중 하나로 '대중문화예술인'을 포함(의
안번호 11097, 12162, 12886, 총 3건 발의)

※ 출처: 문화체육관광부(2022-05-04 보도자료)

---

① 대중문화예술인의 예술요원 편입제도를 신설한다고 밝히고 있다.

② 예술요원 편입제도의 신설에 대한 논의는 한류 열풍이 원인이라고 볼 수 있다.

③ 대중문화예술인 예술요원 편입제도 신설에 관한 병역법 개정안은 총 3건이 발의되어 있다.

④ 병역법 개정이 된 후 국방부와 병무청 등 관계부처와 실무협의를 거치면 국위를 선양한 대중문화예술인에게 예술요원으로 복무할 기회를 줄 수 있다.

⑤ 한국문화관광연구원에서 밝힌 바에 따르면 방탄소년단 콘서트 1회당 효과에서 부가가치유발효과는 최대 5,706억 원이다.

02. 다음 보도자료를 읽고 제목을 바르게 붙인 것은?

> 중소벤처기업부는 '사회적경제기업 성장집중 지원사업'에 참여할 기업 30곳을 최종 선정했다고 밝혔다. 이번 지원사업은 기획재정부 등 10개 부처가 함께 진행하는 것으로, 각 부처가 먼저 창업 및 초기기업(3년 이내)을 지원하고 이후 중기부가 성장 잠재력이 있는 사회적경제기업이 한 단계 도약할 수 있도록 지원하는 것이 골자다.
>
> 사회적경제기업은 사회적 가치를 실현하고 있는 기업으로, 협동조합·사회적기업·마을기업·자활기업·소셜벤처 등의 유형이 있다. 중기부는 지난해 예산 19억 원 규모의 신규 사업으로 시작한 데 이어, 올해에는 전년 대비 13억 원 증액된 예산 32억 원을 지원할 방침이다. 각 부처는 업력 4~10년 이상의 사회적경제기업에 대해 평가한 후 적합 기업을 추천했으며, 선정심의위원회는 '사회적 가치 부합성'과 '금융지원 타당성'을 고려해 최종 30곳의 기업을 선정했다. 선정된 참여기업에게는 비즈니스 모델 및 성장전략 수립 등 기초 혁신역량 강화를 위해 필수적으로 사전진단과 컨설팅을 진행한다.
>
> 또한 선정기업이 스스로 문제점을 파악하고 연구 개발, 판로 개척, 인프라 구축 등 필요한 부분에 대해 자유롭게 선택해 사업을 추진할 수 있으며, 최대 3억 원까지 지원한다. 장세훈 중기부 지역상권과장은 "사회적경제기업 성장집중 지원을 통해 취약계층 고용을 통한 일자리 안전망 확충과 기업이윤의 사회 환원 등 사회적 가치 창출에 기여할 계획"이라며 "연대·협력의 가치를 중심으로 다양한 정책 마련과 유망 사회적경제기업이 보다 빠르고 다양하게 성장하도록 부처 간 협업체계를 지속적으로 강화해 나가겠다"고 말했다.

※ 출처: 중소벤처기업부(2022-04-18 보도자료)

① 사회적경제기업은 사회적 가치를 창출할 수 있어
② 중소벤처기업부, 사회적경제기업 유형 3가지를 제시
③ 중소벤처기업부, 성장 잠재력 큰 사회적경제기업 30곳 집중 지원
④ 중소벤처기업부, 지난해 19억 원으로 사회적경제기업 최초 지원
⑤ 중소벤처기업부, 사회적경제기업 기준을 두 가지로 결정

03. 다음을 읽고 문단의 순서 배열을 바르게 한 것은?

(가) 농축수산물(1.9%)은 상대적으로 안정적인 흐름을 보였으나, 원유를 포함한 석유류가 3월 31.2% 상승에 이어 4월에도 34.4% 크게 올랐다. 가공식품(7.2%)·외식(6.6%) 등도 오름세를 유지했다. 홍 부총리는 "주요 선진국 물가도 러시아·우크라이나 전쟁의 장기화 영향 등으로 유례없이 높은 수준을 이어가고 있다"며 "이를 반영해 최근 국제통화기금(IMF)이 주요국 연간 물가 전망을 상향 조정하는 등 당분간 물가 상승 압력이 지속될 것으로 예상한다"고 밝혔다. 그러면서 "정부는 최근 물가관계장관회의를 통해 결정한 여러 조치들을 속도감 있게 이행하는 등 물가 안정을 위해 총력을 기울이고 있다"고 강조했다. 정부는 지난 1일부터 유류세 30% 인하분 등이 가격에 신속 반영되도록 업계와 최대한 협력하고, LPG 판매부과금 감면과 경유 유가 연동 보조금 지원 등 이른바 '고유가 부담완화 3종 세트' 관련 법령을 개정해 시행에 차질이 없도록 했다.

(나) 홍남기 경제부총리 겸 기획재정부 장관은 최근 소비자 물가 상승세와 관련해 "당분간 물가 상승압력이 지속될 것으로 예상된다"고 밝혔다. 홍 부총리는 이날 정부서울청사에서 마지막 물가관계장관회의를 주재한 자리에서 "4월 소비자 물가 상승률이 전년동월비 4.8%로 2008년 10월(4.8%) 이후 최고치를 기록했다는 사실을 무겁게 받아들인다"며 이같이 말했다. 이날 통계청이 발표한 4월 소비자 물가 상승률은 전년 동월대비 4.8% 상승하며, 전월(4.1%)에 이어 두 달 연속 4%대 상승률을 기록했다.

(다) 이외에도 정부는 물가 상승압력 완화를 위해 국제에너지기구(IEA)와 국제공조를 통해 비축유 723만 배럴을 추가 방출하며 총 1억 2000만 배럴을 풀고 있다. 최근 건설자재 수급불안 및 가격인상에 대응해 호주산 유연탄 수입비중을 확대하고, 신속통관 지원과 원활한 자재운송 지원방안도 마련해 조치 중이다. 홍 부총리는 "최근 LNG 장기도입계약 체결과 사료용 밀·옥수수 추가물량 확보 등 원자재·국제곡물 수급안정화 노력도 집중하고 있다"며 "생활물가 차원에서 자동차보험 마일리지특약 개정과 자동차 보험료 인하, 지자체 상수도 요금 감면을 위한 원수사용요금 50% 감면기간을 최대 6개월로 확대했다"고 설명했다.

(라) 할당관세 규정 개정을 통해 네온·제온·크립톤 등 주요 원자재와 침용감자 계절관세 등 곡물 품목에 대한 할당관세 적용과 함께 대체사료인 겉보리, 소맥피 할당량 확대 등을 시행 중이다. 홍 부총리는 "원자재 수급 부담 완화를 위해 납사 조정관세 인하와 고부가 철강제품 페로크롬 할당관세 인하도 검토 중"이라며 "이러한 조치로 향후 체감 유류비용이 조금이나마 줄어들고 국내 제조업·식품업계의 원가상승 부담이 다소 완화될 수 있을 것으로 기대된다"고 말했다.

(마) 그러면서 "최근 들어 글로벌 공급망 약화 및 우크라이나 사태 등으로 거센 대외압력에 직면한 모습"이라며 "서민 생활물가 안정은 어느 현안보다도 중요하고 시급한 사안으로 현 경제팀은 물러나는 마지막 순간까지 물가 안정을 위해 총력을 기울이겠다"고 강조했다.

※ 출처: 기획재정부(2022-05-03 보도자료)

① (가) - (나) - (라) - (다) - (마)
② (가) - (나) - (다) - (라) - (마)
③ (나) - (가) - (라) - (다) - (마)
④ (나) - (가) - (마) - (라) - (다)
⑤ (나) - (라) - (다) - (가) - (마)

[04 – 05] 다음 맞춤형 기초생활보장제도 안내문을 보고 각 물음에 답하시오.

[맞춤형 기초생활보장제도 안내문]

1. 지원대상

소득인정액이 급여별 선정기준 이하인 가구로 부양의무자 기준이 다음 중 어느 하나에 해당하는 경우
- 부모(계부모 포함), 자녀(사위, 며느리 포함) 등 부양의무자가 없는 경우
- 부양의무자가 있어도 소득과 재산이 적어 부양할 수 없는 경우
- 부양의무자와 가족관계 해체(이혼, 폭력, 학대) 등을 이유로 부양을 거부·기피하여 부양을 받을 수 없다고 인정한 경우
- 부양의무자가 군복무 중, 교도소 수감, 해외 이주, 행방불명 등인 경우

2. 지원내용

각 가구의 특성이나 처한 상황에 따라 생계비, 의료비, 주거비, 교육비 등을 지원

1) 생계급여: 가구별 생계급여 선정기준액에서 소득인정액을 뺀 금액을 현금으로 지급

예 소득인정액이 60만 원인 4인 가구의 경우: 생계급여 선정기준인 138만 4061원에서 60만 원을 뺀 78만 4070원 지급(원 단위 올림)

2) 의료급여: 질병, 부상, 출산 등 필요한 의료서비스를 낮은 본인부담으로 이용

[의료급여 본인부담금 수준]

구분		1차(의원)	2차(병원)	3차(상급종합병원)	약국	PET 등
1종	입원	없음	없음	없음	–	없음
	외래	1,000원	1,500원	2,000원	500원	5%
2종	입원	10%	10%	10%	–	10%
	외래	1,000원	15%	15%	500원	15%

※ 1) 1종 의료급여: 근로무능력가구, 희귀난치성·중증질환 등록자, 시설수급자
　 2) 2종 의료급여: 기초생활보장제도에 따른 의료급여수급자 중 1종 수급대상이 아닌 가구

3) 주거급여
- 임차가구: 지역 및 가족 수에 따라 산정한 기준임대료를 상한으로 실제 임차료(월임차료 + 보증금 환산액)를 지원
- 자가가구: 구조안전·설비·마감 등 주택 노후도를 평가(경·중·대보수로 구분)하여 종합적인 주택개량 지원

구분	경보수	중보수	대보수
수선 비용(주기)	378만 원(3년)	702만 원(5년)	1,026만 원(7년)
수선 예시	도배, 장판 등	오급수, 난방 등	지붕, 기둥 등

※ 1) 장애인 자가가구 수급자: 주거약자용 편의시설 설치(장애인 추가지원과 고령자 추가지원은 중복지원 불가, 장애인이면서 고령자인 경우 장애인 추가지원 적용)를 380만 원 한도 내에서 추가지원
　 2) 고령자(만 65세 이상): 주거약자용 편의시설 설치를 50만 원 한도 내에서 추가지원

4) 교육급여: 부교재비, 학용품비, 교과서, 고등학교 입학금 및 수업료 지원

[교육급여 지원내용]

구분	부교재비	학용품비	교과서	입학금 및 수업료
초등학생	13만 2000원	7만 1000원	–	–
중학생	20만 9000원	8만 1000원	–	–
고등학생	20만 9000원	8만 1000원	해당 학년의 정규 교육 과정에 편성된 교과목의 교과서 전체	학교장 고지 금액 전액
지급 횟수	연 1회	연 1회	연 1회	입학금은 입학 시 1회, 수업료는 분기별 지급

5) 그 밖의 지원

구분	지원내용
해산급여	출산(예정)한 경우 아이 1명당 60만 원(쌍둥이는 120만 원) 지급 ※ 생계급여, 의료급여, 주거급여 수급자에게만 지원
장제급여	사망한 경우 장례를 치르는 사람에게 사망자 1인당 75만 원 지급 ※ 생계급여, 의료급여, 주거급여 수급자에게만 지원

3. **신청방법**
   읍·면·동 주민센터에 신청

4. **문의**
   1) 생계, 의료 교육급여: 보건복지상담센터
   2) 주거급여: 주거급여 콜센터 또는 LH 마이홈

04. 윗글을 통해 맞춤형 기초생활보장제도에 대해 추론한 내용으로 적절하지 않은 것은?

① 소득인정액이 급여별 선정기준 이하인 가구 중에 부양의무자의 학대로 인해 부양자가 부양을 기피하여 부양을 받을 수 없다고 인정되는 경우에는 맞춤형 기초생활보장제도 혜택을 받을 수 있다.

② 근로무능력가구가 외래 병원을 이용하면 병원비의 15%만 본인이 부담하게 된다.

③ 소득인정액이 70만 원인 4인 가구는 생계급여로 원 단위 올림하여 68만 4070원을 지급받을 수 있다.

④ 고등학생이 교육급여 지원을 받는다면 입학금 및 수업료는 학교장이 고지한 전체 금액을 면제받을 수 있다.

⑤ 만 65세 이상의 장애인 자가가구 수급자라면 주거급여에서 주거약자용 편의시설을 380만 원 한도 내에서 추가로 설치할 수 있다.

05. 다음 중 맞춤형 기초생활보장제도를 지원받을 수 없는 사람은? (단, A~E 모두 소득인정액이 급여별 선정기준 이하이다.)

① 외동딸이 결혼 후 사고로 사망하였으나 중위소득자인 사위가 부양하겠다는 의지를 가지고 있는 A

② 부모의 가정폭력으로 인해 집을 나온 후 부모의 부양을 거부하여 부양을 받을 수 없다고 인정받은 B

③ 어머니가 돌아가시고 아버지와 둘이 살다가 아버지가 교도소에 수감되자 혼자 살고 있는 10살 된 C

④ 아들이 서울로 올라가면서 혼자 살고 있으나 본인이 경제적 능력이 없고 아들도 전혀 소득이 없는 D

⑤ 부모님이 두 분 모두 돌아가시면서 혼자 살게 되었으나 일할 수 있는 능력이 없는 장애인 E

06. 다음 에너지기본법의 일부를 읽고 보도자료를 작성하였다. 보도자료의 내용 중 옳지 않은 것을 고르면?

> **제9조(국가에너지위원회의 구성 및 운영)**
> ① 정부는 주요 에너지정책 및 에너지 관련 계획에 관한 사항을 심의하기 위하여 국가에너지위원회(이하 "위원회"라 한다)를 둔다.
> ② 위원회는 위원장 및 부위원장 각 1인을 포함한 25인 이내의 위원으로 구성하고, 위원은 당연직위원과 위촉위원으로 구성한다.
> ③ 위원장은 대통령이 되고, 부위원장은 국무총리가 된다.
> ④ 당연직위원은 대통령령이 정하는 관계 중앙행정기관의 장이 된다.
> ⑤ 위촉위원은 에너지 분야에 관한 학식과 경험이 풍부한 자 중에서 대통령이 위촉하는 자가 된다. 이 경우 위촉위원에는 대통령령이 정하는 바에 따라 에너지에 관련된 시민단체에서 추천한 자가 5인 이상 포함되어야 한다.
> ⑥ 위원장은 위원회에 상정되는 안건과 관련이 있다고 인정하는 경우 관계 중앙행정기관의 장 및 이에 준하는 기관의 장과 에너지 분야의 민간전문가를 위원회에 참석시켜 의견을 제시하게 할 수 있다.
> ⑦ 위원장은 위원회를 대표하고 업무를 총괄한다.
> ⑧ 위원장은 부득이한 경우 부위원장으로 하여금 그 직무를 대행하게 할 수 있고, 위원장 및 부위원장 모두 부득이한 사유로 직무를 수행할 수 없는 때에는 위원장이 미리 지명한 위원이 그 직무를 대행한다.
> ⑨ 위원회를 효율적으로 운영하기 위하여 간사위원 2인을 두며, 간사위원은 지식경제부장관과 위촉위원 중 1인이 공동으로 한다. 〈개정 2008. 2. 29.〉
> ⑩ 위촉위원의 임기는 2년으로 하되, 연임할 수 있다.
> ⑪ 위원회에 상정할 안건을 검토하거나 위원회가 위임한 안건을 조사·연구하기 위하여 분야별 전문위원회를 둔다.
> ⑫ 위원회 소관 사무는 간사위원이 처리한다.
> ⑬ 위원회 및 분야별전문위원회의 구성·운영, 간사위원의 지명 등에 관한 구체적인 사항은 대통령령으로 정한다.

> **[보도자료]**
>
> **-2020년 국가에너지위원회 가설립-**
>
> ① 정부는 주요 에너지정책 및 에너지 관련 계획에 관한 사항을 협의하기 위해 국가에너지위원회를 설립하였다. ② 위원회는 위원장과 부위원장을 제외하고 총 22인으로 구성되었으며, 위원장은 ③ 시민단체가 추천한 7명의 저명한 학자들을 포함하여 11명의 위촉위원을 위촉하였다. ④ 위촉위원은 2년간 국가 에너지위원회의 위원으로 활동하게 되며, 이후 필요에 따라 연임할 수 있다. 향후 국가에너지위원회는 ⑤ 특별한 사유가 없을 경우 국무총리가 대표로 업무를 총괄하고 부득이한 경우 미리 지명한 위원이 직무를 대행할 예정이다.

07. 다음 〈보기〉의 밑줄 친 단어와 유사한 의미로 쓰인 것은?

〈보기〉

그 가방 안에는 직원에게 줄 월급이 <u>들어</u> 있다.

---

① 이번 달에 어머니 생신이 <u>들었다</u>.
② 3분기에 <u>들자</u> 드디어 흑자로 전환되었다.
③ 상품설명서에는 다양한 유의사항이 <u>들어</u> 있다.
④ 신입사원이 업무에 익숙해지기까지는 시간이 <u>든다</u>.
⑤ 김 팀장은 교육이 시작되기 전까지 강의 교안을 <u>들고</u> 있었다.

08. 다음 〈보기〉는 '귀'와 관련된 관용어이다. 빈칸에 들어갈 단어로 적절하지 않은 것은?

〈보기〉

귀가 (   )
• 말을 비로소 알아듣게 되다.
• 남이 제 말을 한다고 느끼다.
• 남의 말을 곧이듣는 성질이 있다.
• 뜻밖의 반가운 소리에 정신이 번쩍 들다.
• 어떤 말이 그럴듯하게 여겨져 마음이 쏠리다.

---

① 뜨이다   ② 열리다   ③ 얇다   ④ 솔깃하다   ⑤ 간지럽다

09. 다음 〈보기〉를 바탕으로 할 때 적절하지 않은 것은?

> 〈보기〉
>
> "어간 모음 'ㅚ' 뒤에 '-어'가 붙어서 'ㅙ'로 줄어지는 것은 'ㅙ'로 적는다."라는 맞춤법 규정에 따르면 '되어요'는 어간 '되-'에 '-어요'가 결합된 것이므로 '돼요'로 줄어들 수 있다. 따라서 '되어요, 돼요'는 맞는 말이지만 '되요'는 틀린 말이다. '(바깥 공기를) 쐬다, (턱을) 괴다, (나사를) 죄다, (사장님을) 뵈다, (설을) 쇠다' 등도 이 규정에 따라 표기해야 한다.

① '쐬어라'는 '쐬-'와 '-어라'가 결합된 것이므로 '쐬라'로 줄어들 수 있다.

② '괴-'와 '-느냐'가 결합될 때는 '어'가 들어갈 수 없으므로 '괘느냐'는 틀린 말이다.

③ '왜'는 '외'와 '-어'가 결합된 말이 줄어든 것이다.

④ '뵈-'가 '-어서'와 결합되면 '봬서'로 줄어들 수 있다.

⑤ '쇠-'와 '-더라도'가 결합될 때는 '쇄더라도'로 표기할 수 없다.

10. 다음 밑줄 친 단어를 고친 표현으로 적절한 것은?

① "면접분위기는 좋았지만 그래도 행여나 떨어질까 봐 두렵다." → 혹시나

② "우리 이제 원래 계획했던 장소로 이동해보자." → 지금

③ "마침 선물 받은 커피가 있으니 네게 줄게." → 공교롭게

④ "뚝배기에 담긴 설렁탕이 무척 뜨겁다." → 덥다

⑤ "문제상황이 발생한 원인이 뭔가?" → 이유

11. 현아와 현수는 각자 농도 20%의 소금물을 만들기로 했는데, 현수는 80g의 수돗물에 20g의 소금을 더해 소금물을 만들었고, 현아는 A 비커의 수돗물이 80g인 줄 알고 A에 20g의 소금을 섞어 소금물을 만들었다. 둘의 소금물을 모두 합치고 농도를 재어보니 20%가 되지 않아서 4g의 소금을 더하니 농도가 정확히 20%가 되었다면, 현아가 사용한 A 비커에 담겨있던 수돗물의 양은 원래 몇 g이었는가?

① 80g   ② 88g   ③ 96g   ④ 100g   ⑤ 104g

12. ○○대학교에 신입생이 입학하였다. 신입생은 내국인과 외국인으로 구성되어 있으며, 내국인 신입생의 남녀의 비는 4:3, 외국인 신입생의 남녀의 비는 6:7, 전체 신입생의 남녀의 비는 6:5이다. 남자 신입생이 300명일 때, 전체 외국인 신입생은 총 몇 명인가?

① 130명   ② 143명   ③ 156명   ④ 169명   ⑤ 182명

13. 한 도로에 60m 간격으로 두 신호등이 있다. 선희가 첫 번째 신호등을 처음 통과했을 때부터 등속으로 운전하여 다음 신호등을 통과할 때까지 정확히 4초 걸렸다. 도로의 시내 주행 속도 제한이 50km/h일 때, 선희는 얼마나 속도를 조절해야 하는가?

① 5km/h 가속   ② 3km/h 가속   ③ 1km/h 가속   ④ 2km/h 감속   ⑤ 4km/h 감속

14. H 제과의 초콜릿 쿠키는 1,500원에 판매되고 있으며, 5개를 한 세트로 구매하는 손님에게는 10%를 할인하여 판다. 한 세트 판매 이익금으로 초콜릿 쿠키를 다시 10개를 만들 수 있다면, 초콜릿 쿠키의 원가는?

① 400원   ② 450원   ③ 500원   ④ 550원   ⑤ 600원

15. 반도체 소재를 생산하는 한 공장은 늘어나는 수요에 대비하여 제조라인 증설을 위한 부지를 구입하려고 한다. 이에 수원의 한 부지와 화성의 한 부지를 비교하여 화성의 부지를 매입하였다. 화성 부지의 평당 가격이 지난해에 비해 올해 평당 171만 원 상승하였다면, 이 공장은 작년에 화성 부지를 평당 얼마에 매입하였는가? (단, 수원 부지의 평당 가격은 작년 대비 10% 상승하였다.)

> • 작년 수원 부지와 화성 부지의 평당 가격비는 4:1이었다.
> • 올해 수원 부지와 화성 부지의 평당 가격비는 5:2이었다.

① 185만 원 ② 195만 원 ③ 215만 원 ④ 225만 원 ⑤ 235만 원

16. 미주는 새롭게 이사하는 집의 책상에 놓을 20인치 모니터를 구매하려고 한다. 모니터의 두께는 3cm이며 부피는 3,600cm³일 때 미주가 새로 구매할 모니터의 가로, 세로 길이는 순서대로 각각 얼마인가? (단, 1인치는 2.5cm이고, 가로 길이가 세로 길이보다 길다.)

① 30cm, 40cm ② 35cm, 40cm ③ 40cm, 30cm ④ 50cm, 35cm ⑤ 55cm, 40cm

17. ○○제품을 1개 생산하는 데 A, B, C 기계를 사용할 수 있다. ○○제품 1개를 생산하는 데 기계를 1대만 사용할 경우에 A 기계만 사용하면 18일, B 기계만 사용하면 9일, C 기계만 사용하면 36일이 소요된다. 원래 계획은 A와 B를 동시에 3일 동안 사용 후 남은 작업은 C를 단독으로 사용할 계획이었으나 기계 고장으로 A와 B를 동시에 사용하는 일수는 2일로 단축되었으며 나머지 기간은 전부 C만 사용하여 ○○제품 1개를 생산하였다. 이때 실제 생산에 걸린 시간과 계획시간의 차이는 며칠인가?

① 3일 ② 4일 ③ 5일 ④ 6일 ⑤ 7일

18. 근무실적, 직무수행능력, 태도 등을 정기적으로 평가하는 근무성적평정 과정에는 평정 결과를 왜곡시키는 여러 가지 오류가 발생한다. 다음에서 나타나는 현상을 설명하는 용어는?

> 인사이동으로 새로운 권역을 책임지게 된 권 부장은 사내 영업팀 중 영업 2팀을 눈여겨보았다. 그는 평소에도 영업 2팀의 실적이 향상될 것이라며 자주 언급하고 치켜세우며 그에 대한 믿음을 공고히 했다. 이에 영업 2팀 팀원들 역시 권 부장의 기대를 의식하며 업무를 진행하는 모습을 보이기도 했다.
> 마침내 1/4분기 영업실적 발표일 날, 권 부장의 예측이 실제로 일어났다. 영업 2팀은 지난 실적 우수 팀인 영업 3팀을 가볍게 제치고 실적 우수 팀이 되었다.

① 플라세보 효과   ② 피그말리온 효과   ③ 근본적 귀속의 착오

④ 막바지 효과   ⑤ 연쇄 효과

19. 다음 표는 2016~2019년 업종별 창업기업 수에 관련한 자료이다. 자료에 대한 설명으로 옳지 않은 것은?

[2016~2019년 업종별 창업기업 수]

(단위: 개)

구분		합계	농림수산업 및 광업	제조업	에너지 공급업	건설업	서비스업
2016	전체	1,190,177	10,296	58,742	6,693	62,200	1,052,246
	법인	96,625	2,368	14,775	754	8,575	70,153
	개인	1,093,552	7,928	43,967	5,939	53,625	982,093
2017	전체	1,256,267	10,885	58,015	25,704	65,019	1,096,644
	법인	97,549	2,383	15,054	2,138	9,094	68,880
	개인	1,158,718	8,502	42,961	23,566	55,925	1,027,764
2018	전체	1,344,366	10,709	57,325	36,758	67,397	1,172,177
	법인	102,372	2,362	15,286	2,954	9,326	72,444
	개인	1,241,994	8,347	42,039	33,804	58,071	1,099,733
2019	전체	1,285,259	11,990	52,317	27,729	66,279	1,126,944
	법인	109,520	2,651	14,807	1,164	9,632	81,266
	개인	1,175,739	9,339	37,510	26,565	56,647	1,045,678

※ 출처: KOSIS(중소벤처기업부, 창업기업동향)

① 2016~2019년 전체 창업기업 중에서 개인 창업기업이 차지하는 비중은 매년 90% 이상이다.

② 2016~2019년 전체 창업기업 수가 매년 감소하는 업종은 전체 창업기업 중에서 차지하는 비중이 매년 5% 이하이다.

③ 2017~2019년 동안 에너지공급업 법인 창업기업 수의 전년 대비 증감폭이 가장 큰 해는 2017년이다.

④ 2017년 건설업의 법인 창업기업 수의 전년 대비 증가율은 2017년 건설업의 개인 창업기업 수의 전년 대비 증가율보다 크다.

⑤ 2017~2019년 법인 창업기업과 개인 창업기업을 더한 창업기업 수의 증감 추이가 전체 창업기업 합계의 증감 추이와 동일한 업종은 3개이다.

20. 다음은 고용률과 실업률에 대한 조사 결과이다. 자료에 대한 설명으로 옳지 않은 것은?

[연도별 전체 고용률 및 실업률]

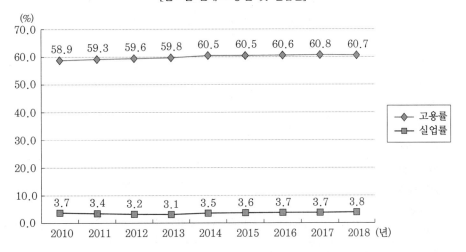

[성별 고용률 및 실업률]

구분		2010년	2011년	2012년	2013년	2014년	2015년	2016년	2017년	2018년
고용률	남자(%)	70.3	70.7	71.1	71.1	71.7	71.4	71.2	71.2	70.8
	여자(%)	47.9	48.3	48.6	48.9	49.7	50.1	50.3	50.8	50.9
	성별 차이 (%p)	22.4	22.4	22.5	22.2	22.0	21.3	20.9	20.4	19.9
실업률	남자(%)	4.0	3.6	3.4	3.3	3.5	3.6	3.8	3.8	3.9
	여자(%)	3.3	3.1	3.0	2.8	3.5	3.5	3.6	3.6	3.7
	성별 차이 (%p)	0.7	0.5	0.4	0.5	0.0	0.1	0.2	0.2	0.2

① 전체 고용률은 2011년 이후 전반적으로 증가하는 경향을 보이다가 2018년에 전년 대비 0.1%p 감소하였다.

② 2018년 남자 고용률은 70.8%로 전년보다 0.4%p 감소하였으나, 여자 고용률은 50.9%로 전년보다 0.1%p 증가하였다.

③ 남녀 고용률의 차이는 2012년 이후 계속 감소 추세이지만, 남녀 실업률의 차이는 2014년 이후 감소 추세가 아니다.

④ 2010년 대비 2018년 여자 고용률의 증가율은 남자 고용률의 증가율의 10배 이상이다.

⑤ 2011년 이후 남녀 실업률의 전년 대비 증감 추이가 동일하지 않은 해는 1개 연도이다.

[21–22] 다음은 국내총생산(GDP)과 1인당 국민총소득(GNI)에 대한 자료이다. 각 물음에 답하시오.

[연도별 국내총생산 및 1인당 국민총소득]

구분		2011	2012	2013	2014	2015	2016	2017	2018
국내 총생산 (GDP)	원화 (조 원)	1,389	1,440	1,501	1,563	1,658	1,741	1,836	1,893
	전년 대비 증감률(%)	–	3.7	4.2	4.1	6.1	5.0	5.5	3.1
	달러 (억 달러)	12,534	12,780	13,706	14,840	14,653	15,000	16,233	17,209
	전년 대비 증감률(%)	–	2.0	7.2	8.3	−1.3	2.4	8.2	6.0
1인당 국민 총소득 (GNI)	원화 (만 원)	2,799	2,899	2,995	3,095	3,260	3,411	3,589	3,979
	전년 대비 증감률(%)	–	3.6	3.3	3.3	5.3	4.6	5.2	10.9
	달러 (달러)	25,256	25,724	27,351	29,384	28,814	29,394	31,734	33,434
	전년 대비 증감률(%)	–	1.9	6.3	7.4	−1.9	2.0	8.0	5.4

21. 다음 중 자료에 대한 설명으로 옳은 것을 모두 고르면?

> ㉠ 원화 기준 2018년 GDP는 1,893조 원으로 전년 대비 3.1% 성장하였다.
> ㉡ 달러 기준 2018년 1인당 GNI는 33,434달러로 7년 전 대비 35% 이상 증가하였다.
> ㉢ 원화 기준 GDP의 전년 대비 증감률이 가장 높은 해에 1인당 GNI의 전년 대비 증감률도 가장 높다.
> ㉣ 달러 기준 2014년 대비 2018년의 GDP 증가율은 같은 기간 1인당 GNI 증가율보다 크다.

① ㉠, ㉡   ② ㉠, ㉣   ③ ㉡, ㉢   ④ ㉠, ㉡, ㉣   ⑤ ㉠, ㉢, ㉣

22. 원화 기준 2018년 GDP의 전년 대비 증가율이 이후 5년간 지속된다고 가정하면, 2023년 GDP는 약 얼마인가?
(단, $1.031^5 ≒ 1.16$으로 계산한다.)

① 2,159조 원   ② 2,164조 원   ③ 2,178조 원   ④ 2,183조 원   ⑤ 2,196조 원

23. 다음 중 업무수행 과정에서 발생한 문제 유형에 대한 설명으로 옳지 않은 것은?

① 발생형 문제, 탐색형 문제, 설정형 문제가 있다.

② 발생형 문제는 우리 눈앞에 발생되어 당장 걱정하고 해결하기 위해 고민하는 문제를 의미한다.

③ 탐색형 문제는 눈에 보이지 않는 문제이다.

④ 탐색형 문제는 잠재 문제, 예측 문제, 미달 문제의 세 가지 형태로 구분된다.

⑤ 설정형 문제는 목표지향적 문제이며 많은 창조적인 노력이 요구된다.

24. 문제해결을 위한 방법은 크게 소프트 어프로치, 하드 어프로치, 퍼실리테이션 세 가지로 구분된다. 다음 중 이에 대한 설명으로 옳은 것은?

① 소프트 어프로치에 의한 문제해결 방법은 대부분의 기업에서 볼 수 있는 전형적인 스타일로 조직 구성원들은 상이한 문화적 토양을 가지고 이심전심으로 서로를 이해하는 상황을 가정한다.

② 소프트 어프로치에 의한 문제해결 방법에서 코디네이터 역할을 하는 제3자는 결론으로 끌고 갈 지점을 미리 머릿속에 그려가면서 타협과 조정을 통하여 의견을 중재하고, 권위나 공감에 의지하여 해결을 도모한다.

③ 하드 어프로치에 의한 문제해결 방법은 같은 문화적 토양을 가지고 있는 구성원을 가정하여 서로의 생각을 직설적으로 주장하고 논쟁이나 협상을 통해 의견을 조정해 가는 방법이다.

④ 퍼실리테이션(Facilitation)이란 '소통'을 의미하며, 어떤 그룹이나 집단이 의사결정을 잘하도록 도와주는 일을 가리킨다.

⑤ 소프트 어프로치나 하드 어프로치 방법은 타협점의 단순 조정에 그치지만, 퍼실리테이션에 의한 방법은 초기에 생각하지 못했던 창조적인 해결 방법을 도출한다.

25. 다음은 원인 분석단계의 원인 파악 절차에서 확인해야 하는 원인과 결과 사이의 패턴을 설명한 것이다. 빈칸에 들어갈 내용을 바르게 짝지은 것은?

> ⊙: 원인과 결과를 분명하게 구분할 수 있는 경우로, 날씨가 더울 때 아이스크림 판매량이 증가하는 경우가 이에 해당한다.
> ⓛ: 원인과 결과를 구분하기가 어려운 경우로, 브랜드의 향상이 매출 확대로 이어지고, 매출 확대가 다시 브랜드의 인지도 향상으로 이어지며 서로 엉키어 있어 쉽게 원인과 결과를 밝혀내기 어려운 상황이 이에 해당한다.
> ⓒ: 앞의 두 가지 유형이 복잡하게 서로 얽혀 있는 경우로, 대부분의 문제가 이에 해당한다.

	⊙	ⓛ	ⓒ
①	단순한 인과관계	닭과 계란의 인과관계	복잡한 인과관계
②	단순한 인과관계	복잡한 인과관계	닭과 계란의 인과관계
③	닭과 계란의 인과관계	복잡한 인과관계	단순한 인과관계
④	닭과 계란의 인과관계	단순한 인과관계	복잡한 인과관계
⑤	복잡한 인과관계	닭과 계란의 인과관계	단순한 인과관계

26. 문제해결과정 중 고객의 요구를 조사하는 표적집단면접 진행 절차를 순서대로 바르게 연결한 것은?

① 조사목적 수립 – 대상자 분석 – 그룹 수 결정 – 대상자 리쿠르트 – 가이드라인 작성
② 조사목적 수립 – 그룹 수 결정 – 대상자 리쿠르트 – 대상자 분석 – 가이드라인 작성
③ 대상자 분석 – 그룹 수 결정 – 대상자 리쿠르트 – 가이드라인 작성 – 조사목적 수립
④ 대상자 분석 – 대상자 리쿠르트 – 가이드라인 작성 – 그룹 수 결정 – 조사목적 수립
⑤ 가이드라인 작성 – 대상자 리쿠르트 – 그룹 수 결정 – 대상자 분석 – 조사목적 수립

27. SWOT 분석 방법 중 외부환경 분석 방법으로 SCEPTIC 체크리스트를, 내부환경 분석 방법으로 MMMITI 체크리스트를 활용할 수 있다. 다음 중 각 체크리스트에서 의미하는 바가 올바르게 짝지어진 것은?

외부환경 분석 SCEPTIC		내부환경 분석 MMMITI	
S	① Science	M	Man
C	Competition	M	④ Machine
E	Economic	M	Money
P	② Politic	I	Information
T	③ Time	T	⑤ Technology
I	Information	I	Image
C	Client		

28. 다음 전제를 읽고 반드시 참인 결론을 고르면?

- 주식에 투자하는 사람은 부동산에 투자하지 않는다.
- 채권에 투자하는 사람은 펀드에 투자한다.
- 부동산에 투자하는 사람은 채권에 투자한다.
- 주식에 투자하지 않는 사람은 펀드에 투자하지 않는다.

① 채권에 투자하는 사람은 주식에 투자하지 않는다.

② 펀드에 투자하는 사람은 부동산에 투자한다.

③ 주식에 투자하지 않는 사람은 부동산에 투자하지 않는다.

④ 주식에 투자하는 사람은 펀드에 투자하지 않는다.

⑤ 부동산에 투자하지 않는 사람은 주식에 투자하지 않는다.

29. 회사의 기밀이 유출되는 사건이 발생했다. 범인은 갑, 을, 병, 정 중 하나인데 이들의 진술은 다음과 같다. 각각의 진술 가운데 한 진술만 거짓이라고 할 때, 다음 중 옳은 것은?

> • 갑: 나는 범인이 아닙니다. 을도 범인이 아닙니다. 병도 범인이 아닙니다.
> • 을: 나는 범인이 아닙니다. 병이 범인입니다. 정이 범인입니다.
> • 병: 갑은 범인이 아닙니다. 저도 범인이 아닙니다. 정도 범인이 아닙니다.
> • 정: 갑이 범인입니다. 을은 범인이 아닙니다. 정도 범인이 아닙니다.

① 첫 번째 진술에서 거짓을 말한 사람은 정뿐이다.
② 을은 두 번째 진술에서 거짓을 말하였다.
③ 세 번째 진술에서 진실을 말한 사람보다 거짓을 말한 사람이 많다.
④ 병은 범인이 아니다.
⑤ 갑과 정 가운데 범인이 있다.

30. 다음 중 거피의 사육법으로 가장 적절한 것은? (단, 제시되지 않은 조건은 고려하지 않는다.)

> 건강하고 아름다운 거피를 키우기 위해서는 여러 조건이 충족되어야 한다. 우선, 수조는 조용하고 통풍이 잘 되며 직사광선이 들지 않는 장소에 설치한다. 수질은 약산성이어야 하는데, 구체적으로 pH 6.2~6.8의 범위가 좋다. 거피의 스트레스를 경감시키기 위해서는 수조에 수초를 넣는 것이 좋다. 수초를 심기 위해서는 수조 바닥에 자갈을 넣어야 하지만, 모난 자갈은 거피의 지느러미나 몸을 다치게 할 가능성이 있으므로 둥근 알갱이의 작은 자갈을 사용하는 것이 좋다. 이때, 칼슘 성분이 흘러나와 수질을 변화시키는 산호 자갈은 피해야 한다. 거피가 선호하는 수온은 20~27도이다. 열대어 중에서는 비교적 낮은 수온에서 사육할 수 있는 물고기지만, 겨울철에는 히터로 수온을 올릴 필요가 있으며, 여름철에는 수온계로 수온을 수시로 체크할 필요가 있다. 실지렁이, 브라인슈림프 등의 살아있는 먹이와 플레이크푸드 등의 인공 먹이를 균형 있게 공급하되, 먹다가 남기지 않을 만큼의 적당한 양으로 1일 2회 이상 주어야 한다.

※ 거피(Guppy): 송사리목 난태생송사리과의 민물고기

① 물은 pH 6.5로 하고, 히터와 수온계가 붙어있는 수조의 바닥에 둥근 작은 돌과 산호 자갈을 넣어 사용하고, 실지렁이와 플레이크푸드를 1일 3회 준다.
② 물은 pH 6.3으로 하고, 수온계가 붙어있는 수조의 바닥에 둥근 작은 돌과 세척된 우목을 넣어 사용하고, 실지렁이와 플레이크푸드를 소량 준다.
③ 물은 pH 6.4로 하고, 히터가 붙어 있는 수조의 바닥에 둥근 작은 돌을 넣고, 수초를 심어 사용하고, 실지렁이와 플레이크푸드를 적당량 준다.
④ 물은 pH 6.7로 하고, 온도조절이 되는 히터가 붙어있는 수조의 바닥에 수초를 심고, 둥근 작은 돌을 넣어 사용하고, 실지렁이와 브라인슈림프를 적당량 준다.
⑤ 물은 pH 6.6으로 하고, 히터와 수온계가 붙어있는 수조의 바닥에 둥근 작은 돌을 넣고, 수초를 심어 사용하고, 브라인슈림프와 플레이크푸드를 적당량 준다.

31. 다음 법률개정에 대한 내용을 근거로 판단할 때 다음 중 가장 적절하지 않은 것은?

제○○조

국회에서 의결된 법률안은 정부에 이송되어 15일 이내에 대통령이 공포한다.

제○○조

법률안에 이의가 있을 때에는 대통령은 제1조의 기간 내에 이의서를 붙여 국회로 환부하고, 그 재의를 요구할 수 있다. 국회의 폐회 중에도 또한 같다.

제○○조

대통령은 법률안의 일부에 대하여 또는 법률안을 수정하여 재의를 요구할 수 없다.

제○○조

재의의 요구가 있을 때에는 국회는 재의에 붙이고, 재적의원 과반수의 출석과 출석의원 3분의 2 이상의 찬성으로 전과 같은 의결을 하면 그 법률안은 법률로서 확정된다.

제○○조

대통령이 첫 번째 조문의 기간 내에 공포나 재의의 요구를 하지 아니한 때에도 그 법률안은 법률로서 확정된다.

제○○조

대통령은 네 번째 조문과 다섯 번째 조문에 의하여 확정된 법률을 지체 없이 공포하여야 한다. 다섯 번째 조문에 의하여 법률이 확정된 후 또는 네 번째 조문에 의한 확정법률이 정부에 이송된 후 5일 내에 대통령이 공포하지 아니할 때에는 국회의장이 이를 공포한다.

제○○조

법률은 특별한 규정이 없는 한 공포한 날로부터 20일을 경과함으로써 효력을 발생한다.

---

① 2010년 9월 15일 국회에서 의결된 법률안이 정부에 이송된 뒤 9월 22일에 대통령이 공포하였다.

② 2010년 3월 1일 국회에서 의결된 법안을 대통령이 이송받은 뒤 이의가 있다고 판단하였는데 국회의 폐회 중인 3월 5일에 이의서를 붙여 국회에 환부하고 재의를 요구하였다.

③ 대통령의 재의의 요구가 있어 국회는 재의에 붙이고 재적의원 과반수 출석과 출석의원 3분의 2 이상이 찬성한 경우 대통령에게 이송하지 않았음에도 법률로 확정되었다.

④ 여섯 번째 조문에 의하여 법률이 확정되고 3일이 지난 뒤 국회의장이 이를 공포했다.

⑤ 네 번째 조문에 의한 확정법률이 정부에 이송된 후 5일 내에 대통령이 공포하지 않아 7일 후에 국회의장이 이를 공포하였다.

32. 사교육 절감을 위한 인터넷 수능교육의 방송수단을 선정하고자 할 때, 〈보기〉의 설명 중 옳은 것을 모두 고르면? (단, 하루에 동일한 전송방식을 중복하여 사용할 수 없으며 전송방식의 초기 설치 비용은 무시한다.)

사교육 절감을 위해 교육방송과 연계하여 인터넷 수능교육을 시행하고자 한다. 효율적인 방송수단을 찾는 과정에서 A 전송방식과 B 전송방식을 고려하고 있으며, 필요시 요일별로 두 전송방식을 혼용할 계획도 가지고 있다. A 전송방식과 B 전송방식은 각각 서버관리 비용과 네트워크 비용에 있어서 차이를 보이고 있으며, 수험생의 동시접속 예상인원은 요일마다 큰 차이가 있다.

[A 전송방식과 B 전송방식의 관리 비용]

구분	서버관리 비용		네트워크 비용	
	동시접속자 1만 명 기준 시	동시접속자 5만 명 기준 시	동시접속자 1만 명 기준 시	동시접속자 5만 명 기준 시
A 전송방식	10억 원	20억 원	5억 원	5억 원
B 전송방식	1억 원	2억 원	10억 원	30억 원

※ 1) 관리 비용은 일주일 내내 같은 방식을 사용하였을 경우를 기준으로 산정하였으므로 만약 일주일 중 특정 요일에만 사용했다면 관리 비용을 7로 나누어서 비용을 산정함
2) 관리 비용=서버관리 비용+네트워크 비용

[요일별 예상 동시접속자]

월요일	화요일	수요일	목요일	금요일	토요일	일요일
5,000명	10,000명	10,000명	15,000명	30,000명	50,000명	40,000명

〈보기〉

㉠ A 전송방식 하나만 사용하거나 B 전송방식 하나만 사용하는 것보다 두 전송방식을 혼용하여 요일별로 저렴한 전송방식을 사용하는 것이 더 유리하다.
㉡ A 전송방식만 사용하는 경우가 B 전송방식만 사용하는 경우보다 비용면에서 유리하다.
㉢ 월요일, 화요일, 수요일에는 A 전송방식을 사용하고, 목요일, 금요일, 토요일, 일요일에는 B 전송방식을 사용하는 것이 비용면에서 가장 유리하다.

① ㉠
② ㉡
③ ㉠, ㉡
④ ㉠, ㉢
⑤ ㉠, ㉡, ㉢

33. 일반적으로 문제해결절차는 문제 인식, 문제 도출, 원인 분석, 해결안 개발, 실행 및 평가의 5단계를 따른다. 다음 중 단계별 절차에 대한 설명으로 옳은 것은?

① 문제 인식 단계 중 환경 분석 절차에서는 후보과제를 도출하고 효과 및 실행 가능성 측면에서 평가하여 과제를 도출한다.

② 문제 도출 단계는 문제 구조 파악 후 이슈(Issue) 분석을 한다.

③ 원인 분석 단계 중 데이터(Data) 분석 절차에서는 근본 원인을 파악하고 원인과 결과를 도출한다.

④ 해결안 개발 단계는 문제로부터 최적의 해결안을 도출하고 아이디어를 명확화한 후, 최적안 선정을 위한 평가기준을 선정하고 우선순위 선정을 통해 최적안을 선정한다.

⑤ 실행 및 평가 단계는 '해결안 도출 → 실행 → Follow-up'의 절차를 따른다.

34. 다음 중 원인 분석 단계의 절차에 따른 내용이 적절하게 분류된 것은?

[원인 분석 단계의 절차]

구분	이슈 분석	데이터 분석	원인 파악
내용	• ① Data 수집계획 수립 • ② Output 이미지 결정	• ③ 가설 설정 • Data 정리/가공 • ④ 핵심이슈 설정	• ⑤ Data 해석 • 근본 원인을 파악하고 원인과 결과를 도출

35. 입사 1년 차인 박선홍 사원은 얼마 전 자기개발에 대한 사내교육에 참여하였다. 자기개발에 대해 고민은 했지만 막연하기도 하고 조언을 구할 사람도 마땅치 않았던 차에 회사에서 진행하는 강의를 듣게 되었다. 박 사원은 강의를 통해 자기개발 목표를 성취하기 위해서는 전략을 고려하여 목표를 수립하고 방법을 선정해야 한다는 것을 배웠다. 박 사원에게 적합한 자기개발 설계 전략이 아닌 것은?

① 자신이 어떤 분야에 흥미가 있고, 어떤 능력의 소유자이며, 어떤 행동을 좋아하는지를 종합적으로 분석한다.

② 자신의 욕구, 가치, 적성을 고려하여 장기목표를 수립하고, 직무 관련 경험, 자격증, 인간관계 등을 고려하여 단기 목표를 수립한다.

③ 가족, 직장동료, 상사, 부하직원, 고객 등 많은 인간관계를 고려하여 자기개발 계획을 수립한다.

④ 현 직무를 담당하는 데 필요한 능력과 이에 대한 자신의 수준, 개발해야 할 능력, 관련된 적성 등을 고려해야 한다.

⑤ '매일 재무관리 강의 1시간 듣기' 등 자신이 수행해야 할 자기개발 방법을 명확하고 구체적으로 수립한다.

36. A 회사에 다니고 있는 민교는 시간을 낭비하지 않고 효율적으로 활용할 수 있도록 시간 계획을 세우려고 한다. 민교가 효율적인 시간 계획을 세우기 위해 해야 하는 일을 순서대로 나열한 것은?

> ㉠ 결정된 사항들을 토대로 시간 계획서를 작성한다.
> ㉡ 각각의 일들이 얼마나 시간이 걸리는지를 확인한다.
> ㉢ 어떤 일을 먼저 해야 할지 중요성과 긴급성을 확인하여 우선순위를 결정한다.
> ㉣ 어떤 일을 할지 명확한 목표를 수립한다.

① ㉠ - ㉡ - ㉢ - ㉣
② ㉢ - ㉠ - ㉡ - ㉣
③ ㉢ - ㉠ - ㉣ - ㉡
④ ㉣ - ㉡ - ㉢ - ㉠
⑤ ㉣ - ㉢ - ㉡ - ㉠

37. ○○공사에 근무 중인 임동근 씨는 인사부서에 근무하면서 불만 사항을 취합하여 해결 우선순위를 결정하는 업무를 담당하고 있다. 현재까지 취합된 불만 사항이 아래와 같을 때, 임동근 씨가 가장 먼저 처리해야 하는 불만 사항은?

① A 씨: 우리 부서는 업무의 분장이 명확하지 않아서 업무를 열심히 하고 빨리 끝내는 사람들에게 업무가 집중되는 경향이 있습니다. 게다가 이렇게 진행된 업무는 실적이 잘 드러나지 않아서 나중에 평가를 받을 때도 부각되지 않습니다.

② B 씨: 우리 부서는 대리 직급 이하의 부서원들은 서로 업무 협조도 잘 이루어지고 분위기도 굉장히 좋지만 중간 관리자인 갑 과장이 본인의 업무를 자꾸 후배사원들에게 전가해서 업무량이 과도하게 많아지는 경우들이 있습니다.

③ C 씨: 우리 회사는 실적을 평가하는 데 불필요한 항목들이 많이 있는 것 같습니다. 업무 성과, 근무태도, 주변 동료의 평가 사항 외에 현 직급 근속 연수가 일반 업무 역량 평가 항목에 왜 포함이 되어 있는지 이해할 수 없습니다.

④ D 씨: 우리 회사의 출퇴근 제도는 굉장히 불합리하다고 생각합니다. 다른 회사와 비교를 해 보면 너무 구시대적이에요. 우리도 △△기업의 자율 출퇴근 제도 같은 것을 벤치마킹해서 도입할 필요가 있다고 생각합니다.

⑤ E 씨: 우리 회사는 대부분의 업무들이 잘 인수인계되고 있지만 일부 업무들이 너무 경험에만 의존하고 있는 것 같습니다. 명확한 업무 매뉴얼 같은 것들이 있다면, 업무를 수행하고 이해하는 데 큰 도움이 될 것 같습니다.

귀하는 A 회사의 물품 구매 담당자로 원재료 변경을 위한 업무를 담당하고 있다. 아래 박 팀장의 지시에 따를 때, 귀하가 원재료 계약을 위해 지급해야 하는 계약금은?

구분	원료 품질	kg당 단가	월 생산량	비고
KC 머티리얼즈	중	6,000원	1.2t	계약량 5t 이상 시 10% 할인
KL 머티리얼즈	상	6,200원	0.7t	계약량 3t 이상 시 5% 할인
KG 머티리얼즈	중	5,500원	2.1t	계약량 10t 이상 시 20% 할인
KN 머티리얼즈	상	6,500원	1.5t	

※ 1) 물품 계약 시 총 물품 금액의 10%를 계약금으로 지불해야 함
　 2) 원료 품질은 상, 중, 하로 구분됨

[박 팀장의 지시]

　이번에 제품의 품질 경쟁력 강화 및 원가 절감을 위한 방안으로 원재료를 변경하게 되었습니다. 회사의 경쟁력 확보를 위한 업무인 만큼 책임감을 가지고 임해주시길 바랍니다. 지속적인 경쟁사 제품의 품질이 강화되고 있는 만큼 무엇보다 중요한 건 품질입니다. 원료의 품질이 제품의 품질에도 직접적인 영향을 주는 만큼 품질을 최우선으로 고려하여 업체를 선정해 주세요. 다만 원가 절감을 통한 가격 경쟁력 확보로 시장 점유율을 확대할 수도 있으니 원료의 품질이 동등하다면 더 저렴한 업체로, 원료의 품질이 한 단계 낮더라도 가격이 20% 이상 저렴하다면 원료의 품질이 한 단계 낮은 업체로 선정해 주시기 바랍니다.

　이번에 선정되는 업체와는 우선 6개월 단위로 계약을 진행해 주세요. 우리가 1달에 사용하는 원료량이 1,000kg 이니, 물품 공급에 차질이 없는 업체로 선정해야 합니다.

① 2,640,000원　　② 3,240,000원　　③ 3,300,000원　　④ 3,534,000원　　⑤ 3,900,000원

[39-40] 다음 자료를 보고 각 물음에 답하시오.

S 회사와 T 회사는 분기별로 각각 A 제품, B 제품, C 제품, D 제품 중 한 제품만 홍보한다. 다음은 S 회사와 T 회사의 홍보 제품별 분기당 수익과 분기별 매출 증가율을 나타낸 것이다. S 회사는 분기별 매출 증가율에 따라 경쟁관계인 T 회사를 견제할 수 있는 홍보 사업 계획을 수립하려고 한다.

[각 기업의 홍보 제품별 분기당 수익]

(단위: 조 원)

구분		T 회사			
		A 제품	B 제품	C 제품	D 제품
S 회사	A 제품	(4, −1)	(−2, 8)	(1, 3)	(5, 2)
	B 제품	(−3, 9)	(11, −4)	(−5, 14)	(−4, 10)
	C 제품	(8, −7)	(−5, 10)	(2, −4)	(−2, −6)
	D 제품	(6, 2)	(3, −3)	(−5, 7)	(2, 2)

※ (S 회사의 한 분기 수익, T 회사의 한 분기 수익)을 의미함

[홍보 제품에 따른 분기별 매출 증가율]

(단위: %)

구분	1분기(1~3월)	2분기(4~6월)	3분기(7~9월)	4분기(10~12월)
A 제품	50	0	0	50
B 제품	0	50	50	100
C 제품	25	0	50	0
D 제품	100	50	0	25

※ 해당 제품을 홍보하면 분기별 수익이 증가율만큼 증가하거나 분기별 손해가 증가율만큼 감소함을 의미함

39. 다음 중 분기별 매출 증가율을 고려하지 않을 때, 1년 동안 S 회사와 T 회사가 얻는 수익의 합이 가장 큰 경우는?

	S 회사	T 회사		S 회사	T 회사
①	A 제품	D 제품	②	B 제품	B 제품
③	B 제품	C 제품	④	C 제품	B 제품
⑤	D 제품	A 제품			

40. T 회사는 내년 1분기에 A 제품만 홍보할 계획이며, S 회사는 해당 정보를 바탕으로 내년 1분기 사업 계획을 수립하려고 한다. S 회사가 내년 1분기에 T 회사보다 더 많은 수익을 내면서 T 회사와의 수익 차이는 최대가 되려면 홍보해야 하는 제품은?

① A 제품　　② B 제품　　③ C 제품　　④ D 제품　　⑤ 알 수 없음

41. 아래의 내용을 토대로 귀하가 노트북 구매를 위해 지불해야 하는 금액을 고르면?

[대화 내용]

점원: 안녕하세요, 고객님. 찾으시는 물건이 있으신가요?

귀하: 네, 안녕하세요. 사용하던 노트북이 고장 나서 새로운 노트북을 하나 구입하려고 합니다.

점원: 아, 그러셨군요. 원하시는 조건을 말씀해 주시면 적당한 제품을 추천해 드리겠습니다.

귀하: 감사합니다. 우선은 기존에 사용하던 노트북이 1.54kg이었는데, 생각보다 무겁더군요.
적어도 기존에 사용하던 노트북보다 300g 이상은 가벼웠으면 좋겠습니다. 그리고 RAM은 적어도 16GB는
되어야 할 것 같습니다. 아, 화면 크기를 말씀드리지 않았네요. 화면 크기는 15인치 이상인 제품으로 추천
부탁드립니다. 제가 말씀드린 조건을 만족하는 제품이 2개 이상이라면 가능하면 저렴한 제품으로 선택하려
고 하는데, 만약에 가장 저렴한 제품보다 노트북 무게가 100g 이상 가벼운 제품의 최종 가격이 10% 이상 비
싸지 않다면 무게가 100g 이상 가벼운 제품으로 추천 부탁드립니다. 결제는 A 카드사의 카드로 하겠습니다.

점원: 네, 알겠습니다. 고객님의 조건을 고려해보니 (   ) 제품이 가장 적합하겠네요.
A 카드사 혜택을 포함하면 총금액은 (   )원입니다.

귀하: 네, 확인했습니다. 일시불로 결제해 주세요.

점원: 네, 고객님. 감사합니다!

[노트북 정보]

구분	갑 노트북	을 노트북	병 노트북	정 노트북
가격(만 원)	180	195	159	168
노트북 크기(인치)	16.2	15.4	17.1	17.2
무게(kg)	1.24	1.12	0.987	2.62
RAM	16GB	16GB	8GB	16GB
디자인	플렉스	베젤리스	베젤리스	일반

※ 1) 일반 노트북 화면 크기 = 노트북 크기 − 1인치
　 2) 플렉스 디자인은 화면이 360° 회전, 베젤리스 디자인은 노트북 크기 = 화면 크기가 특징인 디자인임
　 3) A 카드사 카드 이용 시 제품 가격의 10% 할인 및 마우스 증정 이벤트 진행 중

① 1,590,000원　　② 1,620,000원　　③ 1,755,000원　　④ 1,800,000원　　⑤ 1,950,000원

42. 갑 회사와 을 회사는 아래의 정보를 토대로 보안업체를 선정하고자 한다. 보안업체별 평가 결과와 갑, 을 각 회사의 보안업체 선정 기준이 아래와 같을 때, 각 회사가 선정할 보안업체를 올바르게 연결한 것은?

[보안업체별 평가 결과]

구분	평균 긴급 출동 소요 시간	상주 인력 수	CCTV 평가 점수		
			비용	녹화 시간	야간 촬영 기능
A 업체	5분	2명	7	10	9
B 업체	7분	3명	9	7	10
C 업체	6분	3명	10	6	7
D 업체	8분	2명	6	9	10
E 업체	10분	1명	8	10	7
F 업체	4분	1명	6	8	7
G 업체	12분	2명	9	10	7

[각 회사별 선정 기준]

갑 회사: 상주 인력 수가 2명 이상이면서 평균 긴급 출동 소요 시간이 10분 미만인 업체 중 CCTV 평가 항목 중 비용 4 : 녹화 시간 3 : 야간 촬영 기능 3의 비율로 최종 점수를 산출하여 해당 점수가 가장 높은 업체로 선정

을 회사: CCTV 평가 항목 중 비용 4 : 녹화 시간 2 : 야간 촬영 기능 4의 비율로 점수를 산출하고, 해당 점수에 평균 긴급 출동 소요 시간이 5분 이하인 업체에 가산점 1점, 상주 인력 수가 2명을 초과하는 경우 가산점 1점을 부여하여, 최종 점수가 가장 높은 업체로 선정

	갑 회사	을 회사
①	A 업체	A 업체
②	A 업체	G 업체
③	B 업체	A 업체
④	B 업체	B 업체
⑤	D 업체	G 업체

43. 아래의 상황과 조건을 토대로 임동근 과장이 휴가를 마치고 처음 출근하는 날짜를 고르면? (단, 휴가는 반드시 5월에 시작하여 5월에 끝나는 일정으로 수립해야 한다.)

[상황]

○○공사에 근무하는 임동근 과장은 다음 달(5월) 휴가를 계획하고 있다. 휴가 선정은 날씨와 미세먼지 농도, 공휴일과의 연계성 등을 종합적으로 평가하여 점수가 가장 높은 일정으로 휴가를 사용할 예정이다. ○○ 공사에서 임동근 과장은 월~금 주 5일제 근무를 하고 있으며, 다음 달 휴가는 5일로 계획하고 있다.

[조건]

1. 휴가 기간 중간에 휴일이 포함될 수는 있으나, 2번에 걸쳐서 휴가를 나누지 않는다.
2. 휴일을 포함하여 연속 11일 이상 쉴 수 있는 일정에는 +3점, 연속 10일 이상 쉴 수 있는 일정에는 +2점의 가산점을 부여한다. (4월과 6월의 주말/휴일은 고려하지 않는다.)
   2-1. 휴일을 포함하여 연속 9일 미만 쉴 수 있는 일정은 고려하지 않는다.
3. 휴가 일정 중 비가 오는 날이 포함되면 1일당 1점을 감점한다.
4. 휴가 일정 중 미세먼지 등급이 매우 나쁨이 포함되면 1일당 1점을 감점한다.
5. 총점수가 동일한 경우 전체 휴가 기간 중 미세먼지 농도의 평균이 낮은 일정으로 선택한다.

[5월 미세먼지 및 날씨 예보]

월	화	수	목	금	토	일
1 ☁ 105	2 ☀ 82	3 ☀ 123	4 ☁ 107	5 ☀ 151	6 ☁ 110	7 ☁ 73
8 🌧 15	9 🌧 48	10 ☀ 170	11 ☀ 162	12 ☁ 103	13 ☁ 100	14 ☀ 125
15 ☁ 75	16 ☁ 48	17 ☀ 30	18 ☁ 68	19 ☀ 72	20 🌧 13	21 ☁ 28
22 ☁ 68	23 ☀ 113	24 ☀ 128	25 ☀ 168	26 ☀ 170	27 ☀ 125	28 ☀ 105
29 ☁ 101	30 ☀ 107	31 ☀ 156				

[미세먼지 등급]
(단위: μg/m³)

등급	범위
좋음	0~30
보통	31~80
나쁨	81~150
매우 나쁨	151~

[날씨 예보 표시]

구분	표시
맑음	☀
흐림	☁
비	🌧

※ 5월 주말 외 휴일: 5월 1일(근로자의 날), 5월 5일(어린이날), 5월 19일(석가탄신일)

① 5월 10일   ② 5월 15일   ③ 5월 22일   ④ 5월 23일   ⑤ 5월 29일

44. A 시는 주민 불편 해소를 위해 도로 건설을 계획하고 있다. 아래의 내용을 토대로 했을 때, A 시가 도로 건설을 위해 확보해야 하는 최소 예산은?

[상황]

A 시는 주민들의 통행 편의성 개선을 위해 도로 건설 계획을 수립하고 있다. 일반 도로를 건설하는 데 필요한 비용은 100억 원/km이며, 교량의 경우 일반 도로에 비해 1.7배의 비용이 소요되는 상황이다. A 시는 총 도로 건설 비용이 가장 저렴한 방안으로 도로를 건설하려고 하지만, 주민 편의를 위한 사업이므로 총 도로 건설 비용이 가장 저렴한 방안에 비해 10% 이상 증가하지 않는다면 길이가 가장 짧은 방안으로 선택하여 도로를 건설하려고 한다. 이를 위해 도로 건설에 소요되는 금액을 예산으로 확보하고자 하며, 예산은 별도의 여유 없이 계획에 맞춰 확보할 예정이다.

[도로 건설 계획안]

구분	일반 도로 구간(km)	교량 구간(km)	환경 손실 비용(억 원)
1안	3.2	–	64
2안	1.7	0.8	97
3안	0.8	1.3	127

※ 도로 건설비 = 일반 도로 구간 비용 + 교량 구간 비용 + 환경 손실 비용

① 306억 원　　② 320억 원　　③ 384억 원　　④ 403억 원　　⑤ 428억 원

45. ○○회사에 근무하고 있는 임동근 씨는 관할 지역 내 거래처 A~E 5곳을 방문할 계획을 수립하고자 한다. 거래처 A를 시작으로 해서 거래처 E를 마지막으로 업무를 진행하려고 하며, 총 이동거리가 가장 짧은 경로를 선택해서 이동한다고 할 때, 임동근 씨가 업무 진행을 위해 이동한 총 이동거리는? (단, 업무 시작 전과 종료 후 이동거리는 고려하지 않는다.)

[거래처 간 상호 거리]

(단위: km)

지점	A	B	C	D	E
A	0	6	4	3	–
B	6	0	2	–	4
C	4	2	0	–	7
D	3	–	–	0	3
E	–	4	7	3	0

※ 단, 거리가 표시되지 않은 경우 이동이 불가한 것으로 판단함

① 12km　　② 14km　　③ 16km　　④ 18km　　⑤ 20km

46. ○○공사는 '근로자참여 및 협력증진에 관한 법률'에 따라 노사 공동의 이익 증진을 도모하기 위해 노사협의회를 설치하였다. 상대방을 설득하기 위하여 활용 가능한 설득전략에는 여러 가지가 있는데, 다음의 노사협의회 현황을 통해 파악한 설득전략으로 가장 가까운 것은?

[노사협의회 운영일지]

- 노사협의회 구성과 운영방법
  - 노사협의회는 근로자와 사용자를 대표하는 각 10인 동수의 위원으로 구성
  - 근로자를 대표하는 위원은 근로자가 선출하고, 사용자를 대표하는 위원은 당해 사업 또는 사업장의 대표자와 그 대표자가 위촉하는 자로 함
  - 3개월마다 정기적으로 회의를 개최
  - 회의는 근로자위원과 사용자위원 각 과반수의 출석으로 개최하고 출석위원 3분의 2 이상의 찬성으로 의결
- 협의회 의결사항
  - 경영계획 전반 및 실적에 관한 보고
  - 생산성 향상과 성과배분
  - 인사, 노무관리의 제도 개선
  - 경영상 또는 기술상의 사정으로 인한 인력의 배치전환, 재훈련, 해고 등 고용조정의 일반원칙
  - 여성 근로자의 모성보호 및 일과 가정생활의 양립을 지원하기 위한 사항
  - 사내근로복지기금의 설치

---

① 헌신과 일관성 전략
② 사회적 입증 전략
③ 연결 전략
④ 호혜 관계 형성 전략
⑤ 권위 전략

[47 – 48] ○○발전 경영본부 IT 운영처는 재택·원격근무를 하는 직원들의 문의에 답하느라 정신이 없는 상황이다. 김대호 대리가 직원들에게 보낸 아래 정보보호 수칙의 내용을 보고 각 물음에 답하시오.

발신	김대호(경영본부 IT 운영처/대리)
수신	전체
발신일	202X. XX. XX.
참조	신○○(과학기술정보통신부 정보보호기획과/사무관)
제목	[긴급 공지] 재택·원격근무 시 지켜야 할 정보보호 수칙

안녕하십니까? IT 운영처 김대호 대리입니다.

최근 코로나19 발생 이후 감염병 예방을 위한 사회적 거리두기의 일환으로 재택·원격근무가 사회 전반으로 확산됨에 따라 보안 위협도 함께 증가하고 있습니다.

코로나19 이슈를 악용하여 사용자 계정 탈취와 스마트폰·PC 해킹을 노리는 스미싱 문자가 지속적으로 유포되고 있고, 국내외에서 해킹 메일 사례도 발견되고 있습니다. 또한, 코로나19로 인한 기업·기관의 약화된 보안관리 체계를 노린 랜섬웨어 공격 피해도 13건이 발생하는 등 민간부문의 보안 위협이 증가하고 있는 상황입니다.

이에 정부에서는 재택·원격근무 시 기업의 해킹 피해를 예방하기 위하여 사용자와 보안관리자가 지켜야 할 사항을 담은 정보보호 실천 수칙을 권고하였습니다.

과학기술정보통신부는 재택·원격근무에 이용되는 원격단말의 해킹 등 보안위험이 기업의 랜섬웨어 감염이나 정보 유출로 전이되지 않도록 사용자와 보안관리자가 지켜야 할 사항을 구분하여 6대 실천 수칙을 제정·권고하였습니다.

먼저, 사용자 보안권고 사항에는 ▲개인 PC 보안 최신 업데이트 ▲백신 프로그램 최신화 및 정기검사 ▲가정용 공유기 보안 설정(SW 업데이트, 비밀번호 설정) 및 사설 와이파이·공용 PC 사용 자제 ▲회사 메일 이용 권장 및 개인 메일 사용주의 ▲불필요한 웹사이트 이용 자제 ▲파일 다운로드 주의(랜섬웨어 감염 주의) 등이 있으며,

기업의 보안관리자 권고에는 ▲원격근무시스템(VPN) 사용 권장 ▲재택근무자 대상 보안 지침 마련 및 인식 제고 ▲재택근무자의 사용자 계정 및 접근권한 관리 ▲일정 시간 부재 시 네트워크 차단 ▲원격 접속 모니터링 강화 ▲개인정보, 기업정보 등 데이터 보안(랜섬웨어 감염 주의) 등이 포함되어 있습니다.

이외 궁금한 점이 있으시면 언제든지 IT 운영처로 연락해 주시기 바랍니다.
감사합니다.

IT 운영처 김대호 드림.

47. 다음 중 재택근무하는 직원이 정보보호를 위해 한 행동으로 적절하지 않은 것은?

① 개인 PC를 업무에 사용하는 경우 운영체제 및 응용프로그램을 최신 버전으로 유지하였다.

② 파일이 랜섬웨어에 감염되어 복구 프로그램을 활용해서 최대한 빨리 복구하였다.

③ 카페에 설치된 사설 와이파이·공용 PC를 이용한 재택근무를 자제하였다.

④ 가정의 인터넷 공유기를 최신 SW로 업데이트하고 공유기의 비밀번호를 설정하였다.

⑤ 회사에서 제공하는 메일 서비스를 사용하고, 상용 메일 서비스를 사용하더라도 목적 외 메일 열람을 자제하였다.

48. 메일을 발송한 이후에도 해킹기법에 대해 잘 모르는 직원들이 계속해서 문의하고 있다. 특히 문자메시지를 통해 지인을 사칭하면서 소액결제를 유도하는 스미싱 예방에 대한 관심이 크다. 김대호 대리가 이를 위해 스미싱 예방수칙을 추가 메일에 포함시키려고 할 때, 다음 중 스미싱 예방수칙으로 적절하지 않은 것은?

① 모바일 백신을 설치하고 실시간 감시 기능을 설정한다.

② 신뢰할 수 있는 웹사이트에서만 액티브 X를 설치한다.

③ 루팅, 탈옥 등 스마트폰 기본 운영체제 변경을 하지 않는다.

④ 스마트폰을 공장에서 출하될 때 상태로 초기화한다.

⑤ 비밀번호가 설정되지 않은 무선 공유기(WiFi)에 접속하지 않는다.

49. 다음은 A~E 다섯 팀이 진행한 야구 경기 결과를 표로 나타낸 자료이다. 아래의 내용을 토대로 'H2' 셀에 들어가기에 가장 적합한 함수는?

	A	B	C	D	E	F	G	H	I	J
1	홈＼원정	A	B	C	D	E		홈 승리점수	원정 승리점수	총점
2	A	–	승	패	승	승		6	6	12
3	B	패	–	승	승	패		4	3	7
4	C	승	패	–	승	승		6	9	15
5	D	패	승	패	–	승		4	0	4
6	E	승	승	패	승	–		6	3	9

※ 1) 홈 승리 시 1승당 2점, 원정 승리 시 1승당 2점의 승점을 얻으며, 총점은 홈 승리점수와 원정 승리점수의 합으로 계산함
　 2) 승/패는 홈 팀을 기준으로 작성함(홈 팀: B, 원정 팀 A 경기 결과 '패' → 승리 팀: A, 패배 팀: B)

① = COUNT(B2:F2, "승")

② = 2*COUNT(B2:F2, "승")

③ = COUNTIF(B2:F2, "승")

④ = 2*COUNTIF(B2:F2, "승")

⑤ = 2*COUNTA(B2:F2, "승")

50. 아래와 같은 Python 코드가 있다. 다음 프로그램 코드를 실행 후 귀하가 4를 입력했을 때, 출력되는 결괏값은?

```
>>> a = int(input("검증 값을 넣으세요: "))
>>> z = 1
>>> w = (z – 3)*2 + 1
>>> if a > z or w > a:
... 　y = 2*a
... 　else:
... 　y = 4*a
... 　print(y)
```

① 1　　　　　　② 2　　　　　　③ 4　　　　　　④ 8　　　　　　⑤ 16

51. ○○공사는 신규 채용인원의 지원번호를 토대로 성별을 구분하는 작업을 하고 있다. 아래의 'D2' 셀에 함수를 삽입한 뒤 채우기 핸들을 이용해 [D3:D7] 영역을 채우려고 할 때, 모든 영역에 오류가 발생하지 않도록 'D2' 셀에 삽입해야 할 함수로 올바른 것을 고르면?

◢	A	B	C	D
1	번호	이름	지원번호	성별
2	1	김태형	22-24023M	
3	2	유지민	21-14506F	
4	3	전정국	23-42312M	
5	4	김민정	32-28512F	
6	5	정호석	14-39521M	
7	6	김남준	24-21541M	
8				
9	구분	성별 코드		
10	남	M		
11	여	F		

① = IF(RIGHT(C2, 1) = B10, "남", "여")

② = IF(RIGHT(C2, 1, 1) = B10, "남", "여")

③ = IF(RIGHT(C2, 1) = B$10, "남", "여")

④ = IF(RIGHT(C$2, 1) = B$10, "남", "여")

⑤ = IF(RIGHT(C2, 1, 1) = B$10, "남", "여")

52. 다음은 최근 이슈가 되고 있는 산업재해에 대한 뉴스 기사의 일부이다. 기사 내용에 제시된 산업재해의 원인으로 적절한 것은?

> **[택배노조 총파업 철회, '과로사 방지' 합의]**
>
> 전국택배노동조합(택배노조)은 ○월 ○○일 ○○지역 복합물류센터에서 기자회견을 열고 조합원 투표 결과 합의안을 받아들여 총파업을 철회하기로 했다고 밝혔다.
>
> 분류작업은 그동안 '공짜노동'으로 불리며, 택배기사를 과노동으로 내모는 원인으로 지목됐다. 지난해 16명이 잇따라 목숨을 잃은 과로사 문제가 올해는 줄어들 수 있을지 주목된다. 이에 노조는 28년간 지속된 '장시간 공짜노동' 분류작업 업무를 그 원인으로 꼽으며 분류작업 전담인력 투입 등 택배사 책임을 요구했다. …(중략)…

① 교육적 원인: 작업관리자의 작업방법 교육 불충분

② 기술적 원인: 생산 공정의 부적당으로 인한 작업 속도 저하

③ 작업 관리상 원인: 초과근무를 장려하는 관리 운영 지침

④ 불안전한 행동: 보호 장비의 미착용 및 잘못 사용

⑤ 불안전한 상태: 시설물의 배치 및 장소 불량

53. 귀하는 연예기획사 전략기획팀에서 근무하고 있다. 이번에 컴백하는 걸그룹 ○○○은 한 멤버의 탈퇴 직후 그룹 위기론이 지속적으로 대두되고 있다. 팀 회의에서 걸그룹 ○○○의 홍보전략에 대한 브레인스토밍을 한다고 할 때, 브레인스토밍에 참여하는 태도로 가장 적절하지 않은 사람은?

① 윤 사원: 꼭 이대로 컴백해야 합니까? 차라리 해체하고 다시 만드는 건 어때요?

② 송 대리: 어떻게 그렇게 쉽게 이야기하세요? 아무리 그래도 우리 식구인데.

③ 박 대리: 일단 끝까지 들어봅시다. 뭔가 생각이 있으니 하는 소리겠지요.

④ 오 팀장: 맞아요. 제한을 두지 말고 우리가 할 수 있는 모든 방안을 생각해 봅시다.

⑤ 최 사원: 컴백을 포기하고 준비 중인 걸그룹의 데뷔를 앞당기는 건 어떨까요?

54. 디지털 시대의 고객은 지금까지의 고객과 현저히 다르다. 이로 인해 마케팅의 개념도 변화하고 있는데, 마케팅 4P가 전통적인 판매자 중심의 관점에서 마케팅 믹스를 바라보기 때문에 고객을 중시하는 현대에는 4C가 중요하다. 다음 중 고객 관점의 4C에 해당하지 않는 것은?

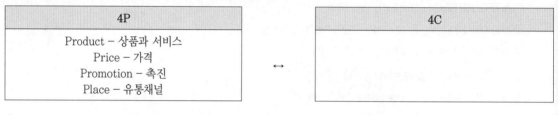

4P		4C
Product – 상품과 서비스 Price – 가격 Promotion – 촉진 Place – 유통채널	↔	

① Culture   ② Convenience   ③ Customer Cost

④ Customer Value   ⑤ Communication

55. ○○발전회사는 국내에서 축적해온 신재생에너지기술 역량을 바탕으로 독일발전회사와 컨소시엄을 구성해 유럽 풍력발전시장에 진출하려고 한다. ○○발전회사 해외사업부 오경률 대리는 독일발전회사에서 파견된 한스 짐머 씨와 함께 1주일간 사업계획서를 검토하고 있는데 혹시나 자신의 실수로 인해 조직에 피해를 줄까 봐 신경을 많이 쓰고 있다. 다음 중 오경률 대리가 비즈니스 매너에 어긋나게 행동한 것은?

① 만날 때 한국식 인사를 하지 않고 악수를 했다.

② 기존 방식에서 벗어난 새로운 아이디어를 얻기 위해 브레인스토밍을 제안했다.

③ 회의 도중 상대의 말을 자르지 않도록 유의하며 자신의 의견을 말했다.

④ 항상 약속시간에 늦지 않으려고 했고 2~3분 늦더라도 사과했다.

⑤ 눈을 보며 말하였고 결혼 여부나 나이 같은 개인적 사항은 묻지 않았다.

56. 물류회사에 다니는 김수정 씨는 그동안 무리 없이 업무를 수행해왔다고 생각했지만 자신의 업무 특성을 제대로 이해하지 못해 후임자에게 인수인계를 하는 데 어려움을 겪고 있다. 다음 중 조직의 목적을 달성하기 위해 중요한 근거가 되는 업무에 대한 설명으로 적절하지 않은 것은?

① 하나의 목적을 달성하기 위한 조직의 특성으로 인해 팀 업무의 독립성이나 재량권은 인정되지 않는다.

② 조직 내에서 구성원들이 수행하는 업무는 조직의 구조를 결정한다.

③ 조직 내에서 이루어지는 업무 활동은 공통된 하나의 목적을 지향하는 것이 일반적이다.

④ 각 팀의 업무에 따라 전문성의 차이는 존재하며, 각 팀은 업무적으로 상호연계성을 가지고 있다.

⑤ 하나의 목적 달성을 위해 다양한 일로 구성된 업무를 팀별로 나누어 추진한다.

57. 혁신을 통해 사회적 가치를 실현하고 있는 우수 공공기관을 선정해 발표하는 '공공기관 혁신경영 대회'가 최근 개최되었다. 부대 행사로 열린 기업경영 세미나에서 큰 관심을 받은 주제는 TQM(Total Quality Management)이다. 세미나에 다녀온 황 대리의 노트에 적힌 TQM에 대한 설명으로 옳은 것으로만 짝지어진 것은?

> 가. TQM은 팀워크 중심의 조직관리이다.
> 나. TQM은 서비스 제공 이후의 AS를 중시한다.
> 다. TQM은 고객의 요구를 중시한다.
> 라. TQM은 장기적 관점을 중시한다.
> 마. TQM은 기능적 조직구조에 적합하다.

① 가, 나   ② 가, 나, 라   ③ 가, 다, 라
④ 나, 다, 마   ⑤ 나, 다

58. 귀하는 인사예절이 서툰 신입사원들을 위해 간단한 강의를 준비하고 있다. 특히 직장에서의 인사예절 중 직원들이 가장 혼란스러워하는 소개 순서에 대해 알려 주기 위해 여러 사례를 수집하고 있다. 다음 중 소개 순서가 올바른 사례는?

① 회식 자리에서 얼마 전 입사한 신입사원을 최 대리에게 먼저 소개했다.

② 보상문제로 만난 자리에서 고객을 책임자인 김 부장에게 먼저 소개했다.

③ 박 이사를 새로 부서를 옮긴 이 과장에게 먼저 소개했다.

④ 프로젝트 조직 구성과 관련한 미팅에서 윤 과장을 여성인 최 대리에게 먼저 소개했다.

⑤ 유 사원은 신규 사업을 논의하기 위한 미팅에서 협력업체 관계자를 자신의 상사인 임 팀장에게 먼저 소개했다.

59. 다음은 유연근로제를 도입하면서 직원 만족도와 생산성이 올라간 기업들에 대한 내용이다. 근무시간에 여유가 생겼을 때 조직인으로서 실천할 수 있는 적합한 행동은?

> 배달 애플리케이션(앱) 배달의민족을 운영하는 우아한형제들은 파격적인 유연근로제를 적용 중이다. 매주 월요일 1시에 출근하는 주 35시간 근무제를 이미 운영 중이다. 팀별 탄력적 근로시간제와 함께 재택근무, 임신기간 자율선택근무, 학부모 특별 휴가 등을 적용한 결과 4년 만에 매출이 5배 이상 급등했다.
>
> 10시 출근제, 재량껏 출퇴근시간을 조정하는 책임근무제를 도입한 네이버는 추가적으로 선택적 근로시간제 및 임금삭감 없는 포괄임금제 폐지를 단행했다. 책임근무제 당시에는 근무시간 기준이 없는 대신 단지 성과로 평가할 뿐 연장근무에 대한 보상도 없었는데, 선택적 근로시간제를 도입하면서 주 40시간(최대 52시간)이라는 기준이 세워졌고 연장근무에 대한 보상도 마련됐다.

① 봉사활동을 통해 사회적으로 기여
② 자신의 직무 능력을 향상시키는 역량개발 활동
③ 은퇴 이후의 직업 설계와 관련된 공부
④ 다른 팀원들과 사적인 대화
⑤ 모바일 메신저를 이용한 친구들과의 대화

60. 성희롱은 쉽게 해결할 수 없는 문제이다. 한 사람이 문제제기를 한다고 바뀌지는 않지만 많은 사람의 작은 행동들이 모인다면 충분히 바꿀 수 있다. 따라서 직장 동료들의 적극적인 도움이 필요하다. 다음 중 상황에 적합한 반응으로 보기 어려운 것은?

> A 기업에서 근무하고 있는 장 사원은 같은 부서에 근무하고 있는 민 과장의 불필요한 신체 접촉은 성희롱에 해당한다며 민 과장의 행동을 제지해 줄 것을 회사 측에 건의했다가 회사로부터 감봉 조치라는 불이익 처분을 받았다. 이를 견디기 힘들었던 장 사원은 동료들에게 고충을 토로하였으나, 이를 나서서 도왔다가 자신도 불이익을 당하게 될까 염려한 동료들은 아무런 행동을 취하지 않았다.

① 장 사원을 비난하거나 불이익을 주는 것은 명백한 2차 가해라는 것을 알아야 해.
② 사내 고충 상담원에게 찾아가서 이 문제를 의논하고 후속 조치를 취하는 것도 한 방법이지.
③ 무엇보다 장 사원이 혼자라고 느끼지 않도록 동료가 끝까지 지지해주고 응원해주는 게 중요할 거야.
④ 절차를 잘 모르고 행동한 장 사원에게 정확한 규정과 절차를 알려줘서 다시 이런 일을 당하지 않도록 도와주는 게 좋겠어.
⑤ 직장 내 성희롱이 받아들여질 수 없는 분위기와 문화가 조성되도록 함께 노력해야 돼.

약점 보완 해설집 p.24

NCS 실전모의고사 3회 피듈형

성명

수험번호

	⓪	①	②	③	④	⑤	⑥	⑦	⑧	⑨
	⓪	①	②	③	④	⑤	⑥	⑦	⑧	⑨
	⓪	①	②	③	④	⑤	⑥	⑦	⑧	⑨
	⓪	①	②	③	④	⑤	⑥	⑦	⑧	⑨
	⓪	①	②	③	④	⑤	⑥	⑦	⑧	⑨
	⓪	①	②	③	④	⑤	⑥	⑦	⑧	⑨

생년월일

	⓪	①	②	③	④	⑤	⑥	⑦	⑧	⑨
	⓪	①	②	③	④	⑤	⑥	⑦	⑧	⑨
	⓪	①	②	③	④	⑤	⑥	⑦	⑧	⑨
	⓪	①	②	③	④	⑤	⑥	⑦	⑧	⑨
	⓪	①	②	③	④	⑤	⑥	⑦	⑧	⑨
	⓪	①	②	③	④	⑤	⑥	⑦	⑧	⑨

문번	①	②	③	④	⑤	문번	①	②	③	④	⑤	문번	①	②	③	④	⑤
1	①	②	③	④	⑤	21	①	②	③	④	⑤	41	①	②	③	④	⑤
2	①	②	③	④	⑤	22	①	②	③	④	⑤	42	①	②	③	④	⑤
3	①	②	③	④	⑤	23	①	②	③	④	⑤	43	①	②	③	④	⑤
4	①	②	③	④	⑤	24	①	②	③	④	⑤	44	①	②	③	④	⑤
5	①	②	③	④	⑤	25	①	②	③	④	⑤	45	①	②	③	④	⑤
6	①	②	③	④	⑤	26	①	②	③	④	⑤	46	①	②	③	④	⑤
7	①	②	③	④	⑤	27	①	②	③	④	⑤	47	①	②	③	④	⑤
8	①	②	③	④	⑤	28	①	②	③	④	⑤	48	①	②	③	④	⑤
9	①	②	③	④	⑤	29	①	②	③	④	⑤	49	①	②	③	④	⑤
10	①	②	③	④	⑤	30	①	②	③	④	⑤	50	①	②	③	④	⑤
11	①	②	③	④	⑤	31	①	②	③	④	⑤	51	①	②	③	④	⑤
12	①	②	③	④	⑤	32	①	②	③	④	⑤	52	①	②	③	④	⑤
13	①	②	③	④	⑤	33	①	②	③	④	⑤	53	①	②	③	④	⑤
14	①	②	③	④	⑤	34	①	②	③	④	⑤	54	①	②	③	④	⑤
15	①	②	③	④	⑤	35	①	②	③	④	⑤	55	①	②	③	④	⑤
16	①	②	③	④	⑤	36	①	②	③	④	⑤	56	①	②	③	④	⑤
17	①	②	③	④	⑤	37	①	②	③	④	⑤	57	①	②	③	④	⑤
18	①	②	③	④	⑤	38	①	②	③	④	⑤	58	①	②	③	④	⑤
19	①	②	③	④	⑤	39	①	②	③	④	⑤	59	①	②	③	④	⑤
20	①	②	③	④	⑤	40	①	②	③	④	⑤	60	①	②	③	④	⑤

해커스공기업
NCS 통합
봉투모의고사

모듈형/피듈형/PSAT형+전공

NCS 실전모의고사
4회

피듈형

해커스

NCS 실전모의고사
4회
(피듈형)

시작과 종료 시각을 정한 후, 실전처럼 모의고사를 풀어보세요.

시   분~   시   분 (총 60문항/70분)

□ **시험 유의사항**

[1] 피듈형 시험은 모듈형의 문제와 PSAT형의 문제가 혼합된 형태로 구성되며, 건강보험심사평가원, 서울교통공사, 한국수자원공사, 한전KPS 등의 기업에서 출제하고 있습니다.
   ※ 2021년 필기시험 기준으로 변동 가능성이 있습니다.

[2] 본 실전모의고사는 직업기초능력평가 10개 영역 60문항으로 구성되어 있으므로 영역별 제한 시간 없이 1문항당 풀이 시간을 고려하여 70분 내에 푸는 연습을 하시기 바랍니다. 전공 시험을 치르는 직무의 경우 각 직무에 맞는 전공 실전모의고사를 추가로 풀어보는 것이 좋습니다.

[3] 본 실전모의고사 마지막 페이지에 있는 OMR 답안지와 해커스잡 애플리케이션의 모바일 타이머를 이용하여 실전처럼 모의고사를 풀어본 후, 해설집의 '바로 채점 및 성적 분석 서비스' QR코드를 스캔하여 응시 인원 대비 본인의 성적 위치를 확인해보시기 바랍니다.

[01 - 02] 다음 국민기초생활보장제도에 관한 글을 읽고 각 물음에 답하시오.

구(舊) 생활보호법을 대체한 국민기초생활보장법은 1999년 9월 7일 제정되고, 2000년 10월 1일부터 시행되었다. 국민기초생활보장제도는 지난 40여 년 동안 시혜적 단순 보호 차원의 생활 보호 제도에서 저소득층에 대한 국가적인 책임을 강화하는 종합적 빈곤 대책으로 전환되었다. 다시 말해 국가의 보호를 필요로 하는 최저 생계비 이하의 저소득층에 대한 기초생활을 나라에서 보장하면서 종합적인 자립 자활 서비스를 제공하여 생산적인 복지를 구현하는 것을 목적으로 한다. 또한, 2015년 7월 1일부터는 최저 생계비 이하의 가구에 대해 모든 급여를 통합하여 지원하던 방식에서 벗어나 상대 빈곤선(貧困線)을 도입하고, 급여별 선정 기준을 다층화하여 욕구별 지원을 강화하기 위한 '맞춤형 기초생활보장제도'로 개편되었다.

이는 가구(세대) 단위로 보장하는 것을 원칙으로 하고 있으며, 특히 필요하다고 인정하는 경우에는 개인 단위로 급여를 행할 수 있다. 수급자로 선정되기 위해서는 소득인정액 기준과 부양의무자 기준을 동시에 충족시켜야 한다. 먼저 소득인정액 기준은 급여별 선정 기준 이하인 가구를 말하는데, 생계급여 선정 기준은 소득인정액이 기준 중위소득의 30% 이하가 되어야 한다. 예를 들어 4인 가구 기준으로 기준 중위소득이 4,749,174원이라면, 1,424,752원 이하는 선정 기준에 포함된다. 이때, 소득인정액은 소득평가액과 재산의 소득환산액을 모두 더한 값으로 산정한다. 단, 소득평가액과 재산의 소득환산액이 마이너스인 경우는 0원으로 처리한다. 다음으로 부양의무자 기준은 부양의무자가 없는 경우, 부양의무자가 있어도 부양능력이 없는 경우, 부양의무자가 부양능력이 미약한 경우로서 수급권자에 대한 부양비 지원을 전제로 부양능력이 없는 것으로 인정하는 경우, 부양능력이 있는 부양의무자가 있어도 부양을 받을 수 없는 경우가 포함된다. 부양의무자의 범위는 수급권자의 1촌 직계혈족인 부모, 아들, 딸이 포함되며, 수급권자의 1촌 직계혈족의 배우자(며느리, 사위, 계부, 계모)도 해당된다. 다만, 수급권자의 사망한 1촌 직계혈족의 배우자인 사위와 며느리는 부양의무자가 아니다.

부양의무자는 소득기준, 재산기준, 가구 특성의 기준에 모두 해당하는 경우 부양능력이 없는 것으로 인정한다. 여기서 소득기준은 부양의무자의 부양능력 판정소득액이 부양의무자 가구기준 중위소득 50% 미만인 경우이다. 재산기준은 부양의무자의 재산의 소득환산액이 '수급권자 및 당해 부양의무자 가구 각각의 기준 중위소득의 합'의 18% 이상 50% 미만인 경우이다. 가구의 특성은 부양의무자 가구원 중 국민기초생활보장법 시행령 제7조에 따른 근로능력이 있는 가구원이 없거나 부양의무자뿐만 아니라 함께 거주하는 개별가구원을 포함하여 가구의 재산이 전세를 포함한 주택에 한정되어 있는 경우를 말한다.

01. 윗글을 통해 국민기초생활보장제도에 대해 추론한 내용으로 적절하지 않은 것은?

① 국민기초생활보장제도는 종합적인 빈곤 대책으로 전환되기 전에는 시혜적 단순 보호 차원의 생활 보호 제도였다.

② 국민기초생활보장제도의 수급자로 선정되기 위해서는 소득인정액 기준과 부양의무자 기준 중 하나만 충족해도 된다.

③ 3인 가구의 기준 중위소득이 3,870,577원이라면 소득인정액의 선정 기준은 1,161,173원 이하가 된다.

④ 4인 가구의 기준 중위소득이 4,000,000원이라고 가정했을 때, 소득인정액 기준 생계급여가 1,200,000원 이하에 부양의무자가 없는 사람은 국민기초생활보장제도의 수급자가 된다.

⑤ 수급권자의 1촌 직계혈족과 그 배우자가 부양능력이 없는 경우에는 부양의무자 기준이 충족된다.

02. 다음은 가구 규모에 따른 기준 중위소득을 나타낸 자료이다. 윗글과 다음 자료를 바탕으로 국민기초생활보장제도의 수급자로 선정될 수 있는 사람을 모두 고르면? (단, 기준 중위소득은 한 달을 기준으로 계산하며, 모든 사람의 재산의 소득환산액을 마이너스라고 가정한다.)

[가구 규모에 따른 기준 중위소득]

(단위: 원)

가구 규모	1인 가구	2인 가구	3인 가구	4인 가구	5인 가구	6인 가구	7인 가구
기준 중위소득	1,757,194	2,991,980	3,870,577	4,749,174	5,627,771	6,506,368	7,389,715

ㄱ 이 씨는 소득이 없지만 부양능력이 있는 의사인 아들과 며느리로부터 매달 100만 원씩 용돈을 받고 있다.

ㄴ 외동아들인 김 씨는 결혼하지 않았으며 부모님이 돌아가신 이후로 매달 아르바이트로 500,000원을 벌며 혼자 살고 있다.

ㄷ 한 씨는 남편과 이혼하고 고등학생 딸 한 명과 함께 살고 있으며, 연봉 4,000만 원을 받는 전문직에 종사하고 있다.

ㄹ 어렸을 때 부모님을 여읜 강 씨는 3년 전에 아내와 사별하고 초등학생 아들 두 명과 살고 있으며, 허드렛일로 매달 250,000원을 벌고 있다.

① ㄱ, ㄴ
② ㄱ, ㄷ
③ ㄴ, ㄷ
④ ㄴ, ㄹ
⑤ ㄷ, ㄹ

03. △△대학교 기계공학부 윤○○ 교수는 꾸준히 갈고 닦은 제어계측 실력을 인정받아 고졸 출신으로 교수 자리까지 올랐다. 오늘 윤 교수는 모교를 방문하여 고등학생들을 대상으로 '참된 기술자의 조건'이라는 제목의 강연을 진행하였다. 다음 윤 교수가 강연에서 말한 내용 중 적절하지 않은 것은?

> S 전자는 후발 주자임에도 불구하고 현재 반도체 분야에서 최고의 자리에 올랐습니다. 특히 D램 부문에서는 압도적인 세계 1위를 지키고 있습니다. 끊임없이 기술혁신을 통해 성공을 거둔 대표적인 사례입니다. 하지만 만족하지 않고 항상 새로운 도전을 위해 준비하고 있습니다.
> ① 기술혁신은 의도된 계획보다 우연에 의해 이루어지는 경우가 많으며, 기업의 투자가 구체적인 성과로 이어지기까지는 비교적 긴 시간이 필요합니다. 하지만 ② 기술혁신은 기존 제품의 반복적인 생산·판매나 회계처리 등과 달리 명확하고 확실한 특성을 갖고 있기 때문에 기업 내의 갈등과 논쟁을 감소시켜주기도 합니다. 이를 위해 요즘 기업들은 구성원들에게 많은 관심을 갖고 기술 능력을 향상시킬 수 있는 프로그램을 제공하고 있습니다. ③ 기술혁신은 지식 집약적이며, 조직의 경계를 넘나드는 특징이 있습니다. 연구개발에 참여한 연구원들이 이탈하면 기술과 지식의 손실이 크게 발생하게 될 뿐 아니라 연구부서 단독으로 수행할 수도 없습니다.
> 저는 고졸이라는 학력 때문에 정식 사원이 되지 못하고 견습사원으로 입사했습니다. 하지만 새벽 5시에 출근하여 업무를 완벽히 파악하고, 야간과 주말을 이용해 대학과 대학원 교육을 끝낼 수 있었습니다. 회사의 배려로 유학을 가서 박사 학위를 취득한 후 다시 회사로 돌아와 기술 개발 프로젝트를 이끌었습니다.
> 기술능력은 직업에 종사하는 모든 사람들에게 필요한 능력입니다. 제가 현장에서 지켜본 ④ 기술능력이 뛰어난 사람은 실질적 해결이 필요한 문제를 인식하고, 다양한 해결책을 개발하고 평가합니다. 또한 ⑤ 기술능력이 뛰어난 사람은 실제적 문제를 해결하기 위해 지식이나 기타 자원을 선택하고 최적화하여 적용합니다.

04. 산업재산권은 산업 활동과 관련된 사람의 정신적 창작물이나 창작 방법에 대해 인정하는 독점적 권리이며 창작자의 독점 배타적인 권리를 보호하여 기술 진보와 산업발전을 추구한다. 빈칸에 들어갈 산업재산권으로 적절한 것은?

> 중랑구는 봉화산 자연체험공원에서 아이들과 함께 먹골청실배 수확·나눔 행사를 열기로 했다. 구는 2016년 봉화산 근린공원 내 약 10,000㎡ 규모의 배나무밭을 자연체험공원으로 조성하고 지역 유치원과 어린이집을 대상으로 배나무 분양 프로그램을 운영해왔다. 나무에 꽃이 피고 열매를 맺기까지의 과정을 직접 경험할 수 있어 매년 활발한 참여가 이어지고 있다.
> 또한, 구는 지역 특산물인 '먹골청실배'를 널리 알리기 위해 지난해 (   ) 등록을 마치고 브랜드 개발에 힘쓰고 있다. '먹골청실배'라는 이름은 묵동의 옛 이름인 '먹골'과 조선시대 먹골배 시조인 '청실배'가 합쳐져 탄생했다.

※ 출처: 중랑구청(2021-10-05 보도자료)

① 저작권   ② 상표권   ③ 특허권   ④ 실용신안권   ⑤ 디자인권

05. 다음 보도자료를 읽고 주제를 바르게 파악한 것은?

> 문승욱 산업통상자원부 장관은 11.5(금) 폴란드 바르샤바에서 피오트르 나임스키(Piotr Naimski) 에너지인프라 특임대사와 만나 원전 수주활동과 더불어 수소·배터리 등 에너지분야 협력을 논의하였다. 나임스키 에너지인프라 특사는 폴란드 에너지정책 결정을 주도하는 핵심적인 인사이며, 동 면담에는 아담 기부르제 체트베르틴스키 기후환경부 차관 등 폴란드 원전사업 및 에너지 분야와 관련된 정부 고위급들이 다수 배석하였다.
>
> 나임스키 특사와의 면담에서 문 장관은 한국이 폴란드 원전사업의 최적 파트너임을 강조하고 한국기업이 폴란드 원전사업에 참여할 수 있도록 관심과 지원을 요청했다. 먼저, 문 장관은 한국이 수주한 UAE원전사업은 지난 4월 1호기가 상업운전을 시작하는 등 성공적으로 사업을 추진 중이라 설명하고, 폴란드 원전사업에서도 적정 예산과 적시 시공에 대한 자신감을 피력하였다. 또한, 한수원을 중심으로 한 팀코리아가 폴란드 원전사업의 성공적 추진을 위한 사업제안서를 준비 중인 바, 한국 원전의 기술적 특성뿐만 아니라 기술이전, 인력양성 방안 등을 반영하여 '22년 상반기 중 폴란드 정부에 제출하겠다'고 설명했다. 아울러, 폴란드 정부가 사업자 선정 시 재원조달을 중요한 평가지표로 반영한 것으로 알고 있는 바, 한국 정부는 금융기관 등 관련 기업·기관들과 함께 현실적인 재원조달 방안을 마련 중이라고 설명하였다.
>
> 나임스키 특사는 '19년 UAE 바라카 원전 방문을 통해 한국원전의 우수성에 대해 잘 알고 있으며, 특히 정해진 예산과 예정된 기간 내 건설 완료한 한국의 기술을 높게 평가한다'고 화답했다. 아울러, 폴란드 원전사업 계획을 설명하면서, 단순한 기술공급이 아닌 원전 운영까지도 함께할 파트너를 찾고 있으며 이에 한국도 중요한 협력 후보 대상 중 하나라고 평가했다. 또한, 나임스키 특사는 폴·미 정부 간 원전협력 상황을 설명하면서 지난 5월 한미 정상 간 해외원전사업 공동진출 등 협력추진에 합의한 것과 UAE 바라카 원전사업에서도 한미가 협력한 것을 알고 있다면서 폴란드 원전사업에 대한 한미 간 협력 가능성에 관심을 표했다. 이에 문 장관은 한미 정상 간 합의를 통해, 한-미-폴 3국간 폴란드 원전사업 협력을 추진할 수 있는 기반이 마련되어 있음을 설명했다.
>
> 아울러, 양측은 수소·CCUS·배터리 등 다양한 에너지분야 협력 강화 방안에 대해 의견을 교환하였다. 체트베르틴스키 기후부 차관은 폴란드의 탄소중립을 위해 「에너지정책 2040」을 수립하였고, 에너지 저장장치 기술 개발에도 큰 관심을 갖고 있는 바, 동 분야에서 양국 간 협력을 희망했다. 문 장관은 한국도 재생에너지 및 에너지 저장장치와 관련한 기술개발에 많은 투자를 하고 있음을 설명하고, 특히 에너지 저장을 위한 수소기술이나, 탄소중립을 위한 CCUS 분야에서 양국 간 협력 기회가 많이 있을 것으로 기대한다고 언급하였다. 아울러, 문 장관은 폴란드에 한국의 배터리 제조기업이 진출하여 대규모 생산을 하고 있는 바, 우리 투자기업들의 활동에 대한 폴란드 정부의 관심을 당부하였다.
>
> 양측은 원전·수소 등 에너지분야에서 구체적인 협력방안 논의를 위해 (한)산업통상자원부-(폴)기후환경부간 에너지공동위원회를 신설하는 공동성명을 채택하고, 내년 상반기 중 공동위 개최에 합의했다. 또한, 금번 폴란드 방문 계기에 한수원, 두산중공업, 대우건설 등이 폴란드 전력산업협회 및 엔지니어링·건설 기업들과의 원전분야 협력 MOU 5건을 체결하고, 폴란드 원전사업 진출을 위해 협력해 나가기로 하였다.

※ 출처: 산업통상자원부(2021-11-06 보도자료)

① 원전·수소·에너지 분야 등 협력 및 한·폴 에너지공동위원회 신설하는 공동성명을 채택하였다.

② 한국은 폴란드와 원전과 수소에 대한 에너지 분야에 대한 협력을 강화하였다.

③ 한수원을 중심으로 폴란드 원전 사업의 성공적 추진을 위한 사업제안서를 준비하고 22년에 폴란드 정부에 제출하겠다고 설명했다.

④ 한수원, 두산중공업, 대우건설 등이 폴란드 전력산업협회 및 엔지니어링·건설 기업들과의 원전분야 협력 MOU 5건을 체결하였다.

⑤ 정부는 43년까지 총 6기(2개 부지 각 3기, 약 40조 원 규모) 원전건설 계획 등을 반영한 '2040 에너지전략'을 승인했다.

06. 다음 보도자료를 바르게 이해하지 못한 것은?

> 정부가 2022년 자가용 신재생에너지 설치수요 증가 추세를 반영해 지난해보다 181억 원 증가한 3192억 원의 예산을 투입하기로 했다. 산업통상자원부는 4월 25일 이 같은 내용의 올해 신재생에너지 보급지원사업(주택·건물지원 등)을 공고하고, 5월 9일부터 신청접수를 받는다고 밝혔다. 보급지원 사업은 주택 또는 건물 소유주가 자가 소비를 목적으로 태양광·지열 등 신재생에너지 설비를 설치하는 경우, 설치비의 일부를 지원하는 사업이다. 올해 예산규모는 자가용 신재생에너지 설치수요 증가 추세를 반영해 지난해 대비 181억 원 증가한 3192억 원이다.
>
> 먼저, 주택·건물 설치에 1435억 원을 지원한다. 주택·건물지원 사업은 단독·공동주택, 상가·공장 등에 자가 소비 목적의 신재생 설비를 설치하는 경우 설치비의 일부를 지원한다. 올해부터는 전기 사용량이 많은 산업단지의 경우 신재생 설비 설치에 따르는 전력요금 절감 효과가 크다는 점을 고려해 입주기업에 대해 선정 평가 때 가점을 부여할 예정이다.
>
> 또한, 주택·상가·공공기관 등 여러 건물의 융복합 설치에 1757억 원을 지원한다. 융복합지원은 지자체나 공공기관 주도로 민·관 협력체를 구성해 지역 단위로 보급하는 설비에 대해 설치비를 지원하며, 여러 건물에 태양광·태양열·지열·연료전지 등 두 종류 이상의 신재생 에너지원을 융합해 설치해야 한다. 최근 지자체 차원의 활발한 신재생에너지 수요 발굴 활동이 증가하는 추세를 고려해 올해 융복합지원 예산은 전년 예산 대비 약 11% 늘렸다. 융복합지원은 전년도 신청접수를 통해 다음 연도에 자금이 지원되는 사업으로, 올해는 내년도 사업에 대해 수요 조사를 받아 사업을 수행할 지자체(민·관 협력체)를 평가해 선정할 계획이다.
>
> 올해부터는 지자체별 재생에너지 시설과 주거·도로 간 이격거리를 규제하는 정도를 평가점수에 반영해 재생에너지 보급에 적극적인 지자체에 더 많은 혜택을 줄 예정이다. 산업부는 올해 보급지원 사업을 통해 주택·건물 옥상 등을 활용해 309MW의 신재생에너지 설비를 보급하고, 이에 따라 상가·건물 등에 연간 541억 원의 요금 절감과 함께 연간 18만 톤의 이산화탄소 감축효과가 기대된다고 밝혔다.
>
> 산업부는 향후에도 건축물 등 여유공간을 활용한 신재생에너지 설비를 적극 지원해 환경훼손을 최소화하면서 친환경 에너지 보급을 확대하겠다고 강조했다. 한편, 이전 사업을 수행하는 기관인 한국에너지공단(신재생에너지센터)은 태양광 설치와 관련해 정부사업을 사칭하는 등 사기에 따른 소비자 피해 예방을 위해 소비자피해 콜센터(1670-4260)를 연중 운영하고 있다. 보급사업에 참여하는 시공업체에 관한 정보를 한국에너지공단 그린홈 홈페이지(https://greenhome.kemco.or.kr)에서 공개, 소비자가 시공업체 선택에 참고할 수 있도록 지원하고 있다. 보다 자세한 내용은 산업통상자원부 홈페이지(www.motie.go.kr) 또는 한국에너지공단 신재생에너지센터 홈페이지(www.knrec.or.kr)에서 확인할 수 있다.

※ 출처: 산업통상자원부(2022-04-25 보도자료)

① 2022년 자가용 신재생에너지 설치수요가 증가했다고 정부는 판단했다.

② 신재생에너지 보급지원사업은 주택 또는 건물 소유주가 자가 소비를 목적으로 태양광·지열 등 신재생에너지 설비를 설치하는 경우, 설치비 전액을 지원하는 사업이다.

③ 지자체나 공공기관 주도로 민·관 협력체를 구성해 지역 단위로 보급하는 설비에 대해 설치비를 지원하는 것은 융복합지원이라고 한다.

④ 신재생에너지 보급지원사업을 통해 연간 541억 원의 요금 절감과 함께 연간 18만 톤의 이산화탄소 감축이 될 것이라고 기대효과가 있다.

⑤ 신재생에너지 보급지원사업에 참여하는 시공업체에 관한 정보를 한국에너지공단 그린홈 홈페이지에서 공개하고 있다.

07. 다음 보도자료를 읽고 주제를 파악한 것으로 바른 것은?

> 서울대 등 총 8개 대학에서 대학원 결손인원을 활용해 인공지능 등 36개 첨단 신기술 분야 학과의 내년도 석·박사 정원을 증원한다. 교육부는 기술혁신을 이끌 신기술 분야에 대한 고급 인재양성 수요 증가에 대응하기 위해 석·박사 정원을 558명 증원한다고 밝혔다. '대학원 정원 심사위원회'는 대학으로부터 대학원 학생정원 증원 계획을 제출 받아 심사를 진행해 왔다. 이에 따라 교육부는 8개 대학 36개 첨단 분야 학과에 석·박사 정원 558명을 증원한다.
>
> 대학교별 증원 인원은 경북대 50명·고려대 40명·상지대 3명·서울대 93명·성균관대 105명·전남대 50명·한양대(ERICA 포함) 210명·한국해양대 7명이다. 분야별로는 빅데이터(171명)가 가장 많았고, 인공지능(124명)과 사물인터넷(IoT·77명), 신재생에너지(39명), 스마트시티(34명), 바이오헬스(20명), 첨단신소재(20명) 등이 뒤를 이었다. 그간 4차 산업혁명의 가속화로 기술혁신을 이끌 신기술 분야의 인재양성 수요가 지속적으로 증가했으나 첨단 분야 산업인력 공급은 여전히 부족한 상황이었다.
>
> 또한 각 대학들이 첨단 분야의 석·박사급 인재양성을 위해 자체적으로 입학정원의 조정·증원을 추진했으나 대학 내에서 학문 분야 간 정원 조정·협의에 어려움이 많았다. 이에 교육부는 2022학년도부터 '대학원 결손인원 활용을 통한 정원 증원' 제도를 도입, 2023학년도 이후에도 더욱 확대해 나간다.
>
> 이 제도에 따라 최근 3년간(2018~2020년) 결손인원 평균 범위 내에서 다음 연도(2022년)에 첨단 분야의 대학원 석·박사 정원 증원 후 일시적으로 증가된 정원을 편제완성 다음 연도까지 타 학과의 정원을 감축할 수 있다. 또는 최근 3년간 평균 결손인원의 절반 범위 내에서 다음 연도 첨단 분야 대학원 석·박사 정원을 늘리고 증원된 정원의 2배 이상을 결손인원으로 확보하면 증원된 정원을 계속 유지하는 유형도 있다. 이번에 첨단 분야 석·박사 정원을 증원한 대학원은 대학별 여건에 따라 내년 3월 전반기와 9월 후반기에 대학원 석·박사 과정의 신입생을 선발해 해당 교육과정을 운영할 수 있다.
>
> 교육부 장관은 "결손인원을 활용한 첨단 분야 석·박사 정원 증원은 우리나라가 고부가가치 산업을 선점하고, 신기술 분야를 선도할 고급인재를 적시에 공급하는 데 많은 도움이 될 것으로 기대한다"고 말했다. 그러면서 "앞으로도 첨단 신기술 분야의 고급인재 양성이 확대될 수 있도록 대학원 정원 제도를 개선하고 규제를 완화해 나가겠다"고 덧붙였다.
>
> ※ 출처: 교육부(2021-10-28 보도자료)

① 인공지능 등 신기술 분야 석·박사 정원을 증원하여 신기술 분야의 고급인재를 적시에 공급하는 데 도움이 될 것으로 기대할 수 있다.

② 신기술 분야 석·박사 정원을 경북대 50명·고려대 40명·상지대 3명·서울대 93명·성균관대 105명·전남대 50명·한양대(ERICA 포함) 210명·한국해양대 7명으로 증원하여 기대감을 높였다.

③ 신기술 분야 석·박사 정원을 증원하는데 최근 3년간 평균 결손인원의 절반 범위 내에서 다음 연도 첨단 분야 대학원 석·박사 정원을 늘리고 증원된 정원의 2배 이상을 결손인원으로 확보하면 증원된 정원을 계속 유지하는 유형을 받아들였다.

④ 석·박사 정원을 증원한 대학원은 대학별 여건에 따라 내년 3월 전반기와 9월 후반기에 대학원 석·박사 과정의 신입생을 선발해 해당 교육과정을 운영할 수 있다.

⑤ 서울대 등 총 8개 대학에서 대학원 결손인원을 활용해 인공지능 등 36개 첨단 신기술 분야 학과의 내년도 석·박사 정원을 증원하는 이유는 대학의 운영이 어려워짐에 따라 내려진 조치이다.

08. 다음 글에 제시된 '바디우'의 견해와 부합하는 것은?

현대 철학자 알랭 바디우는 정치란 세상을 변화시키는 것이라고 말하며, 더 나은 세상을 만들기 위해서는 좋은 지도자를 뽑아 정부를 잘 운영하는 것으로는 부족하고 사회구조의 변화가 이루어져야 한다고 말한다. 그렇다면 사회 구조의 변화는 어떻게 가능한 것인가? 이에 대해 바디우는 '사건'을 계기로 '진리'가 만들어지면서 사회 구조가 변화하게 되는 것이라고 설명한다.

바디우에 따르면, 사건이란 기존의 사회 구조를 뒤흔들 만큼 충격적인 일이면서 미리 계획하거나 예측할 수 없는 일이다. 또한 사건은 의도적으로 발생시킬 수 없는 것으로, 사회에 엄청난 충격을 일으키지만 사회 전체에서 일어나는 것이 아니라 사회 내의 특정한 지점에서 발생한다. 바디우는 사건은 일시적으로 나타났다가 사라져 버리는 것이지만 사회 구조 변화의 출발점이 된다는 것을 강조한다. 그는 사건의 대표적 예로 1871년 프랑스 파리에서 일어났던 파리코뮌을 들고 있다.

바디우는 기존의 사회 구조를 벗어나는 독특한 사건이 발생하면 사회 구성원들은 이 사건을 전에 없던 '이름'으로 부르고 이 이름은 사건이 사라진 후에도 사회에 흔적으로 남는다고 본다. 사건이 사라지고 난 후, 개인이나 집단은 사건의 이름을 통해 사건을 떠올리며 사회 안의 각 요소들과 사건의 관련성을 살펴보는 시도를 한다. 즉 개인이나 집단이 사회 안의 제도, 행위, 발언 등을 검토하여 그것이 사건을 이어 갈 수 있는 것인지 아닌지를 가려낼 수 있다고 보는 것이다. 사회 안의 요소들 중에서 사건에 충실한 요소와 그렇지 않은 요소를 가려내는 이러한 작업을 바디우는 '탐색'이라고 부르고, 탐색의 판단 기준을 '충실성'이라고 부른다. 이때 탐색에 참여하는 개인이나 집단은 어떤 의도를 가지고 사회 안의 특정한 요소를 선택해 그것의 충실성 여부를 검토하는 것이 아니라 사회 안에서 우연히 마주치게 되는 요소들이 사건과 어떤 관계를 가지는지를 조사한다.

바디우는 탐색을 통해 사건에 충실한 것으로 분류된 요소들이 진리를 이룬다고 말한다. 즉, 바디우에게 있어 진리란 거짓에 반대되는 사실을 가리키는 것이 아니라, 사건을 계기로 이루어진 탐색의 결과이자 사회 안에서 사건에 충실한 요소들의 집합체이다. 바디우는 이러한 진리는 정치 이외에도 과학, 예술, 사랑의 영역에서 만들어질 수 있다고 본다.

바디우는 진리가 만들어지는 과정, 즉 진리 절차에서 진리를 이루는 부분들을 '주체'라고 부른다. 진리를 만들어 가는 개인이나 집단의 행위, 발언 중에서 충실한 요소들이 모여 주체가 되는 것이다. 따라서 진리 절차에 참여하는 사람이라도 그 사람 자신이 곧 주체는 아니며, 그 사람의 행위나 발언 중 사건에 충실한 것만이 주체의 일부가 된다. 이러한 바디우의 시각이 개인을 보잘것없게 만든다고 비판하는 사람들도 있다. 하지만 이에 대한 반대급부가 있다. 어떤 사람이 정치적 활동을 하면서 예술 활동을 하고 있다면 이 활동은 정치적 주체의 일부이면서 예술적 주체의 일부가 될 수 있으므로 개인은 다양한 영역에서 활동할 수 있다는 것이다.

특히 바디우는 자신의 철학을 펼치면서 사건은 진리가 만들어지는 데 필수적이지만 그 자체가 진리는 아니라고 강조하며, 사회 구조의 변화를 위해 중요한 것은 우연한 사건보다 시간의 경과 속에서 만들어지는 진리라고 말한다. 이는 바디우가 말하는 '용기'의 중요성과도 연결된다. 바디우에게 있어 용기란 진리를 좇는 용기, 즉 사회 안의 요소들을 진리에 속하는 것과 아닌 것으로 나누는 작업을 포기하지 않고 지속할 수 있는 용기이다. 결국 바디우는 사회 구조의 변화를 위해서는 앞으로의 일이 아니라 이미 일어났던 사건에 관심을 가지고 그 사건을 이어 가기 위해 노력해야 한다고 보는 것이다.

① 정치의 목적은 정부 운영을 잘하는 것이다.

② 사건은 사회 전체에서 일어난 것이어야 의미가 있다.

③ 개인은 사회 안의 제도나 행위에 대해 검토할 수 있다.

④ 거짓이 아닌 사실들을 체계적으로 정리하는 과정을 진리 절차라고 한다.

⑤ 사회 구조를 변화시키기 위해서는 앞으로 일어날 사건을 예측할 수 있어야 한다.

09. 다음 중 〈보기〉의 ㉠과 바꿔 쓰기에 적절한 것은?

〈보기〉

쌍무지개는 물방울의 크기가 커서 빛을 많이 모을 수 있을 때 보인다. 쌍무지개는 위-아래 순서로 1차 무지개, 2차 무지개로 부르는데, 2차 무지개는 1차 무지개와는 달리 밑에서부터 빨주노초파남보의 순서로 보이기 때문에, 두 무지개는 색깔이 ㉠ 서로 포개질 수 있게 보인다.

① 대립(對立)된다.　　　　② 대비(對比)된다.　　　　③ 대응(對應)된다.

④ 대조(對照)된다.　　　　⑤ 대체(對替)된다.

10. 다음 중 표현이 어법에 맞고 자연스러운 문장은?

① 증인 자격으로 재판에 참석한 세 사람은 눈빛을 교환한 후 재판장을 빠져나갔다.

② 그는 본인이 고안한 천체 이론을 발전해 과학 문제의 해결에 이바지하고자 하였다.

③ 아시아는 17세기부터 생산 기술의 발달과 그에 따라 사회 조직의 큰 변화를 겪었다.

④ 교장 선생님 말씀의 요점은 모름지기 사람은 타인에게 도움이 되는 존재가 되어야 한다.

⑤ 그 감독의 영화는 비슷비슷해서 관객들이 등장 이름의 혼동이나 각 작품의 줄거리를 잘 기억하지 못했다.

11. 다음 ⑦~⑩을 바르게 고쳐 쓴다고 할 때 가장 적절하지 않은 것은?

> 국민의 노후생계를 보장하는 것은 정부가 주도하는 국민연금과 민간 기업이 주도하는 사적 보험으로 ⑦나눌 수 있다. 먼저 정부의 비대화(肥大化)를 원치 않으며 다양한 보장 방식을 원하는 사람들은 정부의 강제적이고 공적인 프로그램이 갖는 당위성에 대해 의문을 제기한다. 노후생계보장에 정부가 간여하게 되면 국민경제에서 정부가 차지하는 상대적 비중이 엄청나게 불어나기 때문이다. 또한, 국민연금은 사적 보험에 비해 소비자의 다양한 요구에 부응하는 보험 상품을 개발하여 공급할 수 없다는 단점이 있다.
>
> 그러나 효율성의 측면에서 정부의 주도에 의한 국민연금이 기업의 주도에 의한 사적 보험보다 많은 ⑥이점을 가지고 있다. 우선 국민 전체가 참여하는 국민연금은 규모의 경제라는 측면에서 사적 보험보다 유리하다. 보험이라는 것은 기본적으로 위험을 여럿이 나누어 부담하는 것이므로 위험을 공동으로 부담하는 사람이 ⑥많을 수록 이득은 더 커진다. 따라서 전 국민이 가입대상인 국민연금의 경우 이득이 극대화된다고 말할 수 있다.
>
> 역선택의 문제를 해소할 수 있다는 측면에서도 국민연금은 사적 보험보다 더 효율적이다. 일반적으로 역선택의 문제는 시장에서 거래되는 물건의 속성에 대해 판매자가 구매자보다 더 많은 정보를 가지고 있어 상대적으로 정보가 부족한 구매자가 불리한 선택을 하는 상황에서 발생한다. ⑧그러나 전 국민을 가입 대상으로 하는 국민연금에서는 역선택의 문제가 나타나지 않는다. 이러한 역선택의 문제는 민간 부문의 보험회사가 노후의 생계와 관련된 보험을 제공하는 경우에도 발생할 수 있다.
>
> 또한, 민간 부문의 보험회사는 보유자금의 일부를 지급준비금의 형태로 보유하고 있어야만 한다. 그러나 국민연금은 안정적인 보험료가 보장되고 사회보장세 등을 통한 수입을 기대할 수 있어 지급준비금을 많이 ⑩보유시킬 필요가 없다. 이에 따라 국민연금은 사적 보험보다 소비자에게 더 좋은 노령연금의 혜택을 제공할 수 있다.

① ⑦은 문맥상 '구분할 수'로 바꾸어 써도 무방하다.
② ⑥은 사잇소리 현상이 발생하고 있으므로 '잇점'으로 고쳐 써야 한다.
③ ⑥의 '-ㄹ수록'은 어미이므로 '많을수록'으로 붙여 써야 한다.
④ 문맥의 의미를 고려하여 ⑧의 위치를 문단 끝으로 이동한다.
⑤ ⑩은 불필요한 사동표현이 사용되었으므로 '보유할'로 고쳐 써야 한다.

12. 다음 중 의미상 혼동의 여지가 없는 문장은?

① 거래처 직원들이 다 오지 않았다.
② 이런저런 생각이 많아 돈을 다 쓰지는 못했다.
③ 지난 주말에 예약한 손님이 예상보다 일찍 방문했다.
④ 나는 입사동기들보다 보고서 작성업무를 더 좋아한다.
⑤ 오랜 시간 고민하다 마침내 등산을 결심한 그는 운동화를 신고 있다.

13. 3년 전의 고모부의 나이는 고모부와 고모 나이의 합의 $\frac{4}{7}$이다. 지금부터 3년 후에는 승원이의 나이가 고모 나이의 $\frac{1}{3}$이 되고, 세 명의 나이 합은 142세가 된다고 하면 현재 고모부와 승원이의 나이 차이는?

① 44세   ② 48세   ③ 52세   ④ 56세   ⑤ 60세

14. 판교의 한 스타트업은 사옥 이전을 위해 필요한 사무기기를 구매하려고 한다. 신입사원 민지는 사무실에서 사용할 노트북을 구매하려고 매장에 문의를 했더니 최신형 노트북 30개 이상을 한 번에 구매하면 20% 할인을 받을 수 있고, 50개 이상을 한 번에 구매하면 35% 할인을 받을 수 있다고 한다. 50개를 주문할 때보다 가격이 오히려 더 비싸지는 노트북 최소 구매 개수는?

① 38개   ② 39개   ③ 40개   ④ 41개   ⑤ 42개

15. 인천의 한 쇼핑몰에서는 오픈 기념행사로 상품 당첨 이벤트를 진행하고 있다. 두 개의 상자에서 추첨을 진행하는데 첫 번째 상자에는 당첨권 4장과 비당첨권 16장이 들어있고, 두 번째 상자에는 당첨권 2장과 비당첨권 13장이 들어있다. 첫 번째 상자에서 한 장을 꺼내서 확인하지 않고, 두 번째 상자에 넣은 뒤 두 번째 상자에서 다시 한 장을 꺼낼 때 두 번 다 당첨권이 나올 확률은?

① $\frac{1}{80}$ ② $\frac{1}{40}$ ③ $\frac{3}{80}$ ④ $\frac{1}{20}$ ⑤ $\frac{5}{80}$

16. 갑, 을, 병 세 사람은 사내 자선 행사에서 각자 동일한 할당량의 도시락을 만들고 있다. 갑이 할당된 도시락을 다 만들었을 때 을은 20개, 병은 32개 남아있었고, 을이 할당된 도시락을 다 만들었을 때 병은 아직 16개가 남아있었다. 각자의 도시락 만드는 속도는 일정하다고 할 때, 이 세 사람이 만든 도시락의 총 개수는?

① 150개   ② 180개   ③ 210개   ④ 240개   ⑤ 270개

17. 한 카페에서 커피와 조각 케이크 1개씩을 묶음으로 사면 10% 할인해 주는 행사를 하고 있다. 커피의 가격은 4,300원, 조각 케이크의 가격은 2,700원이며 종류에 상관없이 10개를 샀을 때 29,700원을 지불하였다. 이때 구매한 조각 케이크의 개수는?

① 4개   ② 5개   ③ 6개   ④ 7개   ⑤ 8개

18. 종민이는 입사 첫해 연봉의 55%, 그다음 해 연봉의 25%, 세 번째 해의 연봉 50%를 개인 비용으로 지출하였고, 지출 외 모든 돈은 저축을 하였다. 그 결과 총 4,818만 원을 모았다면 종민이의 첫해 월급은? (단, 연봉은 두 번째 해에만 10% 인상되었으며 월급 이외의 다른 소득은 고려하지 않는다.)

① 2,000,000원   ② 2,100,000원   ③ 2,200,000원   ④ 2,300,000원   ⑤ 2,400,000원

19. 종이 박스를 생산하는 A 기업은 10대의 박스 제작 기기를 보유하고 있다. 5대는 이번에 새로 구입한 신규 기기이고, 나머지 5대는 중고로 구입한 중고 기기이다. 신규 기기 3대와 중고 기기 2대를 이용하여 2시간에 총 600개의 박스를 만들 수 있고, 신규 기기 2대와 중고 기기 3대를 이용하면 1시간에 250개의 박스를 만들 수 있다고 한다. 그렇다면 신규 기기와 중고 기기 1대씩 1시간을 이용할 경우, 생산할 수 있는 박스의 개수는?

① 70개   ② 80개   ③ 90개   ④ 100개   ⑤ 110개

20. 다음 표는 2003~2007년 전국 공공도서관 현황에 대한 자료이다. 자료에 대한 설명으로 옳지 <u>않은</u> 것은?

[2003~2007년 전국 공공도서관 시설 현황]

시점	직원 수(명)	도서관 수(개)	좌석 수(천 개)	자료 수(만 권)		
				소계	도서	비도서
2003	5,317	424	240	4,031	3,798	233
2004	5,977	461	256	3,802	3,482	320
2005	6,133	491	258	5,361	4,970	391
2006	6,550	551	248	5,584	5,189	
2007	6,862	581	270	6,108	5,667	441

[2003~2007년 전국 공공도서관 연간 이용 현황] (단위: 백만 명, 백만 권)

시점	2003	2004	2005	2006	2007
연간 이용자 수	110	134	151	164	187
연간 이용책 수	135	143	198	249	282

※ 출처: KOSIS(행정안전부, 한국도시통계)

① 연간 이용자 1인당 평균 이용책 수는 2004년 대비 2005년에 증가하였다.

② 도서관 1개당 보유하고 있는 평균 좌석 수는 2003년 대비 2006년에 감소하였다.

③ 전국 공공도서관 자료 수의 전년 대비 증가량이 가장 큰 해의 도서관 1개당 평균 직원 수는 12명 이상이다.

④ 2003년 대비 2004년의 전국 공공도서관 수의 증가율은 전국 공공도서관 내 총 좌석 수의 증가율보다 작다.

⑤ 2003~2007년 전국 공공도서관이 보유한 총 비도서의 수는 매년 증가한다.

[21-22] 다음은 고령층 인구(55~79세)의 경제 활동 현황을 나타낸 자료이다. 각 물음에 답하시오.

[고령층 취업자 및 고용률 추이]

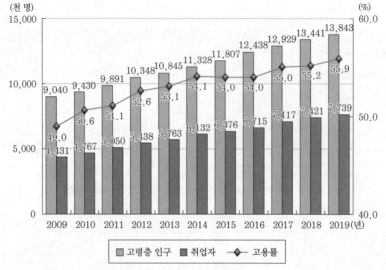

※ 고용률(%) = 취업자 / 고령층 인구 × 100

[고령층 경제 활동 상태]

(단위: 천 명)

구분		2018년 5월			2019년 5월			
		고령층 인구	55~64세	65~79세	고령층 인구	증감	55~64세	65~79세
전체		13,441	7,677	5,764	13,843	402	7,883	5,960
경제 활동 인구	계	7,621	5,371	2,250	7,974	353	5,524	2,450
	취업자	7,421	5,213	2,208	7,739	318	5,350	2,389
	실업자	200	158	42	235	35	174	61
비경제 활동 인구		5,820	2,306	3,514	5,869	49	2,359	3,510
경제 활동 참가율(%)		56.7	70.0	39.0	57.6	0.9	70.1	41.1
고용률(%)		55.2	67.9	38.3	55.9	0.7	67.9	40.1
실업률(%)		2.6	2.9	1.9	2.9	0.3	3.1	2.5

※ 증감은 2018년 5월 고령층 인구 대비 2019년 5월 고령층 인구의 수치 변화를 의미함

21. 다음 중 자료에 대한 설명으로 옳지 않은 것은?

① 2019년 5월 고령층 인구의 경제 활동 참가율은 전년 동월 대비 1%p 미만 증가하였다.

② 2009년부터 2019년까지 고령층 인구의 고용률이 계속 증가한 것은 아니다.

③ 2019년 고령층 인구는 10년 전 대비 약 55% 증가하였다.

④ 2019년 5월 고령층 인구 중 비경제 활동 인구가 전년 동월 대비 증가한 것은 55~64세 비경제 활동 인구가 증가했기 때문이라고 볼 수 있다.

⑤ 2019년 고령층 취업자 수의 전년 대비 증가율은 5% 미만이다.

22. 2010년부터 2019년까지 고령층 인구의 고용률이 전년 대비 가장 크게 변화한 해에 고령층 취업자 수의 전년 대비 증가율은? (단, 증가율은 소수점 둘째 자리에서 반올림하여 계산한다.)

① 6.3%　　　　② 6.8%　　　　③ 7.3%　　　　④ 7.6%　　　　⑤ 8.1%

23. 경상수지는 외국과 거래한 상품 및 서비스의 수출입, 자본 노동 등 생산 요소의 이동으로 발생하는 수입과 지급을 총합으로 나타낸 것으로, 국제수지를 이루는 중요 요소이다. 국제수지 중 경상수지가 변동되는 사례를 설명하고자 할 때, 다음 중 적절하지 않은 것은?

① K팝을 좋아하는 외국인 관광객들이 K팝 댄스 체험 프로그램에 참여하기 위해 한국을 찾고 있다.

② 중국 ○○그룹이 제주도에 설립될 예정인 영리병원에 대규모로 투자하였다.

③ 미국 월가에 위치한 ○○은행이 국내 반도체 기업에 투자한 대가로 배당금을 받았다.

④ 홍수로 인해 발생한 아프리카 저개발국가의 난민을 구제하기 위해 국제 난민기구에 원조를 했다.

⑤ 캐나다가 블랙 프라이데이를 맞아 고가의 가전제품을 대폭 할인하였는데, 환율이 하락해 캐나다의 물건을 수입하는 사람들이 늘었다.

24. 국제 거래에서 수입을 할 때는 대금을 지급하고 수출을 할 때는 대금을 수취하게 되는데, 이를 국제수지라고 한다. 국제수지에 대해 정리한 내용이 다음과 같을 때, 적절하지 않은 것은?

① 상품수지는 반도체, 선박 등 상품의 수출액과 수입액 차이로, 우리나라는 제조업 중심의 수출국가여서 상품수지는 거의 매년 흑자이다.

② 서비스수지는 여행, 운송, 교육 등 서비스 수출액과 수입액의 차액으로, 우리나라의 서비스수지는 해외여행 비용이나 해외유학 비용이 많아 대부분 적자이다.

③ 본원소득수지는 금융소득이나 노동소득으로 외국에서 벌어들인 돈과 나간 돈의 차액으로, 달러화 강세가 이어져 국내 기업들이 해외법인에 쌓여 있는 이익잉여금을 본사로 회수할 경우 본원소득수지가 크게 확대된다.

④ 이전소득수지는 무상원조, 구호물자 등 대가 없이 국가 간에 이전된 수지로, 우리나라의 국제적 위상에 맞게 공적개발원조(ODA)를 확대하면서 이전소득수지가 적자를 기록하고 있다.

⑤ 자본·금융 계정은 국제 거래상 자본의 이동으로 유입된 외환과 유출된 외환의 차이로, 1997년 금융위기는 수출의 부진으로 경상수지 적자가 누적되어 자본·금융 계정의 적자로 이어지면서 발생하였다.

25. 다음은 시도별 가구당 자산, 부채, 소득 현황 중 일부이다. 아래 자료에 대한 해석으로 옳지 않은 것은?

시도	항목	2020	2019	2018	2017
서울	가구주 연령(세)	55	54	53	53
	경상소득(전년도)(만 원)	6,575	6,595	6,495	6,172
	자산(만 원)	67,839	64,240	60,714	54,431
	부채(만 원)	11,077	10,635	10,073	9,690
	순자산(만 원)	(a)	53,605	50,641	44,741
인천	가구주 연령(세)	55	54	53	53
	경상소득(전년도)(만 원)	6,075	5,704	5,536	5,069
	자산(만 원)	40,605	35,159	33,800	30,464
	부채(만 원)	8,498	7,277	(b)	6,333
	순자산(만 원)	32,107	27,882	26,735	24,131
경기	가구주 연령(세)	54	53	52	51
	경상소득(전년도)(만 원)	6,503	6,430	6,320	5,913
	자산(만 원)	48,437	47,546	45,940	42,032
	부채(만 원)	10,213	10,217	9,850	9,028
	순자산(만 원)	38,224	37,329	36,090	33,005

※ 순자산 = 자산 − 부채
※ 출처: KOSIS(한국은행, 가계금융복지조사)

① 경기도의 가구당 자산액은 2018년에서 2019년에 3% 이상 증가했다.

② 서울시의 2020년 가구당 순자산액은 56,762만 원이다.

③ 모든 시도별 가구당 경상소득(전년도)은 2017년부터 지속적으로 증가했다.

④ 인천시의 2018년 가구당 부채액은 7,065만 원이다.

⑤ 2020년 자산 대비 부채 비율이 제일 높은 시도는 경기도이다.

26. 다음 표는 2017년에 조사한 스마트폰 1일 평균 이용횟수 설문조사 결과를 나타낸 자료이다. 자료에 대한 설명으로 옳은 것을 모두 고르면?

[스마트폰 1일 평균 이용횟수 설문조사 결과]

구분		응답자특성별	10회 미만(%)	10회 이상 30회 미만 (%)	30회 이상 50회 미만 (%)	50회 이상 (%)	평균(회)
전체	소계	소계	27.3	39.9	20.6	12.2	24.7
연령대	유아동 (만 3~9세)	소계	78.2	15.7	4.9	1.2	7.0
		과의존위험군	18.5	49.2	25.8	6.5	21.7
		일반사용자군	92.3	7.7	0.0	0.0	3.5
	청소년 (만 10~19세)	소계	21.5	47.0	20.8	10.7	24.0
		과의존위험군	28.5	45.8	15.0	10.7	22.2
		일반사용자군	18.5	47.5	23.3	10.7	24.8
	성인 (만 20~59세)	소계	23.8	40.4	21.8	14.0	26.8
		과의존위험군	21.4	32.0	28.6	18.0	32.7
		일반사용자군	24.3	42.2	20.4	13.1	25.5
	60대 (만 60~69세)	소계	22.2	46.2	23.0	8.6	23.0
		과의존위험군	17.1	44.1	26.7	12.1	26.8
		일반사용자군	22.9	46.5	22.6	8.0	22.4

[스마트폰 1일 평균 이용횟수 설문조사 표본 수]

(단위: 명, %)

구분	표본 수	과의존위험군 비율
전체	29,712	18.6
남성	14,790	17.9
여성	14,922	19.3
유아동(만 3~9세)	2,651	19.2
청소년(만 10~19세)	5,144	30.3
성인(만 20~59세)	19,712	17.3
60대(만 60~69세)	2,205	12.9

※ 출처: KOSIS(과학기술정보통신부, 스마트폰과의존실태조사)

<보기>

㉠ 연령대가 높아질수록 과의존위험군, 일반사용자군 모두 1일 평균 스마트폰 이용횟수가 증가한다.

㉡ 설문조사에서 과의존위험군에 속하는 여성이 과의존위험군에 속하는 남성보다 많다.

㉢ 스마트폰 1일 평균 이용횟수가 가장 많은 연령대는 과의존위험군, 일반사용자군 모두 성인이다.

㉣ 과의존위험군 청소년 중 스마트폰 1일 평균 이용횟수가 10회 미만이라고 한 응답자 수는 과의존위험군 60대 중 스마트폰 1일 평균 이용횟수가 10회 미만이라고 한 응답자 수의 10배 이하이다.

① ㉠, ㉡   ② ㉡, ㉢   ③ ㉡, ㉣   ④ ㉢, ㉣   ⑤ ㉡, ㉢, ㉣

27. 사고력은 일상생활뿐 아니라 공동체 생활의 문제를 해결하기 위해 요구되는 기본요소로서 창의적, 논리적, 비판적으로 생각하는 능력이다. 이 가운데 논리적 사고에 관한 설명으로 옳지 않은 것은?

① 일상적인 대화, 회사의 문서, 신문의 사설 등 접하는 모든 것들에 대해서 늘 생각하는 자세가 필요하다.

② 자신의 주장이 받아들여지지 않는 원인 중에 상대 주장에 대한 이해가 부족하다고 하는 것이 있을 수 있다.

③ 상대가 말하는 것을 잘 알 수 없을 경우에는 구체적인 이미지를 떠올리거나, 숫자를 활용하여 표현하는 등 다양한 방법을 활용하여 생각해야 한다.

④ 상대의 주장에 반론할 경우에는 상대 주장 전부를 부정하지 않고, 동시에 상대의 인격을 존중해야 한다.

⑤ 논리적인 사고는 고정된 견해나 자신의 사상을 강요하는 것이 아니며 설득은 논증을 통하여 이루어지는 것이 아니라 논쟁을 통해 이뤄진다.

28. 문제해결의 필수요소에 대한 설명으로 옳지 않은 것은?

① 문제해결을 위해서는 체계적인 교육훈련을 통해 일정수준 이상의 문제해결능력을 발휘할 수 있도록 조직과 각 실무자가 노력해야 한다.

② 고정관념과 편견 등 심리적 타성을 극복하고 기존의 패러다임을 통해 새로운 아이디어를 효과적으로 낼 수 있는 창조적 스킬 등을 습득하는 것이 필요하다.

③ 창조적 문제해결능력의 향상은 문제해결 방법에 대한 체계적인 교육훈련을 통해서 얻을 수 있다.

④ 문제해결을 위해서 개인은 사내외의 체계적인 교육훈련을 통해 문제해결을 위한 기본 지식뿐 아니라 본인이 담당하는 전문영역에 대한 지식도 습득해야 한다.

⑤ 문제를 조직 전체의 관점과 각 기능 단위별 관점으로 구분하고, 스스로 해결할 수 있는 부분과 조직 전체의 노력을 통해서 해결할 수 있는 부분으로 나누어 체계적으로 접근해야 한다.

29. 문제 처리 절차 중 실행 및 평가 단계에 대한 설명으로 옳지 않은 것은?

① 실행 및 평가는 해결안 개발을 통해 만들어진 실행계획을 실제 상황에 적용하는 활동으로 당초 장애가 되는 문제의 원인들을 해결안을 사용하여 제거해 나가는 단계이다.

② 실행은 실행계획 수립, 실행, 사후관리(Follow-up)의 절차로 진행된다.

③ 실행계획 수립은 무엇을(what), 어떤 목적으로(why), 언제(when), 어디서(where), 누가(who), 어떤 방법으로(how)의 물음에 대한 답을 가지고 계획하는 단계이다.

④ 실행 및 사후관리 단계는 전면적인 전개를 시작으로 그 과정에서 나온 문제점을 해결해 가면서 해결안의 완성도를 높인다.

⑤ 실행상의 문제점 및 장애요인을 신속히 해결하기 위해서 감시 체제(Monitoring system)를 구축하는 것이 바람직하다.

30. 문제해결과정 중에는 다양한 환경에 대한 분석이 필요하고, 그중 고객이 무엇을 원하는지, 고객의 만족도는 어떤지 등 고객들의 요구를 조사해야 할 필요가 있다. 이러한 고객들의 요구를 조사하는 방법은 매우 다양하지만 심층면접법, 표적집단면접(Focus Group Interview)의 방법이 많이 이용된다. 이에 대한 설명으로 옳은 것은?

① 심층면접법은 6~8인으로 구성된 그룹에서 특정 주제에 대해 논의하는 과정으로 숙련된 사회자의 컨트롤 기술에 의해 집단의 이점을 십분 활용하여 구성원들의 의견을 도출하는 방법이다.

② 심층면접법은 다른 방법을 통해 포착할 수 없는 심층적인 정보를 경험적으로 얻을 수는 없으나 독특한 정보를 얻을 수 있는 등의 장점을 지니고 있다.

③ 심층면접법은 조사자의 철저한 인터뷰 기법 스킬과 훈련이 요구되며 인터뷰 결과를 사실과 다르게 해석할 수 있다는 단점이 있다.

④ 표적집단면접이란 조사자가 응답자와 일대일로 마주한 상태에서 응답자의 잠재된 동기와 신념, 태도 등을 발견하고 조사주제에 대한 정보를 수집하는 방법이다.

⑤ 표적집단면접을 진행할 때 주의사항은 동의 혹은 반대의 경우 합의 정도와 강도를 중시, 확실한 판정이 가능한 것은 판정을 하지만 그렇지 못한 경우는 가장 가까운 결과를 선정하여 판정 등이 있다.

31. 다음 〈그림〉은 업무수행과정 중 발생하는 문제의 유형을 나타낸 것이다. 이에 대한 설명으로 옳지 않은 것은?

〈그림〉 업무수행과정 중 발생하는 문제의 유형

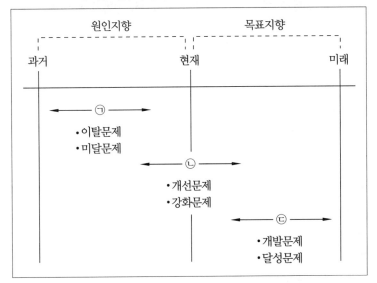

① ㉠은 우리 눈앞에 발생하여 당장 걱정하고 해결하기 위해 고민하는 문제를 의미한다.

② ㉠은 문제 발생의 근본적인 원인을 발견하여 대책을 세울 필요가 있다.

③ ㉡은 잠재문제, 예측문제, 발견문제의 세 가지 형태로 구분된다.

④ ㉡은 해결을 위해 창조적인 노력이 요구되어 창조적 문제라고도 한다.

⑤ ㉢은 지금까지 해오던 것과 전혀 관계없이 미래 지향적으로 새로운 과제 또는 목표를 설정함에 따라 일어나는 문제이다.

32. 다음 결론이 반드시 참이 되게 하는 전제를 고르면?

전제	운전을 잘하는 사람은 영어를 잘한다.
	운전을 잘하지 못하는 사람은 영업팀이 아니다.
결론	안경을 쓰지 않은 사람은 영업팀이 아니다.

① 안경을 쓴 사람은 영어를 잘하지 못한다.

② 영어를 잘하는 사람은 안경을 쓴다.

③ 안경을 쓰지 않은 사람은 영어를 잘한다.

④ 영어를 잘하지 못하는 사람은 안경을 쓰지 않는다.

⑤ 안경을 쓰지 않은 사람은 운전을 잘한다.

33. 골든글러브 시상식장에 참석한 갑, 을, 병, 정, 무, 기의 포지션은 1루수, 2루수가 각각 1명이고 중견수와 투수는 각각 2명이었다. 이들은 한 테이블에 같은 간격을 두고 앉게 되었는데 아래의 조건만으로는 모든 선수들의 자리를 정확히 정할 수 없었다. 다음 중 모든 선수의 자리를 정확히 정할 수 있게 해주는 조건으로 가능하지 않은 것은?

> - 투수는 중견수의 바로 왼쪽에 앉지 않는다.
> - 병의 오른쪽에는 2루수가 앉아있다.
> - 병과 정은 같은 포지션이다.
> - 정과 무는 연이어 앉는다.
> - 정은 병의 맞은편에 앉는다.
> - 갑과 기는 중견수이다.

① 갑은 무의 바로 오른쪽에 앉는다.

② 기는 투수 옆에 앉는다.

③ 병의 바로 왼쪽에 갑이 앉는다.

④ 정과 을 사이에 기가 앉는다.

⑤ 병과 갑 사이에 한 명이 앉는다.

34. 갑의 실종에 대해 그 상황과 법률 규정이 다음과 같을 때, 〈보기〉 중 옳은 것을 모두 고른 것은?

[법률 규정]

제○○조(실종의 선고)
① 부재자(不在者)의 생사가 5년간 분명하지 아니한 때에는 법원은 이해관계인이나 검사의 청구에 의하여 실종선고를 하여야 한다.
② 침몰한 선박에 있던 자, 추락한 항공기에 있던 자, 전지(戰地)에 임(臨)한 자 그밖에 사망의 원인이 될 위난(危難)을 당한 자의 생사가 선박의 침몰 또는 항공기의 추락 후 6월간, 전쟁종지(戰爭終止) 후 또는 그밖에 위난이 종료한 후 1년간 분명하지 아니한 때에도 제1항과 같다.
제○○조(실종선고의 효과)
실종선고를 받은 자는 전조(前條)의 기간이 만료한 때에 사망한 것으로 본다.
제○○조(공시최고)
실종선고의 청구를 받은 가정법원은 6개월 이상의 공고를 하여 부재자 및 부재자의 생사에 관하여 알고 있는 자에 대하여 신고하도록 공고하여야 한다.
제○○조(동시사망의 추정)
수인(數人)의 사망자 중 어느 한 사람이 다른 사람의 사망 후에도 생존한 것이 분명하지 아니한 경우에 이들은 동시에 사망한 것으로 추정한다.
제○○조(상속개시의 시점)
상속은 사망으로 인하여 개시된다.

※ 직계비속(直系卑屬)은 피상속인(사망한 자)의 자녀, 손자, 증손자 등을 말하며, 직계존속(直系尊屬)은 피상속인의 부모, 조부모, 외조부모 등을 의미함. 그리고 방계혈족(傍系血族)은 피상속인의 숙부, 고모, 외숙부, 이모 등을 말함

[상황]

갑은 2011년 1월 1일 그가 타고 있던 선박이 침몰하여 행방불명이 되었다. 이에 을이 가정법원에 실종선고를 신청하였다. 법원은 이를 받아들여 실종선고를 하였다.

〈보기〉

㉠ 법원이 실종선고를 하기 위해서는 을은 이해관계인이나 검사이어야 한다.
㉡ 을은 2015년 6월에는 실종선고를 청구할 수 없다.
㉢ 만약 갑 외에 병도 같은 선박에 타고 있었다면 병이 나중에 사망한 것이 밝혀진다고 하더라도 둘은 동시에 사망한 것으로 추정된다.
㉣ 만약 을이 2016년 7월 1일에 실종선고를 청구하였다면 법원은 같은 해에는 실종선고를 할 수 없다.
㉤ 만약 다른 요건이 갖춰져서 법원이 2017년 1월 1일에 실종선고를 하였다면 상속의 개시 시점은 2017년 7월 1일이 된다.

① ㉠, ㉢, ㉣ 　　② ㉠, ㉡, ㉤ 　　③ ㉢, ㉤
④ ㉠, ㉡, ㉣ 　　⑤ ㉡, ㉢, ㉤

35. ○○부는 고용허가제와 함께 외국인 중 취업희망자에 한해 현지 6개 국가에서 한국어능력시험을 시행하여 합격자에게 취업 자격을 주기로 하였다. 이를 위해 ○○부는 해당 시험을 시행할 자격이 있는 기관을 물색하여 현지 6개 국가에서 갑, 을, 병 시험을 실시하는 것으로 결정하였다. 국가에서 부담하는 응시료 지원 경비와 감독관 파견 경비를 최소로 줄이고자 할 때, 다음 자료를 토대로 추론한 내용으로 옳은 것을 〈보기〉에서 모두 고르면?

[시험별 특성]

구분	응시 가능 인원 (1회)	시행 가능 지역 (국가별 1개 고사장의 수용 가능 인원)	회당 수험료 (1인당)
갑	50,000명	필리핀(500명), 베트남(500명), 태국(300명), 인도네시아(300명), 스리랑카(100명), 몽골(100명)	20,000원
을	25,000명	필리핀(300명), 태국(200명), 스리랑카(50명), 몽골(100명)	15,000원
병	20,000명	필리핀(100명), 태국(50명)	10,000원

[국가별 고용허가제를 통한 시험 응시 예상 인원 및 감독관 파견 경비]

구분	예상 인원	감독관 1인당 파견 경비
필리핀	15,000명	500,000원
베트남	15,000명	1,000,000원
태국	10,000명	1,000,000원
인도네시아	10,000명	1,000,000원
스리랑카	3,000명	2,000,000원
몽골	3,000명	1,000,000원

※ 1) 취업희망자에게 징수하는 응시료는 10,000원으로 통일하며 차액에 대해서는 국가에서 부담함
   2) 감독관은 국가가 경비를 부담하여 고사장당 1인을 파견함

〈보기〉

㉠ 필리핀에서 가장 적은 국가 부담비용으로 시행할 수 있는 시험은 병 시험이다.
㉡ 몽골의 경우 갑 시험에 대한 국가 부담비용은 을 시험보다 1인당 5,000원이 더 많다.
㉢ 스리랑카의 경우 갑 시험에 대한 국가 부담비용은 을 시험보다 1인당 10,000원이 더 적다.

① ㉠   ② ㉡   ③ ㉠, ㉡   ④ ㉠, ㉢   ⑤ ㉡, ㉢

36. 문제해결절차 중 '실행 및 사후관리' 단계에서는 감시체제(Monitoring system)를 구축하는 것이 바람직하다. 이때 고려해야 하는 사항으로 적절하지 않은 것은?

① 바람직한 상태가 달성되었는가?

② 문제가 재발하지 않을 것을 확신할 수 있는가?

③ 사전에 목표한 기간 및 비용보다 빠르고 적은 비용으로 처리되었는가?

④ 혹시 또 다른 문제를 발생시키지 않았는가?

⑤ 해결책이 주는 영향은 무엇인가?

37. 논리적 사고를 개발하기 위한 방법 가운데 So what은 눈앞에 있는 정보로부터 의미를 찾아내어 가치 있는 정보를 이끌어 내는 사고이다. 다음 상황에서 So what 방법을 적절히 사용한 예를 〈보기〉에서 모두 고른 것은?

[상황]

1. 우리 회사의 자동차 판매량이 창사 이래 처음으로 전년 대비 마이너스를 기록했다.
2. 우리나라 자동차 업계 전체는 전년 대비 일제히 적자 결산을 발표했다.
3. 주식시장은 몇 주간 조금씩 하락하고 있다.

〈보기〉

㉠ 자동차 판매의 부진
㉡ 자동차 산업의 미래
㉢ 자동차 산업과 주식시장의 상황
㉣ 자동차 관련 기업의 주식을 사서는 안 된다.
㉤ 지금이야말로 자동차 관련 기업의 주식을 사야 한다.

① ㉠, ㉢   ② ㉡, ㉢   ③ ㉠, ㉤   ④ ㉡, ㉣   ⑤ ㉣, ㉤

38. 자기 효능감은 특정한 문제를 스스로 해결할 수 있다는 자기 자신에 대한 신념이나 기대감을 의미한다. 다음은 우리나라와 영국의 아이들을 비교한 자료이다. 자기 효능감에 영향을 주는 하위 요인 중 영국 아이들의 사례에 해당하는 요인으로 가장 적절한 것은?

    자녀들의 뒤를 따라다니며 하나하나 챙겨 주느라 분주한 아침을 보내는 우리나라의 어머니들과 달리 영국의 어머니들은 비교적 여유로운 아침을 보낸다. 영국의 한 초등학교 1학년 아이는 깨우지 않아도 스스로 일어나 옷을 골라 입으며 등교 준비를 한다. 이때 어머니는 아이가 옷 입는 것이 서툴더라도 도와주지 않는다. 아이가 도움을 요청할 때만 도와줄 뿐이다. 옷을 입은 아이는 혼자 시리얼을 꺼내 먹은 후 인사하고 학교로 간다.

① 성공 경험   ② 대리적 경험   ③ 정서적 각성
④ 언어적 설득   ⑤ 생리적 상태

[39 - 40] 다음은 A 회사의 신입사원 선발을 위한 회의 내용 중 일부이다. 아래의 내용을 토대로 각 물음에 답하시오.

> 김 부장: 이번에 대규모 공개채용을 진행할 예정입니다. 이번 신입사원 선발은 부서별 필요 인력을 취합하여 최종 선발 인원수를 결정할 예정입니다. 아무리 능력이 뛰어나다 하더라도 현재 추가 인력이 불필요한 부서에 배치할 인력을 선발할 필요는 없겠지요.
>
> 이 팀장: 네. 그리고 선발을 해서 인력을 배치할 때, 팀 전체의 능력 향상이나 의식 개혁, 사기 증진을 도모하기 위해 모든 부서, 모든 팀원에 대해 평등한 적재적소를 고려해야 합니다. 신입사원을 선발하여 배치하기 전에 이 부분도 고려하는 것이 좋을 것 같습니다.
>
> 박 부장: 저는 평가 방식에 대해 얘기를 하고 싶습니다. 이전 신입사원 선발에서 능력에만 치중하여 선발한 결과 업무에 제대로 적응을 하지 못하는 경우가 꽤 있었습니다. 선발할 때, 지원 부서에 따라 지원자의 경험이나 성향을 고려하여 해당 부서에서 제대로 능력을 발휘할 수 있을지 또한 평가 항목에 추가해야 할 것 같습니다.
>
> 최 팀장: 여러 의견이 있으시지만 아무래도 능력 측면을 배제할 수는 없습니다. 이번에 부서별로 직무평가표를 만들어서 현재 해당 부서에서 필요로 하는 신입사원의 능력을 객관적으로 평가할 수 있는 자료를 취합하여 평가 자료로 활용하는 방안이 좋을 것 같습니다. 아무래도 전체의 효율 향상을 위해서는 적합한 위치에 필요한 능력을 갖춘 인재를 배치하는 것이 가장 좋다고 생각하기 때문입니다.
>
> 김 부장: 네. 말씀하신 내용을 토대로 선발 인원수와 선발 기준을 마련하고, 향후에 배치 방향 또한 결정하도록 하겠습니다. 다만 당부드리고 싶은 점은 신입사원을 선발하여 각 현직 부서에 배치하게 되면 신입사원들이 능력을 발휘할 수 있도록 기회와 장소를 제공해주시기를 부탁드립니다. 또한 그에 따른 성과를 공정하게 평가해서 적절한 보상을 줄 수 있도록 부서 내 평가 방식에 대해서도 다시 한번 고민해주시기를 부탁드리겠습니다.

39. 위의 대화 내용 중 박 부장이 말하고 있는 인력배치의 유형으로 적절한 것은?

① 양적배치   ② 질적배치   ③ 적성배치   ④ 적응배치   ⑤ 성향배치

40. 다음 중 이 팀장, 최 팀장, 김 부장이 언급한 인적자원의 배치 원칙을 순서대로 올바르게 연결한 것은?

① 균형주의 – 능력주의 – 적재적소주의
② 균형주의 – 적재적소주의 – 능력주의
③ 적재적소주의 – 능력주의 – 균형주의
④ 적재적소주의 – 균형주의 – 능력주의
⑤ 능력주의 – 적재적소주의 – 균형주의

41. ○○공사에 근무하고 있는 임동근 씨는 각 부서의 요청사항에 맞춰 경력직원을 선발하려고 한다. 부서별 요청사항과 지원자 정보를 토대로 임동근 씨가 각 부서에 배치해야 하는 사람은?

[부서별 요청사항]

– 인프라 지원팀 요청사항

　현재 전기분야 엔지니어가 퇴사 예정인 상태라서 바로 업무를 인수인계받을 수 있는 사람이 필요합니다. 따라서 전기기사 자격증은 필수로 있어야 하고 엔지니어 경력이 3년 이상인 사람이어야 합니다. 조건을 만족하는 사람이 2명 이상이라면 전기공사기사 자격증을 가진 사람을 우선으로 하고, 해당 자격증까지 고려해도 2명 이상이라면 경력이 많은 사람을 선발해 주세요.

– 관리팀 요청사항

　사업 확장에 따른 업무량 증가로 새로운 사원이 필요합니다. 사무 또는 생산 관리 경력이 2년 이상 정도만 되면 좋을 것 같습니다. 다만 아무래도 문서 작성 업무가 많다 보니 경력을 만족한다면 컴퓨터활용능력 1급 자격증을 보유하고 있는 사람으로 선발 부탁드립니다. 만약 조건을 만족하는 사람이 2명 이상이라면 토익 점수가 높은 사람으로 선발해 주세요.

[지원자 정보]

지원자	경력 사항	자격 사항	토익 점수
갑	사무 2년	컴퓨터활용능력 2급, 한국사 1급	760
을	생산 관리 3년	컴퓨터활용능력 1급	835
병	엔지니어 2년	전기기사, 전기공사기사	730
정	엔지니어 5년	전기기사	820
무	사무 3년	사회조사분석사 1급, 컴퓨터활용능력 2급	935
기	생산 관리 4년	컴퓨터활용능력 1급, 한국사 2급	870
경	엔지니어 3년	전기기사, 전기공사기사	790
신	사무 1년	사회조사분석사 2급, 컴퓨터활용능력 1급	980
임	엔지니어 4년	전기기사, 전기공사기사	725

※ 지원자는 위의 9명 외에 없으며 각 부서별 1명씩 선발함

　　　인프라 지원팀　　　관리팀
① 　　　정　　　　　　　무
② 　　　경　　　　　　　신
③ 　　　경　　　　　　　갑
④ 　　　임　　　　　　　을
⑤ 　　　임　　　　　　　기

[42 - 43] 다음 자료를 보고 각 물음에 답하시오.

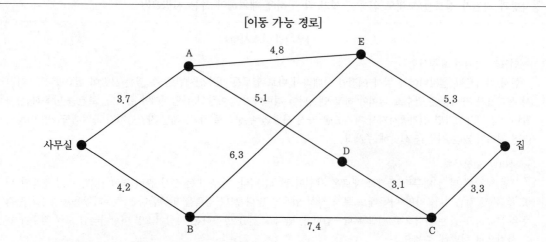

[이동 가능 경로]

※ 1) 경로에 제시된 거리의 단위는 km임
  2) 주어진 경로 외에 이동 가능한 경로는 없다고 가정함
  3) A – D, B – E 경로는 서로 겹치지 않아 합류가 불가능함

[차량 정보]

구분	회사 차량	개인 차량
유종	경유	휘발유(하이브리드 차량)
공인 연비(km/L)	13.4	18.7

※ 기준 유가: 휘발유 – 1,870원/L, 경유 – 1,780원/L

42. ○○회사에 근무 중인 임동근 씨는 오늘 회사에 오전 9시까지 출근하여 간단한 회의 및 업무를 2시간 동안 진행한 후 A~E 거래처를 모두 점검한 뒤 집으로 돌아갈 계획이다. 각 거래처에서의 업무는 거래처 1곳당 1시간이 소요되며, 중간에 휴식 및 점심식사를 위해 1시간을 사용할 예정이라고 할 때, 임동근 씨가 집에 도착하는 시간은? (단, 거래처 방문 순서에 제약은 없고, 이동은 총 이동거리가 가장 짧아지는 경로로 이동했으며, 평균 이동 속도는 60km/h이다.)

① 오후 3시 26분 48초 ② 오후 4시 32분 36초 ③ 오후 4시 49분 54초
④ 오후 5시 26분 48초 ⑤ 오후 5시 29분 54초

43. 위의 계획대로 업무를 수행한 임동근 씨는 오늘 업무 수행에 사용한 유류비를 확인해 보았다. 회사 차량과 개인 차량 중 공인 연비와 유가를 토대로 산출한 유류비가 더 저렴한 차량을 이용해서 업무를 수행했다고 할 때, 임동근 씨가 오늘 업무 수행에 사용한 유류비는?

① 2,680원 ② 2,880원 ③ 3,060원 ④ 3,280원 ⑤ 3,560원

44. ○○공사 재무부서에 근무하고 있는 귀하는 다음 주 부서 회의 일정을 수립하고자 한다. 아래 부서원들의 스케줄과 〈조건〉을 토대로 귀하가 수립할 수 있는 회의 일정으로 가장 적절한 것은?

[다음 주 재무부서 부서원 회의 참석 가능 스케줄]

부서원 이름	직급	월요일	화요일	수요일	목요일	금요일
A	부장	09~12시, 14~16시	−	−	09~11시, 13~16시	−
B	차장	09~12시	13~18시	09~12시, 14~16시	−	09~12시
C	과장	−	09~12시	09~11시, 13~15시	13~18시	09~10시, 13~18시
D	과장	09~11시	09~11시	09~12시, 13~16시	09~12시, 13~16시	09~12시, 16~18시
E	대리	−	09~12시, 16~18시	13~18시	09~12시, 13~17시	09~11시
F	대리	13~15시	09~11시, 14~18시	09~12시	−	13~18시
G	사원	09~11시, 13~18시	09~12시	09~12시, 13~14시	09~12시, 13~18시	09~11시, 14~18시
귀하	사원	09~12시, 14~18시	09~12시, 14~16시	−	09~12시, 14~17시	09~10시, 13~18시

※ −: 참여 가능 시간 없음

〈조건〉
- 귀하를 제외한 부서원 5명 이상이 참석할 수 있어야 한다. (귀하는 반드시 참석해야 한다.)
- 부장 또는 차장 중 1명 이상은 반드시 참석해야 한다.
- 과장/대리 직급에서 3명 이상은 반드시 참석해야 한다.
- 회의는 연속해서 2시간 동안 진행되며, 회의 참석 인원은 2시간 모두 참석해야 한다.
- 회의는 업무 시간인 09~18시 사이에 진행하며, 점심시간인 12~13시가 포함되면 안 된다.
- 가능한 일정이 여러 개가 있다면 가장 빠른 일정으로 진행한다.

① 월요일 09~11시
② 화요일 09~11시
③ 목요일 13~15시
④ 목요일 14~16시
⑤ 금요일 09~11시

45. ○○공사에 근무 중인 임동근 씨는 오늘 오전 8시에 집에서 출발 후 사무실에 출근해서 3시간 동안 자료 작성 및 회의에 참석하고 업무가 종료되는 즉시 거래처로 이동해서 거래처와의 업무 미팅을 3시간 동안 진행한 뒤 집으로 돌아올 예정이다. 개인 차량이 고장 난 관계로 대중교통을 이용할 수밖에 없고, 모든 대중교통은 단 1번씩밖에 이용할 수 없다고 할 때, 임동근 씨가 집에 도착할 수 있는 가장 빠른 시간은? (단, 임동근씨는 거래처와의 업무를 진행하기 전 휴식 및 점심식사를 위해 1시간 동안 휴식을 취했다.)

[대중교통 수단별 소요시간]

구분	집 ↔ 사무실	사무실 ↔ 거래처	거래처 ↔ 집
버스	40분	45분	50분
지하철	35분	40분	35분
택시	30분	30분	40분

※ 1) 오전 8시~10시는 출근 교통 혼잡시간으로 버스는 소요시간이 20%, 택시는 소요시간이 50% 증가함
2) 각 소요시간은 교통수단을 이용하기 위한 이동 시간 및 대기 시간을 모두 합한 시간으로 그 외 시간은 고려하지 않음

① 오후 4시 35분   ② 오후 4시 40분   ③ 오후 4시 45분
④ 오후 4시 53분   ⑤ 오후 4시 58분

46. 창업을 준비 중인 ○○씨는 1일 유동 인구가 5만 명 이상인 지하철역 근처 1층에 위치한 상가를 계약하려고 한다. 조건을 만족하는 상가 중 2년 동안 납입할 월세와 보증금의 합이 가장 적은 상가를 계약하려고 할 때, ○○씨가 2년간 지불해야 하는 보증금과 월세의 합은?

[지하철역별 유동 인구수]

구분	A 지하철역	B 지하철역	C 지하철역
오전 유동 인구	24,320명	19,786명	21,562명
오후 유동 인구	17,480명	21,345명	20,435명
야간 유동 인구	9,745명	7,654명	11,432명

※ 1일 유동 인구 = 오전, 오후, 야간 유동 인구의 총합

[상가 정보]

구분	갑 상가	을 상가	병 상가	정 상가	무 상가
인접 지하철역	A	A	B	C	C
층수	1층	2층	1층	1층	1층
보증금(만 원)	17,430	15,800	16,320	16,300	14,950
월세(만 원)	85	95	85	105	145

① 18,060만 원   ② 18,430만 원   ③ 18,820만 원
④ 19,280만 원   ⑤ 19,470만 원

아래의 상황과 도로 건설 계획안을 토대로 했을 때, A 시가 최초 도로 건설을 위해 지출해야 하는 총비용은?

[상황]

　A 시는 B 시와의 원활한 통행을 위해 새로운 도로를 건설하려고 한다. 검토되고 있는 노선은 총 3가지 노선이 있으며 건설 위치에 따라 건설비용 및 사회적 비용 발생에 따른 도로 통행료의 기준은 서로 다른 상황이다. A 시와 B 시는 도로 건설을 위한 비용을 50%씩 부담하기로 했으며, 도로 통행료 또한 A 시와 B 시가 50%씩 동일하게 징수하는 것으로 협의를 마친 상태이다. 도로를 건설할 경우 1일 통행량은 10만 대로 예상이 된다. A 시와 B 시는 징수하는 통행료를 통해 도로 건설에 사용된 비용을 최대한 빠른 시일 내에 충당할 수 있는 방안으로 도로를 건설할 계획이다.

[도로 건설 계획안]

구분	설계비용(억 원)	시공비용(억 원)	총길이(km)	예상 통행료(원/대)
1안	150	1,800	34	2,400
2안	120	1,550	26	1,800
3안	170	2,100	32	3,200

※ 1) 1안, 2안, 3안 모두 조사 및 계획비용은 24억 원이 소요됨
　 2) 도로 건설비 = 조사 및 계획비용 + 설계비용 + 시공비용
　 3) 총 도로 건설비 외 수선유지비는 고려하지 않음

① 987억 원　　　　　　② 1,147억 원　　　　　　③ 1,694억 원

④ 1,974억 원　　　　　　⑤ 2,294억 원

48. 아래의 내용을 토대로 했을 때, 신청한 휴가를 변경하지 않아도 되는 사람은?

[○○부서 휴가 및 출장 운영 규정]

1. 8월 중 부서원 모두가 남아있는 여름휴가(5일)를 모두 소진해야 한다.
    1-1. 휴가 일수에 주말 및 공휴일은 포함되지 않는다.
2. 사무실에는 최소 4명이 근무하고 있어야 한다.
    2-1. 출장 및 외근의 경우 사무실에서 근무하는 인원에서 제외한다.
3. 휴가는 분할하여 사용할 수 없다.
    3-1. 휴가 기간 중 주말 또는 공휴일은 포함될 수 있다.
4. 휴가 일정을 위해 업무 일정을 조정할 수는 없다.
5. 휴가 희망일이 겹쳐 조정이 필요한 경우 가장 나중에 신청한 인원의 휴가를 조정한다.

[8월 달력]

일	월	화	수	목	금	토
	1	2	3	4	5	6
7	8	9	10	11	12	13
14	15	16	17	18	19	20
21	22	23	24	25	26	27
28	29	30	31			

※ 8월 공휴일: 8월 15일(광복절)

[직원별 업무 일정 및 휴가 신청 현황]

구분	업무 일정	휴가 희망일	휴가 신청일
갑	8/1~8/4 출장	8/4~8/10	6월 27일
을	8/11~8/12 출장	8/19~8/25	7월 30일
병	8/8~8/10 교육	8/11~8/17	8월 1일
정	8/1~8/4 출장	8/18~8/24	7월 23일
무	8/8~8/10 교육	8/16~8/22	7월 15일
기	8/17~8/19 출장	8/22~8/26	7월 17일
경	8/17~8/19 출장	8/9~8/16	7월 5일

※ ○○부서는 위 7명으로 구성되어 있음

① 갑   ② 을   ③ 병   ④ 정   ⑤ 무

49. 다음은 군 사격장 집단 민원에 대한 조정이 착수된 사례에 관련된 내용이다. 국민권익위원회에서 취한 갈등해결방법과 가장 관계있는 내용으로 적절한 것은?

국민권익위원회는 지난 ○월 ○일 오후 정부세종청사 회의실에서 ○○○위원장 주재로 ○○시 ○○면 주민들로 구성된 ○○○○사격장 반대대책위원회, 국방부 차관, 해병대 제1사단장 등이 참석한 가운데 집단 민원 처리를 위한 준비 회의를 개최했다.

국민권익위원회는 조정 착수 전 조정협의를 위해 주민들의 요구를 반영하여 조정기간 동안 국방부의 아파치 헬기 훈련중단을 요청하였다. 이에 국방부는 이날 준비 회의에서 내일부터 ○월까지 계획된 주한미군 아파치 헬기 사격훈련 중단 및 향후 국민권익위 조정기간 중 동 훈련을 잠정 중단하고 국민권익위의 조정 절차에 협조하겠다는 입장을 밝혔다.

○○면 주민들로 구성된 반대대책위 2,803명은 ○월 ○일 국민권익위에 '헬기 사격 중단과 수성사격장 이전 또는 완전 폐쇄'를 요구하는 집단 고충민원을 제기한 바 있다. 이번 회의는 반대대책위원회와 주민 200여 명이 지난 ○월 ○일부터 수성사격장 진입로를 농기계로 차단하는 등 시위와 집회를 거듭하면서 갈등이 극에 달한 상황에서 개최되었다.

준비 회의 결과, 국민권익위원회가 반대대책위원회와 국방부·해병대 간의 갈등 조정에 착수하기로 함에 따라, 국민권익위원회는 군(軍) 사격 소음·진동 관련 조사반을 구성하여 ○○면 주민들의 피해를 직접 현장조사하고, 국방부·해병대 등 ○○○○사격장 관련 관계기관을 방문하는 등 민원해결을 위한 조사를 진행할 예정이다.

국민권익위원회 ○○○위원장은 "지난 55년간 군(軍) 사격 소음·진동으로 고통받으며 살아온 사격장 주변 주민들의 권익과 생존권은 매우 중요한 가치이고, 주한미군 아파치 등 사격훈련 또한 대한민국의 안보 및 한미동맹과 연관된 중요한 문제다"라며, "국민권익위원회는 국민의 권익과 생존권을 보호하는 기관으로서 두 가치의 충돌과 갈등을 해결할 수 있는 최선의 방법을 찾도록 노력하겠다"라고 말했다.

※ 출처: 국민권익위원회(2021-02-08 보도자료)

① 상호 간의 신뢰와 공개적인 대화 또는 투명한 정보공개가 필요한 방법
② 자신에 대한 관심은 높고 상대방에 대한 관심은 낮은 경우에 사용하는 방법
③ 상대방의 의지에 따라 갈등을 해결하는 방법
④ 갈등 당사자 간에 불신이 클 때는 실패하는 방법
⑤ 갈등상황을 회피하면서 위협적인 상황을 피하는 데 사용하는 방법

50. 지난 3년간 귀하의 부하직원으로 일해온 최 대리는 누구에게도 뒤지지 않는 영업능력을 가지고 있다. 그러나 최근 귀하는 팀원들이 최 대리에 대해서 반감을 가지고 있으며, 최 대리와 함께 업무를 진행하는 것에 대해 힘들어한다는 사실을 알게 되었다. 다음 중 최 대리의 평소 행동에서 팀워크를 저해하는 것은?

① 자신이 잘못한 일이라면 직책과 상관없이 상대에게 솔직하게 말한다.

② 분기마다 영업실적 5% 향상을 팀 목표로 내세우며 팀원들을 독려한다.

③ 성과를 못내는 경우에도 항상 분위기를 좋게 하고 팀원을 책망하지 않는다.

④ 부하직원과 얘기할 때도 절대 반말을 사용하지 않는다.

⑤ 일단 부하직원에게 맡긴 일에 대해서는 마무리할 때까지 관여하지 않는다.

51. ○○철강회사 신입사원 이호진 씨는 입사 후 받은 컴퓨터 활용에 대한 교육에서 효율적인 업무처리를 위해서는 단축키 활용이 필수적이라는 것을 알게 되었다. 다음은 1/4분기 제품별 판매량 자료이다. 셀 포인터가 [A1] 셀에 있을 때 Ctrl+Shift+8을 누르면 선택되는 셀의 범위로 적절한 것은?

	A	B	C	D
1	제품명	공장	생산 부서	물량
2	열연	부천	A	1,323
3	냉연	부천	B	2,331
4	후판	인천	C	3,189
5	형강	인천	C	2,840
6	특수강	인천	D	879
7	강판	인천	F	5,790
8				
9	판매처	A 사	B 사	C 사

① A1　　　　② A1:D1　　　　③ A1:D7　　　　④ D2:D7　　　　⑤ A1:D9

52. 방송통신기자재를 제조 또는 판매하거나 수입하려면 국립전파연구원의 적합성평가를 받아야 한다. 방송통신기자재 등의 적합성평가 제도에 관한 다음 자료를 참고했을 때, 적합등록을 받은 식별부호가 아닌 것은?

[적합성평가별 구비서류]

구분	구비서류	대상기자재의 예
적합인증	사용자설명서 시험성적서(지정시험기관 또는 MRA 체결국가 시험기관 발행) 외관도 부품배치도 또는 사진 회로도 대리인지정서	선박국용 레이더 통합공공망용 무선설비 이동통신용 무선설비의 기기 레벨측정 레이다용 무선기기 전화교환기 IPTV 셋톱박스
적합등록	적합성평가기준에 부합함을 증명하는 확인서 및 대리인지정서	컴퓨터/모니터/전기청소기/ 전기세탁기/전기담요 및 매트/ 전동공구/전동스쿠터/조명기기
		계측기/산업용 기기/산업용 컴퓨터
잠정인증	기술설명서 자체시험결과 설명서 사용자 설명서 외관도 회로도 부품배치도 또는 사진 대리인지정서	적합성평가 기준이 마련되지 않은 신규 개발 기기

[식별부호 표시방법]

R	–	C	S	–	A	B	C	–	X	X	X	X	X	X	X	X	X	X	X	X	X	X
1		2	3		4				5														
방송통신 기기식별		기본인증 정보식별		신청자 정보식별				제품식별															

1에는 전파법에 따른 방송통신기자재 등의 적합성평가를 의미하는 'R'을 기재한다.
2에는 기본 인증정보로서 '인증분야 식별부호'를 기재한다.

인증분야	식별부호
적합인증	C(Certification)
적합등록	R(Registration)
잠정인증	I(Interim)

3에는 기본 인증정보로서 동일기자재에 대한 적합인증 또는 적합등록의 경우에만 'S'를 기재한다.
4에는 원장이 부여한 '신청자 식별부호'를 기재한다.
5에는 신청자의 '제품 식별부호(영문, 숫자, 하이픈(-), 언더바(_))'를 기재하여야 하며, 14자리 이내에서 신청자가 정할 수 있다.

① R-C-BZI-LolliPods
② R-R-BL8-ICD-S-2222
③ R-RS-A2B-A140
④ R-R-OMR-NY-00074
⑤ R-R-Zkl-MEC-D18W

53. T 사에서 근무하는 귀하는 엑셀 교육 중 주어진 함수식의 올바른 출력값을 구하라는 과제를 부여받았다. 다음 함수식을 [C6] 셀에 입력했을 때의 출력값으로 옳은 것은?

=INDEX(A1:C5, MATCH(5, B1:B5, 1), MATCH(42, C1:C5, 1))

	A	B	C
1	4	2	19
2	5	6	36
3	18	15	42
4	34	29	55
5	57	44	88
6			

① 6   ② 15   ③ 19   ④ 29   ⑤ 42

54. 재무회계부 신입사원 성민호 씨는 법인카드의 사용 현황을 관리할 수 있는 법인카드 관리대장의 데이터를 입력하는 도중 자꾸 헷갈려 신입사원 교육 때 받은 자료를 확인하고 있다. 다음 중 워크시트의 데이터 입력에 관한 설명으로 옳은 것은?

① 숫자 데이터는 기본적으로 셀의 왼쪽으로 정렬된다.

② 숫자 데이터 중간에 공백이 있으면 문자로 인식한다.

③ 문자 데이터는 기본적으로 셀의 오른쪽으로 정렬된다.

④ 날짜 데이터는 자동으로 셀의 왼쪽으로 정렬된다.

⑤ 날짜 데이터는 콜론(:)을 이용하여 연, 월, 일을 구분한다.

55. ○○기업은 조직발전 전략의 일환으로 외부 전문가를 초빙하여 조직 문화의 변화를 시도 중이다. 컨설턴트에 의하면 ○○기업은 사업구조 조직 특유의 부서 간 높은 경쟁률에서 빚어지는 갈등과 소통불화로 인한 문제가 심각한 편이다. 이를 극복하기 위해 올 한 해는 부서 간 화합을 목표로 강도 높은 갈등관리에 들어갈 예정이다. ○○기업이 조직발전을 위해 시행할 갈등관리에 관한 설명으로 옳지 않은 것은?

① 갈등관리 전략에는 갈등해소 전략뿐만 아니라 갈등을 촉진하는 전략도 포함된다.

② 갈등관리에서의 갈등은 표면적으로 드러나는 것만을 말하는 것으로, 당사자들이 느끼는 잠재적 갈등상태까지 포함하지는 않는다.

③ 조직 내 상위목표 설정 및 제시를 통해 갈등을 해소할 수 있다.

④ 갈등은 새로운 아이디어 촉발, 문제 해결력 개선 등 순기능도 있다.

⑤ 대인관계 악화로 발생하는 갈등을 해결하기 위해서는 의사전달의 장애 요소를 제거하고 직원 혹은 부서 간 소통의 기회를 제공해 줄 필요가 있다.

56. 컨설팅팀 정현채 책임 애널리스트는 반도체 제조 장비를 생산하는 ○○업체로부터 분석 의뢰를 받았다. 정현채 책임 애널리스트가 BCG 매트릭스와 SWOT 분석을 이용해 의뢰 회사의 환경을 분석한 결과로 적절하지 않은 것은?

① BCG 매트릭스 분석에서 시장점유율이 높고 시장성장률이 낮은 캐쉬카우 사업을 다수 보유하고 있는 것은 ○○업체의 장점이다.

② ○○업체에서 진행하고 있는 사업이 퇴거 장벽이 높다는 점은 기회 요인이다.

③ ○○업체가 주력으로 밀고 있는 제품을 소수의 유통 기업이 대량 구매하고 있는 상황은 위험 요인이다.

④ SWOT 분석 중 SO에 속하는 상황에서는 시장에서의 입지를 더욱 공고히 하기 위한 성장전략을 추구해야 한다.

⑤ 내·외부 환경 모두에서 약점이 드러나는 상황에서는 방어전략을 취하는 것이 도움이 된다.

57. ○○공사는 고객만족을 위해 전 직원을 대상으로 '고객만족 경영마인드 향상'이란 주제로 강연을 준비하고 있다. 인사복지부에서는 그동안 자체적으로 시행한 고객 친절 모니터링 결과를 분석해 부족한 부분을 개선하기 위한 방법을 공유했으며 고객 만족도를 높이기 위해 친절한 업무처리 방법에 대한 내용을 담으려고 한다. 다음 교육자료에 대한 내용 중 고객의 만족도를 높이기 위한 방안으로 보기 어려운 것은?

---

1. 대화요령

1) 청취방법
   - 상대방의 말을 잘 듣고 용건을 정확히 파악한다.
   - ① 선입견을 갖지 말고 참을성 있게 끝까지 경청한다.
   - 적극적이면서도 긍정적인 자세로 듣는다.
   - 상대방의 논점을 정리하면서 듣는다.

2) 대화방법
   - 친절한 태도로 의사를 정확히 전달한다.
   - ② 몸의 움직임을 최소화하여 꼿꼿한 자세로 대화한다.
   - 상대방의 기분을 생각하면서 대화한다.

2. 전화예절

1) 전화 걸 때
   - ③ 상대방이 받으면 먼저 자신을 밝힌 후 상대를 확인한다.
   - 말은 공손하고 분명하게, 통화는 짧고 요령 있게 한다.

2) 전화 받을 때
   - 전화벨이 울리면 즉시 수화기를 들고 응답한다.
   - 필요한 사항은 메모한 후 확인한다.
   - ④ 방문객과 대화 중 전화를 받을 때는 "잠깐 실례합니다"라고 양해를 구하고 전화를 받는다.

3. 사무실 내의 행동요령
   - ⑤ 최소한 근무 시작 10분 전까지는 자리에 앉아 일할 자세를 갖춘다.
   - 무단으로 자리를 비우거나 근무시간 중 사적인 일은 삼간다.
   - 퇴근 시에는 책상서랍 등은 반드시 잠그고, 책상과 사무실을 정리정돈한다.

58. 직업을 가진 사람에게 자신의 임무는 수많은 사람과 관련된 공적인 약속이자 최우선의 과제이므로 어떤 일을 대하더라도 책임지는 자세를 가져야 한다. 다음 중 책임에 대한 설명으로 바르지 못한 것은?

① 책임을 지기 위해서는 책임소재를 명확히 하기 위하여 일단 모든 경우를 의심하는 자세를 가져야 한다.

② 모든 일을 책임지기 위해서는 상황을 있는 그대로 받아들여야 한다.

③ 책임이란 모든 결과는 나의 선택으로 말미암아 일어났다고 생각하는 태도이다.

④ 아무도 잘못을 지적하지 않는다고 해도 "일의 모든 책임은 내가 진다"라는 태도가 필요하다.

⑤ 동료의 일도 팀의 업무라 생각하고 적극적으로 참여하는 것이 책임감 있는 태도이다.

59. 사회생활을 하다 보면 다양한 경조사를 치르게 되고 경조사별 격식에 맞는 매너가 필수적으로 요구된다. 다음 중 장례식에 가장 어울리지 않는 행동을 한 사람은?

> • 지원: 회색 정장 차림으로 장례식장을 방문했다.
> • 성훈: 영전에 조문을 하고 상주에게 위로의 말을 건넨 후 조위금을 전달했다.
> • 수원: 유족들에게 돌아가신 연유를 상세히 물으며 위로해 주었다.
> • 재진: 가까운 사이라 함께 밤을 새워 가며 일을 도와주었다.

① 지원   ② 성훈   ③ 수원   ④ 재진   ⑤ 없음

60. 중장비 렌탈 회사에서 근무하는 두 사람의 대화이다. 다음 중 김 대리에게 부족한 직업윤리는?

김 대리: 오늘 A 산업에 들어가는 포크레인 말이죠. 제가 너무 급해서 그러는데 B 산업에 먼저 입고시켜주시면 안 될까요? 제가 내일까지 어떻게든 한 대 더 구해서 A 산업에 넣을 테니 사람 좀 살려주세요. B 산업 담당 자가 지난주부터 렌탈한 포크레인이 안 들어온다고 화를 내서 오늘까지 넣겠다고 말했거든요.

박 과장: 안 돼. A 산업도 오늘 꼭 필요하다고 해서 입고를 미룰 수는 없어. 거기도 수출 때문에 급하다고 했어.

김 대리: 제발요, 이번에도 약속 어기면 다음부터는 업체를 바꾸겠다고 했단 말이에요.

박 과장: 왜 미리 물량 확보 안 하고 매번 급하게 처리하는 거지? 지난주까지 약속한 걸 제때 처리하지 않아 이 런 거잖아.

김 대리: 저도 그러고 싶어서 그런 게 아니에요. 지난주에는 그리 급해 보이지 않았거든요.

박 과장: B 산업도 자기들 계획과 일정이 있을 건데 왜 김 대리는 본인 편할 대로 일을 하는 거지? 일 하나하나 에 정성을 다해야 신뢰를 얻을 수 있어.

---

① 정직   ② 성실   ③ 근면   ④ 책임   ⑤ 준법

약점 보완 해설집 p.37

NCS 실전모의고사 4회 피듈형

1	① ② ③ ④ ⑤	21	① ② ③ ④ ⑤	41	① ② ③ ④ ⑤
2	① ② ③ ④ ⑤	22	① ② ③ ④ ⑤	42	① ② ③ ④ ⑤
3	① ② ③ ④ ⑤	23	① ② ③ ④ ⑤	43	① ② ③ ④ ⑤
4	① ② ③ ④ ⑤	24	① ② ③ ④ ⑤	44	① ② ③ ④ ⑤
5	① ② ③ ④ ⑤	25	① ② ③ ④ ⑤	45	① ② ③ ④ ⑤
6	① ② ③ ④ ⑤	26	① ② ③ ④ ⑤	46	① ② ③ ④ ⑤
7	① ② ③ ④ ⑤	27	① ② ③ ④ ⑤	47	① ② ③ ④ ⑤
8	① ② ③ ④ ⑤	28	① ② ③ ④ ⑤	48	① ② ③ ④ ⑤
9	① ② ③ ④ ⑤	29	① ② ③ ④ ⑤	49	① ② ③ ④ ⑤
10	① ② ③ ④ ⑤	30	① ② ③ ④ ⑤	50	① ② ③ ④ ⑤
11	① ② ③ ④ ⑤	31	① ② ③ ④ ⑤	51	① ② ③ ④ ⑤
12	① ② ③ ④ ⑤	32	① ② ③ ④ ⑤	52	① ② ③ ④ ⑤
13	① ② ③ ④ ⑤	33	① ② ③ ④ ⑤	53	① ② ③ ④ ⑤
14	① ② ③ ④ ⑤	34	① ② ③ ④ ⑤	54	① ② ③ ④ ⑤
15	① ② ③ ④ ⑤	35	① ② ③ ④ ⑤	55	① ② ③ ④ ⑤
16	① ② ③ ④ ⑤	36	① ② ③ ④ ⑤	56	① ② ③ ④ ⑤
17	① ② ③ ④ ⑤	37	① ② ③ ④ ⑤	57	① ② ③ ④ ⑤
18	① ② ③ ④ ⑤	38	① ② ③ ④ ⑤	58	① ② ③ ④ ⑤
19	① ② ③ ④ ⑤	39	① ② ③ ④ ⑤	59	① ② ③ ④ ⑤
20	① ② ③ ④ ⑤	40	① ② ③ ④ ⑤	60	① ② ③ ④ ⑤

성명

수험번호

생년월일

해커스공기업
NCS 통합
봉투모의고사

모듈형/피듈형/PSAT형+전공

NCS 실전모의고사
5회

PSAT형

해커스

NCS 실전모의고사
5회
(PSAT형)

시작과 종료 시각을 정한 후, 실전처럼 모의고사를 풀어보세요.

시   분 ~   시   분 (총 60문항/80분)

□ **시험 유의사항**

[1] PSAT형 시험은 공직적격성 시험(PSAT)과 유사한 유형의 문제로 구성되며, 국민건강보험공단, 한국공항공사, 한국수력원자력, 한국전력공사, 한국철도공사(코레일), IBK기업은행 등의 기업에서 출제하고 있습니다.
   ※ 2021년 필기시험 기준으로 변동 가능성이 있습니다.

[2] 본 실전모의고사는 직업기초능력평가 의사소통능력, 수리능력, 문제해결능력, 자원관리능력 4개 영역 60문항으로 구성되어 있으므로 영역별 제한 시간 없이 1문항당 풀이 시간을 고려하여 80분 내에 푸는 연습을 하시기 바랍니다. 전공 시험을 치르는 직무의 경우 각 직무에 맞는 전공 실전모의고사를 추가로 풀어보는 것이 좋습니다.

[3] 본 실전모의고사 마지막 페이지에 있는 OMR 답안지와 해커스잡 애플리케이션의 모바일 타이머를 이용하여 실전처럼 모의고사를 풀어본 후, 해설집의 '바로 채점 및 성적 분석 서비스' QR코드를 스캔하여 응시 인원 대비 본인의 성적 위치를 확인해보시기 바랍니다.

01. 다음 글로부터 알 수 있는 사실이 아닌 것은?

'뉴욕 타임즈'와 '워싱턴 포스트'를 비롯한 미국의 많은 신문은 선거 과정에서 특정 후보에 대한 지지를 표명한다. 전통적으로 이 신문들은 후보의 정치적 신념, 소속 정당, 정책을 분석하여 자신의 입장과 같거나 그것에 근접한 후보를 선택하여 지지해 왔다. 그러나 근래 들어 이 전통은 적잖은 논란거리가 되고 있다. 신문이 특정 후보를 지지하는 것이 실제로 영향력이 있는지, 또는 공정한 보도를 바탕으로 하는 신문이 특정 후보를 지지하는 행위가 과연 바람직한지 등과 관련하여 근본적인 의문이 제기되고 있는 것이다.

신문의 특정 후보 지지가 유권자의 표심에 미치는 영향은 생각보다 강하지 않다는 것이 학계의 일반적인 시각이다. 1958년 뉴욕 주지사 선거에서 '뉴욕 포스트'가 록펠러 후보를 지지해 그의 당선에 기여한 유명한 일화가 있긴 하지만, 지지 선언의 영향력은 해가 갈수록 줄어들고 있다. 이 현상은 '선별 효과 이론'과 '보강 효과 이론'으로 설명할 수 있다.

선별 효과 이론에 따르면, 개인은 미디어 메시지에 선택적으로 노출되고, 그것을 선택적으로 인지하며 선택적으로 기억한다. 예를 들면, '가'후보를 싫어하는 사람은 '가'후보의 메시지에 노출되는 것을 꺼려할 뿐만 아니라 그것을 부정적으로 인지하고, 그것의 부정적인 면만을 기억하는 경향이 있다. 한편 보강 효과 이론에 따르면, 미디어 메시지는 개인의 태도나 의견을 보강하는 차원에 머무른다. 가령 '가'후보의 정치 메시지는 '가'후보를 좋아하는 사람에게는 긍정적인 태도를 강화시키지만, 그를 싫어하는 사람에게는 부정적인 태도를 강화시킨다. 이 두 이론을 종합해 보면, 신문의 두 후보 지지 선언이 유권자의 후보 선택에 크게 영향을 미치지 못한다는 것을 알 수 있다.

신문의 후보지지 선언이 과연 바람직한가에 대한 논쟁도 계속되고 있다. 후보 지지 선언이 언론의 공정성을 훼손할 수 있다는 것이 이 논쟁의 핵심 내용이다. 이런 논쟁이 일어나는 이유는 신문의 특정 후보 지지가 언론의 권력을 강화하는 도구로 이용될 뿐만 아니라, 수많은 쟁점들이 복잡하게 얽혀 있는 선거에서는 후보에 대한 독자의 판단을 선점하려는 비민주적인 행위가 될 수 있기 때문이다. 일부 정치 세력이 신문의 후보 지지 선언을 정치 선전에 이용하는 문제점 또한 이에 대한 비판의 근거로 제시되고 있다.

신문이 특정 후보를 공개적으로 지지하는 것은 사회적 가치에 대한 신문의 입장을 분명히 드러내는 행위이다. 하지만 그로 인해 보도의 공정성을 담보하는 데에 어려움이 따를 수도 있다. 따라서 신문은 지지 후보의 표명이 보도의 공정성을 해치지 않는지 신중하게 따져 보아야 하며, 독자 역시 지지 선언의 함의를 분별할 수 있는 혜안을 길러야 할 것이다.

① 보강 효과 이론은 개인의 태도와 관련이 있다.
② 선별 효과 이론은 개인의 인지 작용과 관련이 있다.
③ 신문의 특정 후보지지 문제는 보도의 공정성 문제로 이어진다.
④ 신문의 후보지지 선언이 선거 결과와 항상 관련 없는 것은 아니었다.
⑤ 신문은 후보의 정치적 성향과 유권자의 표심을 분석하여 지지 후보를 선택한다.

02. 다음 보도자료를 읽고 일치하지 않는 것은?

박주봉 중소기업 옴부즈만(차관급, 이하 옴부즈만)은 대통령비서실 인태연 자영업비서관(이하 비서관)과 함께 8월 24일(화) 부산광역시를 찾아 부산·울산·경남지역 소상공인들의 규제 관련 고충을 듣는 '소상공인 현장 간담회'를 개최했다고 밝혔다. 간담회에 앞서 박 옴부즈만과 인 비서관은 오전 부산 동구 초량2동 행정복지센터에서 초량전통시장 상인들과 만나 코로나19로 겪고 있는 고충을 나누는 자리를 가졌다.

이 자리에서 초량전통시장 상인들은 쾌적한 쇼핑환경 제공을 위한 개선 공사 지원 등을 요청했고, 이에 박 옴부즈만은 "부산시에 건의한 결과, 하반기 소규모 환경개선사업으로 9월에 현장실사를 통해 면밀히 검토해 지원할 예정이라는 답변을 받았다"고 안내했다. 이어 박 옴부즈만은 오후 2시부터 부산 동구청 대회의실에서 부산·울산·경남지역 소상공인, 협·단체 대표 10명과 함께 '소상공인 현장 간담회'를 진행했다. 이 자리에는 허영회 소상공인시장진흥공단 부이사장, 권택준 부산광역시 상인연합회 지회장 등이 함께 참석했다. 간담회에 참석한 대한미용협회 울산동부지회 김경란 지회장은 "헤어 미용 분야에서 이뤄지는 도제학습에 학생이 아닌 일반인도 참여할 수 있도록 해달라"고 건의했다. 이에 박 옴부즈만은 "일·학습병행은 재학생 신분으로 채용되어 훈련을 받는 경우는 물론, 1년 이내 입직한 재직자를 대상으로도 훈련이 가능하다"고 말했다.

한편 경전요 허일 대표는 "수공예품의 품질표시를 별도 용지에 할 수 있도록 개선해달라"고 요청했다. 경전요는 도자기를 활용한 전등 등을 제작하는 업체로 제작한 수공예품에 하나하나 박음질로 품질표시를 해야 하는 고충을 겪어왔다. 박 옴부즈만은 "국가기술표준원에 받은 답변에 따르면 가정용 섬유제품 중 개별 제품의 박음질 표시가 미관을 심히 저해하거나 사용에 불편을 주는 제품의 경우는 개별 표시가 가능하다"고 답했다. 이 외에도 참석자들은 △소공인 특화상품 개발 관련 국가통합인증마크(KC)면제 요청, △문화예술단체의 재산세와 지역자원시설세 감면 지원 △청년채용특별장려금 지원대상 확대 등 제도개선 등 다양한 현장 애로를 건의했다.

인태연 비서관은 "코로나19 상황이 매우 엄중한 상황에서 강화된 사회적 거리두기로 소상공인의 경영회복이 지연되지 않을까 걱정이 크다. 정부는 방역과 민생에 최우선을 두고 소상공인 피해지원, 손실보상 등을 속도감 있게 추진하겠다"며, "오늘 건의된 내용은 잘 챙겨 여러분께 힘이 되는 정책으로 보답할 수 있도록 노력하겠다"고 말했다.

박 옴부즈만은 "정부는 코로나19로 인한 경제적 어려움을 극복하기 위해 총력을 기울이고 있다"라며, "크고 작은 것 가리지 않고 소상공인들의 고충을 해결할 수 있도록 그 어느 때보다 더 엄중하게 생각하고 최선의 노력을 다하고 있다"고 말했다. 한편 중소기업 옴부즈만은 6월 대구·경북을 시작으로 대전·세종지역에 이어 이번 부산·울산·경남지역을 거쳐 연말까지 매달 서울, 경기, 광주 등 주요 거점 도시를 찾아 '소상공인 현장 간담회'를 개최할 예정이다.

※ 출처: 중소벤처기업부(2021-08-24 보도자료)

① 초량전통시장 상인들은 쾌적한 쇼핑환경 제공을 위한 공사 지원을 요청했고, 이에 하반기에 검토를 통해 지원할 것이라고 했다.

② 헤어 미용 분야에서 일·학습병행은 재학생 신분으로 채용되어 훈련을 받는 경우는 물론, 1년 이내 입직한 재직자를 대상으로도 훈련이 가능하다.

③ 간담회에서 참석자들은 청년채용특별장려금 지원대상 확대 등의 현장 애로를 건의했다.

④ 가정용 섬유제품 중 개별 제품의 박음질 표시가 미관을 심히 저해하거나 사용에 불편을 주는 제품의 경우는 개별 표시가 가능하다.

⑤ 소상공인 현장 간담회는 처음 서울, 경기 지역에서 개최되었고, 이번 부산·울산·경남을 찾았다.

03. 다음 글을 읽고 유추한 것으로 바르지 않은 것은?

메타버스(Metaverse)라는 용어의 유래는 1992년 발간된 닐 스티븐슨(Neal Stephenson)의 소설 「스노우 크래쉬」로 언급되고 있다. 해당 소설에서 '초월'을 뜻하는 Meta와 '우주'를 뜻하는 Universe를 합친 'Metaverse'라는 가상세계를 의미하는 표현으로 등장하였으며, 이와 함께 가상세계를 들어가기 위한 가상의 신체를 의미하는 '아바타' 또한 처음 등장한 뒤로 오늘날까지 유사한 의미로 사용되고 있다.

메타버스의 특징은 미국 비영리 연구단체인 미래가속화 연구 재단(Acceleration Studies Foundation; 이하 ASF)이 제시한 메타버스의 4대 시나리오를 중심으로 설명되고 있다. ASF는 소설이 아닌 현실에서 적용 가능한 메타버스의 개념을 구체화하였으며, 메타버스를 구현하는 주요한 두 가지 특징을 제시하였다. 첫 번째 특징은 기술과 현실과의 관계로, 증강 기술과 시뮬레이션 기술의 발전을 포함하고 있다. 증강 기술은 현실의 물리적 공간과 물체들에 정보처리 기술을 융합한 것이며, 시뮬레이션 기술은 가상세계를 현실에서 확장된, 동등한 환경으로 구축할 수 있는 기술을 의미한다. 두 번째 특징은 기술과 이용자 간의 관계로, 이용자들이 메타버스를 활용하는 이용자와 기술인 외재적 기술(External technology)과 이용자가 메타버스 시스템 내에서 아바타와 같은 디지털 대행자(Agency)를 통해 활동할 수 있는 내재적 기술(Intimate technology)을 의미한다. 이와 같은 메타버스의 두 가지 특징의 중심축을 바탕으로 메타버스가 세상에 구현될 모습을 예측하기 위하여 시나리오 접근법을 제시하였다. 이는 연속적 특징을 가진 두 가지 중심축을 기반으로 가상세계, 거울세계, 증강현실, 라이프로깅이라는 4가지 시나리오가 있다. 그중 먼저 현재도 사용하고 있는 가상세계 시나리오와 거울세계 시나리오가 어떻게 활용될 것인지를 살펴보아야 한다.

먼저, 가상세계 시나리오는 내재적-외재적의 축에서는 내재적 방향, 그리고 증강-시뮬레이션의 축에서는 시뮬레이션 방향이 강화된 경우에 그려지는 시나리오이다. 이 시나리오의 주요 요소 중 하나는 개인의 아바타, 혹은 다중플레이어 게임에서라면 캐릭터, 즉 이용자가 가상 세계 내에서 의인화된다는 것이다. 이는 가상세계 기반의 다중플레이어 게임과 가상세계 기반의 사회 환경게임으로 나눠진다. 이러한 세계는 내적 일관성으로 유지되거나 판타지에 기반을 둔 영역 안에 고정되어 있으며 대체로 오락(Entertainment)이 곧 일차적 목표일 수 있으며, 소위 말하는 '기능성 게임(Serious games)'에서는 훈련과 교육이 일차적 목표라 할 수 있다. 반면, 사회적 가상세계는 공공연한 목표나 가치 구조를 내세우지 않는다. 여기서 이용자는 오픈앤드 방식으로 객체(Object) 생성, 경제 및 사회적 교류, 그리고 대인관계 네트워크와 자율성을 부여받는다. 이 시나리오가 극대화된다면 오락부터 일, 교육, 쇼핑, 사회적 교류 등 현재의 디지털 상호작용이 일어나는 부분에서 가상세계가 거의 모든 형태를 점령할 것이라고 보았다.

두 번째, 거울세계는 외재적 특성과 시뮬레이션 특성이 강화된 경우 나타날 수 있는 시나리오로서, '정보 측면으로 확장된 가상세계이며, 실제 세계의 반영'이다. 즉, 거울세계는 우리 주변의 세상 그대로를 모델로 하는 것으로, 대표적인 예로는 구글어스(Google Earth)라고 할 수 있다. 이는 지리정보시스템(GIS: Geographical Information Systems)으로 알려진 거울세계의 큰 분류 중의 하나라 할 수 있다. 이 시나리오에 의하면, 거울세계 인터페이스에서 이용자들은 내비게이션, 교육, 상업, 비즈니스 분석(예: 물류, 마케팅 재무 등) 등을 활용하거나 위치 및 상황 인식 센서를 활용하여 스마트도시와 스마트농촌 환경을 만들어낼 수 있다. 또한, 위치기반 시스템(Location-based system)을 활용하여 이용자들이 주위 환경에서 관심 있는 모든 것의 위치를 실시간으로 거울세계 맵에서 확인할 수 있도록 해준다.

① 메타버스의 시나리오에서 거울세계의 특징은 정보 측면으로 확장된 가상의 세계이고 실제 세계를 반영하는 특징을 가질 수 있다.

② 메타버스에서 사용되는 4개의 시나리오는 새로운 기술로서 기존에 사용하고 있던 기술 환경을 벗어나는 것이다.

③ 가상세계 시나리오가 확장이 되면 현대 사회에서 디지털 상호작용이 일어나고 있는 모든 형태를 점령할 수도 있을 것이다.

④ ASF는 소설이 아닌 현실에서 적용 가능한 메타버스의 개념을 구체화하였다.

⑤ 메타버스는 2020년대 이후에 새롭게 나타난 개념이라고 할 수는 없다.

04. 다음은 금리와 주택가격과의 관계에 대한 정부의 보도자료이다. 이를 읽고 난 뒤 추론한 것으로 바르지 않은 것은?

> 실거래가격이 하락 전환되는 등 주택시장 안정세가 뚜렷해지는 가운데, 금일 한국은행 기준금리 인상(1.14 오전 한국은행 금융통화위원회 기준금리 25bp 인상 발표(1.00 → 1.25%))으로 중장기적 시장 하향 안정세는 보다 확고해질 전망입니다.
>
> 최근 유례없는 물가상승 압력에 직면하면서, 글로벌 통화정책 정상화 시계가 더욱 빨라지고 있습니다. 통화정책 정상화 기조 등을 감안하여 한국은행도 금일 금융통화위원회를 개최하여 기준금리 인상(1.00 → 1.25%)을 결정하였으며, 영국·뉴질랜드 등 해외 주요국도 이미 정책금리를 인상한 바 있습니다. 주요국 금리인상 사례로는 영국은 21년 12월 0.1 → 0.25% 증가시켰고, 뉴질랜드는 0.25 → 0.50 → 0.5% 증가시켰습니다.
>
> 아울러 미국 연방준비은행은 '22.3월부터 금리인상에 착수하여 '23년까지 6~8차례 금리를 인상할 것으로 전망되고 있어 과거 경험상 우리나라도 추가 기준금리 인상이 예상('00년 이후 우리나라는 미국發 금리조정을 5차례 이상 경험)되는 상황입니다. 금리 수준이 집값에 미치는 영향을 감안하면, 금리인상 사이클 본격화는 주택시장 안정에 크게 기여할 전망입니다.
>
> 美 연준이 단기금리 1%p 하락(상승) 시 실질 주택가격 2년간 8.2% 상승(하락)했습니다. 금융 당국도 금리 인상기에 대비하여 거시건전성 관리를 위한 적극적인 가계부채 관리에 나서고 있고, 이미 '21.12월 가계대출 증가폭이 0.2조 원으로 전월(5.9조 원) 대비 크게 둔화되었고, 은행권 가계대출은 0.2조 원 감소하였습니다. 해외 주요국도 GDP 대비 가계부채 비율이 '21년 1분기를 정점으로 감소하는 등 디레버리징 사이클이 본격화되고 있고, 우리 금융당국도 가계대출 총량관리, DSR 조기 시행 등 가계부채 관리를 지속 강화해 나갈 예정입니다.
>
> 아울러 22년에는 주택 인허가·분양·준공 등 공급 지표 전반이 호전되는 등 수급 여건이 더욱 개선될 것으로 기대됩니다. 그간의 공급확대 노력으로 인허가 실적은 21년 들어 이미 증가세로 전환되었으며 특히 서울은 2배 이상 증가했습니다. 풍부한 공공택지 지정 실적 및 도심 복합사업 추진 등으로 인해 22년에도 인허가 증가세가 지속되는 등 중장기 인허가 여건은 매우 양호할 것으로 전망됩니다.

※ 출처: 국토교통부(2022-01-14 설명·반박자료)

① 미국은 2022년 3월부터 금리인상과 더불어 23년까지 6~8차례 금리를 인상할 것으로 전망하고 있다.

② 최근 물가상승은 유례없는 상승과 더불어 금리를 인상하는 통화정책을 쓸 것이라고 전망해볼 수 있다.

③ 단기금리가 하락하게 되면 실질 주택가격도 하락한다는 통계자료가 있다.

④ 은행권 가계대출의 감소와 증가폭이 둔화됨에 따라 금리를 올릴 수 있는 환경이 만들어졌다. 그러므로 가계부채 관리가 강화되어야 한다.

⑤ 주택 공급확대와 금리 상승으로 인해 실질 주택가격은 하락할 것으로 예상할 수 있다.

05. 다음은 탄소중립 전환과 산업 혁신에 관련된 내용이다. 다음을 읽고 바르게 이해하지 못한 것은?

산업통상자원부가 내년 '함께 극복·도약하는 산업강국' 실현을 목표로 탄소중립 전환과 산업 혁신에 나선다. 산업부는 먼저 탄소중립 도전을 본격화하며 에너지·산업 대전환을 이끌 계획이다. 이를 위해 청정에너지 전환을 가속화한다. 재생에너지 적정 이격거리 기준을 마련·법제화하고, 풍력 원스톱샵 도입 등 인허가 제도 합리화로 재생에너지 보급을 확대한다. 또, 신재생 확산에 맞춰 안정적 전력망·분산에너지 시스템을 구축하고 생산·유통·활용 등 전주기 수소생태계 성장을 촉진하는 한편, 광물·석유 비축 및 가스 중기계약 확대 등 자원공급을 안정화한다.

저탄소 핵심기술 개발을 본격화하며 민간투자도 적극 지원한다. 탄소중립 산업 기술투자를 2배 확대하고 대형 예타를 추진하는 한편, 수소환원제철 등 탄소중립 핵심기술에 대한 투자 세액공제를 확대한다. 이와 함께 탄소중립 산업전환 특별법 제정으로 기업과 함께하는 탄소중립을 제도화한다. 친환경·디지털 등 구조변화에 능동적으로 대응해 경쟁력도 강화한다. 이를 위해 저탄소·디지털 혁신 가속화로 내실 있는 성장을 견인한다. 조선은 세계1위 수주에 맞춰 공정·설계·인력 등 건조역량을 확충하고 철강은 전기·수소 시대에 대비한 생산공정·고부가 제품을 개발한다. 화학은 미래 공급망 선점과 저탄소·고부가 화학소재 확보를 지원하고, 기계는 무공해 기계 개발 및 장비·로봇간 융합 확산을 추진한다.

수요 창출과 민간투자 촉진으로 신산업 고성장을 촉진한다. 미래차는 구매목표제 본격시행, 편의개선 등 수요 기반을 지속적으로 확충하고 반도체는 세제지원 강화 등 첨단반도체 기술·시설투자를 활성화한다. 바이오는 백신허브 도약을 위한 생태계 강화 및 유망바이오를 육성하고 배터리는 사용후배터리 산업 육성, 고성능·고안정 기술혁신을 추진한다. 이와 함께 디지털, 기술, 표준·인증 등 산업생태계 혁신기반을 확충한다. 디지털은 산업 디지털전환 촉진법 이행 및 100대 선도사례를 발굴하고 기술은 알키미스트 프로젝트 착수로 도전·혁신적 기술 확보를 지원한다. 표준·인증은 유망 분야 국제표준 선점 및 다수인증 편의를 개선하고 중견기업은 월드클래스+, 인력양성, DX 등 중견 맞춤형 지원을 확대한다.

공급망 리스크 관리와 전략산업 육성으로 경제안보도 실현한다. 경제안보 핵심품목별 수급상황을 고려한 비축 확대, 수입선 다변화, 국내 생산기반 조성 등 단계적 조치로 맞춤형 안정화 기반을 마련한다. 또, 국가첨단전략산업 특별법에 근거해 전략산업을 강력 지원하고 국가첨단전략기술과 이에 기반한 국가첨단전략산업에 대한 인허가 특례, 생산시설·R&D 투자 인센티브 등 전폭적 지원 근거를 마련한다. 기술자립과 연대·협력에 바탕한 생태계 경쟁력을 강화하고 대규모 기술투자와 함께 수요−공급사 협력에 기반한 실증을 지원하는 한편, 으뜸기업을 연 20개 추가 발굴하고 소부장 특화단지 지원을 본격화한다.

국부창출형 통상도 추진한다. 수출 6000억 달러 정착과 함께 7000억 달러+α 시대에 도전하기 위해 최대현안인 물류애로 해소를 끝까지 지원하고, 팬데믹 장기화에 따른 필수인력의 국경 간 이동도 지속 지원한다. 대외무역법 개정으로 서비스·디지털 무역의 범위를 확대하고, 지원근거도 법제화해 신무역의 체계적 지원기반을 마련한다. 또, 외국인투자의 양적확대와 함께 질적 개선도 함께 추진해 국가전략기술에 대한 외투 인센티브 보강, 100대 핵심 기업 맞춤형 IR 전개 등 전략적 유치 강화 및 제1호 첨단투자지구를 지정한다. 5대 신통상 이슈 논의를 선도하고 통상 파트너십을 지속적으로 강화하는 한편, 공급망·기술·디지털·백신·기후변화 등 국제 논의를 주도적으로 추진한다. 이와 함께, 국가별 맞춤형 경제협력 전략을 토대로 정상외교 성과를 극대화하고, 사회적 의견수렴을 바탕으로 CPTPP 가입을 추진하며, 중남미·중동·아프리카·신북방 등 신흥시장과의 FTA 협상을 가속화한다.

※ 출처: 산업통상자원부(2021−12−28 보도자료)

① 산업통상자원부는 에너지 전환 가속화를 위해 재생에너지 적정 이격거리 기준을 마련하고 재생에너지 인허가 제도 합리화로 재생에너지 보급을 확대하기로 했다.

② 산업통상자원부는 탄소중립을 위해 민간투자를 지원하여 수소환원제철 등 탄소중립 핵심기술에 대한 투자 세액공제를 확대한다.

③ 산업통상자원부는 탄소중립의 목표를 위해 기계는 무공해 기계분야에서는 개발 및 장비·로봇간 융합 확산을 추진한다.

④ 산업통상자원부는 국방안보 특별법에 근거하여 전략산업을 강력 지원하고 국가첨단전략기술과 이에 기반한 국가첨단전략산업에 대한 인허가 특례를 마련한다.

⑤ 산업통상자원부는 국부창출형 통상 추진을 위해 대외무역법 개정으로 서비스·디지털 무역의 범위를 확대하고, 지원근거도 법제화해 신무역의 체계적 지원기반을 마련한다.

06. 다음을 읽고 중심내용을 바르게 이해한 것은?

> 국내 연안의 탄소중립 전환이 본격적으로 시작된다. 해양수산부는 21일 올해 '지역밀착형 탄소중립 오션뉴딜(이하 오션뉴딜)사업'을 시행하는 인천광역시 옹진군, 전라북도 고창군과 업무협약을 맺고 오션뉴딜 사업을 본격 추진한다고 밝혔다. 오션뉴딜 사업은 해수면 상승 등 기후변화의 직접적인 영향권에 있는 연안 지역의 탄소중립 전환을 지원하기 위해 올해 신규 시작되는 사업이다.
>
> 연안 기초지자체에서 연안·해양 공간을 활용해 ▲온실가스 배출 저감 ▲재생에너지 전환 ▲해양 탄소흡수 기능 강화를 위한 사업계획을 수립하면 국가에서 70억 원의 범위 내로 4년간 사업비의 70%를 지원한다. 지난해 9월부터 11월까지 기초지자체를 대상으로 사업공모가 진행됐으며, 관련 전문가로 구성된 사업선정 위원회 심사를 거쳐 지난해 12월 말 사업대상지로 인천광역시 옹진군과 전라북도 고창군이 선정됐다.
>
> 선정된 인천광역시 옹진군은 앞으로 '스마트 해양관리 시스템'을 구축해 나간다. 옹진군 도서지역 일대를 대상으로 드론과 위성 등을 활용해 해양쓰레기 발생지를 파악하고 이동을 예측할 수 있는 시스템을 구축하고, 최적의 수거 및 처리계획을 수립할 수 있도록 지원한다. 해양쓰레기 발생을 예방하고 재활용을 확대하면서 수거체계도 효율화해 우리 연안과 바다의 탄소흡수력을 증진시킬 계획이다.
>
> 전라북도 고창군은 'Keep Clean, 블루하버 구시포'를 추진한다. 구시포 연안에 전기 추진선박 충전소, 전기차 충전소 등 친환경 에너지 활용 시설을 마련한다. 또한 태양광 발전시설을 구축하고 구시포 배후지역의 노후전력 설비를 재생에너지로 전환해 구시포를 청정 어항으로 육성한다. 해양감시시스템 등 해양환경관리 인프라도 구축해 나간다. 해수부와 지자체는 협약 체결을 시작으로 보조금 교부 등 사업에 본격적으로 착수해 오는 2025년까지 사업을 완료할 예정이다.

※ 출처: 해양수산부(2022-02-21 보도자료)

① 연안 탄소중립을 위해 4년간 해양수산부에서 사업비의 70%를 지원하여 인천광역시를 선정했다.

② 연안 탄소중립 전환으로 지역밀착형 오션뉴딜 사업을 시행하여 사업자 두 곳을 선정해 2025년까지 사업을 완료할 예정이다.

③ 인천광역시 옹진군과 전라북도 고창군은 지역밀착형 탄소중립 오션뉴딜 사업에 선정되었다.

④ 인천광역시 옹진군은 해양쓰레기 관리 시스템을 도입하여 연안과 바다의 탄소흡수력을 증진시킬 계획에 있다.

⑤ 전라북도 고창군은 Keep Clean, 블루하버 구시포를 슬로건으로 내걸고 연안 사업을 실시한다.

07. 다음 글을 읽고 일치하지 않는 것은?

중소벤처기업부(이하 중기부)는 국내 지능형공장(스마트공장) 공급기업의 기술경쟁력을 제고하고 지능형(스마트) 제조분야 기술 선도를 위해 22년 1월 7일(금)부터 2월 7일(월)까지 '2022년 지능형(스마트) 제조혁신 기술개발사업' 지원대상기업을 모집한다고 밝혔다. 지능형(스마트) 제조혁신 기술개발사업은 지능형공장(스마트공장) 고도화에 핵심 역할을 담당하는 지능형공장(스마트공장) 공급기업의 기술개발을 위해 과학기술정보통신부와 협업으로, 2022년부터 2026년까지 지능형(스마트)제조 3대 분야(첨단제조, 유연생산, 현장적용)에 국비 3288억 원을 포함하여 총 4341억 원을 투입하는 대규모 기술개발사업이다.

중기부는 우선 2022년에 첨단제조 분야와 유연생산 분야에 각각 25개 과제와 24개 과제를 선정하여 2025년까지 과제당 최대 36억 원을 지원하고, 현장적용 분야는 2024년부터 195개 과제를 선정하여 2026년까지 과제당 최대 4.5억 원을 지원할 예정이다. 또한 인공지능(AI), 빅데이터, 디지털복제물(디지털트윈), 증강현실(AR)/가상현실(VR)(가상현실), 사물인터넷(IoT), 인터넷 기반 자원 공유(클라우드) 등 지능형(스마트) 제조관련 핵심기술의 균형 있는 개발을 위해 49개 개발품목을 전략적으로 제시하고 제시된 품목 내에서 현장수요에 맞춰 자유롭게 응모할 수 있도록 하였다.

스마트 제조혁신 기술개발사업의 주요 개발품목은 아래와 같다. 첫째, 첨단제조 분야에서는 대·중·소 가치사슬 기업 간 데이터 및 기술 공유를 통해 기술과 생산성 격차를 해소하기 위한 과제로, 종전 대기업의 제조환경에서만 사용 가능했던 상위 지능형(스마트) 제조기술(AI, 로봇, 센서 등)을 중소기업 맞춤형으로 개발하고, 기업 간 제조 데이터와 공정관리에 대한 기술편차를 줄일 수 있는 기계학습(머신러닝, ML) 기반 산업용 인공지능(AI) 기술과 솔루션 등을 개발한다. 또한, 가치사슬 기업 간 소프트웨어와 장비(설비)의 호환 등을 위해 중소 제조기업 맞춤형 공유 체제(플랫폼)와 디지털복제물(디지털트윈)을 통한 공정 최적화 분석과 인공지능(AI) 기반 운영모델도 개발할 예정이다.

둘째, 유연생산 분야는 고객 맞춤형 다품종 유연생산체계 구축을 위해 공장 내·외부 제조자원을 탄력적으로 운용하는 기술개발로, 여러 기업에 분산된 제조자원을 통합 운영·관리 할 수 있도록 산업용 사물인터넷(IIoT, 산업용 사물인터넷), 디지털 트윈, 산업용 분산서버실행(엣지 컴퓨팅) 등을 활용한 인터넷 기반 자원 공유(클라우드) 기반 체제(플랫폼) 기반(인프라) 기술을 개발한다. 뿐만 아니라, 특정 기업 또는 공정에서만 사용이 가능했던 데이터와 분석 모델(연산방식(알고리즘))을 유사한 공정 또는 설비에 공유하고 데이터와 제어명령을 빠르게 처리하기 위해 유·무선 네트워크 및 제조현장(On-Site) 엣지 서버기술, 정밀공정과 고난이도 생산제품의 불량 검출 연산방식(알고리즘)을 활용한 품질검사 기술 등을 개발할 예정이다.

셋째, 현장적용분야에서는 제조현장 비법(노하우)의 디지털화 및 열악한 노동환경 개선을 위한 작업자 안전중심형 기술개발로 2024년부터 지원한다. 지능형(스마트) 제조혁신 기술개발사업의 지원대상은 지능형(스마트) 제조 공급기술을 개발할 수 있는 중소기업으로, 개발된 기술을 활용하거나 적용할 제조 대·중견·중소기업(수요기업)과 협력체(컨소시엄)으로 참여해야 한다. 또한, 개방형 혁신역량 제고와 기술개발 결과물의 판로지원, 보급·확산 등을 위해 대학, 연구기관은 물론 가치사슬에 있는 대·중견·중소기업 등과 다양한 산학연 협력형태를 구성하여 참여할 수 있다.

참여를 희망하는 기업은 22년 1월 7일(금)부터 2월 7일(월) 18시까지 범부처통합연구지원시스템(www.iris.go.kr)에서 접수하면 되며, 보다 자세한 사항은 중소벤처기업부 누리집 또는 중소기업기술개발사업 종합관리시스템(www.smtech.go.kr)에서 확인하면 된다.

※ 출처: 중소벤처기업부(2021-12-29 보도자료)

① 스마트 공장 공급기업의 기술경쟁을 제고하기 위해 첨단제조 분야와 현장적용 분야로 나눠서 중기부가 지원한다.

② 지능형 제조혁신 기술개발 사업은 중기부와 과학기술정보통신부와 협업으로 하는 대규모 개발사업이다.

③ 지능형 제조혁신 기술개발 사업 중 첨단제조분야에서는 기업 간 제조 데이터와 기술편차를 줄일 수 있는 머신러닝 산업용 인공지능 기술과 솔루션을 개발한다.

④ 지능형 제조혁신 기술개발 사업 중 유연생산 분야는 IIoT, 엣지 컴퓨팅 등을 이용한 클라우드 플랫폼 인프라 기술을 개발한다.

⑤ 스마트 공장 공급기업의 기술경쟁을 제고하기 위한 2022년 지능형(스마트) 제조혁신 기술개발사업은 범부처 통합연구지원시스템에서 접수하면 된다.

08. 다음을 읽고 이해한 내용으로 바른 것은?

> 김용범 기획재정부 1차관은 서울은행회관에서 열린 거시경제금융회의에서 코로나19 등에 따른 국내외 금융시장 동향과 실물경제 영향, 향후 대응방안 등을 점검했다.
>
> 김 차관은 "그간 큰 폭으로 상승했던 글로벌 증시는 향후 경기 회복에 대한 불확실성, 기술주 하락 등으로 9월 초 이후 조정되는 모습을 보이며 시장 변동성이 다소 확대되는 모습"이라고 평가했다. 이어 "향후 미국 통화정책에 대한 불확실성이 지속되는 점에 비춰 볼 때 향후 시장의 반응 및 평가를 면밀히 모니터링할 필요가 있다"고 밝혔다.
>
> 그러면서 "국내 주식시장의 경우, 지난주 연중 최고치를 기록하는 등 강한 상승세를 보여 왔으나 세계 주요국 증시 변동성 확대에 따라 우리 증시 역시 변동성이 커질 가능성이 있어 각별한 주의가 필요하다"고 경계했다.
>
> 특히 김 차관은 "국내 외환시장에서 원-달러 환율이 가파른 하락세를 보였다"며 "이러한 환율 하락은 최근 중국경제 회복 등에 따른 위안화 강세에 원화가 동조 현상을 보인 데 주로 기인한 것으로 시장에서는 평가하고 있다"고 설명했다. 이에 따라 "정부는 대내외 불확실성이 큰 만큼, 앞으로도 관련 상황을 면밀하게 모니터링하면서 국내 외환·금융시장의 안정 노력을 지속하겠다"고 밝혔다.
>
> 한편 이 같은 주식·외환시장의 변동성 확대에도 불구하고 기업 자금조달시장은 비교적 안정적 흐름을 보이고 있는 가운데, 김 차관은 "적극적인 시장안정화 조치에 힘입어 신용경계감이 다소 완화되는 등 발행여건이 개선되는 움직임을 보이고 있다"고 평가했다. 또한 "일시적인 자금공급 위축이 나타날 수 있는 분기 말이 다가오고 있으나 시중 유동성이 비교적 풍부한 점과 만기도래 채권 대부분이 고신용등급임을 고려할 때 자금시장 안정세가 유지될 것으로 예상된다"고 설명했다. 김 차관은 "다만 취약업종 등을 중심으로 자금애로 가중 우려가 언제든 불거질 수 있음을 염두에 두고 3월과 같은 분기 말 신용경색 현상이 재발하지 않도록 시장 흐름을 지속적으로 주시하겠다"고 강조했다.

※ 출처: 정책브리핑(2020-09-24 보도자료)

① 현재 미국의 통화정책을 통해 한국증시의 변동성이 커질 가능성이 있다고 분석하고 있다.

② 원-달러 환율이 하락한 이유는 대내외 불확실성으로 인해 나타났다.

③ 주식·외환시장의 변동성에 따라 신용경계감이 완화되었다고 분석한다.

④ 지금까지 국내주식은 강한 상승세를 보여왔으나 앞으로 한국의 증시의 변동성이 커질 가능성이 있다.

⑤ 만기도래 채권 대부분이 고신용등급임을 고려하더라도 분기 말에는 자금공급 위축이 나타날 것이라고 예측하고 있다.

09. 다음에 나타난 글의 이해로 적절하지 않은 것은?

외국 통화에 대한 자국 통화의 교환비율을 환율이라고 한다. 환율은 장기적으로 한 국가의 생산성과 물가 등 기초 경제 여건을 반영하고 있다. 그러나 단기적으로 환율은 이와 다르게 움직이는 경우가 있다. 만약 환율이 예상과는 다른 방향으로 움직이거나 또는 예상과 같은 방향으로 움직이더라도 변동 폭이 예상보다 크게 나타날 경우 경제 주체들은 과도한 위험에 노출될 수 있다. 환율이나 주가 등 경제 변수가 단기에 지나치게 상승 또는 하락하는 현상을 오버슈팅(Overshooting)이라고 한다. 오버슈팅은 물가 경직성 또는 금융 시장 변동에 따른 불안 심리 등에 의해 촉발되는 것으로 알려져 있다. 여기서 물가 경직성은 시장에서 가격이 조정되기 어려운 정도를 의미한다.

물가 경직성에 따른 환율의 오버슈팅을 이해하기 위해 통화를 금융 자신의 일봉으로 보고 경제 충격에 대해 장기와 단기에 환율이 어떻게 조정되는지를 알아보아야 한다. 경제에 충격이 발생할 때 물가나 환율은 충격을 흡수하는 조정 과정을 거치게 된다. 물가는 단기에는 장기 계약 및 공공요금 규제 등으로 인해 경직적이지만 장기에는 신축적으로 조정된다. 반면 환율은 단기에서도 신축적인 조정이 가능하다. 이러한 물가와 환율의 조정 속도 차이가 오버슈팅을 초래한다. 물가와 환율이 모두 신축적으로 조정되는 장기에서의 환율은 구매력 평가설에 의해 설명되는데, 이에 의하면 장기의 환율은 자국 물가 수준을 외국 물가 수준으로 나눈 비율로 나타나며, 이를 균형 환율로 본다. 가령 국내 통화량이 증가하여 유지될 경우 장기에서는 자국 물가도 높아져 장기의 환율은 상승한다. 이때 통화량을 물가로 나눈 실질 통화량은 변하지 않는다.

그런데 단기에는 물가의 경직성으로 인해 구매력 평가설에 기초한 환율과는 다른 움직임이 나타나면서 오버슈팅이 발생할 수 있다. 가령 국내 통화량이 증가하여 유지될 경우, 물가가 경직적이어서 실질 통화량은 증가하고 이에 따라 시장 금리는 하락한다. 국가 간 자본 이동이 자유로운 상황에서, 시장 금리 하락은 투자의 기대 수익률 하락으로 이어져, 단기성 외국인 투자 자금이 해외로 빠져나가거나 신규 해외 투자 자금 유입을 위축시키는 결과를 초래한다. 이 과정에서 자국 통화의 가치는 하락하고 환율은 상승한다. 통화량의 증가로 인한 효과는 물가가 신축적인 경우에 예상되는 환율 상승에, 금리 하락에 따른 자금의 해외 유출이 유발하는 추가적인 환율 상승이 더해진 것으로 나타난다. 이러한 추가적인 상승 현상이 환율의 오버슈팅인데, 오버슈팅의 정도 및 지속성은 물가 경직성이 클수록 더 크게 나타난다. 시간이 경과함에 따라 물가가 상승하여 실질 통화량이 원래 수준으로 돌아오고 해외로 유출되었던 자금이 시장 금리의 반등으로 국내로 복귀하면서, 단기에 과도하게 상승했던 환율은 장기에는 구매력 평가설에 기초한 환율로 수렴된다.

단기의 환율이 기초 경제 여건과 괴리되어 과도하게 급등락하거나 균형 환율 수준으로부터 장기간 이탈하는 등의 문제가 심화되는 경우를 예방하고 이에 대처하기 위해 정부는 다양한 정책 수단을 동원한다. 오버슈팅의 원인인 물가 경직성을 완화하기 위한 정책 수단 중 강제성이 낮은 사례로는 외환의 수급 불균형 해소를 위해 관련 정보를 신속하고 정확하게 공개하거나, 불필요한 가격 규제를 축소하는 것을 들 수 있다. 한편 오버슈팅에 따른 부정적 파급 효과를 완화하기 위해 정부는 환율변동으로 가격이 급등한 수입 필수 품목에 대한 세금을 조절함으로써 내수가 급격히 위축되는 것을 방지하려고 하기도 한다. 또한 환율 급등락으로 인한 피해에 대비하여 수출입 기업에 환율 변동 보험을 제공하거나, 외화 차입 시 지급 보증을 제공하기도 한다.

① 국내 통화량이 증가하여 유지될 경우 장기에는 실질 통화량이 변하지 않으므로 장기의 환율도 변함이 없을 것이다.
② 물가가 신축적인 경우가 경직적인 경우에 비해 국내 통화량 증가에 따른 국내 시장 금리 하락 폭이 작을 것이다.
③ 물가 경직성에 따른 환율의 오버슈팅은 물가의 조정 속도보다 환율의 조정 속도가 빠르기 때문에 발생하는 것이다.
④ 환율의 오버슈팅이 발생한 상황에서 외국인 투자 자금이 국내 시장 금리에 민감하게 반응할수록 오버슈팅 정도는 커질 것이다.
⑤ 환율의 오버슈팅이 발생한 상황에서 물가 경직성이 클수록 구매력 평가설에 기초한 환율로 수렴되는 데 걸리는 기간이 길어질 것이다.

10. 다음 ㉠~㉤을 바르게 고쳐 쓴다고 할 때 가장 적절한 것은?

오스트리아의 의사 브로이어는 극심한 히스테리로 신체적 이상 증세를 보이는 한 소녀에게 최면술을 걸어 발병 시기의 사건을 환기시켰다. 브로이어의 최면술로 소녀는 자신의 무의식 속에 ㉠묻혀 있던 사건을 떠올렸고, 스스로 무의식 속에 억눌려 있던 사건을 이야기하며 감정을 표출한 덕분에 완쾌할 수 있었다. 이후 브로이어의 제자인 프로이트는 히스테리에 관한 연구를 계속하였다. 그는 최면술을 통해 히스테리 증상을 극복한 소녀의 사례를 계기로, 히스테리의 증상은 무의식 속에 억압되어 있던 마음의 갈등이 본인의 의사와는 관계없이 육체적인 증세로 변형되어 나타나는 것임을 깨닫게 되었다. 따라서 히스테리로 인한 신체적 이상 증세를 고치려면 무의식의 세계에 감춰져 있던 감정을 의식의 세계로 이끌어내면 된다는 이론을 정립하였다. 정립한 이론을 바탕으로 임상 시험을 수차례 거친 프로이트는 무의식의 세계를 이끌어내는 것만으로는 히스테리로 인한 증세를 해결할 수 없다는 사실을 알게 되었다. 결국 프로이트는 여러 번의 시행착오 끝에 최면술을 대신할 '자유연상법'을 개발했으며, 이를 통한 치료방식을 '정신분석'이라 일컬었다.

정신분석이론은 후대에까지 ㉡전승되어 정신분석학자들에 의해 부족한 면이 보완되고 보다 체계적인 이론으로 발전을 거듭하게 되었다. 그중 대표적인 정신분석학자로 프랑스의 자크 라캉이 손꼽힌다. 라캉은 '욕망이론'을 제시함으로써 정신분석이론을 보다 체계적으로 정립하여 인간의 욕망과 욕구를 구별하여 정의하였다. 욕구는 생리적인 성격을 가지고 특정한 대상을 겨냥한다. (㉢) 목마름은 물을 마시고 싶은 욕구이다. 이러한 종류의 욕구는 그것이 찾는 대상이 주어질 때 충족될 수 있다. 욕망도 욕구와 마찬가지로 어떤 대상을 겨냥한다. 그러나 욕망의 경우 욕망하는 대상은 고정된 것이 아니라 항상 바뀔 수 있다. 라캉은 이를 '대치 과정'이라 했으며, 이 원리에 따르면 인간은 하나의 욕망이 채워져도 언제나 다른 것을 욕망하게 된다.

욕망이론에서 말하는 바처럼 정상적인 경우는 욕망이 하나의 특정한 대상에 머무르지 않는다. 하지만 욕망의 대상이 특정한 사물이나 행위에 머무르기도 하는데, 라캉은 이러한 경우를 병리적인 현상이라 보았다. 예를 들어 특정 사물 또는 신체 부위에 심한 집착 증세를 보이거나 불안한 심리를 해소하기 위해 특정한 행위를 반복하는 것 등이 이에 해당한다. ㉣라캉은 이러한 병리적인 증상을 보이는 이유를 개인의 무의식 속에 억압되어 있는 욕망 때문이라고 보았다.

이러한 증상을 완화하기 위해서 치료자는 환자를 분석할 때, 무의식 안에 감추어진 욕망을 발견하고 밖으로 풀어주어야 한다. 환자 자신이 무의식적 욕망을 인정하고 그것을 드러내는 과정에서 집착했던 대상으로부터 벗어날 수 있다는 것이다. 그러나 무의식 속에 감추어진 욕망이 타인에게 감추고 싶은 것일 경우 환자는 저항하기 시작한다. 일례로 '별로 중요한 것이 아니다', '너무 엉뚱한 것이라 말할 필요가 없다', '불쾌한 기억이라 입 밖에 내고 싶지 않다' 등의 핑계를 대며 발화를 거부하는 것이다. 라캉은 이러한 상황에 닥쳤을 때, 치료자로 하여금 어떠한 동기에도 구애되지 말고 환자를 자유로운 발화의 분위기로 유도할 수 있도록 주의를 ㉤요하고 있다.

① 맞춤법 규정에 맞게 ㉠을 '무쳐'로 고쳐 쓴다.

② 문맥상 잘못된 어휘가 쓰였으므로 '전향'으로 고쳐 쓴다.

③ 앞뒤로 이어지는 내용을 고려하여 ㉢에 '가령'을 넣는다.

④ 글 전체의 의미를 고려하여 ㉣을 글의 맨 마지막으로 옮긴다.

⑤ 주술 호응을 고려하여 '기울이고 있다'로 고쳐 쓴다.

11. 다음 글의 ⊙~⑩을 바르게 고쳐 쓴다고 할 때, 적절한 것은?

파스퇴르는 짧은 휴가를 떠나면서 닭콜레라 세균 배양 접시를 방치해 둔 덕에 멋진 행운을 얻게 되었다. 휴가를 마치고 돌아와 다시 일을 시작한 파스퇴르는 방치되었던 접시의 세균을 닭에게 주사하였다. 놀랍게도 닭들은 약한 발열 증세만 일으켰을 뿐 콜레라에 걸리지 않았다. 이번에는 정상적인 세균을 배양하여 다시 닭들에게 주사하였다. 그러자 배양된 지 오래된 세균을 한 번 주사했던 닭들은 여전히 콜레라에 걸리지 않았지만, 정상적인 세균을 처음으로 주사한 닭들은 병에 걸려 곧 죽어버렸다. 파스퇴르는 고민 끝에 이러한 현상이 무엇을 의미하는지 알아차릴 수 있었다. 그가 우연히 방치해 둔 세균은 독성이 약해져서 닭에게 약한 콜레라만 일으키고는 독성이 강한 정상 세균의 공격에 대한 면역을 ⊙만들어 준 셈이다.

ⓒ사실 홍역, 천연두, 페스트 등의 증세를 일으켰다가 회복된 사람이 같은 병에 다시 감염되는 일이 거의 없다는 사실은 수 천 년 전부터 알려져 왔던 것이기도 하다. 일찍이 중국인과 아랍인은 심하지 않은 천연두의 부스럼을 취하여 건강한 사람에게 감염시킴으로써 면역을 얻는 기술을 개발하였다. 이 기술은 18세기에 콘스탄티노플의 영국 대사 부인이었던 몬태규 부인에 의해 서유럽에 소개되었고, 죄수와 고아들을 대상으로 시험을 거친 후 영국 하노버가의 왕들에 의해 채택되었다. 어떤 역사가는 산업혁명을 유발한 인구 증가의 한 원인으로 천연두 사망률의 저하를 ⓒ들기도 한다.

아랍에서 전래된 천연두 예방법을 접하게 된 영국의 의학자 제너는 우두에 걸린 소젖 짜는 소녀들의 상처에서 얻은 물질을 이용하여 천연두 예방법을 한층 더 발전시켰다. 제너는 '소'를 의미하는 라틴어 'Vacca'를 따서 이 방법을 'Vaccination'(백신요법)이라고 (ⓔ)하였다. 그의 여생은 논쟁으로 점철되었고, 영국 왕립내과의학대학은 제너가 라틴어 시험에 합격하지 못했다는 이유로 의사 자격증을 주지 않았다. ⑩그러나 파스퇴르는 제너의 업적을 인정하고 기리며 자신의 예방 접종법을 부르는 데 '백신'이라는 단어를 고집했다. 이로써 파스퇴르의 발견은 그의 시대 이전에 이루어진 주요한 의학적 발견 중 하나인 제너의 종두법에 과학적 타당성과 근거까지 제공한 셈이다.

① 띄어쓰기 규정에 따라 ⊙을 '만들어준'으로 붙여 쓴다.
② 글의 전체 흐름을 고려하여 ⓒ을 두 번째 문단의 마지막으로 옮긴다.
③ 주술호응을 고려하여 ⓒ을 '들 수 있다'로 수정한다.
④ 문맥의 흐름에 따라 ⓔ에 '명명'을 넣는다.
⑤ 앞 문장과의 연결성을 고려하여 ⑩을 '또한'으로 고쳐 쓴다.

12. 다음 ㉠~㉤을 바르게 고쳐 쓴다고 할 때 가장 적절한 것은?

나노 기술이란 원자 하나하나를 기계적으로 빠르게 제어할 수 있는 기술을 가리킨다. ㉠즉, 원자를 조작하여 새로운 물질과 세계를 만드는 것을 목표로 하는 기술을 말한다.

나노 기술이 본격화되면 원자들을 인위적으로 결합하는 것이 가능해지며 결합한 원자와 동일한 물질을 만들어 낼 수 있게 된다. 이렇게 되면 사람들은 자연을 통해서만 얻을 수 있던 자원에 의존하지 않고도 얼마든지 필요한 물질을 생산할 수 있게 된다. 소가 없어도 쇠고기를 만들 수 있고, 벼를 재배하지 않아도 쌀을 제조할 수 있을 뿐만 아니라 인체에 필요한 DNA 유전자나 혈구 등을 직접 만들 수도 있게 되는 것이다. ㉡나노 기술을 이용하면 필요한 물질을 생산하기만 하는 것이 아니라 인체 내 암세포나 병원균을 완벽하게 제거하는 치료법으로서의 역할도 할 것이다.

사실 자연은 오래전부터 스스로 진화하는 과정에서 이러한 프로그램을 실현해 왔다. 소립자들이 상호 작용을 통해 핵을 만들고, 핵은 다시 원자로, 원자는 분자로, 분자는 고분자 화합물로 점차 확대 결합하면서 오늘날과 같은 무수한 물질들이 만들어졌고, 세포 분열 때에도 DNA의 유전 정보에 따라 필요한 단백질들이 합성되어 하나의 생명체가 탄생할 수 있었다. 나노 과학자들은 이러한 자연 현상을 인공적으로도 ㉢재현할 수 있다고 생각한 것이다.

자연을 모델로 만들었지만 나노 기계들은 자연적인 과정보다 훨씬 빠르고 정확하게 작동하게 될 것이며, 사람들은 이들 기계를 이용하여 필요한 물질을 신속하게 제조하거나 처리할 수 있을 것이다. 또 몇 분 안에 바이러스나 암세포를 분해하여 퇴치하는 면역 기계나 DNA를 5분 안에 자동으로 합성하는 자동 합성기, 원자 단위의 정보를 실어 보냄으로써 정보 처리 속도를 ㉣수만배 향상시킨 ㉤포켓용 슈퍼컴퓨터 등의 나노 기계들을 저렴한 가격으로 쉽게 구입할 수 있게 될 것이다.

---

① 앞 문장과의 연결성을 고려하여 ㉠을 '반면'으로 고쳐 쓴다.

② 글의 전체 흐름을 고려하여 ㉡을 세 번째 문단의 마지막으로 옮긴다.

③ 잘못된 어휘가 사용되었으므로 ㉢을 '재연'으로 수정한다.

④ 띄어쓰기 규정에 따라 ㉣을 '수만 배'로 띄어 쓴다.

⑤ 외래어 표기법에 따라 ㉤을 '포켙용'으로 고쳐 쓴다.

13. 다음 ㉠~㉤을 바르게 고쳐 쓴다고 할 때 가장 적절하지 않은 것은?

신제품을 개발하는 방식은 크게 압축전략과 경험전략으로 나눌 수 있다. 먼저 압축전략은 예측이 가능한 단계들로 구성된 제품 개발 과정을 단축할 수 있다는 특성이 있다. 각 단계들은 예측이 가능하므로 그 합이 전체 과정이라 할 수 있다. 이 전략은 각 단계에서 걸리는 ㉠시간이 단축된다. 이를 위해 압축전략에서는 각 단계들을 명확히 확립하고 분석하여 제품 개발을 가속화하는 방안을 수립하는 데 중점을 둔다.

(㉡) 이 전략은 전략 단계를 계획하는 데 많은 시간을 할애해야 한다. 계획 과정을 통해 불필요한 단계를 제거할 수 있으며 활동을 효율적인 순서로 배열하여 의사소통과 업무 조정에 드는 시간을 줄일 수 있기 때문이다. 이를 위해 기업에서는 협력 업체의 전문 기술을 활용하여 데이터베이스에 축적된 과거의 설계들을 재활용하는 과정을 거친다. 이 과정이 완료된 다음에는 여러 부서의 협력을 얼마만큼 ㉢공고이 다지느냐가 이 전략의 관건이 된다. 이때 다양한 부서로 구성된 팀을 운영하면 여러 부서의 협력을 유도하여 개발 과정을 빠르게 하는 데 결정적인 도움을 줄 수 있다. 포상제도 또한 계획 기간 안에 개발을 완료하겠다는 각오와 집중력을 이끌어 낼 수 있다는 점에서 효과적이지만, 신제품 개발 선정 시 손쉬운 개발 대상을 선호하게 만들 수도 있기 때문에 지양하는 경우가 일반적이다.

이 전략은 압축전략과 달리, 시장 상황이 불투명하거나 단계별 계획 수립이 어려운 상황에서 선택된다. ㉣반면 경험전략은 단지 기존의 과정을 압축하여 가속화하는 것만으로는 현실적으로 시장에 제품을 내놓는 속도를 빠르게 하기 어렵다고 본다. 변화하는 환경에 대처하기 위해서는 직관력을 키우고 유연한 대안을 구사해야 한다는 것이다. 또한 이 전략은 즉각적인 결정을 통한 유연성 있는 대처, 실시간 교류와 경험 등을 중요시한다. 그러나 빈번하게 바뀌는 계획으로 인해 개발 활동이 무질서하게 진행될 수 있다는 것을 염두에 두고 수시로 현재 진행 상황을 ㉤재평가하는 과정을 거친다. 그리고 부서 내에 강력한 힘을 가진 리더를 배치함으로써 팀 구성원들의 이탈을 막는다. 수없이 많은 반복과 시험 활동으로 팀 구성원들이 큰 그림을 잃는다면 개발 과정이 통제 밖으로 벗어날 우려가 크기 때문이다. 강력한 리더는 그러한 사태를 막아 개발 과정의 지연을 미연에 방지하는 역할을 한다.

① 주술 호응을 고려하여 ㉠을 '시간을 단축하고자 한다'로 수정한다.
② 앞 단락과의 연결성을 고려하여 ㉡에 접속부사 '따라서'를 넣는다.
③ 맞춤법 규정에 따라 ㉢을 '공고히'로 수정한다.
④ 글의 흐름을 고려하여 ㉣을 바로 앞의 문장과 순서를 바꾼다.
⑤ 정확한 의미 표현을 위해 ㉤을 '다시 재평가하는'으로 고쳐 쓴다.

14. 다음 글의 ㉠~㉤을 바르게 고쳐 쓴다고 할 때, 적절하지 않은 것은?

자율주행 휠체어, 가정용 의료보조 로봇 등 혁신기술을 활용한 스마트시티 조성에 장애가 되는 규제를 신속히 해소하는 스마트시티형 규제유예제도(이하 규제샌드박스)가 27일부터 본격 시행된다.

㉠최근 '스마트도시법' 시행령 개정안이 국무회의에서 의결됨에 따라 이날부터 이에 따른 규제특례와 실증사업 비 패키지 지원이 가능해진다고 26일 밝혔다.

국토부는 지난해 9월 '스마트시티 국가시범도시 규제샌드박스 활성화사업' 공모를 통해 선정된 18개 과제에 스 마트도시법에 의한 규제특례를 적용해주고 평가를 통해 우수 과제에는 ㉡1년간 5억 원 내외의 실증사업비를 지 원할 예정이다.

이를 위해 국토부는 스마트시티형 규제특례가 적용되는 '스마트규제혁신지구'를 신설한다. 이 지구에서 스마트 혁신사업이나 실증사업을 하려는 사업자는 사업계획을 수립해 관할 지자체의 검토를 받고 국토부에 승인신청을 할 수 있다.

국토부는 국가스마트도시위원회 심의를 거쳐 사업계획의 승인 여부를 결정한다. 승인되면 4년 동안 사업을 시 행할 수 있으며 1회에 한해 2년 이내의 범위에서 연장할 수 있다.

부산의 한 병원은 의료기기법상 인증기준이 없어 활용이 어려웠던 자율주행 전동휠체어를 규제특례를 통해 도 입할 예정이다.

이번 실증 단계에서는 환자가 타는 동안에는 환자 안전을 고려해 의료인력이 동행하고 휠체어를 회수할 때 자 율주행으로 스스로 보관소로 이동하는 방식으로 운영한다.

퍼스널 모빌리티 공유 벤처기업은 세종시 1생활권을 대상으로 자전거도로 주행 금지 등에 대한 규제특례를 통 해 전동 ㉢퀵보드 공유사업을 추진한다.

㉣가령 국토부는 규제특례가 국민 안전에 위험을 초래하는 경우 등에는 사업중지, 시정명령, 승인취소 등 조 치를 할 예정이다.

배성호 국토부 도시경제과장은 "그동안 규제에 가로막혀 시작조차 못 했던 서비스를 스마트시티형 규제샌드박 스 제도를 통해 마음껏 ㉤시도해봄으로서 혁신적 서비스가 나올 수 있을 것"이라고 밝혔다.

※ 출처: 국토교통부(2020-02-26 보도자료)

---

① 꼭 필요한 문장성분이 누락되어 있으므로 ㉠ 앞에 '국토교통부는'을 추가한다.

② 띄어쓰기 규정에 따라 ㉡을 '1년 간 5 억 원'으로 수정한다.

③ 외래어 표기법에 따라 ㉢을 '킥보드'로 수정한다.

④ 문맥의 의미를 고려하여 ㉣을 '아울러'로 수정한다.

⑤ 정확한 의미 표현을 위해 ㉤을 '시도해봄으로써'로 수정한다.

15. 다음 글의 ㉠~㉤을 바르게 고쳐 쓴다고 할 때, 적절하지 않은 것은?

전국 대학생들이 초·중등 학생의 ㉠ 교육결손 및 교육회복을 해소하기 위해 함께 나선다.

교육부와 한국장학재단은 다음 달부터 초·중등 학생의 학습, 심리·정서 등 교육결손 해소를 위한 '교·사대생 등 대학생 튜터링'(이하 학습지원) 활동을 본격 운영한다고 21일 ㉡ 밝혀졌다.

학습지원은 코로나19 장기화에 따른 교육결손을 신속하게 해소하기 위한 '교육회복 종합방안'의 주요 과제다. 예비교원인 교·사대생 등 대학생이 초·중등 학생을 대상으로 소규모 학습보충과 학교생활·교우관계·진로 상담을 대면·비대면으로 지원한다.

참여 대학생에게는 근로장학금을 지급하고, 초·중등학교와 지역아동센터 등에서 활동하게 된다. 학습지원은 '수요신청 → 대학생 모집·연결 → 사전교육 및 일정 등 협의 → 대학생 학습지원 진행 → 만족도 조사' 순으로 진행된다.

㉢ 가령 대면 학습지원의 경우, 학교나 지역아동센터 등 공공시설에서 진행되고 비대면 학습지원은 ㉣ 메타버스 등 다양한 플랫폼이 활용될 수 있다.

교육부와 한국장학재단은 사업 내실화를 위해 대학, 학교 등과 정기 점검을 실시하고 현장과 상시 소통해 애로사항을 지속적으로 ㉤ 개선해 나갈 계획이다.

한편 한국장학재단 시스템을 통한 수요신청 및 연결을 진행한 결과, 전국 165개 대학의 대학생 1만 1258명이 학습지원 참여를 신청했다. 이 중 6961명이 초·중등 학생 9745명과 연결됐으며, 나머지 4297명도 연결 진행 중이다.

연결 진행 중인 초·중등 학생은 시도 권역별 협의회(대학-시도교육청)를 통해 학생과 대학생의 요구사항 등을 확인·조정해 모두 연결을 완료할 계획이라고 교육부는 설명했다. 여름·겨울방학 중 집중 신청 등을 고려하면 연간 12만~24만 명(누적)의 초·중등 학생이 지원을 받을 것으로 추산된다.

정대화 한국장학재단 이사장은 "오미크론 감소세로 학교 운영이 정상화해가고 있는 만큼 대학생 튜터링 사업 활성화에 더욱 박차를 가할 것"이라며 "국가인재양성기관으로서 대학생 튜터링 사업을 성공적으로 운영할 수 있도록 최선을 다하겠다"고 밝혔다.

※ 출처: 교육부(2022-04-21 보도자료)

---

① ㉠: 문장성분 간의 호응을 고려하여 '교육결손을 해소하고 교육회복을 위해 함께 나선다'로 수정한다.

② ㉡: 이중피동 표현은 적절하지 않으므로 '밝혔다'로 수정한다.

③ ㉢: 맥락상 '보통과 다르게'라는 의미가 들어가는 것이 적절하므로 '특히'로 수정한다.

④ ㉣: 알기 쉬운 우리말로 표현하기 위해 '확장 가상세계'로 순화한다.

⑤ ㉤: 띄어쓰기 규정에 따라 '개선해나갈'로 수정한다.

16. 질병 A에 대하여 총 1,000명이 검사를 하였다. 이중 실제로 질병 A에 감염된 환자는 300명이며 검사키트의 정확성은 아래와 같다고 할 때 검사키트 사용 결과 질병 A에 감염되지 않았다고 판정된 사람 중 실제로 질병 A에 감염된 사람의 비율은? (단, 해당 확률은 소수점 둘째 자리에서 반올림한다.)

대상자 분류	검사키트가 맞을 확률
실제 질병 A에 감염	70%
실제 질병 A에 감염되지 않음	80%

① 9.0%   ② 10.6%   ③ 12.2%   ④ 13.8%   ⑤ 15.4%

17. 다음은 우리나라 국민연금 수급자 중 매월 100만 원 이상의 국민연금 수급자에 대한 현황 자료이다. 이에 대한 설명으로 옳지 않은 것을 모두 고르면?

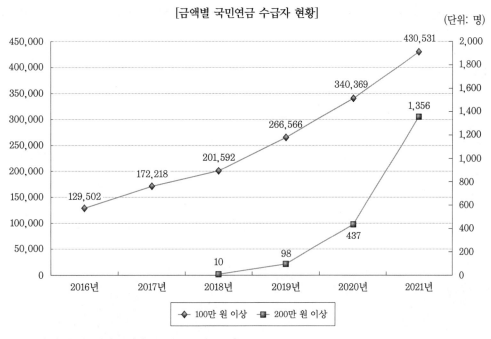

[금액별 국민연금 수급자 현황]

(단위: 명)

※ 2021년 말 기준 국민연금 전체 수급자: 607만 124명
※ 출처: 공공데이터포털(국민연금공단, 국민연금수급현황)

⊙ 매월 100만 원 이상 고액 국민연금 수급자 수는 2016년 대비 2021년에 3배 이상 증가하였다.
⊙ 국민연금 전체 수급자 수는 2018년도에 처음으로 20만 명을 넘으며 지속적으로 증가했다.
⊙ 200만 원 이상 국민연금 수급자 수가 전년 대비 가장 많이 증가한 해에는 100만 원 이상 국민연금 수급자 수도 가장 많이 증가하였다.
⊙ 2021년 국민연금 수급자 중 약 7% 이상의 인원이 매월 100만 원 이상씩 수급하고 있으며, 이 중 약 0.1% 이하의 인원만이 200만 원 이상씩 국민연금을 수급하고 있다.

① ㉠, ㉡   ② ㉠, ㉢   ③ ㉡, ㉢   ④ ㉡, ㉣   ⑤ ㉢, ㉣

18. 다음은 국내 한 종합 방송 채널 업체의 최근 3년간 실적 및 가입자 수에 대한 연도별 현황자료이다. 이에 대한 설명으로 옳은 것을 모두 고르면?

[최근 3년간 실적 및 가입자 수 증감 현황]

(단위: 백만 원, 명)

구분	매출	영업이익	가입자 수		
			방송	인터넷	모바일
2019년	658,296	65,027	4,187,717	107,030	–
2020년	660,404	67,128	4,037,281	194,777	2,609
2021년	655,354	57,422	3,844,751	287,772	115,443

ⓐ 최근 3년간 이 업체의 매출, 영업이익은 2020년에 전년 대비 증가 후 다시 감소했고, 인터넷과 모바일 가입자가 지속 증가했음에도 불구하고 총 가입자 수는 지속적으로 하락했다.
ⓑ 2019년 대비 2021년 총 가입자 수 감소율은 동 기간 매출액 감소율보다 더 크게 하락했다.
ⓒ 해당 종합 방송 채널의 모바일 서비스는 2020년에 처음 시작하여 1년 만에 약 40배 이상 성장하였다.
ⓓ 2022년의 매출과 영업이익은 전년 대비 각각 5%, 10% 하락이 예상된다면 2022년 매출액은 6,000억 원, 영업이익은 500억 원을 하회할 것으로 예상된다.

① ㉠, ㉡   ② ㉠, ㉢   ③ ㉡, ㉢   ④ ㉡, ㉣   ⑤ ㉢, ㉣

19. 다음은 온라인쇼핑몰의 취급상품군 및 운영형태별 거래액에 대한 자료이다. 자료에 대한 설명으로 옳지 않은 것은?

[취급상품군 및 운영형태별 거래액]

구분		2018년		2019년	
		연간	10월	9월	10월
총 거래액(억 원)		1,137,297	100,628	111,857	118,122
취급 상품군	종합몰(억 원)	756,783	67,443	74,206	78,115
	비중(%)	66.5	67.0	66.3	66.1
	전문몰(억 원)	380,514	33,185	37,651	40,007
	비중(%)	33.5	33.0	33.7	33.9
운영형태	온라인몰(억 원)	759,514	67,024	75,267	79,139
	비중(%)	66.8	66.6	67.3	67.0
	온·오프라인 병행몰(억 원)	377,783	33,604	36,590	38,983
	비중(%)	33.2	33.4	32.7	33.0

① 2018년 연간 온라인쇼핑몰 총 거래액에서 종합몰 거래액이 차지하는 비중은 전문몰 거래액이 차지하는 비중의 두 배 이상이다.

② 2019년 10월 종합몰 거래액 대비 전문몰 거래액의 비율이 2019년 9월 종합몰 거래액 대비 전문몰 거래액의 비율보다 높다.

③ 2019년 10월 온라인몰 거래액의 전월 대비 증가액이 온·오프라인 병행몰 거래액의 전월 대비 증가액보다 1,479억 원 더 많다.

④ 2018년 연간 종합몰 거래액에서 2018년 10월 종합몰 거래액이 차지하는 비중은 약 9%이다.

⑤ 2019년 10월 온라인쇼핑몰 총 거래액은 전년 동월 대비 약 17.4% 증가하였다.

20. 다음은 엔지니어링 협회의 우리나라 주요 산업 엔지니어링 업체 임금 실태조사 결과 자료이다. 이에 대한 설명으로 옳은 것을 모두 고르면?

[엔지니어링기술 부문별 기술자 평균 임금]

(단위: 원)

구분	기계설비	전기	정보통신	건설	환경	원자력	기타
기술사	405,940	398,476	387,707	390,500	379,482	482,622	363,780
특급기술자	332,140	294,925	282,727	306,530	290,502	420,219	292,190
고급기술자	286,405	254,591	258,258	253,985	262,115	325,702	247,580
중급기술자	236,742	235,752	230,402	231,775	221,815	294,250	204,917
초급기술자	210,727	206,042	194,606	182,591	199,370	238,441	183,146
고급숙련기술자	247,467	251,294	207,847	218,613	216,523	293,964	218,687
중급숙련기술자	193,280	187,474	184,077	194,638	186,419	273,315	180,777
초급숙련기술자	175,259	167,322	155,003	169,084	173,122	174,680	143,332

※ 1) 상기 제시된 임금은 1일 평균임금임
  2) 기술자 월 인건비 = 1일 평균임금 × 22일
  3) 단위는 1인 1일 기준임
※ 출처: KOSIS(한국엔지니어링협회, 엔지니어링업체임금실태조사결과)

○ 기계설비 분야 기술사 1일 임금은 환경 분야 기술사 1일 임금보다 5% 이상 더 높다.
○ 정보통신, 건설, 환경, 원자력 부문에서는 초급기술자들의 1일 임금이 중급숙련기술자들보다 더 높다.
○ 초급기술자 중 월 인건비가 500만 원 이상 되는 부문은 원자력 단 1곳뿐이다.
○ 전기 분야 특급기술자인 A가 월 임금 중 세금으로 지출되는 22%를 제외한 나머지 금액의 30%를 저축하기로 한다면 매달 170만 원 이상을 저금할 수 있다.

① ㉠, ㉡   ② ㉠, ㉢   ③ ㉡, ㉢   ④ ㉡, ㉣   ⑤ ㉢, ㉣

21. 다음은 우리나라 인구 각 연령별 10만 명당 눈다래끼 환자 수를 조사한 자료이다. 이에 대한 설명으로 옳은 것은?

[연령별 눈다래끼 환자 수 현황]

(단위: 명)

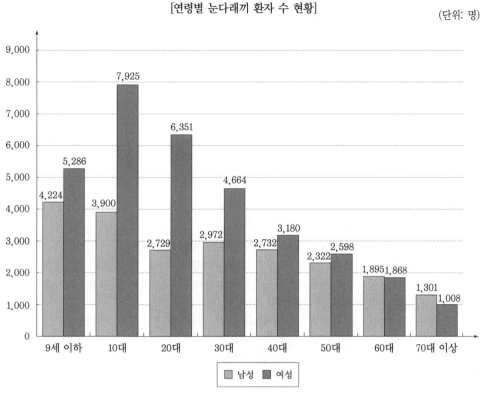

※출처: 국민건강보험공단 빅데이터운영실(2017-07-27 보도자료)

① 인구 10만 명당 눈다래끼는 남녀 모두 9세 이하에서 가장 많이 발생한다.

② 인구 10만 명당 남성 눈다래끼 환자 총 발생률은 3% 이상이다.

③ 인구 10만 명당 여성 눈다래끼 환자 총 발생률은 4% 이하이다.

④ 인구 10만 명당 20대 이하 여성 눈다래끼 환자 수는 50대 이상 남성 환자 수보다 4배 이상 많다.

⑤ 인구 10만 명당 10대 눈다래끼 환자 수는 20대 눈다래끼 환자 수보다 약 30% 이상 더 많다.

22. 다음은 증권사 2021년 5G 통신장비 업체의 매출, 영업이익과 시가총액에 대한 실적자료이다. 이에 대한 설명으로 옳은 것을 모두 고르면?

[2021년 5G 통신장비 업체 실적 전망]

(단위: 억)

기업체	주요제품	연매출	영업이익	시가총액
A	RF제품, 안테나, 필터	2,293	−113	16,366
B	전력 트랜지스터, 증폭기	1,027	56	9,353
C	기지국 함체	6,313	632	7,976
D	RF제품, 안테나, 필터	3,049	14	6,493
E	프론트홀	1,884	123	4,380
F	스몰셀, 시험, 계측장비	864	82	3,089

※ 영업이익률 $= \dfrac{영업이익}{매출} \times 100$

ⓐ 5G 통신장비 주요 업체 중 영업이익률이 5% 이상 되는 기업은 총 4곳이다.
ⓑ 연 매출액이 가장 큰 기업체와 가장 작은 기업체의 시가총액 차이는 두 기업체의 연 매출 차이보다 작다.
ⓒ 안테나 및 필터를 생산하는 업체들은 평균 2,500억 이상의 매출과 1조 원 이상의 시가총액을 보유하며 해당 기업들의 영업이익률은 평균 5% 이상이다.
ⓓ 매출 상위 2개 업체가 5G 주요 통신장비 업체의 매출, 영업이익, 시가총액 전체의 절반 이상을 차지하고 있다.

---

① ㉠, ㉡   ② ㉠, ㉢   ③ ㉡, ㉢   ④ ㉡, ㉣   ⑤ ㉢, ㉣

23. 다음 표는 2015~2019년 연도별 국내, 국제 우편물 물량 현황을 나타낸 자료이다. 자료에 대한 설명으로 옳은 것을 모두 고르면?

[2015~2019년 국내 우편물 물량 현황]

(단위: 십만 통)

국내		2015	2016	2017	2018	2019
합계		39,993	38,740	37,063	35,896	33,981
일반통상		35,326	33,783	31,856	30,409	28,013
특수통상		2,771	2,773	2,770	2,762	2,724
소포	소계	1,896	2,184	2,437	2,725	3,244
	보통	16	16	13	12	11
	등기	1,880	2,168	2,424	2,713	3,233

[2015~2019년 국제 우편물 물량 현황]

(단위: 십만 통)

국제	2015	2016	2017	2018	2019
합계	213	207	187	198	197
일반통상	75	74	65	55	51
특수통상	30	33	48	77	77
국제특급	102	94	68	60	63
소포	6	6	6	6	6

※출처: KOSIS(과학기술정보통신부, 우편물통계)

〈보기〉

㉠ 국내 우편물과 국제 우편물 모두 일반통상 우편물의 수는 매년 감소한다.
㉡ 국제 우편물의 통상 우편물 중에서 특수통상 우편물이 차지하는 비율은 매년 증가한다.
㉢ 국제특급 우편물이 가장 많았던 해에 국내 우편물 중 통상우편물이 차지하는 비율은 95% 이하이다.
㉣ 2016~2019년 국내 일반통상 우편물의 전년 대비 감소율은 2019년에 가장 크다.

① ㉠, ㉡   ② ㉠, ㉢   ③ ㉠, ㉡, ㉢   ④ ㉠, ㉡, ㉣   ⑤ ㉡, ㉢, ㉣

24. 다음은 서울시 주요 지역의 주택유형별 거주 인원에 대한 조사 자료이다. 이에 대한 설명으로 옳은 것은?

[서울시 주요 지역 주택유형별 가구 현황]

(단위: 가구, 명)

구분	가구					가구원	
	전체	단독주택 다가구주택	아파트	다세대주택	연립주택	전체	15세 이상
전체	1,104,459	332,293	449,973	173,759	148,461	2,464,989	2,219,522
종로구	63,414	23,851	14,860	11,241	13,489	139,718	127,925
중구	55,093	14,072	24,383	6,561	10,077	117,252	107,917
용산구	95,714	33,468	34,185	16,433	11,628	208,602	189,541
성동구	122,186	35,234	66,068	9,223	11,661	281,266	252,803
서대문구	133,112	40,147	52,717	25,953	14,295	302,902	273,147
관악구	248,959	105,868	54,907	41,971	46,213	478,545	444,535
강남구	208,833	36,246	118,981	27,474	26,132	498,857	437,959
강동구	177,148	43,407	83,872	34,903	14,966	437,847	385,695

※ 출처: 공공데이터포털(서울특별시, 2021년 기준 도시정책지표 조사 결과)

① 서울시 전체 가구 수 중 주요 지역 상위 3군데의 가구 수는 전체의 60% 이상을 차지하고 있다.

② 서울시 전체 가구당 가구원 수는 2.4명 이상이다.

③ 서대문구 15세 미만 가구원 수는 성동구 15세 미만 가구원 수보다 약 1,500명 이상 더 많다.

④ 서울시 주요 지역 가구당 가구원 수는 지역에 관계없이 2명 이상이다.

⑤ 서울 주요 지역 중 가구 수가 가장 많은 지역구는 단독주택 및 다가구주택, 다세대주택, 연립주택의 가구 수 역시 타 지역구 대비 많다.

25. 다음은 벤처기업협회에서 벤처 출신의 코스닥 상장기업 현황 등을 조사한 자료이다. 이에 대한 설명으로 옳은 것은?

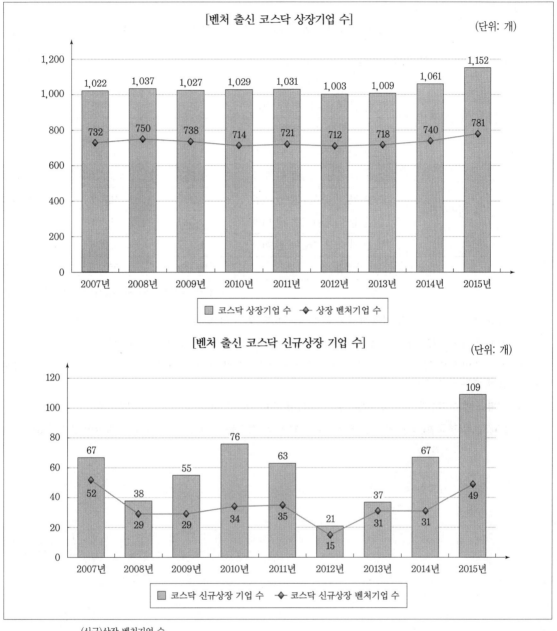

[벤처 출신 코스닥 상장기업 수]
(단위: 개)

[벤처 출신 코스닥 신규상장 기업 수]
(단위: 개)

※ 점유율(비율) = $\dfrac{(신규)상장\ 벤처기업\ 수}{(신규)상장기업\ 수}$

※ 출처: 공공데이터포털(중소기업청, 벤처기업협회)

① 2015년 전체 코스닥 상장기업 1,152개 중 상장 벤처 출신 기업 수는 781개로 전체의 70% 이상을 차지하며 2007년 이후 최대를 기록했다.

② 2011년 코스닥 상장기업 수 중 코스닥 신규상장 기업 수의 비율은 2014년보다 더 높다.

③ 상장 벤처기업 수 중 매년 신규상장되는 벤처기업 수의 비율은 5% 이상을 유지하고 있다.

④ 2015년 코스닥 신규상장 벤처기업 수는 IT 업계 창업이 활발해지면서 역대 최고를 기록했다.

⑤ 코스닥 신규상장 기업 수 중 신규상장 벤처기업 수의 점유율이 가장 높은 해의 점유율은 가장 낮은 해 점유율의 2배 이하이다.

26. 다음은 우리나라 편의점 3사의 구간별 일평균 매출액 현황을 보여주는 설명 자료이다. 이에 대한 설명으로 옳지 않은 것은?

[편의점 3사 통합 일평균 매출액 구간별 가맹점 수 현황]

(단위: 개)

일평균 매출액		2016년	2017년	2018년
저매출구간(적자구간)	80만 원 미만	1,835	2,272	2,228
	80만 원 이상~90만 원 미만	919	1,163	1,155
	90만 원 이상~100만 원 미만	1,185	1,511	1,420
	100만 원 이상~110만 원 미만	1,463	1,838	1,843
저매출 위험구간	110만 원 이상~120만 원 미만	1,653	2,141	2,123
	120만 원 이상~130만 원 미만	1,907	2,327	2,252
	130만 원 이상~140만 원 미만	2,062	2,391	2,393
	140만 원 이상~150만 원 미만	1,959	2,375	2,405
전국 편의점 총 가맹점 수		27,984	32,221	33,068

※ 출처: 공정거래위원회(서울시, 전국편의점가맹점주협의회)

① 2018년 전국 편의점 총 가맹점 4곳 중 1곳은 110만 원 미만의 적자구간의 저매출을 내고 있다.

② 일평균 매출 80만 원 미만 점포 비율은 2016년 대비 2017년도에 소폭 증가하였다.

③ 전년 대비 2017년 총 점포 수가 증가한 만큼 저매출구간 및 저매출 위험구간에 포함된 점포 수도 매출에 관계 없이 모두 증가하였다.

④ 일평균 매출 150만 원 이상 점포 수는 2017년 대비 2018년에 천 개 이상 증가하였다.

⑤ 2017년 일평균 매출 120만 원 이상 140만 원 미만 점포는 2016년 대비 약 19% 가까이 증가하였다.

27. 다음은 우리나라 척추측만증 진료인원에 대한 연도별 현황 및 2015년 연령별 진료자 현황을 보여주는 자료이다. 이에 대한 설명으로 옳은 것은?

[연도별 척추측만증 진료인원 현황]

(단위: 명, 백만 원)

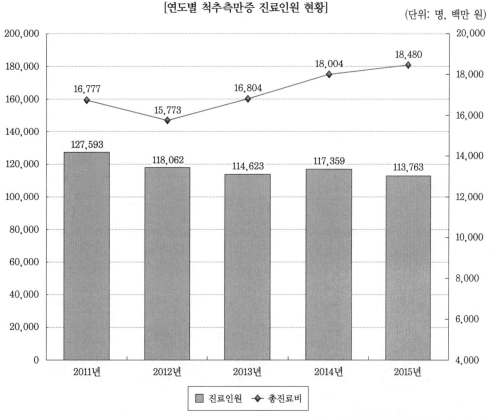

※ 출처: 건강보험심사평가원(2016-12-23 보도자료)

① 척추측만증 환자는 지속적으로 감소함에도 연간 총진료비는 지속적으로 증가하고 있다.

② 2011년 대비 2015년 연간 진료인원 감소율보다 총진료비의 증가율이 더 높다.

③ 2014년 진료인원 1인당 진료비는 2011년 진료인원 1인당 진료비 보다 약 2만 원 이상 더 많다.

④ 연간 총진료비가 180억을 넘은 해에는 처음으로 11만 5천 명 이상의 환자가 척추측만증 진료를 받았다.

⑤ 2014년은 2013년보다 전년 대비 총진료비 증가율이 낮다.

28. 다음은 2019년 1분기와 2분기의 전국 가구소득 분위별 가계수지에 대한 통계 자료이다. 다음 중 자료에 대한 설명으로 옳지 않은 것은?

[1분기 소득 분위별 가구당 가계수지] (단위: 천 원)

구분		1분위	2분위	3분위	4분위	5분위
가구원 수(명)		2.39	2.81	3.20	3.42	3.42
가구주 연령(세)		63.26	54.57	50.20	48.75	50.19
소득		1,254.8	2,843.7	4,238.7	5,863.1	9,925.1
경상소득	소계	1,253.7	2,832.8	4,224.0	5,846.8	9,850.8
	근로소득	404.4	1,533.8	2,633.0	4,116.7	7,410.9
	사업소득	207.2	617.9	961.2	1,034.2	1,639.3
	재산소득	11.1	16.5	14.9	12.4	27.8
	이전소득	631.0	664.6	614.9	683.5	772.8
비경상소득		1.1	10.9	14.7	16.3	74.3
비소비지출		286.7	568.5	876.1	1,295.3	2,363.3
처분가능소득		968.1	2,275.2	3,362.6	4,567.8	7,561.8

[2분기 소득 분위별 가구당 가계수지] (단위: 천 원)

구분		1분위	2분위	3분위	4분위	5분위
가구원 수(명)		2.39	2.91	3.20	3.36	3.45
가구주 연령(세)		63.84	53.28	49.74	49.62	50.57
소득		1,325.4	2,911.1	4,193.9	5,660.4	9,426.0
경상소득	소계	1,324.7	2,906.5	4,170.1	5,634.4	9,377.1
	근로소득	438.7	1,665.1	2,751.0	4,108.9	6,879.0
	사업소득	224.8	639.2	837.9	984.3	1,855.7
	재산소득	9.1	19.1	24.1	21.0	51.2
	이전소득	652.1	583.1	557.1	520.2	591.2
비경상소득		0.7	4.6	23.8	26.0	48.9
비소비지출		276.0	578.6	857.6	1,213.1	2,174.5
처분가능소득		1,049.4	2,332.5	3,336.3	4,447.3	7,251.5

※ 1) 가구원 수, 가구주 연령은 각 분위에 속하는 가구당 평균을 의미함
2) 소득과 지출에 대한 자료는 모두 월평균 기준임

① 2분기 소득 1분위의 가구당 월평균 소득은 1,325,400원으로 직전분기 대비 70,600원 증가하였으며, 소득 5분위의 가구당 월평균 소득은 9,426,000원으로 직전분기 대비 499,100원 감소하였다.

② 제시된 기간 동안 소득 1분위에서 5분위로 갈수록 가구당 평균 가구원 수가 많아지는 것은 아니다.

③ 1분기 소득 4분위의 가구당 월평균 경상소득은 소득 1분위의 가구당 월평균 경상소득의 4.5배 이상이다.

④ 2분기 소득 5분위의 가구당 월평균 비소비지출은 직전분기 대비 10% 이상 감소하였다.

⑤ 전국 가구의 월평균 소득의 평균은 1분기가 2분기보다 높다.

29. 다음은 2015년 기준 지역별, 고용구간별 중견기업 대상 현황 실태를 분석한 자료이다. 이에 대한 설명으로 옳은 것은?

[지역별 중견기업 현황 통계]

(단위: 개)

지역	전업종	제조업	비제조업
서울	1,282	301	981
인천	140	77	63
경기	802	369	433
대전	52	23	29
충북	125	85	40
충남	166	113	53
광주	90	29	61
전북	75	43	32
전남	76	27	49
대구	85	55	30
경북	125	90	35
부산	191	75	116
울산	65	41	24
경남	186	127	59
강원	61	21	40
제주	26	2	24
세종	11	10	1
전체	3,558	1,488	2,070

[고용구간별 중견기업 현황 통계]

(단위: 개)

구분	50인 미만	50~99명	100~199명	200~299명	300~499명	500~999명	1,000명 이상
전업종	1,035	582	656	352	393	346	194
제조업	190	216	289	211	263	222	97
비제조업	845	366	367	141	130	124	97

※ 1) 중견기업은 법적으로 '중소기업이 아니며, 대기업도 아닌 기업'을 의미함
　 2) 수도권은 '서울, 인천, 경기'로 구성됨

① 중견기업은 서울, 인천, 경기 등 수도권에 65% 이상 집중적으로 분포되어 있다.

② 전국적으로 비제조업보다 제조업 중견기업 수가 더 많은 지역은 10곳 이상이다.

③ 중견기업 중 50인 미만의 기업 수는 전체의 30% 이상을 차지하고 있다.

④ 고용인원 기준 200명 미만 비제조업 기업 수는 300명 이상 제조업 기업 수보다 3배 이상 많다.

⑤ 1,000명 이상 고용 중인 중견기업 총 종사자 수는 50인 미만 중견기업 총 종사자 수 대비 최소 14만 명 이상 많다.

30. 다음은 연도별 화학물질 종류, 이용 업체 수, 유통량 등을 조사한 자료이다. 이에 대한 설명으로 옳은 것을 모두 고르면?

[연도별 화학물질 유통량]

(단위: 종, 개소, 백만 톤)

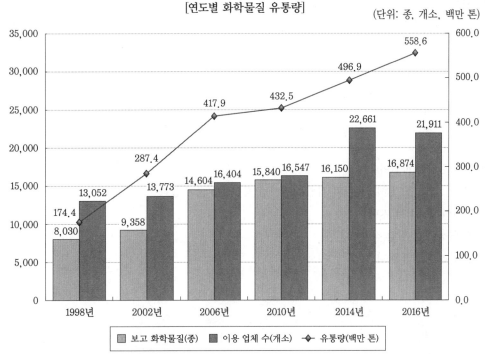

※ 조사 기준: 유해화학물질 100kg/년, 일반화학물질 1톤/년 초과취급 사업장
※ 출처: KOSIS(환경부, 연간 화학물질 통계조사)

ㄱ 2016년 화학물질 유통량은 2014년 대비 6,170만 톤 증가한 5억 5,860만 톤이 유통되면서 이전 대비 약 12% 이상 증가했다.
ㄴ 보고된 화학물질 종류, 이용 업체 수, 유통량은 조사기간 동안 지속적으로 증가했다.
ㄷ 화학물질 종류가 이전 조사 대비 가장 많이 증가한 해에는 이용 업체 수 역시 가장 많이 증가했다.
ㄹ 2010년 기준 연간 약 95kg의 유해화학물질을 사용하는 사업장의 연평균 유통량은 2만 톤 이상이다.

① ㄱ   ② ㄴ   ③ ㄷ   ④ ㄱ, ㄹ   ⑤ ㄷ, ㄹ

31. 팀 프로젝트를 위해 인사팀과 감사팀에서 대리나 사원을 차출하여 새로운 팀을 구성하였다. 이 팀에 배정받은 혜원은 같은 팀에 배정받은 갑, 을, 병, 정과 다음과 같은 대화를 나누었다. 그런데 인사팀 소속 직원은 대리는 항상 거짓말을 하고 사원은 항상 참말을 말하며, 감사실 소속 직원은 대리는 항상 참말을 하고 사원은 항상 거짓말을 한다고 할 때, 다음 중 옳지 않은 것은? (단, 한 사람이 여러 진술을 하는 경우 참말을 하는 사람은 모두 참말이며 거짓말을 하는 사람은 모두 거짓이다.)

갑: 나는 대리야.
을: 나는 감사팀이야. 이 중에 사원도 있어.
병: 나는 인사팀 대리는 아니야. 을은 거짓말하는 거야.
정: 나는 감사팀 사원이야. 병은 참말을 하는 거야.

---

① 갑은 감사팀 사원이다.
② 갑, 을, 병, 정 가운데 인사팀 직원은 감사팀 직원보다 많지 않다.
③ 사원이 대리보다 많다.
④ 병과 정은 같은 팀 직원이다.
⑤ 갑과 정의 직급은 다르다.

32. L 회사에서 만들어지는 LCD TV를 자세히 살펴보면 하나의 화소(색을 표현하는 점)는 아래와 같이 12개의 R(적색), G(녹색), B(청색) 칸으로 이루어진다. 12개의 칸의 색에 대한 정보는 〈보기〉와 같을 때, 아래의 발언 중 잘못된 것은?

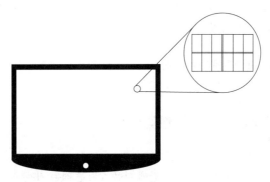

<보기>

- A 행과 B 행의 2, 5열의 4칸에는 R, G, B가 적어도 하나씩 들어간다.
- A 행과 B 행의 1, 6열의 4칸에는 R, G, B가 적어도 하나씩 들어간다.
- A 행 [1, 2, 3], [4, 5, 6]칸, B 행 [1, 2, 3], [4, 5, 6]칸에는 R, G, B가 각각 하나씩 존재해야 한다.
- 상하좌우로 인접한 어떤 두 칸도 같은 색일 수 없다.
- A 행과 B 행의 3, 4열은 아래와 같이 확정되어 있다.

	1열	2열	3열	4열	5열	6열
A 행			R	G		
B 행			B	R		

〈화소를 확대한 그림〉

① A 행의 5열이 R이면 B 행의 1열은 R이다.

② B 행의 6열이 G라면 A 행의 2열은 G이다.

③ A 행의 6열과 B 행의 2열은 같은 색이 가능하다.

④ A 행의 1열과 B 행의 6열은 같은 색이다.

⑤ A 행의 2열과 B 행의 4열은 같은 색이 불가능하다.

[33-34] 마방진이란 1에서 n²까지의 자연수를 가로 n행 × 세로 n열의 정사각형 모양으로 나열하여 가로·세로·대각선의 합이 전부 같아지도록 한 것을 말한다. 다음 대화를 읽고 물음에 답하시오.

정희: 마방진이란 게 풀기는 쉬운데 만들기는 만만치 않은 것 같더라고. 숫자를 대충 넣어봤는데 잘 안되지 뭐야.

태윤: 아무렇게나 넣어서는 안 되고 다 공식이 있어.

정희: 그래?

태윤: 이건 홀수 × 홀수 형태의 마방진에만 적용되는 거야. 우선 기본은 ㉠ 어떤 숫자의 바로 오른쪽 대각선 위에 있는 칸에는 그 숫자보다 하나 큰 수를 적는 거야.

정희: 그러면 칸을 넘어가는 경우도 있잖아?

태윤: 물론 그렇지, ㉡ 오른쪽에는 칸이 있는데 위에는 칸이 없는 경우에는 그 오른쪽 칸이 있는 열의 가장 아래 칸에 다음 숫자를 적는 거야.

정희: 위쪽에는 칸이 있지만 오른쪽에는 칸이 없는 경우는?

태윤: 그럴 때는 그 위쪽 칸이 있는 행의 가장 왼쪽 칸에 다음 숫자를 적는 거야.

정희: 그럼 위쪽이랑 오른쪽에 모두 칸이 없는 경우에는?

태윤: 그때에는 자신의 바로 아래 칸에 다음 숫자를 적는 거지. ㉢ 어떤 숫자의 바로 오른쪽 대각선 위에 있는 칸에 다른 숫자가 이미 자리하고 있는 경우에도 마찬가지로 바로 아래 칸에 다음 숫자를 적으면 돼.

정희: 다 알겠는데 그럼 시작은 어떻게 해?

태윤: 1을 가운데 열의 가장 위 칸에 적고 시작하면 돼.

정희: 그렇구나. 그럼 이것만 알면 웬만한 마방진은 만들 수 있겠네?

태윤: 그렇지. 어쨌든 어떻게든 만들어진 마방진의 좌우를 대칭으로 바꾸거나, 상하를 대칭으로 바꾸어도 마방진이 돼. 그리고 시계방향이나 반시계 방향으로 돌려도 마방진으로 유지된다는 것도 확실해.

33. 다음 마방진은 위의 내용을 토대로 하여 만들어진 가장 간단한 형태의 마방진이다. 그렇다면 아래 보기 중 마방진으로 완성되는 것은?

〈기본 형태〉

8	1	6
3	5	7
4	9	2

〈보기〉

(가)

4		
	5	1

(나)

6	9	
	5	

(다)

7	5	
		6

(라)

3	5	
		6

① 가, 나　　　　② 가, 다　　　　③ 가, 라　　　　④ 나, 다　　　　⑤ 나, 라

34. 정희는 태윤이 제시한 방법에 따라 아래와 같이 1부터 25까지의 숫자를 이용하여 5 × 5 마방진을 완성해 놓았는데 다음날 몇 부분이 지워진 것을 발견했다. 다음 중 옳지 않은 것은?

17	24	1	8	15
23	A	7	14	B
4	C	D	20	E
10	12	19	21	3
11	F	25	2	G

가. 지워진 부분의 숫자를 전부 더하면 89가 된다.
나. B의 값은 16이고 A의 값은 5이다.
다. A + G의 값은 C + E의 값보다 크다.
라. 정희가 태윤이 제시한 방법에 의해서만 마방진을 만들었다면 이 마방진에서 E는 ㉠ 내용에 따라, F는 ㉡ 내용에 따라, C는 ㉢ 내용에 따라 채웠을 것이다.

① 가, 나, 다   ② 나, 라   ③ 다   ④ 라   ⑤ 다, 라

35. 다음 명제가 모두 참일 때 항상 옳은 것은?

• 우울한 사람은 초연하지 않다.
• 자존감이 높은 사람 중에 우울한 사람이 있다.
• 초연한 사람 중에 자존감이 높지 않은 사람이 있다.

① 초연하면서 자존감이 높은 사람이 있다.
② 우울하면서 자존감이 높지 않은 사람이 있다.
③ 자존감이 높은 사람은 모두 초연한 사람이다.
④ 자존감이 높으면서 우울하지만 초연하지 않은 사람이 있다.
⑤ 우울하지 않으면서 초연하지만 자존감이 높은 사람이 있다.

36. 한 공장에 새로운 생산 라인이 생기면서 1개월마다 한 명씩 새로운 사원이 추가로 배치되었다. 다음 그래프는 사원 수의 변화에 따른 이 생산 라인의 1인당 월평균 생산량을 표시한 것이다. 〈보기〉의 설명 중 옳은 것을 모두 고르면? (단, 1월에 일하는 사원은 A 사원 혼자이다.)

[사원 수별 1인당 월평균 생산량]

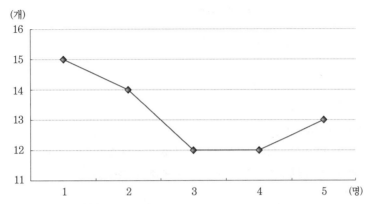

※ 1) 1월에 A 사원이 투입되었고 이후 4개월 동안 매월 B, C, D, E 사원이 차례로 1명씩 추가 투입되었음
   2) 다른 조건은 일정하며 사원별 월간 생산량은 측정 기간 동안 변하지 않았다고 가정함

〈보기〉

㉠ 총 생산량이 가장 많은 달은 1월이고 가장 적은 달은 3월과 4월이다.
㉡ 다섯 명 중 월간 생산량이 가장 많은 사원은 5월에 새로 투입된 사원이다.
㉢ 다섯 명 중 월간 생산량이 가장 적은 사원은 3월에 새로 투입된 사원이다.
㉣ A 사원보다 B 사원의 월간 생산량이 더 많다.

① ㉡, ㉢   ② ㉢, ㉣   ③ ㉠, ㉡, ㉢   ④ ㉡, ㉢, ㉣   ⑤ ㉠, ㉡, ㉢, ㉣

37. 이번 세미나 참석할 사람으로 가영, 나희, 다솔이 후보자로 선정되었다. 이 가운데 누가 참석할 것인지에 대해 다음과 같은 규칙이 적용된다고 할 때, 다음 중 반드시 거짓인 것은?

〈규칙〉

· 가영과 다솔이 동시에 참석하는 경우는 없다.
· 셋 중 최소 1명은 참석해야 한다.
· 나희가 참석하면 가영은 참석하지 않는다.

---

① 셋이 참석하는 경우의 수는 4가지이다.

② 나희가 참석하면 다솔도 참석한다.

③ 다솔이 참석하면 나희도 참석한다.

④ 가영이 참석하지 않는 경우, 나희와 다솔이 참석하는 경우의 수는 2가지이다.

⑤ 다솔이 참석하지 않는 경우, 가영과 나희 중에 한 명만 참석한다.

38. 아래 규정에 의할 때 다음 중 허용되는 경우는?

제○○조
누구든지 이 법에 의하지 아니하고는 정치자금을 기부하거나 받을 수 없다.

제○○조
정치자금은 국민의 의혹을 사는 일이 없도록 공명정대하게 운용되어야 하고, 그 회계는 공개되어야 한다.

제○○조
정치자금은 정치활동을 위하여 소요되는 경비로만 지출하여야 하며, 사적 경비로 지출하거나 부정한 용도로 지출하여서는 아니 된다. 이 경우 "사적 경비"라 함은 다음 각호의 어느 하나의 용도로 사용하는 경비를 말한다.
1. 가계의 지원·보조
2. 개인적인 채무의 변제 또는 대여
3. 향우회·동창회·종친회, 산악회 등 동호인회, 계모임 등 개인 간의 사적 모임의 회비 그 밖의 지원경비
4. 개인적인 여가 또는 취미활동에 소요되는 비용

제○○조
이 법에 의하여 1회 120만 원을 초과하여 정치자금을 기부하는 자와 다음 각호에 해당하는 금액을 초과하여 정치자금을 지출하는 자는 수표나 신용카드·예금계좌입금 그 밖에 실명이 확인되는 방법으로 기부 또는 지출하여야 한다. 다만, 현금으로 연간 지출할 수 있는 정치자금은 연간 지출총액의 100분의 20(선거비용은 선거비용 제한액의 100분의 10)을 초과할 수 없다.
1. 선거비용 외의 정치자금: 50만 원. 다만, 공직선거의 후보자·예비후보자의 정치자금은 20만 원
2. 선거비용: 20만 원

제○○조
누구든지 타인의 명의나 가명으로 정치자금을 기부할 수 없다.

---

① 자신의 정치성향이 밝혀지는 것이 껄끄러워 자신이 지지하는 후보에게 아내의 명의로 20만 원을 기부하였다.

② 국회의원 후보자가 자신이 가입된 산악회 회원들과 같이 등산한 후 자신의 정치자금으로 회원들에게 점심을 대접하였다.

③ 자신과 같은 뜻을 가진 정치인에게 방학 동안 아르바이트로 모은 200만 원을 좋은 곳에 써달라는 글과 함께 익명으로 정치인 사무실 앞에 가져다 놓았다.

④ 노동자 신분으로 국회의원 선거에 출마한 자가 몇몇 지인들의 기부만으로 선거활동을 하였기 때문에 특별히 따로 회계를 공개하지 않았다.

⑤ 정치에 별로 관심이 없었으나, 우연히 후보 A의 유세를 보고 선거비용을 후원하기로 생각해서 그 자리에서 빈 봉투에 10만 원을 담아 익명으로 건네주었다.

39. 다음 글을 읽고 판단한 내용으로 적절하지 않은 것은?

H 구단은 올 시즌을 대비하기 위해 4명의 포지션별 신규 영입을 통한 시즌 성적 상승과 구단 수익의 증대에 관하여 고민하고 있다. 각 팀은 11명의 선수만을 선발하고, 각 구단의 선수 평균 평점에 따라 순위가 결정되며, 순위에 따라 입장 수익이 정해진다. 또한, 구단 수익은 입장 수입에서 선수 연봉을 차감한 금액이다. 다음은 현재 구성 인원에 대한 정보와 영입 가능 인원, 경쟁구단 선수들의 평점 평균 및 평점 순위별 입장 수익을 나타낸 것이다.

[현재 구성 인원]

포지션	선수명	선수 평점	선수 연봉(억 원)
공격수	A	7	30
공격수	B	8	50
공격수	신규 영입		
미드필더	C	7	20
미드필더	신규 영입		
미드필더	D	8	40
수비수	E	9	40
수비수	신규 영입		
수비수	F	7	10
수비수	G	8	20
골키퍼	신규 영입		

[영입 가능 인원]

포지션	선수명	선수 평점	선수 연봉(억 원)
공격수	H	8	50
공격수	I	9	60
미드필더	J	7	20
미드필더	K	8	40
수비수	L	7	10
수비수	M	8	20
골키퍼	N	8	20
골키퍼	O	9	30

[경쟁구단 선수의 평점 평균]

구단명	선수 평점 평균
LP	7.70
AN	7.80
CS	7.90

[평점 순위별 입장 수익]

순위	입장 수익(억 원)
1	360
2	340
3	320
4	300

① I, K, M, O를 영입했을 경우 평점 순위는 1위를 차지하고, 구단 수익은 0원이다.

② H, J, L, N을 영입했을 때 선수 연봉은 최소로 지급하나 구단 수익은 적자가 된다.

③ H, K, L, O를 영입했을 때와 I, J, M, N을 영입했을 때 평점 순위와 구단 수익은 동일하다.

④ I, K, L, O를 영입하거나 I, K, M, N을 영입하면 평점 순위 1위를 차지할 수 있다.

⑤ I, J, M, O를 영입하면 수익은 20억 원이 된다.

40. 갑, 을, 병, 정, 무 다섯 팀이 리그전으로 경기를 했으며, 경기 내용은 다음과 같았다. 그러나 이 정보만으로는 전체 경기 결과를 알 수 없어서 정보를 추가하고자 할 때, 전체 경기 결과를 알 수 있는 정보로 옳지 않은 것은?

- 게임에서 이기면 3점, 지면 0점을 획득하며 무승부는 없었다.
- 갑은 무에게 졌으며, 갑의 총점은 9점이다.
- 병은 을에게 졌으며, 을의 총점은 3점이다.
- 정은 무에게 이겼으며, 무의 총점은 6점이다.

① 병의 총점은 을의 총점보다 높다.

② 정은 3승을 거뒀다.

③ 병과 정의 승수를 합하면 4이다.

④ 경기 결과 을이 단독으로 5위를 차지했다.

⑤ 경기 결과 갑이 단독으로 1위를 차지했다.

41. 다음 흐름도를 보고 추론할 수 있는 내용으로 적절하지 않은 것은? (단, 회계 연도의 기준은 1월 1일부터 12월 31일까지로 설정한다.)

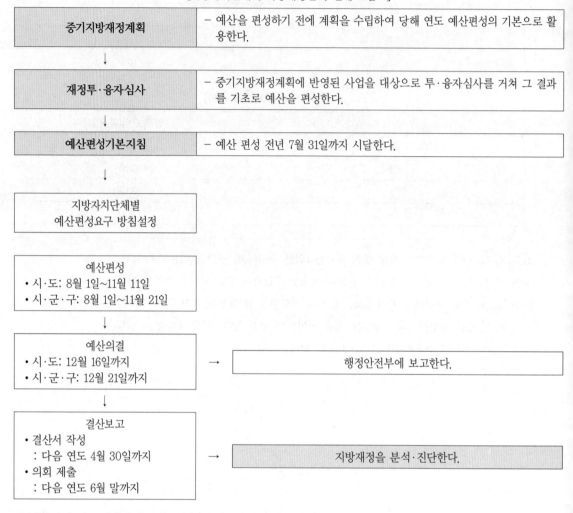

[지방자치단체의 지방재정관리 연계 흐름도]

| 중기지방재정계획 | – 예산을 편성하기 전에 계획을 수립하여 당해 연도 예산편성의 기본으로 활용한다. |

| 재정투·융자심사 | – 중기지방재정계획에 반영된 사업을 대상으로 투·융자심사를 거쳐 그 결과를 기초로 예산을 편성한다. |

| 예산편성기본지침 | – 예산 편성 전년 7월 31일까지 시달한다. |

지방자치단체별
예산편성요구 방침설정

예산편성
• 시·도: 8월 1일~11월 11일
• 시·군·구: 8월 1일~11월 21일

예산의결
• 시·도: 12월 16일까지
• 시·군·구: 12월 21일까지 → 행정안전부에 보고한다.

결산보고
• 결산서 작성
  : 다음 연도 4월 30일까지
• 의회 제출
  : 다음 연도 6월 말까지 → 지방재정을 분석·진단한다.

① 예산편성 시 중기지방재정계획을 반드시 따를 필요는 없다.

② 시·도의 예산의결은 당해 회계 연도가 끝나기 15일 전까지 보고하여야 한다.

③ 예산편성의 마감일은 시·도에 비해 시·군·구가 10일 늦다.

④ 재정투·융자심사는 당해 예산편성 마감일보다 1년 이상 먼저 작성되어야 한다.

⑤ 결산보고기간과 예산편성기간은 서로 겹치기 때문에 결산에서 나타난 문제점은 다음 회계 연도 예산편성에 반영되기 어렵다.

42. 다음 중 제시문에서 추론할 수 있는 것으로 옳은 것은?

말뚝들 위에 지은 다리 교각의 견고함은 대체로 말뚝들이 박힌 깊이에 달려 있다. 1700년 이전 말뚝들은 '거부'될 때까지 박혔는데, '거부'란 말뚝들이 더 깊이 들어갈 수 없는 지점에 도달했다는 것을 의미한다.

베네치아에서는 리알토 다리를 보라는 말이 있을 정도로 리알토 다리는 물의 도시 베네치아를 대표하는 다리이다. 리알토 다리는 1854년까지 대운하 사이의 유일한 다리였으며 그 아래로 무역선들이 문제없이 지나다닐 수 있게 교각 중심이 높이 치솟은 아치형이 특징이다. 리알토 다리는 안토니오 다 폰테에 의해 만들어졌으며 르네상스 토목 공학의 대표적인 업적으로 평가된다. 그런데 1588년 리알토 다리 교각의 견고함에 대한 조사에 따르면 다리를 만든 안토니오 다 폰테는 '거부'에 대한 당대의 표준을 만족시켰다고 생각했다. 왜냐하면 그는 해머로 말뚝들을 24번 내리쳐서 2인치 이상 들어가지 않을 때까지 계속해서 박았기 때문이다.

① 리알토 다리는 안전하지 않은 말뚝들로 건설되었다.

② 거부에 대한 기준은 다리의 안전을 보증할 수 있을 만큼 충분하지 않다.

③ 거부에 대한 다 폰테의 기준은 당시 다른 다리 건축가들에 비해 덜 엄격했다.

④ 1588년 이후 거부지점까지 박힌 말뚝들로 건설된 다리는 없었다.

⑤ 건설 당시 리알토 다리의 모든 말뚝들은 해머로 24번 내리쳐도 2인치 이상 들어가지 않았을 것이다.

43. 현수는 3층짜리 상가 빌딩을 가지고 있는데, 최근 이 지역의 도시계획이 변경되면서 대상 토지의 용적률 및 건폐율이 상승되어 보다 높은 빌딩을 지을 수 있게 되었다. 이에 현수는 감정평가사와 건축사에게 투자개발 컨설턴트를 의뢰한 결과 다음과 같은 보고서를 받았을 때, 이 보고서를 토대로 현수가 선택할 수 있는 가장 적절한 판단은?

[투자개발 보고서]

가. 대상 토지 시가: 50억 원

나. 대상 건물 연간 임대료: 2억 원

다. 대상 건물 예상 철거비: 2억 원

라. 대상 토지를 주차장으로 이용 시 연간 예상 수익: 3억 원

마. 건폐율 및 용적률을 최대로 한 상가건물 신축비 및 임대료: 30억 원과 연간 6억 원의 수익

바. 임대주택 신축 시 비용 및 임대료수익: 20억 원과 연간 5억 원의 수익

사. 대상 건물 리모델링 시 비용 및 리모델링 후 연간 임대료: 10억 원과 연간 4억 원의 수익

아. 환원율: 0.1

※ 부동산의 가치 = 연간 예상 수익 / 환원율
　예 대상 건물 연간 임대료가 1억 원인 경우 대상 건물의 가치 = 1억 원 / 0.1 = 10억 원

① 대상 건물을 현재 상태 그대로 계속 이용한다.

② 대상 건물을 철거하고 주차장으로 이용한다.

③ 대상 건물을 철거하고 상가건물을 신축한다.

④ 대상 건물을 철거하고 임대주택을 신축한다.

⑤ 대상 건물을 리모델링한다.

44. A 사의 1층은 왼쪽부터 시작하여 101호부터 106호까지 있는데 각 호마다 최대 2개 팀이 사용할 수 있다. 이곳에는 기획실 A 팀, B 팀, C 팀, 인사팀, 총무팀 및 그 외 부서들이 자리하고 있는데 각 부서의 구성과 위치는 다음과 같다. 이 내용을 토대로 할 때 다음 〈보기〉 중 반드시 참이라고 볼 수 없는 것은?

가. 이 6개의 사무실에는 총 10개의 팀이 있다.
나. 101호에는 기획실의 두 팀이 사용한다.
다. 인사팀은 재무팀과 같은 104호를 사용한다.
라. 관리팀은 기획실 B 팀과 같은 102호를 사용한다.
마. 103호와 105호에는 영업부 A 팀, B 팀, C 팀만 있다.
바. 104호부터 106호는 5개 팀이 사용하고 있다.

〈보기〉

㉠ 관리팀의 옆에는 영업부 가운데 한 팀이 있다.
㉡ 기획 A 팀의 옆에는 기획실 B 팀이 있다.
㉢ 재무팀의 바로 왼쪽 사무실에는 영업부 두 팀이 있다.
㉣ 106호 사무실은 하나의 팀만 사용한다.
㉤ 총무팀 옆에는 영업부 A 팀이 있다.

---

① ㉡, ㉢　　　② ㉠, ㉡, ㉣　　　③ ㉢, ㉤　　　④ ㉠, ㉤　　　⑤ ㉢, ㉣, ㉤

45. 새로 책을 출간하게 된 성철은 출판 계약금으로 받은 금액을 투자할 계획을 세우고 있는데 은행에 넣어두기보다는 펀드에 1년간 투자하려고 하며, 각 펀드의 성격은 다음과 같다. 전문가들의 예측은 경기가 좋을 확률이 0.3, 경기가 보통일 확률이 0.5, 경기가 좋지 않을 확률이 0.2라는 분석이 지배적이다. 그렇다면 다음 중 옳지 않은 것은?

- A 펀드는 경기에 큰 영향을 받지 않기 때문에 경기가 좋지 않을 때에는 300만 원의 이득을 얻고 경기가 보통일 때에는 700만 원의 이득을 얻으며 경기가 좋을 때에는 900만 원의 이득을 얻는다.
- B 펀드는 경기의 흐름과는 반대로 움직이기 때문에 경기가 좋을 때에는 200만 원의 손해를 보게 되고 경기가 보통일 때에는 700만 원의 이득을 얻으며 경기가 좋지 않을 때에는 오히려 1,500만 원의 이득을 얻게 된다.
- C 펀드는 경기에 큰 영향을 받기 때문에 경기가 좋지 않을 때에는 500만 원의 손해를 보고 경기가 보통일 때에는 700만 원의 이득을 얻으며 경기가 좋을 때에는 2,000만 원의 이득을 얻을 수 있다.

---

① 전문가의 예측에도 불구하고 내년 경기가 좋을 것이라고 예상한다면 C 펀드에 투자하는 것이 바람직하다.

② 경기에 관한 전문가의 예측을 전적으로 신뢰하여 최대한의 기대이득을 얻으려 한다면 A 펀드에 투자하는 것은 최악의 선택이 된다.

③ 성철이 자신은 운이 없어 어떤 펀드를 선택해도 최악의 결과를 얻는다고 판단한다면 A 펀드에 투자하는 것이, 운이 좋아 어떤 펀드를 선택해도 최선의 결과를 얻는다고 판단한다면 C 펀드에 투자하는 것이 합리적인 선택이 된다.

④ 전문가들의 예측에도 불구하고 내년 경기가 보통일 것이라고 예상한다면 어떤 펀드에 투자해도 상관없다.

⑤ 경기에 관한 전문가의 예측을 믿지 않고 경기에 관한 확률이 모두 동일하다고 생각한다면 C 펀드에 투자하는 것이 합리적인 선택이 된다.

46. △△기관의 탁 팀장은 이벤트 행사를 기획하는 업무를 담당하고 있으며, 내년 1년 동안 진행할 행사를 선정한 후 필요한 예산을 보고하려고 한다. 최대한 많은 행사를 최소 비용으로 진행하려고 할 때, 탁 팀장이 행사에 책정한 예산은?

[행사 선정 기준]

• 여러 행사를 동시에 진행하지 않는다.
• 한번 진행한 행사는 다시 진행하지 않는다.
• 1년 동안 행사를 진행하지 않는 기간이 4개월 이상이면 안 된다.

[행사별 정보]

구분	진행 기간	예산	지원 인원
A	3개월	3천만 원	4명
B	3개월	2천만 원	3명
C	5개월	4천만 원	4명
D	2개월	2천만 원	5명
E	6개월	5천만 원	3명

① 7천만 원   ② 8천만 원   ③ 9천만 원   ④ 10천만 원   ⑤ 11천만 원

47. 귀하는 20△△년 XX회사의 지사 방문 업무용 차량을 계약하는 업무를 담당하고 있다. 아래의 조건을 감안하여 귀하가 선택해야 하는 업체와 차량을 올바르게 연결한 것은?

[20△△년 XX회사 업무용 차량 계약 지침]

　　비용 절감을 위해 업무용 차량을 계약할 경우 1년 대여비용과 유류비용의 합이 가장 저렴한 업체 및 차량을 선택하여 계약한다.
　　가. 1년 주행 거리는 40,000km를 기준으로 한다.
　　나. 용도에 따라 차량 등급을 별도로 지정한다.
　　　　1) 사장 및 부사장 지급용 – 대형(3,500cc 이상)
　　　　2) 부사장 미만 임원 지급용 – 대형(3,500cc 미만)
　　　　3) 손님 접대용 – 대형(3,000cc)
　　　　4) 지사 방문용 – 준대형(3,000cc 미만)
　　　　5) 사내 업무용 – 준중형(2,000cc 미만)
　　다. 차량 계약 시 별도의 유종에 대한 제한은 두지 않는다.
　　라. 유류비의 계산은 해당연도 1월 1일의 유종별 가격을 기준으로 1년 주행 거리를 기준 내에서 최대로 주행했을 경우를 가정하여 산정한다.

[유종별 가격]

구분	휘발유(원/L)	경유(원/L)	LPG(원/L)
가격	1,400	1,200	980

※ 20△△년 1월 1일 기준

[업체별 차량 종류 및 대여료]

업체	차량	구분	배기량(cc)	유종	연비(km/L)	대여료(백만 원/연)	비고
S-class 렌터카	A	대형	3,500	휘발유	8	10	
	B	준대형	2,500	경유	15	7	1년 주행 거리 35,000km 이상 시 계약 불가
	C	준대형	2,000	휘발유	14	7	
3S 렌터카	B	준대형	2,500	휘발유	10	8	
	C	준대형	2,000	경유	18	7.5	1년 주행 거리 45,000km 이상 시 계약 불가
	D	준중형	1,600	휘발유	20	5	

※ 1) 자동차 보험료는 대여료에 모두 포함됨
　　2) 모든 대여료는 소수점에서 반올림함

① S-class 렌터카 – B 차량　　② S-class 렌터카 – C 차량　　③ 3S 렌터카 – B 차량

④ 3S 렌터카 – C 차량　　⑤ 3S 렌터카 – D 차량

48. ☆☆기업은 3월 10일부터 3월 12일까지 각 대학교에서 채용설명회를 진행한다. 인사팀 전부호 사원은 수요일에 진행 요원으로 참여할 예정이며, 해당 요일의 채용설명회에 참석하는 학생들에게 제공할 상품을 구매하는 업무를 맡았다. 다음 자료를 참고하였을 때, 전부호 사원이 상품을 구매하는 데 필요한 예산은?

[채용설명회 일정]

3월 10일(수)	3월 11일(목)	3월 12일(금)
B 대학, C 대학, D 대학, G 대학	A 대학, E 대학, F 대학	H 대학

[채용설명회 기획안]

대학	모집 직무	대상 단과대학	예상 인원	상품
A 대학	연구개발, 생산기술	공과대학	200명	텀블러
B 대학	경영지원	경영대학, 인문대학	260명	텀블러
C 대학	전 직무	모든 단과대학	460명	보조배터리
D 대학	디자인, 광고, 홍보	미술대학	70명	색연필
E 대학	전 직무	모든 단과대학	320명	보조배터리
F 대학	마케팅	미술대학	110명	색연필
G 대학	IT	공과대학	180명	마우스
H 대학	IT	공과대학	60명	마우스

[상품별 정가 및 할인율]

구분	정가	할인율	
		개별 구매	단체 구매
텀블러	8,300원	5%	15%
보조배터리	3,700원	–	10%
색연필	12,400원	5%	20%
마우스	14,500원	–	10%

※ 1) 단체 구매 할인율은 각 상품을 300개 이상 구매할 경우에만 적용됨
   2) 개별 구매 할인율과 단체 구매 할인율은 중복 적용되지 않음

① 6,409,500원 ② 7,016,500원 ③ 7,338,800원
④ 7,755,000원 ⑤ 8,014,200원

[49~50] 귀하는 △△회사 인사팀의 복리후생 담당자로 리조트 배정 업무를 담당하고 있다. 아래의 자료를 토대로 각 물음에 답하시오.

[강원도 고성 지역 회사 연계 리조트 예약 정보]

구분	객실명	기준인원 (명)	전용면적 (m²)	비용(만 원/1박)			
				평일		주말	
				비수기	성수기	비수기	성수기
온돌	2-A	4	68	14	18	20	26
	2-B	4	76	14	18	20	26
	2-C	6	92	18	24	25	33
침대	A1202	2	54	12	16	17	22
	A1203	4	82	16	21	22	29
	A1204	6	104	20	26	28	36

※ 1) 성수기는 6~9월, 12~1월로 규정함
2) 주말은 금요일, 토요일 숙박으로 규정함
3) 기준인원 6명 이상의 방은 취사가 가능하며, 그 이하는 취사가 불가능함
4) 회사를 통해 예약하게 되면 총비용의 50%를 회사에서 지불함(체크인 시 사원증 지참 필수)
5) 예약은 선착순으로 진행되며, 신청일이 동일할 경우, 과거 이용실적이 적은 사람을 우선 배정함
6) 이용실적이 동일할 경우 근속연수가 높은 사람을 우선 배정함

[3월 1일~3월 14일 예약 일정]

구분	월	화	수	목	금	토	일	월	화	수	목	금	토	일
	1	2	3	4	5	6	7	8	9	10	11	12	13	14
2-A	■	■	■				■	■	■	■				
2-B	■	■	■							■	■	■	■	
2-C	■				■	■	■	■					■	■
A1202	■	■	■											
A1203					■	■		■	■					
A1204				■	■	■				■	■	■	■	

※ 1) 색이 칠해진 부분은 예약이 완료되어 배정이 불가한 객실임
2) 리조트 배정은 1달 전에 완료하며, 잔여 객실의 경우 1주일 단위로 신청을 받아서 배정함

49. 귀하는 2월 15일부터 2월 22일까지 3월 리조트 객실 추가 예약 신청을 받은 후 객실을 배정하려 하고 있다. 위의 자료와 아래의 리조트 객실 예약 신청 현황을 토대로, 귀하가 A1203 객실에 배정해야 하는 사람은?

[예약 신청 현황]

구분	직급	근속연수	과거 이용실적	신청일	비고
정대수	과장	10	3	2/18	3/4부터 2박 가능한 객실 중 저렴한 객실로 신청
정두연	과장	9	2	2/16	3/11부터 3박 가능한 4인 객실 중 저렴한 객실로 신청
정종찬	대리	7	2	2/16	3/11부터 2박 가능한 4인 객실 중 저렴한 객실로 신청
김승민	대리	7	3	2/15	3/5부터 2박 가능한 4인 객실 중 넓은 객실로 신청
이경호	사원	3	1	2/16	3/7부터 2박 가능한 2인 객실로 신청

① 정대수   ② 정두연   ③ 정종찬   ④ 김승민   ⑤ 이경호

50. 위의 예약 신청자에 대해 우선순위에 따라 방을 배정하고, 규정에 따라 지원금을 지급했을 때, 개인별로 가장 많은 지원금이 지급된 사람과 가장 적은 지원금이 지급된 사람의 지원금 차이는?

① 140,000원   ② 150,000원   ③ 160,000원   ④ 170,000원   ⑤ 180,000원

51. ○○공사에 근무 중인 귀하는 사무실 리모델링을 위한 업체를 선정하고자 한다. 팀장님의 지시사항과 업체별 리모델링 정보를 토대로 할 때, 귀하가 리모델링 업체로 선정해야 하는 업체는?

[5월 30일 월요일 팀장님의 지시사항]

이번에 사무실 리모델링 진행 업체를 선정할 때는 기한 내에 리모델링을 마무리할 수 있는 업체로 선정해야 한다는 것을 최우선 사항으로 고려해야 합니다. 선정을 한다면 내일 중으로 업체 선정해서 모레에는 리모델링 시작될 수 있도록 해 주세요. 그리고 모든 공사는 6월 28일 화요일에 진행되는 2/4분기 워크숍에 영향을 끼치지 않아야 하기 때문에 최소한 워크숍 1주일 전에는 모든 리모델링이 마무리된 후 마무리 자료 정리 및 사전 리허설이 진행될 수 있어야 합니다. 일정 내에 리모델링을 마무리할 수 있는 업체가 2군데 이상이라면 가능한 곳 중 더 저렴한 업체로 선정해야 합니다. 다만 방음처리, 단열처리, A/S 점수의 평균이 80점 이하인 업체는 선정해서는 안 된다는 점 명심하시길 바랍니다. 만약에 조건에 만족하는 업체가 없다면 사무실 리모델링은 3/4분기로 연기할 예정이니 이번에는 업체 선정을 하지 않아도 됩니다.

[업체별 리모델링 정보]

| 구분 | 필요 일수 | 평가 점수 | | | 시공가격 (천 원/m²) | | | 비고 |
		방음 처리	단열 처리	A/S	바닥	천장	벽면	
A 업체	21일	86	79	78	4	5	10	휴무 없음
B 업체	19일	88	70	81	3	6	8	매주 일요일 휴무
C 업체	19일	91	90	67	4	4	11	첫째, 셋째 주 일요일 휴무
D 업체	15일	92	88	82	3	6	12	매주 토요일, 일요일 휴무

※ 1) 사무실은 직육면체 형태이며 가로 20m × 세로 40m × 높이 4m로 구성되어 있음
　 2) 리모델링은 사무실의 바닥과 천장, 그리고 모든 벽면을 포함한 금액으로 진행됨(해당 금액 외 추가 금액 없음)
　 3) 각 업체는 지정된 휴무일 외 휴일은 없으며, 리모델링 공사는 휴무를 제외하고 공사를 시작한 날을 포함하여 필요일수 마지막 날 종료됨(지연은 발생하지 않는다고 가정함)

① A 업체　　　　② B 업체　　　　③ C 업체　　　　④ D 업체　　　　⑤ 없음

52. 아래의 시차 계산 방법과 임동근 과장의 상황을 토대로 임동근 과장이 뉴욕 공항에 도착하는 시간을 계산하면 뉴욕 현지 시간으로 언제인가? (단, 비행시간 및 경유 시간 이외의 이동 시간은 고려하지 않는다.)

[시차 계산 방법]

1. 시차는 경도가 0°인 본초자오선을 기준으로 동쪽으로 15° 이동할 때마다 1시간씩 빨라지며, 서쪽으로 15° 이동할 때마다 1시간씩 느려진다.

2. 본초자오선은 영국의 그리니치를 지나는 경도를 말하며, 동쪽 0°~180°를 '동경'이라 하고, 서쪽 0°~180°를 '서경'이라 한다. (동경 180° 또는 서경 180°를 날짜변경선이라 한다.)

[임동근 과장의 상황]

서울 본사에서 근무 중인 임동근 과장은 동경 135°에 위치한 인천공항에서 출발하여 서경 75°에 위치한 뉴욕으로 출장을 가려고 계획을 수립하고 있다. 인천에서 20XX년 4월 21일 08시에 출발 예정이며, 중간에 서경 120°에 위치하고 있는 시애틀을 경유하여 갈 예정이다. 인천에서 시애틀까지의 비행시간은 13시간 40분이 소요되며, 시애틀에서 경유 시간은 3시간이 소요된다. 이후 시애틀에서 뉴욕까지 비행시간은 3시간 20분이 소요된다.

① 4월 21일 오후 2시
② 4월 21일 오후 5시
③ 4월 21일 오후 9시
④ 4월 22일 오전 1시
⑤ 4월 22일 오전 4시

동근이는 업무용 사무실을 마련하기 위하여 가~마의 5개 지역을 조사하여 아래와 같이 평가 항목별로 점수를 매겼고, 각 지역을 평가 근거에 따라 최종 점수를 산출하여 입지를 선정하고자 한다.

[지역별 조사 결과]

구분	가	나	다	라	마
지하철 접근성	도보 2분	도보 8분	도보 6분	도보 13분	도보 17분
유동 인구수	시간당 640명	시간당 370명	시간당 400명	시간당 530명	시간당 360명
월세	84만 원	67만 원	54만 원	47만 원	38만 원
보증금	2억 원	1억 5천만 원	1억 3천만 원	1억 6천만 원	8천 5백만 원
면적	18m²	23m²	27m²	26m²	34m²

※ 위에 주어진 항목 외에는 고려하지 않음

53. 동근이는 아래의 산출 기준에 따라 가점과 감점을 포함하여 최종 점수가 가장 높은 지역에 사무실을 마련한다고 할 때, 동근이가 사무실을 마련하기에 가장 적절한 지역은? (단, 총점이 동일한 경우 보증금 > 월세 > 지하철 접근성 > 유동 인구수 순으로 점수가 높은 지역을 선정한다.)

[최종 점수 산출 기준]

구분	25점	20점	15점	10점	5점
지하철 접근성	도보 3분 미만	도보 7분 미만	도보 10분 미만	도보 15분 미만	도보 15분 초과
유동 인구수	시간당 500명 이상	시간당 500명 미만 400명 이상	시간당 400명 미만 300명 이상	시간당 300명 미만 200명 이상	시간당 200명 미만
월세	50만 원 미만	50만 원 이상 60만 원 미만	60만 원 이상 70만 원 미만	70만 원 이상 80만 원 미만	80만 원 이상
보증금	1억 원 미만	1억 원 이상 1.2억 원 미만	1.2억 원 이상 1.4억 원 미만	1.4억 원 이상 1.6억 원 미만	1.6억 원 이상

※ 사무실 면적이 30m²를 초과 시 최종 점수에서 +5점, 20m² 미만이면 최종 점수에서 −5점을 함

① 가 지역   ② 나 지역   ③ 다 지역   ④ 라 지역   ⑤ 마 지역

54. 동근이의 친구 효원이도 동근이가 조사해 둔 내용을 토대로 사무실 입지를 선정하고자 한다. 아래 효원이와 동근이의 대화 내용을 토대로 했을 때, 효원이가 사무실을 마련하기에 가장 적절한 지역은?

> 효원: 나도 사무실을 마련하기 위해서 입지를 선정하려고 하는데, 조사하러 다닐 시간이 없어.
>
> 동근: 내가 조사해 둔 자료를 토대로 선정해 보는 건 어때?
>
> 효원: 그래도 될까? 고마워. 그러면 나는 각 항목을 100점 만점으로 해서 '지하철 접근성'은 접근성이 가장 좋은 지역부터 순서대로 각 100점, 90점, 80점, 70점, 60점으로 하고, '유동 인구수'는 유동 인구가 많은 지역부터 순서대로 각 100점, 90점, 80점, 70점, 60점, '월세'와 '보증금'은 저렴한 지역부터 순서대로 각 100점, 90점, 80점, 70점, 60점을 부여해서 최종 점수를 산출해야겠어.
>
> 아무래도 '지하철 접근성'과 '유동 인구수'가 중요하니 이 두 가지 항목은 30%의 가중치를 두고 '월세'와 '보증금'은 20%의 가중치를 두어서 최종 점수를 100점 만점으로 산출해 봐야겠다.
>
> 동근: 면적은 고려하지 않아도 괜찮을까?
>
> 효원: 면적은 25m² 미만인 경우에만 총점에서 10점을 감점하면 좋을 것 같아. 너무 좁지만 않다면 아무런 상관 없거든.

① 가 지역   ② 나 지역   ③ 다 지역   ④ 라 지역   ⑤ 마 지역

55. 임동근 씨는 기존에 사용하던 냉장고에 고장이 발생하여 가전제품 매장에 가서 새로운 냉장고를 구매하려고 하는 상황이다. 아래의 대화 내용과 임동근 씨의 가전제품 현황을 토대로 할 때, 임동근 씨가 구매하기에 가장 적합한 냉장고는?

[대화 내용]

점원: 안녕하세요! 찾으시는 물건이 있으신가요?

임동근: 네, 집에 하나밖에 없던 냉장고가 고장이 나서 기존의 냉장고를 버리고 새로운 냉장고를 구매하려고 합니다.

점원: 네, 혹시 원하시는 조건이 있으신가요?

임동근: 우선 현재 사용하는 냉장고 용량인 840L보다 크거나 같은 냉장고를 원합니다. 그리고 개인적으로 4-door type보다는 양문형 냉장고를 선호합니다. 조건에 맞는 양문형 냉장고가 없다면 어쩔 수 없겠지만, 가능하면 양문형 냉장고를 구매하고 싶네요.

점원: 네 알겠습니다. 혹시 색상이나 가격은 상관없으신가요?

임동근: 색상은 별로 상관없습니다. 가격은 제가 말씀드린 조건을 만족하는 제품이 여러 개라면 가장 저렴한 것으로 추천해 주세요. 아, 그리고 보니 한가지 말씀을 드리지 않은 조건이 있습니다. 전기세 절감을 위해서 집의 모든 가전제품 일 평균 소비전력의 총합이 14kWh를 초과하지 않도록 하고 싶습니다. 가능한 제품이 있을까요?

점원: 말씀하신 조건을 맞추려면 (   ) 제품밖에 없을 것 같네요. 괜찮으신가요?

임동근: 네 알겠습니다. 추천해 주신 제품으로 하도록 하겠습니다.

[가전제품 매장 판매 냉장고 세부 사항]

구분	A 냉장고	B 냉장고	C 냉장고	D 냉장고	E 냉장고
Type	4-door	양문형	양문형	양문형	4-door
색상	회색	은색	흰색	흰색	은색
용량(L)	850	810	840	830	850
일 평균 소비전력(kWh)	2.4	1.8	1.9	1.7	0.8
가격(만 원)	96	114	138	128	136

※ 가전제품 매장에는 위의 냉장고밖에 없으며, 임동근 씨는 반드시 해당 매장에서 냉장고를 구매함

[임동근 씨 전자제품 리스트]

제품명	일 평균 소비전력(kWh)	제품명	일 평균 소비전력(kWh)
드라이기	0.4	컴퓨터/모니터	2.4
냉장고	1.3	TV	2.7
세탁기	2.1	정수기	0.3
에어컨	3.2	에어 프라이어	0.8

※ 위에 제시된 항목 외에 에너지를 소비하는 항목은 없다고 가정함

① A 냉장고　　　② B 냉장고　　　③ C 냉장고　　　④ D 냉장고　　　⑤ E 냉장고

56. 프로젝트 진행 관리 업무를 담당하게 된 귀하는 갑~무 5개의 프로젝트 담당자를 지정하여 귀하의 상사인 정 그룹장에게 보고했다. 귀하의 보고 사항을 확인한 정 그룹장의 지시사항을 토대로 새롭게 프로젝트 담당자를 지정한다고 할 때, 병 프로젝트 담당자로 새롭게 지정될 직원은?

[정 그룹장의 지시사항]

보고 사항은 잘 확인했습니다. 수고 많으셨습니다. 다만 프로젝트의 담당자를 다시 지정할 필요가 있겠네요. 갑 프로젝트의 경우 고객사와의 마찰이 많이 예상되기 때문에 대인관계능력과 협상능력이 뛰어난 직원이 담당할 필요가 있습니다. 두 가지 능력 평가 점수 중 대인관계능력을 60%, 협상능력을 40%의 가중치로 두고 환산했을 때 점수가 가장 높은 직원으로 변경하도록 하세요.

또한 을 프로젝트는 2년 전부터 진척이 지지부진한 상태입니다. 따라서 업무실행능력과 결단력, 그리고 기획력이 높은 직원이 담당했으면 합니다. 갑 프로젝트 담당자를 제외하고 남은 직원 중 업무실행능력과 결단력, 기획력 순서로 고려하여 우선순위가 높은 항목부터 평가 점수가 높은 직원을 선택하여 업무를 담당하도록 변경해 주세요. 우선순위가 높은 항목의 평가 점수가 동일한 직원에 대해서는 순차적으로 다음 우선순위가 높은 항목에서 비교해서 담당자를 선정하면 좋겠군요.

다음 병, 정, 무 프로젝트는 갑, 을 프로젝트를 담당한 직원을 제외하고 남은 임직원들의 평가 점수를 대인관계능력을 30%, 업무실행능력, 기획력을 각 20%, 나머지 항목을 각 15%의 가중치를 두고 환산했을 때 점수가 가장 높은 직원은 정 프로젝트, 두 번째로 높은 직원은 병 프로젝트, 가장 낮은 직원을 무 프로젝트의 담당자로 선정해 주세요.

[직원 평가 점수]

구분	대인관계능력	협상능력	업무실행능력	결단력	기획력
유지민	9	7	9	7	8
장규진	8	7	8	9	7
김민정	6	8	7	8	6
김진우	8	8	9	7	6
배진솔	8	9	9	6	8

※ 각 점수는 10점 만점을 기준으로 평가한 점수임

① 유지민   ② 장규진   ③ 김민정   ④ 김진우   ⑤ 배진솔

57. ○○공사에서 발주 업무를 담당하고 있는 귀하는 4월 27일 수요일에 진행 예정인 행사의 홍보용 리플릿을 주문하고자 한다. 아래 팀장님 지시사항과 업체별 정보를 토대로 할 때, 귀하가 홍보용 리플릿을 주문하기 위해 필요한 총금액은? (단, 모든 제작은 팀장님 지시 다음 날부터 시작되며, 배송에 소요되는 시간은 없다고 가정한다.)

[4월 5일 화요일 팀장님 지시사항]

 이번 행사 준비 관련해서 말씀드릴 사항이 있습니다. 홍보를 위해 리플릿을 제작해야 합니다. 총 수량은 6,000개를 제작해야 하고 홍보용이기 때문에 행사 시작 2주일 전인 4월 13일에는 최종 완성이 되어야 정상적으로 활용이 가능하니, 기한을 반드시 엄수하시길 바랍니다. 해당 기한까지 제작 가능한 업체가 여러 곳이라면 가장 저렴한 업체로 선택해 주세요. 하지만 아무리 저렴하더라도 기한 내에 제작이 불가능하다면 선택해서는 안 됩니다. 이 부분 꼭 명심해서 업무 진행하세요.

[업체별 정보]

업체명	리플릿 제작 기본 가격(원/개)	시간당 제작 가능 수량	1일 근무 시간	비고
갑을 판촉물	180	180개	6시간	매주 토, 일 휴일
병정 기프트	160	100개	8시간	매주 일 휴일
무기 인쇄소	170	80개	10시간	휴일 없음

※ 1) 모든 금액은 부가세(VAT) 10%가 포함된 금액임
 2) 각 업체는 업체별 휴일을 제외한 모든 공휴일 및 주말에도 제작을 진행함
 3) 모든 업체는 별도 요청 시 휴일에도 제작을 진행함
  - 휴일에 제작 시에도 평일과 동일한 시간에 제작을 진행하며, 그 외 시간에는 제작하지 않음
  - 1일 최대 제작 수량 단위로 요청 가능(기본 금액의 50%에 해당하는 금액을 추가로 지불 필요)

① 960,000원   ② 1,020,000원   ③ 1,024,000원   ④ 1,080,000원   ⑤ 1,274,400원

58. ○○공사에서 근무 중인 귀하는 업무용 차량을 계약하고자 한다. 아래의 내용을 토대로 했을 때, 귀하가 차량 계약을 위해 3년간 지불해야 하는 대여비용과 유류비용의 총합은?

[조건]

1. 차량 대여는 1년 단위로 계약 가능하다.
2. 조건을 만족하는 차량이 2대 이상일 경우 대여비용과 유류비용의 총합이 가장 저렴한 차량으로 계약한다.
3. 유류비용은 직전 3년간 운행 거리를 통해 산출한 '월평균 주행 거리'와 현재 기준 유가, 차량별 공인 연비를 기준으로 산출한다.
   3-1. 월평균 주행 거리: 2,600km
   3-2. 현재 기준 유가: 가솔린(1,840원/L), 디젤(1,740원/L)
4. 지사 출장을 위한 차량으로 준 중형 이상, 대형 미만의 차량으로 계약한다.
   4-1. 차량 구분은 경차 < 소형차 < 준 중형 < 중형 < 준 대형 < 대형으로 구분한다.
   4-2. SUV 차량은 계약하지 않는다.
5. 대여 기간 중 회사 업무용 차량이라는 것을 표시하기 위해 외벽에 문구 스티커 부착이 가능한 차량으로 대여한다.

[차량별 정보]

차량명	차량 구분	대여비 (만 원/년)	공인 연비 (km/L)	사용 연료	비고
A	소형차	320	13.7	가솔린	–
B	준 중형	390	13.0	디젤	–
C	SUV	540	13.3	디젤	–
D	준 대형	680	8.9	가솔린	차량 외벽 스티커 부착 불가
E	중형	480	9.2	가솔린	3년 이상 계약 시 대여비 10% 할인

※ 모든 차량은 3년 이상 계약이 가능하며, 대여비 외 추가 비용은 없음

① 24,228,000원

② 25,740,000원

③ 27,620,000원

④ 29,940,000원

⑤ 31,680,000원

[59 - 60] 다음 자료를 토대로 각 물음에 답하시오.

다음은 전기자동차에 사용하는 리튬이온(Li-ion) 전지(이하 전지)의 특성 및 그에 따른 평가점수 산출방식을 나타낸 표이다.

[전지의 특성]

구분	A 전지	B 전지	C 전지	D 전지	E 전지
단가(만 원)	580	560	600	520	620
무게(kg)	310	300	280	260	320
전지 용량(kWh)	74	73	69	65	78
주행거리	440	430	430	400	510

[평가점수 산출방식]

구분	갑 회사	을 회사	병 회사
성능 점수	30%	40%	30%
경제성 점수	30%	20%	40%
연비 점수	40%	40%	30%

※ 1) 성능 점수: 전지 용량이 높은 순서대로 5점 > 4점 > 3점 > 2점 > 1점 부여
2) 경제성 점수: 단가가 낮은 순서대로 5점 > 4점 > 3점 > 2점 > 1점 부여
3) 연비 점수: 전지 용량당 주행거리(km/kWh)가 높은 순서대로 5점 > 4점 > 3점 > 2점 > 1점 부여
4) 총점: 성능 점수, 경제성 점수, 연비 점수를 각 회사 별 기준에 따른 가중치를 부여하여 산출
5) 단, 병 회사는 무게가 300kg을 초과하는 전지는 선택하지 않음

59. 갑, 을, 병 회사는 위의 자료를 토대로 산출한 총점이 가장 높은 전지를 선택하고자 한다. 각 회사가 선택할 전지를 올바르게 짝지은 것은?

	갑 회사	을 회사	병 회사
①	A 전지	A 전지	D 전지
②	A 전지	E 전지	E 전지
③	C 전지	A 전지	D 전지
④	E 전지	E 전지	D 전지
⑤	E 전지	E 전지	E 전지

60. 병 회사는 300kg을 초과하는 전지도 선택할 수 있도록 하는 대신 기존의 평가점수 산출방식을 무게 점수를 추가하여 총점을 산출하는 방식으로 변경하여 새롭게 전지를 선택하고자 한다. 바뀐 평가점수 산출방식에 따라 병 회사가 선택해야 하는 전지는?

[병 회사 평가점수 산출방식 변경 안]

구분	성능 점수	경제성 점수	연비 점수	무게 점수
가중치	30%	20%	20%	30%

※ 1) 무게 점수: 전지 무게가 가벼운 순서대로 5점 > 4점 > 3점 > 2점 > 1점 부여
　　2) 성능 점수, 경제성 점수, 연비 점수 산출방식은 기존과 동일

① A 전지　　　② B 전지　　　③ C 전지　　　④ D 전지　　　⑤ E 전지

약점 보완 해설집 p.51

NCS 실전모의고사 5회 | PSAT형

1	① ② ③ ④ ⑤	21	① ② ③ ④ ⑤	41	① ② ③ ④ ⑤
2	① ② ③ ④ ⑤	22	① ② ③ ④ ⑤	42	① ② ③ ④ ⑤
3	① ② ③ ④ ⑤	23	① ② ③ ④ ⑤	43	① ② ③ ④ ⑤
4	① ② ③ ④ ⑤	24	① ② ③ ④ ⑤	44	① ② ③ ④ ⑤
5	① ② ③ ④ ⑤	25	① ② ③ ④ ⑤	45	① ② ③ ④ ⑤
6	① ② ③ ④ ⑤	26	① ② ③ ④ ⑤	46	① ② ③ ④ ⑤
7	① ② ③ ④ ⑤	27	① ② ③ ④ ⑤	47	① ② ③ ④ ⑤
8	① ② ③ ④ ⑤	28	① ② ③ ④ ⑤	48	① ② ③ ④ ⑤
9	① ② ③ ④ ⑤	29	① ② ③ ④ ⑤	49	① ② ③ ④ ⑤
10	① ② ③ ④ ⑤	30	① ② ③ ④ ⑤	50	① ② ③ ④ ⑤
11	① ② ③ ④ ⑤	31	① ② ③ ④ ⑤	51	① ② ③ ④ ⑤
12	① ② ③ ④ ⑤	32	① ② ③ ④ ⑤	52	① ② ③ ④ ⑤
13	① ② ③ ④ ⑤	33	① ② ③ ④ ⑤	53	① ② ③ ④ ⑤
14	① ② ③ ④ ⑤	34	① ② ③ ④ ⑤	54	① ② ③ ④ ⑤
15	① ② ③ ④ ⑤	35	① ② ③ ④ ⑤	55	① ② ③ ④ ⑤
16	① ② ③ ④ ⑤	36	① ② ③ ④ ⑤	56	① ② ③ ④ ⑤
17	① ② ③ ④ ⑤	37	① ② ③ ④ ⑤	57	① ② ③ ④ ⑤
18	① ② ③ ④ ⑤	38	① ② ③ ④ ⑤	58	① ② ③ ④ ⑤
19	① ② ③ ④ ⑤	39	① ② ③ ④ ⑤	59	① ② ③ ④ ⑤
20	① ② ③ ④ ⑤	40	① ② ③ ④ ⑤	60	① ② ③ ④ ⑤

수험번호

⓪ ① ② ③ ④ ⑤ ⑥ ⑦ ⑧ ⑨

생년월일

⓪ ① ② ③ ④ ⑤ ⑥ ⑦ ⑧ ⑨

성명

해커스공기업
NCS 통합
봉투모의고사

모듈형/피듈형/PSAT형+전공

NCS 실전모의고사
6회

PSAT형

해커스

NCS 실전모의고사
6회
(PSAT형)

시작과 종료 시각을 정한 후, 실전처럼 모의고사를 풀어보세요.

___시___ ___분~___ ___시___ ___분 (총 60문항/80분)

□ **시험 유의사항**

[1] PSAT형 시험은 공직적격성 시험(PSAT)과 유사한 유형의 문제로 구성되며, 국민건강보험공단, 한국공항공사, 한국수력원자력, 한국전력공사, 한국철도공사(코레일), IBK기업은행 등의 기업에서 출제하고 있습니다.
※ 2021년 필기시험 기준으로 변동 가능성이 있습니다.

[2] 본 실전모의고사는 직업기초능력평가 의사소통능력, 수리능력, 문제해결능력, 자원관리능력 4개 영역 60문항으로 구성되어 있으므로 영역별 제한 시간 없이 1문항당 풀이 시간을 고려하여 80분 내에 푸는 연습을 하시기 바랍니다. 전공 시험을 치르는 직무의 경우 각 직무에 맞는 전공 실전모의고사를 추가로 풀어보는 것이 좋습니다.

[3] 본 실전모의고사 마지막 페이지에 있는 OMR 답안지와 해커스잡 애플리케이션의 모바일 타이머를 이용하여 실전처럼 모의고사를 풀어본 후, 해설집의 '바로 채점 및 성적 분석 서비스' QR코드를 스캔하여 응시 인원 대비 본인의 성적 위치를 확인해보시기 바랍니다.

01. 다음을 읽고 글쓴이의 주장에 대한 내용으로 적절하지 않은 것은?

> 몇 년 뒤에는 연료전지로 움직이는 승용차, 트럭, 버스가 선보여지면서 분산전원 혁명이 본격적으로 전개될 듯싶다. 세계 굴지의 자동차 메이커들이 연료전지 구동 자동차 제조 계획을 발표했었다. 1997년 다임러-벤츠는 연료전지 개발에서 선두주자로 나선 캐나다 업체 밸러드 파워 시스템스와 3억 5000만 달러 상당의 합작기업을 공동으로 출범시켰다. 수소 연료전지 엔진을 제작하기 위해서이다. 그 뒤 포드 자동차가 다임러-크라이슬러와 밸러드 파워 시스템스의 계획에 동참하면서 공동 투자 규모는 10억 달러를 웃돌았다. 하지만 그들은 수소 자동차를 포기했다. 모빌리티에서 전기 자동차가 우세하고 더 효율적이라는 결론에서였다. 의외로 수소자동차는 한국 현대자동차에서 만들어졌다. 그 후 한국이 수소산업을 리드하고 있고, 이제 일본, 미국, 호주, 중국, EU가 수소 레이스에 동참하고 있다.
>
> 업계에서는 세계의 모든 승용차, 트럭, 버스가 내연 엔진이 아닌 수소 연료전지로 굴러가는 것을 가정해 보라고 말한다. 수소 연료전지는 지구 온난화 가스를 전혀 배출하지 않는다. 부산물이라고 해 봐야 열과 순수한 물뿐이다. 수소 연료전지가 동력원으로 사용될 경우 오랫동안 군림해 왔던 탄화수소 에너지는 종언을 고하고 동시에 탄소연료 연소 시 방출되는 이산화탄소의 증가도 막을 내릴 것이다. 지구 온난화 속도가 급격히 줄어들어 산업 시대 이전 수준에 머물고 지구 기온 상승이라는 장기적 환경 위기도 누그러질 수 있다.
>
> 새로운 수소 연료전지 시대에 자동차 자체가 20킬로와트의 발전 용량을 지닌 '바퀴 달린 발전소'라는 점도 중요하다. 일반적으로 자동차는 폐차될 때까지 수명 기간 중 96퍼센트 동안 멈춰있게 마련이다. 따라서 주차 중 가정과 사무실의 전선이나 쌍방향 전력 네트워크로 연결해 생산되는 프리미엄 전기를 송전망에 돌려줄 수 있다. 에너지를 되팔아 얻은 수익으로 자동차 임대료 지불이나 구입비 상환에 보탤 수도 있을 것이다. 일부 운전자만이라도 자동차에서 생산한 에너지를 전력업체에 되팔 수만 있다면 자유로운 분산형 전원으로 수소는 작용하게 될 것이다. 또한 더 나아가 진정한 에너지 민주화가 일어날 수 있을 것이다.
>
> 이제 수소 경제가 가시권으로 진입했다. 우리는 수소 경제권으로 얼마나 빨리 도달할 수 있을까. 그것은 석유를 비롯한 화석 연료로부터 벗어나겠다는 우리의 열의가 얼마나 뜨거운가에 달려 있다. 21세기 중반까지 우리의 욕구를 충족시킬 수 있을 만큼 값싼 석유가 아직 많이 남아 있다는 생각에 미적거리기만 한다면 몇 년 뒤 세계 석유 생산이 절정으로 치달았을 때 수소 경제는 아예 꿈도 꾸지 못할 수 있다. 유력 경제 전문지 가운데 상당수는 수소 경제와 세계 에너지망이 위대한 차세대 상업 혁명을 일으킬 것이라고 내다봤다. 그러나 이런 전망이 현실화되기 위해서는 재계는 물론 일반 대중도 수소 경제로 나아가는 방법을 둘러싸고 수소 미래와 현실적 비전에 대해 확신하고 있어야 한다. 이렇게 수소에 대한 대중화 논의가 일어나고 발전하게 된다면 수소 가격이 저렴해질 것이다. 그럴 경우 진정한 에너지 민주화의 길이 열리면서 모든 인류가 수소를 에너지로 사용할 수 있을 것이다.

① 수소자동차를 통해 에너지를 되파는 형태가 된다면 에너지 민주화가 열린다고 주장한다.

② 수소 경제는 화석 연료로부터 벗어나야 한다는 열의가 있어야 한다고 주장한다.

③ 한국을 제외한 나머지 자동차 회사에서 수소 자동차의 연구를 포기한 이유는 인프라에 대한 부재 때문이었다.

④ 수소 경제가 실현된다면 지구 온난화 속도가 급격히 줄어들어 산업 시대 이전 수준이 될 것이라고 이야기한다.

⑤ 수소 경제의 실현이 눈앞에 놓여있다고 주장하며 대중화에 대한 논의가 일어나야 한다고 주장한다.

02. 다음 글을 통해 알 수 있는 내용으로 적절하지 않은 것은?

> 연금 제도의 목적은 나이가 많아 경제 활동을 못하게 되었을 때 일정 소득을 보장하여 경제적 안정을 도모하는 것이다. 이를 위해서는 보험 회사의 사적 연금이나 국가가 세금으로 운영하는 공공 부조(생활 능력이 없는 국민에게 사회적 최저 수준의 생활이 가능하도록 국가가 현금 또는 물품을 지원하거나 무료 혜택을 주는 제도)를 활용할 수 있다. 그럼에도 국가가 이 제도들과 함께 공적 연금 제도를 실시하는 까닭은 무엇일까?
>
> 그것은 사적 연금이나 공공 부조가 낳는 부작용 때문이다. 사적 연금에는 역선택 현상이 발생한다. 안정된 노후 생활을 기대하기 어려운 사람들이 주로 가입하고 그렇지 않은 사람들은 피하므로, 납입되는 보험료 총액에 비해 지급해야 할 연금 총액이 자꾸 커지는 것이다. 이렇게 되면 보험 회사는 계속 보험료를 인상하지 않는 한 사적 연금을 유지할 수 없다. 한편 공공 부조는 도덕적 해이를 야기할 수 있다. 무상으로 부조가 이루어지므로, 젊은 시절에는 소득을 모두 써 버리고 노년에는 공공 부조에 의존하려는 경향이 생길 수 있기 때문이다. 이와 같은 부작용에 대응하기 위해 공적 연금 제도는 소득이 있는 국민들을 강제 가입시켜 보험료를 징수한 뒤, 적립된 연금 기금을 국가의 책임으로 운용하다가, 가입자가 은퇴한 후 연금으로 지급하는 방식을 취하고 있다.
>
> 우리나라에서 공적 연금 제도를 운영하는 과정에는 사회적 연대를 중시하는 입장과 경제적 성과를 중시하는 입장이 부딪치고 있다. 구체적으로 전자는 이 제도를 계층 간, 세대 간 소득 재분배의 수단으로 이용해야 한다고 주장한다. 소득이 적어 보험료를 적게 낸 사람에게 보험료를 많이 낸 사람과 비슷한 연금을 지급하고, 자녀 세대의 보험료로 부모 세대의 연금을 충당하는 것은 그러한 관점에서 이해될 수 있다. 하지만 후자는 이처럼 사회 구성원 일부에게 희생을 강요하는 소득 재분배는 물가 상승을 반영하여 연금의 실질 가치를 보장할 수 있을 때만 허용되어야 한다고 비판한다. 사회 내의 소득 격차가 커질수록, 자녀 세대의 보험료 부담이 커질수록, 이 비판은 더욱 강해질 수밖에 없다.
>
> 이 두 입장은 요사이 연금 기금의 투자 방향에 관해서도 대립하고 있다. 이에 대해서는 원래 후자의 입장에서 연금 기금을 가입자들이 노후의 소득 보장을 위해 맡긴 신탁 기금으로 보고, 안정된 금융 시장을 통해 대기업에 투자함으로써 수익률을 극대화하려는 태도가 지배적이었다. 그러나 최근에는 전자의 입장에서 연금 기금을 국민 전체가 사회 발전을 위해 조성한 투자 자금으로 보고, 이를 일자리 창출에 연계된 사회 경제적 분야에 투자해야 한다는 주장이 힘을 얻고 있다. 이는 지금까지 연금 기금을 일종의 신탁 기금으로 규정해 온 관련 법률을 개정하여, 보험료를 낼 소득자 집단을 확충하는 데 이 막대한 돈을 직접 활용하자는 주장이기도 하다.

① 연금 제도의 목적을 달성하는 수단은 다양하다.

② 공적 연금 제도가 시행된다고 하여 사적 연금이 금지되는 것은 아니다.

③ 공적 연금 제도를 시행한 뒤에는 공공 부조를 폐지해야 한다.

④ 공공 부조가 낳은 도덕적 해이는 국민들의 납세 부담을 증가시킨다.

⑤ 공적 연금 제도는 소득 재분배의 수단이 될 수 있다.

국제법에서 일반적으로 조약은 국가나 국제기구들이 그들 사이에 지켜야 할 구체적인 권리와 의무를 명시적으로 합의하여 창출하는 규범이며, 국제 관습법은 조약 체결과 관계없이 국제 사회 일반이 받아들여 지키고 있는 보편적인 규범이다. 반면에 경제 관련 국제기구에서 어떤 결정을 하였을 경우, 이 결정 사항 자체는 권고적 효력만 있을 뿐 법적 구속력은 없는 것이 일반적이다. 그런데 국제결제은행 산하의 바젤위원회가 결정한 BIS 비율 규제와 같은 것들이 비회원의 국가에서도 엄격히 준수되는 모습을 종종 보게 된다. 이처럼 일종의 규범적 성격이 나타나는 현실을 어떻게 이해할지에 대한 논의가 있다. 이는 위반에 대한 제재를 통해 국제법의 효력을 확보하는 데 주안점을 두는 일반적 경향을 되돌아보게 한다. 곧 신뢰가 형성하는 구속력에 주목하는 것이다.

BIS 비율은 은행의 재무 건전성을 유지하는 데 필요한 최소한의 자기자본 비율을 설정하여 궁극적으로 예금자와 금융 시스템을 보호하기 위해 바젤위원회에서 도입한 것이다. 바젤위원회에서는 BIS 비율이 적어도 규제 비율인 8%는 되어야 한다는 기준을 제시하였다. 이에 대한 식은 다음과 같다.

$$\text{BIS 비율}(\%) = \frac{1}{5} \times 100 \geq 8$$

여기서 자기자본은 은행의 기본자본, 보완자본 및 단기후순위 채무의 합으로, 위험가중자산은 보유 자산에 각 자산의 신용 위험에 대한 위험 가중치를 곱한 값들의 합으로 구하였다. 위험 가중치는 자산 유형별 신용 위험을 반영하는 것인데, OECD 국가의 국채는 0%, 회사채는 100%가 획일적으로 부여되었다. 이후 금융 자산의 가격 변동에 따른 시장 위험도 반영해야 한다는 요구가 커지자, 바젤위원회는 위험가중자산을 신용 위험에 따른 부분과 시장 위험에 따른 부분의 합으로 새로 정의하여 BIS 비율을 산출하도록 하였다. 신용 위험의 경우와 달리 시장 위험의 측정 방식은 감독 기관의 승인 하에 은행의 선택에 따라 사용할 수 있게 하여 '바젤 I' 협약이 1996년에 완성되었다.

금융 혁신의 진전으로 '바젤 I' 협약의 한계가 드러나자 2004년에 '바젤 II' 협약이 도입되었다. 여기에서 BIS 비율의 위험가중자산은 신용 위험에 대한 위험 가중치에 자산의 유형과 신용도를 모두 고려하도록 수정되었다. 신용 위험의 측정 방식은 표준 모형이나 내부 모형 가운데 하나를 은행이 이용할 수 있게 되었다. 표준 모형에서는 OECD 국가의 국채는 0%에서 150%까지, 회사채는 20%에서 150%까지 위험 가중치를 구분하여 신용도가 높을수록 낮게 부과한다. 예를 들어 실제 보유한 회사채가 100억 원인데 신용 위험 가중치가 20%라면 위험가중자산에서 그 회사채는 20억 원으로 계산된다. 내부 모형은 은행이 선택한 위험 측정 방식을 감독 기관의 승인 하에 그 은행이 사용할 수 있도록 하는 것이다. 또한 감독 기관은 필요시 위험가중자산에 대한 자기자본의 최저 비율이 규제 비율을 초과하도록 자국 은행에 요구할 수 있게 함으로써 자기자본의 경직된 기준을 보완하고자 했다.

최근에는 '바젤 III' 협약이 발표되면서 자기자본에서 단기후순위 채무가 제외되었다. 또한 위험가중자산에 대한 기본자본의 비율이 최소 6%가 되게 보완하여 자기자본의 손실 복원력을 강화하였다. 이처럼 새롭게 발표되는 바젤 협약은 이전 협약에 들어 있는 관련 기준을 개정하는 효과가 있다. 바젤 협약은 우리나라를 비롯한 수많은 국가에서 채택하여 제도화하고 있다. 현재 바젤위원회에는 28개국의 금융 당국들이 회원으로 가입되어 있으며, 우리 금융 당국은 2009년에 가입하였다. 하지만 우리나라는 가입하기 훨씬 전부터 BIS 비율을 도입하여 시행하였으며, 현행 법제에도 이것이 반영되어 있다. 바젤 기준을 따름으로써 은행이 믿을 만하다는 징표를 국제 금융 시장에 보여 주어야 했던 것이다. 재무 건전성을 의심받는 은행은 국제 금융 시장에 자리를 잡지 못하거나, 심하면 아예 발을 들이지 못할 수도 있다.

바젤위원회에서는 은행 감독 기준을 협의하여 제정한다. 그 헌장에서는 회원들에게 바젤 기준을 자국에 도입할 의무를 부과한다. 하지만 바젤위원회가 초국가적 감독 권한이 없으며 그의 결정도 법적 구속력이 없다는 것 또한 밝히고 있다. 바젤기준은 100개가 넘는 국가가 채택하여 따른다. 이는 국제기구의 결정에 형식적으로 구속을 받지 않는 국가에서까지 자발적으로 받아들여 시행하고 있다는 것인데, 이런 현실을 말랑말랑한 법(Soft law)의 모습이라 설명하기도 한다. 이때 조약이나 국제 관습법은 그에 대비하여 딱딱한 법(Hard law)이라 부르게 된다. 바젤 기준도 장래에 딱딱하게 응고될지 모른다.

03. 윗글에서 알 수 있는 내용으로 적절하지 않은 것은?

① 조약은 체결한 국가들에 대하여 권리와 의무를 부과하는 것이 원칙이다.

② 새로운 바젤 협약이 발표되면 기존 바젤 협약에서의 기준이 변경되는 경우가 있다.

③ 딱딱한 법에서는 일반적으로 제재보다는 신뢰로써 법적 구속력을 확보하는 데 주안점이 있다.

④ 국제기구의 결정을 지키지 않을 때 입게 될 불이익은 그 결정이 준수되도록 하는 역할을 한다.

⑤ 세계 각국에서 바젤 기준을 법제화하는 것은 자국 은행의 재무 건전성을 대외적으로 인정받기 위해서이다.

04. BIS 비율에 대한 이해로 가장 적절한 것은?

① 바젤 I 협약에 따르면, 보유하고 있는 회사채의 신용도가 낮아질 경우 BIS 비율은 낮아지는 경향이 있다.

② 바젤 II 협약에 따르면, 각국의 은행들이 준수해야 하는 위험가중자산 대비 자기자본의 최저 비율은 동일하다.

③ 바젤 II 협약에 따르면, 보유하고 있는 OECD 국가의 국채를 매각한 뒤 이를 회사채에 투자한다면 BIS 비율은 항상 높아진다.

④ 바젤 II 협약에 따르면, 시장 위험의 경우와 마찬가지로 감독 기관의 승인 하에 은행이 선택하여 사용할 수 있는 신용 위험의 측정 방식이 있다.

⑤ 바젤 III 협약에 따르면, 위험가중자산 대비 보완자본이 최소 2%는 되어야 보완된 BIS 비율 규제를 은행이 준수할 수 있다.

05. 다음 대화를 통해 알 수 있는 것은?

> A: 저는 최근 과학기술 발달에도 불구하고 세계 경제가 침체기에서 벗어나지 못하는 이유로 과학기술이 인간의 노동생산성을 향상시키는 데 상당한 시간이 걸린다는 점을 지적하고 싶습니다. 과학기술만으로 경제성장을 유지하기는 어렵습니다. 경제성장을 위해서는 노동자의 생산성을 높여야 하는데, 현재로서는 새로운 과학기술이 오히려 일자리를 빼앗아버리는 측면이 강합니다. 최근 급속도로 발전하고 있는 많은 과학기술은 소수의 생산성만 향상시켜줍니다. 거기에 배제된 대다수는 아무 이익을 받지 못하므로 결국 격차는 심해질 것입니다. 즉 오늘날 중산층은 새로운 과학기술이 제공하는 혜택에서 소외될 것이라는 것이죠. 전 세계 인구의 절반이 새로운 과학기술이 가져다주는 혜택을 받지 못한다면, 그들의 생산성은 더 이상 향상되지 못하고 정체 또는 쇠퇴하는 셈이니 그것만으로 경제성장률은 반토막이 나는 거죠.
>
> B: 물론 과학기술이 양극화를 가져올 수는 있습니다. 그리고 앞으로 무인화 공장이 되면서 소수의 생산성을 향상시킬 수도 있다고 생각합니다. 그러나 우리는 인간의 욕망을 좀 더 자세히 들여다볼 필요가 있다고 생각합니다. 지금까지의 문명은 인간의 욕망으로 발전해왔습니다. 인간의 원초적 욕구에는 소유가 있습니다. 즉, 일을 해서 더 많은 돈을 벌고 싶다는 것은 인간의 원초적 욕구이기 때문에 이 욕구가 사라지지 않는 한 인간은 생산성을 위해 더 많은 일을 하게 될 것입니다. 그러므로 지금은 과도기일 뿐 인간의 욕구가 사라지지 않는 한 경제성장에 기여할 수 있습니다.
>
> A: 일을 많이 할수록 더 많은 것을 가질 수 있다는 희망이 한때 전 세계 국민들의 근로 의욕을 고취시키고 경제성장을 이끌기도 했습니다만, 새로운 시대에 경제성장을 이끈 것은 그런 희망이 아니라 과학기술이었습니다. 단, 이런 혁신적인 과학기술에는 잠재적 위험이 도사리고 있는데, 우리 문명은 이 문제에 어떻게 대처해야 할지 모른 채 현재에 이르렀죠. 그러므로 우리에게 일하려는 의지와 열정만 있다면 단일 공동체를 형성할 수 있다는 것은 유토피아적 믿음일 뿐이고 현재는 사라진 것이죠.

① A는 현대 과학기술의 발달은 소수의 생산성을 향상시키며 격차가 일어날 것이라고 이야기하고 있다.

② B는 과학기술이 양극화를 가져다주면서 인간의 소유도 사라질 것이라 이야기하고 있다.

③ A는 일을 많이 할수록 더 많은 것을 얻을 수 있다는 것에 대해 긍정하고 있다.

④ B는 인간의 원초적 욕구가 양극화를 만들어내고 경제를 성장시키지 않을 것이라고 주장한다.

⑤ A는 새로운 시대에 경제성장을 이끈 것은 일을 많이 할수록 더 많은 것을 가질 수 있다는 희망에 있다는 이야기를 하고 있다.

06. 다음 보도자료의 중심내용으로 적절한 것은?

> 정부가 유례없는 코로나19로 어려움을 겪고 있는 관광산업에 활력을 불어넣고 코로나 이후 관광시장 회복을 준비하기 위해 창의적인 아이디어를 가진 관광벤처기업 창업 지원에 나선다. 문화체육관광부는 한국관광공사와 함께 창의적인 사업 아이디어를 보유한 창업기업과 예비창업자를 대상으로 '제12회 관광벤처사업 공모전'을 개최한다고 3일 밝혔다. 공모전을 통해 선정된 기업에는 사업화 자금, 교육, 전문상담(컨설팅), 판로개척 등 다양한 프로그램을 지원한다.
>
> 올해는 코로나19 상황임을 감안해 선정기업 규모를 지난해 119개 기업에서 140개 기업으로 확대하고 이들에게는 사업화 자금(기업당 평균 4,600만 원)과 함께 기업의 디지털 전환(Digital Transformation)을 집중 지원하는 등 역대 최대 사업예산 97억 원을 투입한다. 공모전에는 예비창업자부터 창업 7년 이내 창업자까지 참가할 수 있다. 관광 관련 창의적인 창업 아이템을 계획하고 있는 예비(재)창업자는 '예비관광벤처 부문(25개 팀)', (재)창업 3년 이내 초기 창업자는 '초기관광벤처 부문(75개 팀)', 창업 3년 초과 7년 이내 창업자는 '성장관광벤처 부문(40개 팀)'에 지원할 수 있다. 또 지역 소재(서울·경기·인천 제외 다른 지역) 기업에는 서류심사에서 가점 3점, 청년 창업자(만 39세 이하)에게는 가점 1점을 부여한다. 데이터·네트워크(5G)·인공지능(AI) 활용 및 융·복합 관광, 비대면 관광사업인 경우 가점 1점이 부여돼 세 가지 모두 충족할 시에는 최대 가점을 5점까지 받을 수 있다.
>
> 참가를 희망하는 창업자는 3일부터 3월 9일 오후 2시까지 공식 누리집(tourbiz.spectory.net)을 통해 온라인으로 서류를 접수하면 된다. 1차 서류심사와 2차 발표심사를 거쳐 지원 대상자를 선정하며 성장관광벤처 부문의 경우에는 추가로 3차 현장 심사를 거쳐 5월 중 최종 선정자를 발표한다. 3개 부문 최종 선정자들은 올해 11월까지 협약 사업을 추진하게 된다. 협약이 체결되면 기업당 3,000만 원부터 9,000만 원, 평균 4,600만 원 수준의 사업화 자금을 지원받는다.
>
> 이 외에도 맞춤형 상담(컨설팅), 관광 특화 교육, 홍보 판로개척 지원, 투자 유치 지원 등 기업의 수요를 반영해 다양한 지원을 제공받는다. 또 '기업의 디지털 전환' 역량강화교육, 데이터 기반 마케팅, 맞춤형 조사연구 및 시험(테스트) 지원 등 관광벤처기업의 디지털 전환을 돕는 각종 관련 사업도 추진한다. 아울러 전통 관광업계, 다른 업종 간 협업을 강화해 상생의 장을 마련하고 관광벤처기업의 대표적인 성공사례로 전파할 계획이다.
>
> 한편, 관광벤처사업은 지난 10여 년간 혁신적 관광벤처기업 900여 개를 발굴·육성했다. 특히 2018년 70개 선정 규모였던 관광벤처사업 공모전을 올해는 140개 선정 규모로, 두 배로 확대했다.
>
> 김장호 문체부 관광산업정책관은 "코로나19로 어려운 시기를 보내고 있는 관광창업기업에 힘을 보태기 위해 이번 공모전의 지원 폭을 확대했다"며 "창의적인 아이디어를 가진 관광벤처기업과 함께 위기를 극복하고 침체된 관광산업에 숨을 불어넣어 코로나 이후 시대를 대비할 수 있기를 기대한다"고 밝혔다.

※ 출처: 문화체육관광부(2021-02-03 보도자료)

① 관광벤처 공모전은 예비창업자부터 창업 7년 이내 창업자까지 참가하여 관광산업에 활력을 줄 수 있다.
② 관광벤처 공모전은 140개 관광벤처를 발굴하여 사업화 자금, 전문상담, 판로개척 등을 지원한다.
③ 관광벤처 공모전은 데이터, 네트워크, 인공지능 활용을 통해 발전시킬 수 있다.
④ 침체된 관광산업에 활력을 주기 위해 관광벤처 공모전을 실시하여 코로나 이후 시대를 대비하고 있다.
⑤ 관광벤처 공모전의 핵심은 기업의 디지털 전환에 있다.

07. 다음 글은 글쓴이가 앞으로 전개될 미래사회에 대한 예측을 한 것이다. 미래사회에 이루어지지 않는 것은?

4차 산업혁명은 소위 A.I 혁명이라고 한다. 인공지능이 일상화될 것이고, 이 인공지능으로 인해 우리의 삶은 편리해질 것이라고 이야기하고 있다. 또한 IoT의 세상 역시 4차 산업혁명의 핵심이라고 한다. 사물을 인터넷이라는 것과 결합하여 다른 제품이 만들어지게 되는 것이다. 네트워크 사회의 심화라고도 한다. 기존에 네트워크 사회는 플랫폼을 통해 인간과 인간이 연결되는 형태였다면 IoT의 세상은 개인과 사물이 연결되는 사회로 변화해 간다고 이야기한다. 마치 4차 산업혁명은 우리에게 장밋빛 미래를 보장해 줄 것만 같다.

하지만 이를 받아들이고 있는 이 사회는 어떠할까? 문화적인 측면이나 노동적인 측면에서는 부정적인 이야기가 더 많이 쏟아지고 있다. 인공지능이 우리를 지배할 것이라는 막연한 두려움이나 인공지능이 우리의 일자리를 빼앗아 갈 것이라는 두려움이 산재해 있는 것이다. 여기에서 이야기하는 인공지능에 대한 두려움은 터미네이터 같은 강한 인공지능의 두려움이 아니다. 영국 드라마 [Humans]에서는 오히려 약한 인공지능이 우리의 일을 대신하고, 우리의 미묘한 표정 변화를 알아차려 우리의 역할을 빼앗아 간다고 이야기한다. 예를 들어 완벽하게 동화책을 읽어주는 인공지능을 엄마가 읽어주는 동화책보다 아이들이 더 좋아한다. 그리고 자신의 변화를 눈치 못 채는 남편보다 자신의 감정 변화나 표정 변화를 섬세하게 케어해주는 인공지능 로봇에게 더 많은 감정을 느끼는 장면은 인공지능이 인간을 대체할 수 있다는 암시를 하고 있다.

감정을 느끼지 못하는 인공지능이 과연 인간을 대체할 수 있을까에 대한 의구심이 들 때가 있다. 하지만 프란시스 베이컨도 이야기했듯이 인간의 오류 중에 하나는 바로 '종족의 우상'이다. 인간은 자신이 바라보는 사물에 감정을 투영한다. 인공지능 역시 그러하다. 인공지능은 '딥러닝'을 통해 개인의 취향, 성향, 언어습관을 학습한다. 즉 개인에게 맞춰지는 것이다. 이렇게 개인에게 맞춰진 인공지능에게 우리 인간이 감정을 갖지 않는 것이 더 이상하다. 나를 위해 끊임없이 무엇인가를 해주는 인공지능과 로봇에게 우리 인간은 반드시 감정을 느끼게 될 것이다. 즉 인공지능이 우리 옆에 있는 것은 인간을 불안하게 만든다. 인공지능이 나의 생활 패턴을 파악하고, 적재적소에 나에게 필요한 것을 가져다준다는 것은 어쩌면 유토피아적인 생활일지도 모르겠지만, 이에 불안함을 느끼는 것은 비단 나뿐만이 아닐 것이다. 이 불안함은 인간이 근원적으로 가지고 있던 노동에 대한 소명 의식에서부터 출발할 수도 있다. 인간은 늘 생산적인 일을 해왔다. 유희에서 생산이 되었고, 생산 자체에서 소명 의식을 느낀 적도 있었다. 놀기 위해 벽화를 그렸다는 것은 또 다른 주술적 의미를 가지는 중의적인 모습일 것이다. 결국 4차 산업혁명 시기에 인간은 '생산'의 주체가 바뀌는 경험을 하게 되는 것이다.

이에 따라 경제 또한 변화될 가능성이 있다. '공유경제'라고 불리는 현상이다. 클라우드 펀딩을 통해 투자된 돈이 어떠한 생산을 하기 위해 쓰이게 된다. 이때 그 생산물은 자신의 소유가 아니다. 이미 클라우드 펀딩을 했을 때부터 생산물은 '소유'할 수 없는 '공동의 것'으로 돌아가게 되는 것이다. 대표적으로 한국에서 'SOCAR', 미국에서 'ZIPCAR', 'AIRBNB' 등이 있지 않은가? 여기에 나만의 것이 존재하는가? 그렇지 않다. 재화를 빌려 쓰는 것이다. 결국 인간이 청동기 시대부터 가지고 있던 '사유재산'이라는 개념이 희박해지게 된다. 물론 완전히 사유재산이 없어진다는 이야기는 아니다. 사유재산이란 '청동기 시대'부터 생겨왔던 개념이자 인간의 소유욕이라는 욕망과도 관련이 있는 부분이기 때문에 필연적으로 없어질 수는 없을 것이다.

다만, 우리 인류는 문명이 발전하고 산업 사회가 발전할수록 공유재도 늘어났다는 것이다. 국가라는 개념이 생겨나면서 사유재산도 있었지만 산업사회를 넘어오는 고개마다 공공재는 늘어났다. 예를 들어 자유주의 경제를 이야기한 애덤 스미스도 "국가는 경제발전에 필요한 경우에만 공공사업을 건설하고 유지할 수 있는 재정이 있어야 한다"라고 이야기하고 있다. 공공사업이란 도로·항만·운하 등의 토목건설사업을 말하는데, 개인이 투자하면 이윤을 얻을 수 없어서 외면하는 경우에만 국가가 공공사업을 하여도 된다고 말하고 있다. 더 나아가 근대 사회에서 문명은 상·하수도 사업을 통해 인간의 삶의 질을 높였다. 인간의 문명이 진보하면서 정부의 역할이 더 커지며 공공재의 역할이 더욱 중요해졌고 인간은 점점 한계비용이 줄어드는 쪽으로 변화할 것이라고 예상할 수 있다.

① 인공지능이 감정을 가지는 것이 아니라 인간이 인공지능에게 감정을 느낀다고 예측하고 있다.

② 앞으로 미래에는 생산의 주체가 인공지능으로 바뀌게 될 것이라고 예측한다.

③ 앞으로 문명이 진보하면서 공공재의 역할이 더 중요해질 것이라고 예측한다.

④ 소유의 개념은 완전히 없어지면서 공유경제가 완전히 자리 잡을 것이라고 한다.

⑤ 앞으로는 개인과 사물이 연결되는 사회가 될 것이라고 예측한다.

08. 다음 글을 읽고 순서상 바르게 배열한 것은?

(가) 또한 미 통화정책 정상화에 따라 신흥국 중심으로 글로벌 금융시장 충격과 위축된 노동시장에 따른 임금상승으로 인플레이션 압력 확대, 중국 부동산 시장위축 심화 때 중국 경제 성장 추가 둔화 가능성도 위험요인으로 내다봤다. IMF는 이에 따라 국가 상황별 재정·통화정책 추진, 대외충격대응 다변화 등을 권고했다. 보건정책은 효과적인 코로나 대응을 위해 저소득국 백신 공급, 코로나 검사·치료·보호장비 지원에 국제공조 강화가 필요하고, 재정정책은 확대된 재정적자 축소의 필요성은 있되 코로나 재확산 시 취약계층·기업지원 재강화, 지속가능한 중기재정운용계획 마련 등을 제안했다. 이어 통화정책은 각국 인플레이션 압력과 고용회복 상황에 따라 통화정책 기조 설정, 불확실성 완화를 위한 시장 소통 강화를 권고했고, 금융정책은 신흥국 자본유출, 채무부담 증가 등 예상, 외채 만기연장, 환율 유연성 확보, 예외적 외환시장개입 등을 고려할 필요가 있다고 했다.

(나) 기획재정부는 "한국 경제는 오미크론 확산, 미·중 등 주요 교역국의 하향조정 영향은 있으나 경상수지 및 소비 호조, 이번에 발표한 추경효과 등을 포함한 것으로 평가한 것"이라고 분석했다. IMF의 전망치가 정부 전망보다 소폭 하회한 데 대해서는 "IMF 전망 시점이 가장 최신으로, 오미크론의 영향이 보다 크게 반영된 측면"이라고 해석했다. 코로나 충격에 따른 기저효과를 제거한 2020~2022년 평균 성장률(2.01%)은 G7 주요 선진국 성장률을 모두 넘어서고 있고, 2020~2023년 4년 평균 성장률 2.23%도 G7 국가와 비교할 때 1위이다. 기재부는 "한국 경제는 지난해 가장 빠른 위기 극복 후 내년까지 가장 빠른 성장흐름을 지속할 것"이라며 "지난해까지 주요국 중 한국과 미국만 코로나 이전 수준을 회복했으나, 올해에는 G7 주요 선진국 모두 코로나 이전 수준으로 회복할 것"으로 평가했다.

(다) IMF는 이어 올해 세계 경제 성장률 전망치를 지난해 10월 대비 0.5%p 낮춰 4.4%로 내다봤다. 이는 ▲오미크론 확산 ▲예상보다 높은 인플레이션 ▲중국 부동산 시장 리스크 및 소비감소 등의 요인이 반영된 것이다. 선진국은 0.6%p 낮춰 3.9%, 신흥국은 0.3%p 낮춰 4.8%로 조정했다. 선진국은 코로나 재확산, 공급망 훼손 및 에너지 가격상승에 따른 인플레이션 압력, 미 재정정책 조정, 통화정책 조기 정상화 요인을 반영해 낮추고, 신흥국은 중국 부동산 위축, 브라질 긴축 통화정책, 멕시코 수출 감소, 러시아 농산물 수확 감소 등에 따라 하향조정했다. IMF는 올해 세계 경제의 하방위험 요소로 5가지를 꼽았다. 백신 격차가 지속되는 가운데 변이 바이러스 확산과 이동제한 가능성 및 변이 바이러스의 확산으로 글로벌 공급망 차질 장기화를 들었다.

(라) 국제통화기금(IMF)이 올해 한국 경제 성장률을 지난해 10월보다 0.3%p 낮춘 3.0%로 수정해 전망했다. 주요국 성장률 하향폭과 비교해 우리나라의 조정폭은 크지 않았다. IMF는 25일(현지시간) 발표한 세계경제전망(WEO) 보고서를 통해 한국을 비롯한 주요 선진국과 신흥국 및 세계 경제 성장률 전망치를 공개했다. 이에 따르면 한국의 올해 경제 성장률 전망치는 3.0%로 제시됐다. 이는 지난해 10월 전망치보다 0.3%p 하락한 수치다. 미국과 중국 등이 0.8~1.2%p가량 하향한 것과 비교하면 비교적 적은 폭의 하락이다. 2023년 한국 경제 성장률 전망치는 2.9%로 제시됐다.

※ 출처: 기획재정부(2022-01-26 보도자료)

① (나) – (가) – (다) – (라)
② (나) – (라) – (다) – (가)
③ (다) – (라) – (가) – (나)
④ (라) – (나) – (가) – (다)
⑤ (라) – (나) – (다) – (가)

09. 의미 관계가 〈보기〉의 ⓐ : ⓑ와 가장 유사한 것은?

> 〈보기〉
>
> 시나리오에서는 장면과 장면을 연결할 때, 이야기가 순조롭게 진행될 수 있도록 매개 요소를 가정하여 넣는데, ⓐ 매개 요소는 어떤 장면의 말미와 다음 장면의 서두를 이어 주는 '형식적 고리'이다. 일반적으로 매개 요소는 두 장면 사이의 공통성이나 대립성을 활용하며, 공통성과 대립성은 분위기, 빛과 음향, 대사, 연기 혹은 행위, ⓑ 인물의 성격 등의 측면에서 찾을 수 있다.

① 자동차에는 승용차, 트럭, 오토바이가 있다.
② 소는 사람과 달리 네 개의 위를 가지고 있다.
③ 자동차 타이어는 여름에 팽창하고 겨울에 수축한다.
④ 납세의 의무를 다하지 않은 국민에게는 징세를 해야 한다.
⑤ 그 학교의 모든 교실에는 책상과 의자가 가지런히 놓여 있었다.

10. 다음 글의 ㉠~㉤을 바르게 고쳐 쓴다고 할 때, 적절하지 않은 것은?

> '미운 오리 새끼' 동화의 주인공인 백조는 오리들과 생김새가 ㉠ 틀리다. 새끼 오리들은 자신들과 다른 백조를 따돌리지만, 어미 오리는 백조를 그대로 받아들인다. 백조가 다른 오리들에게는 ㉡ 차별 받았지만 어미 오리에게는 한 가족으로 인정받은 것이다. 어린 새는 태어나 처음 본 움직이는 대상을 어미로 여기고, ㉢ 어린 새를 자신의 새끼로 받아들이는 습관이 있다.
>
> 우리 역시 동화에 나오는 새끼 오리들처럼, 끊임없이 다른 사람과 자신의 차이를 찾아서 그것을 차별의 근거로 삼으려 한다. (㉣) 내가 차별을 당하고 싶지 않다면 나 역시 다른 이를 차별하지 말아야 한다. 이를 위해서는 어미 오리처럼 다른 사람과의 차이를 인정하고 그 사람을 ㉤ 허용하려는 미덕을 가져야 한다.

① ㉠: 문맥상 의미가 적절하지 않으므로 '다르다'로 바꾸어 쓴다.
② ㉡: 띄어쓰기가 올바르지 않으므로 '차별받았지만'으로 바꾸어 쓴다.
③ ㉢: 문맥에 맞게 '어미도 그 어린 새를 자신의 새끼로 받아들이는 습성이 있기 때문이다.'로 고친다.
④ ㉣: 앞뒤 내용을 고려하여 '그런데 차별은 차이를 전제로 하므로 사람 사이의 차별은 차이에서 비롯된다.'를 넣는다.
⑤ ㉤: 적절한 의미전달을 위해 '포용하려는'으로 수정한다.

11. 다음 글의 ⊙~⑩을 바르게 고쳐 쓴다고 할 때, 적절하지 않은 것은?

> 서구 과학에서의 물질에 대한 탐구는 그 물질이 무엇으로 구성되어 있는가 ⊙하는데에 ⓒ촛점이 맞추어져 있었다. 그런데 문제는 이러한 물질의 현상적 성질이 인간의 인식 범주 안에 모두 포섭될 수 있는가 하는 것이었다.
>
> 서구인이 생각한 인식의 범주란 대상이 계량화될 수 있는 경우에만 국한되었다. 예를 들어 어떤 물질적 대상이 가진 성질 가운데서 면적과 부피와 무게는 ⓒ수로서 표현할 수 있는 반면에, 색깔과 냄새와 맛 등은 수로 표현할 수 없었다. 이와 같이 물질의 성질은 수로 표현할 수 있는 성질과 수로 표현할 수 없는 성질로 구분된다고 본 것이 근대 서구인의 생각이었다.
>
> 근대의 과학과 철학에서 중요한 위치를 갖는 갈릴레오와 뉴턴은 모두 이러한 성질의 차이를 중시하여, 수로 표현할 수 있는 성질과 없는 성질을 각각 1차 성질과 2차 성질로 나누었다. 그리고 이들은 1차 성질만이 물질의 근원적인 속성이 될 수 있으며, 2차 성질은 물질의 부차적인 속성이라고 보았다.
>
> 그런데 현대에 이르러 실제로 자연의 모든 물질이 계량화될 수 있는지에 대해 많은 과학자들이 의심을 품기 시작하였다. 고전과학의 정언명법은 계량화하기 위하여 자연은 반드시 정지되어야 한다는 것을 전제로 삼았지만, 실제의 자연은 변화하고 운동한다는 사실이 밝혀졌기 때문이다. ⓔ이러한 변화는 시간과 물질의 관계에 대한 인식의 변화와 관련이 있다. ⑩물질이 변화한다는 사실은 물질은 늘 시간의 흐름과 관련을 맺는다는 것이다. 그런데 서구 과학은 물질이 시간의 흐름에 의존하지 않는다고 보았기 때문에 물질의 변이 과정을 정지 상태에 놓아둠으로써 물질을 수학적으로 형상화했던 것이다.

① ⊙의 '데'는 의존명사이므로 '하는 데에'로 수정한다.
② 사잇소리 표기 원칙에 따라 ⓒ을 '초점'으로 수정한다.
③ 맥락상 '수단'을 나타내는 의미이므로 ⓒ을 '수로써'로 수정한다.
④ 전체 글의 흐름을 고려하여 ⓔ을 글의 마지막 부분으로 이동한다.
⑤ 주술호응을 고려하여 ⑩의 목적어와 서술어를 '~맺는다는 것을 의미한다'로 수정한다.

12. 다음 글의 ㉠~㉤의 사전적 의미로 적절하지 않은 것은?

> 정부가 외국인정책 ㉠<u>고도화</u>에 필요한 빅데이터 분석 전문가를 양성하기로 했다. 법무부와 한국과학기술정보연구원(KISTI)은 '2022년 법무부 외국인행정 빅데이터 분석 교육훈련' 과정을 한국과학기술정보연구원 과학데이터교육센터에서 ㉡<u>운영</u>한다고 22일 밝혔다. 교육훈련 과정 1차는 이달 25~29일, 2차는 오는 6월 13~17일에 이뤄지며 각각 20명 대상이다. 이번 과정은 법무부 출입국·외국인정책본부 및 소속기관 직원을 대상으로 시행된다. 법무부 출입국·외국인정책본부가 보유한 외국인행정 정보를 외국인 정책 고도화 등에 활용할 수 있도록 빅데이터 분석역량 강화를 목적으로 이뤄질 예정이다. 특히 법무부는 KISTI의 빅데이터 분석, 슈퍼컴퓨팅, 인공지능 활용 등 전문 연구·교육 역량을 통해 빅데이터 기반의 외국인 정책을 추진하고 공공서비스 ㉢<u>혁신</u>을 달성하기 위한 외국인행정 빅데이터 분석 전문가를 양성한다. 이번에 진행되는 2022년 법무부 외국인행정 빅데이터 분석 교육 훈련과정은 ▲메타버스와 데이터과학 기초 이해 ▲빅데이터 분석 도구 및 데이터 활용 ▲외국인행정 빅데이터 분석 및 가시화 등을 주제로 ㉣<u>구성</u>됐다. 법무부에서 실제적인 적용이 가능하도록 빅데이터 분석 및 활용 역량 강화를 중심으로 운영된다. 아울러 법무부와 KISTI는 빅데이터 분석 전문가 양성교육과 함께 KISTI가 보유한 과학기술 인프라를 활용해 데이터기술 기반의 외국인 정책 고도화 및 공공서비스 혁신을 위한 공동연구 등을 진행할 계획이다. 법무부는 "빅데이터 분석 기반의 외국인 정책 수립 고도화를 추진하고, 신규 ㉤<u>창출</u>되는 외국인행정 빅데이터를 민간부문에 공익목적으로 제공함으로써 새로운 부가가치를 창출할 수 있도록 노력하고 있다"고 전했다.

※ 출처: 법무부(2022-04-22 보도자료)

① ㉠: 정도가 높아짐. 또는 정도를 높임

② ㉡: 조직이나 기구, 사업체 따위를 운용하고 경영함

③ ㉢: 묵은 풍속, 관습, 조직, 방법 따위를 완전히 바꾸어서 새롭게 함

④ ㉣: 몇 가지 부분이나 요소들을 모아서 일정한 전체를 짜 이룸. 또는 그 이룬 결과

⑤ ㉤: 판단이나 결론 따위를 이끌어 냄

13. 다음 글의 ㉠~㉤을 바르게 고쳐 쓴다고 할 때, 적절하지 않은 것은?

> '(㉠)'는 표현은 흔히 사랑에 빠진 사람의 비합리성이나 맹목성을 표현하는 데 사용된다. 또한 명백히 드러난 객관적인 사실을 보지 못하거나 다르게 해석할 때도 적용되는 표현이다. 일반적으로 사람들은 자신은 이성적인 존재이며 자신의 판단은 대부분 합리적인 사고 과정의 결과라 믿는다. ㉡즉 자신은 언제나 합리적인 판단을 내릴 수 있는 존재여서, 판단에 필요한 정보만 충분히 주어진다면 언제든지 합리적인 결론에 도달할 수 있다는 전제를 두고 있는 것이다.
>
> 하지만 심리학자 대니얼 카너먼(Daniel Kahneman)은 이러한 현상을 특별한 실수나 오류가 아닌 일상에서 흔히 일어나는 일로 이해한다. 카너먼에 의하면 오히려 인간은 원래 합리성의 절대적 기준 자체도 가지고 있지 않으며 '긍정결과 검증전략(Positive-testing strategy)'을 사용한다고 한다. ㉢주어진 정보를 최대한 사용하여 모든 가능성을 검증하기보다는, 주어진 정보를 이용해 자신이 원하는 결론을 내리거나 이미 가지고 있는 결론을 강화하려는 심리적 경향이 있다.
>
> 이러한 편향성은 특히 그 판단이 자신과 깊이 관련되어 있을수록 자신에게 유리한 방향으로 휘어지는 것으로 밝혀졌다. 여기서 위험한 사실은 진실을 알지 못하는 상황에서 모든 판단이 내려지지만, 그 판단을 한 개인에게는 진실처럼 ㉣받아들인다는 것이다. 즉 자신의 눈에 씌어진 '콩깍지'는 자신에게는 보이지 않는다. 따라서 자신과 견해차를 보이는 상대가 거짓말과 음모, 고집으로 가득한 존재로 보이며, 이와 같은 오해가 미움과 갈등으로 발전할 수 있다.
>
> 그러나 모든 심리적 과정엔 나름대로의 기능이 있다는 진화 사회심리학의 관점에서 보면 편향성이 꼭 나쁜 것만은 아니다. 만약 인간이 합리성에만 근거해서 판단한다면 세상에서 과연 몇 쌍의 부부들이 결혼할 수 있을까? 이렇게 된다면 당연히 많은 후손을 남겨 번성할 기회가 줄어들 것이다. 또한 공식 세계 랭킹이 31위였던 우리나라 축구대표팀이 월드컵에서 16강, 8강, 4강에 진출하리라는 ㉤기대내지 믿음이 가능할까? 이러한 측면에서 생각한다면 어느 정도의 '콩깍지'는 행복한 삶을 위해 반드시 필요한 요소이기도 하다. 다만 편향성을 경계하는 지혜가 필요할 것이다.

① 문맥을 고려하여 ㉠에 '눈에 콩깍지가 쓰였다'를 첨가한다.

② 부가적인 내용을 추가하고 있으므로 ㉡을 '게다가'로 수정한다.

③ 문장성분 간의 호응을 고려하여 ㉢을 '~심리적 경향이 있다는 것이다'로 수정한다.

④ 정확한 피동의 의미를 표현하기 위해 ㉣을 '받아들여진다는'으로 수정한다.

⑤ 띄어쓰기 규정을 고려하여 ㉤을 '기대 내지'로 수정한다.

14. 다음 글의 ⑦~⑩을 바르게 고쳐 쓴다고 할 때, 적절하지 않은 것은?

> 과학기술정보통신부는 기초과학연구원 인지 및 사회성 연구단 이보영 연구위원 연구팀이 외상 후 스트레스 장애(Posttraumatic stress disorder, 이하 'PTSD') 치료제의 과학적 원리를 동물실험을 통해 세계 최초로 규명했다고 14일 ⑦ 밝혔다.
>
> 이번 연구 결과는 세계적인 뇌과학 학술지인 '분자정신의학지(Molecular Psychiatry)'에 이날 ⑥ 기재됐다. 특히 그동안 마땅한 치료법이 없었던 PTSD 치료제 개발에 청신호가 켜질 것으로 기대된다. PTSD는 치료를 위해 인지행동치료 등 정신과적 치료와 우울증 약물치료가 ⑥ 함께 병행되고 있으나 ⑧ 호전률은 50% 정도에 불과하며, PTSD 치료제가 개발되고 있지만 지금까지 치료 기전은 밝혀지지 못했다. 이번 연구는 임상 개발 중인 PTSD 치료제 NYX-783을 PTSD 마우스 모델에 적용해 치료 효과의 작용원리를 밝혔으며, PTSD 치료제 개발을 위한 이론적 토대를 마련함과 동시에 명확한 전략을 제시했다. ⑩ 이는 신경기능을 조절하는 'BDNF' 단백질의 발현을 유도함으로써 신경세포의 가소성을 향상시켜 공포 기억을 억제한 것으로, PTSD 치료제의 효능과 과학적 원리를 최초로 입증한 것이다. 특히 우리나라 연구진은 PTSD 동물 모델에 공포 상황 24시간 후 'NYX-783'을 주입해 공포기억 재발이 억제됨을 확인했다. 분석 결과 변연하 내측 전전두엽 내 흥분성 신경세포의 'GluN2B' 소단위체 단백질을 포함한 'NMDA수용체'가 활성화됐다.
>
> 이보영 연구위원은 "PTSD 치료제의 분자적 기전을 최초로 규명해 NMDA 단백질을 타깃으로 하는 PTSD 치료제 개발에 박차를 가할 것으로 기대된다"며 "추후, 여러 접근방식을 적용해 다른 기전의 후보물질들을 구축해 PTSD뿐 아니라 다양한 정신질환 치료에 기여하고자 한다"고 밝혔다.

※ 출처: 과학기술정보통신부(2022-04-14 보도자료)

① ⑦: 기본형이 '밝히다'이므로 피동의 의미를 더해 '밝혀졌다'로 수정한다.
② ⑥: '글이나 그림 따위를 신문이나 잡지 따위에 싣는다'는 의미의 '계재'로 수정한다.
③ ⑥: 의미상 중복되는 표현이 있으므로 '병행'으로 수정한다.
④ ⑧: 맞춤법에 맞도록 '호전율'로 수정한다.
⑤ ⑩: 글 전체의 응집성을 고려하여 해당 문단의 마지막으로 자리를 바꾼다.

15. 다음은 어느 광역시의 행정 구역별 위치하고 있는 공원에 대한 제반 시설물 보완작업 진행 현황을 보여주는 자료이다. 각 공원의 보완작업 현황이 다음과 같을 때, 보완 예정에 포함되지 않은 시설의 개수가 가장 적은 행정 구역부터 순서대로 바르게 나열한 것은? (단, 계산 결과는 소수점 첫째 자리에서 반올림한다.)

구분	보완 예정 공원 시설				보완율
	기계시설	전기시설	건축시설	토목시설	
A 구	35	110	115	80	75%
B 구	20	85	50	115	85%
C 구	0	120	60	100	60%
D 구	40	65	100	80	40%

※ 보완율(%) = 보완 예정 공원 시설 개수 / 전체 공원 시설 개수 × 100

① B 구 - A 구 - C 구 - D 구
② B 구 - A 구 - D 구 - C 구
③ B 구 - C 구 - A 구 - D 구
④ C 구 - A 구 - D 구 - B 구
⑤ D 구 - C 구 - A 구 - B 구

16. 다음은 우리나라 A 시의 성별에 따른 체류자격별 거주 외국인에 대한 현황 조사 자료이다. 이에 대한 설명으로 옳지 않은 것을 모두 고르면?

[체류자격별 성별 현황]

(단위: 명)

구분	비자코드	남성	여성	계
방문취업	H2	23,310	16,144	39,454
전문인력	E1~E7	6,799	4,895	11,694
유학	D2, D4	17,796	32,617	50,413
방문동거/거주/동반	F1~F3	13,826	18,996	32,822
재외동포	F4	66,616	74,027	140,643
영주자	F5	22,824	24,892	47,716
결혼이민자	F6	6,360	14,441	20,801
기타	G1	9,403	4,415	13,818

※ 출처: 공공데이터포털(국민연금공단, 자격외국인체류자격별가입현황)

ㄱ A 시에 체류 중인 외국인은 여성이 남성보다 23,000명 이상 더 많다.
ㄴ F2 비자를 가진 남성 인구는 F6 비자를 가진 남성 인구보다 2배 이상 많고, 같은 비자를 가진 여성 인구보다 5천 명 이상 적다.
ㄷ E1~E7의 비자코드를 가진 전문인력은 남성과 여성 체류인구 모두 다른 체류코드 대비 가장 적을 뿐 아니라 유학 체류인구의 20%에 불과하다.
ㄹ 재외동포 자격으로 거주 중인 외국인은 전체의 약 40% 이하를 차지하고 있다.

① ㄱ, ㄴ   ② ㄱ, ㄷ   ③ ㄴ, ㄷ   ④ ㄴ, ㄹ   ⑤ ㄷ, ㄹ

17. 다음은 우리나라 비만유병률 추이를 나타낸 자료이다. 이에 대한 설명으로 옳은 것은? (단, 응답자 수는 소수 첫째 자리에서 반올림, 백분율은 소수 둘째 자리에서 반올림한 수치이다.)

[연령대별 비만유병률 추이]

(단위: 명, %)

응답자 특성	세부 특성	2016		2017		2018	
		응답자 수	백분율	응답자 수	백분율	응답자 수	백분율
연령대별	19~29세	686	27.2	722	29.4	756	26.9
	30~39세	1,064	34.2	888	33.4	894	37.8
	40~49세	1,139	39.0	1,136	35.3	1,130	36.8
	50~59세	1,109	36.1	1,214	38.0	1,197	35.2
	60~69세	1,017	40.2	1,099	38.0	1,108	36.8
	70세 이상	1,064	37.5	1,091	34.7	1,085	38.0

[2011~2018년 연도별 전체 인구 비만유병률]

(단위: %)

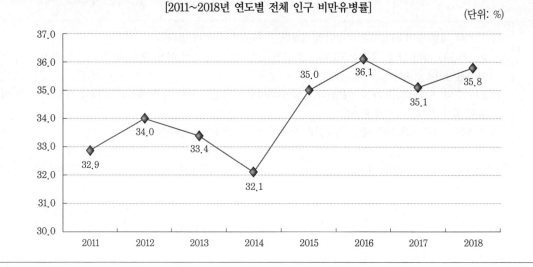

※ 출처: KOSIS(통계청, 국민건강영양조사)

① 2016년 50~59세의 비만유병률은 2011~2018년 전체 인구 비만유병률보다 항상 높다.

② 60세 이상 연령대의 비만유병자 수는 2016년 대비 2017년에 증가했다.

③ 전체 인구 비만유병률은 2012년부터 2년간 소폭 하락 후 지속 증가했다.

④ 2018년 응답자 중 40~49세 비만유병자는 50~59세 비만유병자보다 적다.

⑤ 2016년부터 2018년까지 19~29세 연령의 응답자 중 비만유병자 수는 지속 증가했다.

18. 다음은 우리나라 주요 통신사의 설비투자(CAPEX) 추이를 보여주는 현황 자료이다. 이에 대한 설명으로 옳은 것은?

[주요 통신사 설비투자(CAPEX) 연도별 현황]

(단위: 억)

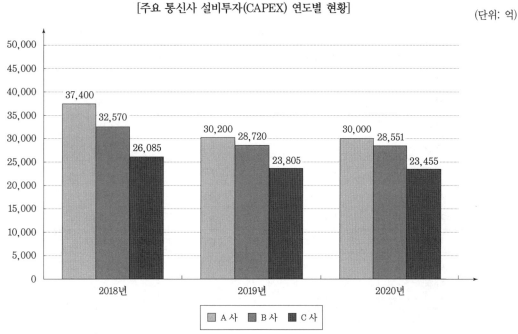

※ CAPEX(Capital expenditures): 미래의 이윤을 창출하기 위해 지출한 비용

① 연간 주요 통신사 총 설비투자 금액은 2019년 대비 2020년도에 소폭 증가하였다.

② A 사는 최근 3년간 10조 원 이상의 대규모 설비투자를 진행했다.

③ 2018년 주요 통신사의 총 설비투자 금액은 B 사의 최근 3년간 총 투자금액보다 작다.

④ 전년 대비 2019년 연간 투자액 감소율은 A 사 > B 사 > C 사 순으로 크다.

⑤ 2021년 주요 통신사 연간 설비투자 금액이 A 사만 10% 증가한다고 하면 2021년도 A 사의 연간 투자 금액은 같은 해 주요 통신사 전체 투자 금액의 40% 이상을 차지한다.

19. 다음은 2021년 상반기 말 기준 주요 시도의 외국인 토지 보유 현황에 대한 자료이다. 이에 대한 설명으로 옳은 것은?

[주요 시도별 외국인 토지 보유 현황]

(단위: 천m², 억)

구분	2020년말		2021년 상반기	
	면적	금액	면적	금액
전국	253,347	314,962	256,740	316,906
수도권	52,514	188,480	53,515	190,252
서울	3,097	116,724	3,122	117,031
부산	4,988	21,531	5,013	21,539
대구	1,626	3,975	1,767	3,983
인천	3,675	24,147	3,752	24,596
광주	2,611	3,067	2,609	3,085
대전	1,474	3,193	1,469	3,213
울산	7,030	13,703	7,117	13,721
세종	1,936	849	2,060	660
제주	21,806	5,749	21,746	5,720

※ 출처: KOSIS(국토교통부, 시도별외국인토지보유현황)

ⓐ 2020년말 기준 전국 외국인 토지 보유 면적과 금액 중 수도권이 면적은 20% 이상, 금액은 60% 이상을 차지하고 있다.
ⓑ 2020년말 대비 2021년 상반기 외국인 토지 보유 면적과 금액은 모두 1% 이상 증가했다.
ⓒ 2020년말 대비 2021년 상반기의 외국인 토지 보유 면적이 감소한 곳은 광주와 대전, 제주 총 3곳이다.
ⓓ 2021년 상반기 외국인 토지 보유 천m²당 금액은 서울시의 토지가 부산시의 토지보다 약 8배 이상 더 비싸다.

① ㉠, ㉡   ② ㉠, ㉢   ③ ㉡, ㉢   ④ ㉡, ㉣   ⑤ ㉢, ㉣

20. 다음은 A 면세점의 공항면세점과 시내면세점의 매출에 관한 조사 자료이다. 이에 대한 설명으로 옳은 것은?

[A 면세점 매출액 현황]

(단위: 억 원)

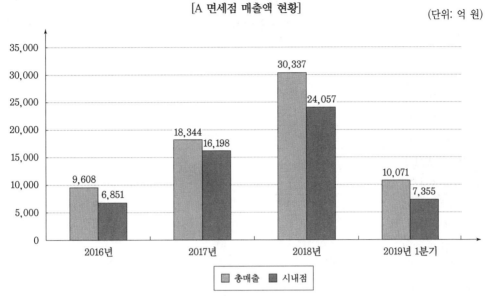

※ 총매출액 = 공항면세점 매출액 + 시내면세점 매출액
※ 출처: 관세청(2021-11-18 보도자료)

① 2019년 1분기 매출액 추이가 지속될 경우 연간 총매출액은 4조 원, 시내점 매출액은 3조 원 이상을 기록할 것이다.

② 전년 대비 연간 총매출액 증가율은 2017년보다 2018년도에 더 크게 상승했다.

③ 전년 대비 연간 시내점 매출액 증가율은 2018년보다 2019년에 더 크게 상승했다.

④ 시내점 매출액 비중은 2017년 이후 지속적으로 감소하여 2019년 1분기에는 고점 대비 10%p 이상 하락했다.

⑤ 공항면세점의 매출액은 2016년부터 2018년까지 지속적으로 증가하고 있다.

21. 다음 표는 산업별, 직업별 취업자 현황과 구성비에 대한 자료이다. 자료에 대한 설명으로 옳은 것은?

[2018년 성별 취업자 현황]

구분	취업자 수(천 명)		취업자 구성비(%)	
	남자	여자	남자	여자
관리자	317	54	2.1	0.5
전문가 및 관련 종사자	2,839	2,652	18.5	23.2
사무 종사자	2,449	2,312	15.9	20.2
서비스 종사자	984	1,985	6.4	17.3
판매 종사자	1,495	1,542	9.7	13.5
농림어업 숙련 종사자	784	482	5.1	4.2
기능원 및 관련 기능 종사자	2,028	318	13.2	2.8
장치·기계조작 및 조립 종사자	2,716	382	17.7	3.3
단순노무 종사자	1,760	1,723	11.4	15.0
계	15,372	11,450	100.0	100.0

[직업별 취업자 구성비]

(단위: %)

구분	2014년	2015년	2016년	2017년	2018년
관리자	1.6	1.4	1.3	1.2	1.4
전문가 및 관련 종사자	19.8	19.8	20.0	20.3	20.5
사무 종사자	16.9	17.0	17.3	17.4	17.8
서비스 종사자	10.7	10.7	10.9	11.0	11.1
판매 종사자	12.2	12.0	11.8	11.6	11.3
농림어업 숙련 종사자	5.3	4.7	4.5	4.5	4.7
기능원 및 관련 기능 종사자	8.8	9.1	9.1	8.9	8.7
장치·기계조작 및 조립 종사자	12.0	12.2	12.1	11.9	11.5
단순노무 종사자	12.7	13.1	13.0	13.2	13.0
계	100.0	100.0	100.0	100.0	100.0

① 2018년 전체 취업자 26,822천 명 중 남자 취업자 수가 차지하는 비중은 약 53%이다.

② 2014년부터 2018년까지 직업별 취업자 구성비 순위는 모두 동일하다.

③ 2015년 전체 취업자 수가 2018년 전체 취업자 수와 동일하다고 가정하면 2015년 전문가 및 관련 종사자 수는 약 5,311천 명이다.

④ 2018년 서비스 종사자 중 여자 취업자 수는 남자 취업자 수의 두 배보다 작다.

⑤ 직업별 취업자 중 사무 종사자 수는 2018년이 2014년보다 많다.

22. 다음은 2015년 서울시 및 시외 지역의 일 단위 목적별 통행 건수에 대한 자료이다. 이에 대한 설명으로 옳지 않은 것은? (단, 한 달은 30일 기준으로 한다.)

[2015년 주요 목적별 통행지표]

(단위: 통행 수/일)

구분	귀가	출근	등교	학원	업무	쇼핑	기타	계
서울-서울	7,854,932	3,202,319	1,701,389	897,788	2,025,260	1,008,361	3,114,460	19,804,509
서울-시외	1,745,539	453,369	165,156	13,685	364,940	26,321	322,147	3,091,157
시외-서울	815,336	1,219,438	179,122	51,731	368,180	80,190	438,373	3,152,370
시외-시외	9,365,119	3,896,111	2,768,310	1,083,809	2,075,346	1,030,844	2,847,380	23,066,919

① 서울 – 서울의 귀가 통행 건은 서울 – 서울의 전체 통행 건의 약 40%를 차지하고 있다.

② 쇼핑으로 인한 서울 – 서울 통행 대비 시외 – 시외 통행이 월 기준 70만 건 이상 더 많이 발생했다.

③ 시외에서 시외 통행은 기타 목적을 제외하고 서울시 안에서의 통행 건수보다 항상 많다.

④ 시외에서 서울로 통행하는 건 중 가장 많은 목적은 출근으로 일평균 약 120만 건 이상이 발생했다.

⑤ 시외에서 서울로 학원을 가기 위해 통행하는 건수는 그 반대의 경우 보다 약 4배 가까이 더 많다.

23. 다음은 2013년부터 2014년까지 우리나라 방송 산업 실태조사 주요 결과 자료이다. 이에 대한 설명으로 옳지 않은 것은?

[2013년 방송 시장 개황]

구분	사업자 수	종사자	매출액 (억 원)	방송사업매출 (억 원)	유료가입자 (만 명)
지상파 방송	53	14,430	44,738	38,963	–
지상파 DMB	19	112	146	95	–
종합유선방송	92	4,943	34,266	23,792	1,474
위성방송	1	307	6,003	5,457	418
IPTV	3	589	11,251	11,251	874
방송채널사용	188	14,167	139,690	60,756	–
중계유선방송	69	166	88	33	10
합계	425	34,714	236,182	140,347	2,776

[2014년 방송 시장 개황]

구분	사업자 수	종사자	매출액 (억 원)	방송사업매출 (억 원)	유료가입자 (만 명)
지상파 방송	53	14,365	45,496	40,049	–
지상파 DMB	19	103	110	104	–
종합유선방송	92	4,692	34,018	23,462	1,461
위성방송	1	320	6,228	5,532	426
IPTV	3	645	14,984	14,984	1,086
방송채널사용	181	14,339	139,558	63,067	–
중계유선방송	65	151	65	31	10
합계	414	34,615	240,459	147,229	2,983

※ 출처: 방송통신위원회(2015-12-09 보도자료)

① 2014년 방송사업매출액은 전년 대비 약 5% 성장하며 14조 7천 억 이상을 기록했다.

② 2014년에는 사업자 수와 종사자 수가 전년 대비 감소했음에도 불구하고, 유료가입자 증가에 따라 매출액은 전년 대비 증가하였다.

③ 2013년, 2014년 두 해 모두 사업자 당 종사자 수가 가장 많은 부문은 위성방송이다.

④ 2014년 종합유선방송 종사자 1인당 매출액은 2013년 대비 약 5천만 원 이상 높다.

⑤ 전년 대비 2014년 IPTV 유료가입자는 약 20% 이상 증가하며 천만 명 이상 가입자를 확보했다.

24. 다음은 유럽 A 국가의 소비자물가 총지수와 주요 품목별 소비자물가 지수 상승률을 보여주는 설명 자료이다. 이에 대한 설명으로 옳지 않은 것은?

[A 국가 소비자물가 총지수 및 소비자물가 지수]

(단위: %)

구분	2008년	2009년	2010년	2011년	2012년	2013년	2014년
소비자물가 총지수	93.7	95.1	97.1	98.7	100	101.2	103.5
전년 대비 소비자 물가 지수 증감량(%p)	3	1.4	2	1.6	1.3	1.2	2.3
식료품	7.1	3	0.9	0.2	1.4	2.1	2.4
주류 및 담배	0.8	1.4	1.6	−0.2	30.1	0.7	1.4
의류 및 신발	2.3	3.8	1.9	3	0.3	0.8	0.1
주택/수도/전기/연료	3.5	3.6	2.5	1.9	−1.6	−1.8	0.5
교통	6	2.2	−1.2	−1.6	−6.8	−3.2	4.6
교육	1.6	1.4	1.2	1.3	1.5	1.7	1.2

※ 소비자물가 총지수는 2012년이 기준연도로 100임

① 2012년 소비자물가 총지수는 2008년 대비 약 6% 이상 증가했으며, 제시된 소비자물가 총지수의 기준연도이다.

② 제시된 기간 동안 소비자물가가 지속적으로 상승한 품목은 3개이다.

③ 2007년 소비자물가 총지수는 2012년 기준연도 소비자물가 총지수에 비해 10%p 이상 더 낮다.

④ A 국가에서 2014년 담배 한 갑의 가격이 1만 원이라면 2011년에는 담배 한 갑의 가격은 약 7,527원이다.

⑤ 2011년의 교통 관련 소비자물가 지수가 100이라고 가정하면 2014년 교통 관련 소비자물가 지수는 95보다 작다.

25. 다음 표는 2018~2019년 감전사고 현황에 대한 자료이다. 이에 대한 〈보기〉의 설명 중 옳은 것을 모두 고르면?

[2018~2019년 감전형태별 감전사고 현황]

(단위: 명)

감전형태	2018			2019		
	전체 사상자 수	사망자 수	부상자 수	전체 사상자 수	사망자 수	부상자 수
전체	515	17	498	508	27	481
충전부직접접촉	263	12	251	248	21	227
누전	50	5	45	29	4	25
정전유도	4	–	4	6	–	6
아크	185	–	185	195	1	194
플래쉬오버	13	–	13	29	1	28
기타	–	–	–	1	–	1

[2018~2019년 화상정도별 감전사고 현황]

(단위: 명)

화상정도	2018			2019		
	전체 사상자 수	사망자 수	부상자 수	전체 사상자 수	사망자 수	부상자 수
전체	515	17	498	508	27	481
1도	137	10	127	172	18	154
2도	233	4	229	213	3	210
3도	126	1	125	111	3	108
4도 이상	19	2	17	12	3	9

※ 출처: KOSIS(한국전기안전공사, 감전재해조사)

〈보기〉

㉠ 2019년에 감전사고로 인한 사망자 중 2도 이상의 화상을 입은 사람의 비중은 전년 대비 감소하였다.
㉡ 2018년 아크로 인한 부상자 중 2도 이하의 화상을 입은 사람의 수는 적어도 43명 이상이다.
㉢ 감전사고로 인한 전체 사상자 중 충전부직접접촉으로 인한 감전사고 사상자가 차지하는 비중은 전년 대비 2019년에 증가하였다.
㉣ 2019년 3도 이하의 화상을 입은 사람 중 충전부직접접촉으로 인한 감전사고 사상자가 2019년 아크로 인한 감전사고 사상자의 수보다 많다.

① ㉠, ㉡   ② ㉡, ㉢   ③ ㉡, ㉣   ④ ㉠, ㉡, ㉢   ⑤ ㉠, ㉡, ㉣

26. 다음은 유럽 내 '갑'국의 A~I 도시의 식품 관련 대형마트 현황에 대한 자료이다. 이에 대한 설명으로 옳지 않은 것을 모두 고르면?

[주요 도시 식품 관련 대형마트 현황]

구분	사업체 수(개)	종사자 수(명)	매출액(백만 원)	건물 연면적(m²)
A 시	38	4,782	3,829,427	1,682,038
B 시	44	6,790	4,172,932	1,972,302
C 시	29	4,127	3,082,942	1,068,054
D 시	59	8,203	6,219,384	2,749,320
E 시	22	3,416	2,392,305	682,934
F 시	124	19,234	13,839,273	5,283,017
G 시	73	11,906	7,458,291	3,129,423
H 시	46	6,921	4,922,439	1,932,043
I 시	13	1,956	1,412,742	634,201
전체	448	67,335	47,329,735	19,133,332

ⓐ 식품 관련 쇼핑몰 종사자 수가 5,000명 이상인 도시의 평균 사업체 수는 70개 이상이다.
ⓑ H 시의 사업체 수 대비 매출액은 갑국의 도시 전체 사업체 수 대비 매출액보다 높다.
ⓒ 건물의 연면적이 큰 도시일수록 해당 지역의 매출액 역시 높다.
ⓓ 사업체 수가 많은 상위 3개 도시의 종사자 수와 매출액은 갑국 전체의 종사자 수와 매출액의 60% 이상을 차지하고 있다.

① ㉠, ㉡   ② ㉠, ㉢   ③ ㉠, ㉡, ㉢   ④ ㉠, ㉢, ㉣   ⑤ ㉡, ㉢, ㉣

27. 다음은 우리나라 연도별 성별 출생아 수 및 출산 순위별 출생성비에 대한 자료이다. 이에 대한 설명 중 옳은 것은?

[성별 출생아 수 및 출산 순위별 출생성비]　(단위: 천 명, 여아 1백 명당 남아 수)

구분		2010년	2011년	2012년	2013년	2014년	2015년	2016년	2017년	2018년
출생아 수	전체	470.2	471.2	484.6	436.5	㉠	438.4	406.3	357.8	㉡
	남아	242.9	242.1	249	223.9	223.4	224.9	208.1	184.3	167.8
	여아	227.3	229.1	㉢	212.6	212.1	213.5	198.2	173.5	159.1
출생성비	전체	106.9	105.7	105.7	105.3	105.3	㉣	105	106.3	105.4
	첫째아	106.4	105	105.3	105.4	105.6	106	104.4	106.5	105.2
	둘째아	105.8	105.3	104.9	104.5	104.6	104.5	105.2	106.1	105.8
	셋째아 이상	110.9	109.5	109.2	108	106.7	105.5	107.4	106.4	105.8

※ 출처 : KOSIS(통계청, 인구동향조사)

① 2013년부터 매년 우리나라 출생아 수는 전년 대비 지속 감소하고 있다.

② 조사 기간 중 한해 동안 가장 많은 여아 수가 출생한 연도는 2011년이다.

③ 둘째 아이의 경우보다 셋째 아이 이상일 경우에 여아 1백 명당 남아 수가 항상 더 많다.

④ 2015년 전체 출생아 수의 여아 1백 명당 남아 수는 2017년보다 더 낮다.

⑤ 한 해 남아 출생아 수가 전년 대비 가장 크게 감소한 연도에는 전체 출생아 수도 가장 크게 감소하였다.

28. 다음 표는 2015~2019년 철도교통사고 현황을 나타낸 자료이다. 자료에 대한 설명으로 옳은 것을 모두 고르면?

[2015~2019년 철도교통사고 현황]

(단위: 건)

구분	2015	2016	2017	2018	2019
합계	138	123	105	98	72
열차사고	4	8	4	4	6
건널목사고	12	9	11	8	15
사상사고	119	104	87	82	46
기타안전사고	3	2	3	4	5

[2015~2019년 사상사고 원인별 사고 건수]

(단위: 건)

구분	여객사상사고 건수	공중사상사고 건수	직무사상사고 건수
2015	53	48	18
2016	53	37	14
2017	52	23	12
2018	32	38	12
2019	13	25	8

[2015~2019년 사상사고 인원 현황]

(단위: 명)

구분	사망자 수	중상자 수	경상자 수
2015	73	25	38
2016	61	48	0
2017	49	40	0
2018	39	49	0
2019	29	19	0

[2015~2019년 사상사고 원인별 총 사상자 수 현황]

(단위: 명)

구분	여객사상사고	공중사상사고	직무사상사고
사상자 수	222	177	71

※ 출처: KOSIS(국토교통부, 철도사고현황)

〈보기〉

㉠ 전체 철도교통사고 건수와 사고로 인한 사망자 수는 매년 감소하였다.
㉡ 2015~2019년 여객사상사고로 인한 사망자 수는 적어도 3명 이상이다.
㉢ 매년 전체 철도교통사고 건수 중 사상사고 이외의 사고가 차지하는 비율은 30% 이하이다.
㉣ 2018년의 사상사고 건수 중 여객사상사고 건수가 차지하는 비율은 3년 전 대비 감소하였다.

① ㉠, ㉡   ② ㉠, ㉢   ③ ㉡, ㉣   ④ ㉠, ㉡, ㉢   ⑤ ㉠, ㉡, ㉣

29. 다음 표는 2015~2018년 에너지원별 신재생에너지 산업 현황에 관련한 자료이다. 자료에 대한 설명으로 옳은 것을 모두 고르면?

[2015~2018년 에너지원별 신재생에너지 산업 고용인원 현황]

(단위: 명)

구분	2015	2016	2017	2018
태양광	8,639	8,360	7,909	7,732
태양열	229	219	195	140
풍력	2,232	1,718	1,778	1,580
연료전지	802	731	801	882
지열	541	436	335	326
바이오	1,493	1,604	1,647	1,595
폐기물	1,899	1,452	1,662	1,531
합계	15,835	14,520	14,327	13,786

[2015~2018년 에너지원별 신재생에너지 산업 기업체 수 현황]

(단위: 개)

구분	2015	2016	2017	2018
태양광	127	108	118	102
태양열	21	17	17	13
풍력	36	28	26	22
연료전지	15	15	15	14
지열	26	25	24	24
바이오	128	116	121	110
폐기물	132	101	124	109
합계	485	410	445	394

[2015~2018년 에너지원별 신재생에너지 산업 매출액 현황]

(단위: 억 원)

구분	2015	2016	2017	2018
태양광	75,551	71,246	71,645	64,597
태양열	290	266	167	165
풍력	14,056	11,049	10,759	12,062
연료전지	2,167	2,311	2,831	4,916
지열	1,430	1,223	1,006	778
바이오	12,294	10,858	12,508	13,816
폐기물	5,763	3,367	2,964	3,206
합계	111,551	100,320	101,880	99,540

※ 출처: KOSIS(한국에너지공단, 신재생에너지설비·연료산업조사)

⊙ 2015~2018년 지열과 태양열 신재생에너지 산업 모두 기업체당 매출액은 매년 감소한다.

ⓒ 2015~2018년 태양광을 제외한 신재생에너지 산업의 고용인원은 매년 전체 신재생에너지 산업 고용인원의 40% 이상이다.

ⓒ 2018년 지열 신재생에너지 산업의 기업체당 고용인원은 3년 전 대비 5명 이상 감소하였다.

ⓔ 고용인원과 매출액이 매년 감소하는 신재생에너지 산업은 1개 분야이다.

① ⊙, ⓒ   ② ⊙, ⓒ   ③ ⊙, ⓔ   ④ ⓒ, ⓒ   ⑤ ⓒ, ⓔ

30. 다음은 우리나라 연도별 공공기관 신규채용 현황을 보여주는 자료이다. 이에 대한 설명으로 옳지 않은 것은?

[연도별 공공기관 신규채용 현황]

(단위: 명)

구분		2011년	2012년	2013년	2014년	2015년	2016년
전체		14,673	16,608	⊙	17,568	18,932	20,474
공기업	전체	2,684	4,279	4,041	4,158	4,331	5,112
	시장형	1,856	2,713	3,126	2,912	3,202	ⓒ
	준시장형	828	1,566	915	1,246	1,129	1,549
준정부기관	전체	ⓒ	3,943	3,980	5,040	4,835	5,858
	기금관리형	1,352	1,047	1,252	1,274	1,011	1,151
	위탁집행형	2,769	2,896	2,728	3,766	3,824	4,707
기타공공기관		7,868	8,386	9,303	8,370	ⓔ	9,504

※ 신규채용 전체 인원 = 공기업 채용 인원 + 준정부기관 채용 인원 + 기타 공공기관 채용 인원

※ 출처: 알리오, 공공기관 신규채용 현황

① 조사기간 중 공공기관 전체 신규채용 인력 현황은 매년 증가하고 있다.

② 매년 신규채용 인력 중 공기업과 준정부기관에서 채용하는 인력은 전체의 절반 이상을 차지하고 있다.

③ 2014년 위탁집행형 준정부기관의 신규채용 증가 인력 수는 기타 공공기관의 신규채용 감소 인력 수보다 더 크다.

④ 2011년 대비 2016년 공공기관 채용 인력은 기금관리형 공공기관을 제외한 모든 기관에서 증가하였다.

⑤ 기타공공기관 신규채용 인력이 가장 많은 해와 가장 적은 해는 1,900명 이하로 차이가 난다.

31. A 시에서 핵폐기물처리 시설의 설치를 위한 찬반주민투표를 실시하고자 한다. A 시 인구는 50만 명, A 시 지방의회 의원 수는 80명, A 시 주민투표권자는 A 시 인구의 70%이고 주민투표는 20XX는 3월 1일에 진행한다고 할 때, 다음 중 옳은 것은?

제○○조(주민투표의 실시요건)
① 지방자치단체의 장은 다음 각호의 어느 하나에 해당하는 경우에는 주민투표를 실시할 수 있다. 이 경우 제1호 또는 제2호에 해당하는 경우에는 주민투표를 실시하여야 한다.
　1. 주민이 제2항에 따라 주민투표의 실시를 청구하는 경우
　2. 지방의회가 제3항에 따라 주민투표의 실시를 청구하는 경우
　3. 지방자치단체의 장이 주민의 의견을 듣기 위하여 필요하다고 판단하는 경우
② 주민투표청구권자는 주민투표청구권자 총수의 20분의 1 이상 5분의 1 이하의 범위에서 지방자치단체의 조례로 정하는 수 이상의 서명으로 그 지방자치단체의 장에게 주민투표의 실시를 청구할 수 있다.
③ 지방의회는 재적의원 과반수의 출석과 출석의원 3분의 2 이상의 찬성으로 그 지방자치단체의 장에게 주민투표의 실시를 청구할 수 있다.
④ 지방자치단체의 장은 직권에 의하여 주민투표를 실시하고자 하는 때에는 그 지방의회 재적의원 과반수의 출석과 출석의원 과반수의 동의를 얻어야 한다.

제○○조(주민투표결과의 확정)
① 주민투표에 부쳐진 사항은 주민투표권자 총수의 3분의 1 이상의 투표와 유효투표수 과반수의 득표로 확정된다.
② 전체 투표수가 주민투표권자 총수의 3분의 1에 미달되는 때에는 개표를 하지 아니한다.
③ 지방자치단체의 장 및 지방의회는 주민투표결과 확정된 사항에 대하여 2년 이내에는 이를 변경하거나 새로운 결정을 할 수 없다.

제○○조(주민투표소송 등)
주민투표의 효력에 관하여 이의가 있는 주민투표권자는 주민투표권자 총수의 100분의 1 이상의 서명으로 주민투표결과가 공표된 날부터 14일 이내에 소청할 수 있다.

제○○조(재투표 및 투표연기)
지방자치단체의 장은 주민투표의 전부 또는 일부무효의 판결이 확정된 때에는 그 날부터 20일 이내에 무효로 된 투표구의 재투표를 실시하여야 한다. 이 경우 투표일은 늦어도 투표일 전 7일까지 공고하여야 한다.

---

① A 시의 시장이 직권으로 실시하고자 하는 주민투표에 대해 지방의회 의원 35명만이 찬성한 경우 주민투표가 시행될 수 없다.

② 투표에 참여한 주민투표권자가 10만 명이고 이 중 8만 명이 안건에 찬성하였다면, 안건에 대한 주민투표는 확정된다.

③ 주민투표에 대해 무효판결이 확정된 경우 A 시의 시장은 무효판결이 확정된 날로부터 20일 안에 재투표가 실시된다는 사실을 공고해야 한다.

④ 주민투표 결과 찬성으로 통과된 해당 안건에 대하여 A 시의 주민투표권자가 주민투표권자 4,000명의 이의신청 서명을 받은 경우에는 이의신청을 할 수 있다.

⑤ 주민투표로 핵폐기물 처리시설이 설치되는 것으로 확정된 다음 날, A 시의 의회에서 재검토하기로 하여 진행된 투표에서 총 의회 투표에 전원 참석하여 70명이 설치에 반대하였다면 재투표를 실시할 수 있다.

32. 갑돌, 을순, 병석, 정훈은 승진시험을 보았다. 승진시험은 의사소통능력, 수리능력, 문제해결능력 3과목을 각각 40문항 100점 만점 형식으로 치르는데, 각 과목별로 40점 이상을 취득하고 3과목 평균 60점 이상을 취득하여야 합격이다. 다음의 대화에 의할 때, 합격한 사람을 모두 고르면?

〈대화〉

갑돌: 을순이 넌 문제해결능력 점수가 수리능력 점수보다 30점이나 높다며?

을순: 그래봤자 내 문제해결능력 점수가 갑돌 너의 수리능력 점수보다 낮잖아.

병석: 쳇! 그런 말 하지들 마. 그래도 너희 셋 다 전 과목이 내 의사소통능력 점수인 37.5점보다 다 높잖아.

정훈: 근데 이상하긴 하다. 평소 우리 넷 다 의사소통능력 점수가 가장 높았잖아. 그런데 실제 시험에서는 병석이만 평소와 다르네.

병석: 그래? 근데, 정훈 넌 의사소통능력 몇 점 받았냐?

정훈: 57.5점.

① 갑돌, 을순　　　　　② 을순, 정훈　　　　　③ 갑돌, 병석

④ 을순, 병석　　　　　⑤ 병석, 정훈

33. 같은 회사에 다니는 가운, 나무, 다영, 라현이는 황금연휴를 맞이하여 휴가계획을 세우고 있다. 휴가가 시작하는 날은 1, 2, 3, 4일 중 하나를 택하여야 하고, 휴가가 끝나는 날은 같은 달의 5, 6, 7, 8일 중 하나를 택하여야 한다. 그들의 휴가계획에 대한 내용이 다음과 같을 때, 가운이의 휴가기간은 시작한 날과 끝나는 날을 포함하여 며칠인가?

- 네 명의 휴가 시작일과 종료일은 모두 각각 다르다.
- 가운이의 휴가기간이 가장 짧고 라현이의 휴가기간이 가장 길다.
- 나무와 다영이의 휴가 일수는 같다.
- 라현이의 휴가가 끝나는 날은 8일이 아니다.
- 라현이의 휴가가 시작되는 날에 다영이는 이미 휴가 중이다.

① 2일　　　　② 3일　　　　③ 4일　　　　④ 5일　　　　⑤ 6일

34. 국제하키대회에 출전한 A~H 팀 총 8개 팀은 다음과 같은 규칙으로 경기를 진행했다. 다음 정보들을 통해 추론했을 때, 〈보기〉에서 반드시 거짓인 진술을 모두 고른 것은?

[대회 규칙]

모든 경기에서 무승부는 없으며, 승수가 많은 팀이 높은 순위를 차지한다. 단, 승수가 같을 시에는 득실 차 및 득점 등을 통해 순위를 결정하여 같은 순위는 없도록 한다.

- 예선전: 각 조는 4팀으로 구성되어 있으며, 각 팀이 번갈아 한 경기씩 치르는 리그전을 통해 각 조의 상위 두 팀이 준결승에 진출한다.
- 준결승전: Ⅰ조 1위 팀 vs Ⅱ조 2위 팀
　　　　　　 Ⅱ조 1위 팀 vs Ⅰ조 2위 팀
- 결승전: 준결승전에서 승리한 두 팀이 대결한다.

[예선 조 편성]

- 〈Ⅰ조〉: A 팀, B 팀, C 팀, D 팀
- 〈Ⅱ조〉: E 팀, F 팀, G 팀, H 팀

[예선전 결과]

- 〈Ⅰ조〉
  A 팀은 D 팀에게만 졌다.
  B 팀과 C 팀은 D 팀에게 이겼다.
- 〈Ⅱ조〉
  G 팀을 이긴 팀은 없다.
  1승도 거두지 못한 팀은 없다.

〈보기〉

㉠ A 팀과 G 팀이 준결승전에서 대결했다.
㉡ D 팀과 H 팀이 준결승전에서 대결했다.
㉢ C 팀과 F 팀이 결승에서 대결했다.
㉣ E 팀과 H 팀이 결승에서 대결했다.

① ㉠, ㉡　　　　② ㉠, ㉢　　　　③ ㉡, ㉢　　　　④ ㉡, ㉣　　　　⑤ ㉢, ㉣

35. 다음을 읽고 〈보기〉의 내용 중 옳은 것을 모두 고른 것은?

조선시대 과거제도 가운데 문과와 무과는 초시, 복시, 전시의 3단계로 이루어졌으며 초시와 복시에서는 해당 시험별로 인원에 맞춰 합격 여부를 결정하였고, 전시에서는 복시에서 선발된 사람들을 대상으로 순위 및 등급을 결정하였다.

교지(教旨)란 조선시대부터 국왕이 신하에게 관직·작위(爵位)·자격·시호(諡號)·토지·노비 등을 내려주는 문서이다. 교지는 그 용도에 따라 명칭이 달랐는데 관원에게 관작이나 관직을 내리는 교지는 고신(告身), 문무과 급제자에게 내리는 교지는 홍패(紅牌), 생원·진사시 합격자에게 내리는 교지는 백패(白牌), 죽은 사람에게 관작을 높여 주는 교지는 추증교지(追贈教旨), 토지와 노비를 주는 교지는 노비토전사패(奴婢土田賜牌), 향리에게 면역(免役)을 인정하는 교지는 향리면역사패(鄕吏免役賜牌)라 하였다.

홍패는 과거를 치른 최종 합격자에게 내어주던 증서로서 붉은 바탕의 종이에 합격자의 성적·등급·성명 등을 먹으로 썼다. 고려시대 숙종 7년(1102년)에 과시의 을과급제자에게 왕이 홍패와 안마(鞍馬)를 준 것이 효시로서, 홍패에는 합격자의 이름과 합격의 구분이 되는 을과·병과·동진사(同進士)·은사(恩賜)·명경업(明經業) 등과 연대·시관을 기록하였고, 수여의 범위도 넓었다. 이에 비해 조선시대에는 그 수여 범위가 문과·무과(武科)의 전시(殿試) 합격자에게만 주는 등 제한적이었다. 한편, 생원(生員)이나 진사(進士)의 경우에는 백패(白牌)를 수여하였다. 특히 고려시대에는 홍패를 어전에서 직접 주지 않고 사령(使令)을 시켜 급제자의 본가에 전하게 함으로써 그 고을에 대해 영예를 과시하게 하여 다른 사람으로 하여금 면학심을 북돋우기도 하였다.

〈보기〉

가. 조선시대 문신인 갑이 나라에 큰 공을 세워 그 상으로 갑에게 토지와 노비를 주고, 돌아가신 부모님의 관작을 높여주기 위해 교지를 내렸다면 갑은 '노비토전사패(奴婢土田賜牌)'와 '고신(告身)'을 받았을 것이다.
나. 위 두 글의 내용은 홍패의 정확한 정의 및 기원을 판단하는 데 있어 서로 충돌하는 자료라고 할 수 있다.
다. 조선시대에 무관인 을이 새로운 관작을 받게 되었다면 교지를 직접 주지 않고 사령을 시켜 본가에 직접 전하게 하여 그 마을에서 영예를 과시하게 하였을 것이다.
라. 생원·진사시에 지원한 사람들은 초시, 복시, 전시를 거쳐 최종합격을 하였을 경우에 백패를 받게 된다.

① 가, 나   ② 가, 라   ③ 나   ④ 나, 다, 라   ⑤ 다, 라

36. 중국음식점 배달부인 철수는 어느 날 음식 배달과 그릇 수거를 위해 40층 높이의 한 건물에 가게 됐다. 이 건물에는 엘리베이터가 총 3대 설치되어 있으며, 한 대는 1층을 포함한 홀수 층만 운행하고, 다른 한 대는 1층과 모든 짝수 층만 운행한다. 그리고 남은 한 대는 1층과 3의 배수에 해당하는 층만 운행하고 있다. 철수가 1층에서 출발하여 계단은 이용하지 않고 총 7번의 엘리베이터를 이용하면서 아래와 같은 일들을 모두 완수하고 1층으로 돌아왔다고 한다면 다음 중 반드시 옳은 진술은? (단, 철수는 음식 배달을 모두 마친 후에 그릇을 수거할 수 있으며, 방금 배달한 음식의 그릇 수거는 하지 않는다.)

> - 6층에서 그릇 2개를 수거해야 한다.
> - 37층에 자장면을 배달해야 한다.
> - 24층에 탕수육을 배달해야 한다.
> - 21층에서 그릇 4개를 수거해야 한다.
> - 27층에 짬뽕을 배달해야 한다.
> - 모든 배달과 그릇 수거를 마친 후에 13층에 가서 돈을 받아와야 한다.

① 철수는 짬뽕을 배달한 후, 바로 자장면을 배달하러 갔다.

② 철수는 탕수육을 제일 먼저 배달했다.

③ 철수는 탕수육을 배달한 후에 21층으로 갔다.

④ 철수가 21층에서 그릇을 수거한 후, 그릇은 6개가 되었다.

⑤ 철수는 자장면을 배달한 후, 바로 그릇 2개를 수거하러 갔다.

37. A, B, C, D씨는 각각 가명으로 전국에 집을 여러 채 가지고 있다. 가명은 각각 가운, 나나, 다영, 라현 중 하나이며 가명으로 가지고 있는 집의 위치들은 다음 표와 같다. 그런데 정부의 부동산 정책에 의해 표에 나와 있는 의 4개의 지역 중 한 곳의 보유세가 급증하여 A, B, C, D 중 그 지역의 부동산을 가지고 있던 사람이 그것을 팔아버렸다. 그들이 부동산을 정리한 후의 상황에서 자신의 부동산에 대해 언급한 내용은 다음 〈보기〉와 같다. 다음 중 정부가 보유세를 높인 지역과 C의 가명을 바르게 연결한 것은?

구분	서울	대전	대구	부산
가운	O	O	O	
나나	O	O		O
다영	O		O	O
라현		O	O	

〈보기〉
- A씨의 가명은 가운이가 아니고 D씨는 나나는 아니다.
- 사람들이 집을 처분한 후 A씨의 집의 수는 라현이라는 가명을 쓴 사람의 집의 수보다 하나 더 많아졌다.
- 사람들이 집을 처분한 후 다영이라는 가명을 가진 사람의 집의 수는 B씨의 집의 수보다 하나 더 많아졌다.
- 사람들이 집을 처분한 후 C씨의 집의 수와 D씨의 집의 수의 합은 전부 5개다.

① 서울, 라현 ② 서울, 나나 ③ 대구, 나나 ④ 대구, 가운 ⑤ 부산, 다영

38. 오늘 정민이는 8교시 수업이 있다. 오늘 있는 수업은 국어, 영어, 수학, 생물, 윤리와 예체능 3과목(음악, 미술, 체육)의 총 8과목이며 각각 1교시씩 배정되어 있다. 각 과목의 수업시간에 대한 내용이 아래 조건과 같을 때 다음 중 반드시 옳은 것은?

〈조건〉
1. 예체능 과목 수업은 연이어 있다.
2. 체육보다 영어와 수학 수업이 나중이다.
3. 수학시간이 끝나고 세 과목을 더 들은 후에 생물수업을 마치면 수업이 전부 끝난다.
4. 음악시간과 수학시간 사이에 한 과목 수업이 있으며 미술시간과 국어시간 사이에도 마찬가지이다.

① 국어시간의 바로 다음 시간은 영어시간이다.
② 생물시간과 영어시간 사이에 한 과목 수업이 있다.
③ 수학시간과 윤리시간 사이에 한 과목 수업이 있다.
④ 수학시간의 바로 다음 시간은 예체능 가운데 한 과목이다.
⑤ 영어시간과 윤리시간은 연이어 있다.

39. 다음 표는 모 스포츠의 시즌 성적이다. 이를 토대로 플레이오프를 치를 때, 갑 방식과 을 방식을 썼을 경우 1차 플레이오프에서 동원 가능한 각각의 총 관중 수는? (단, 플레이오프 경기는 모든 경기가 만원이며, 시즌 순위와 관계없이 승률이 높은 팀의 홈에서 3경기, 승률이 낮은 팀의 홈에서 2경기를 치른다. 또한 플레이오프에서 팀 간 대결은 순위에 관계없이 승률을 기준으로 1위-4위, 2위-3위 팀 간 배정하되 동일 승률일 때는 자신의 지구 성적이 우수한 팀을 상위로 인정하는 것으로 가정한다.)

팀명	승리	패배	승률	게임차	홈관중(명)
북부 지구					
A	45	37	0.549	–	30,000
B	43	39	0.524	2	40,000
C	42	40	0.512	3	25,000
D	33	49	0.402	12	35,000
E	33	49	0.402	12	30,000
북부 지구					
F	54	28	0.659	–	40,000
G	47	35	0.573	7	30,000
H	44	38	0.537	10	35,000
I	41	41	0.512	13	40,000
J	30	52	0.366	24	25,000
남부 지구					
K	59	23	0.72	–	35,000
L	45	37	0.549	14	30,000
M	36	46	0.439	23	35,000
N	18	64	0.22	41	25,000
O	13	69	0.159	46	30,000

구분	플레이오프 진출 팀	1차 플레이오프 진행 팀
갑 방식	지구 1위 팀과 와일드카드 3팀	와일드카드 3팀과 리그 1위 팀 중 최하위 승률 팀
을 방식	승률 상위 6개 팀	승률 하위 4개 팀

※ 와일드카드는 각 지구 1위 팀을 제외한 나머지 전체 지구의 팀 가운데 승률 순서대로 선정함

	갑 방식	을 방식
①	300,000명	310,000명
②	320,000명	315,000명
③	310,000명	310,000명
④	295,000명	300,000명
⑤	330,000명	310,000명

40. 정부에서 토지의 개별공시지가를 결정·고시하기 위해서는 각각의 개별토지를 비교할 표준지를 선정한 후 그 비교표준지 가격에 토지가격비준표를 대입하여 산정한다. 비교표준지 선정은 용도가 동일한 표준지 중 개별토지와 유사한 것을 선정한다고 할 때, 다음 개별토지 중 가장 토지가격이 높은 것을 찾으면?

[비교표준지]

구분	용도	형상	도로	경사	가격
A	주거	1.0	1.2	0.8	1,000,000원/m²
B	상업	1.2	0.8	1.0	1,600,000원/m²
C	공업	0.8	1.0	1.0	800,000원/m²

[개별토지]

구분	용도	형상	도로	경사
가	상업	0.8	1.2	0.8
나	주거	1.0	1.2	1.0
다	공업	1.2	1.2	1.0
라	주거	1.2	1.0	1.0
마	상업	0.8	1.2	0.8

예) 공업지역에 형상 1.2, 도로 0.8, 경사 1.0인 개별토지의 가격은 $800,000 \times \frac{1.2}{0.8} \times \frac{0.8}{1.0} \times \frac{1.0}{1.0} = 960,000$원/m²가 된다.

① 가   ② 나   ③ 다   ④ 라   ⑤ 마

41. 다음은 선거에 대한 설명과 갑, 을, 병, 정의 투표 상황 및 이들의 대화이다. 이들 네 명이 투표한 후보에 대한 진술로 반드시 옳은 것은? (단, 이들 네 명은 모두 각 선거별로 한 명의 후보에게 유효 투표하였다.)

- 선거 개요: 2개의 선거를 동시에 실시하여 도지사와 시장을 각 1명씩 선출한다. 도지사 선거에 출마한 후보는 A, B, C, D이며, 시장 선거에 출마한 후보는 E, F, G, H이다.
- 투표 상황: 이들 4명은 모두 도지사 선거에서 다른 후보에게 투표했다. 시장 선거에서도 이들 4명은 모두 다른 후보에게 투표하였다. 또한 도지사 선거와 시장 선거 모두 같은 정당의 후보에게 투표한 사람은 없다. 도지사 선거에서 C 또는 D에게 투표한 사람은 시장 선거에서 F 또는 G에게 투표하였다.
- 후보별 정당
  가당- A, E / 나당- B, F / 다당- C, G / 라당- D, H
- 선거 결과
  도지사: C 후보가 당선
  시장: E 후보가 당선

[투표 후 네 명의 대화]

갑: 내가 투표한 사람들은 모두 낙선하였다.
을: 내가 투표한 2명 중 1명만 당선되었다.
병: 나는 나당 후보에게 투표했다.
정: 나는 가당과 라당 후보에게 투표했다.

---

① 갑은 나당의 후보에게 투표하였다.
② 을은 나당의 후보에게 투표하였다.
③ 병은 다당의 후보에게 투표하였다.
④ 을은 가당의 후보에게 투표하였다.
⑤ 병은 라당의 후보에게 투표하였다.

42. A 학교의 가영, 나나, 다운은 영어 쪽지 시험을 보았다. 그들의 답지는 다음과 같으며, 영어 쪽지 시험은 100점 만점으로 한 문제당 25점이었으며 시험 결과, 세 사람의 점수는 서로 달랐다. 3명의 학생이 서로의 점수에 대해서 발언한 것은 〈보기〉와 같다. 학생들 중 꼴찌만이 거짓말을 하고 있을 때, 각 문제의 정답으로 올바른 것은?

구분	1번	2번	3번	4번
가영	O	O	X	X
나나	X	O	O	X
다운	O	X	O	O

〈보기〉

- 가영: 4번 문제의 정답은 X야.
- 나나: 가영이는 25점이야!
- 다운: 나나야말로 25점이에요.

	1번	2번	3번	4번
①	X	X	X	X
②	O	X	X	X
③	X	O	X	X
④	X	X	O	X
⑤	O	X	O	X

43. 다음의 진술들을 참이라고 할 때 철수가 최대로 먹거나 마실 수 있는 선물 종류의 개수로 옳은 것은?

철수는 좋아하는 것과 싫어하는 것의 구분이 명확해서 싫어하는 것들은 반드시 하지 않는다. NCS에 응시하는 철수는 친구들로부터 응원의 의미로 사탕, 초콜릿, 엿, 찹쌀떡, 껌, 커피의 6개의 선물을 받았다. 철수는 선물 중 초콜릿과 찹쌀떡을 함께 먹는 것을 좋아하지 않는다. 그리고 철수는 독특한 습성이 있어서 커피를 마시지 않거나 껌을 씹지 않는 경우에만 엿을 먹지 않는다고 한다. 또한 철수는 찹쌀떡을 먹지 않는 경우에는 엿을 먹지 않는다고 한다. 그러나 철수는 사탕과 초콜릿 중 적어도 하나를 먹는다고 한다. 그리고 철수는 평소에 잠이 많아서 커피와 같은 카페인 음료를 좋아하는데, 엿을 먹는 경우에만 커피를 마신다고 한다.

① 1   ② 2   ③ 3   ④ 4   ⑤ 5

44. 현재 특정 시장에서의 점유율이 A가 50%, B가 20%, C가 8%, D가 5%, E가 3%이다. 각각의 연간 매출액 또는 구매액이 모두 40억 원을 넘는 업체들이라고 할 때, 〈보기〉에서 옳지 않은 것을 모두 고르면?

> 시장지배적 사업자란 간단히 말하면 독과점업체이다. 현행 공정거래법은 매출액 요건과 점유율 요건의 두 가지 기준에 동시에 맞으면 시장지배적 사업자로 추정하고 있다. 매출액요건은 일정한 거래분야에서 연간 매출액 또는 구매액이 40억 원 이상인 업체이며, 점유율요건은 한 회사의 시장점유율이 50% 이상이거나 3개 이하의 시장점유율이 75% 이상인 경우이다. 단, 이 경우에 시장점유율이 10% 미만인 업체는 시장지배적 사업자 지정에서 제외되고, 점유율 계산 시 계열관계에 있는 사업자는 하나의 사업자로 본다. 시장지배적 사업자가 막강한 힘을 마음대로 사용하게 두면 결국은 소비자가 높은 가격에 물건을 사야하는 등 피해를 본다. 공정위는 시장지배적 사업자가 제품 값을 마음대로 올려 받거나 제품의 출고를 조절하는 행위, 새로 시장에 참여하려는 기업을 방해하는 행위, 기타 소비자의 이익을 해칠 우려가 있는 행위 등을 철저히 금지하여 소비자를 보호하고 있으며 93년 7월부터는 시장지배적 사업자에 정부투자기관도 포함하고 있다.

〈보기〉

가. 위의 상황에서는 시장지배적 사업자는 A, B, C, D의 네 사업자이다.
나. E가 A의 계열회사인 경우와 C의 계열회사인 경우에 시장지배적 사업자의 수는 같다.
다. 만일 A가 92년에 설립된 정부투자기관이라면 시장지배적 사업자에 해당하지 않는다.

① 다   ② 가, 나   ③ 나, 다   ④ 가, 다   ⑤ 가, 나, 다

[45 – 46] 어느 대학교에서 총학생회장 및 총여학생회장 선거가 함께 진행되고 있다. 총학생회장 후보는 A, B, C 3명이며, 총여학생회장후보는 D, E 2명이다. 4일 동안 진행되는 이 투표에서 총학생회장 선거는 재학생 모두가 투표권을 가지고 있으며, 총여학생회장 선거는 재학생 중 여학생만이 투표권을 가진다. 두 선거는 모두 투표율이 50% 이상일 시에만 유효한 선거로 인정된다. 다음은 투표가 시작되고 3일간 투표한 학생들의 수를 집계한 것이다. 다음을 보고 각 물음에 답하시오. (단, 선거는 함께 진행되므로 여학생은 동시에 두 가지 투표를 했다.)

재학생 8,240명(남학생 4,604명, 여학생 3,636명)
투표 첫째 날 투표자 수 – 남학생 520명, 여학생 485명
투표 둘째 날 투표자 수 – 남학생 402명, 여학생 420명
투표 셋째 날 투표자 수 – 남학생 512명, 여학생 503명

45. 투표 마지막 날은 모두 950명의 재학생이 투표를 했다고 한다면, 다음 중 위 자료를 통해 추론한 것으로 옳은 것은?

① 총학생회장선거는 유효하며, 총여학생회장선거는 유효하지 못하다.

② 총학생회장선거는 유효하지 않으며, 총여학생회장선거는 유효하다.

③ 넷째 날 투표한 남학생이 350명이면 총여학생회장선거는 유효하다.

④ 넷째 날 투표한 여학생이 350명이면 총여학생회장선거는 유효하다.

⑤ 넷째 날 투표한 여학생이 400명이면 총학생회장선거는 유효하다.

46. 투표를 마감했을 때, 총 투표자 수는 남학생이 2,610명, 여학생이 2,080명이었다. 다음은 두 선거의 개표 현황이다. B 후보와 D 후보가 당선을 확정하기 위해서 앞으로 필요한 최소 득표수는 각각 몇 표인지 구하면? (단, 투표자는 후보 중 한 명에게만 기표하며, 최다 득표자가 당선된다.)

• 총학생회장선거 개표현황 – 현재 2,230표 개표
  A 후보: 748표   B 후보: 903표   C 후보: 562표   무효: 17표
• 총여학생회장선거 개표현황 – 현재 1,215표 개표
  D 후보: 808표   E 후보: 402표   무효: 5표

	B 후보	D 후보
①	1,152	231
②	1,152	230
③	1,152	229
④	1,153	230
⑤	1,153	229

47. 아래의 내용을 토대로 했을 때, 임동근 씨가 환전을 함에 따라 얻은 이익 또는 손해는?

[상황]

9월 14일 07시 40분 인천을 출발해서 뉴욕 지사로 출장을 다녀온 임동근 씨는 출장 출발 직전 공항 환전소에서 185달러를 샀다. 뉴욕까지 비행시간은 16시간 25분이 걸렸으며, 뉴욕 지사에서의 업무는 뉴욕 공항에 내린 순간부터 다시 뉴욕에서 인천으로 출발하는 시점까지 휴식 및 휴일을 포함하여 100시간 진행되었다. 뉴욕에서 인천으로 돌아올 때 역시 비행시간은 인천에서 뉴욕으로 이동할 때와 동일한 시간이 소요되었으며, 업무를 진행하는 동안 별도의 여유시간이 생기지 않은 탓에 환전했던 돈을 사용할 일이 발생하지 않았고, 결국 환전했던 돈을 가지고 그대로 한국으로 귀국했다. 임동근 씨는 어쩔 수 없이 귀국 다음날 시중에 있는 A 은행으로 가서 환전했던 달러화를 팔았다.

[GMT]

뉴욕	서울
−5	+9

[환율 정보]

구분	공항 환전소		시중 A 은행	
	살 때 (원/달러)	팔 때 (원/달러)	살 때 (원/달러)	팔 때 (원/달러)
9/13	1,301.4	1,270.2	1,297.4	1,266.9
9/14	1,287.2	1,256.0	1,291.2	1,260.7
9/15	1,302.7	1,271.5	1,298.7	1,268.2
9/16	1,304.1	1,272.9	1,300.1	1,269.6
9/17	1,313.4	1,282.2	1,309.4	1,278.9
9/18	1,320.7	1,289.5	1,316.7	1,286.2
9/19	1,319.8	1,288.6	1,315.8	1,285.3
9/20	1,328.7	1,297.5	1,324.7	1,294.2
9/21	1,328.9	1,297.7	1,324.9	1,294.4

※ 1) 원화를 달러화로 환전할 때는 살 때의 기준으로, 달러화를 원화로 환전할 때는 팔 때의 기준으로 환전함
 2) 공항 환전소와 시중 A 은행의 살 때/팔 때 금액은 환전 수수료율을 감안한 금액임

---

① 1,295원 손해   ② 725원 손해   ③ 255원 이득

④ 725원 이득   ⑤ 1,295원 이득

48. 귀하는 프로젝트를 기획하면서 시간계획 순서에 따라 업무 우선순위를 나누고 각각의 소요시간을 확인하여 계획을 수립하고 있다. 귀하의 기획안을 확인한 제품개발팀 팀장은 임원진 회의를 통해 아래와 같은 사항을 결정하고 귀하에게 지시하였다. 아래의 내용을 토대로 일정을 수정한다고 할 때, 기존 계획에서 변경된 계획으로 진행됨에 따라 단축되는 일정은 총 얼마인가?

[제품 경쟁력 확보를 위한 개선 기획안]

1. 프로젝트 목표: 시장 점유율 하락 원인 분석 결과에 따른 제품 경쟁력 우위 확보
2. 프로젝트 총예산: 11,500,000,000원
3. 제품 디자인은 파리 소재 디자인 회사에서 전담하여 진행

[작업 일정표]

구분	작업	소요 시간	선행 작업
A	경쟁사 제품 Spec 조사	3일	–
B	자사 제품 강점/약점 조사	2일	–
C	제품 개선 방향 수립 회의	5일	A, B
D	신규 제품 세부 Spec 결정	2일	C
E	신규 제품 디자인 의뢰	5일	D
F	신규 제품 공정 설계	7일	D
G	신규 제품 랜더링	2일	E, F
H	시제품 제작	5일	G
I	1차 제품 자체 평가	3일	H
J	1차 제품 전문기관 평가 의뢰	4일	H
K	개선점 반영 및 2차 시제품 제작	5일	I, J
L	최종 평가	3일	K
M	프로젝트 종결 보고	1일	L

[제품개발팀장의 지시]

작성한 기획안은 확인했습니다. 해당 기획안을 토대로 임원진 회의를 진행하여 일정 변경이 가능한 부분을 검토하고 각 부서별 협조 요청을 해 두었습니다. 우선 경쟁사 제품 Spec 조사는 마케팅팀에서 미리 조사해둔 자료가 있어서 1일이면 자료 준비가 완료될 것 같습니다. 신규 제품 공정 설계는 공정설계팀에서 5일 안에 마무리를 짓겠다고 했으니 그에 맞추어 일정을 진행해 주시면 될 것 같습니다. 하지만 디자인 회사 측에서 일정을 1일 연장해 달라는 요청이 왔으니 그 부분도 감안을 해야 할 것 같습니다. 아, 한 가지 빠뜨릴 뻔했는데, 1차 제품 전문기관 평가 의뢰는 진행하지 않기로 했습니다. 1차 평가는 자체평가만으로 진행할 예정이니, 자체평가 후에 바로 개선점을 반영하여 2차 시제품 제작을 시작해 주세요.

① 3일   ② 4일   ③ 5일   ④ 6일   ⑤ 7일

[49-50] 귀하는 ○○기업의 홍보팀 사원으로 신제품 홍보업무를 담당하기로 했다. 다음 자료를 보고 각 물음에 답하시오.

[○○기업 신제품 홍보 기획안]

- 신제품 구매 시 판촉물 증정을 통한 신제품 구매 독려
  - 신제품 1개 구매 시 판촉물 1개 증정
- 1차 홍보 이벤트 신제품 판매 목표 수량 1,000개
  - 신제품 1개당 판매가격: 125,000원
  - 매진 시 총 판매 금액: 125,000,000원
  - 매진 시 예상 순수익: 8,250,000원
- 판촉물 후보 목록 및 가격

구분	보조 배터리	미니 선풍기	3단 우산	에코백	보드게임
가격(원)	8,500	6,500	7,500	3,500	7,500
선호도	A	C	C	D	B

※ 1) 판촉물은 선호도를 최우선으로 선정하며, 선호도는 A > B > C > D 순으로 높음
   　(단, 금액이 50% 이상 저렴하다면 선호도가 한 단계 낮은 것을 선택함)
  2) 판촉물의 1개당 가격은 신제품의 1개당 순수익금을 넘거나 같을 수 없음
  3) 선호도가 동일하다면 금액이 저렴한 것을 우선으로 함
  4) 모든 판촉물은 구매 시 10%의 부가세가 별도로 가산됨
  5) 판촉물 총 구매가격이 850만 원을 넘어가면 10% 할인됨
  6) 최종 행사 후 순수익은 '매진 시 예상 순수익 - 판촉물 구매 비용'으로 계산함

---

49. 위의 내용을 토대로 귀하가 판촉물로 선정해야 하는 물건은?

① 보조 배터리　　② 미니 선풍기　　③ 3단 우산　　④ 에코백　　⑤ 보드게임

50. 준비한 모든 상품과 모든 판촉물이 다 소진되었다고 할 때, 이번 신제품 판촉 행사를 통해 ○○기업이 얻은 순수익은? (단, 판촉물 구매 비용 외 다른 비용은 고려하지 않는다.)

① 750,000원　　② 1,100,000원　　③ 1,750,000원　　④ 2,450,000원　　⑤ 4,400,000원

51. ○○회사의 인사팀 팀장인 안 팀장이 팀의 서무 담당자에게 뉴욕 출장을 마치고 한국으로 돌아갈 비행기 항공권 예매를 요청하였다. 안 팀장이 보낸 메일이 아래와 같을 때, 귀하가 예매해야 하는 항공권은?

[안 팀장의 메일]

안녕하세요. 갑작스럽게 일정이 변경되어 부득이 항공권 예매를 요청 드리게 되었습니다. 원래 일정이 오후 7시에 진행되는 사장님 업무 미팅에 참석하면 되는 일정이라서 거기에 맞추어 예매를 진행했지만 갑자기 홍보팀 김 팀장님께서 사전 미팅을 업무 미팅 3시간 전에 진행하자는 요청을 하셔서 항공권 변경이 필요합니다. 회의가 회사에서 진행될 예정이니, 아무리 늦어도 회의가 시작하기 전 30분 전에는 회사에 도착할 수 있는 스케줄의 항공권을 예매해 주시기 바랍니다. 비행기 도착 후 회사까지 들어가는 데 1시간 30분 정도가 소요될 것으로 예상되니, 그 부분도 꼭 고려해서 예매 부탁드립니다. 항공권이 결정되는 대로 일정과 함께 답장 부탁드립니다. 감사합니다.

[도시별 UTC]

도시	뉴욕	런던	파리	서울
UTC	−5	0	+1	+9

※ UTC: 협정 세계시

[한국행 비행기 시간표]

구분	OJ 0325	KS 517	LF 3227	US 2402	UK 418
뉴욕 출발시각	13:30	08:35	11:30	09:30	10:00
총 소요 시간	14시간 45분	16시간 30분	15시간 05분	14시간 20분	14시간 30분

① OJ 0325   ② KS 517   ③ LF 3227   ④ US 2402   ⑤ UK 418

[52 – 53] 다음 자료를 보고 각 물음에 답하시오.

[본사 및 지사 간 거리]

(단위: km)

구분	본사	A 지사	B 지사	C 지사	D 지사	E 지사	F 지사
본사	–	230	217	87	–	–	–
A 지사	230	–	–	–	–	183	–
B 지사	217	–	–	–	–	144	173
C 지사	87	–	–	–	165	–	–
D 지사	–	–	–	165	–	–	182
E 지사	–	183	144	–	–	–	172
F 지사	–	–	173	–	182	172	–

[출장 규정]

1. 출장비 지급 규정

직급	시내 출장	시외 출장	비고
부장 이상	5만 원	7만 5천 원	2박 3일 이상 출장의 경우 50% 가산 금액 지급
과장 이상 차장 이하	4만 원	6만 원	
과장 미만	3만 원	4만 5천 원	

※ 1) 시외 출장은 원 근무지에서 거리가 100km 이상인 지역이 출장 일정에 포함되어 있는 경우를 의미함
　 2) 모든 기준 금액은 1일당 지급 금액임

2. 유류비 지급 규정
　– 직급에 따른 차등 없이 지급함
　– 실제 주유비 기준이 아닌 총 이동 거리, 이용 차량 공인 연비, 현재 기준 유가를 토대로 산출한 금액 기준 지급을
　　원칙으로 함
※ 현재 기준 유가 – 휘발유: 1,600원/L, 경유: 1,400원/L

52. ○○공사 본사에서 근무하고 있는 임동근 과장은 이번 주에 3박 4일 일정으로 전국에 있는 A~F 총 6개 지사의 점검을 계획하고 있다. 최단 거리로 이동하는 방법으로 모든 지사를 점검하려고 할 때, 임동근 과장이 본사에서 출발하여 모든 지사를 점검하고 본사로 돌아오는 데 이동하는 총 이동 거리는?

① 1,138km   ② 1,164km   ③ 1,207km   ④ 1,265km   ⑤ 1,306km

53. 위에서 계획한 방법대로 모든 지사를 점검하고 돌아온 임동근 과장은 출장에 따른 비용을 청구하고자 한다. 임동근 과장이 이용한 차량에 대한 정보가 아래와 같을 때, 임동근 과장이 청구할 총 금액은? (단, 비용은 출장비와 유류비 외에는 고려하지 않는다.)

[차량 및 주유 정보]

유종	공인 연비	주유 금액
휘발유	12km/L	132,650원

① 424,200원   ② 462,400원   ③ 487,600원   ④ 515,200원   ⑤ 547,400원

54. ○○공사 구매부서에서 근무하고 있는 귀하는 갑을 협력업체에게 지불할 대금을 계산하고 있다. 아래의 상황을 토대로 귀하가 협력업체에 지불해야 하는 금액은?

[상황]

갑을 협력업체로부터 A, B, C, D 4개의 제품을 업무일마다 납품받는 귀하는 사용량과 재고량을 매일 체크하여 아래와 같은 표를 만들었다. 귀하는 아래의 표를 토대로 7일 월요일부터 18일 금요일까지 납품받은 제품의 대금을 지불하려고 한다.

[제품 사용량 및 재고량]

(단위: 원/개, 개)

제품명	제품 A		제품 B		제품 C		제품 D	
가격	6,000원/개		7,400원/개		4,600원/개		5,500원/개	
구분	사용량	재고량	사용량	재고량	사용량	재고량	사용량	재고량
4일	23	15	31	22	22	14	15	31
7일	32	22	23	10	15	30	33	15
8일	45	17	35	27	45	2	24	14
9일	65	13	15	32	15	37	23	16
10일	40	23	22	26	52	20	25	17
11일	35	26	43	5	32	15	30	10
14일	45	10	32	17	43	23	24	21
15일	42	12	33	22	37	14	25	22
16일	35	9	28	30	28	22	15	32
17일	46	7	34	20	30	15	33	15
18일	28	5	20	23	31	14	40	10

※ 모든 업무는 평일에만 진행되며, 제품은 업무 시작 시간인 08시 이전에 납품이 되고, 사용량과 재고량은 업무가 종료되는 17시 이후에 체크하여 정리하였음

① 6,547,900원　　② 6,774,100원　　③ 6,989,500원　　④ 7,137,400원　　⑤ 7,423,700원

[55 – 56] 다음 자료를 보고 각 물음에 답하시오.

[상황]

갑은 친구 3명(을, 병, 정)과 함께 1박 2일 여행을 갔다. 대여한 숙소는 샤워실, 세면대, 화장실이 각 1개씩 있는 숙소이며, 둘째 날 아침 4명이 아침 식사를 하러 나가기 위해 준비를 하려고 한다. 4명 모두 샤워실, 세면대, 화장실을 각각 1회씩 사용해야 하며, 샤워실을 이용한 뒤 세면대를 이용하고, 마지막으로 화장실을 이용해야 한다.

[인원별 소요 시간]

(단위: 분)

구분	샤워실	세면대	화장실
갑	10	4	6
을	5	3	4
병	7	4	8
정	4	2	5

※ 1) 샤워실, 세면대, 화장실은 2명 이상이 동시에 사용할 수 없음
2) 샤워실, 세면대, 화장실은 반드시 순서대로 사용해야 함

55. 위의 상황과 인원 별 소요 시간을 토대로 할 때, 가장 **빠른** 시간 안에 모든 사람이 준비를 마칠 수 있는 준비 순서는?

① 을 – 갑 – 병 – 정

② 을 – 병 – 갑 – 정

③ 정 – 병 – 갑 – 을

④ 정 – 을 – 병 – 갑

⑤ 정 – 갑 – 병 – 을

56. 아침 식사를 하기 위한 식당은 숙소에서 17km가 떨어져 있으며, 갑과 친구들은 숙소까지 차량을 이용하여 이동할 예정이다. 식당 예약이 08시 30분이라고 할 때, 갑과 친구들이 예약시간에 맞춰 도착하기 위해 첫 번째 사람이 준비를 시작해야 하는 가장 늦은 시간은? (단, 숙소에서 식당까지 이동 시 차량 평균 속도는 60km/h이며, 준비와 이동을 제외한 시간 소요는 없다고 가정한다.)

① 07시 25분

② 07시 28분

③ 07시 32분

④ 07시 35분

⑤ 07시 38분

57. 아래의 내용을 토대로 해공이가 상품을 구매하기 위해 지불해야 하는 최소 금액은?

> - 해공이는 Sale Festival을 맞이하여 온라인 쇼핑몰에서 평소 구매하고 싶었던 블루투스 이어폰과 백팩, 그리고 청바지를 1개씩 구입하려고 한다.
> - 각 물품의 가격과 Festival 기본 할인은 다음과 같다.
>
> | 구분 | 블루투스 이어폰 | 백팩 | 청바지 |
> |---|---|---|---|
> | 정가(원) | 186,000 | 214,000 | 162,000 |
> | 할인율(%) | 20 | 20 | 40 |
>
> - Sale Festival을 맞이하여 온라인 쇼핑몰에서는 동시 구매 물품 1개당 5%씩 최대 10%를 최종 구매 금액에서 추가 할인을 하는 대박 할인을 진행한다.
> - 해공이는 지난달 해당 온라인 쇼핑몰에서 구매 이벤트에 당첨되어 결제 금액이 40만 원 이상일 경우 5만 원이 할인되는 할인 쿠폰을 사용할 수 있다.
> - 해공이는 A사 카드와 B사 카드를 모두 소지하고 있는데, 각 카드사별 할인율과 조건은 아래와 같다.
>
> | 구분 | A 사 카드 | B 사 카드 |
> |---|---|---|
> | 조건 | 총 결제금액 35만 원 이상 시 | 총 결제금액 30만 원 이상 시 |
> | 할인 | 4만 원 청구 할인 | 2만 원 청구 할인 |
>
> ※ 할인은 'Festival 기본 할인 → 대박 할인 → 할인 쿠폰 → 카드사 할인' 순으로 적용됨

① 327,200원　　　② 335,480원　　　③ 342,300원　　　④ 353,740원　　　⑤ 367,460원

58. ○○회사의 홍보담당자인 A 과장은 지난달 출장비를 정산하고자 한다. 아래의 내용을 토대로 A 과장이 지급받을 수 있는 출장비의 총액은?

[○○회사 출장비(급여 + 비용) 지급 기준]

1. 출장에 따른 추가 급여 지급 사항
   가. 출장에 따른 추가 급여 지급은 국내 출장과 해외 출장으로 구분하여 지급한다.
   　　1) 국내 출장 – 직급에 따라 차등 지급한다.
   　　　가) 임원~부장: 1일당 5만 원
   　　　나) 차장~과장: 1일당 3만 원
   　　　다) 대리~사원: 1일당 2만 원
   　　2) 해외 출장 – 직급에 따른 차등 없이 지급한다.
   　　　※ 지급기준: 업무시간 기준 1시간당 시급의 50%를 가산

2. 출장에 따른 비용 지급 사항
   가. 출장에 따른 비용 지급은 숙박비, 교통비, 식비에 한해 지급한다.
   　　1) 숙박비 – 실 사용금액을 지급하며, 최대 지급액은 직급에 따라 차등 규정한다.
   　　　가) 임원~부장: 1일당 25만 원
   　　　나) 차장~과장: 1일당 20만 원
   　　　다) 대리~사원: 1일당 15만 원
   　　2) 교통비 – 이동 거리 및 사용 차량의 유종에 따라 지급한다.

유종	가솔린	디젤	LPG
L당 가격(원)	1,400	1,200	980

   　　　※ 1) 전기차를 이용한 경우 이동 거리에 상관없이 1일 1만 원의 교통비를 지급함
   　　　　 2) 해외 출장의 경우 임원~부장은 비즈니스, 차장~사원은 이코노미에 한하며, 1일 교통비 5만 원을 추가 지급함
   　　3) 식비 – 직급에 따른 차등 없이 1식당 25,000원을 지급한다.
   　　　가) 당일 출장의 경우 식사 횟수에 따라 규정된 금액을 지급한다.
   　　　나) 1박 2일 출장의 경우 4식에 해당하는 금액을 지급한다.
   　　　다) 1박 2일 초과 출장의 경우 1박 추가 시마다 3식에 해당하는 금액을 추가 지급한다.
   나. 출장에 따른 비용은 법인카드로 결제한 경우에만 경비처리가 가능하며 개인카드 결제 시 영수증을 지참하더라도 별도의 비용 청구는 불가능하다.

[A 과장의 출장 이력]

일정	목적	행선지	숙박	식사
2/8~2/9	홍보 리플릿 제작 검수	천안(왕복 176km)	175,000원	3식(37,000원)
2/15	광고 제작 회의 참석	일산(왕복 66km)	–	2식(26,000원)
2/23~2/24	지역 홍보 행사 참석	대전(왕복 253km)	210,000원	5식(62,000원)

※ 단, A 과장은 모든 일정에 개인 차량(가솔린, 연비: 11km/L)을 이용함

① 540,000원　　② 635,000원　　③ 716,000원　　④ 838,000원　　⑤ 923,000원

59. ○○공사는 신입사원 연수를 진행하고자 한다. 다음 상황과 교육 계획표, 강사 초빙 금액 산정기준을 근거로 판단할 때, ○○공사가 신입사원 연수를 진행하면서 필요한 총 강사 초빙 금액은?

[상황]

○○공사는 20XX년 3월 9일부터 2박 3일간 공개채용을 통해 채용한 신입사원 147명에 대한 연수를 진행하고자 한다. 연수 기간 중 교육은 아래의 [교육 계획표]에 따라 진행될 예정이다. 연수는 서울에서 편도 2시간이 소요되는 ○○공사 연수원에서 진행 예정이며, 별도의 대중 교통수단을 이용할 경우 왕복 80,000원의 경비가 소요될 것으로 예상되어 왕복 교통비는 80,000원으로 책정되었다.

[교육 계획표]

시간	1일 차	2일 차	3일 차
오전	–	비즈니스 매너	효율적인 문서 작성법
오후	커뮤니케이션 스킬	프레젠테이션 스킬	–

※ 1) 오전 강의는 09시~12시 진행, 오후 강의는 13시~17시 진행
   2) 강의별 강사는 서로 다르며, 각 강의는 1명의 강사가 진행

[강사 초빙 금액 산정기준]

– 강의료(강사 1인당)

구분	기본요금 (3시간까지)	추가요금 (3시간 초과 시)
비즈니스 매너	500,000원	100,000원/시간
효율적인 문서 작성법	600,000원	150,000원/시간
프레젠테이션 스킬	450,000원	100,000원/시간
커뮤니케이션 스킬	550,000원	120,000원/시간

– 출장비(강사 1인당)
  • 교통비는 왕복으로 정해진 금액 지급
  • 이동보상비는 이동 시간당 15,000원 지급
– 강사 초빙 금액은 강의료와 출장비(교통비, 이동보상비)의 합으로 산정함

① 264만 원　　　② 277만 원　　　③ 288만 원　　　④ 293만 원　　　⑤ 321만 원

60. ○○공사에 근무하는 귀하는 지방 출장 계획을 세우고 있다. 여러 가지 교통수단 중 아래의 〈조건〉에 따라 편익이 가장 높은 교통수단을 선택하고자 할 때, 귀하가 선택할 교통수단은?

〈조건〉
- 전체 교통수단 중 예상 소요 시간이 짧은 3가지 교통수단은 +5의 편익을 얻는다.
- 전체 교통수단 중 총 소요 비용이 낮은 3가지 교통수단은 +5의 편익을 얻는다.
- 이용 편리성이 높은 순서대로 +4, +3, +2, +1, +0의 편익을 각각 얻는다.
- 접근성이 낮은 순서대로 각각 편익이 -4, -3, -2, -1, 0이 된다.
- 자율성 점수가 전체 자율성 점수의 평균보다 높은 교통수단은 편익이 +3, 전체 자율성 점수의 평균보다 낮은 교통수단은 편익이 -3이 된다.

[교통수단별 평가 점수]

구분	자차	기차	고속버스	비행기	시외버스
예상 편도 소요 시간(hr)	6	3	5	1.5	5.5
편도 소요 비용(원)	64,000	107,000	52,000	270,000	43,000
이용 편리성(점)	84	94	90	98	89
접근성(점)	97	95	93	88	90
자율성(점)	95	75	83	70	83

① 자차   ② 기차   ③ 고속버스   ④ 비행기   ⑤ 시외버스

약점 보완 해설집 p.71

NCS 실전모의고사 6회 PSAT형

성명

수험번호

생년월일

1	① ② ③ ④ ⑤	21	① ② ③ ④ ⑤	41	① ② ③ ④ ⑤
2	① ② ③ ④ ⑤	22	① ② ③ ④ ⑤	42	① ② ③ ④ ⑤
3	① ② ③ ④ ⑤	23	① ② ③ ④ ⑤	43	① ② ③ ④ ⑤
4	① ② ③ ④ ⑤	24	① ② ③ ④ ⑤	44	① ② ③ ④ ⑤
5	① ② ③ ④ ⑤	25	① ② ③ ④ ⑤	45	① ② ③ ④ ⑤
6	① ② ③ ④ ⑤	26	① ② ③ ④ ⑤	46	① ② ③ ④ ⑤
7	① ② ③ ④ ⑤	27	① ② ③ ④ ⑤	47	① ② ③ ④ ⑤
8	① ② ③ ④ ⑤	28	① ② ③ ④ ⑤	48	① ② ③ ④ ⑤
9	① ② ③ ④ ⑤	29	① ② ③ ④ ⑤	49	① ② ③ ④ ⑤
10	① ② ③ ④ ⑤	30	① ② ③ ④ ⑤	50	① ② ③ ④ ⑤
11	① ② ③ ④ ⑤	31	① ② ③ ④ ⑤	51	① ② ③ ④ ⑤
12	① ② ③ ④ ⑤	32	① ② ③ ④ ⑤	52	① ② ③ ④ ⑤
13	① ② ③ ④ ⑤	33	① ② ③ ④ ⑤	53	① ② ③ ④ ⑤
14	① ② ③ ④ ⑤	34	① ② ③ ④ ⑤	54	① ② ③ ④ ⑤
15	① ② ③ ④ ⑤	35	① ② ③ ④ ⑤	55	① ② ③ ④ ⑤
16	① ② ③ ④ ⑤	36	① ② ③ ④ ⑤	56	① ② ③ ④ ⑤
17	① ② ③ ④ ⑤	37	① ② ③ ④ ⑤	57	① ② ③ ④ ⑤
18	① ② ③ ④ ⑤	38	① ② ③ ④ ⑤	58	① ② ③ ④ ⑤
19	① ② ③ ④ ⑤	39	① ② ③ ④ ⑤	59	① ② ③ ④ ⑤
20	① ② ③ ④ ⑤	40	① ② ③ ④ ⑤	60	① ② ③ ④ ⑤

해커스공기업
NCS 통합
봉투모의고사

모듈형/피듈형/PSAT형+전공

약점 보완 해설집

해커스

NCS 전문가의 학습가이드

NCS 실전모의고사의 회차별 특징과 풀이 전략을 확인해 보세요.

NCS 실전모의고사 1~2회 `모듈형`

모듈형 시험은 NCS 워크북의 이론과 개념을 바탕으로 문제가 출제되므로 기본적으로 NCS 워크북을 학습해야 합니다. 다만, 지원한 기업 및 직무에 따라 출제되는 영역이 다르므로 자신이 지원하는 기업 및 직무에 출제되는 영역을 파악하여 이에 맞게 학습하는 것이 좋습니다.

NCS 실전모의고사 3~4회 `피듈형`

피듈형 시험은 모듈 응용형으로도 불리며 모듈형과 PSAT형 문제가 모두 출제되므로 NCS 워크북의 핵심 내용을 정리하여 영역별 기본 이론을 암기하고, 다양한 유형의 PSAT형 문제를 충분히 풀어보면서 논리적 사고력과 문제 해결력을 기르는 것이 좋습니다.

NCS 실전모의고사 5~6회 `PSAT형`

PSAT형 시험은 모듈형보다 제시되는 자료의 길이가 길고, 논리적 사고력과 정보 해석 및 추론 능력을 요구하는 문제가 출제됩니다. 따라서 주어진 시간 내에 많은 문제를 정확하게 풀 수 있도록 영역별로 자신만의 문제 풀이 방법을 익히는 것이 좋습니다.

실력 점검표

실제 문제 풀이 시간과 맞힌 개수를 적어 보면서 문제 풀이 실력이 향상되었는지 확인해 보세요. 추가로 아래 QR코드를 통해 경쟁자와 나의 위치를 비교해 보세요.
- 제한 시간 내에 문제 풀이를 완료하고, 적정 정답 개수(50문항 40개/60문항 50개) 이상의 문제를 맞혔다면 '상', 둘 중 하나만 만족했다면 '중', 둘 중 하나도 만족하지 못했다면 '하'에 표시하세요.
- 풀이 실력이 '하'인 경우에는 NCS 실전모의고사를 다시 한 번 풀어보면서 실력을 향상시키세요.

구분	풀이 시간	맞힌 개수	풀이 실력
NCS 실전모의고사 1회	/60분	/50	상 중 하
NCS 실전모의고사 2회	/60분	/50	상 중 하
NCS 실전모의고사 3회	/70분	/60	상 중 하
NCS 실전모의고사 4회	/70분	/60	상 중 하
NCS 실전모의고사 5회	/80분	/60	상 중 하
NCS 실전모의고사 6회	/80분	/60	상 중 하

'바로 채점 및 성적 분석 서비스'로 바로 확인하는 내 위치! ▶

NCS 실전모의고사 1회 | 모듈형 |

정답

01 의사소통	02 의사소통	03 의사소통	04 의사소통	05 의사소통	06 의사소통	07 의사소통	08 수리	09 수리	10 수리
②	②	⑤	④	①	①	①	③	②	⑤
11 수리	12 수리	13 수리	14 수리	15 수리	16 문제해결	17 문제해결	18 문제해결	19 문제해결	20 문제해결
②	⑤	②	④	④	②	②	①	②	②
21 문제해결	22 문제해결	23 문제해결	24 자기개발	25 정보	26 자기개발	27 자원관리	28 자원관리	29 자원관리	30 자원관리
⑤	③	②	④	②	③	③	③	①	①
31 자원관리	32 자원관리	33 대인관계	34 정보	35 정보	36 정보	37 정보	38 정보	39 기술	40 기술
②	②	①	②	④	③	④	②	①	④
41 기술	42 조직이해	43 조직이해	44 조직이해	45 조직이해	46 조직이해	47 직업윤리	48 직업윤리	49 직업윤리	50 직업윤리
①	③	②	⑤	③	②	⑤	④	①	②

취약 영역 분석표

영역별로 맞힌 개수, 틀린 문제 번호와 풀지 못한 문제 번호를 적고 나서 취약한 영역이 무엇인지 파악해 보세요.
취약한 영역은 해커스잡 사이트(ejob.Hackers.com)에서 제공하는 '시험 당일 최종 마무리 <NCS 빈출 개념 핵심 요약집>'을 학습하고, 틀린 문제 및 풀지 못한 문제를 다시 풀어보면서 확실히 극복하세요.

영역	맞힌 개수	틀린 문제 번호	풀지 못한 문제 번호
의사소통능력	/7		
수리능력	/8		
문제해결능력	/8		
자기개발능력	/2		
자원관리능력	/6		
대인관계능력	/1		
정보능력	/6		
기술능력	/3		
조직이해능력	/5		
직업윤리	/4		
TOTAL	/50		

해설

01 의사소통능력 문제   정답 ②

품의서는 업무의 수행과 관리를 시행하기에 앞서 결재권자에게 특정한 사안을 승인해 줄 것을 요청하기 위해 작성하는 문서를 말한다. 그러므로 물품을 매입하기 위해 회사의 승인을 얻고 싶어 하는 것은 지출 품의서이다. 하지만 김 과장의 회사는 대규모 회사여서 크고 작은 경비집행을 일일이 승인할 수 없어 미리 집행한 후 결재받는다고 했으며, 결의서는 어떤 안건에 대해 수행을 목적으로 의사를 표시 및 결정한 것을 기록한 서식이므로 지출 결의서가 필요하다.

02 의사소통능력 문제   정답 ②

날짜 다음 괄호를 사용하는 경우 괄호 뒤에 마침표를 표기하지 않는 것을 원칙으로 한다.

[03-04]
03 의사소통능력 문제   정답 ⑤

발신된 기업금융연구원과 수신인인 ○○과학기술원으로 미루어보아 각 기관끼리 주고받는 문서인 공문서라는 것을 알 수 있다.

오답 체크

① 기안서: 부서 내 공문서라고 불리며, 부서 간 주고받는 문서
② 품의서: 어떤 일의 집행을 시행하기에 앞서 결재권자에게 특정한 사안을 승인해줄 것을 요청하는 문서
③ 기획서: 자신의 아이디어나 회의에서 나온 아이디어를 의뢰인이나 상사에게 제출할 목적으로 작성하는 문서
④ 결의서: 회의나 지출을 할 때 특정한 안건에 대한 수행을 목적으로 의사를 표시하여 결정한 내용을 기록한 문서

04 의사소통능력 문제   정답 ④

날짜는 한글은 쓰지 않고 연월일을 모두 쓰되, 마침표를 찍는 것이 원칙이므로 2021. 8. 9.로 고쳐쓰는 것이 적절하다.

오답 체크

① 제목과 세부내용을 쓸 때 ':(쌍점)'은 앞말과는 붙여쓰고, 뒷말과는 띄어쓰는 것이 원칙이므로 적절하지 않다.
② 번호는 '1-가-1)-가)-(1)-(가)-①-㉮' 순으로 써야 하므로 적절하지 않다.
③ 문서의 마지막에 '끝'은 기업명 옆에 쓰는 것이 아니라 문서의 마지막에 쓰는 것이므로 적절하지 않다.

⑤ 붙임에서 붙임 파일을 쓸 때는 각각 파일명과 부수를 써야 하므로 적절하지 않다.

05 의사소통능력 문제   정답 ①

표백주의란 의사표시가 성립한 때에 효력이 발생하는 원칙이다.

오답 체크

② 발신주의는 성립한 문서가 발신된 때에 효력이 발생한다는 원칙이다.
③ 도달주의는 문서가 상대에게 도달한 때에 효력이 발생한다는 원칙이다.
④ 수신주의는 도달주의와 같은 말의 원칙이다.
⑤ 요지주의는 상대방이 문서의 내용을 안 때에 효력이 발생한다는 원칙이다.

06 의사소통능력 문제   정답 ①

문장에서 사용된 '고치다'는 '잘못된 것이나 부족한 것, 나쁜 것 따위를 고쳐 더 좋거나 착하게 만듦'의 의미로 사용되었기 때문에 '수선'이 아니라 '개선'이 적절하다.

오답 체크

② '이름, 제도 따위를 바꾸다'의 의미로 사용되었으므로 '개정'과 대응된다.
③ '잘못되거나 틀린 것을 바로잡다'는 의미로 사용되었으므로 '정정'과 대응된다.
④ '고장이 나거나 못 쓰게 된 물건을 손질하여 제대로 되게 하다'의 의미로 사용되었으므로 '수리'와 대응된다.
⑤ '병 따위를 낫게 하다'라는 의미로 사용되었으므로 '치료'와 대응된다.

07 의사소통능력 문제   정답 ①

'개수(個數)'는 '낱으로 셀 때의 물건의 수효'를 나타내는 명사로서, [개쑤]로 발음되지만 한자로 이루어진 합성어이므로 사잇소리 규정에 따라 사이시옷을 붙이지 않는다.

오답 체크

② '보이거나 들어오다'라는 의미의 표현은 '띄다'이므로 '띄는'으로 써야 한다.
③ 단어의 두 번째 음절 이하에서는 두음법칙이 적용되지 않으므로 '희로애락'으로 쓰는 것이 적절하다.
④ '거칠다'는 활용과정에서 '어간의 ㄹ'이 탈락하므로 관형사형 어미 '-ㄴ'과 결합하면 '거친'이 적절하다.
⑤ '그달의 몇째 되는 날'이라는 의미의 표현은 '며칠'로 쓰는 것이 적절하다. '몇 일'은 없는 말이다.

08 수리능력 문제   정답 ③

첫 번째 소금물의 양은 $58 + 12 = 70g$이며, 농도는 $\frac{12}{58+12} \times 100\%$ 이다. 두 번째 소금물의 소금의 양을 x라고 할 때, 소금물의 양은 $100 + x$이고 농도는 $\frac{x}{100+x} \times 100\%$이다.

이 둘을 합치게 되면, 합친 소금물의 농도는 $\frac{12+x}{58+12+100+x} \times 100\% = 21\%$가 되므로,

정리하면 $\frac{12+x}{170+x} = \frac{21}{100}$, 이를 풀면 $x = 30g$이 된다.

09 수리능력 문제   정답 ②

A와 B가 같이 작업을 하면 18일이 소요되므로 A와 B가 각각 단독으로 작업했을 때 걸리는 일수를 a와 b라고 나타내면 아래와 같은 식이 나온다.

$\{(1/a) + (1/b)\} \times 18 = 1$

또한 B가 단독으로 작업하면 A가 단독으로 작업했을 때보다 1.5배의 시간이 걸리므로 아래와 같은 식을 세울 수 있다.

$(1/a) = (1/b) \times 1.5$

따라서 두 식을 연립하여 풀면 a = 30, b = 45이므로 A가 단독으로 작업했을 때 ○○제품 1개를 만드는 데 걸리는 시간은 30일이다.

10 수리능력 문제   정답 ⑤

비수기 하루 한 객실의 가격을 a라고 한다면, 성수기는 객실의 금액이 1.2a가 된다.

비수기에는 매일 30%의 공실이 발생하므로 70개의 객실만 채워지고, 이때의 매출은 70a가 되며, 성수기에는 만실이므로, 하루에 120a의 매출이 발생한다.

이때, 비수기 하루 매출과 성수기 하루 매출의 평균은 $\frac{(70a+120a)}{2}$ = 6,650,000원이며, 이때 비수기 하루 숙박료는 a = 70,000원이 된다.

따라서 성수기 하루 객실 숙박료는 1.2a = 84,000원이 정답이다.

11 수리능력 문제   정답 ②

홍보팀이 63초 만에 달리는데 B는 15초 걸리므로, A와 C가 합쳐서 48초보다 작은 기록을 내야 한다. A는 평균 시속 20km이므로 100m 달리는 데 걸리는 시간으로 변환하면,

20km : 100m = 1시간 : a초 ↔ 20,000 : 100 = 3,600 : a

a = 18초이다. 즉, A가 18초 만에 100m를 뛰므로, C는 200m를 30초보다 빠르게 뛰면 영업팀이 승리한다.

이를 비례식으로 나타내면,

ckm : 200m = 1시간 : 30초 ↔ 1,000c : 200 = 3,600 : 30

즉, c = 24이므로, C가 시속 24km보다 빠르게 뛰면 영업팀이 승리할 수 있다.

12 수리능력 문제   정답 ⑤

작년 남성 신입사원의 수를 a, 여성 신입사원의 수를 b라고 하면 올해 증가한 신입사원의 수는 아래와 같이 나타낼 수 있다.

① a + b = 2,000

② 0.15a - 0.125b = 2,000 × 0.04 = 80

따라서 두 식을 연립하여 풀면 a = 1,200, b = 800이고, 올해 채용된 남성 신입사원은 작년에 비해 15% 증가하였으므로 1,200 × 1.15 = 1,380명이다.

13 수리능력 문제   정답 ②

A의 점검 주기는 20일, 21일, 20일, 21일…… 로 시행된다.

B와 C의 점검 주기는 각각 51일, 34일이므로 이의 최소공배수인 102일 만에 B와 C는 같은 안전 점검 주기를 갖는다. 이때 A도 다섯 번째 안전 점검 주기가 20 + 21 + 20 + 21 + 20 = 102일로 B, C와 같은 날에 안전 점검을 시행할 수 있으므로, 세 기계장치는 동시에 진행될 수 있다.

3월 2일로부터 102일 뒤를 계산하기 위해서,

3월에 남은 날짜의 수는 31 - 2 = 29일이며, 4월은 30일, 5월은 31일이 있으므로 6월의 12일째 되는 날이 3월 2일로부터 102일 뒤인 날임을 알 수 있다.

14 수리능력 문제   정답 ④

ⓒ 1995~2015년 동안 조사가 진행된 시점에 인천광역시보다 인구밀도가 항상 높았던 곳은 (A), (B), (C)이므로 이 세 지역 중 한 곳은 대구광역시이다.

ⓒ 1995~2015년까지 인구밀도가 꾸준한 증가 추이를 보이는 지역은 (C), (D)이므로 두 지역은 경기도와 광주광역시 중 하나이다.

ⓔ 조사가 진행된 모든 시점에 부산광역시의 면적이 경기도의 3배라면 인구는 9배 이상이었으므로 인구밀도는 부산광역시가 경기도의 3배 이상이다. 이러한 조건을 1995~2015년 동안 만족하는 곳은 (A)와 (D)이다. 따라서 (A)는 부산광역시, (D)는 경기도이다. ⓒ에서 (C), (D) 두 지역은 경기도와 광주광역시 중 하나였으므로 남은 (C)는 광주광역시이다. 또한 ⓒ에 의해 남은 (B)는 대구광역시가 된다.

따라서 위 내용을 정리하면 (A) 부산광역시, (B) 대구광역시, (C) 광주광역시, (D) 경기도이다.

15 수리능력 문제

결혼에 대해 '해야 한다'고 응답한 비율은 남자가 52.8%, 여자가 43.5%로 남자가 높으며, 동거에 대해 '동의한다'고 응답한 비율도 남자가 58.9%, 여자가 53.9%로 남자가 높으므로 옳은 설명이다.

오답 체크

①, ② 비율만 제시된 자료이므로 각 항목별 응답한 인원수는 확인할 수 없으므로 옳지 않은 설명이다.

③ 동거에 대해 '동의한다'고 응답한 비율은 2018년에 56.4%, 2016년에 48.0%이고, 응답률의 증가율은 {(56.4 − 48.0) / 48.0} × 100 = 17.5%이므로 옳지 않은 설명이다.

⑤ 연령대가 높아질수록 결혼에 대해 '해야 한다'고 응답한 비율은 계속해서 증가하는 반면, 동거에 대해 '동의한다'고 응답한 비율은 20대까지 증가하다가 30대 이후 감소하여 증감 추이가 정반대는 아니므로 옳지 않은 설명이다.

16 문제해결능력 문제

정답 ②

문제해결의 장애요인으로 문제를 철저하게 분석하지 않는 경우가 있다. 어떤 문제가 발생하면 직관으로 성급하게 판단하여 문제의 본질을 명확하게 분석하지 않고 대책안을 수립, 실행함으로써 근본적인 해결을 하지 못하거나 새로운 문제를 야기하는 결과를 초래할 수 있다.

오답 체크

① 문제를 접한 다음 문제가 무엇인지 문제의 구도를 심도 있게 분석하지 않으면 문제해결이 어려워진다.

③ 상황이 무엇인지를 분석하기 전에 개인적인 편견이나 경험, 습관으로 증거와 논리에도 불구하고 정해진 규정과 틀에 얽매여서 새로운 아이디어와 가능성을 무시해 버릴 수 있다.

④ 문제해결에 있어 종종 우리가 알고 있는 단순한 정보들에 의존하는 경향이 있는데 단순한 정보에 의지하면 문제를 해결하지 못하거나 오류를 범하게 된다.

⑤ 자료를 수집하는 데 있어 구체적인 절차를 무시하고 많은 자료를 얻으려는 노력에만 온 정열을 쏟는 경우가 있다. 무계획적인 자료 수집은 무엇이 제대로 된 자료인지를 알지 못하는 우를 범할 우려가 있다.

17 문제해결능력 문제

정답 ②

정보는 주변에서 발견할 수 있는 지식과 책이나 밖에서 본 현상의 두 가지 형태를 의미하는데, 이러한 정보를 조합하여 최종적인 해답으로 통합하는 것이 창의적 사고의 출발이다. 여기서 지식은 내적 정보이며 현상은 외적 정보이다.

오답 체크

① 문제를 빠르게 해결했다고 해서 그 사람을 창의적이라고 할 수는 없으며 안 풀리는 문제, 해답이 많은 문제, 때로는 정답이 없는 문제를 해결하는 사람이야말로 창의적인 사람이라고 할 수 있다.

③ 개인이 발휘한 창의력은 경우에 따라 사회발전을 위한 원동력을 제공하기도 하고, 새로운 사회 시스템을 구축하는 데 쓰이기도 한다.

④ 창의적인 사고는 창의력 교육훈련을 통해서 개발할 수 있으며 모험심, 호기심, 적극적, 예술적, 집념과 끈기, 자유분방함 등이 보장될수록 높은 창의력을 보이기도 한다.

⑤ 창의적 사고에는 '문제를 사전에 찾아내는 힘', '문제해결에 있어서 다각도로 힌트를 찾아내는 힘' 그리고 '문제해결을 위해 끈기 있게 도전하는 태도' 뿐만 아니라 사고력을 비롯해서 성격, 태도에 걸친 전인격적인 가능성까지도 포함된다.

18 문제해결능력 문제

정답 ①

자유연상법은 생각나는 대로 자유롭게 발상하는 것을 말하며 브레인스토밍이 대표적인 방법이다. 강제연상법은 각종 힌트에 강제적으로 연결 지어서 발상하는 것을 말하며 체크리스트가 대표적인 방법이다. 비교발상법은 주제의 본질과 닮은 것을 힌트로 발상하는 것을 말하며 NM법, 시네틱스(Synectics)가 대표적인 방법이다.

19 문제해결능력 문제

정답 ②

애매성의 오류는 명확하지 않은 표현을 사용하여 오류에 빠지는 경우를 말하는 것이며 문맥을 무시하고 과도하게 문구에만 집착하는 것은 과대 해석의 오류이다.

20 문제해결능력 문제

정답 ②

각 빈칸에 들어갈 내용은 ㄱ: 과제해결의 중요성, ㄴ: 지속성/파급성, ㄷ: 경쟁사와의 차별화, ㄹ: 달성의 긴급도, ㅁ: 필요자원 적정성이다.

21 문제해결능력 문제

정답 ⑤

중요도와 실현 가능성을 고려해서 종합적인 평가를 내리고 채택 여부를 결정하는 것은 '해결안 개발 단계의 해결안 평가 및 최적안 선정 절차'에 대한 내용이므로 옳지 않은 설명이다.

오답 체크

① 실행계획 수립 단계는 무엇을(What), 어떤 목적으로(Why), 언제(When), 어디서(Where), 누가(Who), 어떤 방법으로(How)의 물음에 대한 답을 가지고 계획하는 단계이므로 옳은 내용이다.

② 실행계획 수립 시 인적, 물적, 예산, 시간 자원을 고려하여 실행계획을 수립해야 하므로 옳은 내용이다.

③ 실행계획 수립 시 해결안별 난이도를 고려하여 세부 실행내용을 구체적으로 수립해야 하므로 옳은 내용이다.

④ 실행의 목적과 과정별 진행 내용을 일목요연하게 정리해야 하므로 옳은 내용이다.

22 문제해결능력 문제 　　　　　　정답 ③

문제 유형을 기준에 따라 분류할 때, 해결방법에 따른 문제 유형은 논리적 문제, 창의적 문제가 있으며, 업무수행 과정 중 발생한 문제 유형은 발생형 문제, 탐색형 문제, 설정형 문제가 있다. 발생형 문제는 보이는 문제, 탐색형 문제는 찾는 문제, 설정형 문제는 미래문제라고도 한다. 한편, 이탈문제와 미달문제는 발생형 문제, 개선문제와 강화문제는 탐색형 문제, 개발문제와 달성문제는 설정형 문제와 관련이 있다.

따라서 괄호 안에 들어갈 말을 순서대로 바르게 나타내면 '창의적 – 보이는 문제 – 미래문제'가 된다.

23 문제해결능력 문제 　　　　　　정답 ②

문제해결을 잘하기 위해서는 전략적 사고, 분석적 사고, 발상의 전환, 내·외부자원의 활용 등 4가지 기본적 사고가 필요하다. 각각의 내용을 정리하면 다음과 같다.

1. 전략적 사고를 해야 한다.

현재 당면하고 있는 문제와 그 해결방법에만 집착하지 말고, 그 문제와 해결방안이 상위 시스템 또는 다른 문제와 어떻게 연결되어 있는지를 생각하는 것이 필요하다.

2. 분석적 사고를 해야 한다.

전체를 각각의 요소로 나누어 그 요소의 의미를 도출한 다음 우선순위를 부여하고 구체적인 문제해결방법을 실행하는 것이 요구된다.

3. 발상을 전환해야 한다.

사물과 세상을 바라보는 인식의 틀을 전환하여 새로운 관점에서 바로 보는 사고를 지향해야 한다.

4. 내·외부자원을 효과적으로 활용해야 한다.

문제해결 시 기술, 재료, 방법, 사람 등 필요한 자원 확보 계획을 수립하고 내·외부자원을 효과적으로 활용해야 한다.

24 자기개발능력 문제 　　　　　　정답 ④

Pap 검사(팹 테스트)는 자궁암 진단에 사용되는 세포진 검사 방법이다.

25 정보능력 문제 　　　　　　정답 ②

'메모리 대기모드'라고도 한다. 윈도우즈는 파일의 읽기 캐시나 프로그램의 코드 캐시를 '대기모드 메모리'라는 분류 하에 램에 적재해둔다. 게임이나 사진편집 등 컴퓨터 자원을 많이 사용하는 프로그램을 실행할 경우 하드웨어에 장착된 메모리를 대부분 소비하게 된다. 이때 메모리의 사용량이 줄지 않는 '메모리 누수' 현상이 생기거나 프로그램 종료 시 메모리 반환이 100% 이루어지지 않게 된다. 이로 인해 프로그램이 멈추거나 강제 종료되는 경우 '작업 관리자'를 실행해서 현재 메모리에 올라가 있는 캐시를 확인할 수 있다. 이 대기 메모리를 삭제해주면 메모리를 최적화해서 사용할 수 있다.

오답 체크

① 실행해야 할 프로그램이 많아질 때 주기억장치처럼 사용하는 보조기억장치의 일부분을 말한다.

③ 컴퓨터의 처리속도 향상을 위해 임시메모리로 사용되는 고속메모리이다.

④ 전원이 꺼져도 저장된 정보가 보존되는 비휘발성 메모리로, 속도가 빠르며 전력 소모가 적어 휴대용 디지털 기기에 사용되고 있다.

⑤ CPU(중앙처리장치)와 주변장치 사이에서 발생하는 전송속도의 차이를 해결하기 위해 일시적으로 데이터를 저장하는 장치이다.

26 자기개발능력 문제 　　　　　　정답 ③

4차 산업혁명으로 완전한 자동생산 체계를 구축하는 스마트 공장화 시대가 온다면 생산 과정의 효율화를 이룰 수 있으며 남들과 다른 자신만의 개성을 표현한 개인 맞춤형 제품들을 그때그때 개발할 수 있어 다품종 소량생산 체계를 실현할 수 있으므로 적절하지 않다.

27 자원관리능력 문제 정답 ③

자원관리 기본 과정은 '파악 → 수집 → 계획 → 수행' 단계로 구성되어 있으며, 가장 먼저 해야 하는 행동은 어떤 자원이 얼마나 필요하고, 현재의 상태 및 내가 활용 가능한 자원은 무엇이 있는지 파악하는 행동이다.

오답 체크

① 물품 구매 자금을 확보하는 것은 자원관리 과정 중 '수집' 단계에 해당하므로 적절하지 않다.

② 효율적인 물품 구매 방법을 찾아보는 것은 자원관리 과정 중 '계획' 단계에 해당하므로 적절하지 않다.

④, ⑤ 물품 구매를 진행하는 것은 자원관리 과정 중 '수행' 단계에 해당하므로 적절하지 않다.

28 자원관리능력 문제 정답 ③

종석: 시간은 누구도 멈출 수 없고 누구에게나 동일한 양이 주어지는 자원인 것은 맞지만 활용 방법에 따라 그 가치가 달라질 수 있는 자원이므로 잘못된 발언이다.

상무: 사람들은 업무를 진행하는 데 있어서 마감 기한에 대한 관념보다는 결과의 질을 더 중요하게 생각하는 경향이 있지만, 어떤 일이든 기한을 넘기는 것은 인정을 받기 어려우므로 잘못된 발언이다.

오답 체크

영훈: 시간 관리에 대한 대표적인 오해로는 '시간 관리는 상식에 불과하다', '시간에 쫓기면 일을 더 잘 할 수 있다', '시간 관리는 목록 정리만으로 충분하다', '창의적인 일을 하는 데 시간 관리는 불필요하다' 등이 있으므로 옳은 발언이다.

🔍 **더 알아보기**

시간낭비요인

1	목적이 불명확하다.	16	극기심의 결여
2	우선순위 없이 일을 한다.	17	일을 끝내지 않고 남겨둔다.
3	여러 가지 일을 한 번에 많이 다룬다.	18	소음을 발생시키거나 주의를 흩트린다.
4	장래의 일에 도움이 되지 않는 일을 한다.	19	긴 회의
5	1일 계획이 불충분하다.	20	회의나 타협에 대한 준비 불충분
6	게으른 성격, 책상 위는 항상 번잡하다.	21	커뮤니케이션 부족 또는 결여
7	서류정리를 하거나 서류를 숙독한다.	22	잡담이 많다.
8	부적당한 파일링시스템	23	통지문서가 많다.
9	메모, 전화번호를 찾는 데 오래 걸린다.	24	메모 회람이 많다.
10	일에 대한 의욕 부족, 무관심	25	일을 느긋하게 하는 성격
11	조정 부족, 팀워크 부족	26	모든 것에 대해 사실을 알고 싶어 한다.
12	전화를 너무 많이 한다.	27	기다리는 시간이 많다.
13	예정 외의 방문자가 많다.	28	초조하고 성질이 급하다.
14	No라고 말하지 못하는 성격	29	권한위양을 충분히 하지 않고 있다.
15	불완전한 정보, 정보의 지연	30	권한위양한 일에 대한 부적절한 관리

29 자원관리능력 문제 정답 ①

스트레스 감소 효과는 개인이 시간관리를 통해 얻을 수 있는 효과이다. 기업이 시간관리를 통해 얻을 수 있는 효과는 생산성 향상, 가격 인상(의 기회), 점유율 향상(의 기회), 위기 감소가 있다.

오답 체크

② 기업의 시간관리 효과 중 생산성 향상에 해당된다.

③ 기업의 시간관리 효과 중 가격 인상(의 기회)에 해당된다.

④ 기업의 시간관리 효과 중 점유율 향상(의 기회)에 해당된다.

⑤ 기업의 시간관리 효과 중 위기 감소에 해당된다.

🔍 **더 알아보기**

개인의 시간관리 효과
1. 균형적인 삶(Work and Life Balance)
2. 스트레스 감소
3. 생산성 향상
4. 개인적인 목표 성취

30 자원관리능력 문제 정답 ②

책상이나 컴퓨터 파일을 제때 정리하는 행동은 업무 효율을 향상시킬 수 있는 방법으로 자원을 낭비하는 행동이 아니다.

오답 체크

① 일회용 빨대와 수저를 애용하는 것은 물적자원 낭비요인 '일회용품 사용하기'에 해당한다.

③ 트렌드에 뒤처지지 않도록 매달 쇼핑을 하면서 물건을 구입하는 행동은 물적자원 낭비요인 '유행 따라 하기'에 해당한다.

④ '주변 사람과의 관계 소원'은 인적자원의 낭비요인에 해당한다.

⑤ 정확한 사용처가 없는 물건을 구매하는 것은 예산자원 낭비요인 '불필요한 물건의 구입'에 해당한다.

31 자원관리능력 문제
정답 ②

효율적인 자원관리 기본 과정은 '파악 → 수집 → 계획 → 수행'의 순서를 따른다.

⊙: 예산을 신청하여 확보하는 것은 예산이라는 자원을 '수집'하는 행동이다.

ⓒ: 물품 구매 또는 대여에 대한 세부적인 계획을 수립하는 것은 '계획'하는 행동이다.

ⓒ: 현재 보유 중인 자원과 필요한 자원에 대한 정보를 수집하는 것은 자원을 '파악'하는 행동이다.

ⓔ: 물품을 구매하고 프로젝트를 수행하는 것은 '수행'에 해당하는 행동이다.

따라서 순서는 'ⓒ - ⊙ - ⓒ - ⓔ'이 된다.

32 자원관리능력 문제
정답 ③

자원을 확보할 때는 반드시 여유분을 확보해야 원활한 업무 진행이 가능하다.

오답 체크

① 총인원이 팀장님을 포함하여 39명이므로 45인승 버스 1대면 충분하다.

② 수련원에 포함된 사항이 당일 중식, 석식, 다음날 조식이고, 도착 후 바로 귀가하므로 별도의 중식은 포함하지 않아도 상관없다.

④ 현재 예산이 부족한지에 대한 판단 근거가 없고, 수련원이 더 저렴한지에 대한 정보도 없다.

⑤ 현재 예산이 부족한지에 대한 판단 근거가 없다.

33 대인관계능력 문제
정답 ②

우선 고객의 항의에 경청하고 끝까지 들어야 한다. 고객 불만 처리 프로세스는 경청 → 감사와 공감표시 → 사과 → 해결약속 → 정보파악 → 신속처리 → 처리확인과 사과→ 피드백 순서로 이뤄진다.

🔍 더 알아보기

고객 불만 처리 프로세스 8단계

단계	설명
① 경청	· 고객의 항의에 경청하고 끝까지 듣는다. · 선입관을 버리고 문제를 파악한다.
② 감사와 공감표시	· 일부러 시간을 내서 해결의 기회를 준 것에 감사를 표시한다. · 고객의 항의에 공감을 표시한다.
③ 사과	· 고객의 이야기를 듣고 문제점에 대해 인정하며 잘못된 부분에 대해 사과한다.
④ 해결약속	· 고객이 불만을 느낀 상황에 대해 관심과 공감을 보이며, 문제의 빠른 해결을 약속한다.
⑤ 정보파악	· 문제해결을 위해 꼭 필요한 질문만 하여 정보를 얻는다. · 최선의 해결 방법을 찾기 어려우면 고객에게 어떻게 해주면 만족스러운지를 묻는다.
⑥ 신속처리	· 잘못된 부분을 신속하게 시정한다.
⑦ 처리확인과 사과	· 불만처리 후 고객에게 처리 결과에 만족하는지를 물어본다.
⑧ 피드백	· 고객 불만 사례를 회사 및 전 직원에게 알려 다시는 동일한 문제가 발생하지 않도록 한다.

34 정보능력 문제
정답 ②

'고졸자와 대졸자 중 실업자 수의 변화'는 목적이나 평가가 포함되지 않은 객관적인 자료이므로 정보의 사례로 적절하지 않다.

🔍 더 알아보기

자료 (Data)	객관적 실제의 반영이며, 그것을 전달할 수 있도록 기호화한 것
정보 (Information)	자료를 특정한 목적과 문제해결에 도움이 되도록 가공한 것
지식 (Knowledge)	정보를 집적하고 체계화하여 장래의 일반적인 사항에 대비해 보편성을 갖도록 한 것

35 정보능력 문제
정답 ④

초깃값은 $A = 2$, $B = 3$, $C = 0$으로 설정되었다. 최초 $2 \geq 3 \times 3$가 아니므로 No의 경로를 따라가면 $A = A^2 - 1$이므로 3이 되고, $B = 2 \times B - 1$이므로 5가 된다. 그리고 $C = (C + 1)^2$이므로 1이 된다. 이후 다시 확인해 보면 $3 \geq 5 \times 3$가 아니므로 No의 경로를 따라가면 $A = A^2 - 1$이므로 8이 되고, $B = 2 \times B - 1$이므로 9가 된다. 그리고 $C = (C + 1)^2$이므로 4가 된다. 이후 다시 확인해 보면 $8 \geq 9 \times 3$가 아니므로 No의 경로를 따라가면 $A = A^2 - 1$이므로 63이 되고, $B = 2 \times B - 1$이므로 17이 된다. 그리고 $C = (C + 1)^2$이므로 25가 된다. 이후 다시 확인해 보면 $63 \geq 17 \times 3$이므로 이때의 C가 출력되고 그 값은 25이다.

36 정보능력 문제
정답 ③

별도로 사용자지정 항목을 추가하지 않았을 경우 "가"는 일반 텍스트로 인식되어 "가"라는 글자가 계속 복사되지만, "갑"은 <갑, 을, 병, 정, 무….>의 첫 번째 텍스트로, "월"은 <월, 화, 수, 목, 금….>의 첫 번째 텍스트로, "자"는 <자, 축, 인, 묘, 진….>의 첫 번째 텍스트로 인식되어 채워지므로 3행에는 '가, 병, 수, 인'이 채워진다.

37 정보능력 문제
정답 ④

제어판은 새 하드웨어 추가, 프로그램 추가 및 제거(프로그램 및 기능), 사용자 계정 관리, 접근성 옵션의 변경과 같이 기본적인 시스템의 설정이 가능하므로 적절하지 않다.

오답 체크
① 제어판 '마우스'에서 설정 가능하다.
② 제어판 '날짜 및 시간'에서 설정 가능하다.
③ 제어판 '전원 옵션'에서 설정 가능하다.
⑤ 제어판 '작업 표시줄 및 탐색'에서 설정 가능하다.

38 정보능력 문제
정답 ②

'⊞ + [D]'는 열려있는 모든 창을 최소화하여 바탕화면을 표시하거나 이전 크기로 복원하는 키이므로 적절하다.

오답 체크
① ⊞: 시작 메뉴 열기 또는 닫기
③ ⊞ + [T]: 작업 표시줄의 프로그램을 차례로 선택
④ ⊞ + [L]: 컴퓨터 잠금 또는 사용자 전환
⑤ ⊞ + [R]: 실행 대화상자 열기

39 기술능력 문제
정답 ①

기술 이전의 단계에서는 성공적인 기술이 다른 지역으로 이동하며, 이때 시스템을 디자인하고 초기 발전을 추진하는 기술자들의 역할이 중요하다. 기술 경쟁의 단계에서는 기술 시스템 사이의 경쟁이 일어나며, 기업가들의 역할이 중요하게 부상한다. 기술 공고화 단계에서는 경쟁에서 승리한 기술 시스템의 관성화가 이루어지며, 시스템이 공고해지기 때문에 자문 엔지니어와 금융전문가의 역할이 중요해진다.

40 기술능력 문제
정답 ④

제품, 서비스 및 프로세스의 단위 분야에 있어 가장 우수한 실무를 보이는 비경쟁적 기업 내의 유사 분야를 대상으로 하는 '비경쟁적 벤치마킹'이다. 비경쟁적 벤치마킹은 혁신적인 아이디어의 창출 가능성이 큰 반면 다른 환경의 사례를 가공하지 않고 적용할 경우 효과를 보지 못할 가능성이 크다.
벤치마킹은 비교대상에 따라서 내부 벤치마킹, 경쟁적 벤치마킹, 비경쟁적 벤치마킹, 글로벌 벤치마킹으로 분류되고, 수행 방식에 따라서 직접적 벤치마킹과 간접적 벤치마킹으로 구분된다.

41 기술능력 문제
정답 ①

지속가능한 기술 중에는 풍력발전, 조력발전, 태양열발전처럼 지금의 주된 발전 기술과는 상당히 차이를 보이는 기술도 있다. 그렇지만 많은 지속가능한 기술들은 지금 우리가 가진 기술과 그 형태에서 크게 다르지 않다. 더 중요한 것은 그 기술이 디자인될 때 얼마나 더 많이 사회적·환경적인 연관에 중심을 두는가이다.

🔎 더 알아보기
· 환경경영: 기존의 품질경영을 환경분야까지 확장한 개념으로, 생산에서부터 소비까지 제품생산 전과정에서 환경문제부터 사회적 책임까지 효율적으로 관리하는 경영을 의미한다.
· ISO 14000 시리즈: 기업의 환경경영시스템을 규정한 국제규격으로, 환경경영시스템(ISO 14001), 환경표지(ISO 14020 시리즈), 환경영향평가법(ISO 14030시리즈) 등 규격번호가 모두 14000대기 때문에 ISO 14000 시리즈라 불린다.
· 그린워싱: 기업이 제품의 생산 또는 서비스의 제공, 경영전략의 운영에 있어 친환경적인 특징을 과장하거나 잘못 표현하여 경제적 이익을 보는 마케팅 관행으로, 우리말로는 '친환경 위장제품'이라고 부른다.
· 환경표시제도: 사무기기, 가전제품, 생활용품 등의 환경친화적인 제품을 생산, 소비할 수 있도록 환경정보를 제공하는 제도이며, 우리나라는 1992년부터 시행하고 있다.

42 조직이해능력 문제
정답 ③

미국의 기준금리 인상으로 인해 달러 가치는 상승하고, 유럽 시장의 악재와 브렉시트 이슈로 유로화 가치는 하락하고, 불황과 국가채무, 고령화 등으로 인해 엔화 가치는 하락할 것으로 전망된다. 따라서 일본 엔화보다는 달러화 자산 보유액을 늘리는 방향으로 투자계획을 세워야 한다.

43 조직이해능력 문제
정답 ②

제시된 문제를 설명할 수 있는 이론은 허츠버그의 욕구충족요인 이원론이다. 이는 조직 구성원에게 불만을 주는 위생 요인과 만족을 주는 동기 요인이 상호 독립되어 있다는 것을 제시한 이론이므로 불만을 주는 요인과 만족을 주는 요인이 상호 연계되어 있다는 설명은 적절하지 않다.

오답 체크
④ 중요사건기록법을 근거로 자료를 수집한 허츠버그의 욕구충족요인 이원론은 동기 요인이 과대평가되고 위생 요인이 과소평가되었다는 한계가 있으므로 적절하다.
⑤ 현실에서 위생 요인이나 동기 요인은 개인의 특성, 상황 등에 따라 미치는 영향이 다르지만, 허츠버그의 욕구충족요인 이원론에서는 개인차에 대한 고려가 없다는 한계가 있으므로 적절하다.

44 조직이해능력 문제 　　　　정답 ⑤

보기에서 설명하는 관리 기법은 CRM이다. CRM(Customer Relationship Management)은 고객 특성에 기초한 기업의 마케팅 전략을 말한다.

🔍 더 알아보기

1. ERP(Enterprise Resource Planning): 기업 전체를 경영자원의 효과적 이용이라는 관점에서 통합적으로 관리하고 경영의 효율화를 기하기 위한 수단이다.
2. CSV(Creating Shared Value): 공유가치경영이라고도 불리는 CSV는 기업 활동 자체가 사회적 가치를 창출하면서 동시에 경제적 수익을 추구할 수 있는 방향으로 이루어지는 행위를 말한다.
3. ESG(Environmental, Social and Governance): 환경보호(Environment)·사회공헌(Social)·윤리경영(Governance)의 약자로, ESG 경영이란 기업의 지속적 성장을 평가하는 비재무적 성과를 측정하는 방법이다. 기업이 환경보호에 앞장서며, 사회적 약자에 대한 지원 등의 사회공헌 활동을 하며, 법과 윤리를 철저히 준수하는 경영이다.
4. CSR(Corporate Social Responsibility): 기업의 사회책임이라는 뜻으로 기업이 경제적 책임이나 법적 책임 외에도 폭넓은 사회적 책임을 적극적으로 수행해야 한다는 것을 말한다.

45 조직이해능력 문제 　　　　정답 ③

이미 보유하고 있는 기업금융 전문인력을 활용해 외국환 분야 노하우의 부족 문제를 해결하는 것은 강점을 활용해 약점을 극복하는 SW 전략이다.

SWOT 매트릭스를 통해서 결정해야 할 것은 현재 사용 가능한 물적, 자본적, 인적 역량을 기회와 위협이라는 외부 환경 요인 중 어느 곳에 더 집중적으로 투입할지를 결정하는 것이다. 기회와 위협이라는 요인은 둘 다 분명히 집중적으로 관리해야 할 요소이지만, 제한적인 자원을 효과적으로 사용하기 위해서는 어느 한 곳에 집중적으로 투입하는 것이 더 효과적일 것이다.

46 조직이해능력 문제 　　　　정답 ②

○○○는 직원들이 주인의식을 갖게 하여 구성원들 간 조화와 단합을 이끌었다. 구성원의 조화와 단합은 조직만의 독특한 신화, 예식, 의식 등으로 타 집단과의 이질감을 더 느끼게 하고 내부인끼리의 동질성을 높여준다.

[47-48]
47 직업윤리 문제 　　　　정답 ⑤

'김영란법'이라 불리는 '부정청탁 및 금품 등 수수의 금지에 관한 법률(청탁금지법)'과 달리 언론인, 사립학교 교직원은 적용 대상이 아니니다.

오답 체크

① 이해충돌방지법 제1조(목적) – 공직자의 직무수행과 관련한 사적 이익 추구를 금지함으로써 공직자의 직무수행 중 발생할 수 있는 이해충돌을 방지하여 공정한 직무수행을 보장하고 공공기관에 대한 국민의 신뢰를 확보하는 것을 목적으로 한다.
② 이해충돌방지법 제2조(정의) – 이해충돌이란 공직자가 직무를 수행할 때 자신의 사적 이해관계가 관련되어 공정하고 청렴한 직무수행이 저해되거나 저해될 우려가 있는 상황을 말한다.
③ 이해충돌방지법 제3조(공공기관의 책무) – 공공기관은 공직자가 사적 이해관계로 인하여 공정하고 청렴한 직무수행에 지장을 주지 아니하도록 이해충돌을 효과적으로 확인·관리하기 위한 조치를 하여야 한다. 또한 공공기관은 공직자가 위반행위 신고 등 이 법에 따른 조치를 함으로써 불이익을 당하지 아니하도록 적절한 보호조치를 하여야 한다.
④ 이해충돌방지법 제4조(청렴에 대한 공직자의 의무) – 공직자는 사적 이해관계에 영향을 받지 아니하고 직무를 공정하고 청렴하게 수행하여야 한다. 공직자는 직무수행과 관련하여 공평무사하게 처신하고 직무관련자를 우대하거나 차별하여서는 아니 된다. 공직자는 사적 이해관계로 인하여 공정하고 청렴한 직무수행이 곤란하다고 판단하는 경우에는 직무수행을 회피하는 등 이해충돌을 방지하여야 한다.

🔍 더 알아보기

이해충돌방지법/청탁금지법(김영란법) 적용대상

공직자 이해충돌방지법	국회와 법원, 중앙행정기관, 지방자치단체, 지방의회, 공직유관단체, 교육청, 국공립학교 임직원
부정청탁 및 금품 등 수수의 금지에 관한 법률 (청탁금지법)	국회와 법원, 중앙행정기관, 지방자치단체, 지방의회, 공직유관단체, 교육청, 국공립학교 임직원+사립학교 교직원, 언론인

48 직업윤리 문제 　　　　정답 ④

이해충돌방지법에는 부동산 개발 업무를 수행하는 공공기관의 공직자 본인 또는 가족이 기관의 업무와 관련된 부동산을 보유, 매수한 경우 소속기관장에게 신고하도록 규정하고 있다. 따라서 계약을 취소할 필요는 없다. 다만, 업무와 관련된 부동산을 보유한 사실을 알게 된 날/매수 후 등기를 완료한 날부터 14일 이내 서면 신고하지 않으면 징계와 2천만 원 이하의 과태료 처분을 받게 된다.

① 상가의 위치가 개발 예산 수혜지역이기 때문에 위원회 활동을 하면서 그 정보를 이용해 사적 이익을 취득했다는 혐의를 받을 수 있다. 이 경우 이해충돌방지법 '직무상 비밀 등의 이용금지' 항목 위반 사례에 해당하며, 7년 이하의 징역이나 7천만 원 이하의 벌금의 처벌을 받을 수 있다.

② 국내기업은 물론이고 외국기업도 이해충돌방지법 대상에 해당된다. 외국기업으로부터 민원을 접수한 국회의원이나 정부기관 업무담당자가 외국기업 대표자·임원·관리자와 사적인 이해관계가 있다면 해당 공직자는 소속기관장에게 사적이해관계자 신고를 하고 업무를 회피해야 한다.(법 제5조) 만약 신고의무를 위반하고 수행한 직무가 위법한 것으로 확정되면 공직자와 사적이해관계자 및 해당 기업은 그로 인해 얻은 재산상 이익을 환수당하게 된다. 제3자가 공직자로부터 취득한 직무상 비밀이나 미공개 정보를 이용해 재산상 이익을 취득하는 것을 금지하고 있어(법 14조) 오정희 국장 동생이 이에 해당되면 5년 이하의 징역, 5,000만 원 이하의 벌금형과 재산상 이익 몰수·추징의 대상이 될 수 있다.

③ 최근 2년 이내 소속 공공기관의 퇴직자인 직무관계자와 골프, 여행, 사행성오락을 하는 경우 직무관계자인 소속기관의 퇴직자는 소속 기관장에게 신고해야 한다. (법 제15조)

⑤ 공공기관 고위공직자, 계약업무담당자 등은 그 배우자 또는 직계존속·비속이 대표자인 법인·단체 등과 수의계약 체결을 금지한다. (법 제12조)

🔍 더 알아보기

공직자의 이해충돌방지법

목적	공직자의 직무수행과 관련한 사적 이익 추구를 금지함으로써 공직자의 직무수행 중 발생할 수 있는 이해충돌을 방지하여 공정한 직무수행을 보장하고 공공기관에 대한 국민의 신뢰를 확보하는 것
이해충돌(정의)	공직자가 직무를 수행할 때 자신의 사적 이해관계가 관련되어 공정하고 청렴한 직무수행이 저해되거나 저해될 우려가 있는 상황
적용대상	국회와 법원, 중앙행정기관, 지방자치단체, 지방의회, 공직유관단체, 교육청, 국공립학교 임직원 및 배우자와 가족
공직자 의무 5가지	사적 이해관계자 신고 및 회피·기피 신청, 공공기관 직무 관련 부동산 보유·매수 신고, 고위공직자 민간부문 업무활동 내역 제출, 직무관련자와의 거래 신고, 퇴직자 사전 접촉 신고 등
신고제출 의무 5가지 (제한·금지행위)	직무 관련 외부활동 제한, 가족채용 제한, 수의계약 체결 제한, 공공기관 물품 등의 사적 사용·수익 금지, 직무상 비밀 등 이용 금지 등

---

49 직업윤리 문제   정답 ①

E: 직업은 사회적 효용성이 있는 일이라고 말하고 있다.

직업은 생활에 필요한 경제적 보상을 주고, 본인의 자발적 의사에 의한 것이어야 하며, 장기적으로 계속해서 일하는 지속성이 있어야 한다. 직업은 평생에 걸쳐 물질적인 보수 외에 만족감, 명예 등 자아실현의 중요한 기반이 되는 것이다. 또한 직업은 노력이 소용되는 일이며, 계속적으로 수행하는 일이다.

50 직업윤리 문제   정답 ②

일식은 기본적으로 밥공기나 국그릇을 왼손으로 들어 입에 가까이 가져간 후 오른손으로 젓가락을 사용하여 먹고, 국물이 있는 경우 입을 대고 마셔도 예의에 어긋나는 것이 아니므로 적절하지 않다.

🔍 더 알아보기

글로벌 식사 매너

한식	· 윗사람이 먼저 수저를 든 다음에 들고, 윗사람의 식사 속도에 맞춰 식사한다. · 밥그릇이나 국그릇을 손에 들고 먹지 않는다. · 국이나 물을 마실 때 후후 불거나 후루룩거리는 소리를 내지 않는다. · 밥과 국은 숟가락으로, 반찬은 젓가락으로 먹는다.
일식	· 대부분의 요리는 젓가락으로 해결해야 한다. (우동 국물용 큰 숟가락 예외) · 국그릇을 왼손으로 들고 오른손으로 젓가락을 사용하여 먹고, 국물은 입을 대고 마셔도 무방하다. · 우리나라는 술잔이 비어 있지 않으면 술을 더 따르지 않는 반면에 일본은 술잔에 술이 약간 남았을 때 따라주는 것이 예절에 맞는 행동이다.
중식	· 요리를 덜 때 본인 젓가락을 사용하지 않는다. · 식사 중에는 젓가락을 접시 끝에 걸치고 마친 후에는 받침 위에 올려둔다.
양식	· 수프를 소리 내면서 먹지 않으며, 뜨거운 수프는 숟가락으로 저어서 식히도록 한다. · 몸 쪽 바깥쪽에 있는 포크와 나이프부터 사용한다. · 식사 도중 포크나 나이프를 떨어뜨렸을 경우 줍지 말고 웨이터에게 새것으로 주문한다. · 식사 도중에 자리를 뜰 경우 냅킨은 테이블 위에 올려놓지 말고 의자 등받이에 걸쳐둔다.

NCS 실전모의고사 2회 `모듈형`

정답

01 의사소통	02 의사소통	03 의사소통	04 의사소통	05 의사소통	06 의사소통	07 의사소통	08 수리	09 수리	10 수리
⑤	①	②	②	③	⑤	③	⑤	②	③
11 수리	**12** 수리	**13** 수리	**14** 수리	**15** 수리	**16** 문제해결	**17** 문제해결	**18** 문제해결	**19** 문제해결	**20** 문제해결
⑤	②	④	②	④	⑤	④	④	④	④
21 문제해결	**22** 자기개발	**23** 자기개발	**24** 자기개발	**25** 대인관계	**26** 대인관계	**27** 자원관리	**28** 자원관리	**29** 자원관리	**30** 자원관리
④	③	①	④	①	②	①	③	④	③
31 자원관리	**32** 자원관리	**33** 정보	**34** 정보	**35** 정보	**36** 정보	**37** 정보	**38** 정보	**39** 기술	**40** 기술
⑤	⑤	②	①	③	⑤	④	⑤	④	③
41 기술	**42** 조직이해	**43** 조직이해	**44** 조직이해	**45** 조직이해	**46** 조직이해	**47** 직업윤리	**48** 직업윤리	**49** 직업윤리	**50** 직업윤리
⑤	④	②	④	⑤	④	⑤	⑤	③	②

취약 영역 분석표

영역별로 맞힌 개수, 틀린 문제 번호와 풀지 못한 문제 번호를 적고 나서 취약한 영역이 무엇인지 파악해 보세요.
취약한 영역은 해커스잡 사이트(ejob.Hackers.com)에서 제공하는 '시험 당일 최종 마무리 <NCS 빈출 개념 핵심 요약집>'을 학습하고, 틀린 문제
및 풀지 못한 문제를 다시 풀어보면서 확실히 극복하세요.

영역	맞힌 개수	틀린 문제 번호	풀지 못한 문제 번호
의사소통능력	/7		
수리능력	/8		
문제해결능력	/6		
자기개발능력	/3		
자원관리능력	/6		
대인관계능력	/2		
정보능력	/6		
기술능력	/3		
조직이해능력	/5		
직업윤리	/4		
TOTAL	**/50**		

해설

01 의사소통능력 문제   정답 ⑤

ⓒ 날짜는 숫자로 표기하되 연월일의 글자는 생략하고, 그 자리에 온점을 찍어 표시한다. 또한 연도는 생략할 수 없다.
ⓒ 시간은 24시간제에 따라 숫자로 표시하되 시, 분의 글자는 생략하고 그 사이에 쌍점을 찍어 구분한다.
ⓔ 금액은 아라비아 숫자로 쓰고 숫자 다음에 괄호를 하고 한글로 기재한다.
ⓜ 직함이나 직위는 모두 띄워 쓴다.
ⓗ 제목은 문서의 내용을 알 수 있게 표기하고 비유는 하지 않는다.
따라서, 틀린 내용은 모두 5개이다.

02 의사소통능력 문제   정답 ①

(가)는 '또한'이라는 접속사가 있어 이 문단 앞에 어떤 내용이 나올 것이라고 예측할 수 있으며, 내용은 권력의 성격 자체가 변화하며 초기호경제의 새로운 생산모델을 제시하고 있다. (나)는 지식에 대한 중요성과 초기호성에 대해 이야기하고 있으므로 가장 먼저 제시될 수 있는 단락이다. (다)는 초기호경제가 되면서 나타나는 상황에 대해 이야기하고 있으므로 (가)의 뒤에 들어가는 것이 적당하다. (라) 역시 경제체제의 변화에 대한 내용을 이야기하고 있으므로 (다)의 뒤에 들어갈 수 있다. (마)는 '이러한'이 앞의 초기호경제를 중앙에서 분산화시킨다는 내용을 받고 있으므로 (라)의 뒤에 들어갈 수 있다. (바)는 초기호경제에 대한 정리를 하고 있으므로 마지막에 위치하는 것이 적당하다.
따라서 (나) – (가) – (다) – (라) – (마) – (바)가 적절하다.

03 의사소통능력 문제   정답 ②

부서 간 업무 협조를 구하거나 의견을 전달하기 위해 작성하는 문서로 사내 공문서 또는 회사 내 공문서라고 불리는 문서는 '기안서'이다.

오답 체크

① 공문서는 행정기관에서 대내적 또는 대외적 공무를 집행하기 위해 작성하는 문서로 기관끼리 주고받는 문서이다.
③ 기획서는 아이디어를 통해 도출된 프로젝트 시행을 상대방에게 설득하기 위해 작성하는 문서이다.
④ 보고서는 특정한 일에 관한 현황이나 진행상황, 연구와 검토 결과 등을 보고하기 위해 작성하는 문서이다.
⑤ 설명서는 상품의 특성이나 사물의 성질과 가치, 작동 방법이나 과정을 소비자에게 설명하기 위해 작성하는 문서이다.

04 의사소통능력 문제   정답 ②

지문은 학교 폭력의 원인을 당사자의 문제가 아닌 학생들이 폭력을 일으킬 수밖에 없는 사회적 환경에 기인하는 것으로 진단하고 있으므로 이러한 원인을 제거할 수 있는 방안으로는 주변 환경개선이 적절하다.
따라서 ②는 주변 환경개선이 아닌 문화적 차이에 대한 이야기만 하고 있으므로 적절하지 않다.

05 의사소통능력 문제   정답 ③

(가)에서 '예술이나 음악 분야에서 박사 학위를 받은 유명 예술가나 음악가는 몇 명일까?'라는 문장으로 문제제기를 하고 있으므로 가장 처음에 들어가는 단락임을 알 수 있다. 또한 (나)에서 '사례가 바로 위에 있다는 것을 알 수 있다'는 것으로 미루어 사례를 이야기하고 있는 (다), (라) 뒤에 위치한다는 것을 알 수 있다.
따라서 (가) – (다) – (라) – (나)가 적절하다.

06 의사소통능력 문제   정답 ⑤

㉠의 '만들다'는 '어떻게 되게 하다', '무엇이 되게 하다'의 의미로 쓰이고 있다. 따라서 이와 같은 의미로 사용된 표현은 '우리들의 이야기를 시나리오가 되게 하다'는 의미의 ⑤가 적절하다.

오답 체크

① '노력이나 기술 따위를 들여 목적하는 사물을 이루다'의 의미로 사용되었다.
② '말썽이나 일 따위를 일으키거나 꾸며 내다'의 의미로 사용되었다.
③ '기관이나 단체 따위를 결성하다'의 의미로 사용되었다.
④ '규칙이나 법, 제도 따위를 정하다'의 의미로 사용되었다.

07 의사소통능력 문제   정답 ③

'남기다'는 '남다'의 피동사가 아니라 사동사로 남에게 그 행동이나 동작을 하게 함을 나타내는 동사를 사동사이다. 사동사에 '-어지다'가 붙는 것은 문제가 없다.

오답 체크

① '잊혀지지'는 '잊다'에 피동 접사 '히'와 피동표현 '어지다'가 동시에 붙은 상황이므로 '잊히지'로 쓰는 것이 적절하다.
② '덮여지자'는 '덮다'에 피동 접사 '이'와 피동표현 '어지다'가 동시에 붙은 상황이므로 '덮이자'로 쓰는 것이 적절하다.
④ '읽혀지고'는 '읽다'에 피동 접사 '히'와 피동표현 '어지다'가 동시에 붙은 상황이므로 '읽히고'로 쓰는 것이 적절하다.

⑤ '담겨지면'은 '담다'에 피동 접사 '기'와 피동표현 '어지다'가 동시에 붙은 상황이므로 '담기면'으로 쓰는 것이 적절하다.

08 수리능력 문제　　　　　　　　　　정답 ⑤

신입사원들이 x명이라고 한다면, A 명함회사의 명함 제작비는 $18,000 \times x$이고, B 명함회사의 명함 제작비는 5인 이하 제작 시 $19,000 \times x$원, 5인 초과로 제작 시 $19,000 \times x + (19,000 \times 0.9) \times (x-5)$원이 된다.

즉, B 명함회사에 제작 의뢰하는 것이 더 이익이 되려면, B 명함회에 발주하는 것이 더 저렴해야 한다.

식으로 나타내면, $18,000 \times x > 19,000 \times 5 + (19,000 \times 0.9) \times (x-5)$를 만족하는 가장 작은 x를 구하면 된다. (단, $x > 5$)

이를 풀면, $x > \frac{95}{9} = 10.4\cdots$로, 11명의 명함 제작분을 맡길 때부터 B 명함회사에 의뢰하는 것이 더 저렴하다.

09 수리능력 문제　　　　　　　　　　정답 ②

A 정수기로 물을 받는 데 1분, 즉, 60초가 소요되므로 주전자는 초당 1 / 60만큼 채워진다.

B 정수기로는 72초가 소요되므로 초당 1 / 72만큼 채워진다.

즉, A와 B 정수기로 함께 받으면 초당 1 / 60 + 1 / 72 = 11 / 360만큼 채워지며, 다 채우기 위해서는 360 / 11 ≒ 32.7초, 약 33초가 필요하다.

10 수리능력 문제　　　　　　　　　　정답 ③

사무실과 은행 사이의 총 거리를 $x$km라고 가정하고, 총 소요된 50분 중 은행 업무를 본 20분을 제외하면 이동하는 데 걸린 순수 시간은 30분이 된다. 시간 = $\frac{거리}{속력}$ 공식을 이용하게 되면

$\frac{x}{12} + \frac{x}{4} = \frac{1}{2}$, $x + 3x = 6$, $4x = 6$, $x = 1.5$km가 사무실과 은행과의 거리가 된다.

11 수리능력 문제　　　　　　　　　　정답 ⑤

4% 소금물의 양을 x, 12% 소금물의 양을 y라고 하면 증발시킨 물의 양은 $\frac{x}{2}$이다.

$x + y - \frac{x}{2} = 600 \rightarrow x + 2y = 1,200$ … ⓐ

$\frac{4x}{100} + \frac{12y}{100} = 60 \rightarrow x + 3y = 1,500$ … ⓑ

ⓑ - ⓐ에서 $y = 300 \rightarrow x = 600$

따라서 처음 컵에 섞은 4%의 소금물의 양은 600g이다.

12 수리능력 문제　　　　　　　　　　정답 ②

테이블의 좌측은 임원진이 위치하고 우측은 팀과 직책에 따른 자리 구분을 하지 않는다. 또한 우측은 3년 차 이상의 직원 4명과 3년 차 미만 직원 3명이 함께 앉으려고 하기 때문에 3년 차 미만 직원 3명을 하나로 묶으면 5명이 일렬로 앉는 것과 같게 되므로 5!가지의 수가 나온다. 여기에 3년 차 미만 직원을 배치하는 방법은 3!가지의 수가 나오므로 우측 열 자리에 직원 7명이 앉을 수 있는 총 가짓수는 5! × 3! = 120 × 6 = 720가지가 된다.

13 수리능력 문제　　　　　　　　　　정답 ④

각 점멸 시간의 최소공배수를 구하는 문제이다. 하지만 소수점이 있는 문제이기 때문에 모두 10배를 하여 최소공배수를 구한 후 10으로 나눠주어도 된다.

즉, 3, 2.5, 4, 4.5의 최소공배수는 30, 25, 40, 45의 최소공배수를 구한 뒤 10으로 나눈 것과 같다.

· 30 = 2 × 3 × 5
· 25 = 5 × 5
· 40 = 2 × 2 × 2 × 5
· 45 = 3 × 3 × 5

이므로, 최소공배수는 2 × 2 × 2 × 3 × 3 × 5 × 5 = 1,800을 10으로 나눈 180이다.

즉, 공연 시작 후 180초 뒤에 다시 한번 모든 점멸등이 동시에 깜박이게 되므로 답은 '3분 뒤'이다.

14 수리능력 문제　　　　　　　　　　정답 ②

2016년 우리나라 임금근로자의 근무환경 만족도에 대한 정보가 없어 2017년에 전년 대비 증가하였는지 알 수 없으므로 옳지 않은 설명이다.

오답 체크

① 2017년 우리나라 임금근로자가 하는 일에 대하여 만족하고 있다는 응답률이 35.2%이며, 2년 전인 2015년 30.8%보다 4.4%p 증가하였으므로 옳은 설명이다.

③ 근무환경에 대하여 만족하는 비율이 여자가 32.3%로 남자 29.1%보다 3.2%p 높으므로 옳은 설명이다.

④ 근로시간에 대하여 만족하는 비율이 여자가 30.7%로 남자 26.0%보다 4.7%p 높으므로 옳은 설명이다.

⑤ 근로시간에 대하여 만족하는 직군은 전문관리직이 38.0%, 사무직이 34.9%로 상대적으로 다른 직군보다 높은 편이므로 옳은 설명이다.

15 수리능력 문제 정답 ④

2018년 전체 가맹점 수의 전년 대비 증감량은 5,751천 개, 증가한 편의점 가맹점 수는 1,810천 개로 (1,810 / 5,751) × 100 ≒ 31.5%이므로 옳지 않은 설명이다.

오답 체크

① 2018년 가맹점 수 상위 3대 업종인 편의점, 한식, 치킨 구성비의 합은 23.6 + 16.7 + 14.3 = 54.6%이므로 옳은 설명이다.

② 2018년 업종별 가맹점 수의 전년 대비 증감률은 외국식이 16.6%로 가장 높고, 두발 미용이 12.7%, 김밥·간이음식이 10.3%로 증가하였으며, 의약품과 제과점은 각각 -6.7%, -5.9%로 감소하였으므로 옳은 설명이다.

③ 2018년 치킨의 가맹점 수는 25,110천 개, 생맥주·기타주점의 가맹점 수는 11,676천 개로 25,110 / 11,676 ≒ 2.2배이고, 제과점 가맹점 수는 7,354천 개로 25,110 / 7,354 ≒ 3.4배이므로 옳은 설명이다.

⑤ 2017년 대비 2018년에 증가한 가맹점 수가 1,810천 개로 가장 많은 편의점과 증가한 가맹점 수가 259천 개로 가장 적은 안경·렌즈의 2018년 가맹점 수 차이는 41,359 - 3,184 = 38,175천 개이므로 옳은 설명이다.

16 문제해결능력 문제 정답 ⑤

다른 사람을 공감시켜 움직일 수 있게 하며, 짧은 시간에 헤매지 않고 사고할 수 있게 하고, 행동하기 전 생각을 하게 함으로써 설득을 쉽게 할 수 있게 하는 것은 논리적 사고이다.

17 문제해결능력 문제 정답 ③

문제점은 문제의 근본원인이 되는 사항으로 문제해결에 필요한 열쇠인 핵심 사항을 말하므로 빈칸 안에 들어갈 단어는 '문제점'이다.

18 문제해결능력 문제 정답 ④

외부환경요인 분석에서는 동일한 Data라도 자신에게 긍정적으로 전개되면 기회로, 부정적으로 전개되면 위협으로 구분한다.

오답 체크

① 외부환경요인은 기회와 위기로 구분되며, 강점과 약점으로 구분되는 것은 내부환경요인이다.

② 자신을 제외한 모든 정보를 기술하며 좋은 쪽으로 작용하는 것은 기회, 나쁜 쪽으로 작용하는 것은 위협으로 분류한다.

③ 언론매체, 개인 정보망 등을 통하여 입수한 상식적인 세상의 변화 내용을 시작으로 당사자에게 미치는 영향을 순서대로, 점차 구체화한다.

⑤ 외부환경분석에 활용되는 것은 SCEPTIC 체크리스트이며 MMMITI는 내부환경분석에 활용하면 좋은 체크리스트이다.

19 문제해결능력 문제 정답 ⑤

브레인스토밍의 진행방법은 다음과 같다.

첫 번째, 주제를 구체적이고 명확하게 정한다. 논의하고자 하는 주제는 구체적이고 명확하게 주어질수록 많은 아이디어가 도출될 수 있다.

두 번째, 구성원의 얼굴을 볼 수 있도록 좌석을 배치하고 큰 용지를 준비한다. 구성원들의 얼굴을 볼 수 있도록 사각형이나 타원형으로 책상을 배치해야 하고, 칠판에 모조지를 붙이거나, 책상위에 큰 용지를 붙여서 아이디어가 떠오를 때마다 적을 수 있도록 하는 것이 바람직하다.

세 번째, 구성원의 다양한 의견을 도출할 수 있는 사람을 리더로 선출한다. 직급이나 근무경력에 따라서 리더를 선출하는 것은 딱딱한 분위기를 만들 수 있기 때문에 직급에 관계없이 분위기를 잘 조성할 수 있는 사람을 리더로 선출해야 한다.

네 번째, 구성원은 다양한 분야의 5~8명 정도로 구성한다. 브레인스토밍을 위한 인원은 5~8명 정도가 적당하며, 주제에 대한 비전문가를 절반 이하로 구성한다.

다섯 번째, 발언은 누구나 자유롭게 하고 모든 발언 내용을 기록한다. 브레인스토밍 시에는 누구나 무슨 말이라도 할 수 있도록 해야 하며, 발언 내용은 요약해서 잘 기록함으로써 내용을 구조화할 수 있어야 한다.

마지막으로, 아이디어를 비판해서는 안 된다. 제시된 아이디어는 비판해서는 안 되며, 다양한 아이디어 중 독자성과 실현가능성을 고려해 결합한 뒤 최적의 방안을 찾아야 한다.

20 문제해결능력 문제 정답 ③

SWOT 분석에서 강점과 약점은 기업 내부 환경요인이며, 기회와 위협은 기업 외부 환경요인이므로 옳지 않은 설명이다.

21 문제해결능력 문제 정답 ④

데이터를 분석할 때에는 목적에 따라 수집된 정보를 항목별로 분류 정리한 후 '무엇을', '어떻게', '왜'라는 것을 고려해서 데이터 분석을 실시하므로 적절하다.

오답 체크

① 원인 분석의 절차는 Issue 분석, Data 분석, 원인 파악의 절차로 진행되므로 적절하지 않다.

② Issue 분석 절차는 핵심이슈 설정, 가설 설정, 분석결과 이미지 결정의 절차를 거치며, Data 수집계획 수립, 정리·가공, 해석을 그 내용으로 하는 절차는 Data 분석 절차이므로 적절하지 않다.

③ 데이터 수집 시에는 목적에 따라 수집범위를 정하고 객관적인 사실을 수집해야 하며 자료의 출처를 명확히 밝힐 수 있어야 하므로 적절하지 않다.

⑤ 근본 원인을 파악하고 원인과 결과를 도출하는 것은 원인 파악 절차의 내용이므로 적절하지 않다.

22 자기개발능력 문제 　　　　　정답 ③

경력 중기는 자신이 그동안 성취한 것을 재평가하고, 생산성을 그대로 유지하는 단계이다. 자신의 경력 초기의 생각을 재검토하게 되며, 현재의 경력경로와 관련 없는 다른 직업으로 이동하는 경력변화가 일어나기도 한다.

오답 체크

① 경력 단계 중 조직 입사에 해당하는 설명이다.
② 경력 단계 중 경력 말기에 해당하는 설명이다.
④ 경력 단계 중 직업 선택에 해당하는 설명이다.
⑤ 경력 단계 중 경력 초기에 해당하는 설명이다.

23 자기개발능력 문제 　　　　　정답 ①

자기개발의 주체는 타인이 아니라 자기 자신이다. 따라서 자기개발에서는 자신을 이해하는 것이 첫걸음이라고 할 수 있다.

오답 체크

② 자기개발은 일과 관련하여 이루어지는 활동이다. 현재 직업을 가지고 있지 않더라도 직업을 탐색하고 이를 준비하는 과정을 거친다.
③ 자기개발은 평생에 걸쳐서 이루어지는 과정이다.
④ 자기개발은 모든 사람이 해야 하는 것이다.
⑤ 자기개발은 개별적인 과정으로서 사람마다 자기개발을 통해 지향하는 바와 선호하는 방법 등이 다르다.

🔍 더 알아보기

자기개발의 특징
1. 자기개발의 주체는 타인이 아닌 자기 자신
2. 개별적인 과정이므로 사람마다 지향하는 바와 선호하는 방법 등이 상이
3. 평생에 걸쳐서 이루어지는 과정
4. 일과 관련하여 이루어지는 활동
5. 생활 가운데에서 이루어지는 활동
6. 모든 사람이 해야 하는 활동

24 자기개발능력 문제 　　　　　정답 ④

미래의 어려운 상황에서도 극복한다는 믿음은 진로탄력성의 구성요소 중에서 긍정적 태도에 해당된다.

🔍 더 알아보기

진로탄력성의 구성요소
진로탄력성은 진로선택 과정에서 겪게 되는 고난과 시련을 빠르게 극복하여 도약하는 계기로 삼는 힘이다. 진로탄력성이 높은 경우 역경을 겪더라도 긍정적인 힘으로 원래 위치로 되돌아갈 뿐 아니라 그 이상의 상태로 발전할 수 있다.

적응성 /변화대처	급변하는 환경에 적응할 수 있는 유연한 대처능력이면서, 변화를 받아들이고 적극적으로 진로 목표를 달성하는 것
자기이해 /자기신뢰	자기 자신을 긍정적으로 인식하고 자신의 내적·외적 특성을 올바르게 이해하는 것
자기조절 /진로자립	자신의 감정을 인식하고 행복을 바람직한 방향으로 조절하는 것
긍정적 태도 /성취열망	미래의 어려운 상황도 극복 가능하다는 긍정적 믿음으로 부정적 감정을 다스리는 것
대인·정보관계 /관계활용	사회적 관계망을 형성해 상호관계를 맺고 이 관계를 긍정적으로 유지하여 진로를 개척하는 것

25 대인관계능력 문제 　　　　　정답 ①

지수연 대리는 대인관계에서 실리적인 이익을 추구하는 성향을 가진 실리형이다. 이해관계에 예민하고 치밀하여 자신에게 피해를 준 사람에게는 보복하는 경향이 있다. 이런 사람은 대인관계에서 타인의 이익과 입장을 배려하는 노력이 필요하며 타인과 신뢰를 형성하는 일에 깊은 관심을 갖는 것이 바람직하다.

오답 체크

② 지배형, ③ 순박형, ④ 냉담형, ⑤ 사교형의 보완점이다.

🔍 더 알아보기

대인관계 양식

구분	특징	보완점
지배형	대인관계에서 주도적이고 자신감이 넘치며 자기주장이 강해 타인을 통제하고자 하는 경향	- 타인의 의견을 잘 경청하고 수용하는 자세를 기를 것 - 타인에 대한 자신의 지배적 욕구를 깊이 살펴보는 시간이 필요함
실리형	대인관계에서 실리적인 이익을 추구하는 성향으로 이해관계에 예민하고 치밀하며 성취 지향적	- 타인의 이익을 배려하는 노력이 필요함 - 타인과의 신뢰를 형성하는 일에 깊은 관심을 갖는 것이 바람직함
냉담형	대인관계에서 이성적이고 냉철하며 의지력이 강하고, 타인과 거리를 두는 경향	- 타인의 감정 상태에 깊은 관심을 지니고 긍정적인 감정을 부드럽게 표현하는 기술을 습득하는 것이 필요함
고립형	혼자 있거나 혼자 일하는 것을 좋아하며 감정을 잘 드러내지 않는 경향	- 대인관계의 중요성을 인식하고 좀 더 적극적인 노력을 해야 함 - 타인에 대한 불편함과 두려움에 대해 깊이 생각해 보는 것이 바람직함

복종형	대인관계에서 수동적이고 의존적이며 타인의 의견을 잘 따르고 주어지는 일에 순종적	- 자기표현, 자기주장이 필요함 - 대인관계에서 독립성을 키우는 것이 바람직함	
순박형	대인관계에서 단순하고 솔직하며 겸손하고 너그러운 경향	- 타인의 의도를 좀 더 깊게 들여다보고 행동하는 신중함이 필요함 - 자신의 의견을 표현하고 주장하는 노력을 해야 할 것	
친화형	대인관계에서 따뜻하고 인정이 많으며 타인을 잘 배려하고 도와주는 자기희생적인 태도	- 타인과의 정서적 거리를 유지하는 노력이 필요함 - 타인의 이익만큼 나의 이익도 중요함을 인식해야 할 것	
사교형	대인관계에서 외향적이고 쾌활하며 타인과 대화하기를 좋아하고 인정받고자 하는 욕구가 강함	- 타인에 대한 관심보다 혼자만의 내면적 생활에 좀 더 깊은 관심을 지니고 타인으로부터 인정받으려는 자신의 욕구에 대해 깊이 생각해 보는 것이 바람직함	

26 대인관계능력 문제   정답 ②

프로젝트 팀은 특정한 사업계획 수행을 위해 적합한 능력을 가진 인원을 결집한 임시 조직이며, 프로젝트 리더는 관리가 아니라 실무 업무를 담당한다. 리더는 팀원이 합류한 후 그들이 업무를 파악하고 관련 일정을 수립할 수 있도록 도와주어야 하지만, 실무까지 도맡아서 하기보다는 원활한 프로젝트 수행을 위해 장애물 제거, 임원보고 등 주요 관리 업무를 주 업무로 수행하는 것이 적절하다.

27 자원관리능력 문제   정답 ①

모든 자원(시간, 예산, 물적, 인적)이 가지는 공통적 특징으로 자원관리의 이유가 되는 특성은 유한성이다. 자원의 양이 한정되어 있기 때문에 효율적으로 확보, 유지, 활용하는 것이 중요하다.

28 자원관리능력 문제   정답 ③

을: 핵심인맥과 파생인맥의 구분 기준으로 영향력은 고려하지 않는다.
정: BNS는 비즈니스 특화 인맥관리서비스를 의미한다.

오답 체크

갑: SNS는 시간과 공간을 초월하여 네트워크상에서 인맥을 관리할 수 있는 매우 좋은 수단이다.

병: 명함은 언제, 어디서, 무슨 일로 만났는지, 소개자, 학력이나 경력, 업무내용이나 취미, 전근 및 전직 등의 변동사항, 가족사항, 거주지와 기타 연락처, 느낀 점 등을 메모하여 사용하는 것이 매우 중요하다.

29 자원관리능력 문제   정답 ④

완벽하지 못하지만 시간에 맞춘 업무가 시간에 맞추지 못했지만 완벽한 업무보다 더 좋은 평가를 받는다.

🔍 더 알아보기

시간관리에 대한 대표적인 오해 4가지
1. 시간관리는 상식에 불과하다
2. 시간에 쫓기면 일을 더 잘할 수 있다.
3. 시간관리는 목록을 정리하는 것만으로도 충분하다.
4. 시간관리는 창의적인 일을 하는 데 오히려 방해가 될 수 있다.

[30-31]
30 자원관리능력 문제   정답 ③

가격이 가장 저렴한 원두를 최우선으로 선택한다고 했으므로 최우선으로 고려해야 하는 원두는 A 로스터리의 원두와 E 로스터리의 원두이다. 가격이 동일하다면 품질이 더 좋은 원두를 선택한다 했고, 원두 품질 점수는 소비자 만족 점수와 전문가 평가 점수를 50%씩 고려하여 계산한다고 했으므로 A 로스터리의 품질 점수는 $85 \times 0.5 + 88 \times 0.5 = 86.5$점이고, E 로스터리의 품질 점수는 $90 \times 0.5 + 88 \times 0.5 = 89$점이다. 따라서 A 로스터리와 E 로스터리 중에서는 E 로스터리의 우선순위가 더 높다.

E 로스터리의 원두로 드립 커피 1잔을 추출하는 데 필요한 원가는 $9원 \times 10g = 90$원이고, 드립 커피 1잔당 원두 차이에 따른 원가 상승이 10원을 초과하지 않으면 품질이 더 좋은 원두를 선택한다고 했으므로, 드립 커피 1잔을 추출하는 데 필요한 원가가 $10원 \times 10g = 100$원인 B 로스터리와 C 로스터리는 품질 점수를 확인해 볼 필요가 있다.

B 로스터리의 품질 점수는 $90 \times 0.5 + 85 \times 0.5 = 87.5$점으로 E 로스터리의 품질 점수인 89점보다 낮지만 C 로스터리의 품질 점수는 $92 \times 0.5 + 90 \times 0.5 = 91$점으로 E 로스터리의 품질 점수인 89점보다 높다.

따라서 A 씨가 거래처로 선정하기에 적합한 로스터리는 C 로스터리이다.

31 자원관리능력 문제   정답 ⑤

드립 커피의 1달 예상 판매량은 1,500잔이고, 1잔을 추출하는 데 원두 10g이 필요하므로, 1달 예상 원두 소모량은 10g × 1,500 = 15,000g = 15kg이다. 따라서 총 원두 가격은 10 × 15,000 = 150,000원이고, 1kg마다 포장 비용 1,000원이 추가되므로 총 포장비용으로 15 × 1,000 = 15,000원이 추가된다. 배송 비용은 10kg 이상 계약했으므로 별도로 부가되지 않기 때문에 포장 비용과 배송 비용을 포함한 1달 치 원두 구매 금액은 150,000 + 15,000 = 165,000원이 된다.

32 자원관리능력 문제   정답 ⑤

계획표를 살펴보면 별도의 여유시간이 전혀 없이 작성된 것을 알 수 있다. 시간 계획표를 작성할 때는 '60:40 Rule'에 근거하여 돌발상황에 대비할 수 있는 여유시간을 확보해야 한다.

33 정보능력 문제   정답 ②

VLOOKUP 함수는 직선(동일 행)에 존재하는 Data를 찾아서 출력해 주는 함수이다. 함수식의 구성은 = VLOOKUP(대상, 표의 범위, 찾고자 하는 Data의 위치, 일치의 정확성)으로 구성된다. 자세히 살펴보면 대상(누구의 Data를 찾으려고 하는지에 대해 명시하는 부분), 표의 범위(Data를 찾으려고 하는 표의 범위), 찾고자 하는 Data의 위치(찾으려고 하는 Data가 설정한 표의 몇 번째 열에 존재하는지 표기), 일치의 정확성(TRUE - 유사 일치, FALSE - 정확히 일치로 구분되지만 대부분 FALSE 또는 0으로 표기하여 정확히 일치하는 항목에 대한 Data를 확인)이다.
예를 들어 문제에 나와 있는 것처럼 '= VLOOKUP(J3, B2:G12, 6, FALSE)'라고 구성되어 있는 함수식을 살펴보면, B2:G12에 걸친 표에서 J3과 정확히 일치하는 항목을 찾고, B2:G12 표 안의 해당 행에서 6번째 열에 있는 값을 출력하라는 의미의 함수인 것이다.
따라서 B2:G12의 표에서 J3의 항목과 정확히 일치하는 항목은 B3의 '최정'이고, B2:G12 표 안의 해당 행에서 6번째 열에 있는 값은 평균값인 '84.3'이 된다.

34 정보능력 문제   정답 ①

<Alt>+<ESC>는 현재 실행 중인 앱을 순서대로 전환하는 바로가기 키이다.
시작 메뉴의 바로가기 키는 <Ctrl>+<ESC>이다.

35 정보능력 문제   정답 ③

'윈도우키 + M'은 바탕화면으로 돌아가기의 단축키이다.

오답 체크

① '윈도우키 + W'를 누른 후 전체 화면 캡처를 선택하면 전체 화면이 캡처되어 캡처 및 스케치 App으로 연결된다.

② '윈도우키 + Print Screen'을 누르면 전체 화면이 캡처되고, 원하는 곳에 'Ctrl + V'를 통해 붙여넣기 할 수 있다.

④ '윈도우키 + Shift + S'를 누르면 사각형 캡처, 자유형 캡처, 창 캡처, 전체 화면 캡처를 선택하여 캡처가 가능하고, 캡처한 이미지는 캡처 및 스케치 App으로 연결된다.

⑤ 'Alt + Print Screen'을 누르면 특정 창이 캡처되고, 원하는 곳에 'Ctrl + V'를 통해 붙여넣기 할 수 있다.

[36-37]
36 정보능력 문제   정답 ⑤

해결 기간은 오류 발생 Data 수에 따라 결정되고, 오류 발생 Data 수는 발생 범위를 통해 확인 가능하다. 'Problem founded at 43$27$_A_0'라는 메시지가 확인되었으므로, 해당 오류는 A_0 구역 Disk 중 43 × 27 = 1,161개 Data에서 발생한 오류이고, 해결 기간 표에 따라 '72시간 이상'이 소요됨을 알 수 있다.

37 정보능력 문제   정답 ④

'Index QDOPISD with CRT'라는 문구에서 QDOPISD 항목은 안전코드인 QXOPIAE와 'D와 X', 'S와 A', 'D와 E' 알파벳 3개의 차이를 보이고 있다.
따라서 안전코드와 알파벳 차이 3개 이상 5개 미만의 항목 중 치명도가 CRT일 경우의 Input code를 살펴보면 'CDIM'임을 알 수 있다.

38 정보능력 문제   정답 ④

문제에서 설명하고 있는 전자금융사기 수법은 '메모리해킹'이며, 메모리해킹을 방지하기 위해서는 컴퓨터나 이메일 계정에 공인인증서, 보안카드 사진, 비밀번호 저장을 금한다. 만약 메모리해킹 피해가 발생한다면 제일 먼저 금융기관 콜센터에 전화하여 해킹당한 공인인증서 및 보안카드 등을 폐기하여야 한다. 또한 새로운 보안카드 발급보다는 OTP(일회성 비밀번호) 카드나 보안토큰(비밀번호 복사 방지)을 사용하는 것이 메모리해킹 예방에 훨씬 효과적이다.
메모리해킹은 파밍보다 더 교묘한 수법이다. 파밍은 보안카드 번호 전부를 입력하도록 하지만, 메모리해킹은 보안카드 번호 전부가 아니라 2개만 입력하게 하거나, 보안강화를 위한 가짜 팝업창을 띄워 보안카드 번호를 추가로 입력하게 하는 등 수법이 계속 진화하고 있다.

① 파밍의 피해를 방지하기 위해서는 브라우저의 보안성을 강화하고, 웹사이트를 속일 수 있는 위장 기법을 차단하는 장치를 마련해야 하며, 전자서명 등을 이용하여 사이트의 진위를 확실하게 가릴 수 있도록 하여야 한다. 또한 사용하고 있는 DNS 운영 방식과 도메인 등록 등을 수시로 점검해야 한다.

② 피싱을 방지하기 위해서는 의심되는 메일을 받았을 경우 해당 은행, 카드사 및 한국인터넷진흥원 등에 신고해야 한다.

③ 스미싱을 방지하기 위해서는 갑작스러운 금전적 요구나 수상한 링크를 전달해 클릭하기를 유도한다면 반드시 한 번 더 확인해보고, 범죄자의 메시지인지 구분이 어렵다면 지인에게 확인 전화를 해보는 것이 좋다. 실수로 링크를 누르면 스마트폰에 남은 악성코드를 삭제하고, 국번 없이 118번으로 신고해야 한다.

⑤ 스니핑을 예방할 수 있는 가장 좋은 방법은 데이터를 암호화하는 것이다.

🔍 더 알아보기

· 메모리해킹 예방수칙
  1. 윈도우즈, 백신 프로그램을 항상 최신 상태로 업데이트하고 실시간 감시 상태를 유지한다.
  2. 영화, 음란물 등의 무료 다운로드 사이트 이용을 자제한다.
  3. 출처가 불분명한 파일이나 이메일은 열람하지 않고, 즉시 삭제하도록 한다.
  4. 컴퓨터, 이메일 등에 공인인증서, 보안카드 사진, 비밀번호 등을 저장하지 않는다.
  5. 보안카드 대신에 OTP(일회성 비밀번호 생성기), 보안토큰(비밀번호 복사 방지)을 사용한다.
  6. 전자금융사기 예방서비스에 적극 가입한다.

주요 전자금융사기

스미싱	· 문자메시지(SMS)와 피싱(Phishing)의 합성어로 '초대장', '무료쿠폰 증정' 등을 빙자하는 문자사기 · 메시지에 삽입된 인터넷주소로 접속하면 악성코드가 설치돼 피해자가 모르는 사이에 소액결제 피해가 발생
파밍	· 합법적으로 소유하고 있던 사용자의 도메인을 탈취하거나 도메인 네임 시스템(DNS) 또는 프락시 서버의 주소를 변조해 진짜 사이트로 오인하여 접속하도록 유도한 뒤에 개인정보를 훔치는 사기수법
피싱	· 금융기관을 사칭해 메일을 보내서 개인정보를 불법적으로 알아내 이를 이용하는 사기수법
메모리해킹	· 피해자 PC 메모리에 상주한 데이터를 위·변조하여 정상적인 은행 사이트의 보안 프로그램을 무력화하여 예금을 부당 인출하는 사기수법
스니핑	· 컴퓨터 네트워크상에 흘러 다니는 트래픽을 엿듣는 해킹 유형

39 기술능력 문제　　　　　　　　정답 ④

실패 중에는 기술자들이 반드시 겪어야 하는 '에디슨식 실패'도 있지만, 아무런 보탬이 되지 않는 실패도 있다. 실패의 원인은 무수히 많다. 이 중에는 일을 하는 과정에서 어쩔 수 없이 일어나거나 직면하는 원인이 있는 반면에, 태만이나 고의적 부정처럼 의도적인 행위에 의한 원인도 있다.

40 기술능력 문제　　　　　　　　정답 ③

산업 재해의 직접적 원인은 위험 장소 접근, 안전장치 기능 제거, 보호 장비의 미착용 등 불안전한 행동(인간적 원인)과 시설물 자체의 결함 등 불안전한 상태(기계적 원인)로 나뉜다. 자료와 같은 산업 재해가 발생한 원인은 직접적 원인 중 불안전한 행동에 해당하므로 적절하지 않다.

① '감전 방지 조치 미실시, 접근 한계 거리 미준수'는 산업 재해의 기본적 원인 중에서 작업관리상 원인에 해당하므로 적절하다.
② 안전 규칙을 제정하는 것은 불안전한 행동 방지 방법에 해당하므로 적절하다.
④ 각종 기계·설비 등이 항상 양호한 상태로 작동되도록 유지·관리를 철저히 하는 것은 불안전한 상태를 제거하는 방법에 해당하므로 적절하다.
⑤ 산업 재해를 예방하기 위한 과정은 1) 안전 관리 조직, 2) 사실의 발견, 3) 원인 분석, 4) 시정책의 선정, 5) 시정책 적용 및 뒤처리이다. 이중 네 번째 단계에 해당하는 '시정책의 선정'은 원인을 분석한 내용을 토대로 기술적 개선, 인사 조정 및 교체, 교육, 설득, 공학적 조치 등 적절한 시정책을 선정하는 단계에 해당하므로 적절하다.

41 기술능력 문제　　　　　　　　정답 ⑤

훌륭한 기술경영자가 되기 위해서는 리더십, 기술적인 능력, 행정능력 등이 필요하다. 기술경영자는 일반적으로는 기술개발이 결과 지향적으로 수행되도록 유도하는 능력을 갖추어야 하고, 기술개발 과제의 세부 사항까지 파악할 수 있도록 치밀해야 하며, 기술개발 과제의 전 과정을 전체적으로 조망할 수 있는 능력을 가져야 한다. 빌게이츠는 타사의 기술을 빠르게 도입해 자사의 상품으로 만들어 발전시켰다.

🔍 더 알아보기

기술경영자에게 필요한 능력
· 기업의 전반적인 전략 목표에 기술을 통합시키는 능력
· 빠르고 효과적으로 새로운 기술을 습득하고 기존의 기술에서 탈피하는 능력
· 기술을 효과적으로 평가할 수 있는 능력
· 기술 이전을 효과적으로 할 수 있는 능력

- 새로운 제품개발 시간을 단축할 수 있는 능력
- 크고 복잡하고 서로 다른 분야에 걸쳐 있는 프로젝트를 수행할 수 있는 능력
- 조직 내의 기술 이용을 수행할 수 있는 능력
- 기술 전문 인력을 운용할 수 있는 능력

42 조직이해능력 문제
정답 ④

제시된 조직은 '비공식조직'으로 비공식조직은 개인들의 협동과 상호작용에 따라 형성된 자발적인 집단이다.
따라서 인간관계에 따라 형성된 자발적인 조직이라는 것이 비공식조직의 특성으로 적절하다.

오답 체크

①, ②, ⑤ 공식조직의 특성이다.
③ 영리조직의 특성이다.

43 조직이해능력 문제
정답 ②

외부 활동을 모니터링하고 변화를 전달하는 정보적 역할을 하고 있다.

🔍 더 알아보기

민츠버그의 경영자 역할

대인적 역할	정보적 역할	의사결정적 역할
· 조직의 대표자 · 조직의 리더 · 상장자, 지도자	· 외부환경 모니터 · 변화전달 · 정보전달자	· 문제 조정 · 대외적 협상 주도 · 협상가·분쟁조정 자·자원배분자

44 조직이해능력 문제
정답 ④

팀제는 대표적인 수평적 조직구조로 전략적 업무를 수행하는 조직에 적합하므로 적절한 설명이다.

오답 체크

① 팀제는 의사결정단계의 축소로 신속한 의사결정을 가능하게 하므로 동태적 상황에 대한 조직 구성원의 신속한 의사결정을 저해시킨다는 내용은 적절하지 않다.
② 팀 단위로 성과 평가가 이루어지기 때문에 팀제는 무임승차 행위가 빈번하게 나타나며, 이로 인한 업무 공동화 가능성도 높으므로 업무 공동화 현상이 없다는 내용은 적절하지 않다.
③ 계급제적 속성이 강한 사회의 경우 자율성을 제고하는 팀제가 성공적으로 형성되기 어려우므로 계급제 사회에서 팀 조직이 성공적으로 형성될 가능성이 높다는 내용은 적절하지 않다.

45 조직이해능력 문제
정답 ⑤

남북경협을 예측하기 위해서는 지금까지 해 온 사업들을 돌아보고 앞으로 어떻게 될 것인지를 예측하여 사업을 구체화하여야 하므로 '트렌드분석기법'이 가장 적절하다. 트렌드분석기법은 현재와 과거의 역사적 자료나 추세에 근거하여 앞으로 도래할 미래 사회의 변화를 예측하는 기법이다.

오답 체크

① 직관적예측기법은 주관적으로 판단하는 방법이므로 객관적인 근거를 바탕으로 짐작해야 하는 남북경협의 예측에는 적절하지 않다. 추측은 주관적인 판단을 기반으로 미래의 변화 모습을 예측하며, 추측의 토대는 예측자의 통찰력과 창조적 지각력, 내면의 숨은 지식 등 직관으로부터 도출된다.
② 시나리오기법은 미래에 출현할 가능성이 있는 온갖 시나리오를 구상하여 개별적인 전개 과정을 추정하는 기법이므로 남북 간의 현재 상황만을 나타내는 자료만으로는 남북경협을 추정할 수 없어 남북경협의 예측에는 적절하지 않다.
③ 델파이기법은 수집된 의견만을 가지고 예측하는 방법이므로 명확한 수치로 미래를 추측해야 하는 남북경협 혹은 북한 상황의 예측에는 적절하지 않다. 델파이기법은 비계량적인 미래 환경을 예측하는 데 주로 활용된다.
④ 브레인스토밍기법은 여러 분야의 전문가들이 같은 자리에 모여 자유롭게 본인의 의견을 공유하면서 미래에 관한 예측을 종합하는 기법이다. 연구 초기에 전반적인 상황을 전망하거나 연구 주제를 구체적으로 수립하는 방법이므로 앞으로 할 일을 계획해야 하는 남북경협의 예측에는 적절하지 않다.

46 조직이해능력 문제
정답 ④

조직문화는 정성적인 측정이 이루어지며, 조직의 매출과 직접적으로 연계하여 성과를 측정하기는 어렵다. 한편 조직의 비전 체계는 조직이 지향하는 바람직한 미래상을 표현한 것으로, 조직 구성원이 궁극적으로 나아가야 할 방향을 구체화한 것이다.

47 직업윤리 문제
정답 ⑤

서준섭 대리에게는 일에 대한 존중을 바탕으로 한 근로윤리를 강조해야 한다. '모든 결과는 나의 선택으로 말미암아 일어난 것이라는 식의 태도'는 책임을 말하며, 책임감은 인간 존중을 바탕으로 한 공동체윤리로 점심시간에 개인 용무를 본 경우에는 적용하기 어려우므로 가장 적절하지 않다.

근로윤리와 직업윤리

원만한 직업생활을 위해 직업인이 갖추어야 할 직업윤리

근로윤리	· 직장생활에서 일에 대한 존중을 바탕으로 근면·성실·정직하게 업무에 임하는 자세를 의미함 · 근면한 태도, 정직한 생활, 성실한 자세가 있음
공동체윤리	· 인간존중을 바탕으로 봉사하며 책임 있고, 규칙을 준수하고, 예의 바른 태도로 업무에 임하는 자세를 의미함 · 봉사(서비스)정신, 책임감, 준법의식, 예절, 성 예절이 있음

48 직업윤리 문제   정답 ⑤

90도 인사인 '배례'는 종교의식에서 하는 인사로 일상생활에서는 사용하지 않으므로 감사의 마음을 표할 때나 사과할 때에는 45도 정도로 상체를 숙이는 '정중례'를 하는 것이 적절하다.

인사의 종류

1. 묵례(가벼운 인사)

상대	가까운 동료 또는 하급, 하루에 몇 번 마주친 낯선 어른이나 상사
방법	미소 짓는 표정으로 15도 정도 상체를 굽히면서 시선은 발끝 2~3m 앞쪽을 바라본다.
상황	좁은 공간에서 제대로 인사를 할 수 없을 때, 상사를 2회 이상 만났을 때, 동료나 아랫사람을 만났을 때, 화장실이나 목욕탕 등 다수가 이용하는 장소에서 만났을 때, 대화 중에 인사를 할 때, 근무 중이나 상사나 동료에게 부탁이 있을 때 등

2. 보통례(보통 인사)

상대	어른이나 상사, 고객
방법	"안녕하세요, 안녕히 가세요" 등 인사말을 할 수 있으며, 30도 정도 상체를 숙이면서 시선은 1m 앞쪽을 바라본다.
상황	마중하거나 배웅할 때, 외출이나 귀가할 때, 만나거나 헤어질 때 등 일상생활에서 많이 하는 인사

3. 정중례(정중한 인사)

상대	국민, 국가원수, 집안 어른
방법	"감사합니다" 등의 인사말을 할 수 있으며, 45도 정도 상체를 숙이면서 시선은 1m 앞쪽을 바라본다.
상황	감사나 사죄를 표현할 때, 고객이나 어른을 맞이하거나 전송할 때, 공식 석상에서 처음 인사할 때, 면접 시 인사할 때 등 가장 공손한 인사

49 직업윤리 문제   정답 ③

B 사: 기후변화로 인한 가뭄, 홍수, 지진 등 재해·재난이 빈번해짐에 따라 기후변화 TF(태스크포스)를 신설하여 기후변화 영향을 분석하는 공공기관의 사례는 환경경영에 해당하므로 적절하지 않다.

G 사: 기업의 예술지원 활동을 뜻하는 메세나는 사회공헌 활동으로 윤리경영과는 무관하므로 적절하지 않다.

· 윤리경영

기업의 경영활동에 있어서 지켜야 할 '윤리'를 최우선의 가치로 생각하고 법적·경제적 책임은 물론 사회 통념상 기대되는 윤리적 책임을 다함으로써 고객 등 이해관계인에게 신뢰를 얻을 수 있도록 경영하는 것을 의미한다.

고질적 부정부패 척결에 대한 국민적 인식이 증대됨에 따라 정부도 각종 제도와 법을 통해 윤리경영을 강조하고 있으며, 이에 따라 윤리경영은 이제 글로벌 스탠더드로 부상하면서 선택사항이 아닌 기업생존을 위한 필수적 요건이 되고 있다.

· ISO 19600

국제표준화기구(ISO)에서 제정한 준법경영시스템(Compliance Management System) 분야의 국제표준이다.

50 직업윤리 문제   정답 ②

A: 행위자의 사과와 재발방지약속 등 합의, 행위자의 처벌 내지 손해배상 등 원하는 해결방법을 먼저 결정해야 하므로 적절하지 않다.

D: 상대방과의 대화 내용을 녹음하는 것은 법적으로 허용되므로 적절하지 않다.

성희롱 발생 시 기억해야 할 5가지

1. 어떻게 대처할 것인가?
   · 성희롱을 당하면 단호하게 거부의 의사를 표현한다.
   · 합리적인 해결방안을 모색하되 사직을 생각하는 것은 바람직하지 않다. (성희롱으로 인한 피해회복이 중요)
2. 어떤 방법을 선택할 것인가?
   · 행위자의 사과와 재발방지약속 등 합의, 행위자의 처벌 내지 손해배상 등 원하는 해결방법을 먼저 결정한다.
   · 문제해결을 위해 자신을 소중히 여기며 누구로부터 어떤 도움을 받을 수 있는지 생각한다.
   · 사내의 고충처리절차, 노동조합, 외부상담기관이나 법률지원단체 등을 찾아본 후 적절한 해결방법을 선택한다.

3. 증거의 수집
 · 행위자에게 거부의사를 밝힌다. (문자나 편지 등 내용증명도 포함)
 · 만나서 이야기할 경우 자신의 입장을 잘 정리하여 말할 수 있도
   록 준비한다.
 · 상대방과의 대화 내용을 녹음하는 것은 법적으로 허용된다.
 · 행위자와 직접 만나기 어렵다면 가족이나 친구 등 믿을만한 사
   람과 함께 만난다.
4. 직장 내 해결절차 이용
 · 직장 내 성희롱 구제 절차 내지 고충처리절차가 마련되어있다면
   해당 기구에 신고하고, 기구나 담당자가 없는 경우 인사부서에
   신고한다.
 · 신고할 때는 행위자의 행위에 대해서 구체적으로 진술한다.
 · 본인의 보호조치 및 피해구제를 위해 해결책을 요구한다.
5. 성희롱 발생 시 외부기관을 통한 구제방법

구분	방법	구제내용
비사법적 구제	지방고용노동관서 진정	성희롱으로 인한 사업주 조치 요구(가해자 징계, 피해자 불이익 처분 등)
	노동위원회 구제신청	성희롱피해자(가해자)의 부당한 해고, 휴직, 정직, 전직 등 처분 시 구제 신청 등
	국가인권위원회 진정	성희롱 행위자와 책임자에 대한 사내 조치, 손해배상 등
사법적 구제	지방고용노동관서 고소/고발	성희롱으로 인한 사업주 처벌요구(행위자 미조치, 피해자 불이익 처분 등)
	검찰 고소/고발	형사 처벌 되는 법 위반 행위에 대한 처벌 요구(성폭력 범죄, 형법/남녀고용평등법 위반)
	법원 민사소송	성희롱으로 인하여 발생한 손해 배상 청구

NCS 실전모의고사 3회 | 피듈형 |

정답

01 의사소통	02 의사소통	03 의사소통	04 의사소통	05 의사소통	06 의사소통	07 의사소통	08 의사소통	09 의사소통	10 의사소통
①	③	③	②	①	⑤	③	②	①	①
11 수리	**12** 수리	**13** 수리	**14** 수리	**15** 수리	**16** 수리	**17** 수리	**18** 조직이해	**19** 수리	**20** 수리
③	①	⑤	②	④	③	③	③	③	④
21 수리	**22** 수리	**23** 문제해결	**24** 문제해결	**25** 문제해결	**26** 문제해결	**27** 문제해결	**28** 문제해결	**29** 문제해결	**30** 문제해결
②	⑤	④	⑤	①	①	②	③	①	⑤
31 문제해결	**32** 문제해결	**33** 문제해결	**34** 문제해결	**35** 자기개발	**36** 자원관리	**37** 자원관리	**38** 자원관리	**39** 자원관리	**40** 자원관리
④	③	④	②	①	①	①	⑤	①	③
41 자원관리	**42** 자원관리	**43** 자원관리	**44** 자원관리	**45** 자원관리	**46** 대인관계	**47** 정보	**48** 정보	**49** 정보	**50** 정보
③	①	④	④	③	④	②	②	④	④
51 정보	**52** 기술	**53** 조직이해	**54** 조직이해	**55** 조직이해	**56** 조직이해	**57** 조직이해	**58** 직업윤리	**59** 직업윤리	**60** 직업윤리
③	①	③	①	②	①	③	①	②	④

취약 영역 분석표

영역별로 맞힌 개수, 틀린 문제 번호와 풀지 못한 문제 번호를 적고 나서 취약한 영역이 무엇인지 파악해 보세요.
취약한 영역은 해커스잡 사이트(ejob.Hackers.com)에서 제공하는 '시험 당일 최종 마무리 <NCS 빈출 개념 핵심 요약집>'을 학습하고, 틀린 문제
및 풀지 못한 문제를 다시 풀어보면서 확실히 극복하세요.

영역	맞힌 개수	틀린 문제 번호	풀지 못한 문제 번호
의사소통능력	/10		
수리능력	/11		
문제해결능력	/12		
자기개발능력	/1		
자원관리능력	/10		
대인관계능력	/1		
정보능력	/5		
기술능력	/1		
조직이해능력	/6		
직업윤리	/3		
TOTAL	**/60**		

해설

01 의사소통능력 문제   정답 ①

첫 번째 단락의 '대중문화예술인의 예술요원 편입제도 신설이 필요하다. 「병역법」 개정안의 조속한 국회 통과를 촉구한다'라는 내용에서 아직 국회 통과가 되어 있지 않음을 확인할 수 있으므로 예술요원 편입제도를 신설하는 것과는 거리가 멀다고 할 수 있다.

02 의사소통능력 문제   정답 ③

보도자료의 개요부분에 가장 핵심적인 내용이 나오게 되는데, 선정된 사회적경제기업 30곳을 지원한다는 내용과 성장 잠재력이 있는 사회적경제기업이 도약할 수 있도록 지원하는 것이 골자이므로 정답은 ③이 된다.

오답 체크

① 사회적경제기업에 대한 정의는 사회적 가치를 실현하는 기업이라고 정의하고 있으나 사회적 가치를 창출할 수 있다는 내용은 제목이 될 수 없다.
② 사회적경제기업은 사회적 가치를 실현하고 있는 기업으로, 협동조합·사회적기업·마을기업·자활기업·소셜벤처 등의 유형이 있다고 제시하고 있어 세부적인 내용은 될 수 있지만, 전체적인 내용을 포괄하고 있지 않으므로 제목이 될 수 없다.
④ '중기부는 지난해 예산 19억 원 규모의 신규 사업으로 시작한 데 이어'라는 내용이 있으나 최초 지원이라는 내용은 핵심적인 내용이 아니므로 제목이 될 수 없다.
⑤ '사회적 가치 부합성'과 '금융지원 타당성'을 고려하여 사회적경제기업을 선정하는 것은 선정심의위원회이므로 제목이 될 수 없다.

> **⏱ 빠른 문제 풀이 Tip**
>
> 보도자료의 제목은 제목만 보더라도 전체적인 내용을 유추할 수 있어야 한다. 그러므로 보도자료는 간단하게 소개하고 있는 개요만 잘 파악하더라도 충분히 제목을 유추할 수 있다.

03 의사소통능력 문제   정답 ③

홍남기 경제부총리가 최근 소비자 물가에서 상승압력이 계속될 것이라는 내용과 물가관계장관회의를 주재했다는 내용의 (나)가 먼저 나와야 한다. 그리고 농축산물의 가격 안정, 석유류에 대한 물가가 상승했다는 내용인 (가)가 그 다음에 나올 수 있다. (가)의 내용 마지막에 고유가 부담완화 3종 세트를 통해 물가 안정에 대한 내용이 나오게 되므로 내용이 변하는 (라)가 그 뒤에 올 수 있으며 (다)에 '이외에도'라는 말이 나오면서 유가에 대한 공급비중을 늘린다는 내용이 나오므로 (라) 다음 (다)가 나올 수 있으므로 순서는 (나)-(가)-(라)-(다)-(마)가 될 수 있다.

> **⏱ 빠른 문제 풀이 Tip**
>
> 위의 내용을 보면 ①, ②는 (가)부터, ③, ④, ⑤는 (나)부터이므로 (나)와 (가)를 비교해서 (나)가 먼저임을 알 수 있다. 그리고 ③, ④, ⑤를 비교하여 (가)와 (라)를 비교하고 마지막에 (마)가 들어가는 것을 보아 ③을 답이라고 추론할 수 있다. 그러므로 단락배열은 객관식이라고 생각하고 비교하면서 풀어야 한다.

[04-05]

04 의사소통능력 문제   정답 ②

'2. 지원내용'의 '2) 의료급여'에서 근로무능력가구는 1종 의료급여에 해당한다고 하였으며, 1종 의료급여에 해당하는 가구가 외래 병원을 이용하면 본인부담금이 1,500원이라고 하였으므로 근로무능력가구가 외래 병원 이용 시 병원비의 15%를 본인이 부담해야 하는 것은 아님을 알 수 있다.

오답 체크

① '1. 지원대상'에서 소득인정액이 급여별 선정기준 이하인 가구로 부양의무자와 가족관계 해체 등을 이유로 부양을 거부·기피하여 부양을 받을 수 없다고 인정한 경우 지원대상이라고 하였으므로 적절하다.
③ '2. 지원내용'의 '1) 생계급여'에서 생계급여는 가구별 생계급여 선정기준액에서 소득인정액을 뺀 금액을 현금으로 지급한다고 하였으며, 소득인정액이 60만 원인 4인 가구가 생계급여 선정기준인 138만 4061원에서 60만 원을 제외한 78만 4070원(원 단위 올림)을 지급받을 수 있다고 하였으므로 소득인정액이 70만 원인 4인 가구는 138만 4061원 − 70만 원 = 68만 4070원(원 단위 올림)을 지급받을 수 있으므로 적절하다.
④ '2. 지원내용'의 '4) 교육급여'에서 고등학생의 입학금 및 수업료는 학교장이 고지한 금액 전체를 지원한다고 하였으므로 적절하다.
⑤ '2. 지원내용'의 '3) 주거급여'에서 장애인 자가가구 수급자는 주거약자용 편의시설 설치를 380만 원 한도에서 추가로 지원받을 수 있되 장애인 추가지원과 고령자 추가지원은 중복지원이 불가능하다고 하였으므로 적절하다.

05 의사소통능력 문제   정답 ①

소득인정액이 급여별 선정기준 이하인 가구 중 계부모를 포함한 부모, 사위와 며느리를 포함한 자녀 등 부양의무자가 있는 경우에는 맞춤형 기초생활보장제도의 지원대상이 될 수 없으므로 A는 맞춤형 기초생활보장제도를 지원받을 수 없다.

② B는 부양의무자인 부모님의 학대로 인해 부양을 거부하여 부양을 받을 수 없다고 인정받은 경우에 해당하여 맞춤형 기초생활보장제도를 지원받을 수 있다.

③ C는 부양의무자인 아버지가 교도소에 수감된 경우에 해당하여 맞춤형 기초생활보장제도를 지원받을 수 있다.

④ D는 부양의무자인 아들이 있지만 아들도 전혀 소득이 없어서 부양의무자가 있어도 소득과 재산이 적어 부양할 수 없는 경우에 해당하여 맞춤형 기초생활보장제도를 지원받을 수 있다.

⑤ E는 부모님이 돌아가시면서 혼자 살게 되어 부양의무자가 없는 경우에 해당하여 맞춤형 기초생활보장제도를 지원받을 수 있다.

06 의사소통능력 문제 · 정답 ⑤

제9조 7항을 보면 '위원장은 위원회를 대표하고 업무를 총괄한다'라고 명시되어 있고, 제9조 3항을 보면 '위원장은 대통령이 되고, 부위원장은 국무총리가 된다'라고 명시되어 있으므로 부위원장인 국무총리가 대표로 업무를 총괄한다는 내용은 옳지 않다.

① 제9조 1항을 보면 에너지위원회의 구성 목적으로 '주요 에너지정책 및 에너지 관련 계획에 관한 사항을 심의하기 위하여'라고 명시되어 있다.

② 제9조 2항을 보면 '위원회는 위원장 및 부위원장 각 1인을 포함한 25인 이내의 위원으로 구성'이라고 명시되어 있다. 위원장과 부위원장 제외 22명이라고 했으므로 포함하면 24인이 되고, 25인 이내가 된다.

③ 제9조 5항을 보면 위촉위원은 시민단체가 추천한 5인 이상이 포함되어야 한다고 명시되어 있으며, 보도자료에는 시민단체가 추천한 학자 7명이 포함되어 있다고 나와 있다.

④ 제9조 10항을 보면 '위촉위원의 임기는 2년으로 하되, 연임할 수 있다'라고 명시되어 있다.

07 의사소통능력 문제 · 정답 ③

<보기>의 '들다'는 '안에 담기거나 그 일부를 이루다'의 뜻으로 ③의 의미와 같다.

① '어떠한 시기가 되다'라는 의미이다.

② '어떤 범위나 기준, 또는 일정한 기간 안에 속하거나 포함되다'라는 의미이다.

④ '어떤 일에 돈, 노력, 시간, 물자 따위가 들다'라는 의미이다.

⑤ '잡아 위로 올리다'라는 의미이다.

---

08 의사소통능력 문제 · 정답 ②

'말을 비로소 알아듣게 되다'라는 의미를 가진 관용어는 '귀가 뚫리다'이다.

① '귀가 뜨이다'는 '뜻밖의 반가운 소리에 정신이 번쩍 들다'라는 의미이다.

③ '귀가 얇다'는 '남의 말을 곧이듣는 성질이 있다.'라는 의미이다.

④ '귀가 솔깃하다'는 '어떤 말이 그럴듯하게 여겨져 마음이 쏠리다'라는 의미이다.

⑤ '귀가 간지럽다'는 '남이 제 말을 한다고 느끼다'라는 의미이다.

09 의사소통능력 문제 · 정답 ①

'ㅚ' 뒤에 '-어'가 붙은 형태는 'ㅙ'로 줄어질 수 있으므로 '쐬어라'는 '쐐라'로 표기하는 것이 적절하다.

② '괴-'와 '-느냐'의 결합은 'ㅚ' 뒤에 '-어'가 붙는 경우가 아니므로 'ㅙ'로 표기할 수 없다.

③ '왜'는 '외다'의 어간 '외-'와 어미 '-어'가 결합한 것이다. 'ㅚ'와 '-어'가 만나 'ㅙ'로 줄어지고 있으므로 '왜'는 '외어'의 줄임 표현임을 알 수 있다.

④ '뵈-'와 '-어서'가 결합한 '뵈어서'는 'ㅚ' 뒤에 '-어'가 오는 경우에 해당되므로 '봬서'로 줄어질 수 있다.

⑤ '쇠-'와 '-더라도'의 결합은 'ㅚ' 뒤에 '-어'가 붙는 경우가 아니므로 'ㅙ'로 표기할 수 없다.

10 의사소통능력 문제 · 정답 ①

'행여나'는 긍정적인 결과를 바랄 때 쓰며, '혹시나'는 부정적인 상황이 우려될 때 사용해야 하므로 '혹시나'로 고치는 것이 적절하다.

② '지금'은 '말하는 바로 이때'라는 의미이고, '이제'는 '바로 이때, 지나간 때와 단절된 느낌을 표현'의 의미이므로, '이제'로 쓰는 것이 적절하다.

③ '마침'은 '어떤 경우나 기회에 알맞게'라는 의미이고, '공교롭게'는 '뜻하지 않았던 사실이나 사건과 우연히 마주치게 된 것이 기이하다고 할 만하게'의 의미이므로 '마침'으로 쓰는 것이 적절하다.

④ '덥다'는 '기온이 높거나 기타의 이유로 몸에 느끼는 기운이 뜨겁다'라는 의미이고, '뜨겁다'는 '몸에 상당한 자극을 느낄 정도로 온도가 높다'의 의미이므로 '뜨겁다'로 쓰는 것이 적절하다.

⑤ '이유'는 '어떠한 결론이나 결과에 이른 까닭이나 근거'의 의미이고, '원인'은 '어떤 사물이나 상태를 변화시키거나 일으키게 하는 근본이 된 일이나 사건'의 의미이므로 '원인'으로 쓰는 것이 적절하다.

11 수리능력 문제   정답 ③

현수가 만든 소금물은 총 $80 + 20 = 100g$이며
농도는 소금 / 소금물 $\times 100 = 20 / 100 \times 100 = 20(\%)$이다.
그러므로 현아가 만든 소금물의 농도만 20%가 된다면, 두 소금물을 합쳤을 때의 농도도 20%가 될 것이다.
현아가 사용한 비커의 수돗물 양을 a라고 하면 현아가 만든 소금물의 농도는 $20 / (a + 20) \times 100(\%)$이고 이것이 20%보다 낮다고 한다. 그래서 소금의 양을 4g 추가했을 때 농도가 20%가 된다면, $(20 + 4) / (a + 20 + 4) \times 100\% = 20\%$이어야 하므로 a는 96g이 된다.

12 수리능력 문제   정답 ①

전체 신입생의 남녀의 비가 6:5이기 때문에 남자 신입생이 300명일 때, 여자 신입생이 250명이므로 문제에서 주어진 조건을 토대로 아래와 같은 식을 세울 수 있다.
내국인 남자 신입생:내국인 여자 신입생 $= 4x : 3x$
외국인 남자 신입생:외국인 여자 신입생 $= 6y : 7y$
$4x + 6y = 300$, $3x + 7y = 250 \rightarrow x = 60$, $y = 10$
따라서 전체 외국인 신입생의 수는 $6y + 7y = 13y = 130$명이다.

13 수리능력 문제   정답 ⑤

60m 거리를 4초 만에 통과하였다면, 선희는 자동차로 15m/sec.의 속력으로 달렸다.
이를 분속으로 환산하면 (15×60)m/60sec. $= 900$m/min이 되며, 이를 시속으로 환산하면 (900×60)m/60min $= 54$km/hr이 된다.
따라서 이를 50km/h로 맞추려면, 4km/h만큼 감속해야 한다.

14 수리능력 문제   정답 ②

초콜릿 쿠키의 판매가는 1,500원이고, 원가를 x라고 한다면, 판매 이익금은 $(1,500 - x)$원이다.
5개를 판매한 금액은 $1,500 \times 5 \times 0.9 - 5x = 10x$가 된다.
$15x = 6,750$원이므로 $x = \dfrac{6,750}{15} = 450$, 즉, 초콜릿 쿠키의 원가는 450원이다.

15 수리능력 문제   정답 ④

작년 화성 부지 평당 가격을 x만 원이라고 하면 작년 수원 부지의 평당 가격은 $4x$만 원,
올해 수원 부지의 평당 가격은 $4.4x$만 원, 화성 부지의 평당 가격은 $x + 171$만 원이 된다.
올해 수원 부지와 화성 부지의 평당 가격비는 5:2이므로
$4.4x : x + 171 = 5 : 2$, $5x + 855 = 8.8x$, $3.8x = 855$, $x = 225$만 원이다.

16 수리능력 문제   정답 ③

모니터의 가로 길이를 x, 세로 길이를 y라고 하면, 부피 공식에 따라 $x \times y \times 3 = 3,600$, $xy = 1,200$이 된다. 또한 모니터의 화면 대각선 길이가 20(인치) $= 20 \times 2.5 = 50$(cm)이므로 피타고라스 정리에 의하면 $x^2 + y^2 = 50^2 = 2,500$이 되고, $xy = 1,200$ 식과 연립하여 풀이하면
$(x + y)^2 = x^2 + 2xy + y^2 = 2,500 + 2,400 = 4,900$, $(x + y) = 70$이 된다.
$y = 70 - x$이고, $xy = 1,200$에 연립하여 풀이하면
$x \times (70 - x) = 1,200$, $x^2 - 70x + 1,200 = 0$이므로 이를 만족하는 값은 $x = 40$ 또는 30이 되고, 이때 $y = 30$ 또는 40이 된다. 문제에서 가로 길이가 세로 길이보다 길다고 했기 때문에 $x > y$가 되어야 하므로 이를 만족하는 길이는 $x = 40$, $y = 30$이다.

17 수리능력 문제   정답 ③

일의 총 양을 각 제시된 소요 기간 18, 9 ,36의 공배수인 36으로 가정하면, 1일당 진행하는 일의 양이 A는 2, B는 4, C는 1이 된다.
C가 일하는 기간을 x로 설정하고 계획대로 진행하는 경우는 $(2 + 4) \times 3 + 1 \times x = 36$, $x = 18$일이고 총 기간은 $18 + 3 = 21$일이다. 그러나 실제 생산은 $(2 + 4) \times 2 + 1 \times x = 36$, $x = 24$이고 총 기간은 $24 + 2 = 26$일이다.
따라서 계획한 기간과 실제 생산 기간의 차이는 5일이 된다.

18 조직이해능력 문제   정답 ②

피그말리온 효과(= 로젠탈 효과)는 자기 충족적 예언효과를 의미하며, 무언가에 대한 믿음, 기대, 예측이 실제로 일어나는 현상이다. 권 부장의 영업 2팀에 대한 기대와 믿음이 영업 2팀의 실적상승에 기여했다.

① 플라세보 효과: 의사가 효과 없는 가짜 약 혹은 꾸며낸 치료법을 환자에게 제안했는데, 환자의 긍정적인 믿음으로 인해 병세가 호전되는 현상이다.

③ 근본적 귀속의 착오(= 이기적 착오): 타인의 실패를 평가할 때는 상황적 요인의 영향은 과소평가하고 개인적 요인의 영향은 과대평가하는 반면, 타인의 성공을 평가할 때는 상황적 요인의 영향은 과대평가하고 개인적 요인의 영향은 과소평가하는 현상이다.

④ 막바지 효과(= 근접 효과): 시간적 오류 중 하나로, 최근의 실적이나 능력을 중심으로 평가하는 효과이다.

⑤ 연쇄 효과(= 후광 효과, Halo Effect): 한 평가 요소에 대한 판단이 연쇄적으로(관련이 전혀 없는 경우에도) 다른 요소 평가에도 영향을 주는 효과이다.

19 수리능력 문제 정답 ③

2017~2019년 동안 에너지공급업 법인 창업기업 수의 전년 대비 증감폭은 2017년에 2,138 - 754 = 1,384개, 2018년에 2,954 - 2,138 = 816개, 2019년에 1,164 - 2,954 = -1,790개이다.
따라서 증감폭은 2019년에 가장 크므로 옳지 않은 설명이다.

오답 체크

① 전체 창업기업 중에서 개인 창업기업이 차지하는 비중은 '100% - 법인 창업기업이 차지하는 비중(%)'과 동일하다. 따라서 개인 창업기업이 차지하는 비중이 매년 90% 이상이라는 것은 법인 창업기업이 차지하는 비중이 매년 전체의 10% 미만이라는 의미이다. 표에서 매년 법인 창업기업이 차지하는 비중은 2016년이 (96,625 / 1,190,177) × 100 ≒ 8.12%, 2017년이 (97,549 / 1,256,267) × 100 ≒ 7.76%, 2018년이 (102,372 / 1,344,366) × 100 ≒ 7.6%, 2019년이 (109,520 / 1,285,259) × 100 ≒ 8.52%로 매년 10% 미만이므로 옳은 설명이다.

② 전체 창업기업 수가 매년 감소하는 업종은 제조업이며, 제조업이 매년 전체 창업기업 중에서 차지하는 비중은 2016년이 (58,742 / 1,190,177) × 100 ≒ 4.9%, 2017년이 (58,015 / 1,256,267) × 100 ≒ 4.6%, 2018년이 (57,325 / 1,344,366) × 100 ≒ 4.3%, 2019년이 (52,317 / 1,285,259) × 100 ≒ 4.1%로 매년 5% 이하이므로 옳은 설명이다.

④ 2017년 건설업의 법인 창업기업 수의 전년 대비 증가율은 {(9,094 - 8,575)/8,575} × 100 ≒ 6.1%, 2017년 건설업의 개인 창업기업 수의 전년 대비 증가율은 {(55,925 - 53,625) / 53,625} × 100 ≒ 4.3%이다.
따라서 2017년 건설업의 법인 창업기업 수의 전년 대비 증가율은 2017년 건설업의 개인 창업기업 수의 전년 대비 증가율보다 크므로 옳은 설명이다.

⑤ 2017~2019년 전체 창업기업 수의 증감 추이는 증가 → 증가 → 감소이며, 이와 동일한 추이를 보이는 업종은 에너지공급업, 건설업, 서비스업 3개이므로 옳은 설명이다.

⏱ 빠른 문제 풀이 Tip

① 제시된 기간 동안 전체 창업기업 중에서 개인 창업기업이 차지하는 비중은 매년 90% 이상이라는 것은 전체 창업기업 × 0.1의 값이 법인 창업기업보다 크다는 의미이다.
2016년 1,190,177 × 0.1 = 119,017.7 > 96,625, 2017년 1,256,267 × 0.1 = 125,626.7 > 97,549, 2018년 1,344,366 × 0.1 = 134,436.6 > 102,372, 2019년 1,285,259 × 0.1 = 128,525.9 > 109,520으로 매년 전체 창업기업 × 0.1의 값이 법인 창업기업보다 크므로 옳은 설명이다.

② 전체 창업기업 중에서 차지하는 비중이 매년 5% 이하라는 것은 해당 값 × 20의 값이 전체 창업기업 수보다 적다는 의미이다.
전체 창업기업 수가 매년 감소하는 업종은 제조업이고, 제조업의 수를 백의 자리에서 올림 한 값 × 20과 전체 창업기업 수를 비교하면 2016년에 59,000 × 20 = 1,180,000 < 1,190,177, 2017년에 59,000 × 20 = 1,180,000 < 1,256,267, 2018년에 58,000 × 20 = 1,160,000 < 1,344,366, 2019년에 53,000 × 20 = 1,060,000 < 1,285,259로 전체 창업기업 수가 매년 더 크므로 옳은 설명이다.

③ 증감폭을 비교하므로, 부호를 고려하지 않고 앞 두 자리의 값만 계산하여 비교한다.
2017년에 21 - 7 = 14, 2018년에 29 - 21 = 8, 2019년에 29 - 11 = 18로 2019년에 증감폭이 가장 크므로 옳지 않은 설명이다.

④ 전년 대비 증가율 = {(올해 값 - 작년 값) / 작년 값} × 100이므로 (올해 값 - 작년 값) / 작년 값을 비교한다.
2017년 건설업의 법인 창업기업 수의 (올해 값 - 작년 값) / 작년 값은 (9,094 - 8,575) / 8,575 = 519 / 8,575, 2017년 건설업의 개인 창업기업 수의 (올해 값 - 작년 값) / 작년 값은 (55,925 - 53,625) / 53,625 = 2,300 / 53,625이다. 이때 2,300 / 53,625는 519 / 8,575와 비교했을 때, 분자는 약 4.xx배, 분모는 5배 이상이므로 2,300 / 53,625가 519 / 8,575보다 작은 값이다.
따라서 2017년 건설업의 법인 창업기업 수의 전년 대비 증가율은 2017년 건설업의 개인 창업기업 수의 전년 대비 증가율보다 크므로 옳은 설명이다.

20 수리능력 문제 정답 ④

2010년 대비 2018년 여자 고용률의 증가율은 {(50.9 - 47.9) / 47.9} × 100 ≒ 6.3%이고, 남자 고용률의 증가율은 {(70.8 - 70.3) / 70.3} × 100 ≒ 0.7%로 여자가 남자의 10배 이하이므로 옳지 않은 설명이다.

① 전체 고용률은 2011년부터 2014년까지 전년 대비 증가, 2015년에 전년과 동일, 2016년과 2017년에 전년 대비 증가하여 전반적으로 증가하는 경향을 보이다가 2018년에 전년 대비 60.8 − 60.7 = 0.1%p 감소하였으므로 옳은 설명이다.

② 2018년 남자 고용률은 70.8%로 2017년 남자 고용률인 71.2%에서 0.4%p 감소하였으며, 2018년 여자 고용률은 50.9%로 2017년 여자 고용률인 50.8%에서 0.1%p 증가한 것을 알 수 있으므로 옳은 설명이다.

③ 남녀 고용률의 차이는 22.5%p인 2012년 이후 계속해서 감소 추세이며, 남녀 실업률의 차이는 0.0%p인 2014년 이후 감소 추세가 아니므로 옳은 설명이다.

⑤ 2011년 이후 남녀 실업률의 전년 대비 증감 추이를 보면 2015년에 남자 실업률은 증가하는 반면 여자 실업률은 전년도와 동일하여 전년 대비 증감 추이가 동일하지 않은 해는 1개 연도이므로 옳은 설명이다.

[21-22]

21 수리능력 문제
정답 ②

㉠ 원화 기준 2018년 GDP는 1,893조 원으로 전년 대비 증감률이 3.1%임을 알 수 있으므로 옳은 설명이다.

㉣ 달러 기준 2014년 대비 2018년의 GDP 증가율은 {(17,209 − 14,840) / 14,840} × 100 ≒ 16.0%이고, 같은 기간 1인당 GNI의 증가율은 {(33,434 − 29,384) / 29,384} × 100 ≒ 13.8%이므로 옳은 설명이다.

㉡ 달러 기준 2011년 대비 2018년 1인당 GNI의 증가율은 {(33,434 − 25,256) / 25,256} × 100 ≒ 32.4%이므로 옳지 않은 설명이다.

㉢ 원화 기준 GDP의 전년 대비 증감률이 6.1%로 가장 높은 해는 2015년이고, 1인당 GNI의 전년 대비 증감률이 10.9%로 가장 높은 해는 2018년이므로 옳지 않은 설명이다.

22 수리능력 문제
정답 ⑤

원화 기준 2018년 GDP의 전년 대비 증가율은 3.1%이고, 2018년 GDP는 1,893조 원이며, 2018년 이후 5년간 증가율이 지속된다면 1,893 × 1.031⁵ ≒ 1,893 × 1.16 ≒ 2,196조 원이다.

$1,893 \times 1.031^5 \fallingdotseq 1,893 \times 1.16 \fallingdotseq 2,196$

23 문제해결능력 문제
정답 ④

탐색형 문제는 잠재 문제, 예측 문제, 발견 문제의 세 가지 형태로 구분된다.

24 문제해결능력 문제
정답 ⑤

퍼실리테이션에 의한 문제해결 방법은 깊이 있는 커뮤니케이션을 통해 서로의 문제점을 이해하고 공감함으로써 창조적인 문제해결을 도모하며, 소프트 어프로치나 하드 어프로치 방법은 타협점의 단순 조정에 그치지만, 퍼실리테이션에 의한 방법은 초기에 생각하지 못했던 창조적인 해결 방법을 도출한다.

① 소프트 어프로치에 의한 문제해결 방법은 대부분의 기업에서 볼 수 있는 전형적인 스타일로 조직 구성원들은 '같은' 문화적 토양을 가지고 이심전심으로 서로를 이해하는 상황을 가정한다.

② 소프트 어프로치에 의한 문제해결 방법에서 코디네이터 역할을 하는 제3자는 결론으로 끌고 갈 지점을 미리 머릿속에 그려가면서 '권위나 공감에 의지하여' 의견을 중재하고, '타협과 조정을 통하여' 해결을 도모한다.

③ 하드 어프로치에 의한 문제해결 방법은 '상이한' 문화적 토양을 가지고 있는 구성원을 가정하여 서로의 생각을 직설적으로 주장하고 논쟁이나 협상을 통해 의견을 조정해 가는 방법이다.

④ 퍼실리테이션(Facilitation)이란 '촉진'을 의미한다.

25 문제해결능력 문제
정답 ①

· 단순한 인과관계 − 원인과 결과를 분명하게 구분할 수 있는 경우로, 날씨가 더울 때 아이스크림 판매량이 증가하는 경우가 이에 해당한다.

· 닭과 계란의 인과관계 − 원인과 결과를 구분하기가 어려운 경우로, 브랜드의 향상이 매출 확대로 이어지고, 매출확대가 다시 브랜드의 인지도 향상으로 이어지며 서로 엉키어 있어 쉽게 원인과 결과를 밝혀내기 어려운 상황이 이에 해당한다.

· 복잡한 인과관계 − 앞의 두 가지 유형이 복잡하게 서로 얽혀 있는 경우로, 대부분의 문제가 이에 해당한다.

26 문제해결능력 문제
정답 ①

표적집단면접의 진행 절차는 다음과 같다.

절차	조사 목적 수립	→	대상자 분석	→	그룹 수 결정	→	대상자 리쿠르트	→	가이드라인 작성
내용	획득해야 하는 정보는?		정보 획득 대상의 특성은?		정보를 획득하는 가장 적절한 그룹수는?		대상자를 어떻게 선발할 것인가?		일반적인 주제에서 심층적인 주제로

27 문제해결능력 문제　　　　　　　　　정답 ②

외부환경 분석을 위한 체크리스트인 SCEPTIC은 ① Social(사회), ② Competition(경쟁), ③ Economic(경제), ④ Politic(정치), ⑤ Technology(기술), ⑥ Information(정보), ⑦ Client(고객)를 의미하며, 내부환경 분석을 위한 체크리스트인 MMMITI는 ① Man(사람), ② Material(물자), ③ Money(돈), ④ Information(정보), ⑤ Time(시간), ⑥ Image(이미지)를 의미한다.

28 문제해결능력 문제　　　　　　　　　정답 ③

제시문의 내용을 정리하면 다음과 같다.
· 주식 O → 부동산 X
· 채권 O → 펀드 O
· 부동산 O → 채권 O
· 주식 X → 펀드 X

따라서 네 번째 명제와 두 번째 명제의 대우와 세 번째 명제의 대우를 연결하면 주식에 투자하지 않는 사람은 부동산에 투자하지 않는다는 것을 알 수 있다.

오답 체크

① 두 번째 명제에서 채권 O로 시작하는 명제를 만들 수 있고 첫 번째 명제의 대우로 주식 X로 끝나는 명제를 만들 수 있으나 시작과 끝을 연결할 수 없으므로 채권 O → 주식 X를 도출할 수 없다.

② 제시된 명제나 대우로는 부동산 O로 끝나는 명제를 도출할 수 없다.

④ 첫 번째 명제에서 주식 O로 시작하는 명제를 만들 수 있고 네 번째 명제에서 펀드 X로 끝나는 명제를 만들 수 있으나 시작과 끝을 연결할 수 없으므로 주식 O → 펀드 X를 도출할 수 없다.

⑤ 제시된 명제나 대우로는 부동산 X로 시작하는 명제를 도출할 수 없다.

29 문제해결능력 문제　　　　　　　　　정답 ①

갑, 을, 병, 정에 대한 진술이 각각 3개씩이므로 편의상 갑이 범인인 경우와 범인이 아닌 경우로 나눠서 생각해보자.

[경우 1] 갑이 범인인 경우

갑이 범인인 경우 갑의 첫 번째 진술이 거짓, 을의 두 번째 진술과 세 번째 진술이 거짓, 병의 첫 번째 진술이 거짓, 정의 첫 번째 진술이 진실임을 알 수 있다. 이를 정리하면 다음과 같다.

구분	1진술	2진술	3진술	[1] 갑이 범인인 경우		
				1진술	2진술	3진술
갑	갑 X	을 X	병 X	F		
을	을 X	병 O	정 O		F	F
병	갑 X	병 X	정 X	F		
정	갑 O	을 X	정 X	T		

그런데 문제에서 각각의 진술 가운데 한 진술만 거짓이라고 하였는데 을의 진술 가운데 2개가 거짓이 되어 문제의 조건과 모순된다. 따라서 갑이 범인일 수는 없다.

[경우 2] 갑이 범인이 아닌 경우

갑이 범인이 아닌 경우 갑의 첫 번째 진술이 진실, 병의 첫 번째 진술이 진실, 정의 첫 번째 진술이 거짓임을 알 수 있다. 이를 정리하면 다음과 같다.

구분	1진술	2진술	3진술	[2] 갑이 범인이 아닌 경우		
				1진술	2진술	3진술
갑	갑 X	을 X	병 X	T		
을	을 X	병 O	정 O			
병	갑 X	병 X	정 X	T		
정	갑 O	을 X	정 X	F		

문제에서 각각의 진술 가운데 한 진술만 거짓이라고 하였으므로 정의 두 번째 진술, 세 번째 진술은 진실임을 알 수 있다. 따라서 을과 정은 범인이 아니게 되고 병이 범인임을 알 수 있다. 이에 따라 나머지 진술의 진실, 거짓 여부를 정리하면 다음과 같다.

구분	1진술	2진술	3진술	[2] 갑이 범인이 아닌 경우		
				1진술	2진술	3진술
갑	갑 X	을 X	병 X	T	T	F
을	을 X	병 O	정 O	T	T	F
병	갑 X	병 X	정 X	T	F	T
정	갑 O	을 X	정 X	F	T	T

이를 토대로 선택지를 살펴보면, 첫 번째 진술에서 갑, 을, 병은 진실을 말했고 정만 거짓을 말했으므로 ①은 옳은 내용이다.

오답 체크

② 을의 두 번째 진술은 병이 범인이 아니라는 것인데 이는 진실이다.

③ 세 번째 진술에서는 거짓을 말한 사람과 진실을 말한 사람이 모두 2명으로 같다.

④ 병이 범인이다.

⑤ 병이 범인이므로 갑과 정은 범인이 아니다.

30 문제해결능력 문제　　　　　　　　　정답 ⑤

제시문의 내용을 정리하면 다음과 같다.

수조	· 조용하고 통풍이 잘되며 직사광선이 들지 않아야 함 · 수초가 있는 것이 좋음 · 둥근 알갱이의 작은 자갈을 사용하는 것이 좋으며, 산호 자갈은 금물임
수질	· 약산성으로 pH 6.2~6.8의 범위가 좋음

수온	• 20~27도 • 겨울에는 히터가 필요하고, 여름에는 수온계로 수온 체크가 필요함
먹이	• 실지렁이, 브라인슈림프 등의 살아있는 먹이와 플레이크 푸드 등의 인공 먹이를 균형 있게 공급해야 함 • 1일 최저 2회로 적당량을 주는 것이 좋음

이를 토대로 선택지를 살펴보면 수조는 둥근 알갱이의 작은 자갈을 사용하고, 수질은 pH 6.6이며, 수온은 히터와 수온계로 유지하며, 먹이는 살아있는 먹이와 인공 먹이를 균형 있게 공급하는 ⑤가 거피의 사육법으로 가장 적절하다.

> **오답 체크**
>
> ① 수조에 산호 자갈이 들어가서는 안 되므로 적절하지 않다.
>
> ② 겨울에 필요한 히터가 없으므로 적절하지 않다.
>
> ③ 수온을 체크할 수온계가 없으므로 적절하지 않다.
>
> ④ 수온을 체크할 수온계가 없으며, 살아있는 먹이와 인공 먹이를 균형 있게 공급해야 하지만 인공 먹이가 없으므로 적절하지 않다.

31 문제해결능력 문제 　　　　정답 ④

여섯 번째 조문에서 대통령은 5일 이내에 공포해야 하고 그 뒤에는 국회의장이 공포한다고 하였으므로 3일 뒤에 국회의장이 공포한 것은 적절하지 않다.

> **오답 체크**
>
> ① 첫 번째 조문에서 15일 이내에 공포하여야 한다고 하였는데 9월 15일에 의결된 뒤 이송되었고 22일에 공포하였는데 이는 15일 이내에 공포한 것이므로 옳다.
>
> ② 두 번째 조문에서 국회 폐회 중일 때도 같다고 했으므로 옳다.
>
> ③ 네 번째 조문에서 정족수에 도달한 채로 전과 같은 의결을 하면 법률로서 확정된다고 하였으므로 대통령에게 이송할 필요가 없다.
>
> ⑤ 여섯 번째 조문의 요건에 충족하므로 옳다.

32 문제해결능력 문제 　　　　정답 ③

A 전송방식 비용

• 1만 명 기준: $10+5=15$억 원

• 5만 명 기준: $20+5=25$억 원

B 전송방식 비용

• 1만 명 기준: $1+10=11$억 원

• 5만 명 기준: $2+30=32$억 원

따라서 1만 명 기준일 경우 B 전송방식이 유리하고 5만 명 기준일 경우 A 전송방식이 유리하며, 월요일, 화요일, 수요일에는 1만 명 기준을 적용하고 목요일, 금요일, 토요일, 일요일에는 5만 명 기준을 적용하는 것이 유리하다.

㉠ A 전송방식만 사용할 경우 $15 \times \frac{3}{7} + 25 \times \frac{4}{7} ≒ 20$억 7천만 원,

B 전송방식만 사용할 경우 $11 \times \frac{3}{7} + 32 \times \frac{4}{7} = 23$억 원, 월요일, 화요일, 수요일에는 B 전송방식을, 목요일, 금요일, 토요일, 일요일에는 A 전송방식을 쓸 경우 $11 \times \frac{3}{7} + 25 \times \frac{4}{7} = 19$억 원의 비용이 든다.

따라서 A 전송방식과 B 전송방식을 혼용하는 것이 하나의 방식으로 사용하는 것보다 유리하므로 옳은 설명이다.

㉡ '㉠'의 계산에서 A 전송방식만 사용하는 경우 20억 7천만 원의 비용이 들고 B 전송방식만 사용하는 경우 23억 원의 비용이 든다. 따라서 A 전송방식만 사용하는 것이 비용면에서 더 유리하므로 옳은 설명이다.

> **오답 체크**
>
> ㉢ 월요일, 화요일, 수요일에는 B 전송방식을, 목요일, 금요일, 토요일, 일요일에는 A 전송방식을 사용하는 것이 비용면에서 가장 유리하므로 옳지 않은 설명이다.

33 문제해결능력 문제 　　　　정답 ④

해결안 개발 단계는 해결안 도출 절차에서 문제로부터 최적의 해결안을 도출하고 아이디어를 명확화한 후, 해결안 평가 및 최적안 선정 절차에서 최적안 선정을 위한 평가 기준을 선정하고 우선순위 선정을 통해 최적안을 선정하므로 옳은 설명이다.

> **오답 체크**
>
> ① 문제 인식 단계에서 후보과제를 도출하고 효과 및 실행 가능성 측면에서 평가하여 과제를 도출하는 절차는 과제 선정이며, 환경 분석에서는 Business System상의 거시 환경 분석을 하므로 옳지 않은 설명이다.
>
> ② 문제 도출 단계의 절차는 문제 구조 파악 후 핵심 문제를 선정하는 것이며, 이슈(Issue) 분석 절차는 원인 분석 단계에서 이루어지므로 옳지 않은 설명이다.
>
> ③ 원인 분석 단계 중 데이터(Data) 분석 절차는 데이터의 수집계획 수립, 데이터 정리·가공, 데이터 해석을 내용으로 하며, 근본 원인을 파악하고 원인과 결과를 도출하는 절차는 원인 파악 절차이므로 옳지 않은 설명이다.
>
> ⑤ 실행 및 평가 단계는 '실행계획 수립 → 실행 → Follow-up'의 절차를 따르며, 해결안 도출은 해결안 개발 단계의 절차이므로 옳지 않은 설명이다.

34 문제해결능력 문제 　　　　정답 ②

원인 분석 단계의 절차와 그 내용을 정리하면 다음과 같다.

구분	이슈 분석	데이터 분석	원인 파악
내용	• 핵심이슈 설정 • 가설 설정 • Output 이미지 결정	• Data 수집계획 수립 • Data 정리/가공 • Data 해석	• 근본 원인을 파악하고 원인과 결과를 도출

따라서 원인 분석 단계의 절차에 따른 내용이 적절하게 분류된 것은 'Output 이미지 결정'이다.

35 자기개발능력 문제 　　　　　정답 ①

자아 인식에 대한 설명이다. 자기개발 계획을 수립할 때 사용해야 될 전략 4가지는 '장단기 목표를 수립한다', '인간관계를 고려한다', '현재의 직무를 고려한다', '구체적인 방법으로 계획한다'이다.

36 자원관리능력 문제 　　　　　정답 ⑤

시간 계획표를 작성하는 순서는 '명확한 목표 수립 → 우선순위 결정 → 소요시간 확인 → 시간 계획서 작성'이다.
㉠ 결정된 사항들을 토대로 시간 계획서를 작성한다: 시간 계획서 작성
㉡ 각각의 일들이 얼마나 시간이 걸리는지를 확인한다: 소요시간 확인
㉢ 어떤 일을 먼저 해야 할지 중요성과 긴급성을 확인하여 우선순위를 결정한다: 우선순위 결정
㉣ 어떤 일을 할지 명확한 목표를 수립한다: 명확한 목표 수립
따라서 ㉣ - ㉢ - ㉡ - ㉠ 순서이다.

37 자원관리능력 문제 　　　　　정답 ②

인간관계에서 발생하는 불만은 빠르게 원인을 파악하여 인사조치 등을 통해 빠른 시간 안에 처리가 가능한 불만이지만, 조직의 정책이나 구조, 시스템에 의한 불만은 중·장기적인 논의와 결정을 통해 해결할 수밖에 없다. B 씨의 불만은 해당 부서의 갑 과장이라는 특정 인물에 대한 불만으로 상담이나 인사조치, 경고 등을 통해 빠르게 조치가 가능한 불만이다.

오답 체크

①, ③, ④, ⑤ 조직의 정책이나 구조, 시스템에 대한 불만 사항으로 중·장기적인 논의와 결정을 통해 해결해야 한다.

38 자원관리능력 문제 　　　　　정답 ⑤

주어진 조건을 정리해 보면 1달에 사용하는 원료량이 1,000kg = 1t이므로, 월 생산량이 1t이 되지 않는 KL 머티리얼즈는 납품 업체로 선정할 수 없다. 6개월 단위 계약이므로 총 계약량은 1,000kg × 6 = 6,000kg = 6t으로 KC 머티리얼즈에서는 10%의 할인을 받을 수 있으며, KG 머티리얼즈에서는 10t이 넘지 않으므로 할인을 받을 수 없다. 위의 조건에 따라 단가를 계산해 보면, KC 머티리얼즈 원료 단가 = 6,000원 × 0.9 = 5,400원, KG 머티리얼즈 원료 단가 = 5,500원, KN 머티리얼즈 원료 단가 = 6,500원이 된다.

최우선으로 고려해야 하는 것은 원료의 품질이기 때문에 KN 머티리얼즈를 기준으로 생각하였을 때, KN 머티리얼즈의 원료 단가보다 KC 머티리얼즈의 원료 단가가 20% 이상 저렴하다면 원료의 품질이 한 단계 낮더라도 KC 머티리얼즈를 선택해야 한다. KN 머티리얼즈의 원료 단가가 6,500원이므로 20% 저렴한 단가를 구해보면 6,500 × 0.8 = 5,200원으로 KC 머티리얼즈의 원료 단가보다 200원 낮다. 20% 이상 저렴하지 않기 때문에 계약은 KN 머티리얼즈와 해야 하고, 총 계약량이 6,000kg이므로 총 물품 금액은 6,000 × 6,500 = 39,000,000원이다.
따라서 계약금은 총 물품 금액의 10%를 지불해야 한다고 했으므로 39,000,000원의 10%인 3,900,000원을 계약금으로 지불해야 한다.

[39-40]
39 자원관리능력 문제 　　　　　정답 ③

분기별 매출 증가율을 고려하지 않고, 홍보 제품별 두 회사가 얻는 한 분기 수익의 합을 나타내면 다음과 같다.

구분		T 회사			
		A 제품	B 제품	C 제품	D 제품
S 회사	A 제품	3	6	4	7
	B 제품	6	7	9	6
	C 제품	1	5	-2	-8
	D 제품	8	0	2	4

따라서 한 분기 수익의 합이 클수록 연 수익의 합도 크므로 1년 동안 S 회사가 'B 제품', T 회사가 'C 제품'을 홍보할 때 두 회사가 얻는 수익의 합이 가장 크다.

40 자원관리능력 문제 　　　　　정답 ③

1분기 매출 증가율은 A 제품이 50%, B 제품이 0%, C 제품이 25%, D 제품이 100%이므로 내년 1분기에 T 회사가 A 제품만 홍보할 때, S 회사가 홍보하는 제품별 두 회사의 수익은 다음과 같다.

구분		T 회사
		A 제품
S 회사	A 제품	(6, -0.5)
	B 제품	(-3, 13.5)
	C 제품	(10, -3.5)
	D 제품	(12, 3)

따라서 S 회사가 내년 1분기에 T 회사보다 더 많은 수익을 내려면 A 제품과 C 제품과 D 제품을 홍보해야 한다. 이때, 회사와의 수익 차이는 A 제품이 6 - (-0.5) = 6.5조 원, C 제품이 10 - (-3.5) = 13.5조 원, D 제품이 12 - 3 = 9조 원이므로 수익 차이가 최대가 되려면 홍보해야 하는 제품은 'C 제품'이다.

41 자원관리능력 문제　　　　　정답 ③

기존에 사용하던 1.54kg짜리 노트북보다 300g 이상 가벼워야 한다고 했으므로 무게는 1.24kg 이하여야 한다. 따라서 정 노트북은 선택할 수 없다. RAM은 16GB 이상이어야 한다고 했으므로 병 노트북도 선택할 수 없다. 화면 크기는 15인치 이상인 제품으로 원한다고 했으므로 화면 크기를 살펴보면 갑 노트북은 16.2 − 1 = 15.2인치이고, 을 노트북은 베젤리스이므로 15.4인치로 두 노트북 모두 선택 가능하다.

두 노트북 중 더 저렴한 노트북은 갑 노트북이지만 A 카드사를 이용할 때 갑 노트북의 가격은 180만 원 × 0.9 = 162만 원이고, 을 노트북의 가격은 195만 원 × 0.9 = 175.5만 원이므로, 을 노트북 가격이 갑 노트북 가격보다 10% 이상 비싸지 않으면서 100g 이상 가볍다. 따라서 선택해야 하는 것은 을 노트북이고, 을 노트북의 가격은 앞서 구한 바와 같이 175.5만 원이다.

42 자원관리능력 문제　　　　　정답 ④

갑 회사는 상주 인력 수가 2명 이상이면서 평균 긴급 출동 소요 시간이 10분 미만인 업체 중에서만 선택하므로 A, B, C, D 업체 중에서 선택한다. CCTV 평가 항목 중 비용 4 : 녹화 시간 3 : 야간 촬영 기능 3의 비율로 최종 점수를 산출해 보면,
A 업체 = 7 × 0.4 + 10 × 0.3 + 9 × 0.3 = 8.5점,
B 업체 = 9 × 0.4 + 7 × 0.3 + 10 × 0.3 = 8.7점,
C 업체 = 10 × 0.4 + 6 × 0.3 + 7 × 0.3 = 7.9점,
D 업체 = 6 × 0.4 + 9 × 0.3 + 10 × 0.3 = 8.1이다.
따라서 갑 회사가 선정할 업체는 B 업체이다.

을 회사는 CCTV 평가 항목 중 비용 4 : 녹화 시간 2 : 야간 촬영 기능 4의 비율로 점수를 산출하고, 해당 점수에 평균 긴급 출동 소요 시간이 5분 이하인 업체에 가산점 1점, 상주 인력 수가 2명을 초과하는 경우 가산점 1점을 부여하여, 최종 점수가 가장 높은 업체로 선정하므로 업체별 점수를 산출해 보면,
A 업체 = 7 × 0.4 + 10 × 0.2 + 9 × 0.4 + 1 = 9.4점,
B 업체 = 9 × 0.4 + 7 × 0.2 + 10 × 0.4 + 1 = 10점,
C 업체 = 10 × 0.4 + 6 × 0.2 + 7 × 0.4 + 1 = 9점,
D 업체 = 6 × 0.4 + 9 × 0.2 + 10 × 0.4 = 8.2점,
E 업체 = 8 × 0.4 + 10 × 0.2 + 7 × 0.4 = 8점,
F 업체 = 6 × 0.4 + 8 × 0.2 + 7 × 0.4 + 1 = 7.8점,
G 업체 = 9 × 0.4 + 10 × 0.2 + 7 × 0.4 = 8.4점이다.
따라서 을 회사가 선정할 업체는 B 업체이다.

43 자원관리능력 문제　　　　　정답 ④

휴가를 2일, 3일, 4일, 8일, 9일에 사용하면 5월 1일~5월 9일까지 휴가이고, 총 휴일은 9일이므로 별도의 가산점은 받을 수 없다. 해당 기간 중 비가 오는 날은 8일과 9일 이틀이 포함되어 있으며, 미세먼지 농도가 매우 나쁨의 기준인 151 이상인 날은 5월 5일 하루가 있다. 따라서 총점은 −3점이 된다.

휴가를 8일, 9일, 10일, 11일, 12일에 사용하면 5월 5일~5월 14일까지 휴가이고, 총 휴일은 10일이므로 +2점의 가산점을 받을 수 있다. 해당 기간 중 비가 오는 날은 8일과 9일 이틀이 포함되어 있으며, 미세먼지 농도가 매우 나쁨의 기준인 151 이상인 날은 5월 5일, 5월 10일, 5월 11일 3일이 포함되어 있다. 따라서 총 감점은 −5점이므로 총점은 −3점이 된다.

휴가를 12일, 15일, 16일, 17일, 18일에 사용하면 5월 12일~5월 21일까지 휴가이고, 총 휴일은 10일이므로 +2점의 가산점을 받을 수 있다. 해당 기간 중 비가 오는 날은 20일 하루가 포함되어 있으며, 미세먼지 농도가 매우 나쁨의 기준인 151 이상인 날은 포함되지 않는다. 따라서 총 감점은 −1점이므로 총점은 +1점이 된다.

휴가를 15일, 16일, 17일, 18일, 22일에 사용하면 5월 13일~5월 22일까지 휴가이고, 총 휴일은 10일이므로 +2점의 가산점을 받을 수 있다. 해당 기간 중 비가 오는 날은 20일 하루가 포함되어 있으며, 미세먼지 농도가 매우 나쁨의 기준인 151 이상인 날은 포함되지 않는다. 따라서 총 감점은 −1점이므로 총점은 +1점이 된다.

휴가를 22일, 23일, 24일, 25일, 26일에 사용하면 5월 19일~5월 28일까지 휴가이고, 총 휴일은 10일이므로 +2점의 가산점을 받을 수 있다. 해당 기간 중 비가 오는 날은 5월 20일 하루가 포함되어 있으며, 미세먼지 농도가 매우 나쁨의 기준인 151 이상인 날은 5월 25일과 5월 26일 이틀이 포함되어 있다. 따라서 총 감점은 −3점이므로 총점은 −1점이 된다.

12일~21일, 13일~22일 일정의 점수가 동일하므로 각 기간의 미세먼지 농도의 평균을 살펴보면 12일~21일: 66.2, 13일~22일: 62.7이므로 선택해야 하는 일정은 13일~22일 일정이다. 따라서 휴가가 끝나고 처음 출근하는 날짜는 23일이다.

44 자원관리능력 문제　　　　　정답 ④

일반 도로 건설 비용은 100억 원/km이고, 교량은 일반 도로의 1.7배이므로 170억 원/km이다. 이를 토대로 계획안별 비용을 구해보면 아래와 같다.
1안에 소요되는 비용은 3.2 × 100억 원 + 64억 원 = 384억 원
2안에 소요되는 비용은 1.7 × 100억 원 + 0.8 × 170억 원 + 97억 원 = 403억 원
3안에 소요되는 비용은 0.8 × 100억 원 + 1.3 × 170억 원 + 127억 원 = 428억 원이다.

총 소요 비용이 가장 적은 계획은 1안이며, 2안의 경우 1안에 비해 총 비용이 10% 이상 증가하지 않는다.

따라서 1안과 2안 중 길이가 더 짧은 방안인 2안으로 진행해야 하며, 이를 위해 A 시가 확보해야 하는 최소 예산은 403억 원이 된다.

45 자원관리능력 문제　　　　　정답 ③

제시된 표를 토대로 거래처 A로 시작하여 거래처 E를 마무리로 하는 최단 경로를 구성해 보면 A - D - A - C - B - E의 경로가 된다. 따라서 총 이동거리는 3 + 3 + 4 + 2 + 4 = 16km가 된다.

46 대인관계능력 문제　　　　　정답 ④

○○공사는 노사 공동의 이익 증진을 위해 노사협의회를 설치하였으므로, 협상 당사자 간에 혜택을 주고받는 호혜 관계를 형성하는 전략인 '호혜 관계 형성 전략'에 가장 가깝다고 할 수 있다.

상대방을 설득시키기 위해 활용할 수 있는 전략으로는 See-Feel-Change 전략, 상대방 이해 전략, 호혜 관계 형성 전략, 헌신과 일관성 전략, 사회적 입증 전략, 연결 전략, 권위 전략, 희소성 해결 전략, 반항심 극복 전략 등이 있다.

[47-48]
47 정보능력 문제　　　　　정답 ②

랜섬웨어는 한번 감염되면 복구가 쉽지 않다. 메일 또는 웹브라우저를 통해 파일 다운로드 시 랜섬웨어 감염 가능성이 있으므로 출처가 의심스러운 파일의 다운로드를 금지하고, 업무 파일은 별도의 저장 장치에 주기적으로 백업해야 한다.

따라서 랜섬웨어 복구 프로그램을 활용하는 것은 적절한 행동이라고 볼 수 없다.

🔍 더 알아보기

코로나19 재택근무 시 지켜야 할 정보보호 6대 실천 수칙

사용자 실천수칙	보안관리자 실천수칙
1. 개인 PC 최신 보안 업데이트 - 재택근무 시 개인 PC를 업무에 사용하는 경우 운영체제 및 응용프로그램을 최신 상태로 유지 2. 백신 프로그램 업데이트 및 검사 - 백신 보안패치 최신 업데이트 및 주기적 바이러스 검사(원격근무 접속 전 및 일일 1회 이상) 수행 - 백신 자동 업데이트 설정 및 실시간 검사기능 해제 금지	1. 원격근무시스템(VPN) 사용 권장 - 사내 보안정책에 따른 VPN 사용 권장 - 미보유 기업의 경우 사내 망 접속 PC 백신 최신화 및 수시점검 정책 시행 2. 재택근무자 대상 보안지침 마련 및 보안 인식 제고 - PC 운영체제, 소프트웨어, 백신 최신화, 공유기 패스워드 설정, 웹사이트 이용 자제 등 보안지침 마련 및 교육 실시

3. 가정용 공유기 보안 설정(비밀번호) 및 사설 와이파이 · 공용 PC 사용 자제
 - 가정의 인터넷 공유기를 최신 SW로 업데이트하고 공유기 비밀번호 설정(비밀번호는 유추가 어렵도록 특수문자 등 포함)
 - 개인영업장(카페, 식당 등)에 설치된 사설 와이파이 · 공용 PC를 이용한 재택근무 자제
4. 회사 메일 권장, 개인 메일 사용주의
 - 회사에서 제공하는 메일 서비스 사용 권장
 - 상용 메일 서비스 사용 시 목적 외 메일 열람 자제 및 링크 · 파일 실행 주의(공용 PC에서 메일 열람 후 반드시 접속 종료)
5. 불필요한 웹사이트 이용 자제
 - 업무를 위한 웹사이트 이용 이외에 개인 목적의 웹사이트 접속을 자제
6. 파일 다운로드 주의(랜섬웨어 감염 주의)
 - 메일 또는 웹브라우저를 통해 파일 다운로드 시 랜섬웨어 감염 가능성이 있으므로 출처가 의심스러운 파일 다운로드 금지
 - 업무 파일은 별도의 저장 장치에 주기적 백업 실시

3. 재택근무자의 사용자 계정 및 접근 권한 관리
 - 재택근무자의 비밀번호 설정 강화 및 재택근무 시 접근권한 최소화 방안 마련
 - 원격근무시스템 접근 시 비밀번호 이외 OTP 등 2차 인증수단 적용 필요
4. 일정 시간 부재 시 네트워크 차단
 - 재택근무자가 사내 네트워크 접속 후 부재 시 네트워크 접속 차단 설정(10~30분 동안 부재 시 차단 권장)
5. 원격 접속 모니터링 강화
 - 재택근무자의 사내 네트워크 접속 현황 관리 및 우회 접속 집중 모니터링 실시
6. 개인정보, 기업정보 등 데이터 보안(랜섬웨어 감염 주의)
 - 기업의 중요 문서의 경우 DRM 설정 등 데이터 유출 방지 대책 마련(데이터 외부 유출 시 관리자의 승인 절차 등)
 - 재택근무자의 작업 파일 내부 반입 시 랜섬웨어 감염 여부 등 파일 검사 필요
 - 중요 기업 데이터 백업 권장

48 정보능력 문제　　　　　정답 ②

신뢰할 수 있는 웹사이트에서만 액티브 X를 설치하는 것은 분산서비스거부(DDoS) 공격의 예방수칙에 해당하므로 적절하지 않다.

디도스 공격은 악성코드를 삽입하여 감염시킨 좀비 PC를 활용, 특정 시간대 공격 명령을 실행하여 공격 대상 컴퓨터에 동시 접속요청을 함으로써 시스템을 마비시키는 방식의 사이버 공격이며, 스미싱(SMS 피싱)이란 악성 애플리케이션 주소가 포함된 휴대폰 문자(SMS)를 대량으로 전송 후 이용자가 악성 애플리케이션을 설치하도록 유도하여 금융정보 등을 탈취하는 신종 사기수법이다.

🔍 더 알아보기

· 스미싱 예방수칙
1. 모바일 백신 설치 및 실시간 감시 기능 설정
2. 스마트폰 운영체제 최신 업데이트
3. 문자메시지 내 포함된 인터넷 주소(URL) 클릭하기 지양

4. 루팅, 탈옥 등 스마트폰 기본 운영체제 변경 지양
   ※ 1) 루팅: 안드로이드 운영체제의 최고 권한 계정인 루트 권한을 획득하는 것을 말하며 성능향상 등의 장점도 있으나, 시스템 오류 및 보안에 취약해져 악성코드가 유입되는 등 단점도 상존함
   2) 탈옥: 애플기기의 운영체제인 iOS에 규정된 제한을 풀어 여러 방면으로 사용이 가능하도록 하는 것
5. 스미싱 차단 앱 설치(이동통신사별로 스미싱 차단 앱 기본설치 및 제공)
6. 비밀번호가 설정되지 않은 무선 공유기(WiFi)에 접속 지양
7. 앱 다운로드 시, 공식 애플리케이션 마켓 이용

· 스미싱 피해 최소화 방법
1. 휴대폰 공장 초기화(휴대폰 제조사 A/S 센터 이용)
   ※ 공장 초기화: 휴대폰을 공장에서 출하될 때 상태로 초기화 하는 것
2. 악성 애플리케이션 삭제
3. 통신사에 소액결제 여부 확인 및 차단
4. 개인정보 도용 확인(주민번호클린센터(www.eprivacy.go.kr), I-PIN(i-pin.kisa.or.kr), 명의도용방지서비스(www.msafer.or.kr) 등에서 확인 가능)

49 정보능력 문제 정답 ④

= 2*COUNTIF(B2:F2, "승")의 결괏값은 COUNTIF 수식에 따라 구해진 3이라는 결괏값에 2를 곱하는 값이므로 승점 '6'점이 올바르게 출력된다.

오답 체크

①, ② COUNT 함수는 정해진 범위 내에 숫자가 포함된 셀의 개수를 구하는 수식이므로 결괏값은 '0'이 된다.
③ COUNTIF는 정해진 범위 내의 조건에 맞는 셀의 개수를 구하는 수식이므로 결괏값은 3이 된다. 하지만 조건에 홈 승리 시 1승당 2점의 승점을 얻는다고 했으므로 옳지 않다.
⑤ COUNTA 함수는 정해진 범위 내에 비어 있지 않은 셀의 개수를 구하는 수식이다. 하지만 뒤에 "승"이라는 부분이 포함되어 B2:F2 범위 내에 비어 있지 않은 셀의 개수에 "승"에 해당하는 1이 더해져서 '6'이라는 결과가 도출된다. 따라서 결괏값은 6에 2를 곱한 값인 12가 출력된다.

50 정보능력 문제 정답 ④

Input 함수를 통해 a라는 값에 'int(정수)'인 4라는 값을 입력 받았다. 이후 z = 1로 할당되었고, w는 (z − 3)*2 + 1이므로 −3이 할당된다. 'a'의 값은 4로 1인 'z'보다 크므로 'w' 값이 'a' 값보다 크지 않더라도 or로 연결되어 있기 때문에 if 구문은 참이 된다.
따라서 y는 2*a가 되고, 이 값은 8이 된다.

51 정보능력 문제 정답 ③

지원번호의 오른쪽에서 첫 번째 문자가 남자의 성별 코드인 'B10'의 내용인 M과 동일하면 '남', 동일하지 않으면 '여'를 출력하라는 함수이므로 = IF(RIGHT(C2, 1) = B10, "남", "여")가 적절하다. 하지만 채우기 핸들을 이용해서 D3:D7 영역에도 오류가 없도록 함수를 구성해야 하므로, 채우기 핸들을 활용할 때 'B10' 셀에 대한 지정이 바뀌지 않으면서 지원번호는 바뀔 수 있도록 'B10' 셀을 고정해야 한다.
따라서 적절한 함수는 = IF(RIGHT(C2, 1) = B$10, "남", "여")가 된다.

52 기술능력 문제 정답 ③

잦은 야근으로 인해 발생한 과로사와 같은 산업재해는 초과근무를 당연시하는 조직문화와 과도한 업무 스케줄로 인해 발생한 것이다.

53 조직이해능력 문제 정답 ②

브레인스토밍은 비판 없이 아이디어를 제시할 수 있어야 하는데 송 대리는 윤 사원의 발언을 비판하고 있다.

🔎 더 알아보기

브레인스토밍
여러 명이 한 가지의 문제를 놓고 아이디어를 비판 없이 제시하여 그 중에서 최선책을 찾아내는 방법
1. 다른 사람이 아이디어를 제시할 때에는 비판하지 않는다.
2. 문제에 대한 제안은 자유롭게 이루어질 수 있다.
3. 아이디어는 많이 나올수록 좋다.
4. 모든 아이디어들이 제안되고 나면 이를 결합하고 해결책을 마련한다.

54 조직이해능력 문제 정답 ①

순서대로 Customer Value(고객가치), Customer Cost(구매비용), Convenience(고객편의성), Communication(고객과의 소통)의 고객 관점의 4C로 변화하였다.

55 조직이해능력 문제 정답 ②

독일은 질서와 원칙과 완벽주의를 추구한다.
따라서 '브레인스토밍', '리스크테이킹(Risk-taking)' 또는 원칙과 권위에 대한 도전과 같은 관념들을 좋아하지 않으므로 기존 방식에서 벗어난 새로운 아이디어를 얻기 위해 브레인스토밍을 제안한 행동은 매너에 어긋난 행동이다.

56 조직이해능력 문제

정답 ①

다양한 팀이 공통된 하나의 목적을 지향하는 조직의 특성으로 인해 각 팀은 독립성을 유지하면서도 다른 업무와 상호연계성을 가지고 있다. 또한 팀별로 업무를 추진하는 데 있어서 자율권과 재량권도 인정된다. 물론 조직의 목적을 달성하기 위하여 업무가 통합되어야 하므로 업무는 직업인들에게 부여되며 개인이 선호하는 업무를 임의로 선택할 수 있는 재량권이 매우 적다. 업무는 요구되는 지식, 기술, 도구가 다양하고 독립성, 자율성, 재량권의 정도도 각기 다르다.

57 조직이해능력 문제

정답 ③

총체적 품질관리 TQM은 고객이 원하는 품질을 생산하기 위해 조직 내 모든 사람이 참여하여 지속적으로 품질을 개선하는 품질관리 기법이다.

🔍 더 알아보기

TQM의 대표적인 특징
1. 집단적 노력 강조: 조직 내 모든 구성원의 참여를 강조
2. 예방적·사전적 통제: 사후관리가 아닌 산출 초기에 품질이 정착될 수 있도록 사전적·예방적 관리를 강조
3. 고객 요구 존중
4. 장기적 시간관: 결점이 없어질 때까지 지속적으로 품질을 관리
5. 분권적 조직구조: 집권적, 계층적인 조직구조보다는 수평적이고 분권적인 유기적 조직구조에 적합

58 직업윤리 문제

정답 ①

소개 순서는 보통 직장 내에서의 서열과 직위, 나이를 고려하여 결정되므로 새내기를 선임자에게 먼저 소개하는 것이 일반적이다.

오답 체크

② 동료나 임원을 고객이나 손님에게 먼저 소개해야 하므로, 회사 직원인 김 부장을 고객에게 먼저 소개해야 한다.
③ 비임원을 임원에게 먼저 소개해야 하므로 비임원인 이 과장을 임원인 박 이사에게 먼저 소개해야 한다.
④ 비즈니스 자리에서 소개 순서를 결정할 때 성별은 고려 대상이 아니므로 아랫사람인 최 대리를 직급이 높은 윤 과장에게 먼저 소개해야 한다.
⑤ 내가 속해 있는 회사의 관계자를 타 회사의 관계자에게 소개해야 하므로, 상사인 임 팀장을 협력업체 관계자에게 소개해야 한다.

59 직업윤리 문제

정답 ②

자신이 맡은 분야에는 전문적인 능력과 역량을 갖추고 지속적인 자기 개발을 해야 조직의 발전을 이룰 수가 있다.
따라서 여유 시간에 직무 능력 향상을 위한 역량개발 활동을 하는 것은 조직인으로서 적합한 행동으로 볼 수 있다.

60 직업윤리 문제

정답 ④

장 사원의 잘못이 아니므로 사건 대처에 대한 판단과 충고를 하는 것은 상황에 적합한 반응으로 보기 어렵다.

오답 체크

① 피해자를 비난하거나 수군대는 행위, 허위 소문 유포, 따돌림이나 괴롭힘 등을 하는 것은 2차 가해에 해당하므로 적절하다.
② 성희롱에 대한 문제제기로 불이익을 겪게 될 경우, 사내 고충 상담원, 부서장 등에게 상황을 정확히 보고하고 후속 조치에 나서는 것이 중요하므로 적절하다.
③ 문제를 제기한 사람이 고립되지 않도록 주변 동료들이 적극적으로 돕는 것이 중요하므로 적절하다.
⑤ 직장 내에서 성희롱이 받아들여질 수 없는 분위기와 문화가 조성되도록 노력하는 것이 중요하므로 적절하다.

NCS 실전모의고사 4회 [피듈형]

정답

01 의사소통	02 의사소통	03 기술	04 기술	05 의사소통	06 의사소통	07 의사소통	08 의사소통	09 의사소통	10 의사소통
②	④	②	②	②	②	①	③	③	①
11 의사소통	12 의사소통	13 수리	14 수리	15 수리	16 수리	17 수리	18 수리	19 수리	20 수리
②	②	③	④	③	④	④	③	⑤	④
21 수리	22 수리	23 조직이해	24 조직이해	25 수리	26 수리	27 문제해결	28 문제해결	29 문제해결	30 문제해결
③	④	②	⑤	③	⑤	⑤	②	④	③
31 문제해결	32 문제해결	33 문제해결	34 문제해결	35 문제해결	36 문제해결	37 문제해결	38 자기개발	39 자원관리	40 자원관리
④	④	③	④	③	③	①	①	③	②
41 자원관리	42 자원관리	43 자원관리	44 자원관리	45 자원관리	46 자원관리	47 자원관리	48 자원관리	49 대인관계	50 대인관계
⑤	④	①	④	④	②	②	⑤	①	③
51 정보	52 정보	53 정보	54 정보	55 조직이해	56 조직이해	57 직업윤리	58 직업윤리	59 직업윤리	60 직업윤리
③	①	③	②	②	②	②	①	③	②

취약 영역 분석표

영역별로 맞힌 개수, 틀린 문제 번호와 풀지 못한 문제 번호를 적고 나서 취약한 영역이 무엇인지 파악해 보세요.
취약한 영역은 해커스잡 사이트(ejob.Hackers.com)에서 제공하는 '시험 당일 최종 마무리 <NCS 빈출 개념 핵심 요약집>'을 학습하고, 틀린 문제 및 풀지 못한 문제를 다시 풀어보면서 확실히 극복하세요.

영역	맞힌 개수	틀린 문제 번호	풀지 못한 문제 번호
의사소통능력	/10		
수리능력	/12		
문제해결능력	/11		
자기개발능력	/1		
자원관리능력	/10		
대인관계능력	/2		
정보능력	/4		
기술능력	/2		
조직이해능력	/4		
직업윤리	/4		
TOTAL	/60		

해설

[01-02]

01 의사소통능력 문제   정답 ②

2문단에서 국민기초생활보장제도의 수급자로 선정되려면 소득인정액 기준과 부양의무자 기준을 모두 충족해야 한다고 하였으므로 국민기초생활보장제도의 수급자로 선정되려면 소득인정액 기준과 부양의무자 기준 중 하나만 만족해도 된다는 설명은 적절하지 않다.

오답 체크

① 1문단에서 국민기초생활보장제도는 지난 40여 년간 시혜적 단순 보호 차원의 생활 보호 제도에서 저소득층에 대한 국가적 책임을 강조하는 종합적 빈곤 대책으로 바뀌었다고 하였으므로 적절하다.

③ 2문단에서 생계급여 선정 기준은 기준 중위소득의 30% 이하가 되어야 한다고 하였으며, 3,870,577원의 30%는 1,161,173원이므로 적절하다.

④ 2문단에서 국민기초생활보장제도의 수급자로 선정되려면 소득인정액 기준과 부양의무자 기준 모두를 충족해야 한다고 하였으며, 4인 가구 중위소득이 4,000,000원일 때 생계급여 선정 기준은 기준 중위소득의 30%인 1,200,000원 이하이고 부양의무자가 없는 경우 부양의무자 기준을 충족한다고 하였으므로 적절하다.

⑤ 2문단에서 부양의무자 기준에는 부양의무자가 있어도 부양능력이 없는 경우가 포함된다고 하였으며, 부양의무자의 범위는 수급권자의 1촌 직계혈족인 부모, 아들, 딸과 그 배우자가 해당된다고 하였으므로 적절하다.

02 의사소통능력 문제   정답 ④

국민기초생활보장제도의 수급자로 선정되려면 소득인정액 기준과 부양의무자 기준 모두를 충족해야 한다. 소득인정액 기준은 기준 중위소득의 30% 이하라고 하였으며, 가구 규모에 따른 급여별 생계급여 선정 기준은 아래와 같다.

가구 규모	기준 중위소득 30% 이하
1인 가구	527,158원
2인 가구	897,594원
3인 가구	1,161,173원
4인 가구	1,424,752원
5인 가구	1,688,331원
6인 가구	1,951,910원
7인 가구	2,216,914원

ⓒ 김 씨는 소득이 1인 가구 기준 중위소득의 30% 이하이며, 결혼을 하지 않아 자식이 없고 부모님이 계시지 않아 부양의무자가 없으므로 국민기초생활보장제도의 수급자로 선정될 수 있다.

ⓔ 강 씨는 소득이 3인 가구 기준 중위소득의 30% 이하이며, 부양의무자인 아들 두 명이 초등학생이기 때문에 부양능력이 없으므로 국민기초생활보장제도의 수급자로 선정될 수 있다.

오답 체크

ⓐ 이 씨는 소득이 없지만 부양의무자인 아들과 며느리가 부양하고 있으므로 국민기초생활보장제도의 수급자로 선정될 수 없다.

ⓑ 한 씨는 소득이 2인 가구 기준 중위소득의 30%를 초과하므로 국민기초생활보장제도의 수급자로 선정될 수 없다.

03 기술능력 문제   정답 ②

기술혁신 과정의 불확실성과 모호함은 기업 내에서 많은 논쟁과 갈등을 유발할 수 있다. 또한 기업의 기존 조직 운영 절차나 제품구성, 생산방식, 나아가 조직의 권력구조 자체에도 새로운 변화를 야기함으로써 조직의 이해관계자 간의 갈등이 구조적으로 존재한다.

🔍 더 알아보기

· 기술능력이 뛰어난 사람의 특징
  1. 실질적 해결을 필요로 하는 문제를 인식함
  2. 인식된 문제를 위해 다양한 해결책을 개발 및 평가함
  3. 실제적 문제를 해결하기 위해 지식 또는 기타 자원을 선택 및 최적화시키며 적용함
  4. 주어진 한계 속에서 제한된 자원을 가지고 업무를 수행함
  5. 기술적 해결에 대한 효용성을 평가함
  6. 여러 상황 속에서 기술의 체계와 도구를 사용하고 익힘
· 기술혁신의 특성
  1. 과정 자체가 매우 불확실하고 장기간의 시간을 필요로 함
  2. 지식 집약적인 활동
  3. 혁신 과정의 불확실성과 모호함은 기업 내 많은 논쟁과 갈등을 유발할 수 있음
  4. 조직의 경계를 넘나듦

04 기술능력 문제   정답 ②

상표는 타 상품과 식별할 수 있는 기호, 문자, 도형을 말하며, 상표권은 이를 보호하는 산업재산권이다. 우수한 상표의 선택과 상표 관리가 광고보다 큰 효과를 나타낼 수가 있어 상표를 기업의 꽃이라고도 한다.
산업분야의 창작물과 관련된 산업재산권은 특허권, 실용신안권, 상표권, 디자인권 등이 있다.

05 의사소통능력 문제　　　정답 ②

첫 번째 내용에서 산업통상자원부 장관은 폴란드 바르샤바에서 수소·배터리 등 에너지 협력을 논의하였고, 두 번째 단락에 원전사업에 관한 내용이 나와 있으므로 원전과 수소에 대한 에너지 분야에 대한 협력을 강화했다는 것이 전체적인 주제가 될 수 있다.

06 의사소통능력 문제　　　정답 ②

첫 번째 단락에 보급지원 사업은 주택 또는 건물 소유주가 자가 소비를 목적으로 태양광·지열 등 신재생에너지 설비를 설치하는 경우, 설치비의 일부를 지원하는 사업이라고 밝히고 있으므로 설치비 전액을 지원하는 것은 아니다.

07 의사소통능력 문제　　　정답 ①

전체적인 내용을 살펴보면 인공지능 등 신기술 분야 석·박사 정원을 증원하여 신기술 분야를 증가시킨다는 내용과 함께 신기술 분야를 선도할 고급인재를 적시에 공급하는 데 많은 도움이 될 것으로 기대한다는 내용이 있으므로 전체적인 내용을 파악한 주제는 ①이 될 수 있다.

오답 체크

② '신기술 분야 석·박사 정원을 경북대 50명·고려대 40명·상지대 3명·서울대 93명·성균관대 105명·전남대 50명·한양대(ERICA 포함) 210명·한국해양대 7명으로 증원하여 기대감을 높였다.'라는 내용은 두 번째 단락에 나오는 내용이나 전체적인 내용을 아우르기 어려우므로 주제가 될 수 없다.

③ 최근 3년간 평균 결손인원의 절반 범위 내에서 다음 연도 첨단 분야 대학원 석·박사 정원을 늘리고 증원된 정원의 2배 이상을 결손인원으로 확보하면 증원된 정원을 계속 유지하는 유형을 이야기 하는 것은 부분적인 유형을 소개하는 것이므로 주제가 될 수 없다.

④ '석·박사 정원을 증원한 대학원은 대학별 여건에 따라 내년 3월 전반기와 9월 후반기에 대학원 석·박사 과정의 신입생을 선발해 해당 교육과정을 운영할 수 있다.'라는 내용은 네 번째 단락에 나오는 세부적인 내용이 되므로 주제가 될 수 없다.

⑤ 서울대 등 총 8개 대학에서 대학원 결손인원을 활용해 인공지능 등 36개 첨단 신기술 분야 학과의 내년도 석·박사 정원을 증원하는 이유는 4차 산업혁명의 가속화로 기술혁신을 이끌 신기술 분야의 인재양성 수요가 지속적으로 증가했으나 첨단 분야 산업인력 공급은 여전히 부족한 상황이 있어서이다. 대학의 운영이 어렵다는 내용은 나오지 않으므로 틀린 내용이다.

08 의사소통능력 문제　　　정답 ③

세 번째 단락에서 "바디우는 기존의 사회 구조를 벗어나는 독특한 사건이 발생하면 사회 구성원들은 이 사건을 전에 없던 '이름'으로 부르고 이 이름은 사건이 사라진 후에도 사회에 흔적으로 남는다고 본다. 사건이 사라지고 난 후, 개인이나 집단은 사건의 이름을 통해 사건을 떠올리며 사회 안의 각 요소들과 사건의 관련성을 살펴보는 시도를 한다."라고 하고 있으므로 개인은 사건을 떠올리며 사건의 관련성을 살펴본다고 할 수 있으므로 적절한 내용이다.

오답 체크

① 첫 번째 단락에서 정치란 세상을 변화시키는 것이라고 말하며, 더 나은 세상을 만들기 위해서는 좋은 지도자를 뽑아 정부를 잘 운영하는 것으로는 부족하다고 이야기하고 있으므로 적절하지 않다.

② 두 번째 단락에서 사건이란 사건은 의도적으로 발생시킬 수 없고 사회 전체에서 일어나는 것이 아니라고 하고 있으므로 적절하지 않다.

④ 진리가 만들어지는 과정을 진리 절차하고 하며, 진리란 거짓에 반대되는 사실을 가리키는 것이 아니라고 하고 있으므로 적절하지 않다.

⑤ 마지막 단락에서 사회 구조의 변화를 위해서는 앞으로의 일이 아니라 이미 일어났던 사건에 관심을 가지고 그 사건을 이어가야 한다고 이야기하고 있으므로 적절하지 않다.

09 의사소통능력 문제　　　정답 ③

㉠의 문맥적 의미는 두 무지개의 색깔이 위아래로 대칭적인 모습을 보인다는 것이다. 따라서 '어떤 두 대상이 주어진 어떤 관계에 의하여 서로 짝을 이루는 것'을 뜻하는 '대응(對應)된다'로 바꾸어 쓸 수 있다.

오답 체크

① '대립(對立)'은 '서로 반대되거나 모순되는 관계'를 뜻하기 때문에 적절하지 않다.

② '대비(對比)'는 '서로 맞대어 비교하는 것'을 의미하므로 ㉠과 의미가 통하지 않는다.

④ '대조(對照)'는 '서로 반대가 되는 것'을 의미하므로 문맥에 어울리지 않는다.

⑤ '대체(對替)'는 '어떤 계정의 금액을 다른 계정에 옮겨 적는 일'을 뜻하기 때문에 문맥에 맞지 않는다.

10 의사소통능력 문제　　　정답 ①

'세 사람은 재판장을 빠져나갔다.'는 주어, 목적어, 서술어의 호응이 잘 지켜진 문장이다.

② '그는 이론을 발전해'에서 주어와 서술어가 호응되지 않는 문장이다. '그는 자기가 고안한 천체 이론을 발전시켜 과학 문제의 해결에 기여하고자 하였다.' 정도로 수정해야 한다.

③ '생산 기술의 발달'과 '큰 변화를 겪었다'가 상응하지 않는 문장이다. '아시아는 17세기부터 생산 기술이 발달하였고, 그에 따라 사회 조직의 큰 변화를 겪었다.' 정도로 수정해야 한다.

④ '요점은'과 '되어야 한다'에서 주어와 서술어가 호응되지 않는 문장이다. '교장선생님 말씀의 요점은 모름지기 사람은 타인에게 도움이 되는 존재가 되어야 한다는 것이다' 정도로 수정해야 한다.

⑤ '등장인물의 이름의 혼동'과 '줄거리를 잘 기억하지 못했다'가 상응하지 않는 문장이다. '그 감독의 영화는 비슷비슷해서 관객들이 등장인물의 이름을 혼동하거나 각 작품의 줄거리를 잘 기억하지 못했다' 정도로 수정해야 한다.

11 의사소통능력 문제   정답 ②

한글 맞춤법 제30항에 따라 '곳간(庫間), 셋방(貰房), 숫자(數字), 찻간(車間), 툇간(退間), 횟수(回數)'를 제외한 한자어에는 사이시옷이 들어가지 않는다.

따라서 ⓒ을 사잇소리 현상이 발생한 것으로 보아 '잇점'으로 고쳐 쓰는 것은 적절하지 않다.

① '구분하다'는 '일정한 기준에 의하여 구별해서 나누다'라는 의미이므로 문맥상 '구분할 수'로 바꾸어 써도 무방하다.

③ '-ㄹ수록'은 앞 절 일의 어떤 정도가 그렇게 더하여 가는 것이 뒤 절 일의 어떤 정도가 더하거나 덜하게 되는 조건이 된다는 의미의 연결 어미이므로 '많을수록'으로 붙여 써야 한다.

④ ⓔ의 앞에서는 역선택의 문제가 판매자와 구매자의 정보 불균형으로 발생한다는 내용을 말하고 있고, ⓔ의 뒤에서는 이러한 역선택의 문제는 민간 부문에서 나타난다는 내용을 말하고 있으므로 ⓔ을 문단 끝으로 이동해야 한다.

⑤ ⓜ이 있는 문장은 국민연금이 지급준비금을 많이 가지고 있을 필요가 없다는 내용의 평서문이므로 '보유할'로 고쳐 써야 한다.

12 의사소통능력 문제   정답 ②

돈을 일부만 썼다는 의미로 의미상 중의적인 표현이 없는 문장이다.

① 거래처 직원이 아무도 안 왔다는 의미 또는 일부만 왔다는 의미를 드러낼 수 있는 중의적인 문장이다.

③ 예약을 지난 주말에 했다는 의미 또는 지난 주말에 방문했다는 의미로 해석될 수 있는 중의적인 문장이다.

④ 입사동기와 보고서 작성업무 중 보고서 작성업무를 더 좋아한다는 의미 또는 입사동기들이 보고서 작성업무를 좋아하는 것보다 내가 보고서 작성업무를 더 좋아한다는 의미로 해석될 수 있는 중의적인 문장이다.

⑤ 운동화를 신고 있는 상태라는 의미인지, 신는 행위를 하고 있는 중이라는 의미인지 중의적으로 해석 가능한 문장이다.

🔍 더 알아보기

대표적인 중의적 표현

1. 수식 관계에 의한 중의성: 수식어의 범위가 명확하지 않다.
   예 예쁜 영희의 동생을 만났다. (X) → '예쁜'이 영희를 꾸미는지 영희의 동생을 꾸미는지 명확하지 않음
2. 연결 관계에 의한 중의성: 병렬 구분의 의미가 명확하지 않다.
   예 마우스와 키보드 세 개를 샀다. (X) → '마우스 한 개, 키보드 세 개'인지, '마우스와 키보드가 각각 세 개'인지, '마우스와 키보드를 합하여 모두 세 개'인지 명확하지 않음
3. 비교 구문에 의한 중의성: 비교 대상이 명확하지 않다.
   예 나는 친구보다 영화를 더 좋아한다. (X) → '친구와 영화'를 비교하는지, '내가 영화를 좋아하는 정도와 친구가 드라마를 좋아하는 정도'를 비교하는지 명확하지 않음
4. 조사에 의한 중의성: 조사 '의'의 범위가 명확하지 않다.
   예 그의 그림을 보았다. (X) → '그가 소유한 그림'인지, '그가 그린 그림'인지, '그를 그린 그림'인지 명확하지 않음
5. 부정문에 의한 중의성: 부정의 범위가 명확하지 않다.
   예 학생들이 다 오지 않았다. (X) → '학생들이 한 명도 오지 않은 경우'인지, '학생들이 몇 명만 온 경우'인지 명확하지 않음

13 수리능력 문제   정답 ③

현재 고모부의 나이를 x세, 고모의 나이를 y세라고 하면, 3년 전에는 $x-3=\frac{4}{7}\{(x-3)+(y-3)\}$이고, $\frac{x-3}{(x-3)+(y-3)}=\frac{4}{7} \rightarrow \frac{x-3}{x+y-6}=\frac{4}{7} \rightarrow 7x-21=4x+4y-24 \rightarrow 3x-4y=-3$이다.

또한, 지금부터 3년 후에 승원이의 나이는 $(y+3)\times\frac{1}{3}$이 되고,

세 명의 나이의 합은 $(x+3)+(y+3)+\frac{1}{3}(y+3)=142$가 되므로

$$3x-4y=-3 \qquad\qquad \cdots ⓐ$$
$$3x+9+3y+9+y+3=426, \; 3x+4y=405 \qquad \cdots ⓑ$$

ⓐ와 ⓑ를 연립하여 풀이하면,

$6x=402 \rightarrow x=67$, $y=51$이고, 3년 뒤 승원이의 나이는 $(51+3)\times\frac{1}{3}=18$세이므로 현재 나이는 15세가 된다.

따라서 현재 고모부와 승원이의 나이 차이는 $67-15=52$세이다.

14 수리능력 문제 정답 ④

노트북 1개의 가격을 100만 원이라고 가정을 해보면, 노트북 50개를 한 번에 구매할 때 가격은 $100 \times 50 \times 0.65 = 3,250$만 원이다. 그리고 20% 할인을 받을 때의 가격이 3,250만 원보다 비싸지는 경우의 노트북 구매 개수를 x개라고 가정하면, $100 \times 0.8 \times x > 3,250$, $80x > 3,250$, $x > 40.6$이므로 노트북 41개를 주문할 경우 50개를 주문할 때보다 가격이 오히려 더 비싸지게 된다.

15 수리능력 문제 정답 ③

첫 번째 상자에서 당첨권이 나올 확률은 $\frac{4}{4+16} = \frac{1}{5}$이다.

첫 번째 상자에서 $\frac{1}{5}$의 확률로 꺼낸 당첨권을 두 번째 상자에 넣으면 두 번째 상자에는 당첨권 3장과 비당첨권 13장이 있게 되고, 여기서 당첨권이 나올 확률은 $\frac{3}{3+13} = \frac{3}{16}$이 된다.

따라서 첫 번째 상자와 두 번째 상자에서 모두 당첨권을 뽑을 확률은 $\frac{1}{5} \times \frac{3}{16} = \frac{3}{80}$이 된다.

16 수리능력 문제 정답 ④

갑이 x개의 도시락을 만들었을 때 을이 만든 도시락의 개수는 $(x-20)$개, 병이 만든 도시락의 개수는 $(x-32)$개이며 을이 할당된 도시락을 다 만들었을 때 병이 추가로 만든 도시락은 $32-16 = 16$개이다. 세 사람의 작업 속도는 각자 일정하므로 $(x-20) : (x-32) = 20 : 16$이다.

따라서 $(x-20) : (x-32) = 5 : 4$이고 내항의 곱은 외항의 곱과 같은 비례식의 성질을 이용하여 정리하면 $5x-160 = 4x-80$, 즉, $x = 80$이다.

따라서 세 사람이 만든 도시락의 개수는 $80 \times 3 = 240$개이다.

17 수리능력 문제 정답 ④

커피와 조각 케이크를 1개씩 5묶음으로 산다면 $(4,300 + 2,700) \times 0.9 \times 5 = 31,500$원이며 1묶음당 700원이 할인된다. 만약 여기서 커피를 1개 줄이고 조각 케이크를 1개 늘릴 때 감소하는 금액은 $(-4,300 + 2,700 + 700) = -900$원이다.

따라서 지불한 금액이 29,700원으로 5묶음일 때의 31,500원 대비 1,800원이 적으므로 조각 케이크는 2개가 늘어서 7개를 구매한 것이 된다.

18 수리능력 문제 정답 ③

종민이의 첫해 월급을 x원이라고 하면 첫해 연봉은 $12x$원이 된다. 두 번째 해에만 10% 연봉 인상이 되기 때문에 두 번째 해의 연봉은 $1.1 \times 12x = 13.2x$원이 되고, 세 번째 해의 연봉은 두 번째 해와 같은 $13.2x$원이다.

따라서 연봉 중 개인 비용으로 지출한 돈 이외에 저축한 돈의 총합계는 $12x \times 0.45 + 13.2x \times 0.75 + 13.2x \times 0.5 = 5.4x + 9.9x + 6.6x = 21.9x = 48,180,000$이고, 첫해의 월급은 $x = 2,200,000$원이다.

19 수리능력 문제 정답 ⑤

신규 기기로 1시간 동안 생산할 수 있는 박스의 개수를 x개, 중고 기기로 1시간 동안 생산할 수 있는 박스의 개수를 y개라고 할 때, 2시간에 총 600개의 박스를 만들기 때문에 1시간 생산 기준으로 300개이므로

$3x + 2y = 600 \div 2 = 300 \to 6x + 4y = 600$ ...... ⓐ

$2x + 3y = 250 \to 6x + 9y = 750$ ...... ⓑ

ⓐ와 ⓑ를 연립하여 풀면,

$5y = 150 \to y = 30$, $x = 80$이 된다. 즉, 신규 기기는 1시간당 80개를 생산하고, 중고 기기는 1시간당 30개를 생산하기 때문에 신규 기기와 중고 기기 1대를 각각 이용하여 생산할 수 있는 박스는 $30 + 80 = 110$개이다.

20 수리능력 문제 정답 ④

2003년 대비 2004년의 전국 공공도서관 수와 전국 공공도서관 내 총 좌석 수의 증가율은 아래와 같다.

전국 도서관 수의 증가율: $\{(461 - 424) / 424\} \times 100 ≒ 8.7\%$

전국 도서관 내 총 좌석 수의 증가율: $\{(256 - 240) / 240\} \times 100 ≒ 6.7\%$

따라서 2003년 대비 2004년의 전국 공공도서관 수의 증가율은 전국 공공도서관 내 총 좌석 수의 증가율보다 크므로 옳지 않은 설명이다.

오답 체크

① 2004년, 2005년의 연간 이용자 1인당 평균 이용책 수는 아래와 같다.
  2004년: 143백만 권 / 134백만 명 ≒ 1.1권/명
  2005년: 198백만 권 / 151백만 명 ≒ 1.3권/명
  따라서 연간 이용자 1인당 평균 이용책 수는 2004년 대비 2005년에 증가하였으므로 옳은 설명이다.

② 2003년, 2006년의 도서관 1개당 보유하고 있는 평균 좌석 수는 아래와 같다.
  2003년: 240천 개 / 424개 ≒ 0.57천 개/개
  2006년: 248천 개 / 551개 ≒ 0.45천 개/개

따라서 도서관 1개당 보유하고 있는 평균 좌석 수는 2003년 대비 2006년에 감소하였으므로 옳은 설명이다.

③ 전국 공공도서관 자료 수의 전년 대비 증가량이 가장 큰 해는 2005년이며 이때의 도서관 1개당 평균 직원 수는 6,133명 / 491개 ≒ 12.5명/개로 12명 이상이므로 옳은 설명이다.

⑤ 2006년 전국 공공도서관이 보유한 총 비도서의 수는 5,584 - 5,189 = 395만 권으로 매년 증가하므로 옳은 설명이다.

⏱ 빠른 문제 풀이 Tip

③ 도서관 1개당 평균 직원 수가 12명 이상이라는 것은 도서관 수 × 12 < 직원 수라는 의미이다.

전국 자료 수의 전년 대비 증가량이 가장 큰 2005년에 도서관 수는 491개로 십의 자리에서 올림한 값에 × 12를 하면 500 × 12 = 6,000이고, 2005년 직원 수 6,133명보다 적으며 2005년 도서관 1개당 평균 직원 수가 12명 이상이므로 옳은 설명이다.

④ 전년 대비 증가율 = {(올해 값 - 작년 값) / 작년 값} × 100이므로 (올해 값 - 작년 값) / 작년 값을 비교한다.

2004년의 전국 도서관 수의 (올해 값 - 작년 값) / 작년 값은 (461 - 424) / 424 = 37 / 424이고, 2004년 총 좌석 수의 (올해 값 - 작년 값) / 작년 값은 (256 - 240) / 240 = 16 / 240이다. 이때 분자 값을 비교하면 37은 16의 2배 이상이고, 분모 값을 비교하면 424는 240의 2배 미만이므로 37 / 424가 16 / 240보다 크다.

따라서 2004년의 전국 도서관 수의 증가율이 전국 도서관 내 총 좌석 수의 증가율보다 크므로 옳지 않은 설명이다.

[21-22]

21 수리능력 문제　　　　　　　　　정답 ③

2019년 고령층 인구의 2009년 대비 증가율은 {(13,843 - 9,040) / 9,040} × 100 ≒ 53.1%이므로 옳지 않은 설명이다.

오답 체크

① 2019년 5월 고령층 인구의 경제 활동 참가율은 전년 동월 대비 0.9%p 증가하여 1%p 미만 증가하였으므로 옳은 설명이다.

② 2015년 고령층 인구의 고용률은 전년 대비 감소하였으며 2016년은 전년과 동일하므로 옳은 설명이다.

④ 2019년 5월 고령층 인구 중 비경제 활동 인구는 전년 동월 대비 49천 명 증가하였고, 이 중 55~64세 인구가 53천 명 증가, 65~79세 인구가 4천 명 감소하여 비경제 활동 인구가 증가한 이유는 55~64세 인구의 증가로 볼 수 있으므로 옳은 설명이다.

⑤ 2019년 고령층 취업자 수의 전년 대비 증가율은 {(7,739 - 7,421) / 7,421} × 100 ≒ 4.3%로 5% 미만이므로 옳은 설명이다.

---

22 수리능력 문제　　　　　　　　　정답 ④

고용률이 가장 크게 변화한 해는 49.0%에서 50.6%로 1.6%p 증가한 2010년이고, 2010년 고령층 취업자 수의 전년 대비 증가율은 {(4,767 - 4,431) / 4,431} × 100 ≒ 7.6%이다.

---

23 조직이해능력 문제　　　　　　　　정답 ②

정부나 공공 단체, 사업체에서 외국의 자본과 기술을 들여오는 외자 도입은 금융 계정에 포함되는 항목으로, 경상수지가 아니라 자본·금융 계정에 해당되므로 경상수지가 변동하는 사례로 적절하지 않다.

오답 체크

① 해외여행은 경상수지 중 서비스수지에 해당되므로 한국을 찾는 외국인 관광객이 증가하는 것은 국제수지 중 경상수지가 변동되는 사례로 적절하다.

③ 이자와 배당금을 포함하는 투자소득은 경상수지 중 본원소득수지에 해당되므로 해외로 진출한 국내 기업이 국내의 다른 기업에 투자한 대가로 배당금을 받는 것은 국제수지 중 경상수지가 변동되는 사례로 적절하다.

④ 해외로 기부금을 전달하는 것은 경상수지 중 이전소득수지에 해당되므로 해외 난민을 구제하기 위해 국제 난민기구에 원조한 것은 국제수지 중 경상수지가 변동되는 사례로 적절하다.

⑤ 해외의 물건을 수입하는 것은 경상수지 중 상품수지에 해당되므로 캐나다의 물가 하락으로 캐나다의 물건을 수입하는 것은 국제수지 중 경상수지가 변동되는 사례로 적절하다.

---

24 조직이해능력 문제　　　　　　　　정답 ⑤

1997년 금융위기 직전 수출의 부진으로 경상수지 적자가 누적됨에 따라 빚을 무분별하게 끌어다 써서 자본·금융 계정은 흑자였으므로 적절하지 않다.

🔍 더 알아보기

국제수지

· 경상수지: 국제 거래에서 이루어지는 경상 거래에 의한 수지로, 기업의 경우 통상의 영업 활동에서 계속적으로 생기는 수입과 지출의 차액을 이른다.

구분	특징
상품수지	외국과의 상품 수출입을 통해 발생한 외환의 수취와 지급의 차이
서비스수지	외국과의 여행, 운송, 통신, 교육, 보험 등의 서비스 거래를 통해 발생한 외환의 수취와 지급의 차이

본원소득수지	외국과 노동이나 자본을 거래한 결과 발생한 임금이나 투자 소득(이자, 배당금) 등 외환의 수취와 지급의 차이
이전소득수지	외국과 대가 없이 주고받은 송금이나 기부금, 정부 간 무상 원조 등의 거래 차이

- 자본·금융 계정: 자본수지와 금융 계정으로 나눌 수 있는 자본·금융 계정은 국제 거래에서 자본의 이동을 통해 흘러들어온 외환과 흘러나간 외환의 차이를 말한다.

구분	특징
자본수지	특허권 거래, 해외 이주 비용 등으로 발생한 외환 수취와 지급의 차이
금융 계정	해외 직접 투자, 증권 투자, 차관, 준비 자산 등으로 발생한 외환 수취와 지급의 차이

25 수리능력 문제
정답 ③

시도별 가구당 경상소득(전년도)는 인천, 경기는 지속적으로 증가했으나 서울의 경우 2019년 대비 2020년에 20만 원 감소했으므로 옳지 않은 설명이다.

오답 체크

① 경기도의 가구당 자산액은 2018년 45,940만 원에서 2019년 47,546만 원으로 1,606만 원 증가하였다.
따라서 증가 비율은 (47,546 − 45,940) / 45,940 × 100 ≒ 3.5%로 3% 이상이므로 옳은 설명이다.

② 가구당 순자산액은 자산액 − 부채액으로 서울시의 2020년 가구당 순자산액은 67,839 − 11,077 = 56,762만 원이므로 옳은 설명이다.

④ 가구당 부채액은 자산액 − 순자산액으로 인천시의 2018년 가구당 부채액은 33,800 − 26,735 = 7,065만 원이므로 옳은 설명이다.

⑤ 2020년 자산액 대비 부채액 비율은 다음과 같다.

서울시: $\frac{11,077}{67,839} × 100 ≒ 16.3\%$

인천시: $\frac{8,498}{40,605} × 100 ≒ 20.9\%$

경기도: $\frac{10,213}{48,437} × 100 ≒ 21.1\%$

따라서 자산 대비 부채 비율이 제일 높은 시도는 경기도이므로 옳은 설명이다.

26 수리능력 문제
정답 ⑤

ⓒ 성별 과의존위험군에 속하는 인구수를 구하면 아래와 같다.
남성: 14,790 × 17.9% = 14,790 × 0.179 = 약 2,647명
여성: 14,922 × 19.3% = 14,922 × 0.193 = 약 2,880명
따라서 과의존위험군에 속하는 여성이 과의존위험군에 속하는 남성보다 많으므로 옳은 설명이다.

ⓒ 과의존위험군과 일반사용자군 모두 스마트폰 1일 평균 이용횟수의 값이 가장 큰 연령대는 성인(만 20~59세)이므로 옳은 설명이다.

ⓔ 과의존위험군 청소년과 60대 중 스마트폰 1일 평균 이용횟수가 10회 미만이라고 한 응답자 수를 구하면 아래와 같다.
청소년: 5,144명 × 30.3% × 28.5% = 5,144명 × 0.303 × 0.285 = 약 444명
60대: 2,205명 × 12.9% × 17.1% = 2,205명 × 0.129 × 0.171 = 약 49명
따라서 과의존위험군 청소년 중 스마트폰 1일 평균 이용횟수가 10회 미만이라고 한 응답자 수는 과의존위험군 60대 중 스마트폰 1일 평균 이용횟수가 10회 미만이라고 한 응답자 수의 10배 이하이므로 옳은 설명이다.

오답 체크

ⓐ 유아동 → 청소년 → 성인까지 연령대가 높아질수록 과의존위험군과 일반사용자군의 1일 평균 스마트폰 이용횟수가 증가하지만 성인→60대로 연령대가 높아질 때 과의존위험군과 일반사용자군의 1일 평균 스마트폰 이용횟수가 감소하므로 옳지 않은 설명이다.

27 문제해결능력 문제
정답 ⑤

설득은 논쟁을 통하여 이루어지는 것이 아니라 논증을 통해 이루어진다.

오답 체크

① 논리적 사고의 구성요소에 관한 설명 중 생각하는 습관에 대한 내용이다.

② 논리적 사고의 구성요소에 관한 설명 중 상대 논리의 구조화에 대한 내용이다.

③ 논리적 사고의 구성요소에 관한 설명 중 구체적인 생각에 대한 내용이다.

④ 논리적 사고의 구성요소에 관한 설명 중 타인에 대한 이해에 대한 내용이다.

28 문제해결능력 문제
정답 ②

문제해결을 위해서는 고정관념과 편견 등 심리적 타성 및 기존의 패러다임을 극복하고 새로운 아이디어를 효과적으로 낼 수 있는 창조적 스킬 등을 습득하는 것이 필요하다.

29 문제해결능력 문제
정답 ④

실행 및 사후관리 단계는 가능한 사항부터 실행하며, 그 과정에서 나온 문제점을 해결해 가면서 해결안의 완성도를 높이고 일정 수준에 도달하면 전면적으로 전개해 나가는 것이 필요하다.

30 문제해결능력 문제

정답 ③

심층면접법은 조사자의 철저한 인터뷰 기법 스킬과 훈련이 요구되며 인터뷰 결과를 사실과 다르게 해석할 수 있다는 단점이 있고, 이외에 인터뷰 시간을 집중적으로 투입해야 하며 비용이 많이 소요된다는 단점도 있다.

오답 체크

① 심층면접법은 조사자가 응답자와 일대일로 마주한 상태에서 응답자의 잠재된 동기와 신념, 태도 등을 발견하고 조사주제에 대한 정보를 수집하는 방법이다.

② 심층면접법은 다른 방법을 통해 포착할 수 없는 심층적인 정보를 경험적으로 얻을 수 있고 독특한 정보를 얻을 수 있는 등의 장점을 지니고 있다.

④ 표적집단면접이란 6~8인으로 구성된 그룹에서 특정 주제에 대해 논의하는 과정으로 숙련된 사회자의 컨트롤 기술에 의해 집단의 이점을 십분 활용하여 구성원들의 의견을 도출하는 방법이다.

⑤ 표적집단면접을 진행할 때 확실한 판정이 가능한 것은 판정을 하지만 그렇지 못한 경우는 판정을 내려서는 안 된다.

31 문제해결능력 문제

정답 ④

㉠은 발생형 문제(보이는 문제), ㉡은 탐색형 문제(찾는 문제), ㉢은 설정형 문제(미래 문제)이다. ㉠, ㉡, ㉢ 중에서 해결을 위해 창조적인 노력이 요구되어 창조적 문제라고도 하는 것은 ㉢이므로 옳지 않은 설명이다.

32 문제해결능력 문제

정답 ②

제시된 명제를 정리하면 다음과 같다.
- 전제 1: 운전 O → 영어 O
- 전제 2: _____
- 전제 3: 운전 X → 영업 X
- 결론: 안경 X → 영업 X

여기서 전제 1의 대우와 전제 3을 연결하면 '영어 X → 운전 X → 영업 X'가 된다. 따라서 전제 2에 들어갈 내용이 '안경 X'를 전건으로 하고 '영어 X', '운전 X', '영업 X' 가운데 하나를 후건으로 하는 명제이면 '안경 X → 영업 X'라는 결론을 반드시 참이 되게 한다. 이때, 대우도 고려한다면 '영어 O', '운전 O', '영업 O' 가운데 하나를 전건으로 하고 '안경 O'를 후건으로 하는 명제도 가능하다.

②는 '영어 O'를 전건으로 하고 '안경 O'를 후건으로 하므로 타당한 전제이다. 다시 말해, ②의 대우, 전제 1의 대우, 전제 3을 순서대로 연결하면 '안경 X → 영어 X → 운전 X → 영업 X'가 도출된다.

오답 체크

① '안경 O'를 전건으로 하는 명제이므로 타당한 전제가 아니다.

③ '영어 O'를 후건으로 하는 명제이므로 타당한 전제가 아니다.

④ '영어 X'를 전건으로 하는 명제이므로 타당한 전제가 아니다.

⑤ '운전 O'를 후건으로 하는 명제이므로 타당한 전제가 아니다.

33 문제해결능력 문제

정답 ②

같은 포지션이 2명인 경우는 중견수와 투수뿐인데 병과 정이 같은 포지션이고 갑과 기는 중견수라고 하였으므로 병과 정은 투수라는 것을 알 수 있다. 다섯 번째 조건에서 이 둘이 맞은편에 앉는다고 하였으므로 이를 정리하면 다음과 같다.

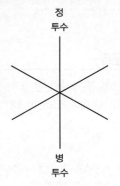

병의 오른쪽에는 2루수가 앉는다고 하였고 투수는 중견수의 바로 왼쪽에 앉지 않는다고 하였으므로 투수인 정의 오른쪽에 앉는 사람은 중견수도 아니고 투수도 아니고 2루수도 아니다. 따라서 정의 오른쪽에 앉는 사람은 1루수이며 자연히 남은 두 자리는 중견수가 되고 이 둘이 갑과 기가 된다. 이를 정리하면 다음과 같다.

정과 무가 연이어 앉는다고 하였는데 가능한 자리는 정의 오른쪽인 1루수 자리뿐이다. 결국 나머지 을은 2루수가 된다.

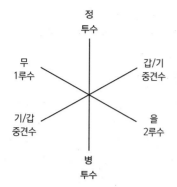

정
투수

무
1루수

갑/기
중견수

기/갑
중견수

을
2루수

병
투수

갑과 기의 자리가 정해지지 않는데 이를 정리할 수 있는 조건에 대해 선택지를 살펴보면, '기는 투수 옆에 앉는다'고 하더라도 병의 옆자리인지 정의 옆자리인지는 정해지지 않는다.

따라서, 모든 선수의 자리를 정확히 정할 수 있게 해주는 조건으로 가능하지 않은 것은 ②가 된다.

오답 체크

① 갑이 무의 바로 오른쪽에 앉으면 기는 정의 옆자리로 정해진다.

③ 병의 바로 왼쪽에 갑이 앉게 되면 나머지 기는 정의 옆자리로 정해진다.

④ 정과 을 사이에 기가 앉으면 갑은 병의 옆자리로 정해진다.

⑤ 병과 갑 사이에 한 명이 앉으면 기는 병의 옆자리로 정해진다.

34 문제해결능력 문제   정답 ④

㉠ 첫 번째 조문 1항에 의하면 실종선고를 청구할 수 있는 것은 이해관계인이나 검사이어야 한다.

㉡ 첫 번째 조문 1항에 의하면 생사가 5년간 분명하지 아니하여야 하므로 을은 2015년 6월에는 실종선고를 청구할 수 없다.

㉣ 세 번째 조문에 의하면 6개월 이상의 공고를 하여야 하므로 만약 을이 2016년 7월 1일에 실종선고를 청구하였다면 법원은 같은 해에는 실종선고를 할 수 없다.

오답 체크

㉢ 네 번째 조문에서 동시사망의 추정은 생존의 선후가 분명하지 아니한 경우에 하는 것이므로 만약 갑 외에 병도 같은 선박에 타고 있었더라도 병이 나중에 사망한 것이 밝혀진다면 둘은 동시에 사망한 것으로 추정할 수 없다.

㉤ 만약 다른 요건이 갖춰져서 법원이 2017년 1월 1일에 실종선고를 하였다면, 첫 번째 조문 2항과 두 번째 조문에 의하면 실종선고를 받은 자는 선박의 침몰 후 6월의 기간이 만료한 때에 사망한 것으로 본다고 하였으므로 사망 시점은 2011년 7월 1일이 된다. 한편 마지막 조문에서 상속은 사망으로 인하여 개시된다고 하였으므로 상속의 개시 시점 역시 2011년 7월 1일이 된다.

35 문제해결능력 문제   정답 ③

㉠ ・갑 시험을 시행할 경우

국가의 응시료 지원 경비
= (20,000 − 10,000) × 15,000 = 1억 5천만 원
국가의 감독관 파견 경비
= (15,000 / 500) × 500,000 = 1천 5백만 원
→ 총 국가 부담비용 = 1억 6천 5백만 원

・을 시험을 시행할 경우

국가의 응시료 지원 경비
= (15,000 − 10,000) × 15,000 = 7천 5백만 원
국가의 감독관 파견 경비
= (15,000 / 300) × 500,000 = 2천 5백만 원
→ 총 국가 부담비용 = 1억 원

・병 시험을 시행할 경우

국가의 응시료 지원 경비
= (10,000 − 10,000) × 15,000 = 0원
국가의 감독관 파견 경비
= (15,000 / 100) × 500,000 = 7천 5백만 원
→ 총 국가 부담비용 = 7천 5백만 원

따라서 병 시험의 총 국가 부담비용이 7천 5백만 원으로 가장 저렴하므로 옳은 내용이다.

㉡ 몽골의 경우 갑 시험과 을 시험 모두 1개 고사장의 수용 가능 인원이 100명으로 동일하므로 국가의 감독관 파견 경비 역시 동일하다.

따라서 경비상의 차이는 응시료 지원 경비밖에 없으므로 갑 시험이 을 시험보다 1인당 (20,000 − 10,000) − (15,000 − 10,000) = 5,000원 더 많으므로 옳은 내용이다.

오답 체크

㉢ ・갑 시험을 시행할 경우

국가의 응시료 지원 경비 = (20,000 − 10,000) × 3,000 = 3천만 원
국가의 감독관 파견 경비 = (3,000 / 100) × 2,000,000 = 6천만 원
→ 총 국가 부담비용 = 9천만 원

・을 시험을 시행할 경우

국가의 응시료 지원 경비
= (15,000 − 10,000) × 3,000 = 1천 5백만 원
국가의 감독관 파견 경비
= (3,000 / 50) × 2,000,000 = 1억 2천만 원
→ 총 국가 부담비용 = 1억 3천 5백만 원

따라서 갑 시험과 을 시험의 총 국가 부담비용 차액은 135,000,000 − 90,000,000 = 45,000,000원이며 이를 예상인원인 3,000명으로 나누면 45,000,000 / 3,000 = 15,000원이므로 옳지 않은 내용이다.

36 문제해결능력 문제 　　　　정답 ③

실행 및 사후관리 단계에서 고려해야 하는 사항은 다음과 같다.
· 바람직한 상태가 달성되었는가?
· 문제가 재발하지 않을 것을 확신할 수 있는가?
· 사전에 목표한 기간 및 비용은 계획대로 지켜졌는가?
· 혹시 또 다른 문제를 발생시키지 않았는가?
· 해결책이 주는 영향은 무엇인가?
따라서 '사전에 목표한 기간 및 비용보다 빠르고 적은 비용으로 처리되었는가?'는 실행 및 사후관리 단계에서 고려해야 하는 사항으로 적절하지 않다.

37 문제해결능력 문제 　　　　정답 ⑤

<보기>의 ⊙부터 ⑩은 모두 상황으로 제시된 세 가지 사실로부터 내용을 정리한 예이다. ⓔ이나 ⑩은 "주식을 사지 말라" 혹은 "주식을 사라"고 주장하는 메시지가 명확하며, 제시된 세 가지 상황을 모두 고려하고 있으므로, "So what?"을 사용하였다고 말할 수 있다.

오답 체크

⊙ 상황 1.만 고려하고 있어 "So what?"의 사고가 원활히 이루어지지 않았다.
ⓒ 사고한 '자동차 산업의 미래'는 상황 3.의 주식시장에 대해서는 충분히 고려하고 있지 못하다.
ⓒ 주식시장에 대해서도 포함하고 있으며, 세 가지의 상황 모두 자동차 산업의 가까운 미래를 예측하는 데 사용될 수 있는 정보이기 때문에 모순은 없다. 그러나 자동차 산업과 주식시장의 변화에 대한 사실은 전달이 어렵다.

38 자기개발능력 문제 　　　　정답 ①

제시된 자료는 영국의 어머니는 아이가 도움을 요청하지 않는 한 아이 스스로 할 수 있도록 먼저 나서서 도와주지 않는다는 내용이다. 따라서 작은 도전부터 시작하여 하나하나씩 성취감을 맛보도록 함으로써 자기 효능감을 높일 수 있다는 의미의 '성공 경험'이 영국 아이들의 자기 효능감에 영향을 준 요인으로 가장 적절하다.

[39-40]
39 자원관리능력 문제 　　　　정답 ③

경험이나 성향, 흥미를 고려하여 적절한 위치에 배치하는 것은 '적성배치'이다.

오답 체크

① 양적배치: 부문의 작업량과 조업도의 여유 또는 부족 인원을 고려하여 소요 인원을 배치하는 것

② 질적배치: 팀 또는 그룹 전체의 효율이 최대가 될 수 있도록 인적자원의 능력을 고려하여 적합한 위치에 배치하는 것

40 자원관리능력 문제 　　　　정답 ②

이 팀장은 모든 부서, 모든 팀원에 대해 평등한 적재적소를 고려해야 한다고 했으므로 '균형주의'에 대한 내용을 언급하고 있고, 최 팀장은 전체의 효율 향상을 위해서는 적합한 위치에 필요한 능력을 갖춘 인재를 배치해야 한다고 했으므로 '적재적소주의'에 대한 내용을 언급하고 있다. 또한 김 부장의 마지막 발언을 보면 신입사원들이 능력을 발휘할 수 있도록 기회와 장소를 제공해야 하며 그에 따른 성과를 공정하게 평가해서 적절한 보상을 주어야 한다고 했으므로 '능력주의'에 대한 내용을 언급하고 있다.

41 자원관리능력 문제 　　　　정답 ⑤

인프라 지원팀의 요청사항을 보면 필수 조건은 엔지니어 경력 3년 이상에 전기기사 자격증 소지자이다. 해당 조건을 만족하는 사람은 정, 경, 임 3명이다. 필수 조건을 만족하는 사람이 2명 이상이라면 전기공사기사 자격증이 있는 사람을 우선으로 해 달라고 했으므로 조건을 만족하는 사람은 경, 임 2명이다. 해당 자격증까지 만족하는 사람이 2명 이상인 경우 경력이 많은 사람을 선발해 달라고 했으므로 인프라 지원팀에 배치해야 하는 사람은 경과 임 중 경력이 많은 임이다.
관리팀의 요청사항을 보면 필수 조건은 사무 또는 생산 관리 경력 2년 이상이다. 해당 조건을 만족하는 사람은 갑, 을, 무, 기 4명이다. 필수 조건을 만족하는 사람이 2명 이상이라면 컴퓨터활용능력 1급이 있는 사람으로 선발해 달라고 했으므로 조건을 만족하는 사람은 을, 기 2명이다. 이 조건까지 만족하는 사람이 2명 이상이라면 토익 점수가 높은 사람으로 선발해 달라고 했으므로, 관리팀에 배치해야 하는 사람은 을과 기 중 토익 점수가 더 높은 기이다.

[42-43]
42 자원관리능력 문제 　　　　정답 ④

총 이동거리가 가장 짧아지는 경로로 이동했다고 했으므로, 사무실에서 A~E 거래처를 모두 거쳐서 집으로 이동하는 최단 경로는 '사무실 - B - E - A - D - C - 집'이 된다. 해당 경로는 통거리가 4.2 + 6.3 + 4.8 + 5.1 + 3.1 + 3.3 = 26.8km이다. 평균 이동 속도가 60km/h라고 했으므로 이동에 소요된 시간은 26.8 ÷ 60 × 60 = 26.8분이 소요되었고, 이는 26분 48초이다.
총 5군데의 거래처를 점검했으므로 점검 시간은 총 5시간이며, 중간에 휴식 및 점심식사를 위해 1시간을 사용한다고 했으므로 점검 및 휴식에 총 6시간을 사용한다.

사무실에서 출발은 오전 9시에 도착 후 2시간 동안 회의 및 업무를 진행한 뒤에 출발한다고 했으므로 오전 11시에 출발하게 된다. 따라서, 집에 도착하는 시간은 11시 + 6시간 + 26분 48초 = 17시 26분 48초 = 오후 5시 26분 48초가 된다.

43 자원관리능력 문제 　　　　　　　　정답 ①

총 이동거리는 26.8km이고, 회사 차량을 이용할 경우 유류비는 26.8 ÷ 13.4 × 1,780 = 3,560원이 되고, 개인 차량을 이용할 경우 유류비는 26.8 ÷ 18.7 × 1,870 = 2,680원이다.

따라서 임동근 씨가 이용한 차량은 개인 차량이고, 유류비는 2,680원이다.

44 자원관리능력 문제 　　　　　　　　정답 ④

목요일 14~16시에는 A 부장, C 과장, D 과장, E 대리, G 사원, 귀하가 참석 가능하므로 5명 이상이 참석 가능하고, 부장 또는 차장 중 1명 이상이 참석 가능하며, 과장/대리 직급에서 3명이 참석할 수 있다.

[오답 체크]

① 월요일 09 ~ 11시에는 귀하를 제외하고 A 부장, B 차장, D 과장, G 사원밖에 참석하지 못한다.

② 화요일 09~11시에는 A 부장과 B 차장이 모두 참석할 수 없다.

③ 목요일 13~15시에는 귀하가 참석이 불가능하다.

⑤ 금요일 09~11시에는 B 차장, D 과장, E 대리, G 사원밖에 참석하지 못한다.

45 자원관리능력 문제 　　　　　　　　정답 ④

집에서 오전 8시에 출발한다고 했고, 오전 8시~10시 사이에는 출근 교통 혼잡시간으로 버스의 소요시간은 20%, 택시의 소요시간은 50%가 증가한다고 했으므로 감안하여 시간을 변경하면 아래와 같다.

구분	집 ↔ 사무실	사무실 ↔ 거래처	거래처 ↔ 집
버스	48분	45분	50분
지하철	35분	40분	35분
택시	45분	30분	40분

버스, 지하철, 택시를 각 1번씩밖에 이용할 수 없다고 했으므로 이동에 시간이 최소로 소요되는 경우는 버스 - 택시 - 지하철을 이용하는 경우이고, 이때 총 소요시간은 1시간 53분이 소요된다. 회사에서의 업무는 3시간, 휴식 시간 1시간, 거래처에서 업무 미팅 3시간이 소요되므로 업무에 소요되는 시간은 총 7시간이 되고, 이동 소요 시간까지 고려하면 집에서 출발한 뒤 다시 집에 도착하는 데 걸리는 소요시간은 총 8시간 53분이 된다.

따라서, 집에 도착할 수 있는 가장 빠른 시간은 오후 4시 53분이다.

46 자원관리능력 문제 　　　　　　　　정답 ②

1일 유동 인구가 5만 명 이상인 지하철역 근처라고 했으므로 각 지하철역의 1일 유동 인구를 구해보면 A 지하철역: 24,320 + 17,480 + 9,745 = 51,545명, B 지하철역: 19,786 + 21,345 + 7,654 = 48,785명, C 지하철역: 21,562 + 20,435 + 11,432 = 53,429명이다. 따라서 A 지하철역과 C 지하철역 근처는 가능하지만 B 지하철역 근처는 계약할 수 없으므로 병 상가는 계약할 수 없다.

1층에 위치한 상가라고 했으므로 2층에 위치한 을 상가 역시 계약할 수 없고, 남아있는 갑 상가, 정 상가, 무 상가 중 2년 동안 납입할 월세와 보증금의 합이 가장 적은 상가로 계약해야 한다.

갑 상가: 17,430만 원 + 85만 원 × 24개월 = 19,470만 원,

정 상가: 16,300만 원 + 105만 원 × 24개월 = 18,820만 원,

무 상가: 14,950만 원 + 145만 원 × 24개월 = 18,430만 원이므로 가장 저렴한 무 상가와 계약해야 하고 지불하는 비용은 총 18,430만 원이다.

47 자원관리능력 문제 　　　　　　　　정답 ②

도로 건설에 사용된 비용을 징수하는 통행료를 통해 최대한 빠른 시일 내에 충당할 수 있는 방안으로 도로를 건설한다고 했으므로 각 기획안별 충당 시점을 계산할 필요가 있다.

1안의 경우 총 도로 건설비는 조사 및 계획비용 + 설계비용 + 시공비용 = 24억 원 + 150억 원 + 1,800억 원 = 1,974억 원이다. 예상 통행료는 1대당 2,400원이고 1일 통행량은 10만 대로 예상되므로 통행료는 하루에 2,400원/대 × 10만 대 = 2.4억 원이다. 따라서 도로 건설비가 모두 충당되는 시점은 1,974억 원 ÷ 2.4억 원 = 822.5일 후가 된다.

2안의 경우 총 도로 건설비는 조사 및 계획비용 + 설계비용 + 시공비용 = 24억 원 + 120억 원 + 1,550억 원 = 1,694억 원이다. 예상 통행료는 1대당 1,800원이고 1일 통행량은 10만 대로 예상되므로 통행료는 하루에 1,800원/대 × 10만 대 = 1.8억 원이다. 따라서 도로 건설비가 모두 충당되는 시점은 1,694억 원 ÷ 1.8억 원 ≒ 941.1일 후가 된다.

3안의 경우 총 도로 건설비는 조사 및 계획비용 + 설계비용 + 시공비용 = 24억 원 + 170억 원 + 2,100억 원 = 2,294억 원이다. 예상 통행료는 1대당 3,200원이고 1일 통행량은 10만 대로 예상되므로 통행료는 하루에 3,200원/대 × 10만 대 = 3.2억 원이다. 따라서 도로 건설비가 모두 충당되는 시점은 2,294억 원 ÷ 3.2억 원 ≒ 716.9일 후가 된다.

따라서, 가장 빠른 시일 내에 충당이 되는 방안은 3안이고, 이때 총 도로 건설비는 2,294억 원이며, A 시는 총 도로 건설비의 50%를 부담하기로 했으므로 최초 도로 건설을 위해 지출해야 하는 비용은 1,147억 원이 된다.

48 자원관리능력 문제　　　　　정답 ⑤

갑은 본인이 8/1~8/4 출장이 예정되어 있는데 8/4~8/10 휴가를 신청했다. 휴가 일정을 위해 업무 일정을 조정할 수 없다고 했으므로 갑은 휴가를 변경해야 한다.

을은 8/19~8/25 휴가를 신청했다. 해당 일정에 예정되어 있는 업무 일정은 기와 경의 출장 일정 중 8/19이다. 따라서 다른 사람들의 휴가 일정을 고려하지 않은 상황에서 을은 해당 일정에 휴가를 갈 수 있다. 하지만 정과 무가 신청한 휴가 일정에도 8/19가 포함되어 있으며, 정과 무 모두 을보다 휴가를 먼저 신청했으므로 을은 휴가를 변경해야 한다. 이때 마찬가지의 이유로 정 또한 휴가를 변경해야 한다.

병은 8/11~8/17 휴가를 신청했다. 해당 일정은 주말과 공휴일을 제외하고 4일밖에 되지 않으므로 병은 휴가 일정을 변경해야 한다. 따라서 휴가 일정을 변경하지 않아도 되는 사람은 '무'이다.

49 대인관계능력 문제　　　　　정답 ①

제시된 상황에서 국민권익위원회는 사격장 주변 주민들과 국방부·해병대가 서로의 목표를 달성할 수 있는 해법을 찾으려 하고 있으므로 '통합형 갈등해결방법'을 사용한 것이라고 볼 수 있다.

오답 체크

② 경쟁형에 대한 설명이다.

③ 수용형에 대한 설명이다.

④ 타협형에 대한 설명이다.

⑤ 회피형에 대한 설명이다.

🔍 더 알아보기
갈등해결방법

회피형 (Avoiding)	개인의 갈등상황으로부터 철회 또는 회피하는 것으로, 나도 지고 너도 지는 방법(I lose-You lose)
경쟁형 (Competing)	상대방의 목표 달성을 희생시키면서 자신의 목표를 이루기 위해 전력을 다하는 것으로, 나는 이기고 너는 지는 방법(win-lose)
수용형 (Accommodating)	상대방의 관심을 충족하기 위하여 자신의 관심이나 요구는 희생함으로써 상대방의 의지에 따르는 경향을 보이는 것으로, 나는 지고 너는 이기는 방법(I lose-You win)
타협형 (Compromising)	갈등 당사자들이 반대의 끝에서 시작하여 중간 정도 지점에서 타협하여 해결점을 찾는 것으로, 서로 주고받는 방법(give and take)
통합형 (Integrating)	문제해결을 위하여 서로 간에 정보를 교환하면서 모두의 목표를 달성할 수 있는 윈윈 해법을 찾는 것으로, 나도 이기고 너도 이기는 방법(win-win)

50 대인관계능력 문제　　　　　정답 ③

팀워크는 목표달성의 의지를 가지고 성과를 내는 것이다. 따라서 성과는 내지 못하면서 팀의 분위기만 좋은 것은 팀워크가 좋은 것이 아니라 응집력이 좋은 것이다. 팀워크와 응집력의 차이는 팀 성과의 유무에 있다. 응집력은 사람들로 하여금 집단에 머물도록 만들고, 그 집단의 멤버로서 계속 남아있기를 원하게 만드는 힘이다.

오답 체크

① 솔직한 대화로 상대를 이해시키고 있으므로 팀워크 향상 행동이다.

② 팀원들로 하여금 공동의 목표를 인식하고 강한 도전 의식을 갖게 하고 있으므로 팀워크 향상 행동이다.

④ 반말을 사용하지 않음으로써 팀원에 대한 존중을 보여주고 있으므로 팀워크 향상 행동이다.

⑤ 서로 협력하되 부하직원이 그 역할과 책임을 다할 수 있도록 하고 있으므로 팀워크 향상 행동이다.

🔍 더 알아보기
팀워크 향상/저해 요소

팀워크는 팀 구성원들이 공동의 목적을 달성하기 위해 각자가 맡은 역할에 따라 서로 협력적으로 행동하는 것을 말한다.

팀워크 향상 요소	· 팀원 간 공동의 목표 의식과 강한 도전 의식 · 팀원 간 상호 신뢰 및 존중 · 서로 협력하면서 각자의 역할과 책임 수행 · 솔직한 대화로 상호 이해 · 강한 자신감으로 상대방의 사기 진작
팀워크 저해 요소	· 조직에 대한 이해 부족 · 자기중심적인 이기주의 · '내가'라는 자아의식의 과잉 · 질투나 시기로 인한 파벌주의 · 그릇된 우정과 인정 · 사고방식의 차이에 대한 무시

51 정보능력 문제　　　　　정답 ③

Ctrl + Shift + 8은 연속된 셀 영역을 모두 선택할 경우 사용하는 단축키이므로 셀 포인터가 [A1] 셀에 있을 때 Ctrl + Shift + 8을 누르면 'A1:D7' 범위가 선택된다.

🔍 더 알아보기
엑셀 Ctrl 단축키

단축키	의미	단축키	의미
Ctrl + F1	리본메뉴	Ctrl + F2	인쇄 미리보기
Ctrl + F3	이름관리자	Ctrl + F4	창 닫기
Ctrl + F5	창 이전 크기로	Ctrl + F6	다음 통합문서로 이동

Ctrl + F7	창 이동	Ctrl + F8	창 크기 조절
Ctrl + F9	창 최소화	Ctrl + F10	창 복원
Ctrl + F11	새 매크로 시트	Ctrl + F12	열기
Ctrl + B	선 영역 굵게	Ctrl + R	왼쪽 셀 오른쪽에 채우기
Ctrl + D	윗 셀 아래로 채우기	Ctrl + S	문서 저장
Ctrl + K	하이퍼링크 삽입	Ctrl + U	선택영역 밑줄
Ctrl + L	표 만들기	Ctrl + W	통합문서 닫기
Ctrl + N	통합문서 새로 만들기	Ctrl + Y	마지막 명령 반복
Ctrl + O	통합문서 새로 열기	Ctrl + Z	실행 취소
Ctrl + Shift + 1	숫자 서식 적용	Ctrl + Shift + 2	시간 서식 적용
Ctrl + Shift + 3	날짜 서식 적용	Ctrl + Shift + 4	통화 서식 적용
Ctrl + Shift + 5	백분율 서식 적용	Ctrl + Shift + 6	지수 숫자 서식 적용
Ctrl + Shift + 7	셀 테두리 만들기	Ctrl + Shift + 8	연속된 셀 영역 모두 선택
Ctrl + Shift + ↑	현재 셀 위쪽 데이터 모두 선택	Ctrl + Shift + ↓	현재 셀 아래쪽 데이터 모두 선택
Ctrl + Shift + ←	현재 셀 왼쪽 데이터 모두 선택	Ctrl + Shift + →	현재 셀 오른쪽 데이터 모두 선택

52 정보능력 문제   정답 ①

인증분야별 식별부호는 적합인증은 C, 적합등록은 R, 잠정인증은 I이므로 기본인증 정보 식별부호가 R 또는 RS이어야 적합등록을 받은 식별부호이다.

따라서 R-C-BZI-LolliPods는 기본인증 정보 식별부호가 C이므로 적절하지 않다.

53 정보능력 문제   정답 ③

MATCH(5, B1:B5, 1)＝1, MATCH(42, C1:C5, 1)＝3이므로 INDEX(A1:C5, 1, 3)의 출력값은 A1:C5 범위의 1행 3열인 19이다.

54 정보능력 문제   정답 ②

숫자 데이터 중간에 공백이나 특수 문자가 있으면 문자로 인식해 셀의 왼쪽으로 정렬되므로 옳은 설명이다.

오답 체크

① 숫자 데이터는 기본적으로 셀의 오른쪽으로 정렬되므로 옳지 않은 설명이다.

③ 문자 데이터는 기본적으로 셀의 왼쪽으로 정렬되므로 옳지 않은 설명이다.

④ 날짜 데이터는 자동으로 셀의 오른쪽으로 정렬되므로 옳지 않은 설명이다.

⑤ 날짜 데이터는 하이픈(-)이나 슬래시(/)를 이용하여 연, 월, 일을 구분하고, 시간 데이터는 콜론(:)을 이용하여 시, 분, 초를 구분하므로 옳지 않은 설명이다.

55 조직이해능력 문제   정답 ②

갈등관리에서의 갈등은 표면적으로 드러난 갈등뿐만 아니라 당사자들이 느끼는 잠재적 갈등상태까지 포함한다.

오답 체크

① 갈등관리 전략에는 갈등해소 전략과 갈등촉진 전략이 있다. 갈등해소 전략에는 공동의 적 확인, 자원증대 등이 포함되고, 갈등조성(촉진) 전략에는 의사전달 통로변경, 태도가 다른 사람들 접촉 유도 등이 있다.

③ 갈등의 당사자들에게 공동의 상위목표를 제시하는 것은 대표적인 갈등해소 전략이다.

④ 갈등의 순기능적 요소를 긍정하는 현대적 접근방식은 갈등의 순기능과 역기능의 상호작용을 강조하며 적정수준의 갈등을 촉진하는 전략을 이용하기도 한다. 조직이 처한 상황에 따라 필요하면 갈등을 조장하여 이를 통해 해결력 개선, 새로운 아이디어 촉발 등의 이점을 얻기도 한다.

⑤ 대인관계와 관련되어 발생하는 관계갈등은 문화차이, 소통 부족에 의해 유발되므로, 의사소통에 장애를 유발하는 요소들을 제거하고 직원들 간에 의사소통 기회를 제공해 주어야 한다.

56 조직이해능력 문제   정답 ②

퇴거 장벽이 높다는 것은 사업 실패 시 시장에서 빠져나오기 힘든 상황이므로 위협 요인에 해당된다.

오답 체크

③ 구매자가 소수가 되어 버리면 차후에 구매자와 협상 시 불리해질 수 있기 때문에 소수의 구매자가 상품을 대량 구매하는 상황은 위협 요인에 해당한다.

57 직업윤리 문제   정답 ②

고정된 자세를 취하면 딱딱한 분위기를 만들게 된다. 고객을 대할 때에는 밝고 긍정적인 자세로 대화에 임하는 것이 적절하므로 꼿꼿한 자세를 취하여 딱딱한 분위기로 고객을 대하는 것은 고객의 만족도를 높이기 위한 방안으로 보기 어렵다.

58 직업윤리 문제 정답 ①

책임감은 삶을 긍정적으로 바라보는 태도가 바탕이 된다. 100% 책임의식을 지니는 것은 인생에 있어서 우리가 지니고 있는 능력을 긍정적으로 봄으로써 최대화하는 것과 같다.

59 직업윤리 문제 정답 ③

유족들에게 돌아가신 연유 등을 상세히 캐묻는 것은 예의에 어긋나는 행동이므로 가장 적절하지 않다.

> **🔎 더 알아보기**
>
> 장례식에 어울리는 행동
> · 유족들에게 돌아가신 연유 등을 상세히 캐묻는 것은 예의에 어긋나는 행동이다.
> · 장례식 옷차림은 정장이 원칙이며 검은색, 회색 등의 무채색을 기본으로 한다.
> · 영전에 조문을 먼저 하고 상주에게 위로의 말을 건넨 후 조의금을 전달하는 것이 좋다.
> · 가까운 사이인 경우 문상으로 끝내지 않고, 함께 밤샘을 해주거나 행사를 도와 일을 해주는 것은 유족에게 큰 위로가 될 수 있다.

60 직업윤리 문제 정답 ②

성실은 정성스럽고 참된 것으로, 근면함보다는 충(忠) 혹은 신(信)의 의미와 더 가깝다. 성실한 사람은 책임감이 강하고 목표한 바를 이루기 위해 목표 지향적 행동을 지속한다.

> **🔎 더 알아보기**
>
> 성실
>
> | 성실한 사람들의
행동이나 태도 | · 무엇을 하든지 마음을 담아 행동하는 것 같다.
· 최선을 다한다.
· 바르게 생각하고 행동한다. |
> | --- | --- |
> | 성실하지 않은 사람들의
행동이나 태도 | · 일을 하지만 진심이 느껴지지 않는다.
· 자기 이익만을 생각하거나 잔머리를 쓴다.
· 주어진 업무만 하거나, 문제가 되지 않을 만큼만 일한다. |

NCS 실전모의고사 5회 PSAT형

정답

01 의사소통	02 의사소통	03 의사소통	04 의사소통	05 의사소통	06 의사소통	07 의사소통	08 의사소통	09 의사소통	10 의사소통
⑤	⑤	②	③	④	②	①	④	①	③
11 의사소통	12 의사소통	13 의사소통	14 의사소통	15 의사소통	16 수리	17 수리	18 수리	19 수리	20 수리
④	④	⑤	②	⑤	④	④	③	①	②
21 수리	22 수리	23 수리	24 수리	25 수리	26 수리	27 수리	28 수리	29 수리	30 수리
⑤	①	④	⑤	⑤	①	③	④	⑤	①
31 문제해결	32 문제해결	33 문제해결	34 문제해결	35 문제해결	36 문제해결	37 문제해결	38 문제해결	39 문제해결	40 문제해결
③	②	③	③	④	①	④	⑤	③	③
41 문제해결	42 문제해결	43 문제해결	44 문제해결	45 문제해결	46 자원관리	47 자원관리	48 자원관리	49 자원관리	50 자원관리
⑤	⑤	⑤	③	②	②	④	②	③	②
51 자원관리	52 자원관리	53 자원관리	54 자원관리	55 자원관리	56 자원관리	57 자원관리	58 자원관리	59 자원관리	60 자원관리
③	①	⑤	③	③	④	②	①	④	④

취약 영역 분석표

영역별로 맞힌 개수, 틀린 문제 번호와 풀지 못한 문제 번호를 적고 나서 취약한 영역이 무엇인지 파악해 보세요.
취약한 영역은 해커스잡 사이트(ejob.Hackers.com)에서 제공하는 '시험 당일 최종 마무리 <NCS 빈출 개념 핵심 요약집>'을 학습하고, 틀린 문제 및 풀지 못한 문제를 다시 풀어보면서 확실히 극복하세요.

영역	맞힌 개수	틀린 문제 번호	풀지 못한 문제 번호
의사소통능력	/15		
수리능력	/15		
문제해결능력	/15		
자원관리능력	/15		
TOTAL	/60		

해설

01 의사소통능력 문제 정답 ⑤

1문단에 따르면 미국의 많은 신문은 후보의 정치적 신념, 소속 정당, 정책을 분석해 자신의 입장과 같거나 그것에 근접한 후보를 선택하여 지지해 왔다. 따라서 신문이 후보의 정치적 성향을 분석하여 지지 후보를 선택해 왔음을 알 수 있다. 그러나 신문이 지지 후보를 선택하는 과정에서 유권자의 표심을 분석했다는 내용은 지문에서 찾을 수 없다.

02 의사소통능력 문제 정답 ⑤

"중소기업 옴부즈만은 6월 대구·경북을 시작으로 대전·세종지역에 이어 이번 부산·울산·경남지역을 거쳐 연말까지 매달 서울, 경기, 광주 등 주요 거점 도시를 찾아 '소상공인 현장 간담회'를 개최할 예정이다."라는 문장을 보아 가장 처음 개최된 곳은 대구·경북임을 알 수 있다.

03 의사소통능력 문제 정답 ②

가상세계, 거울세계, 증강현실, 라이프로깅의 사례를 보게 된다면 원래 있던 기술이 발전한 것을 알 수 있다.

04 의사소통능력 문제 정답 ③

4단락에서 보면 단기금리가 하락했을 때 실질 주택가격이 상승했다는 것을 알 수 있다.

05 의사소통능력 문제 정답 ④

전략산업을 강력 지원하고 국가첨단전략기술과 이에 기반한 국가첨단전략산업에 대한 인허가 특례를 마련하는 것은 국방안보 특별법에 따르는 것이 아닌 국가첨단산업 특별법과 관련된 내용이다.

06 의사소통능력 문제 정답 ②

가장 핵심적인 문장은 "해양수산부는 21일 올해 '지역밀착형 탄소중립 오션뉴딜(이하 오션뉴딜)사업'을 시행하는 인천광역시 옹진군, 전라북도 고창군과 업무협약을 맺고 오션뉴딜 사업을 본격 추진한다고 밝혔다."라는 문장이고, 그에 대한 내용으로 2025년까지 사업을 완료한다고 이야기하는 것이 핵심내용이 된다.

07 의사소통능력 문제 정답 ①

스마트 공장의 기술개발 사업은 제조 3대 분야인 첨단제조, 유연생산, 현장적용 분야로 나눠서 지원한다고 하였으므로 일치하지 않은 내용이다.

> ### 🔍 더 알아보기
>
> - 디지털복제물(디지털 트윈, Digital Twin)
>   가상공간(Digital)에 실물과 똑같은 물체(Twin)를 만들어 다양한 모의실험(시뮬레이션)으로 검증하는 기술
> - 산업용 사물인터넷(IIoT, Industrial Internet of Things)
>   공장 내 모든 장치, 원료, 공구 등에 센서를 부착해 실시간으로 데이터를 주고받는 산업용 사물인터넷 기술
> - 분산서버실행(엣지 컴퓨팅)
>   데이터 처리를 중앙 서버가 아닌 데이터가 발생하는 주변(Edge)에서 데이터를 처리하는 기술로 처리속도가 빠르고 실시간으로 분석결과 파악이 가능
> - 제조현장(On-Site) 엣지 서버기술
>   제조현장(On-Site)에서 나오는 대용량 원시데이터를 처리하기 위해 제조환경에 따라 가변적인 구성이 가능한 제조산업용 고신뢰 엣지 시스템

08 의사소통능력 문제 정답 ④

세 번째 단락에서 '국내 주식시장의 경우, 지난주 연중 최고치를 기록하는 등 강한 상승세를 보여 왔으나 세계 주요국 증시 변동성 확대에 따라 우리 증시 역시 변동성이 커질 가능성이 있다.'고 밝히고 있으므로 우리 증시 변동성에 대한 내용을 담고 있다는 것을 알 수 있다.

오답 체크

① 보기의 단어순서가 바뀌어 원인과 결과를 잘못 이야기 하고 있는 경우가 있다면 오답으로, 미국의 통화정책은 불확실하고 향후 시장의 반응 및 평가를 모니터링 해야 한다고 하고 있으므로 옳지 않은 내용이다.

② 보기에 불필요한 단어가 덧붙여 있거나 중요한 단어가 삭제되어 있으면 오답으로, 원-달러 환율이 하락한 이유는 중국경제 회복 등에 따른 위안화 강세이므로 옳지 않은 내용이다.

③ 주식·외환시장의 변동성에도 불구하고 기업자금조달시장이 안정적인 이유는 신용경계감이 다소 완화되었기 때문이라고 밝히고 있기 때문에 원인과 결과를 잘못 이야기 하고 있어 옳지 않은 내용이다.

⑤ 자금공급 위축이 나타날 수 있는 분기 말이 다가오고 있으나 시중 유동성이 풍부하고 만기도래 채권 대부분이 고신용등급으로 자금시장 안정세가 유지될 것이라고 밝히고 있어 원인과 결과를 잘못 이야기 하고 있는 경우로 옳지 않은 내용이다.

<p>

<p>**더 알아보기**

- **오버슈팅**

오버슈팅이란 상품이나 혹은 금융자산, 통화가치가 시장에서 결정되는 가격이 일시적으로 폭등과 폭락을 했다가 장기적으로 균형이 맞춰지는 현상을 말한다. 공급이 비탄력적이거나 시장의 효율성이 저하되면 오버슈팅이 나타난다. 공급이 비탄력적인 경우는 공급의 양을 생산자가 마음대로 정하지 못하게 되면 나타나게 된다.

---

10 의사소통능력 문제   정답 ③

욕구가 어떤 대상을 겨냥한다는 내용을 구체적인 예를 들어 설명하고 있으므로 앞선 진술을 구체적인 예를 들어 설명하고자 할 때 뒤따르는 문장을 이끄는 데 쓰이는 말인 '가령'을 넣는 것이 적절하다.

오답 체크

① 소녀가 히스테리로 인한 신체적 이상 증세가 발병하게 된 시기의 사건을 드러내지 않고 무의식 속에 두었다고 하였으므로 ㉠은 들추어 드러내지 않거나 없었던 셈으로 친다는 의미의 '묻혀'라고 써야 한다.

② 정신분석이론이 뒤따르는 세대까지 이어져 내려왔다고 하였으므로 문화, 풍속, 제도 따위를 이어받아 계승한다는 의미의 '전승'을 써야 한다.

③ ㉢의 앞에서 특정한 사물, 또는 신체부위에 심한 집착 증세를 보이거나 불안한 심리를 해소하기 위해 특정한 행위를 반복하는 것이 병리적 현상이라는 내용을 말하고 있으므로 이러한 병리적 증상의 원인에 관한 내용인 ㉣이 이어져야 한다.

⑤ 라캉이 심리적으로 억압되어 있는 환자를 치료하는 자들에게 환자가 자신의 이야기를 편안하게 할 수 있는 분위기를 유도할 필요가 있다고 당부하였으므로 ㉤은 '요하고 있다'라고 써야 한다.

---

11 의사소통능력 문제   정답 ④

문장의 맥락상 '이름을 붙였다'는 의미이므로 '명명'을 넣는 것이 적절하다.

오답 체크

① 보조용언의 경우 띄어 쓰는 것이 원칙이고 붙여 쓰는 것도 허용되어 '만들어 준'으로 띄어 써도 무방하므로 적절하지 않다.

② ㉡ 앞에서 배양한 지 오래된 세균을 주사한 닭들이 다시 콜레라에 걸리지 않았다는 내용을 확인할 수 있어 이러한 사실이 예전부터 알려져 왔다는 내용으로 연결되는 ㉡을 옮길 필요는 없으므로 적절하지 않다.

③ ㉢의 주어가 '어떤 역사가는'이므로 주술호응을 고려하면 '어떤 역사가는 ~의 원인으로 ~를 들기도 한다'로 쓰는 것이 옳으므로 적절하지 않다.

⑤ 영국 왕립내과의학대학은 제너에게 의사 자격증을 주지 않았으나 파스퇴르는 제너의 업적을 인정했다는 의미로 '그러나'로 연결되는 것이 옳으므로 적절하지 않다.

더 알아보기

- **중국의 위안화가 강세면 원-달러 환율이 떨어지는 이유**

1. 헷갈릴 수 있는 포인트: 원-달러 환율은 달러와 원화가 대비되고 있다는 것이며 원-위안화에서 환율은 상승할 수 있다.

2. 위안화가 강세라면 상대적으로 달러가 약세가 된다. 달러가 약세가 되므로 원-달러 환율에도 영향을 미쳐 원-달러 환율이 하락한다고 볼 수 있다.

- **시장 변동성**

1. 시장 변동성은 시장의 가격에 대한 변동 폭을 말한다.

2. 지문에서 '변동성이 커진다.', '변동성이 확대된다.'라는 문장을 볼 수 있는데 상승과 하강의 폭이 커진다는 것을 의미한다.

3. 이렇게 상승과 하강의 폭이 커지게 되면 시장을 예측할 수 없다는 단점이 있다.

---

09 의사소통능력 문제   정답 ①

'국내 통화량이 증가하여 유지될 경우 장기에는 실질 통화량이 변하지 않으므로 장기의 환율도 변함이 없을 것이다.'라는 말은 잘못 되었다. 지문의 두 번째 단락 마지막 부분에 통화량이 증가하면 물가는 상승하고 장기의 환율도 상승할 것이라고 이야기하고 있으므로 적절하지 않다.

오답 체크

② 물가가 경직될수록 금리가 하락한다고 이야기했으므로 신축적이 되면 금리가 하락하는 것이 낮다는 것을 추론할 수 있으므로 적절하다.

③ 두 번째 단락에서 물가가 경직되면 물가의 조정 속도는 단기적으로 경직성이 있고, 장기적으로 신축성이 있다고 하고 환율은 조정 속도가 단기적으로도 신축적으로 조정이 될 수 있기 때문에 오버슈팅이 일어난다고 이야기하고 있으므로 적절하다.

④ 환율의 오버슈팅은 통화량의 증가로 물가가 신축적인 경우에 예상되는 환율상승과 금리 하락에 따른 자금의 해외 유출이므로 자금의 해외 유출이 클수록 환율의 오버슈팅은 커진다고 볼 수 있다.
따라서 적절하다.

⑤ 세 번째 단락에서 오버슈팅이 길어질수록 물가 경직성이 크다고 이야기하고 있으므로 적절하다.

더 알아보기

- **구매력 평가설**

구매력 평가설은 G.카셀이라는 스웨덴 경제학자가 내어놓은 이론으로 국가 간의 통화의 교환비율은 장기적으로 각국 통화의 상대적 구매력을 반영한 수준으로 결정된다는 것을 말한다.

12 의사소통능력 문제 정답 ④

일정한 수나 양이 그 수만큼 거듭됨을 의미하는 의존 명사 '-배'는 띄어 써야 하므로 ⑩을 '수만 배'로 띄어 쓰는 것이 적절하다.

오답 체크

① ㉠의 앞에서는 나노 기술의 의미에 대한 내용을 말하고 있고, ㉠의 뒤에서는 나노 기술의 의미가 가리키는 목표에 대한 내용을 말하고 있다. 따라서 ㉠을 뒤에 오는 말이 앞의 내용과 상반됨을 나타내는 말인 '반면'으로 고쳐 쓰는 것은 적절하지 않다.

② ㉡의 앞에서 자연에서 얻을 수 있는 재료 없이도 쇠고기와 쌀과 같은 물질을 제조할 수 있고, 인체에 필요한 DNA나 혈구 등을 만들 수 있다고 하였으므로 나노 기술을 이용하여 필요한 물질을 자원 없이도 생산하는 것뿐만 아니라 인체의 질병도 고칠 수 있다는 내용의 ㉡을 세 번째 문단의 마지막 문장으로 옮기는 것은 적절하지 않다.

③ ㉢이 있는 문장에서 나노 과학자들이 자연 현상을 인공적으로 재탄생하게 할 수 있다고 하였으므로 한 번 하였던 행위나 일을 다시 되풀이한다는 의미의 '재연'으로 수정하는 것은 적절하지 않다.

⑤ 외래어 표기법에 따라 받침에는 'ㄱ, ㄴ, ㄹ, ㅁ, ㅂ, ㅅ, ㅇ'만 써야 하며 외래어 'Pocket'의 올바른 표기는 '포켓'이므로 ⑩을 '포켓용'으로 고쳐 쓰는 것은 적절하지 않다.

13 의사소통능력 문제 정답 ⑤

다시 평가한다는 의미의 '재평가'는 '다시'와 의미가 중복되므로 ⑩을 '다시 재평가하는'으로 고쳐 쓰는 것은 적절하지 않다.

오답 체크

① ㉠이 있는 문장의 주어가 '이 전략'이므로 ㉠을 '시간을 단축하고자 한다'로 수정해야 한다.

② ㉡의 앞에서는 제품의 개발 속도를 높이기 위한 방안 수립이 중요하다는 내용을 말하고 있고, ㉡의 뒤에서는 이를 위해 전략 단계를 계획하는 것이 중요하다는 내용을 말하고 있다. 따라서 앞에서 말한 일이 뒤에서 말할 일의 원인, 이유, 근거가 됨을 나타내는 접속 부사인 '따라서'를 넣어야 한다.

③ '-하다'가 붙는 어근에는 끝소리가 'ㅅ' 받침인 경우를 제외하고는 '-히'를 붙여야 하므로 ㉢을 '공고히'로 수정해야 한다.

④ ㉣은 경험전략이 단순히 기존 과정을 압축하여 가속화하는 것만으로는 현실적으로 시장에 제품을 출시하는 속도를 단축하기 어렵다는 내용을 말하고 있으며, ㉣의 앞에서 어떠한 전략이 압축전략과 달리 계획 수립이 어려운 상황에서 채택되는 전략이라는 상반된 내용을 말하고 있으므로 뒤에 오는 말이 앞의 내용과 상반됨을 나타내는 말인 반면으로 시작하는 ㉣을 바로 앞의 문장과 순서를 바꿔야 한다.

14 의사소통능력 문제 정답 ②

'1년 간'에서의 '-간'은 접미사로 어근에 붙여 써야 하므로 '1년간' 또는 '1 년간'으로 써야 하며, 맞춤법 조항 제43항에 의거하여 단위를 나타내는 명사는 띄어 쓰는 것이 원칙이지만 순서를 나타내는 경우나 숫자와 어울려 쓰이는 경우에는 붙여 쓸 수 있어 '5 억 원'으로 반드시 띄어 쓰지 않아도 무방하므로 적절하지 않다.

오답 체크

① 필수 문장성분인 주어가 누락되어 있으므로 ㉠ 앞에 주어에 해당하는 '국토교통부는'을 추가하는 것이 적절하다.

③ 외래어 표기법에 따라 '킥보드'로 쓰는 것이 적절하다.

④ 해당 부분에서는 퍼스널 모빌리티 공유 벤처기업은 규제특례를 통해 전동 킥보드 공유사업을 추진하고 '이와 더불어' 국토부는 규제특례가 국민 안전에 위험을 초래하는 경우 조치를 취하겠다는 의미이므로 '아울러'로 수정하는 것이 적절하다.

⑤ 문맥상 '시작조차 못 했던 서비스를 시도하는 것을 수단이나 방법으로 삼으면 혁신적 서비스가 나올 수 있다'는 의미이므로 수단이나 도구의 의미를 나타내는 '-써'를 쓰는 것이 적절하다.

15 의사소통능력 문제 정답 ⑤

보조용언은 한글맞춤법 규정에 따라 붙여 쓰는 것이 허용되므로 '개선해 나갈'로 써도 무방하다.

오답 체크

③ '가령'은 '가정하여 말하여'라는 의미이므로 학습지원에 해당하는 특정 경우를 설명하고 있는 맥락에 적절하지 않다.

16 수리능력 문제 정답 ④

문제의 정보를 정리하면 아래와 같다.

대상자 분류	검사키트상 질병 A가 맞다고 판단	검사키트상 질병 A가 아니라고 판단
실제 질병 A에 감염 (300명)	210명	90명
실제 질병 A에 감염되지 않음 (700명)	140명	560명

따라서 검사키트 사용 결과 질병 A에 감염되지 않았다고 판정된 사람 중 실제로 질병 A에 감염된 사람의 비율은 $\{90 / (90 + 560)\} \times 100 ≒ 13.8\%$이다.

17 수리능력 문제 　　　　　　　정답 ④

ⓒ 국민연금 수급자 중 매월 100만 원 이상 수급하는 인원은 2018년도에 처음으로 20만 명 이상이 수급하기 시작했지만 국민연금 전체 수급자 수 현황은 문제에서 제시하고 있지 않기 때문에 확인할 수 없으므로 옳지 않은 설명이다.

ⓔ 2021년 국민연금 수급자는 총 607만 124명이며 이 중 매월 100만 원 이상씩 수급하는 인원은 430,531명으로 전체의 약 $\frac{430,531}{6,070,124} \times 100 ≒ 7.1\%$를 차지하고 있다.

또한 430,531명 중 200만 원 이상 국민연금 수급자는 1,356명으로 100만 원 이상씩 수급자 중 약 $\frac{1,356}{430,531} \times 100 = 0.3\%$에 해당하는 인원이 매월 200만 원 이상씩 수급하고 있다.

따라서 옳지 않은 설명이다.

오답 체크

ⓐ 2016년 매월 100만 원 이상 국민연금 수급자 수는 129,502명으로 2021년 430,531명 대비 약 $\frac{430,531}{129,502} ≒ 3.3$배 증가했다.

따라서 옳은 설명이다.

ⓒ 표의 기울기를 보면 200만 원 이상 국민연금 수급자 수가 가장 많이 증가한 해는 2021년이다. 또한 100만 원 이상 국민연금 수급자 수는 2019년부터 2021년까지의 기울기가 크게 증가하였다. 각 연도의 수급자 수 증가 현황을 살펴보면 전년 대비 2019년 100만 원 이상 수급자 수는 266,566 − 201,592 = 64,974명 증가, 전년 대비 2020년 100만 원 이상 수급자 수는 340,369 − 266,566 = 73,803명 증가, 전년 대비 2021년 100만 원 이상 수급자 수는 430,531 − 340,369 = 90,162명 증가하였으므로 가장 많이 증가한 해는 2021년도이다.

따라서 옳은 설명이다.

18 수리능력 문제 　　　　　　　정답 ③

ⓒ 2019년 대비 2021년 총 가입자 감소율
$= \frac{4,247,966 − 4,294,747}{4,294,747} \times 100 = \frac{−46,781}{4,294,747} \times 100 ≒ −1.1\%$

2019년 대비 2021년 매출액 감소율 $= \frac{655,354 − 658,296}{658,296} \times 100 = \frac{−2,942}{658,296} \times 100 ≒ −0.4\%$로 가입자 감소율이 매출액 감소율보다 더 크게 하락했으므로 옳은 설명이다.

ⓒ 해당 종합 방송 채널의 모바일 가입자는 2020년에 처음 발생하였고, 2020년 가입자 대비 2021년 가입자 수는 약 $\frac{115,443}{2,609}$ ≒ 44.2배 증가하였으므로 옳은 설명이다.

오답 체크

ⓐ 이 업체의 매출액과 영업이익은 2019년 대비 2020년에 증가한 이후 2021년도에 다시 감소하였고, 가입자 수의 경우
2019년은 4,187,717 + 107,030 = 4,294,747명,
2020년은 4,037,281 + 194,777 + 2,609 = 4,234,667명,

2021년은 3,844,751 + 287,772 + 115,443 = 4,247,966명으로 가입자 수는 2020년에 소폭 감소한 이후 2021년에 다시 증가하였으므로 옳지 않은 설명이다.

ⓔ 2021년 대비 2022년 매출과 영업이익이 각각 5%, 10%씩 하락한다면 2022년 매출액은 약 655,354 × 0.95 ≒ 622,586백만 원 ≒ 6,226억 원, 2022년 영업이익은 57,422 × 0.9 ≒ 51,680백만 원 ≒ 517억 원을 기록할 것으로 예상된다.

따라서 매출액과 영업이익이 각각 6,000억 원과 500억 원을 하회할 것으로 예상된다는 것은 옳지 않은 설명이다.

19 수리능력 문제 　　　　　　　정답 ①

2018년 연간 온라인쇼핑몰 총 거래액에서 종합몰 거래액이 차지하는 비중은 66.5%이고, 전문몰 거래액이 차지하는 비중의 두 배는 33.5 × 2 = 67.0%이므로 옳지 않은 설명이다.

오답 체크

② 2019년 10월 종합몰 거래액 대비 전문몰 거래액의 비율은 (40,007 / 78,115) × 100 ≒ 51.2%이고, 2019년 9월 종합몰 거래액 대비 전문몰 거래액의 비율은 (37,651 / 74,206) × 100 ≒ 50.7%이므로 옳은 설명이다.

③ 2019년 10월 온라인몰 거래액의 전월 대비 증가액은 79,139 − 75,267 = 3,872억 원이고, 2019년 10월 온·오프라인 병행몰 거래액의 전월 대비 증가액은 38,983 − 36,590 = 2,393억 원으로 온라인몰 거래액의 증가액이 온·오프라인 병행몰 거래액의 증가액보다 3,872 − 2,393 = 1,479억 원 더 많으므로 옳은 설명이다.

④ 2018년 연간 종합몰 거래액에서 10월 종합몰 거래액이 차지하는 비중은 (67,443 / 756,783) × 100 ≒ 9%이므로 옳은 설명이다.

⑤ 2019년 10월 온라인쇼핑몰 총 거래액의 전년 동월 대비 증감률은 {(118,122 − 100,628) / 100,628} × 100 ≒ 17.4%이므로 옳은 설명이다.

20 수리능력 문제 　　　　　　　정답 ②

ⓐ 기계설비 분야 기술사 1일 임금은 405,940원이고, 환경 분야 기술사 1일 임금은 379,482원으로 기계설비 분야가 환경 분야 1일 임금보다 약 $\frac{405,940 − 379,482}{379,482} \times 100 = \frac{26,458}{379,482} \times 100 ≒ 7.0\%$ 더 높으므로 옳은 설명이다.

ⓒ 초급기술자 분야별 월 인건비는 부문별 1일 임금에 22일을 곱한 결과로 나오게 된다. 초급기술자 부문별 1일 임금에 22일을 곱했을 때 500만 원 이상 나오는 부문은 원자력 한 곳으로 초급기술자 1명의 월 임금은 238,441 × 22 = 5,245,702원이므로 옳은 설명이다.

오답 체크

ⓒ 정보통신, 환경 부문에서는 초급기술자들의 1일 임금이 중급숙련기술자들보다 더 높지만 건설, 원자력 부문에서는 중급숙련기술자가 초

급기술자보다 더 높은 것을 확인할 수 있으므로 옳지 않은 설명이다.

ⓔ 전기 분야 특급기술자는 1일 294,925원을 받으며, 월 임금은 294,925 × 22 = 6,488,350원이다.

이 중 세금으로 22% 제외한다면 6,488,350 × 0.78 = 5,060,913원을 실수령하게 된다. A가 실수령액 중 30%를 저축한다면 저축 가능 금액은 5,060,913 × 0.3 ≒ 1,518,274원이 된다. 즉, A는 30%를 저축하기로 한다면 예산에서는 170만 원 이상을 저금할 수 없으므로 옳지 않은 설명이다.

21 수리능력 문제
정답 ⑤

인구 10만 명당 10대 눈다래끼 환자 수는 3,900 + 7,925 = 11,825명, 인구 10만 명당 20대 눈다래끼 환자 수는 2,729 + 6,351 = 9,080명이므로 10대의 눈다래끼 환자 수는 20대 환자 수보다 약 $\frac{11,825-9,080}{9,080} \times 100 = \frac{2,745}{9,080} \times 100 ≒ 30.2\%$ 더 많다.
따라서 옳은 설명이다.

오답 체크

① 인구 10만 명당 눈다래끼 환자 수를 보면 남성의 경우 9세 이하에서 가장 높고, 여성의 경우 10대에서 가장 높은 것을 확인할 수 있다. 따라서 옳지 않은 설명이다.

② 우리나라 전 연령 남성 눈다래끼 환자 수는 4,224 + 3,900 + 2,729 + 2,972 + 2,732 + 2,322 + 1,895 + 1,301 = 22,075명

각 연령별 10만 명당 발생 환자 수이며 전 연령 기준 8개 조사 구간이므로 총 80만 명당 22,075명의 환자가 발생했음을 알 수 있다. 즉, 전 연령 남성 눈다래끼 환자 발생율은 $\frac{22,075}{800,000} \times 100 ≒ 2.8\%$이다.
따라서 옳지 않은 설명이다.

③ 우리나라 전 연령 여성 눈다래끼 환자 수는 5,286 + 7,925 + 6,351 + 4,664 + 3,180 + 2,598 + 1,868 + 1,008 = 32,880명

각 연령별 10만 명당 발생 환자 수이므로 전 연령 기준 8개 조사 구간이므로 총 80만 명당 32,880명의 환자가 발생했음을 알 수 있다. 즉, 전 연령 여성 눈다래끼 환자 발생율은 $\frac{32,880}{800,000} \times 100 ≒ 4.1\%$이다.
따라서 옳지 않은 설명이다.

④ 인구 10만 명당 20대 이하 여성 눈다래끼 환자 수는 5,286 + 7,925 + 6,351 = 19,562명,

인구 10만 명당 50대 이상 남성 눈다래끼 환자 수는 2,322 + 1,895 + 1,301 = 5,518명,

20대 이하 여성 눈다래끼 환자 수는 50대 이상 남성 눈다래끼 환자 수보다 약 $\frac{19,562}{5,518} ≒ 3.5$배 많으므로 옳지 않은 설명이다.

22 수리능력 문제
정답 ①

ⓐ 5G 통신장비 주요 업체들의 연평균 영업이익률을 살펴보면

A 업체 = $\frac{-113}{2,293} \times 100 ≒ -4.9\%$,

B 업체 = $\frac{56}{1,027} \times 100 ≒ 5.5\%$,

C 업체 = $\frac{632}{6,313} \times 100 ≒ 10.0\%$,

D 업체 = $\frac{14}{3,049} \times 100 ≒ 0.5\%$,

E 업체 = $\frac{123}{1,884} \times 100 ≒ 6.5\%$,

F 업체 = $\frac{82}{864} \times 100 ≒ 9.5\%$이므로 5% 이상의 영업이익률을 가진 기업체는 B, C, E, F 업체로 총 4군데이므로 옳은 설명이다.

ⓑ 연 매출액이 가장 큰 기업체는 C 업체로 6,313억이고 가장 작은 기업체는 F 업체로 864억으로 이 두 업체의 시가총액 차이는 7,976 - 3,089 = 4,887억이다. 그리고 이 두 기업체의 연 매출 차이는 6,313 - 864 = 5,449억으로 두 업체의 시가총액 차이보다 연 매출 차이가 더 크므로 옳은 설명이다.

오답 체크

ⓒ 안테나 및 필터를 생산하는 기업체는 A와 D로 두 회사의 평균 매출액 = $\frac{2,293+3,049}{2} = \frac{5,342}{2} = 2,671$억이고, 평균 시가총액은 $\frac{16,366+6,493}{2} = \frac{22,859}{2} ≒ 11,430$억이다. 하지만, 두 업체의 영업이익률을 보면 A 업체 = $\frac{-113}{2,293} \times 100 ≒ -4.9\%$, B 업체 = $\frac{14}{3,049} \times 100 ≒ 0.5\%$로 평균 5% 이상의 영업이익률을 기록하지는 않으므로 옳지 않은 설명이다.

ⓓ 매출 상위 2개 업체는 C 업체와 D 업체로 이 두 기업의 총매출액은 6,313 + 3,049 = 9,362억, 주요 통신장비 업체 총매출 = 2,293 + 1,027 + 6,313 + 3,049 + 1,884 + 864 = 15,430억으로 전체 매출액의 $\frac{매출상위2개업체총매출액}{주요통신장비업체총매출액} \times 100 = \frac{9,362}{15,430} \times 100 ≒ 60.7\%$만큼 차지하고 있다. 그리고 C 업체와 D 업체의 총영업이익은 632 + 14 = 646억, 주요 통신장비업체 총영업이익 = -113 + 56 + 632 + 14 + 123 + 82 = 794억으로 전체 영업이익액의 $\frac{매출상위2개업체총영업이익}{주요통신장비업체총영업이익} \times 100 = \frac{646}{794} \times 100 ≒ 81.4\%$만큼 차지하고 있다. 또한, C 업체와 D 업체의 총시가총액은 7,976 + 6,493 = 14,469억, 주요 통신장비 업체 총시가총액 = 16,366 + 9,353 + 7,976 + 6,493 + 4,380 + 3,089 = 47,657억으로 전체 시가총액의 $\frac{매출상위2개업체총시가총액}{주요통신장비업체총시가총액} \times 100 = \frac{14,469}{47,657} \times 100 ≒ 30.4\%$를 차지하고 있다.

따라서, 매출 상위 2개 업체는 전체 매출액과 영업이익의 절반 이상을 차지하고 있지만 시가총액은 절반 이상을 차지하고 있지 않으므로 옳지 않은 설명이다.

23 수리능력 문제

ㄱ 주어진 표에서 국내 우편물 중 일반통상 우편물의 수는 2015년
부터 2019년까지 35,326 → 33,783 → 31,856 → 30,409 →
28,013십만 통으로 감소했고, 국제 우편물 중 일반통상 우편물
의 수는 2015부터 2019년까지 75 → 74 → 65 → 55 → 51
십만 통으로 감소했으므로 옳은 설명이다.

ㄴ 국제 우편물의 통상 우편물 중에서 특수통상 우편물이 차지하는
비율은 아래와 같다.

2015년: {30 / (30 + 75)} × 100 ≒ 28.6%

2016년: {33 / (33 + 74)} × 100 ≒ 30.8%

2017년: {48 / (48 + 65)} × 100 ≒ 42.5%

2018년: {77 / (77 + 55)} × 100 ≒ 58.3%

2019년: {77 / (77 + 51)} × 100 ≒ 60.2%

따라서 국제 우편물의 통상 우편물 중에서 특수통상 우편물이 차
지하는 비율은 매년 증가하므로 옳은 설명이다.

ㄹ 2016~2019년 국내 일반통상 우편물의 전년 대비 감소율은 아
래와 같다.

2016년: {(33,783 - 35,326) / 35,326} × 100 ≒ (-)4.4%

2017년: {(31,856 - 33,783) / 33,783} × 100 ≒ (-)5.7%

2018년: {(30,409 - 31,856) / 31,856} × 100 ≒ (-)4.5%

2019년: {(28,013 - 30,409) / 30,409} × 100 ≒ (-)7.9%

감소율이 큰 것은 감소한 비율이 가장 큰 것을 찾는 것으로
2016~2019년 국내 일반통상 우편물의 전년 대비 감소율은
2019년에 그 절댓값이 가장 크므로 옳은 설명이다.

오답 체크

ㄷ 국제특급 우편물이 가장 많았던 해는 2015년이며, 2015년의 국내 우
편물 중 통상우편물이 차지하는 비율은 {(35,326 + 2,771) / 39,993}
× 100 ≒ 95.3%이다.

따라서 국제특급 우편물이 가장 많았던 해에 국내 우편물 중 통상우편
물이 차지하는 비율은 95%를 초과하므로 옳지 않은 설명이다.

⏱ 빠른 문제 풀이 Tip

ㄷ 국내 우편물 중 통상우편물이 차지하는 비율이 95% 이하라는 것
은 국내 우편물 중 소포가 차지하는 비율이 5% 이상이라는 의미
이다. 또한, 국내 우편물 중 소포가 차지하는 비율이 5% 이상이
라는 것은 소포 × 20 > 국내 우편물이라는 의미이다.

국제특급 우편물이 가장 많았던 2015년에 소포는 1,896십만
통, 국내 우편물은 39,993십만 통이고, 소포 × 20 = 1,896 ×
20 = 37,920십만 통 < 39,993십만 통이므로 국내 우편물 중 소
포가 차지하는 비율은 5% 미만이고, 통상우편물이 차지하는 비
율은 95% 이상이므로 옳지 않은 설명이다.

ㄹ 분자와 분모의 크기를 통해 대략적으로 비교한다.

전년 대비 감소율 = {(올해 값 - 작년 값) / 작년 값} × 100이므로
(올해 값 - 작년 값) / 작년 값을 비교한다.

국내 일반통상 우편물의 (올해 값 - 작년 값)/작년 값은

2016년에 (33,783 - 35,326) / 35,326 = (-)1,543/35,326,

2017년에 (31,856 - 33,783) / 33,783 = (-)1,927 / 33,783,

2018년에 (30,409 - 31,856) / 31,856 = (-)1,447 / 31,856,

2019년에 (28,013 - 30,409) / 30,409 = (-)2,396/30,409

이다. 이때 2019년의 분자가 가장 크고 분모가 가장 작으므로
(-)2,396 / 30,409가 가장 크다.

따라서 2016~2019년 국내 일반통상 우편물의 전년 대비 증감
률의 크기는 2019년에 가장 크므로 옳은 설명이다.

24 수리능력 문제

서울 주요 지역 중 가구 수가 가장 많은 지역구는 248,959가구 수가
살고 있는 관악구로 관악구의 단독주택, 다가구주택, 다세대주택, 연
립주택의 가구 수는 타 서울 주요 지역 가구 수 대비 더 많은 것을 표
에서 확인할 수 있으므로 옳은 설명이다.

오답 체크

① 서울 주요 지역 상위 3곳은 관악구, 강남구, 강동구로 상위 3곳의 가
구 수는 248,959 + 208,833 + 177,148 = 634,940가구로 전체의
약 $\frac{634,940}{1,104,459}$ × 100 ≒ 57.5%를 차지하고 있으므로 옳지 않은 설
명이다.

② 서울시 전체 가구 수 1,104,459가구 중 전체 가구원 수는 2,464,989
명으로 가구당 가구원 수는 약 $\frac{2,464,989}{1,104,459}$ ≒ 2.23명/가구로 2.4명을
넘지는 않으므로 옳지 않은 설명이다.

③ 서대문구 15세 미만 가구원 수는 302,902 - 273,147 = 29,755명,
성동구 15세 미만 가구원 수는 281,266 - 252,803 = 28,463명으
로 서대문구 15세 미만 가구원 수는 성동구 보다 29,755 - 28,463 =
1,292명 더 많으므로 옳지 않은 설명이다.

④ 서울시 주요 지역 중 관악구는 가구 수 248,959가구 대비 가구원
478,545명으로 가구당 약 $\frac{478,545}{248,959}$ ≒ 1.92명으로 2명을 넘지 않으
므로 옳지 않은 설명이다.

25 수리능력 문제

코스닥 신규상장 기업 수 중 신규상장 벤처기업 수의 점유율이 가장
높은 해는 2013년 $\frac{31}{37}$ × 100 ≒ 83.8%를 차지하고 있고, 점유율
이 가장 낮은 해는 2010년 $\frac{34}{76}$ × 100 ≒ 44.7%를 차지하고 있다.

따라서 83.8은 44.7의 2배 이하이므로 옳은 설명이다.

오답 체크

① 2015년 코스닥 상장기업 수는 1,152개이고 이 중에 상장 벤처기
업 수는 781개로 2007년 이후 최대 개수를 기록했지만 전체의 약

$\frac{781}{1,152} \times 100 ≒ 67.8\%$를 차지하고 있으므로 70% 이상을 차지하고 있다는 보기는 옳지 않은 설명이다.

② 2011년 코스닥 상장기업 수 중 코스닥 신규상장 기업의 비율은 $\frac{63}{1,031} \times 100 ≒ 6.1\%$이고, 2014년 코스닥 상장기업 수 중 신규상장 기업의 비율은 $\frac{67}{1,061} \times 100 ≒ 6.3\%$이다. 즉, 2014년 코스닥 상장기업 수 중 코스닥 신규상장 기업의 비율이 2011년보다 더 높으므로 옳지 않은 설명이다.

③ 2008년 상장 벤처기업 수 중 신규상장 벤처기업 수의 비율을 보면 $\frac{29}{750} \times 100 ≒ 3.9\%$로 5%를 넘지 않으므로 매년 5% 비율 이상을 유지하고 있다는 내용은 옳지 않은 설명이다.

④ 2015년 코스닥 신규상장 벤처기업 수는 49개로 2007년 52개보다 더 적으므로 조사 기간 중 신규상장 벤처기업 수가 가장 많지는 않다. 또한 IT 업계 창업이 활발했는지는 문제에서 확인할 수 없기 때문에 옳지 않은 설명이다.

26 수리능력 문제   정답 ①

2018년 적자구간인 저매출 점포는 2,228 + 1,155 + 1,420 + 1,843 = 6,646개로 총 점포 수 33,068개 중 약 $\frac{6,646}{33,068} \times 100 ≒ 20.1\%$를 차지하고 있다. 즉, 5곳 중 1곳인 20%가 적자구간의 저매출을 내고 있으므로 옳지 않은 설명이다.

오답 체크

② 2016년 일평균 매출 80만 원 미만 점포 비율 = $\frac{1,835}{27,984} \times 100 ≒$ 6.6%, 2017년 일평균 매출 80만 원 미만 점포 비율 = $\frac{2,272}{32,221} \times 100 ≒ 7.1\%$로 2017년 일평균 매출 80만 원 미만 점포 비율이 2016년보다 소폭 높으므로 옳은 설명이다.

③ 2017년에는 2016년 대비 총 점포 수가 크게 증가하였고, 또한 표에서 확인할 수 있듯이 80만 원 미만부터 140만 원 이상~150만 원 미만 구간까지 모든 저매출구간 및 저매출 위험구간의 점포 수도 증가하였으므로 옳은 설명이다.

④ 일평균 매출 150만 원 미만 점포 수를 연도별로 살펴보면,
2017년 = 2,272 + 1,163 + 1,511 + 1,838 + 2,141 + 2,327 + 2,391 + 2,375 = 16,018개,
2018년 = 2,228 + 1,155 + 1,420 + 1,843 + 2,123 + 2,252 + 2,393 + 2,405 = 15,819개,
일평균 매출 150만 원 이상 점포 수 = 총 가맹점 수 − 일평균 매출 150만 원 미만 점포 수
2017년에는 32,221 − 16,018 = 16,203개, 2018년에는 33,068 − 15,819 = 17,249개이므로 2018년에는 2017년 대비 17,249 − 16,203 = 1,046개 증가했다.
따라서 옳은 설명이다.

⑤ 2017년 일평균 매출 120만 원 이상 140만 원 미만 점포 = 2,327 + 2,391 = 4,718개, 2016년 일평균 매출 120만 원 이상 140만 원 미만 점포 = 1,907 + 2,062 = 3,969개로 2016년 대비 2017년에 약 $\frac{4,718 - 3,969}{3,969} \times 100 = \frac{749}{3,969} \times 100 ≒ 18.9\%$ 상승하였다.
따라서 옳은 설명이다.

27 수리능력 문제   정답 ③

2014년 진료인원 1인당 진료비는 $\frac{18,004}{117,359} = 0.1534\cdots$백만 원 ≒ 153,400원, 2011년 진료인원 1인당 진료비는 $\frac{16,777}{127,593} = 0.1314\cdots$백만 원 ≒ 131,400원으로 2014년 진료인원 1인당 진료비는 2011년 진료인원 1인당 진료비보다 약 153,400 − 131,400 = 22,000원 더 많으므로 옳은 설명이다.

오답 체크

① 척추측만증 환자 수는 2011년 이후 지속적으로 감소하다가 2014년에는 전년 대비 소폭 상승하였고, 총진료비의 경우 2012년에는 전년 대비 감소하였으므로 옳지 않은 설명이다.

② 2011년 대비 2015년 진료인원 변동율 = $\frac{113,763 - 127,593}{127,593} \times 100$ = $\frac{-13,830}{127,593} \times 100 ≒ -10.8\%$,
2011년 대비 2015년 총진료비 변동율 = $\frac{18,480 - 16,777}{16,777} \times 100 = \frac{1,703}{16,777} \times 100 = 10.2\%$로 진료인원 감소율이 총진료비 증가율보다 더 높으므로 옳지 않은 설명이다.

④ 2014년 총진료비는 18,004백만 원(≒ 180억 원)으로 처음으로 연간 진료비가 180억 원을 넘었다. 같은 해에 연간 진료인원은 117,359명으로 11만 5천 명 이상이 되었지만 이미 2011년과 2012년에도 11만 5천 명 이상이 진료를 받았으므로 옳지 않은 설명이다.

⑤ 전년 대비 총진료비 증가율을 연도별로 살펴보면,
2013년 = $\frac{16,804 - 15,773}{15,773} \times 100 = \frac{1,031}{15,773} \times 100 ≒ 6.5\%$,
2014년 = $\frac{18,004 - 16,804}{16,804} \times 100 = \frac{1,200}{16,804} \times 100 ≒ 7.1\%$이다.
따라서 증가율은 2014년도가 더 높으므로 옳지 않은 설명이다.

28 수리능력 문제   정답 ④

2분기 소득 5분위의 가구당 월평균 비소비지출은 2,174.5천 원으로 직전분기인 1분기 소득 5분위의 가구당 월평균 비소비지출 2,363.3천 원 대비 {(2,363.3 − 2,174.5) / 2,363.3} × 100 ≒ 8.0% 감소하였으므로 옳지 않은 설명이다.

① 2분기 소득 1분위의 가구당 월평균 소득은 직전분기 대비 $1,325,400 - 1,254,800 = 70,600$원 증가하였고, 소득 5분위의 가구당 월평균 소득은 $9,925,100 - 9,426,000 = 499,100$원 감소하였으므로 옳은 설명이다.

② 1분기 소득 4분위와 5분위의 가구당 평균 가구원 수는 3.42명으로 동일하여 소득 1분위에서 5분위로 갈수록 가구당 평균 가구원 수는 증가만 하는 것은 아니므로 옳은 설명이다.

③ 1분기 소득 4분위의 가구당 월평균 경상소득은 소득 1분위의 가구당 월평균 경상소득의 $5,846.8 / 1,253.7 ≒ 4.7$배이므로 옳은 설명이다.

⑤ 전국 가구의 월평균 소득의 평균은 1분기에 $(1,254.8 + 2,843.7 + 4,238.7 + 5,863.1 + 9,925.1) / 5 ≒ 4,825.1$천 원, 2분기에 $(1,325.4 + 2,911.1 + 4,193.9 + 5,660.4 + 9,426.0) / 5 ≒ 4,703.4$천 원으로 1분기 평균이 2분기보다 높으므로 옳은 설명이다.

29 수리능력 문제   정답 ⑤

1,000명 이상 고용 중인 중견기업 총 종사자 수는 최소 $194 × 1,000 = 194,000$명이고, 50인 미만 고용 중인 중견기업 총 종사자 수는 최대 $1,035 × 49 = 50,715$명이다.

따라서 1,000명 이상 고용 중인 중견기업 총 종사자 수는 50인 미만 고용 중인 중견기업 총 종사자 수보다 최소 $194,000 - 50,715 = 143,285$명 많으므로 옳은 설명이다.

① 서울, 인천, 경기에 위치한 중견기업 수는 총 $1,282 + 140 + 802 = 2,224$개로 전체 중견기업 수 3,558 대비 약 $\frac{2,224}{3,558} × 100 ≒ 62.5\%$ 수준이다.

따라서 중견기업이 서울, 인천, 경기 등 수도권에 65% 이상 집중적으로 분포되어 있다는 내용은 옳지 않은 설명이다.

② 전국적으로 비제조업보다 제조업 중견기업 수가 더 많은 지역은 인천, 충북, 충남, 전북, 대구, 경북, 울산, 경남, 세종 총 9곳이다.

따라서 옳지 않은 설명이다.

③ 50인 미만의 중견기업 수는 1,035개로 전체 중견기업 수 3,558개 중 약 $\frac{1,035}{3,558} × 100 ≒ 29.1\%$만큼 차지하고 있다.

따라서 50인 미만 기업 수가 전체의 30% 이상을 차지하고 있다는 내용은 옳지 않은 설명이다.

④ 고용인원 기준 200명 미만 비제조업 기업 수는 $845 + 366 + 367 = 1,578$개, 300명 이상 제조업 기업 수는 $263 + 222 + 97 = 582$개이므로 200명 미만 비제조업 기업 수는 300명 이상 제조업 기업 수보다 $\frac{1,578}{582} ≒ 2.7$배 많다.

따라서 200명 미만 비제조업 기업 수는 300명 이상 제조업 기업 수보다 3배 이상 많다는 내용은 옳지 않은 설명이다.

30 수리능력 문제   정답 ①

㉠ 2016년 화학물질 유통량은 2014년 대비 $558.6 - 496.9 = 61.7$백만 톤증가하였고, 이는 약 $\frac{558.6 - 496.9}{496.9} × 100 = \frac{61.7}{496.9} × 100 ≒ 12.4\%$ 증가한 수치이므로 옳은 설명이다.

㉡ 보고 화학물질 종류와 유통량은 조사기간 동안 감소 없이 지속적으로 증가하였지만, 이용 업체 수는 2014년 22,661개소 대비 2016년 21,911개소로 소폭 감소하였으므로 옳지 않은 설명이다.

㉢ 화학물질 종류가 이전 조사 대비 가장 많이 증가한 해는 가장 큰 차이를 보인 2006년도이다. 이전 조사 해 2002년 대비 2006년의 이용 업체 수는 $16,404 - 13,773 = 2,631$개소 증가하였고, 2010년 대비 2014년의 이용 업체 수는 $22,661 - 16,547 = 6,114$개소 증가로 2006년도 이용 업체 수보다 더 큰 폭으로 증가하였다. 즉, 화학물질 종류는 2006년에 가장 크게 증가하였고, 이용 업체 수는 2014년에 가장 크게 증가하였으므로 옳지 않은 설명이다.

㉣ 2010년 기준 사업장 개소별 연평균 유통량은 유통량에 이용 업체수를 나누어 구한다. 이에 따라 약 $\frac{432.5}{16,547} ≒ 0.026$백만 톤 = 2.6만 톤이지만 조사 기준에서 유해화학물질을 연간 100kg 이상 사용하는 사업체 기준 조사 결과이므로 100kg 미만 사용 사업자의 연평균 유통량은 추정할 수 있는 근거가 없다.

따라서 옳지 않은 설명이다.

31 문제해결능력 문제   정답 ③

	인사		감사		일치 여부
	대리(F)	사원(T)	대리(T)	사원(F)	
갑: 갑 대리	T	F	T	F	감사팀 대리/사원
을: 을 감사, 사원이 존재	F	F	T	T	
병: 병 인사 대리 아님, 을 F	F	T	T	T	
정: 정 감사 사원, 병 T	F	F	F	T	

갑이 대리라고 하였는데 갑이 인사팀 대리라면 진실, 인사팀 사원이면 거짓, 감사팀 대리라면 진실, 감사팀 사원이면 거짓인 진술이 된다. 이와 같이 갑, 을, 병, 정이 인사팀 대리, 인사팀 사원, 감사팀 대리, 감사팀 사원인 경우를 가정하고 각 진술 가운데 첫 번째 진술의 진실 거짓 여부를 정리하면 다음과 같다.

	인사		감사	
	대리(F)	사원(T)	대리(T)	사원(F)
갑: 갑 대리	T	F	T	F
을: 을 감사	F	F	T	T
병: 병 인사 대리 아님	F	T	T	T
정: 정 감사 사원	F	F	F	T

그런데 인사팀 대리와 감사팀 사원은 거짓말을 해야 하고 인사팀 사원과 감사팀 대리는 참말을 해야 한다. 따라서 갑은 감사팀 대리이거나 사원일 수밖에 없다. 이와 같이 각각의 성향과 진술의 성향이 일치하는 경우를 정리하면 다음과 같다.

	인사		감사		일치 여부
	대리(F)	사원(T)	대리(T)	사원(F)	
갑: 갑 대리	T	F	T	F	감사팀 대리 혹은 감사팀 사원
을: 을 감사					
병: 병 인사 대리 아님					
정: 정 감사 사원					

이와 같이 나머지 을, 병, 정의 일치 여부를 정리하면 다음과 같다.

	인사		감사		일치 여부
	대리(F)	사원(T)	대리(T)	사원(F)	
갑: 갑 대리	T	F	T	F	감사팀 대리 혹은 감사팀 사원
을: 을 감사	F	F	T	T	인사팀 대리 혹은 감사팀 대리
병: 병 인사 대리 아님	F	T	T	T	인사팀 사원/대리 혹은 감사팀 대리
정: 정 감사 사원	F	F	F	T	인사팀 대리

그런데 정이 거짓을 말한다는 것을 알았으므로 정의 두 번째 진술이 거짓임에 따라 병은 거짓을 말하는 것이 되고 병의 두 번째 진술이 거짓이므로 을은 진실을 말하는 것이 된다. 이를 정리하면 다음과 같다.

	인사		감사		일치 여부
	대리(F)	사원(T)	대리(T)	사원(F)	
갑: 갑 대리	T	F	T	F	감사팀 대리 혹은 감사팀 사원
을: 을 감사, 사원이 존재	F	F	T	T	감사팀 대리
병: 병 인사 대리 아님, 을 F	F	T	T	T	인사팀 대리
정: 정 감사 사원, 병 T	F	F	F	T	인사팀 대리

한편 을의 두 번째 진술이 진실이므로 사원이 존재해야 하는데 을, 병, 정은 사원이 아니므로 갑이 사원이어야 한다. 이를 최종적으로 정리하면 다음과 같다.

	인사		감사		일치 여부
	대리(F)	사원(T)	대리(T)	사원(F)	
갑: 갑 대리	T	F	T	F	감사팀 사원
을: 을 감사, 사원이 존재	F	F	T	T	감사팀 대리
병: 병 인사 대리 아님, 을 F	F	T	T	T	인사팀 대리
정: 정 감사 사원, 병 T	F	F	F	T	인사팀 대리

이를 토대로 선택지를 살펴보면, 사원은 1명, 대리는 3명이므로 사원이 대리보다 적다.

오답 체크

① 갑은 감사팀 사원이다.

② 갑, 을, 병, 정 가운데 인사팀 직원과 감사팀 직원은 2명으로 같다.

④ 병과 정은 모두 인사팀으로 같은 팀 직원이다.

⑤ 갑의 직급은 사원이고 정의 직급은 대리이므로 갑과 정의 직급은 다르다.

32 문제해결능력 문제   정답 ②

문제에서 가능한 경우를 파악하여 보았을 때 A 행의 2열에는 G 또는 B가 들어갈 수 있다. 따라서 G가 들어갔을 때와 B가 들어갔을 때를 나누어서 생각해보면 아래 두 가지밖에 존재하지 않는다.

[경우 1] A 행의 2열에 G가 들어간 경우

	1열	2열	3열	4열	5열	6열
A 행	B	G	R	G	B	R
B 행	G	R	B	R	G	B

[경우 2] A 행의 2열에 B가 들어간 경우

	1열	2열	3열	4열	5열	6열
A 행	G	B	R	G	R	B
B 행	R	G	B	R	B	G

따라서 B 행의 6열이 G인 경우는 [경우 2]이나, [경우 2]에서 A 행의 2열은 G가 아닌 B여야 하므로 잘못된 발언이다.

오답 체크

① A 행의 5열이 R이면 B 행의 1열은 R인 경우는 [경우 2]에서 가능하다.
③ A 행의 6열과 B 행의 2열은 같은 색이 가능한 경우는 [경우 1]에서 가능하다.
④ 경우 1, 2 모두 A 행의 1열과 B 행의 6열은 같은 색이 가능하다.
⑤ B 행의 4열은 R인데 A 행의 2열의 옆에는 R이 있으므로 A 행의 2열과 B 행의 4열은 같은 색이 불가능하다.

[33-34]
33 문제해결능력 문제
정답 ③

태윤의 마지막 발언에서 만들어진 마방진의 좌우를 대칭으로 바꾸거나 상하를 대칭으로 바꾸어도 마방진이 된다고 하였다. 따라서 주어진 마방진의 상하 혹은 좌우를 바꿨거나 시계 혹은 반시계 방향으로 돌린 것과 같은 형태인지 살펴보면 빈칸을 일일이 채워보지 않더라도 마방진이 되는지 여부를 알 수 있다.

(가)는 기본 형태를 시계방향으로 90도 회전한 것이므로 마방진이 된다. 또한, (라)는 기본 형태에서 상하를 바꾼 것이므로 마방진이 된다.

(나)와 (다)는 이와 같은 규칙들과는 어긋나므로 마방진이 될 수 없다. 참고로 (나)와 (다)를 채워보면 다음과 같이 어긋난다.

(나)

		열	
	6	9	
행		5	
	A	1	4

9 + 5 = 14이므로 1을 채우고 6 + 5 = 11이므로 4를 채워야 하는데 1 + 4 = 5이므로 A에 10을 채워야 한다. 그런데 3 × 3 마방진에는 1~9까지의 자연수만 들어가야 하므로 마방진이 될 수 없다.

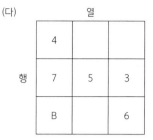
(다)

		열	
	4		
행	7	5	3
	B		6

7 + 5 = 12이므로 3을 채우고 6 + 5 = 11이므로 4를 채워야 하는데 4 + 7 = 11이므로 B에 4를 채워야 한다. 결국 4가 2개가 생기므로 마방진이 될 수 없다.

34 문제해결능력 문제
정답 ③

태윤이 제시한 방법을 정리하면 다음과 같다.

<방법>
1. 어떤 숫자의 바로 오른쪽 대각선 위에 있는 칸에는 그 숫자보다 하나 큰 수를 적는다.(㉠)
2. 오른쪽에는 칸이 있는데 위쪽에는 칸이 없는 경우에는 그 오른쪽 칸이 있는 열의 가장 아래 칸에 다음 숫자를 적는다.(㉡)
3. 위쪽에는 칸이 있는데 오른쪽에는 칸이 없는 경우에는 그 왼쪽 칸이 있는 행의 가장 왼쪽 칸에 다음 숫자를 적는다.
4. 오른쪽에도 칸이 없고 위쪽에도 칸이 없는 경우에는 자신의 바로 아래에 다음 숫자를 적는다.
5. 바로 오른쪽 대각선 위에 있는 칸에 다른 숫자가 이미 자리하고 있는 경우에도 위 4와 마찬가지로 바로 아래 칸에 다음 숫자를 적는다.(㉢)
6. 시작은 가운데 행의 가장 위 칸에 1을 적는 것으로 한다.

태윤이 제시한 방법에 따라 마방진을 채우면 다음과 같다.

방법 6에 따라 가운데 행의 가장 위 칸에 1을 적는 것으로 시작한다.

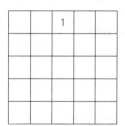

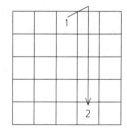

1의 오른쪽에는 칸이 있으나 위쪽에는 칸이 없으므로 방법 2에 따라 그 오른쪽 칸이 속한 열의 가장 아래에 2를 적는다.

2의 바로 오른쪽 대각선 위에 있는 칸은 비어있으므로 방법 1에 따라 다음 숫자인 3을 적는다.

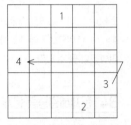

3의 위쪽에는 칸이 있으나 오른쪽에는 칸이 없으므로 방법 3에 따라 그 위쪽이 속한 행의 가장 왼쪽에 4를 적는다.

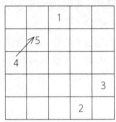

4의 바로 오른쪽 대각선 위에 있는 칸은 비어 있으므로 방법 1에 따라 다음 숫자인 5를 적는다.

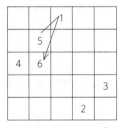

5의 바로 오른쪽 대각선 위에 있는 칸에 다른 숫자인 1이 이미 자리하고 있으므로 방법 5에 따라 5의 바로 아래 칸에 다음 숫자인 6을 적는다.

이와 같은 방식으로 마방진을 채워 나가면 다음과 같이 채워진다.

15의 오른쪽에도 칸이 없고 위쪽에도 칸이 없는 경우이므로 방법 4에 따라 15의 바로 아래 칸에 다음 숫자인 16을 적는다.

남은 부분을 마저 채워 나가면 다음과 같이 채워진다.

17	24	1	8	15
23	5	7	14	16
4	6	13	20	22
10	12	19	21	3
11	18	25	2	9

따라서 A, B, C, D, E, F, G를 정리하면 다음과 같다.

A	B	C	D	E	F	G
5	16	6	13	22	18	9

다. 가로 1행의 17 + 24 + 1 + 8 + 15등을 이용하면 이 마방진의 한 줄의 숫자의 합은 65가 된다. 한편 우하향 대각선에서 17 + A + D + 21 + G = 65이고 가로 3행에서 4 + C + D + 20 + E = 65이므로, A + G = 65 - 17 - 21 - D이고 C + E = 65 - 4 - 20 - D가 된다. 이를 계산하면 A + G = 27 - D이고 C + E = 41 - D이므로 A + G가 C + E보다 작다.

오답 체크

가. A, B, C, D, E, F, G의 숫자의 합은 89가 된다.

나. 방법 4에 따르면 B는 16이 되고, 방법 1에 따르면 A는 5가 된다.

라. 위의 완성된 마방진에서 E의 값은 22인데 21의 오른쪽 위에 있으므로 E는 ㉠ 내용에 따라 채웠을 것이다. 한편 F는 18인데 17이 있는 위치와의 관계를 생각하면 18은 ㉡의 내용에 따라 채웠을 것이다. 마지막으로 C는 6이고 A는 5인데 이 둘 간의 위치를 감안하면 C는 ㉢의 내용에 따라 채웠음을 알 수 있다.

35 문제해결능력 문제 정답 ④

두 번째 세 번째 명제가 조건명제가 아니므로 대우를 활용할 수 없다. 따라서 이 명제들의 정보를 나타내기 위해 다음과 같은 그림을 그려 하나씩 정리해보자.

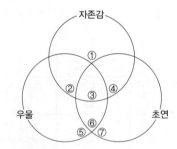

첫 번째 명제는 우울한 사람 가운데 초연한 사람은 없다는 의미이므로 3번, 6번 영역이 존재하지 않는다는 의미이다. 한편 두 번째 명제는 자존감이 높은 사람은 1, 2, 3, 4번 영역 중에 우울한 사람인 2, 3번 영역의 어딘가가 존재한다는 의미인데 앞에서 첫 번째 명제에서 3번 영역이 지워졌으므로 2번 영역이 존재한다는 의미이다. 한편 세 번째 명제는 초연한 사람인 3, 4, 6, 7번 영역 중에 자존감이 높지 않

은 사람인 6, 7번 영역이 존재한다는 의미인데 첫 번째 명제에서 6번 영역이 지워졌으므로 7번 영역이 존재한다는 의미가 된다. 존재하는 영역은 ⓥ표시를 하고 존재하지 않는 영역은 빗금으로 지워서 표시하면 다음과 같은 그림이 그려진다.

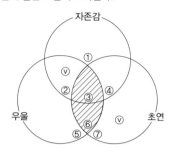

이에 의하면 3번 영역, 6번 영역은 존재하지 않으며 2번 영역과 7번 영역은 반드시 존재하고 아무 표시가 없는 1, 4, 5, 8번 영역은 존재하는지 여부를 알 수 없다고 판단하면 된다.

이를 토대로 선택지를 살펴보면, 자존감이 높으면서 우울하지만 초연하지 않은 사람은 2번 영역을 말하는데 2번 영역은 반드시 존재하므로 자존감이 높으면서 우울하지만 초연하지 않은 사람은 반드시 존재한다.

오답 체크

① 초연하면서 자존감이 높은 사람은 3, 4번 영역을 말하는데 3번 영역은 존재하지 않고 4번 영역은 존재하는지 여부를 알 수 없으므로 초연하면서 자존감이 높은 사람이 있는지는 알 수 없다.

② 우울하면서 자존감이 높지 않은 사람은 5, 6번 영역을 말하는데 6번 영역은 존재하지 않고 5번 영역은 존재하는지 여부를 알 수 없으므로 우울하면서 자존감이 높지 않은 사람이 있는지는 알 수 없다.

③ 자존감이 높은 사람이 모두 초연한 사람이 되려면 자존감이 높은 사람이 모두 초연한 사람에 포함되어야 하므로 자존감이 높으면서 초연하지 않은 1, 2번 영역이 존재하지 않아야 한다. 그런데 2번 영역이 존재하므로 자존감이 높은 사람 중에 초연하지 않은 사람이 반드시 존재한다는 것을 알 수 있고 자연히 자존감이 높은 사람은 모두 초연한 사람이 될 수는 없다.

⑤ 우울하지 않으면서 초연하지만 자존감이 높은 사람은 4번 영역을 의미하는데 4번 영역은 존재하는지 여부를 알 수 없으므로 우울하지 않으면서 초연하지만 자존감이 높은 사람이 있는지는 알 수 없다.

36 문제해결능력 문제
정답 ①

제시된 그래프의 수치는 1인당 월평균 생산량을 나타낸 그래프로 문제와 그래프의 내용을 정리하면 다음과 같은 표로 나타낼 수 있다.

구분	1월	2월	3월	4월	5월
투입 사원	A	A, B	A, B, C	A, B, C, D	A, B, C, D, E
1인당 월평균 생산량	15개	14개	12개	12개	13개

사원이 투입됨으로 인해 변화하는 총 생산량과 한계 생산량을 추가로 정리하면 다음과 같다.

구분	1월	2월	3월	4월	5월
투입 사원	A	A, B	A, B, C	A, B, C, D	A, B, C, D, E
1인당 월평균 생산량	15개	14개	12개	12개	13개
총 생산량	15개	28개	36개	48개	65개
한계 생산량	15개	13개	8개	12개	17개

따라서 A, B, C, D, E 사원의 월간 생산량은 순서대로 15, 13, 8, 12, 17개가 된다. 예를 들어 2월에 원래 A 사원 1명이 15개를 생산하던 중 월간 13개를 생산하는 능력을 가진 B 사원이 투입되면서 월간 총 생산량이 28개가 되어 1인당 평균 생산량이 28 / 2 = 14개가 된 것이다. 이제 위 내용을 토대로 <보기>를 살펴보아야 한다.

ⓒ 다섯 명 중 월간 생산량이 가장 많은 사원은 월간 생산량이 17개인 E 사원이고 E 사원은 5월에 새로 투입되었으므로 옳은 설명이다.

ⓒ 다섯 명 중 월간 생산량이 가장 적은 사원은 월간 생산량이 8개인 C 사원이고 C 사원은 3월에 새로 투입되었으므로 옳은 설명이다.

오답 체크

ⓞ 총 생산량이 가장 많은 달은 총 생산량이 65개인 5월이고 가장 적은 달은 총 생산량이 15개인 1월이므로 옳지 않은 설명이다.

ⓔ A 사원의 월간 생산량은 15개이고 B 사원의 월간 생산량은 13개이므로 옳지 않은 설명이다.

37 문제해결능력 문제
정답 ④

규칙과 관계없이 가영, 나희, 다솔이 참석하는지 여부의 경우의 수를 모두 정리하면 다음과 같은 8가지 경우가 가능하다.

경우	가영	나희	다솔
1	O	O	O
2	O	O	X
3	O	X	O
4	O	X	X
5	X	O	O
6	X	O	X
7	X	X	O
8	X	X	X

첫 번째 규칙에 의하면 경우 1과 3이 지워지며, 두 번째 규칙에 의하면 8번째 경우가 지워진다. 세 번째 규칙에 의하면 나희가 참석하는 1, 2, 5, 6번 경우 중에 가영이 참석하는 1, 2번이 지워진다. 이를 정리하면 1, 2, 3, 8번 경우가 지워지면서 다음의 4가지 경우만 가능하다.

경우	가영	나희	다솔
4	O	X	X
5	X	O	O
6	X	O	X
7	X	X	O

이를 토대로 선택지를 살펴보면, 가영이 참석하지 않는 경우는 5, 6, 7번 경우로 이때 나희와 다솔이 참석하는 경우의 수는 3가지이므로 반드시 거짓이다.

오답 체크

① 셋이 참석하는 경우의 수는 4, 5, 6, 7번 경우로 4가지이므로 반드시 옳다.

② 나희가 참석하는 경우는 5, 6번 경우인데 이때 다솔이 참석하는지 여부는 알 수 없으므로 반드시 거짓이라고 할 수는 없다.

③ 다솔이 참석하는 경우는 5, 7번 경우인데 이때 나희가 참석하는지 여부는 알 수 없으므로 반드시 거짓이라고 할 수는 없다.

⑤ 다솔이 참석하지 않는 경우는 4, 6번 경우로 두 경우 모두 가영과 나희 중에 한 명만 참석하므로 반드시 옳다.

38 문제해결능력 문제 정답 ⑤

네 번째 조문 본문의 120만 원이나 각 호의 금액보다 적은 금액이므로 익명으로 건네는 것은 네 번째 조문에 위배되지 않는다.

오답 체크

① 마지막 조문 "누구든지 타인의 명의나 가명으로 정치자금을 기부할 수 없다."에 위배된다.

② 산악회 회원들과의 등반 후 점심 식사는 사적모임에서의 지출이므로 세 번째 조문 3호에 위배된다.

③ 네 번째 조문에 의하면 1회 120만 원을 초과하여 정치자금을 기부하는 자는 실명이 확인되는 방법으로 기부하여야 하므로 익명으로 가져다 놓은 것은 네 번째 조문에 위배된다.

④ 두 번째 조문에서 그 회계는 공개되어야 한다고 하였으므로 아무리 지인으로 기부받은 것만으로 선거활동을 하였더라도 회계를 공개하여야 한다.

39 문제해결능력 문제 정답 ③

기존 선수 평점의 합계는 54점, 기존 선수 연봉의 총액은 210억 원이다. 순위를 계산할 때에는 선수 평점의 평균을 계산하기보다는 선수 평점의 합계를 계산하는 것이 수월하므로 다른 구단의 선수 평균을 통해 선수 평점의 합계를 계산해보면 LP 구단은 84.7점, AN 구단은 85.8점, CS 구단은 86.9점이다. H, K, L, O를 영입했을 때 선수 평점의 합계는 54+8+8+7+9=86점으로 평점 순위는 2위, 선수 연봉의 총액은 210+50+40+10+30=340억 원으로 구단 수익은 340-340=0원이 되고 I, J, M, N을 영입했을 때 선수 평점

의 합계는 54+9+7+8+8=86점으로 평점 순위는 2위, 선수 연봉의 총액은 210+60+20+20+20=330억 원으로 구단 수익은 340-330=10억 원이 되므로 적절하지 않다.

오답 체크

① I, K, M, O를 영입했을 때 구단 순위는 54+9+8+8+9=88점으로 평점 순위는 1위가 된다. 선수영입 후 연봉의 총액은 210+60+40+20+30=360억 원인데 이는 평점 순위가 1위일 경우 입장 수입과 일치하는 금액이므로 수익은 0원이다.

② H, J, L, N은 대안 중에서 가장 비용이 적은 선수를 택한 경우이기 때문에 당연히 선수 연봉은 최소가 된다. 이 경우 구단 순위는 54+8+7+7+8=84점으로 평점 순위는 4위가 된다. 그리고 선수 연봉의 총액은 210+50+20+10+20=310억 원인데 이는 평점 순위가 4위의 입장 수익인 300억 원보다 선수 연봉의 총액이 많으므로 적자가 된다.

④ 1위를 차지하기 위해서는 추가 4명으로부터 얻어야 할 총 선수 평점은 현재 1위의 선수 평점의 합계인 86.9점에서 현재 우리 팀 선수 평점의 합계인 54점을 뺀 32.9점 이상이 되어야 한다. 이때 I, K, L, O의 조합과 I, K, M, N의 조합은 이를 만족시키므로 1위를 차지할 수 있다.

⑤ I, J, M, O를 영입하면 선수 평점의 합계는 54+9+7+8+9=87점이 되어 평점 순위는 1위가 되며 선수 연봉의 총액은 210+60+20+20+30=340억 원이 되고 수익은 360-340=20억 원이 된다.

40 문제해결능력 문제 정답 ③

갑이 무에게 졌는데 총점이 9점이라면 나머지 세 경기는 모두 이겼다는 것이며, 병이 을에게 졌는데 을의 총점이 3점이라는 것은 을은 병을 제외한 나머지 세 경기에서 모두 졌다는 의미가 된다. 이를 정리하면 다음과 같다.

구분	갑	을	병	정	무	총점
갑		O	O	O	X	9
을	X		O	X	X	3
병	X	X				
정	X	O				
무	O	O				6

정이 무에게 이겼으며, 무의 총점은 6점이라고 하였는데 이미 무는 갑과 을에게 이겨서 6점을 확보한 상태로 무는 병과 정에게 졌다는 것을 알 수 있다. 이에 따라 제시문의 내용을 정리하면 다음과 같이 병과 정의 경기 결과만 정리되지 않았음을 알 수 있다.

구분	갑	을	병	정	무	총점
갑		O	O	O	X	9
을	X		O	X	X	3
병	X	X			O	
정	X	O			O	
무	O	O	X	X		6

따라서 병, 정 누가 이기더라도 승수의 합은 4이므로 이 정보만으로는 병과 정의 경기 결과는 알 수 없다.

오답 체크

① 병의 총점이 을의 총점보다 높으면 병이 정에게 이겼음을 알 수 있다.

② 정이 3승을 거뒀다면 정이 병에게 이겼음을 알 수 있다.

④ 경기 결과 을이 단독으로 5위를 차지했다면 병이 정에게 이겼음을 알 수 있다.

⑤ 경기 결과 갑이 단독으로 1위를 차지했다면 병이 정에게 이겼음을 알 수 있다.

41 문제해결능력 문제 정답 ⑤

결산보고는 의회 제출이 다음 연도 6월 30일까지인 반면 다음 예산편성은 다음 연도 8월 1일부터 시작되므로 결산에서 지적된 문제점은 다음 회계 연도 예산편성에 충분히 반영될 수 있으므로 적절하지 않다.

오답 체크

① 중기지방재정계획은 당해 연도 예산편성의 기본으로 활용될 뿐이므로 당해 연도 예산편성의 기초가 될 뿐 이를 반드시 따를 필요는 없다.

② 시·도의 예산의결은 12월 16일까지 보고해야 하며 회계 연도는 12월 31일까지이므로 예산의결은 회계 연도가 끝나기 15일 전까지 보고하여야 한다.

③ 시·도의 예산편성 마감일은 11월 11일까지이고 시·군·구의 예산편성 마감일은 11월 21일까지이므로 시·군·구의 마감일이 10일 늦다.

④ 재정투·융자심사 후에 예산편성기본지침이 마련되는데, 예산편성기본지침의 마감일은 전년도 7월 31일이므로 재정투·융자심사는 그 이전에 마감돼야 한다. 따라서 당해 예산편성 마감일보다 1년 이상 먼저 작성되어야 한다.

42 문제해결능력 문제 정답 ⑤

지문에서는 두 가지 개념의 '거부'가 나타난다. 처음 나온 거부에는 말뚝 박기가 더 깊이 들어갈 수 없는 지점을 의미한다. 그런데 두 번째 나온 거부 개념은 '거부'에 대한 당대의 표준은 해머를 24번 내리쳐 2인치 이상 더 들어갈 수 없는 상태를 의미한다고 한다.

따라서, 지문에 진술되었듯이 '말뚝들이 해머로 24번 내리쳐져서 2인치 이상 들어가지 않을 때까지 계속해서 박았다'라고 되어 있으므로 모든 말뚝들은 해머로 24번 내리쳐도 2인치 이상 들어가지 않았을 것이다.

오답 체크

① 리알토 다리의 견고함에 대한 조사를 했다는 내용은 있으나 그것이 안전한지 여부에 대한 내용은 찾아볼 수 없다.

② 거부에 대한 기준에 관한 내용은 나타나 있지만 그를 근거로 다리의 안전을 보증할 수 있을지 여부를 판단할 근거가 될 만한 내용은 없다.

③ 다 폰테는 리알토 다리가 당대의 거부기준을 만족시킨다고 진술하고 있으므로 지문에 나타난 정보와 배치되며 다른 다리 건축가들이 어떤 기준을 갖고 있었는지 확인할 수 있는 내용 역시 없다.

④ 지문에는 1700년 이전 건축된 다리들이 거부지점에 도달했다고 나와 있으므로 옳지 않은 내용이다.

43 문제해결능력 문제 정답 ⑤

각각의 상황에 따른 순현재가치 즉, 투자 수익에서 투자 비용을 뺀 가치를 비교하여 현수가 선택할 수 있는 최선의 방안을 선정한다.

[경우 1] 대상 건물을 현재 상태 그대로 이용 시

토지 가격 + 건물 가치 = 50억 원 + 2억 원 / 0.1 = 70억 원

[경우 2] 대상 건물을 철거하고 주차장으로 이용 시

토지 가격 - 철거비 + 주차장이용 시 가치

= 50억 원 - 2억 원 + 3억 원 / 0.1 = 78억 원

[경우 3] 대상 건물을 철거하고 상가건물 신축 시

토지 가격 - 철거비 - 상가건물 신축비용 + 상가건물 가치

= 50억 원 - 2억 원 - 30억 원 + 6억 원 / 0.1 = 78억 원

[경우 4] 대상 건물을 철거하고 임대주택 신축 시

토지 가격 - 철거비 - 임대주택 신축비용 + 임대주택 가치

= 50억 원 - 2억 원 - 20억 원 + 5억 원 / 0.1 = 78억 원

[경우 5] 대상 건물을 리모델링 시

토지 가격 - 리모델링 비용 + 리모델링 후 건물 가치

= 50억 원 - 10억 원 + 4억 원 / 0.1 = 80억 원

따라서 리모델링 시의 순현재가치가 가장 크므로 현수가 선택할 수 있는 가장 적절한 판단은 건물을 리모델링하는 것이다.

⏱ 빠른 문제 풀이 Tip

문제에서 요구하는 바는 선택지의 모든 경우에 대해 계산식을 도출한 후 그 수치를 비교하는 것이다. 이때 선택지 ① 계산식 도출 → 계산, 선택지 ② 계산식 도출 → 계산과 같이 각각의 선택지별로 계산식을 도출한 후 수치를 계산하는 과정을 반복하는 것보다 선택지 ① 계산식 도출 → 선택지 ② 계산식 도출과 같이 모든 선택지의 계산식만을 도출한 후에 계산은 한 번에 모아서 하거나, 구체적인 계산 없이 비교만으로 대소를 판단하는 것도 방법일 수 있다.

예를 들어 선택지 ③과 ④를 비교하면 선택지 ③의 계산식은 50억 원 - 2억 원 - 30억 원 + 6억 원 / 0.1이고 선택지 ④의 계산식은 50억 원 - 2억 원 - 20억 원 + 5억 원 / 0.1이 되는데 이 가운데 50억 원 - 2억 원은 동일한 수치이므로 제외하고 - 30억 원 + 6억 원 / 0.1과 - 20억 원 + 5억 원 / 0.1만을 비교하면 된다.

둘 다 30억 원이라는 수치가 나오므로 선택지 ③과 ④는 같은 수치임을 알 수 있게 되고 같은 수치이면 정답이 될 수 없다는 것까지 판단할 수 있게 된다.

44 문제해결능력 문제　　　　　　　　　정답 ③

우선 문제와 조건들을 살펴보면 총 10개의 팀이 사무실을 사용하고 있으며 팀의 구성을 보면 기획실 A 팀, B 팀, C 팀, 인사팀, 총무팀, 재무팀, 관리팀, 영업부 A 팀, B 팀, C 팀의 10개 팀임을 알 수 있다. 한편 다와 라를 살펴보면 아래와 같이 4개 팀의 위치가 정리된다.

101호	102호	103호	104호	105호	106호
	관리팀		인사팀		
	기획 B		재무팀		

한편 나에서 101호에는 기획실 두 팀이 들어가야 하는데 이미 B 팀은 102호에 있으므로 나머지 A, C 팀이 들어가면 된다.

101호	102호	103호	104호	105호	106호
기획 A	관리팀		인사팀		
기획 C	기획 B		재무팀		

마에서 103호와 105호에는 영업부 A, B, C 팀의 세 팀이 있다고 하였다. 따라서 위의 여섯 팀과 영업부 세 팀을 제외한 나머지 팀인 총무팀이 106호에 들어가게 된다.

101호	102호	103호	104호	105호	106호
기획 A	관리팀		인사팀		
기획 C	기획 B		재무팀		총무팀

또한 마에서 103호와 105호에는 영업부 A, B, C 팀이 있다고 하였는데 바에서 104~106호에는 5개 팀이 사용한다고 하였다. 따라서 103호에는 한 팀만 들어가고 105호에 두 팀 106호에 한 팀이 들어간다. 단 어느 사무실에 어느 팀이 들어가는지는 명확하지 않다.

101호	102호	103호	104호	105호	106호
기획 A	관리팀		인사팀	영업?팀	
기획 C	기획 B	영업?팀	재무팀	영업?팀	총무팀

이를 토대로 보기를 살펴보면,
ⓒ 재무팀의 바로 왼쪽 사무실에는 영업부 한 팀만 있다.
ⓜ 총무팀 옆에는 영업부 두 팀이 있지만 어떤 팀인지는 확실치 않다.

오답 체크
ⓐ 관리팀의 왼쪽에는 기획실의 두 팀뿐이지만 오른쪽에 영업부의 한 팀이 자리하고 있으므로 옳다.
ⓛ 기획 A 팀의 오른쪽에 기획 B 팀이 있다.
ⓔ 106호 사무실은 총무팀만 사용한다.

45 문제해결능력 문제　　　　　　　　　정답 ②

우선 펀드별 이득을 정리하면 다음과 같다.

	경기 상황		
	좋을 때	보통일 때	좋지 않을 때
A 펀드	900	700	300
B 펀드	−200	700	1,500
C 펀드	2,000	700	−500

전문가의 예측을 전적으로 신뢰하여 최대한의 기대이득을 얻으려 한다면 아래의 결과에서 보듯이 B 펀드에 투자하는 것이 최악의 선택이 된다.

A 펀드 = $(900 \times 0.3) + (700 \times 0.5) + (300 \times 0.2) = 680$
B 펀드 = $(-200 \times 0.3) + (700 \times 0.5) + (1,500 \times 0.2) = 590$
C 펀드 = $(2,000 \times 0.3) + (700 \times 0.5) + (-500 \times 0.2) = 850$

오답 체크
① 내년 경기가 좋을 것이라고 예상한다면 C 펀드에 투자하는 것이 2,000의 이득을 얻으므로 가장 바람직하다.
③ 성철이 자신은 운이 없다고 생각한다면 경기의 상황여부를 고려하기보다는 이익, 손해 여부를 감안해야 한다. 다시 말해 각 펀드 중에서 손해가 나더라도 가장 덜 손해가 나는 쪽으로 투자해야 한다. 따라서 A(300), B(−200), C(−500) 전략 가운데 최솟값이 가장 적은 A 펀드에 투자하는 것이 합리적인 선택이 된다. 한편 성철이 자신은 운이 좋다고 생각한다면 각 펀드 중에서 이익이 나는 것 중에 최대의 이익이 나는 쪽으로 투자해야 한다. 따라서 A(900), B(1,500), C(2,000) 전략 가운데 최댓값이 가장 큰 C 펀드에 투자하는 것이 합리적인 선택이 된다.
④ 전문가의 예측에도 불구하고 내년 경기가 보통일 것이라고 예상한다면 A, B, C 모두 700만 원의 이득을 얻으므로 어떤 펀드에 투자해도 상관없다.
⑤ 경기에 관한 확률이 모두 동일하다고 생각한다면 아래의 결과에서 보듯이 C 펀드에 투자하는 것이 합리적인 선택이 된다.

A 펀드 = $(900 \times \frac{1}{3}) + (700 \times \frac{1}{3}) + (300 \times \frac{1}{3}) = \frac{1,900}{3}$

B 펀드 = $(-200 \times \frac{1}{3}) + (700 \times \frac{1}{3}) + (1,500 \times \frac{1}{3}) = \frac{2,000}{3}$

C 펀드 = $(2,000 \times \frac{1}{3}) + (700 \times \frac{1}{3}) + (-500 \times \frac{1}{3}) = \frac{2,200}{3}$

46 자원관리능력 문제

정답 ②

제시된 자료에 따르면 여러 행사를 동시에 진행하지 않고, 1년 동안 최대한 많은 행사를 최소 비용으로 진행해야 한다. 5개의 행사를 모두 진행하거나 진행 기간이 가장 긴 E를 제외한 나머지 4개의 행사를 진행하면 행사를 진행하는 기간이 1년이 넘게 되므로 최대 3개의 행사를 진행하게 된다. 이때 비용이 가장 적은 A, B, D 3개의 행사를 선정할 경우 진행 기간이 총 $3+3+2=8$개월로 1년 동안 행사를 진행하지 않는 기간이 4개월이 되므로 불가능하다. 다음으로 비용이 적은 B, C, D 3개의 행사를 선정할 경우 진행 기간이 총 $3+5+2=10$개월로 가능하다.

따라서 탁 팀장은 B, C, D 3개의 행사를 선정하며, 이때 책정한 예산은 8천만 원이다.

47 자원관리능력 문제

정답 ④

지사 방문 업무용 차량을 계약하는 것이므로 준대형 차량으로 계약해야 하기 때문에 S-class 렌터카의 A 차량과 3S 렌터카의 D 차량은 계약이 불가능하며, 1년 기준 주행 거리가 40,000km이므로 S-class 렌터카의 B 차량은 계약이 불가능하다. 조건을 만족하는 S-class 렌터카의 C 차량과 3S 렌터카의 B, C 차량의 1년 대여료와 유류비의 합을 계산해 보면 다음과 같다.

S-class 렌터카 C 차량:
대여료 $7,000,000+$ 유류비 $(40,000/14) \times 1,400=11,000,000$원
3S 렌터카 B 차량:
대여료 $8,000,000+$ 유류비 $(40,000/10) \times 1,400=13,600,000$원
3S 렌터카 C 차량:
대여료 $7,500,000+$ 유류비 $(40,000/18) \times 1,200 = 10,166,667$원
따라서 가장 저렴한 차량은 3S 렌터카의 C 차량이다.

48 자원관리능력 문제

정답 ②

전부호 사원은 3월 10일 수요일에만 진행 요원으로 참석하므로 수요일에 B, C, D, G 대학에서 진행되는 채용설명회에 참석한 학생들에게 제공할 상품의 구매 비용만 고려하면 된다. 구매해야 하는 상품은 텀블러 260개, 보조배터리 460개, 색연필 70개, 마우스 180개이고, 각 상품마다 구매 개수가 300개 이상일 경우에만 단체 구매 할인율이 적용되고, 개별 구매 할인율은 구매 개수와 상관없이 적용되므로 상품별 할인율을 고려한 상품의 구매 비용의 총액은 $(260 \times 8,300 \times 0.95) + (460 \times 3,700 \times 0.90) + (70 \times 12,400 \times 0.95) + (180 \times 14,500) = 7,016,500$원이다.

따라서 전부호 사원이 상품을 구매하는 데 필요한 예산은 7,016,500원이다.

[49-50]
49 자원관리능력 문제

정답 ③

객실 배정은 기본적으로 선착순으로 진행되므로, 우선순위가 가장 높은 사람은 김승민 대리이다. 김승민 대리는 3/5부터 2박 가능한 4인 객실 중 넓은 객실로 신청했으므로, 해당 일정에 가능한 4인 객실인 2-A와 2-B 객실 중에 넓은 2-B 객실을 배정해 주면 된다.

다음은 신청일이 2/16로 동일한 정두연 과장, 정종찬 대리, 이경호 사원인데, 신청일이 동일할 경우 과거 이용실적이 적은 사람을 우선 배정한다고 했으므로 이경호 사원이 높은 우선순위를 갖는다. 이경호 사원은 3/7부터 2박 가능한 2인 객실로 신청했으므로, 유일한 2인 객실인 A1202를 배정해 주면 된다.

정두연 과장과 정종찬 대리는 과거 이용실적도 2회로 동일하므로 근속연수가 더 높은 정두연 과장이 높은 우선순위를 갖는다. 정두연 과장은 3/11부터 3박 가능한 4인 객실 중 저렴한 객실로 신청했으므로, 해당 일정에 가능한 4인 객실 2-A와 A1203 중 더 저렴한 2-A를 배정해 주면 된다.

정종찬 대리는 3/11부터 2박 가능한 4인 객실 중 저렴한 객실로 신청했는데, 해당 일정에 가능한 4인 객실 2-A와 A1203 중 2-A를 정두연 과장에게 배정했으므로, 정종찬 대리는 A1203을 배정해 주면 된다. 따라서 A1203 객실에 배정해야 하는 사람은 정종찬 대리이다.

마지막으로 정대수 과장은 3/4부터 2박 가능한 객실 중 저렴한 객실로 신청했으므로, 인원수에 상관없이 가장 저렴한 A1202를 배정해 주면 된다.

50 자원관리능력 문제

정답 ②

43번의 문제를 통해 정대수 과장은 3/4(목)~3/6(토) A1202 객실, 정두연 과장은 3/11(목)~3/14(일) 2-A 객실, 정종찬 대리는 3/11(목)~3/13(토) A1203 객실, 김승민 대리는 3/5(금)~3/7(일) 2-B 객실, 이경호 사원은 3/7(일)~3/9(화) A1202 객실을 배정받았음을 알 수 있다. 따라서 이용 금액은 아래와 같다.

정대수 과장: A1202, 비수기, 평일 1일, 주말 1일이므로
12만 원 $\times$ 1일 + 17만 원 $\times$ 1일 = 29만 원
정두연 과장: 2-A, 비수기, 평일 1일, 주말 2일이므로
14만 원 $\times$ 1일 + 20만 원 $\times$ 2일 = 54만 원
정종찬 대리: A1203, 비수기, 평일 1일, 주말 1일이므로
16만 원 $\times$ 1일 + 22만 원 $\times$ 1일 = 38만 원
김승민 대리: 2-B, 비수기, 주말 2일이므로
20만 원 $\times$ 2일 = 40만 원
이경호 사원: A1202, 비수기, 평일 2일이므로
12만 원 $\times$ 2일 = 24만 원

회사의 지원금액은 총 결제금액의 50%이므로 지원금 지급 금액이 가장 많은 사람은 정두연 과장 54만 원×0.5=27만 원이고, 지원금 지급 금액이 가장 적은 사람은 이경호 사원 24만 원×0.5=12만 원이다.

따라서 두 사람의 지원금 차이는 27만 원-12만 원=15만 원이 된다.

51 자원관리능력 문제　　　　　　　　정답 ③

팀장님의 지시사항은 5월 30일 월요일에 진행된 사항이고, 내일모레 리모델링이 시작될 수 있도록 하라고 했으므로 리모델링이 시작되는 시점은 6월 1일이다. 모든 공사는 6월 28일 화요일의 1주일 전에 마무리되어야 한다고 했으므로 6월 21일 화요일까지는 마무리되어야 한다. 따라서 휴무를 포함하여 21일 후에 마무리될 수 있는 업체로 선정해야 한다.

A 업체는 휴무 없이 필요일수가 21일이므로 기한 내에 가능하며, B 업체는 매주 일요일 휴무이므로 6월 21일까지는 5일, 12일, 19일 총 3일의 휴무가 있고, 필요일수가 19일 이므로 휴무를 포함하면 공사가 종료되는 시점은 6월 22일이 된다. C 업체는 첫째, 셋째 주 일요일 휴무라고 했으므로 6월 21일까지는 5일과 19일 총 2일의 휴무가 있고 필요일수는 19일 이므로 6월 21일에 공사가 마무리된다. D 업체는 매주 토요일, 일요일 휴무이므로 6월 21일까지는 4일, 5일, 11일, 12일, 18일, 19일 총 6일의 휴무가 있고 필요일수는 15일이므로 6월 21일에 공사가 마무리된다.

사무실 바닥의 면적은 20m×40m=800m²이고, 직육면체 형태라고 했으므로 천장의 면적 역시 바닥의 면적과 동일하다. 벽면의 면적은 20m×4m인 벽면이 2개, 40m×4m인 벽면이 2개이므로, 총 480m²가 된다. 따라서 각 업체별 가격을 살펴보면

A 업체: 800×4천 원+800×5천 원+480×10천 원=
　　　　 12,000,000원
C 업체: 800×4천 원+800×4천 원+480×11천 원=
　　　　 11,680,000원
D 업체: 800×3천 원+800×6천 원+480×12천 원=
　　　　 12,960,000원이다.

세 업체 중 가장 저렴한 업체는 C 업체이고, C 업체의 평가 점수의 평균은 80점 이상이므로 리모델링 업체로 선정해야 하는 업체는 C 업체이다.

52 자원관리능력 문제　　　　　　　　정답 ①

동경 135°에 위치한 인천이므로 시차는 +9이다. 뉴욕은 서경 75°에 위치하고 있으므로 시차는 -5이다. 따라서 인천과 뉴욕의 시차는 14시간이 된다. 총이동에 걸리는 시간은 13시간 40분+3시간+3시간 20분=20시간이므로 뉴욕에 도착하는 시간은 서울 기준 4월 22일 04시이고, 뉴욕과 서울의 시차가 14시간이므로, 이는 4월 21일 14시가 된다.

[53-54]
53 자원관리능력 문제　　　　　　　　정답 ⑤

주어진 정보에 따라 점수를 산출하면 아래와 같다.

구분	가	나	다	라	마
지하철 접근성	25	15	20	10	5
유동 인구수	25	15	20	25	15
월세	5	15	20	25	25
보증금	5	10	15	5	25
면적	-5	0	0	0	5
최종점수	55	55	75	65	75

따라서 다 지역과 마 지역의 점수가 동일하므로 우선순위에 따라 보증금 점수가 더 높은 마 지역을 선정해야 한다.

54 자원관리능력 문제　　　　　　　　정답 ③

대화 내용을 정리하여 점수로 환산해 보면 아래 표와 같다.

최종 점수는 지하철 접근성 점수×0.3+유동 인구수 점수×0.3+월세 점수×0.2+보증금 점수×0.2+감점으로 산출 가능하다.

구분	가	나	다	라	마
지하철 접근성 (30%)	100	80	90	70	60
유동 인구수 (30%)	100	70	80	90	60
월세 (20%)	60	70	80	90	100
보증금 (20%)	60	80	90	70	100
면적 (감점)	-10	-10	0	0	0
최종점수	74	65	85	80	76

따라서 최종적으로 선정할 수 있는 지역은 다 지역이다.

55 자원관리능력 문제   정답 ③

현재 냉장고가 고장이 발생하여 교체해야 하는 상황이고, 임동근 씨는 840L보다 크거나 같은 냉장고를 선택한다고 했으므로 B 냉장고와 D 냉장고는 선택할 수 없다. 색상에 대한 기준은 없으며 가격도 조건을 만족하는 제품이 여러 개 있다면 그중 가장 저렴한 것이라고 했으므로 마지막에 제시된 일 평균 소비전력 조건을 만족하는 제품 중 양문형이 있다면 양문형으로, 양문형이 2개 이상 있다면 그중 가장 저렴한 제품으로 선택한다. 현재 일 평균 소비전력은 고장이 나서 교체하려는 냉장고를 제외하고 0.4 + 2.1 + 3.2 + 2.4 + 2.7 + 0.3 + 0.8 = 11.9kwh이므로 새로 구매하는 냉장고의 일 평균 소비전력이 2.1kwh를 초과하지 않으면 된다. 따라서 가능한 제품은 C 냉장고와 E 냉장고 2개이다. 이 중 가격이 더 저렴한 냉장고는 E 냉장고지만, C 냉장고가 양문형이고, E 냉장고는 4-door type이므로 C 냉장고를 선택한다.

56 자원관리능력 문제   정답 ④

대인관계능력을 60%, 협상능력을 40%의 가중치로 두고 환산한 점수를 산출해 보면
유지민: $9 \times 0.6 + 7 \times 0.4 = 8.2$점,
장규진: $8 \times 0.6 + 7 \times 0.4 = 7.6$점,
김민정: $6 \times 0.6 + 8 \times 0.4 = 6.8$점,
김진우: $8 \times 0.6 + 8 \times 0.4 = 8.0$점,
배진솔: $8 \times 0.6 + 9 \times 0.4 = 8.4$점으로 배진솔이 가장 높다.
따라서 갑 프로젝트 담당자는 배진솔이 된다.
배진솔을 제외한 4명의 직원 중 업무실행능력 점수가 가장 높은 직원은 유지민과 김진우 두 명이다. 유지민과 김진우는 결단력 또한 7점으로 동일하고, 기획력은 유지민이 김진우보다 높으므로 을 프로젝트의 담당자는 유지민이 된다.
남은 장규진, 김민정, 김진우 세 명의 점수를 대인관계능력 30%, 업무실행능력, 기획력을 각 20%, 나머지 항목을 각 15%의 가중치를 두고 환산해 보면,
장규진: $8 \times 0.3 + 7 \times 0.15 + 8 \times 0.2 + 9 \times 0.15 + 7 \times 0.2 = 7.8$점,
김민정: $6 \times 0.3 + 8 \times 0.15 + 7 \times 0.2 + 8 \times 0.15 + 6 \times 0.2 = 6.8$점,
김진우: $8 \times 0.3 + 8 \times 0.15 + 9 \times 0.2 + 7 \times 0.15 + 6 \times 0.2 = 7.65$점이다.
따라서 장규진은 정 프로젝트 담당자, 김진우는 병 프로젝트 담당자, 김민정은 무 프로젝트 담당자가 된다.

57 자원관리능력 문제   정답 ②

모든 제작은 팀장님 지시 다음 날부터 시작된다고 했으므로 4월 6일 수요일부터 시작되며 4월 13일에는 최종 완성이 되어야 한다고 했으므로 총 8일 이내에 제작이 가능한 업체로 선정해야 한다. 제작해야 하는 총 수량은 6,000개이고, 갑을 판촉물의 경우 시간당 180개를 제작하며 하루에 6시간 근무를 하므로 1일당 1,080개를 제작할 수 있다. $6,000 \div 1,080 ≒ 5.6$이므로 근무일 기준 6일째에 최종 완성이 가능하다. 매주 토, 일이 휴일이라고 했고, 4월 6일 수요일부터 4월 13일 수요일까지 휴일을 제외하고 6일간 근무를 할 수 있으므로 별도의 휴일 근무 없이 제작이 가능한 업체이다. 따라서 총금액은 180원/개 × 6,000 = 1,080,000원이다.
병정 기프트는 시간당 100개를 제작하며 하루 8시간 근무하므로 1일당 800개를 제작할 수 있다. $6,000 \div 800 = 7.5$이므로 근무일 기준 8일째에 최종 완성이 가능하다. 매주 일이 휴일이라고 했고, 4월 6일 수요일부터 4월 13일 수요일까지 휴일을 제외하고 7일간 근무를 할 수 있으므로 기한 내 제작을 위해서는 휴일 제작을 요청해야 한다. 휴일에 요청 시 기본 금액의 50%에 해당하는 금액을 추가로 지불해야 한다고 했고, 1일 최대 제작 수량 단위로 요청이 가능하다고 했으므로 병정 기프트에서 휴일에 제작하는 수량은 800개이다. 따라서 총금액은 160원/개 × 5,200 + 160원/개 × 1.5 × 800 = 1,024,000원이다.
무기 인쇄소는 시간당 80개를 제작하며 하루 10시간 근무하므로 1일당 800개를 제작할 수 있다. $6,000 \div 800 = 7.5$이므로 근무일 기준 8일째에 최종 완성이 가능하다. 별도의 휴일이 없기 때문에 4월 6일 수요일부터 4월 13일 수요일까지 휴일을 제외하고 8일간 근무를 할 수 있으므로 기한 내 제작이 가능하다. 따라서 총금액은 170원/개 × 6,000 = 1,020,000원이다
따라서 가장 저렴한 업체는 무기 인쇄소이며, 총금액은 1,020,000원이다.

58 자원관리능력 문제   정답 ①

준 중형 이상, 대형 미만의 차량으로 계약한다고 했으며, SUV 차량은 계약하지 않는다고 했으므로 계약 가능한 차량은 B 차량과 D 차량 그리고 E 차량이 있다. 그중 외벽에 문구 스티커 부착이 가능한 차량으로 대여해야 한다고 했는데, D 차량의 경우 차량 외벽 스티커 부착이 불가능하다고 했으므로 최종적으로 선택이 가능한 차량은 B 차량과 E 차량 2대이다. 각 차량의 3년간 총비용을 살펴보면
B 차량: 390만원 × 3 + (2,600km/월 ÷ 13.0km/L × 1,740원/L)
     × 12개월 × 3년 = 24,228,000원
E 차량: 480만 원 × 0.9 × 3 + (2,600km/월 ÷ 9.2km/L × 1,840
     원/L) × 12개월 × 3년 = 31,680,000원이므로
더 저렴한 B 차량을 계약해야 하고, 3년간 지불해야 하는 총비용은 24,228,000원이다.

[59-60]

59 자원관리능력 문제

정답 ④

성능 점수, 경제성 점수는 단순 비교를 통해 산출이 가능하고 연비 점수는 계산을 통해 점수 산출이 가능하다. 따라서 각 전지 별 우선 연비 점수 산출을 위해 전지 용량 당 주행거리를 소수점 셋째 자리까지 산출해 보면 아래와 같다.

구분	A 전지	B 전지	C 전지	D 전지	E 전지
전지 용량 당 주행거리 (km/kWh)	440/74 ≒ 5.946	430/73 ≒ 5.890	430/69 ≒ 6.232	400/65 ≒ 6.154	510/78 ≒ 6.538

산출한 결과와 단가, 전지 용량을 토대로 점수를 산출해 보면 다음과 같다.

구분	A 전지	B 전지	C 전지	D 전지	E 전지
성능 점수	4	3	2	1	5
경제성 점수	3	4	2	5	1
연비 점수	2	1	4	3	5

따라서 각 회사별 가중치에 따라 점수를 산출해 보면 아래와 같다.

구분	갑 회사	을 회사	병 회사
A 전지	$4 \times 0.3 + 3 \times 0.3 + 2 \times 0.4 = 2.9$	$4 \times 0.4 + 3 \times 0.2 + 2 \times 0.4 = 3.0$	$4 \times 0.3 + 3 \times 0.4 + 2 \times 0.3 = 3.0$
B 전지	$3 \times 0.3 + 4 \times 0.3 + 1 \times 0.4 = 2.5$	$3 \times 0.4 + 4 \times 0.2 + 1 \times 0.4 = 2.4$	$3 \times 0.3 + 4 \times 0.4 + 1 \times 0.3 = 2.8$
C 전지	$2 \times 0.3 + 2 \times 0.3 + 4 \times 0.4 = 2.8$	$2 \times 0.4 + 2 \times 0.2 + 4 \times 0.4 = 2.8$	$2 \times 0.3 + 2 \times 0.4 + 4 \times 0.3 = 2.6$
D 전지	$1 \times 0.3 + 5 \times 0.3 + 3 \times 0.4 = 3.0$	$1 \times 0.4 + 5 \times 0.2 + 3 \times 0.4 = 2.6$	$1 \times 0.3 + 5 \times 0.4 + 3 \times 0.3 = 3.2$
E 전지	$5 \times 0.3 + 1 \times 0.3 + 5 \times 0.4 = 3.8$	$5 \times 0.4 + 1 \times 0.2 + 5 \times 0.4 = 4.2$	$5 \times 0.3 + 1 \times 0.4 + 5 \times 0.3 = 3.4$

따라서, 갑 회사가 선택해야 하는 전지는 E 전지이고, 을 회사도 E 전지이다. 병 회사는 무게가 300kg 초과하는 전지는 선택하지 않는다고 했으므로 E 전지를 제외하고 점수가 가장 높은 D 전지를 선택해야 한다.

60 자원관리능력 문제

정답 ④

위의 문제에서 산출한 성능 점수, 경제성 점수, 연비 점수에 무게 점수를 추가하면 아래와 같다.

구분	A 전지	B 전지	C 전지	D 전지	E 전지
성능 점수	4	3	2	1	5
경제성 점수	3	4	2	5	1
연비 점수	2	1	4	3	5
무게 점수	2	3	4	5	1

산출된 점수를 토대로 변경된 가중치를 감안하여 총점을 산출하면 아래와 같다.

구분	병 회사
A 전지	$4 \times 0.3 + 3 \times 0.2 + 2 \times 0.2 + 2 \times 0.3 = 2.8$
B 전지	$3 \times 0.3 + 4 \times 0.2 + 1 \times 0.2 + 3 \times 0.3 = 2.8$
C 전지	$2 \times 0.3 + 2 \times 0.2 + 4 \times 0.2 + 4 \times 0.3 = 3.0$
D 전지	$1 \times 0.3 + 5 \times 0.2 + 3 \times 0.2 + 5 \times 0.3 = 3.4$
E 전지	$5 \times 0.3 + 1 \times 0.2 + 5 \times 0.2 + 1 \times 0.3 = 3.0$

따라서 점수가 가장 높은 전지는 D 전지이다.

NCS 실전모의고사 6회 PSAT형

정답

01 의사소통	02 의사소통	03 의사소통	04 의사소통	05 의사소통	06 의사소통	07 의사소통	08 의사소통	09 의사소통	10 의사소통
③	③	③	④	①	④	④	⑤	①	④

11 의사소통	12 의사소통	13 의사소통	14 의사소통	15 수리	16 수리	17 수리	18 수리	19 수리	20 수리
④	⑤	②	①	①	③	④	④	⑤	④

21 수리	22 수리	23 수리	24 수리	25 수리	26 수리	27 수리	28 수리	29 수리	30 수리
③	②	④	③	⑤	④	④	⑤	④	②

31 문제해결	32 문제해결	33 문제해결	34 문제해결	35 문제해결	36 문제해결	37 문제해결	38 문제해결	39 문제해결	40 문제해결
④	①	③	④	③	④	②	⑤	③	③

41 문제해결	42 문제해결	43 문제해결	44 문제해결	45 문제해결	46 문제해결	47 자원관리	48 자원관리	49 자원관리	50 자원관리
②	②	⑤	⑤	③	④	⑤	①	②	②

51 자원관리	52 자원관리	53 자원관리	54 자원관리	55 자원관리	56 자원관리	57 자원관리	58 자원관리	59 자원관리	60 자원관리
④	②	④	⑤	⑤	⑤	②	④	③	③

취약 영역 분석표

영역별로 맞힌 개수, 틀린 문제 번호와 풀지 못한 문제 번호를 적고 나서 취약한 영역이 무엇인지 파악해 보세요.
취약한 영역은 해커스잡 사이트(ejob.Hackers.com)에서 제공하는 '시험 당일 최종 마무리 <NCS 빈출 개념 핵심 요약집>'을 학습하고, 틀린 문제
및 풀지 못한 문제를 다시 풀어보면서 확실히 극복하세요.

영역	맞힌 개수	틀린 문제 번호	풀지 못한 문제 번호
의사소통능력	/14		
수리능력	/16		
문제해결능력	/16		
자원관리능력	/14		
TOTAL	**/60**		

해설

01 의사소통능력 문제
정답 ③

한국을 제외한 나머지 자동차 회사에서 수소 자동차의 연구를 포기한 이유는 인프라에 대한 부재가 아닌 전기 자동차가 더 효율적이라는 이유에서였으므로 적절하지 않다.

① 3문단에서 일반적으로 자동차는 폐차될 때까지 수명 기간 중 96퍼센트 동안 멈춰있다고 하며 자동차에서 생산한 에너지를 되파는 형태가 된다면 분산형 전원이 만들어지고 진정한 에너지 민주화가 이루어질 것이라고 하였으므로 적절하다.

②, ⑤ 4문단에서 수소 경제는 가시화되어 있다고 하며 대중화에 대한 논의, 화석 연료로부터 벗어나겠다는 열의가 얼마나 뜨거운가에 달려있다고 하였으므로 적절하다.

④ 2문단에서 수소 연료전지가 동력원으로 사용될 경우 지구 온난화 속도가 급격히 줄어들어 산업 시대 이전 수준에 머물고 지구 기온 상승이라는 장기적 환경 위기도 누그러질 수 있다고 하였으므로 적절하다.

02 의사소통능력 문제
정답 ③

1문단에서 사적 연금이나 공공 부조 제도와 함께 공적 연금 제도를 실시하고 있다고 했으므로, 공적 연금 제도를 시행한 뒤에 공공 부조를 폐지해야 하는 것은 아니다.

① 1문단에서 연금 제도의 목적을 달성하는 수단으로 사적 연금, 공공 부조, 공적 연금 제도 등을 언급하고 있다.

② 1문단에서 공적 연금 제도와 사적 연금이 함께 실시되고 있음을 언급하고 있다.

④ 2문단에서 공공 부조가 야기하는 도덕적 해이가 납세 부담을 가중시킬 수 있음을 언급하고 있다.

⑤ 3문단에서 공적 연금 제도가 소득 재분배 효과가 있음을 언급하고 있다.

[03-04]
03 의사소통능력 문제
정답 ③

1문단에서 위반에 대한 제재를 통해 법의 효력을 확보하는 일반적인 경향과 신뢰가 구속력을 형성하는 BIS 비율 규제를 대조하여 제시하고 있다. 또한 6문단에서 구체적인 권리와 의무를 명시한 조약이나 국제 사회에서 보편적으로 받아들여 지키고 있는 보편적 규범인 국제 관습법은 '딱딱한 법'이고, 이와 달리 법적 구속력이 없는 BIS 비율 규제는 '말랑말랑한 법'이라고 설명하고 있다. 따라서 제재보다는 신뢰로써 법적 구속력을 확보하는 데 주안점을 두는 것은 '딱딱한 법'이 아니라 '말랑말랑한 법'이라는 것을 알 수 있으므로 적절하지 않다.

① 조약은 국가나 국제기구들이 그들 사이에 지켜야 할 구체적인 권리와 의무를 명시적으로 합의하여 창출하는 규범이라는 내용이 1문단에 제시되어 있으므로 적절하다.

② 새롭게 발표되는 바젤 협약은 이전 협약에 들어 있는 관련 기준을 개정하는 효과가 있다는 내용이 5문단에 제시되어 있으므로 적절하다.

④ 바젤 기준을 따르지 않을 경우 은행이 믿을 만하다는 징표를 국제 금융 시장에 보여 주지 못해 재무 건전성에 의심을 받을 수 있다는 내용을 5문단을 통해 이끌어낼 수 있다. 따라서 국제기구의 결정을 지키지 않을 때 입게 될 불이익이 국제기구의 결정이 준수되도록 하는 역할을 한다는 설명은 적절하다.

⑤ 초국가적 감독 권한이 없으며, 그 결정에도 법적 구속력이 없는 바젤위원회의 바젤 기준을 세계 각국에서 자발적으로 받아들여 법제화하는 것은 은행이 믿을 만하다는 징표를 국제 시장에 보여 주기 위함이라는 것을 5~6문단을 통해 알 수 있으므로 적절하다.

04 의사소통능력 문제
정답 ④

'바젤 I' 협약에서는 감독 기관의 승인 하에 은행의 선택에 따라 시장 위험의 측정 방식을 사용할 수 있도록 하였고, 이는 '바젤 II' 협약에서도 유지된다. '바젤 II' 협약에서는 신용 위험의 측정 방식으로 표준 모형이나 내부 모형 가운데 하나를 은행이 이용할 수 있도록 하였는데, 내부 모형의 경우 은행이 선택한 위험 측정 방식을 감독 기관의 승인 하에 사용할 수 있다.

따라서 '바젤 II' 협약에 따르면 시장 위험의 측정 방식과 신용 위험의 측정 방식 모두 감독 기관의 승인 하에 은행이 선택하여 사용할 수 있다.

① '바젤 I' 협약은 회사채에 위험 가중치 100%를 획일적으로 부여하도록 하고 있다.
   따라서 회사채의 신용도가 낮아질 경우에도 위험 가중치나 위험 가중 자산에는 변화가 없으므로 BIS 비율이 영향을 받지 않는다.

② '바젤 II' 협약은 감독 기관이 필요시 위험가중자산에 대한 자기자본의 최저 비율이 규제 비율을 초과하도록 자국 은행에 요구할 수 있게 함으로써 자기자본의 경직된 기준을 보완하고자 했다는 내용이 4문단에 제시되어 있다.
   따라서 각국의 은행들이 준수해야 하는 위험가중자산 대비 자기자본의 최저 비율이 동일하다는 설명은 적절하지 않다.

③ '바젤 II' 협약의 표준 모형에 따르면 OECD 국가의 국채의 위험 가중치는 0%에서 150%까지이고, 회사채의 위험 가중치는 20%에서 150%까지이다. 만약 위험 가중치가 낮은 국채를 매각하고, 이를 위험 가중치가 높은 회사채에 투자한다면 위험가중자산이 더 커지므로 BIS 비율은 낮아지게 된다.

⑤ '바젤 III' 협약은 위험가중자산에 대한 기본자본의 비율이 최소 6%가 되게 보완하였다. 바젤위원회의 BIS 비율은 위험가중자산에 대한 자기 자본의 비율로 결정되는데, 위험가중자산에 대한 보완자본의 비율이 2%가 되지 않는다 하더라도 기본자본의 비율이 높아지면 BIS 비율을 충족할 수 있다. 예를 들어, 위험가중자산에 대한 보완자본의 비율이 1.5%라고 할 때 기본자본의 비율이 6.5% 이상이면 BIS 비율을 충족할 뿐만 아니라 위험가중자산에 대한 기본자본의 비율이 6%를 넘겨야 한다는 '바젤 III' 협약도 충족시킨다.

따라서 '바젤 III' 협약에 따라 위험가중자산 대비 보완자본이 최소 2%가 되어야 한다는 설명은 적절하지 않다.

🔍 더 알아보기

· **BIS: 국제결제은행**
BIS(Bank for International Settlements)는 1930년 헤이그 협정을 모체로 설립된 세계에서 가장 오래된 국제금융기구로서 중앙은행 간 정책협력을 주요 기능으로 하고 있으며 현재 60개 중앙은행이 회원은행으로 참여하고 있다. BIS는 중앙은행 간 협력체로서의 기능 수행에 중점을 두고 있으나 국제금융거래의 원활화를 위한 편의 제공, 국제결제업무와 관련한 수탁자 및 대리인으로서의 역할도 수행하고 있다. BIS는 최고의사결정 기관인 총회, 운영을 담당하는 이사회, 일반 업무를 관장하는 집행부로 구성되어 있으며 중앙은행 간 정보교환기능 제고를 위해 총재회의, 특별회의, 각종 산하 위원회 회의 등을 수시로 개최하고 있다. 또한, 아시아지역과 아메리카지역 중앙은행과의 관계를 증진하기 위하여 홍콩 및 멕시코시티에 지역사무소를 개설하였다. 한국은행은 1975년 연차총회에 옵서버 자격으로 참석한 이래 국제통화협력을 위해 노력한 결과 1997년 1월 14일 정식회원으로 가입하였다.

· **BIS 비율**
BIS가 정한 은행의 위험자산(부실채권) 대비 자기자본비율로 1988년 7월 각국 은행의 건전성과 안정성 확보를 위해 최소 자기자본비율에 대한 국제적 기준을 마련하였다. 이 기준에 따라 적용대상은행은 위험자산에 대하여 최소 8% 이상의 자기자본을 유지하도록 하였다. 즉, 은행이 거래기업의 도산으로 부실채권이 갑자기 늘어나 경영위험에 빠져들게 될 경우 최소 8% 정도의 자기자본을 가지고 있어야 위기상황에 대처할 수 있다는 것이다.
즉, 숫자가 높을수록 은행의 재무상태가 좋다는 의미이고, 반대로 낮아지면 자기자본이 줄어들고 위험가중자산이 늘어났다는 의미이다.

· **NPL 비율(고정이하여신비율)**
여신이란 금융기관이 고객에게 돈을 빌려주는 것을 말한다. 그래서 고정이하여신비율이란 총 여신 중 3개월 이상 연체된 대출이 차지하는 비율로 원리금 회수에 문제가 있을 것으로 판단되는 여신을 의미하며, Non-performing loan의 약자로 무수익여신이라고 한다. 일정 기간 이상 이자가 연체된 대출금, 부도 등으로 법정관리에 들어간 기업의 대출금으로 빌려준 은행입장에서 회수가 불확실하거나 불가능하다고 판단한 여신이다. 즉 부실채권인 것이다. 그렇기 때문에 NPL 비율은 낮을수록 은행의 재무건전성이 좋다는 뜻이 된다.

05 의사소통능력 문제
정답 ①

현재로서는 새로운 과학기술이 오히려 일자리를 빼앗아버리는 측면이 강하다고 하며 양극화가 일어난다고 주장한다.

오답 체크

② B는 인간의 욕구가 사라지지 않는 한 경제성장에 기여할 수 있다고 이야기하여 인간의 소유가 사라지는 것은 아님을 알 수 있으므로 적절하지 않다.

③ A는 일을 많이 할수록 더 많은 것을 얻을 수 있다는 것은 유토피아적 믿음일 뿐이라고 이야기하므로 적절하지 않다.

④ B는 원초적 욕구로 인하여 생산성을 위해 더 많은 일을 하게 될 것이라고 하며 경제가 성장을 할 수 있다고 이야기하므로 적절하지 않다.

⑤ A는 새로운 시대에 경제성장을 이끈 것은 일을 많이 할수록 더 많은 것을 가질 수 있다는 희망이 아니라 과학기술이었다고 이야기하므로 적절하지 않다.

06 의사소통능력 문제
정답 ④

정부가 코로나19로 어려움을 겪고 있는 관광산업에 활력을 불어넣고 코로나 이후 관광시장 회복을 준비하기 위하여 창의적인 아이디어를 가진 관광벤처기업 창업 지원을 통해 침체된 관광산업에 숨을 불어넣는다는 내용이 중심내용으로 가장 적절하다.

07 의사소통능력 문제
정답 ④

4문단 마지막에서 '사유재산이란 '청동기 시대'부터 생겨왔던 개념이자 인간의 소유욕이라는 욕망과도 관련이 있는 부분이기 때문에 필연적으로 없어질 수는 없을 것이다'라는 내용으로 미루어보아 공유경제가 대중화되더라도 소유의 개념은 없어질 수 없다고 예측한다.

08 의사소통능력 문제
정답 ⑤

내용의 흐름상으로 보아 한국의 경제 성장률을 국제통화기금이 전망한 내용과 그에 대한 수치가 먼저 나와야 한다. (나)에서 기획재정부에 대한 내용이 먼저라고 생각할 수 있지만 '한국경제는 오미크론 확산, 미·중 등 주요 교역국의 하향조정 영향은 있으나 경상수지 및 소비 호조, 이번에 발표한 추경효과 등을 포함한 것으로 평가한 것'이라는 내용으로 미루어보아 앞에서 발표한 주체에 대한 내용이 나와야 하므로 (라)가 먼저라는 것을 알 수 있다. 따라서 '(라) – (나) – (다) – (가)'가 순서상 바르다.

09 의사소통능력 문제
정답 ①

<보기>의 ⓐ 매개 요소와 ⓑ 인물의 성격은 포함관계에 해당되므로 이와 동일한 관계를 나타내는 것은 '자동차'와 '승용차'가 적절하다.

② '소'와 '위'는 구성요소의 관계이다.

③ '여름'과 '겨울'은 반의 관계이다.

④ '납세'와 '징세'는 반의 관계이다.

⑤ '책상'과 '의자'는 동일위상의 관계이다.

10 의사소통능력 문제   정답 ④

ⓔ 뒤의 '내가 차별을 당하고 싶지 않다면'을 통해 ⓔ에는 '우리 자신은 다른 사람에게 차별받고 싶어 하지 않는다.'는 내용이 들어가는 것이 적절하며, 앞뒤 문맥을 고려할 때 '그러나'와 같은 역접의 접속 표현이 사용되어야 한다.

따라서 '그러나 우리 자신은 다른 사람에게 차별받고 싶어 하지 않는다.'와 같은 문장이 들어가는 것이 적절하다.

① 백조와 오리의 생김새의 차이를 설명하고 있으므로 '다르다'로 쓰는 것이 적절하다.

② '차별받다'는 '차별' 뒤에 '어떤 행동이나 의미를 당하다'라는 의미의 접사 '-받다'가 붙은 표현으로 한 단어이므로 붙여 쓰는 것이 적절하다.

③ '백조가 다른 ~ 인정받은 것이다.'의 이유를 제시해야 문장 간의 의미 연결이 자연스러워지므로 '어미도 그 어린 새를 자신의 새끼로 받아들이는 습성이 있기 때문이다.'로 수정하는 것이 적절하다.

⑤ 맥락상 '너그럽게 감싸 받아들이다'의 의미를 표현하는 '포용하려는'이 들어가는 것이 적절하다.

11 의사소통능력 문제   정답 ④

자연이 변화하고 운동한다는 사실이 밝혀짐에 따라 자연의 모든 물질이 계량화될 수 있는지에 대해 많은 과학자들이 의심하게 되었다는 맥락이기 때문에 이를 '이러한 변화'로 받는 것은 옳으므로 적절하지 않다.

① '하는 데에'에서 '데'는 '것'이나 '장소'의 뜻을 나타내는 의존명사이므로 띄어 쓰는 것이 적절하다.

② 한자와 한자가 결합한 단어의 경우 일부 예외적인 단어를 제외하고는 사이시옷을 표기하지 않는 것이 원칙이므로 '초점'으로 수정하는 것이 적절하다.

③ 맥락상 '면적과 부피와 무게를 나타내는 도구(수단)'로서의 의미를 드러내므로 '수로써'로 수정하는 것이 적절하다.

⑤ 주어가 '물질이 변화한다는 사실은'이므로 주술호응을 고려하면 '~맺는다는 것을 의미한다'로 수정하는 것이 적절하다.

12 의사소통능력 문제   정답 ⑤

'창출'은 '전에 없던 것을 처음으로 생각하여 지어내거나 만들어 냄'이라는 의미로 맥락에 따라 '외국인행정 빅데이터가 만들어진다'는 뜻을 표현한다. '판단이나 결론 따위를 이끌어낸다'는 의미를 가진 단어는 '도출'이다.

13 의사소통능력 문제   정답 ②

자신이 언제든 합리적 판단을 내릴 수 있다는 측면에서 앞 문장과 동일한 내용을 말하고 있으므로 '즉'으로 쓰는 것이 옳으므로 적절하지 않다.

① 사랑에 빠진 사람의 비합리성이나 맹목성을 비유하는 표현이므로 '눈에 콩깍지가 쓰였다'가 적절하다.

③ 앞 문장과의 관계를 고려하면 '카너먼에 의하면'이 ⓒ에도 그대로 적용되므로 '카너먼에 의하면 인간은 ~심리적 경향이 있다는 것이다'로 호응 관계를 이루는 것이 적절하다.

④ 맥락상 그 판단을 한 개인에게는 (편향된 판단이) 진실처럼 느껴진다는 의미이므로 주어가 '편향된 판단'임을 알 수 있고 따라서 피동표현인 '받아들여진다는'으로 수정하는 것이 적절하다.

⑤ ⓜ의 '내지'는 '얼마에서 얼마까지'의 의미를 지닌 부사이므로 띄어 쓰는 것이 적절하다.

14 의사소통능력 문제   정답 ①

㉠은 '드러나지 않거나 알려지지 않은 사실, 내용, 생각 따위를 드러내 알리다'라는 의미의 '밝히다'가 기본형인 것은 맞지만 피동의 의미가 필요한 문장이 아니므로 과거시제 선어말 어미 '-었-'을 붙여 '밝혔다'로 쓰는 것이 적절하다.

② '기재'는 '문서 따위에 기록하여 올림'의 의미이다.

③ '병행'은 '둘 이상의 일을 한꺼번에 행함'이라는 뜻으로 '함께'의 의미가 포함되어 있다.

④ 한글 맞춤법 제 11항에 의해 '모음'이나 'ㄴ' 받침 뒤에 이어지는 '렬, 률'은 '열, 율'로 적는다.

⑤ '특히~' 이후의 문장에서 분석 결과 변연하 내측 전전두엽 내 흥분성 신경세포의 'GluN2B' 소단위체 단백질을 포함한 'NMDA수용체'가 활성화되었음을 확인했고 이를 다시 ⓜ '이는~'으로 받고 있으므로 문장의 자리를 바꾸는 것이 적절하다.

글의 구성요소

1. 통일성: 각 문장들이 주제를 향해 긴밀하게 연결되어 하나의 글을 구성하도록 해주는 내용적 요건
   - 코페르니쿠스는 지구가 태양의 주위를 돈다고 주장했다.
   - 갈릴레이는 지구가 둥글다고 주장했다.
   - 아인슈타인은 시간이 흐르는 속도는 상황에 따라 다르다고 주장했다.
   → 세 문장이 하나의 주제로 묶여 있지 않아 내용상 통일성이 없음

2. 응집성: 문장들이 서로 긴밀하게 묶여 하나의 글을 구성하도록 해주는 형식적 요건, 주로 지시 표현, 대용 표현, 접속 표현 등에 의해 실현됨
   - [코끼리를 냉장고에 넣는 3단계는?]
     ① 먼저 냉장고 문을 연다. ② 다음으로 코끼리를 넣는다.
     ③ 마지막으로 냉장고 문을 닫는다.
   → '먼저, 다음으로, 마지막으로'와 같이 순서를 드러내는 어휘를 사용하여 응집성을 높임

15 수리능력 문제

정답 ①

'보완율 = 보완 예정 공원 시설 개수 / 전체 공원 시설 개수 × 100'이므로 전체 공원 시설 개수는 보완 예정 공원 시설 개수를 보완율로 나누게 되면 확인할 수 있고, 보완 예정에 포함되지 않은 시설 개수는 전체 공원 시설개수에서 보완 예정 공원 시설 개수를 제외한 수치이다.

- 전체 공원 시설 개수 = 보완 예정 공원 시설 / 보완율
- 보완 예정에 포함되지 않은 시설 개수 = 전체 공원 시설 개수 - 보완 예정 공원 시설 총 개수

구분		A 구	B 구	C 구	D 구
보완 예정 공원 시설	기계시설	35	20	0	40
	전기시설	110	85	120	65
	건축시설	115	50	60	100
	토목시설	80	115	100	80
	합계	340	270	280	285
보완율		75%	85%	60%	40%
전체 공원 시설 개수		340 / 75% =453	270 / 85% =318	280 / 60% =467	285 / 40% =713
보완 예정에 포함되지 않은 시설 개수		453 - 340 =113	318 - 270 =48	467 - 280 =187	713 - 285 =428

위와 같은 결과에 따라서 보완 예정에 포함되지 않은 시설의 개수가 가장 적은 행정 구역 순서는 B 구 - A 구 - C 구 - D 구 순이다.

16 수리능력 문제

정답 ③

ⓒ F2 비자는 방문동거/거주/동반으로 비자코드는 F1~F3 체류자격에 포함된다. F1~F3 비자코드 중 F2 비자에 대해 정확한 성별 현황은 문제에서 제시하고 있지 않으므로 F6 비자를 가진 남성 인구와 여성 인구와의 비교를 할 수 없다.
따라서 옳지 않은 설명이다.

ⓒ E1~E7의 비자코드를 가진 남성 체류인구는 6,799명으로 결혼 이민자 남성 체류인구 6,360명보다 많고, E1~E7의 비자코드를 가진 여성 체류인구는 4,895명으로 기타 여성 체류인구 4,415명보다 많다. 또한, 전문인력 총 인구는 11,694명으로 유학체류인구 50,413명 대비 약 $\frac{11,694}{50,413} \times 100 ≒ 23.2\%$ 수준이므로 보기는 옳지 않은 설명이다.

오답 체크

㉠ A 시에 체류 중인 외국인 남성 인구는 23,310 + 6,799 + 17,796 + 13,826 + 66,616 + 22,824 + 6,360 + 9,403 = 166,934명이고, 여성 인구는 16,144 + 4,895 + 32,617 + 18,996 + 74,027 + 24,892 + 14,441 + 4,415 = 190,427명으로 여성 인구가 남성 인구보다 190,427 - 166,934 = 23,493명 더 많다.
따라서 옳은 설명이다.

㉣ 재외동포 자격으로 거주 중인 외국인은 140,643명으로 남성과 여성 전체 인구 166,934 + 190,427 = 357,361명 중 약 $\frac{140,643}{357,361} \times 100 ≒ 39.4\%$를 차지하고 있다.
따라서 옳은 설명이다.

17 수리능력 문제

정답 ④

2018년 응답자 중 40~49세 비만유병자는 1,130 × 36.8% ≒ 416명, 50~59세 비만유병자는 1,197 × 35.2% ≒ 421명으로 40~49세 비만유병자가 약 5명 더 적으므로 옳은 설명이다.

오답 체크

① 2016년 50~59세 비만유병률은 36.1%로 2016년 전체 인구 비만유병률도 36.1%로 동일하기 때문에 항상 높지는 않으므로 옳지 않은 설명이다.

② 2016년 60세 이상 연령대의 비만유병자 수는 1,017 × 40.2% ≒ 409명, 1,064 × 37.5% ≒ 399명이므로 409 + 399 = 808명이고, 2017년 60세 이상 연령대의 비만유병자 수는 1,099 × 38.0% ≒ 418명, 1,091 × 34.7% ≒ 379명이므로 418 + 379 = 797명이다.
따라서 60세 이상 연령대의 비만유병자 수는 2016년 대비 2017년에 감소하였으므로 옳지 않은 설명이다.

③ 전체 인구 비만유병률은 2012년부터 2년간 하락했으나 2016년에서 2017년에도 1% 수준 하락 후 재상승했기 때문에 옳지 않은 설명이다.

⑤ 19~29세 연령의 응답자 중 비만유병자 수는 2016년 686 × 27.2% ≒ 187명, 2017년 722 × 29.4% ≒ 212명, 2018년 756 × 26.9% ≒ 203명으로 2017년 대비 2018년은 약 9명 감소했으므로 옳지 않은 설명이다.

18 수리능력 문제   정답 ④

전년 대비 2019년 연간 투자액 감소율을 주요 통신사별로 살펴보면

A 사 = $\frac{30,200 - 37,400}{37,400} \times 100 = \frac{-7,200}{37,400} \times 100 ≒ -19.3\%$

B 사 = $\frac{28,720 - 32,570}{32,570} \times 100 = \frac{-3,850}{32,570} \times 100 ≒ -11.8\%$

C 사 = $\frac{23,805 - 26,085}{26,085} \times 100 = \frac{-2,280}{26,085} \times 100 ≒ -8.7\%$이므로

감소율이 큰 회사는 A 사 > B 사 > C 사 순이다.
따라서 옳은 설명이다.

오답 체크

① 2019년 주요 통신사 총 설비투자 금액은 30,200 + 28,720 + 23,805 = 82,725억, 2020년 주요 통신사 총 설비투자 금액은 30,000 + 28,551 + 23,455 = 82,006억으로 2019년 대비 2020년도에 총 설비투자 금액은 감소하였다.
따라서 옳지 않은 설명이다.

② A 사의 최근 3년간 설비투자 금액을 보면 37,400 + 30,200 + 30,000 = 97,600억으로 10조원을 넘지는 않으므로 옳지 않은 설명이다.

③ 2018년 주요 통신사의 총 설비투자 금액은 37,400 + 32,570 + 26,085 = 96,055억이고, B 사의 최근 3년간 설비투자 금액은 32,570 + 28,720 + 28,551 = 89,841억으로 2018년 주요 통신사의 총 설비투자 금액이 B 사의 최근 3년간 총 투자금액보다 크다.
따라서 옳지 않은 설명이다.

⑤ 2021년 주요 통신사 연간 설비투자 금액은 A 사는 10% 증가한 33,000억이고, B 사와 C 사는 2020년과 동일하다. 이때 전체 투자 금액 중 A사의 비율을 살펴보면 $\frac{33,000}{33,000 + 28,551 + 23,455} \times 100 = \frac{33,000}{85,006} \times 100 ≒ 38.8\%$를 차지하고 있으므로 2021년 주요 통신사 투자 금액 중 A 사가 40% 이상을 차지한다는 내용은 옳지 않은 설명이다.

19 수리능력 문제   정답 ⑤

ⓒ 2020년말 대비 2021년 상반기의 외국인 토지 보유 면적이 감소한 시도는 광주, 대전, 제주 총 3곳이므로 옳은 설명이다.
ⓓ 2021년 상반기 서울시의 외국인 토지 보유 천m²당 금액은 $\frac{117,031}{3,122} ≒ 37.5$억/천m²,

부산시의 외국인 토지 보유 천m²당 금액은 $\frac{21,539}{5,013} ≒ 4.3$억/천m²로 서울시의 천m²당 금액은 부산시보다 약 $\frac{37.5}{4.3} ≒ 8.7$배 더 비싸므로 옳은 설명이다.

오답 체크

ⓐ 2020년 말 기준 전국 토지 보유 면적 253,347천m² 중 수도권 면적은 52,514천m²로 전체 면적의 약 $\frac{52,514}{253,347} \times 100 ≒ 20.7\%$를 차지하고 있고, 토지 보유 금액 기준으로는 전국 314,962억 중 수도권 토지 금액이 188,480억으로 전체 금액의 약 $\frac{188,480}{314,962} \times 100 ≒ 59.8\%$를 차지하고 있지만 60%를 넘지는 않는다.
따라서 옳지 않은 설명이다.

ⓑ 2020년말 대비 2021년 상반기 면적 증가율 = $\frac{256,740 - 253,347}{253,347} \times 100 = \frac{3,393}{253,347} \times 100 ≒ 1.34\%$,
2020년말 대비 2021년 상반기 금액 증가율 = $\frac{316,906 - 314,962}{314,962} \times 100 = \frac{1,944}{314,962} \times 100 ≒ 0.62\%$이므로 면적은 1% 이상 증가했지만 외국인 토지 보유 금액은 1% 이상 증가하지 않았다.
따라서 옳지 않은 설명이다.

20 수리능력 문제   정답 ④

총매출액 대비 시내점 매출 비중을 연도별로 살펴보면

2017년 = $\frac{16,198}{18,344} \times 100 ≒ 88.3\%$,

2018년 = $\frac{24,057}{30,337} \times 100 ≒ 79.3\%$,

2019년 1분기 = $\frac{7,355}{10,071} \times 100 = 73.0\%$으로 가장 높았던 2017년 88.3% 대비 약 15.3%p 하락했으므로 옳은 설명이다.

오답 체크

① 2019년 1분기 총매출액은 10,071억 원으로 매출액의 추이가 지속된다면 2019년 총매출액은 10,071 × 4분기 = 40,284억 원이고, 1분기 시내점 매출액은 7,355억 원으로 2019년 시내점 매출액은 7,355 × 4분기 = 29,420억 원으로 3조 원을 넘지는 않는다.
따라서 옳지 않은 설명이다.

② 전년 대비 2017년 총매출액 증가율 = $\frac{18,344 - 9,608}{9,608} \times 100 = \frac{8,736}{9,608} \times 100 ≒ 90.9\%$, 전년 대비 2018년 총매출액 증가율 = $\frac{30,337 - 18,344}{18,344} \times 100 = \frac{11,993}{18,344} \times 100 ≒ 65.4\%$이므로 전년 대비 2017년도의 증가율이 2018년보다 더 높다.
따라서 옳지 않은 설명이다.

③ 문제에서 2019년 연간 총매출액과 시내점 매출액에 대해 확인할 수 있는 근거를 제시하지 않고 있기 때문에 전년 대비 2019년 매출액 증가율을 확인할 수 없으므로 옳지 않은 설명이다.

⑤ 2016년 공항면세점 매출액 = 총매출액 − 시내면세점 매출액 = 9,608
 − 6,851 = 2,757억,
 2017년 공항면세점 매출액 = 18,344 − 16,198 = 2,146억,
 2018년   공항면세점   매출액 = 30,337 − 24,057 = 6,280억으로
 2017년 공항면세점 매출액은 2016년 대비 감소했으므로 옳지 않은
 설명이다.

21 수리능력 문제
정답 ③

2015년 전체 취업자 수가 2018년 전체 취업자 수와 동일하다고
가정하면, 2015년 전체 취업자 수는 15,372 + 11,450 = 26,822천
명, 전문가 및 관련 종사자 구성비는 19.8%로 2015년 전문가 및
관련 종사자 수는 26,822 × 0.198 ≒ 5,311천 명이므로 옳은 설명
이다.

오답 체크

① 2018년 전체 취업자 수 26,822천 명에서 남자 취업자 수가 차지하
 는 비중은 (15,372 / 26,822) × 100 ≒ 57%이므로 옳지 않은 설명
 이다.

② 2014년도에는 장치·기계조작 및 조립 종사자 구성비는 12.0%로 판
 매 종사자 구성비 12.2%보다 낮은 반면 나머지 연도에는 장치·기계
 조작 및 조립 종사자 구성비가 더 높아 순위가 모두 동일하지는 않으
 므로 옳지 않은 설명이다.

④ 2018년 성별 취업자 현황에서 서비스 종사자의 남자 취업자 수는 여
 자 취업자 수의 1,985 / 984 ≒ 2배로 여자 취업자 수가 남자 취업자
 수의 두 배보다 크므로 옳지 않은 설명이다.

⑤ 직업별 취업자 구성비만으로 2014년 사무 종사자 수를 파악할 수 없
 으므로 옳지 않은 설명이다.

> 🕐 빠른 문제 풀이 Tip
> ① 2018년 전체 취업자 26,822천 명 중 남자 취업자 수가 차지하는
> 비중이 약 53%라는 것은 여자 취업자 수가 차지하는 비중이 약
> 47%이며, 남자 취업자 수와 여자 취업자 수의 차이가 차지하는
> 비중이 약 6%라는 의미이다.
> 2018년 남자 취업자 수와 여자 취업자 수의 차이는 15,372 −
> 11,450 = 3,922천 명으로 전체 취업자 26,822천 명 중 차지하
> 는 비중은 10% 이상이고, 남자 취업자 수가 차지하는 비중이 약
> 55% 이상이므로 옳지 않은 설명이다.

22 수리능력 문제
정답 ②

쇼핑으로 인한 서울 − 서울 통행과 시외 − 시외 통행은 일평균 기준
약 1,030,848 − 1,008,361 = 22,487(통행 수) 차이가 발생하고,
월 30일 기준으로는 약 22,483 × 30 = 674,610(통행 수)만큼 시
외 − 시외 통행이 더 많으므로 옳지 않은 설명이다.

오답 체크

① 서울 − 서울의 전체 통행 건은 19,804,509건이고, 이 중 귀가로 인한
 통행 건은 7,854,932건으로 전체의 약 $\frac{7,854,932}{19,804,509} \times 100 ≒ 39.7\%$
 를 차지하고 있다.
 따라서 옳은 설명이다.

③ 시외 − 시외 통행 건수는 기타 목적을 제외한 귀가, 출근, 등교, 학원,
 업무, 쇼핑 등 주요 목적에서 서울 − 서울 통행 건수보다 항상 많다.
 따라서 옳은 설명이다.

④ 시외 − 서울로의 통행 건수 중 가장 많은 통행이 발생하는 목적은 출
 근으로 일평균 약 1,219,438건으로 일평균 약 120만 건의 통행 수가
 발생했으므로 옳은 설명이다.

⑤ 시외에서 서울로 학원을 가기 위해 통행하는 건수는 51,731건으
 로 그 반대인 서울에서 시외로 학원을 가는 건수 13,685건보다 약
 $\frac{51,731}{13,685} = 3.8\cdots$로 약 4배 더 많다.
 따라서 옳은 설명이다.

23 수리능력 문제
정답 ④

2013년 종합유선방송 종사자 1인당 매출액 = $\frac{34,266}{4,943}$ ≒ 6.9억 원,

2014년 종합유선방송 종사자 1인당 매출액 = $\frac{34,018}{4,692}$ ≒ 7.3억 원
으로 2014년 종합유선방송 종사자 1인당 매출액은 전년 대비 약
7.3 − 6.9 = 0.4억 원 = 4천만 원 높으므로 옳지 않은 설명이다.

오답 체크

① 2014년 방송사업매출액은 147,229억 원 = 14조 7,229억 원으로
 2013년 140,347억 원 대비 약 $\frac{147,229 - 140,347}{140,347} \times 100 = \frac{6,882}{140,347}$
 × 100 ≒ 4.9% 증가하였다.
 따라서 옳은 설명이다.

② 2014년에는 2013년 대비 사업자 수와 종사자 수가 소폭 감소했음에
 도 유료 가입자는 전년 2,776만 명 대비 2014년 2,983만 명으로 증
 가했고, 매출액도 전년 대비 상승했음을 확인할 수 있으므로 옳은 설
 명이다.

③ 2013년 사업자당 종사자 수가 높은 상위 방송 분야를 살펴보면 지상
 파 방송은 $\frac{14,430}{53}$ ≒ 272.3명, IPTV는 $\frac{589}{3}$ ≒ 196.3명, 위성방송은
 1개 사업자이므로 307명으로 위성방송이 사업자당 종사자 수가 가
 장 많다. 2014년 사업자 당 종사자 수가 높은 상위 방송 분야를 살
 펴 보면 지상파 방송은 $\frac{14,365}{53}$ = 271.0명, IPTV는 $\frac{645}{3}$ = 215.0명,
 위성방송은 1개 사업자이므로 320명으로 2014년 역시 위성방송이
 사업자당 종사자 수가 가장 많다.
 따라서 옳은 설명이다.

⑤ 전년 대비 2014년 IPTV 유료가입자는 약 $\frac{1,086 - 874}{874} = \frac{212}{874} \times 100$
 ≒ 24.3% 증가하며 1,086만 명을 돌파하였으므로 옳은 설명이다.

24 수리능력 문제 정답 ③

2007년 소비자가 총지수에서 3% 상승하여 2008년 93.7이 된 것으로 보아 2007년 소비물가 총지수는 93.7 – 3.0 = 90.7% 이다. 이는 2012년 기준연도 소비자물가 총지수 100에 비해 약 100 – 90.7 = 9.3이므로 9.3%p 낮다. 따라서 10%p 이상 낮다는 설명은 옳지 않은 설명이다.

오답 체크

① 2012년 소비자물가 총지수는 2008년 93.7 대비 약 $\frac{100-93.7}{93.7} \times$

100 = $\frac{6.3}{93.7} \times 100$ = 6.7% 증가하였고, 2012년도가 지수를 100으로 한 기준연도이므로 옳은 설명이다.

② 제시된 소비자가 지수가 음수(–)가 아닌 양수만 있는 품목은 식료품, 의류 및 신발, 교육으로 총 3개 품목이므로 옳은 설명이다.

④ 2014년 담배 한 갑의 가격은 2013년 담배 한갑의 가격보다 1.4% 만큼 상승한 가격이기 때문에 2013년 담배 한 갑의 가격은 약 10,000 ÷ 1.014 ≒ 9,862원이고, 같은 계산 방식으로 2012년 담배 한 갑의 가격은 약 9,862 ÷ 1.007 ≒ 9,793원, 2011년 담배 한 갑의 가격은 약 9,793 ÷ 1.301 ≒ 7,527원이므로 옳은 설명이다.

⑤ 2011년 교통 관련 소비자물가 지수를 100이라고 가정할 경우 2012년 교통 관련 소비자물가 지수는 100 – 6.8 = 93.2, 2013년 = 93.2 – 3.2 = 90.0, 2014년 = 90.0 + 4.6 = 94.6으로 95보다 작으므로 옳은 설명이다.

25 수리능력 문제 정답 ⑤

㉠ 감전사고로 인한 사망자 중 2도 이상의 화상을 입은 사람의 비중은 2018년 {(4 + 1 + 2) / 17} × 100 ≒ 41.2%, 2019년 {(3 + 3 + 3) / 27} × 100 ≒ 33.3%이다.
따라서 2019년에 감전사고로 인한 사망자 중 2도 이상의 화상을 입은 사람의 비중은 전년 대비 감소하였으므로 옳은 설명이다.

㉡ 2018년 아크로 인한 부상자 중 2도 이하의 화상을 입은 사람의 수로 가능한 최솟값은 아크로 인한 부상자가 전부 3도 이상의 화상을 입었을 때이다.
따라서 2018년 아크로 인한 부상자 중 2도 이하의 화상을 입은 사람의 수는 적어도 (185 – 125 – 17) = 43명 이상이므로 옳은 설명이다.

㉣ 2019년 3도 이하의 화상을 입은 사람 중 충전부직접접촉으로 인한 감전사고 사상자로 가능한 최솟값은 248 – 12 = 236명이므로 2019년 3도 이하의 화상을 입은 사람 중 충전부직접접촉으로 인한 감전사고 사상자는 적어도 236명 이상이다.
따라서 2019년 아크로 인한 감전사고 사상자의 수는 195명으로 2019년 3도 이하의 화상을 입은 사람 중 충전부직접접촉으로 인한 감전사고 사상자가 2019년 아크로 인한 감전사고 사상자의 수보다 많으므로 옳은 설명이다.

오답 체크

㉢ 감전사고로 인한 전체 사상자 중 충전부직접접촉으로 인한 감전사고 사상자가 차지하는 비중은 2018년 (263 / 515) × 100 ≒ 51.1%, 2019년 (248 / 508) × 100 ≒ 48.8%이다.
따라서 감전사고로 인한 전체 사상자 중 충전부직접접촉으로 인한 감전사고 사상자가 차지하는 비중은 전년 대비 2019년에 감소하였으므로 옳지 않은 설명이다.

26 수리능력 문제 정답 ④

㉠ 식품 관련 쇼핑몰 종사자 수가 5,000명 이상인 도시는 B, D, F, G, H 도시 총 5곳이고, 이 곳의 총 사업체 수는 44 + 59 + 124 + 73 + 46 = 346개이며, 평균 $\frac{346}{5}$ = 69.2개로 도시당 평균 70개를 넘지는 않으므로 옳지 않은 설명이다.

㉢ 대부분의 도시에서는 건물 연면적이 클수록 매출액 역시 높은 경향을 보이고 있다. 하지만 B 시의 건물 연면적은 H 시보다 높지만 매출액은 H 시가 B 시보다 더 높다.
따라서 건물의 연면적이 큰 도시라고 해당 지역의 매출액이 항상 높은 것은 아니므로 옳지 않은 설명이다.

㉣ 사업체 수가 많은 상위 3개 도시는 D, F, G 도시이다. 3개 시의 종사자 수는 8,203 + 19,234 + 11,906 = 39,343명이고, 전체 종사자 수 대비 약 $\frac{39,343}{67,335} \times 100$ ≒ 58.4%를 차지하고 있다.
또한, 3개 시의 매출액은 6,219,384 + 13,839,273 + 7,458,291 = 27,516,948백만 원으로 전체 매출액 대비 약 $\frac{27,516,948}{47,329,735}$ × 100 ≒ 58.1%를 차지하고 있다. 즉, 사업체 수가 많은 상위 3개 도시의 종사자 수와 매출액은 모두 전체의 60% 이상을 차지하고 있지 않으므로 옳지 않은 설명이다.

오답 체크

㉡ H 시의 사업체 수 대비 매출액은 $\frac{4,922,439}{46}$ ≒ 107,010백만 원/개, 갑국의 도시 전체 사업체 수 대비 매출액은 $\frac{47,329,735}{448}$ ≒ 105,647 백만 원/개이므로 H 시의 사업체 수 대비 매출액이 갑국 전체 도시의 사업체 수 대비 매출액보다 높다.
따라서 옳은 설명이다.

27 수리능력 문제 정답 ④

2015년 전체 출생아 수의 여아 1백 명당 남아 수는

여아 1백 명당 남아 수 = $\frac{남아출생아수}{여아출생아수}$ × 100 = $\frac{224.9}{213.5}$ × 100 ≒ 105.3명으로 2017년 106.3명보다 더 낮으므로 옳은 설명이다.

오답 체크

① 2014년 전체 출생아 수는 223.4 + 212.1 = 435.5천 명으로 전년 대비 1천 명 감소하였고, 2018년 전체 출생아 수는 167.8 + 159.1 =

326.9천 명으로 역시 전년 대비 약 3만 명 감소하였다. 하지만 2015년의 경우 전년 대비 약 3천 명 증가하였기 때문에 옳지 않은 설명이다.

② 2012년도 출생한 여아 수는 484.6 – 249 = 235.6천 명으로 한해 여아 출생 수가 가장 많으므로 옳지 않은 설명이다.

③ 여아 1백 명당 남아 수는 둘째 아이의 경우보다 셋째 아이 이상일 경우 대부분 높지만 2018년에는 여아 1백 명당 남아 수가 둘째 아이와 셋째 아이 이상일 경우가 동일하므로 항상 더 많은 것은 아니다.
따라서 옳지 않은 설명이다.

⑤ 한 해 남아 출생아 수가 2만 명 이상 감소한 해는 2013년과 2017년 두 해이다. 이 중 2013년도는 223.9 – 249 = –25.1천 명, 2017년도는 184.3 – 208.1 = –23.8천 명 감소했기 때문에 2013년도에 전년 대비 남아 출생아 수가 가장 크게 감소했음을 알 수 있다. 또한, 전체 출생아 수 중 전년 대비 4만 명 이상 감소한 해 역시 2013년과 2017년 두 해뿐이다. 2013년도의 전체 출생아 수는 436.5 – 484.6 = –48.1천 명, 2017년도의 전체 출생아 수는 357.8 – 406.3 = –48.5천 명 감소했으므로 2017년의 감소 수가 더 크다.
따라서 옳지 않은 설명이다.

28 수리능력 문제   정답 ⑤

㉠ 주어진 자료에서 전체 철도교통사고 건수는 2015년 138건, 2016년 123건, 2017년 105건, 2018년 98건, 2019년 72건으로 매년 감소하고, 사고로 인한 사망자 수 또한 2015년 73명, 2016년 61명, 2017년 49명, 2018년 39명, 2019년 29명으로 매년 감소하므로 옳은 설명이다.

㉡ 여객사상사고로 인한 사망자 수가 가장 적은 경우는 모든 중상자, 경상자가 여객사상사고로 인한 사상자 수에 포함되는 경우이다. 따라서 2015~2019년 중상자 수와 경상자 수의 총합은 25 + 48 + 40 + 49 + 19 + 38 = 219명이고, 219명 모두 여객사상사고로 인한 사상자라고 하더라도, 적어도 222 – 219 = 3명은 여객사상사고로 인한 사망자 수이므로 옳은 설명이다.

㉣ 2018년과 3년 전인 2015년의 사상사고 건수 중 여객사상사고 건수가 차지하는 비율은 2015년 (53 / 119) × 100 ≒ 44.5%, 2018년 (32 / 82) × 100 ≒ 39.0%이다.
따라서 2018년의 사상사고 건수 중 여객사상사고 건수가 차지하는 비율은 3년 전 대비 감소하였으므로 옳은 설명이다.

오답 체크

㉢ 매년 전체 철도교통사고 건수 중 사상사고 이외의 사고가 차지하는 비율은 (100% – 사상사고가 차지하는 비율)이므로 사상사고 이외의 사고가 차지하는 비율이 매년 30% 이하라는 것은 사상사고가 차지하는 비율이 매년 70%를 초과한다는 것과 동일하다. 매년 사상사고가 차지하는 비율을 구해보면 2015년 (119 / 138) × 100 ≒ 86.2%, 2016년 (104 / 123) × 100 ≒ 84.6%, 2017년 (87 / 105) × 100 ≒ 82.9%, 2018년 (82 / 98) × 100 ≒ 83.7%, 2019년 (46 / 72) × 100 ≒ 63.9%이다.

따라서 2019년에는 철도교통사고 건수 중 사상사고 이외의 사고가 차지하는 비율이 30%를 초과하므로 옳지 않은 설명이다.

29 수리능력 문제   정답 ④

㉡ 태양광을 제외한 신재생에너지 산업의 고용인원이 매년 전체 신재생에너지 산업 고용인원의 40% 이상이라는 것은 태양광 신재생에너지 산업의 고용인원이 매년 전체 신재생에너지 산업 고용인원의 60% 미만이라는 것과 동일한 의미이다.
태양광 신재생에너지 산업의 고용인원이 차지하는 비중을 계산해보면 2015년 (8,639 / 15,835) × 100 ≒ 54.6%, 2016년 (8,360 / 14,520) × 100 ≒ 57.6%, 2017년 (7,909 / 14,327) × 100 ≒ 55.2%, 2018년 (7,732 / 13,786) × 100 ≒ 56.1%이다.
따라서 매년 태양광 신재생에너지 산업의 고용인원이 차지하는 비중이 60% 미만으로, 태양광을 제외한 신재생에너지 산업의 고용인원은 매년 전체 신재생에너지 산업 고용인원의 40% 이상이므로 옳은 설명이다.

㉢ 2018년과 3년 전인 2015년의 지열 신재생에너지 산업의 기업체당 고용인원은 2015년 541명 / 26개 ≒ 20.8명/개이고, 2018년 326명 / 24개 ≒ 13.6명/개이다.
따라서 2015년 대비 2018년 지열 신재생에너지 산업의 기업체당 고용인원은 20.8 – 13.6 = 7.2명 감소하였으므로 옳은 설명이다.

오답 체크

㉠ 2015~2018년 지열 신재생에너지 산업의 기업체당 매출액은 2015년 1,430억 원 / 26개 = 55억 원/개, 2016년 1,223억 원 / 25개 ≒ 48.9억 원/개, 2017년 1,006억 원 / 24개 ≒ 41.9억 원/개, 2018년 778억 원 / 24개 ≒ 32.4억 원/개이고, 태양열 신재생에너지 산업의 기업체당 매출액은 2015년 290억 원 / 21개 ≒ 13.8억 원/개, 2016년 266억 원 / 17개 ≒ 15.6억 원/개, 2017년 167억 원 / 17개 ≒ 9.8억 원/개, 2018년 165억 원 / 13개 ≒ 12.7억 원/개이다.
따라서 태양열 신재생에너지 산업의 기업체당 매출액은 매년 감소하지 않았으므로 옳지 않은 설명이다.

㉣ 고용인원과 매출액이 매년 감소하는 신재생에너지 산업은 태양열과 지열 2개 분야이므로 옳지 않은 설명이다.

⏱ 빠른 문제 풀이 Tip

㉡ 주어진 자료에서 태양광을 제외한 에너지 산업의 고용인원이 매년 전체 고용인원의 40% 이상이라는 것은 태양광 에너지 산업의 고용인원이 매년 전체 고용인원의 60% 미만이며, 전체 고용인원 × 0.6의 값이 태양광 에너지 산업의 고용인원보다 크다는 의미이다.

30 수리능력 문제 정답 ②

2011년 공기업 및 준정부기관의 채용 인력은 2,684 + (1,352 + 2,769) = 6,805명이고, 이는 전체 신규채용 인력 중 $\frac{6,805}{14,673}$ × 100 ≒ 46.4%이므로 절반 이상을 차지하고 있지는 않다.
따라서 옳지 않은 설명이다.

오답 체크

① 2013년 전체 신규채용 인력 = 4,041 + 3,980 + 9,303 = 17,324명이고, 2011년부터 신규채용 인력은 매년 증가하고 있으므로 옳은 설명이다.

③ 2014년 위탁집행형 준정부기관의 신규채용 증가 인력 수 = 3,766 - 2,728 = 1,038명,
기타공공기관의 신규채용 감소 인력 수 = 8,370 - 9,303 = -933명으로 위탁집행형 준정부기관의 신규채용 증가 인력 수가 기타공공기관의 신규채용 감소 인력 수보다 더 크다. 따라서 옳은 설명이다.

④ 2016년 시장형 공기업 채용 인력은 5,112 - 1,549 = 3,563명이고, 2011년 준정부기관 전체 채용 인력은 1,352 + 2,769 = 4,121명으로 2011년 대비 2016년 공공기관 채용 인력은 기금관리형 공공기관을 제외한 모든 공공기관에서 채용 인원이 증가했음을 확인할 수 있으므로 옳은 설명이다.

⑤ 2015년 기타공공기관 신규채용 인원은 18,932 - 4,331 - 4,835 = 9,766명이고, 기타공공기관 신규채용 인력이 가장 많은 해는 2015년, 가장 적은 해는 2011년으로 두 해의 차이는 9,766 - 7,868 = 1,898명이므로 옳은 설명이다.

31 문제해결능력 문제 정답 ④

주민투표의 효력에 관하여 이의가 있는 주민투표권자는 주민투표권자 총수의 100분의 1 이상의 서명으로 소청할 수 있는데 A 시의 주민투표권자는 35만 명이므로 그 100분의 1인 3,500명 이상이면 가능하다.
따라서 4,000명의 이의신청 서명을 받은 경우 이의신청이 가능하다.

오답 체크

① 지방자치단체의 장은 직권에 의하여 주민투표를 실시하고자 하는 때에는 그 지방의회 재적의원 과반수의 출석과 출석의원 과반수의 동의를 얻어야 한다. 그런데 이에 대해 80명의 의원 가운데 몇 명이 참석하였는지 알 수 없으므로 주민투표가 시행될 수 있는지 여부는 알 수 없다.

② A 시의 주민투표권자는 전체 인구의 70%인 35만 명인데 투표에 참여한 주민투표권자의 수 10만 명은 주민투표권자 총수의 3분의 1에 미달하므로 개표가 진행되지 않는다.

③ 주민투표가 무효처리되면 지방자치단체의 장은 투표일로부터 20일 이내에 무효 된 투표구의 재투표를 실시하여야 하는 것이며 재투표일은 늦어도 재투표일 전 7일까지 공고하여야 하므로 20일 안에 재투표를 공고해야 한다는 내용은 옳지 않다.

⑤ 지방자치단체의 장 및 지방의회는 주민투표결과 확정된 사항에 대하여 2년 이내에는 이를 변경하거나 새로운 결정을 할 수 없으므로 재검토를 하는 것 자체가 불가능하다.

32 문제해결능력 문제 정답 ①

가장 먼저 병석의 첫 번째 대화를 살펴보면, 병석은 의사소통능력 점수가 37.5점으로 과락임을 알 수 있고, 나머지 3명은 전 과목이 37.5보다 높으므로 과락은 없는 것을 추론할 수 있다. 을순의 경우 수리능력 점수를 최소 점수인 40점으로 가정하더라도 문제해결능력 점수는 그보다 30점이 높고 의사소통능력은 문제해결능력 점수보다 높으므로 각 과목의 점수가 순서대로 최소 40점, 70점, 70점이 되어 평균 60점 이상으로 합격이다. 갑돌의 경우 수리능력 점수가 을순의 문제해결능력 점수보다 높으므로 최소 70점 이상이고, 의사소통능력은 그보다 높으므로 문제해결능력 점수가 최소인 40점이라도 합격이다. 정훈은 가장 높은 점수가 의사소통능력 57.5점이므로 평균 60점을 넘을 수 없어 불합격이다.

33 문제해결능력 문제 정답 ③

라현이가 가장 긴 기간 동안 휴가를 가야한다고 하였으므로 라현에 대해 생각해본다.
라현이가 1일에 휴가를 시작한다면, 라현이가 휴가를 시작했을 때는 다영이는 이미 휴가 중이라는 조건에 위배된다.
라현이가 3일에 휴가를 시작한다면, 가장 긴 휴가는 7일에 끝나는 휴가로 휴가 기간은 5일이 된다. 그러나 1일째에 휴가를 시작한 사람이 누구든지 그는 최소한 5일에 휴가가 끝나게 되어 휴가 기간이 5일이 된다. 따라서 라현이는 휴가 일수가 가장 긴 사람이 될 수 없다. 라현이가 4일째 휴가를 시작했다고 해도 마찬가지로 라현이가 가장 긴 휴가 일수를 가진 사람이 될 수 없다. 따라서 라현이의 휴가 시작은 2일이어야 한다.
라현이의 휴가 시작이 2일이므로 다영이는 1일부터 휴가를 시작해야 하는데 그러면 다영이는 최소 5일의 휴가를 가게 되므로, 라현이의 휴가 기간은 6일은 되어야 가장 많은 휴가 일수를 가진 사람이 된다. 따라서 라현이는 7일에 휴가가 끝나야 한다. 따라서 다음의 표와 같이 정리될 수 있다.

휴가 시작일				휴가 종료일			
1	2	3	4	5	6	7	8
다영	라현			다영		라현	

나무와 다영이의 휴가 일수는 같으므로 나무는 4~8일까지 5일간 휴가를 다녀와야 하고, 자연히 가운이는 3~6일까지의 휴가를 다녀오게 된다. 이를 정리하면 다음과 같이 된다.

휴가 시작일				휴가 종료일			
1	2	3	4	5	6	7	8
다영	라현	가운	나무	다영	가운	라현	나무

따라서 가운이의 휴가 일수는 4일이 된다.

34 문제해결능력 문제　　　　　　　정답 ④

각 조의 경기결과를 정리하면 다음과 같다.

<Ⅰ 조>

팀	A	B	C	D
A	*	승	승	패
B	패	*		승
C	패		*	승
D	승	패	패	*

A 팀은 2승 1패, D 팀은 1승 2패로 확정되었다. B 팀과 C 팀의 대결에서 승리한 팀은 2승 1패가 되므로 준결승에 진출하는 팀은 A팀과 B, C 중 승리한 팀임을 알 수 있으나 1위와 2위가 어떤 팀인지는 확정할 수 없다.

<Ⅱ 조>

팀	E	F	G	H
E	*		패	
F		*	패	
G	승	승	*	승
H		패	패	*

G 팀은 3승을 했으며, 1승도 거두지 못한 팀은 없다고 했으므로 나머지 팀은 모두 1승 2패를 했음을 알 수 있다. 따라서 1위는 G 팀이며, 2위는 세 팀 중에 한 팀이 된다. 위 내용을 토대로 <보기>를 살펴보아야 한다.
ⓒ D 팀은 준결승에 진출할 수 없다.
ⓔ E 팀과 H 팀 모두 준결승에 진출할 수는 없다.

오답 체크

㉠ A 팀이 Ⅰ 조 2위가 된다면 G 팀과 준결승전에서 대결할 수 있다.
ⓒ C 팀과 F 팀이 모두 예선 2위로 준결승에 진출한 후, 승리하여 결승에 진출할 수 있다.

35 문제해결능력 문제　　　　　　　정답 ③

나. 첫 번째 글에서는 홍패는 교지의 일종이고 교지는 조선시대부터 국왕이 하사하던 것이라고 하고 있는 반면, 두 번째 글에서는 고려시대에 홍패를 내려준 적이 있다고 하고 있어 충돌되는 자료라고 할 수 있으므로 옳은 설명이다.

오답 체크

가. 토지와 노비를 주기 위해 내리는 교지는 노비토전사패가 맞지만 돌아가신 부모님의 관작을 높여주기 위해 내리는 교지는 고신이 아니라 추증교지가 되어야 하므로 옳지 않은 설명이다.
다. 본가에 직접 전하게 하여 영예를 과시하게 하였다는 내용은 고려시대의 홍패에 관한 내용만 기술되어 있을 뿐, 조선시대에 관작을 내려받는 고신에 관한 내용이라고 보기에는 그 근거가 빈약하므로 옳지 않은 설명이다.
라. 과거제도 가운데 문무과는 초시, 복시, 전시의 3단계로 이루어져 있다는 내용은 있지만 이 내용을 바로 생원·진사시의 경우에 적용시킬 수는 없으므로 옳지 않은 설명이다. 문무과는 급제자에게 홍패, 생원·진사시의 경우에는 백패를 내린 것을 보면 두 시험이 반드시 같은 단계를 거쳐 진행되는 시험이라고 볼 가능성은 적기 때문이다.

⏱ 빠른 문제 풀이 Tip

제시문의 주제나 논지가 아니라 파편적으로 흩어져 있는 정보를 파악하는 것이 주된 목적이므로 선택지나 <보기>를 먼저 읽어내기보다는 제시문의 단락별 내용을 빠르게 스캔하여 어떤 내용이 어느 위치에 있는지 파악한 후에 선택지를 판단하는 것이 좋다.

36 문제해결능력 문제　　　　　　　정답 ④

먼저, 철수는 7번의 엘리베이터만 탔다고 했으므로 임무를 위한 층 외에 다른 층은 들리지 않았음을 알 수 있다. 그럼 철수가 조건에 맞춰 모든 층을 직접적으로 이동하는 경우를 알아보면 철수는 배달(24층, 27층, 37층)을 가야 하므로 이 3개의 층을 직접적으로 갈 수 있는 방법을 생각할 때, '24층 → 27층 → 37층'과 '37층 → 27층 → 24층'만 가능하다.
위와 같은 경로를 거친 후 철수는 '6층 → 21층' 또는 '21층 → 6층'을 들른 후 13층으로 가야 한다. 여기서 13층 앞에는 21층만 올 수 있으므로 '6층 → 21층 → 13층' 순서가 되어야 한다. 이렇게 되면 6층 앞에는 37층이 올 수 없으므로 '37층 → 27층 → 24층'이 앞에 와야 한다.
따라서 '1층 → 37층 → 27층 → 24층 → 6층 → 21층 → 13층 → 1층'이 되며, 철수가 21층에서 그릇을 수거하기 전에 6층에서 이미 그릇 2개를 수거하여 그릇은 6개가 되었으므로 옳은 설명이다.

오답 체크

① 철수는 짬뽕을 배달한 후, 바로 탕수육을 배달하러 갔으므로 옳지 않은 설명이다.

② 철수는 자장면을 제일 먼저 배달했으므로 옳지 않은 설명이다.

③ 철수는 탕수육을 배달한 후에 6층으로 갔으므로 옳지 않은 설명이다.

⑤ 철수는 자장면을 배달한 후, 바로 짬뽕을 배달하러 갔으므로 옳지 않은 설명이다.

37 문제해결능력 문제
정답 ③

보기에 제시된 내용을 토대로 정보를 파악해보자.

1. A = 가운 X, D = 나나 X
2. 처분 후 A = 라현 + 1, A = 라현 X
3. 처분 후 B = 다영 - 1, B = 다영 X
4. 처분 후 C + D = 5

가명	가운	나나	다영	라현
기존 부동산 수	3	3	3	2
실명	A X	D X	B X	A X

위 정보에 의하면 A는 가운과 라현이 아니므로 나나와 다영 가운데 한 명이다. 이를 경우에 따라 판단해보자.

[경우 1] A가 나나인 경우

가명	가운	나나	다영	라현
기존 부동산 수	3	3	3	2
실명	A X	A	B X	A X

처분한 부동산이 서울이면 가운, 나나, 다영, 라현의 부동산 수는 순서대로 2, 2, 2, 2가 된다. 그러면 C + D = 5라는 조건을 충족할 수 없다.

처분한 부동산이 대전이면 가운, 나나, 다영, 라현의 부동산 수는 순서대로 2, 2, 3, 1이 된다. 그런데 세 번째 정보에서 B = 다영 - 1인데 다영은 3개이므로 B는 2개가 되고 B로 가능한 것은 가운뿐이다.

가명	가운	나나	다영	라현
기존 부동산 수	3	3	3	2
처분 후 부동산 수	2	2	3	1
실명	B	A	B X	A X

그런데 이렇게 되면 C + D = 5라는 조건을 충족할 수 없다.

처분한 부동산이 대구라면 가운, 나나, 다영, 라현의 부동산 수는 순서대로 2, 3, 2, 1이 된다. 그러면 A(나나) = 라현 + 1이라는 조건을 충족할 수 없고, 처분한 부동산이 부산이면 가운, 나나, 다영, 라현의 부동산 수는 순서대로 3, 2, 2, 2가 된다. 그러면 A(나나) = 라현 + 1 이라는 조건을 충족할 수 없다.

따라서 어떤 경우에도 A는 나나일 수 없다.

[경우 2] A가 다영인 경우

가명	가운	나나	다영	라현
기존 부동산 수	3	3	3	2
실명	A X	D X	A	A X

처분한 부동산이 서울이면 가운, 나나, 다영, 라현의 부동산 수는 순서대로 2, 2, 2, 2가 된다. 그러면 C + D = 5라는 조건을 충족할 수 없고, 처분한 부동산이 대전이면 가운, 나나, 다영, 라현의 부동산 수는 순서대로 2, 2, 3, 1이 된다. 그러면 A(다영) = 라현 + 1이라는 조건을 충족할 수 없다. 처분한 부동산이 대구라면 가운, 나나, 다영, 라현의 부동산 수는 순서대로 2, 3, 2, 1이 된다. 그런데 두 번째 정보에서 B = 다영 - 1인데 다영은 2개이므로 B는 1개가 되고 B로 가능한 것은 라현뿐이다.

가명	가운	나나	다영	라현
기존 부동산 수	3	3	3	2
처분 후 부동산 수	2	3	2	1
실명	A X	D X	A	B

그러면 나나는 D가 아니므로 C가 되고 나머지 가운은 자연히 D가 되어 문제의 조건에 모두 만족한다.

가명	가운	나나	다영	라현
기존 부동산 수	3	3	3	2
처분 후 부동산 수	2	3	2	1
실명	D	C	A	B

처분한 부동산이 부산이면 가운, 나나, 다영, 라현의 부동산 수는 순서대로 3, 2, 2, 2가 된다. 그러면 A(다영) = 라현 + 1이라는 조건을 충족할 수 없다.

따라서 가운, 나나, 다영, 라현이 순서대로 D, C, A, B가 되고 처분한 부동산이 대구인 경우만 조건에 만족한다.

38 문제해결능력 문제
정답 ⑤

조건 3에서 수학시간이 4교시, 생물시간이 8교시임을 알 수 있다.

1	2	3	4	5	6	7	8
			수학				생물

조건 1에서 예체능 과목은 연이어 있다고 하였는데 조건 2에 따라 예체능 과목인 체육이 수학수업보다 먼저이므로 예체능 세 과목은 1, 2, 3교시가 된다.

1	2	3	4	5	6	7	8
음악, 미술, 체육			수학				생물

조건 4의 전반부에서 음악시간과 수학시간 사이에 한 과목이 있다고 하였으므로 음악시간은 2교시가 되고 미술시간과 국어시간 사이에도 한 과목이 있으므로 미술은 3교시, 국어가 5교시가 된다.

	1	2	3	4	5	6	7	8
		음악	미술	수학	국어			생물

자연히 체육은 1교시가 되고 6교시와 7교시는 순서에 관계없이 영어와 윤리수업이 있다.

	1	2	3	4	5	6	7	8
1	체육	음악	미술	수학	국어	영어	윤리	생물
2	체육	음악	미술	수학	국어	윤리	영어	생물

따라서 영어시간과 윤리시간은 연이어 있음을 알 수 있다.

39 문제해결능력 문제   정답 ③

갑 방식에 의하면 각 지구의 우승팀은 A, F, K이고 와일드카드는 A, F, K를 제외하고 가장 높은 승률을 보인 G, H, L이므로 이 여섯 팀이 플레이오프에 진출한다. 한편 1차 플레이오프는 와일드카드 3팀인 G, H, L과 1위 팀 중 최하위 승률 팀인 A로 진행하게 된다. 플레이오프의 대전은 승률을 기준으로 1위 – 4위, 2위 – 3위로 배정하므로 A, G, H, L 중에 승률 1위인 G와 승률 4위인 H가 경기하게 되는데 G의 홈에서 3경기, H의 홈에서 2경기를 치르며, 승률 2위인 A와 승률 3위인 L이 경기하게 되는데 A의 홈에서 3경기, L의 홈에서 2경기를 치른다. 이때의 관중 수는 $(3G + 2H + 3A + 2L) = (30,000 \times 3 + 35,000 \times 2 + 30,000 \times 3 + 30,000 \times 2) = 310,000$명이 된다.

을 방식에 의하면 승률 상위 6개 팀은 K, F, G, A, L, H이므로 이 여섯 팀이 플레이오프에 진출한다. 한편 1차 플레이오프는 승률 하위 4개 팀으로 진행하게 되므로 G, A, L, H가 진행하게 되고 승률을 기준으로 1위 – 4위, 2위 – 3위로 배정하므로 결국 갑 방식과 같은 대전으로 진행하게 된다.

따라서 310,000명으로 동일하다.

40 문제해결능력 문제   정답 ③

우선 각 개별토지에 맞는 비교표준지 선정이 중요하다. 문제 중 용도가 동일한 표준지를 선정해야 한다고 했으므로, 각각의 개별토지와 용도가 동일한 표준지와 비교하여 가격을 산출할 수 있다.

가. 비교표준지는 B

$$1,600,000 \times \frac{0.8}{1.2} \times \frac{1.2}{0.8} \times \frac{0.8}{1.0} = 1,280,000원/m^2$$

나. 비교표준지는 A

$$1,000,000 \times \frac{1.0}{1.0} \times \frac{1.2}{1.2} \times \frac{1.0}{0.8} = 1,250,000원/m^2$$

다. 비교표준지는 C

$$800,000 \times \frac{1.2}{0.8} \times \frac{1.2}{1.0} \times \frac{1.0}{1.0} = 1,440,000원/m^2$$

라. 비교표준지는 A

$$1,000,000 \times \frac{1.2}{1.0} \times \frac{1.0}{1.2} \times \frac{1.0}{0.8} = 1,250,000원/m^2$$

마. 비교표준지는 B

$$1,600,000 \times \frac{0.8}{1.2} \times \frac{1.2}{0.8} \times \frac{0.8}{1.0} = 1,280,000원/m^2$$

따라서 가장 토지가격이 높은 개별토지는 '다'이다.

> ⏱ **빠른 문제 풀이 Tip**
>
> 개별토지의 각각에 대해 모두 가격을 산출하는 공식을 적용하고 계산을 해야 하는데 개별토지마다 계산식을 적고 계산하는 과정을 거쳐 각각의 수치를 산출해내기보다는 계산식만을 적어 놓은 후 비교를 통해 답이 될 수 없는 것을 지워내는 방법도 좋다. 예를 들어 '나'와 '라'는 순서만 다를 뿐 같은 계산식임을 파악할 수 있는데 그러면 그 수치는 동일할 것이고 2개가 답이 될 수 없으므로 이 둘은 정답에서 제외하는 것도 방법일 수 있다.

41 문제해결능력 문제   정답 ②

먼저 을의 진술을 통해 을은 C 또는 E에게 투표 했음을 알 수 있다. 선거에서 C와 E가 당선되었는데 을은 자신이 투표한 사람 중 1명만 당선되었다고 하였으므로 을은 C에 투표하고 E에는 투표하지 않은 경우와 E에 투표하고 C에는 투표하지 않은 두 가지 경우가 있음을 알 수 있다. 이를 각각 살펴보면,

ⅰ) 을이 도지사 선거에서 C에게 투표했을 때

이 경우, 시장 선거에서 F 또는 G에게 투표할 수 있지만 C와 G는 같은 당이므로 F에게 투표하게 된다. 그리고 병은 나당 후보 중에 F를 선택할 수 없으므로 B를 선택하게 된다. 정은 도지사로 A 또는 D에게 투표할 수 있으나, D에게 투표하면 시장은 E에게 투표해야 하므로 'D에게 투표하면 F 또는 G에게 투표해야 한다'는 조건에 위배된다. 따라서 정은 도지사로 A, 시장으로 H를 선택하게 된다. 따라서 갑은 낙선자에게 투표했으므로 D와 G에게 투표하게 된다.

구분	도지사	시장
갑	D(라)	G(다)
을	C(다)	F(나)
병	B(나)	E(가)
정	A(가)	H(라)

ⅱ) 을이 시장 선거에서 E에게 투표했을 때

'C 또는 D에게 투표한 사람은 시장 선거에서 F 또는 G에게 투표하였다.'라는 조건에 의해 을이 투표한 도지사 후보로 C와 D는 불가능하며, A 역시 E와 같은 당이므로 불가능하다. 따라서 을은 B와 E에게 투표하였음을 알 수 있다. 그리고 나당은 B와 F이므로 병은 F에게 투표하였고, 가당은 A와 E이므로 정은 A와 H에게 투표하였음을 알 수 있다. 그리고 갑은 낙선자에게만 투표했다는 조건을 통해 다음과 같이 표를 모두 채울 수 있다.

구분	도지사	시장
갑	D(라)	G(다)
을	B(나)	E(가)
병	C(다)	F(나)
정	A(가)	H(라)

따라서 선택지 중에 반드시 옳은 것은 '을은 나당의 후보에게 투표하였다.' 뿐이다.

42 문제해결능력 문제   정답 ②

3명 중 꼴찌는 한 명이므로, 3명의 발언을 한 명씩 거짓이라고 가정하면 아래와 같다.

i) 가영이의 발언이 거짓인 경우
이때는 나나와 다운이의 발언은 진실이어야 한다. 그러나 이때 가영이와 나나는 둘 다 25점의 점수가 되어 주어진 조건과 모순이 된다.

ii) 나나의 발언이 거짓인 경우
가영이와 다운이의 발언이 진실이므로 4번 문제의 정답은 X가 되고 나나의 점수는 25점이 된다. 나나는 4번 문제의 정답이 X라고 하였으므로, 전체 시험지의 정답은 OXXX가 되어야 한다. 이때, 가영이의 점수는 75점이 되고, 다운이의 점수는 50점이 되어 정답으로서 무리가 없다.

iii) 다운이의 발언이 거짓인 경우
이때, 가영이와 나나의 발언은 참이 되므로 4번의 정답은 X이고 가영이는 25점을 맞게 된다. 가영이가 25점이므로 전체 시험지의 정답은 XXOX가 되어야 한다. 이때, 나나의 점수는 75점이 되고, 다운이의 점수는 50점이 되어 가영이가 꼴등인 것이 되므로 이 경우는 모순이 된다.

> ### 🏃 빠른 문제 풀이 Tip
> 진실, 거짓 문제의 경우 모순관계나 반대관계를 찾아 빠르게 문제를 풀어내는 것이 가능한 경우도 있지만 이 문제의 경우 진술 간의 모순관계나 반대관계를 찾기 어렵고, 진술이 3개밖에 없으므로 차라리 각각이 거짓이라고 가정하여 3번의 상황을 정리해보는 것이 빠른 풀이 방법일 수 있다.

43 문제해결능력 문제   정답 ⑤

철수가 받은 선물은 사탕, 초콜릿, 엿, 찹쌀떡, 껌, 커피인데 이들에 관한 정보를 정리하면 다음과 같다.
1. ~(초콜릿O and 찹쌀떡O)
2. 엿X → 커피X or 껌X
3. 찹쌀떡X → 엿X

4. 사탕O or 초콜릿O
5. 커피O → 엿O

네 번째 정보에 의하면 사탕과 초콜릿을 먹는 경우의 수는 사탕만 먹는 경우, 초콜릿만 먹는 경우, 둘 다 먹는 경우 세 가지가 가능하다. 이를 경우의 수로 나타내보면 다음과 같다.

경우	사탕	초콜릿	엿	찹쌀떡	껌	커피
1	O	O				
2	O	X				
3	X	O				

첫 번째 정보에서 초콜릿과 찹쌀떡을 같이 먹지는 않는다고 하였으므로 경우 1과 3에서는 찹쌀떡을 먹지 않으며 세 번째 정보에서 찹쌀떡을 먹지 않으면 엿도 먹지 않는다. 그리고 다섯 번째 정보의 대우에 의하면 엿을 먹지 않으면 커피도 마시지 않으므로 이를 나타내면 다음과 같다.

경우	사탕	초콜릿	엿	찹쌀떡	껌	커피
1	O	O	X	X		X
2	O	X				
3	X	O	X	X		X

남은 것은 두 번째 정보인데 경우 1, 2, 3 모두 두 번째 정보에는 어긋나지 않는 상황이다. 따라서 세 경우 모두 가능한 상황인데 이 가운데 빈 칸은 먹을 수도 있고 먹지 않을 수도 있는 곳이라고 보면 된다. 그런데 문제에서 최대로 먹거나 마실 수 있는 경우를 묻고 있으므로 경우 2의 나머지 빈 칸을 모두 O로 채운 경우로 판단할 수 있다. 이를 나타내면 다음과 같다.

경우	사탕	초콜릿	엿	찹쌀떡	껌	커피
2	O	X	O	O	O	O

이 경우는 조건과 어긋나는 것이 없으므로 최대 다섯 개의 선물을 먹거나 마실 수 있다.

44 문제해결능력 문제   정답 ⑤

시장지배적 사업자를 가려내기 위한 요건을 정리하면 다음과 같다.
1. 매출액이 5백억 원이 넘을 것
2. 일정한 점유율 요건을 충족할 것
　　1) 단독으로 50%를 넘을 것
　　2) 3개 회사의 점유율의 합이 75%를 넘을 것
　　3) 위 2의 경우 합산한 3개 회사 가운데 점유율이 10% 미만인 회사는 제외된다.
　　4) 계열관계에 있는 사업자는 하나의 사업자로 본다.
이를 토대로 보기를 하나씩 살펴보면,
가. 위 상황에서 매출액 요건은 모두 충족하고 있으므로 점유율 요건만을 따져보면 된다.

1. 단독 요건: A 사는 단독으로도 50% 이상이므로 시장지배적 사업자이다.
2. 3개 회사 요건
   1) A, B, C를 놓고 보면 합이 78%이므로 A, B, C가 시장지배적 사업자이지만 C는 10% 미만이므로 제외된다. 따라서 A, B만이 시장지배적 사업자이다.
   2) A, B, D를 놓고 보면 합이 75%이므로 A, B, D가 시장지배적 사업자이지만 위와 마찬가지로 D는 10% 미만이므로 제외된다. 따라서 A, B만이 시장지배적 사업자이다.
   결국 A, B만이 시장지배적 사업자임을 알 수 있다.
나. [경우 1] E가 A의 계열회사인 경우
   A+E, B, C를 검토하면 A+E, B가 시장지배적 사업자이고 A+E, B, D를 검토하더라도 A+E, B가 시장지배적 사업자이다. 결국 A, B, E의 3회사가 시장지배적 사업자가 된다.
   [경우 2] E가 C의 계열회사인 경우
   A, B, C+E를 검토하면 A, B, C+E가 모두 시장지배적 사업자가 된다. C는 8%, E는 3%로 모두 10% 미만이지만 둘을 합쳐 하나의 사업자로 보게 되면 11%로 10% 미만이라고 볼 수 없기 때문이다.
   A, B, D를 검토하면 A, B가 시장지배적 사업자가 된다. 결국 A, B, C, E의 4회사가 시장지배적 사업자가 된다.
   따라서 첫 번째 경우에는 3개 회사가, 두 번째 경우에는 4개 회사가 시장지배적 사업자가 되므로 옳지 않다.
다. 제시문에서 주어진 내용은 93년 7월부터 정부투자기관을 포함하고 있다는 것이지 언제 설립된 정부투자기관을 포함시키는 것인가에 대한 내용은 없으므로 옳지 않다.

[45-46]

45 문제해결능력 문제　　　　　　　　　　정답 ③

총학생회장 선거의 경우, 4일 동안 투표한 재학생의 수는 다음과 같다.
투표한 재학생 = 520 + 485 + 402 + 420 + 512 + 503 + 950 = 3,792명
8,240명의 50%는 4,120명이이므로, 총학생회장선거는 투표율이 50%가 되지 못했으므로 유효한 선거가 되지 못한다.
총여학생회장 선거의 경우, 처음 3일 동안 투표한 재학생의 수는 다음과 같다.
투표한 여학생 = 485 + 420 + 503 = 1,408명
3,636명의 50%는 1,818명이므로, 넷째 날 410명의 여학생이 투표를 해야 유효한 선거가 될 수 있다.
따라서 총학생회장선거는 유효한 선거가 되지 못하고, 총여학생회장선거는 마지막 날의 여학생이 410명 이상 투표를 했을 시에 유효한 투표가 된다.

따라서 넷째 날 투표한 남학생이 350명이면 넷째 날 투표한 여학생은 600명이 되므로 총여학생회장선거는 유효하게 된다.

46 문제해결능력 문제　　　　　　　　　　정답 ④

· 총학생회장선거
   4,690표 중에서 2,230표가 개표되었으며 B 후보가 A 후보를 155표차로 앞서 나가고 있다. B 후보가 당선을 확정 짓기 위해서는 개표되지 않은 표 보다 B 후보와 A 후보의 표 차이가 더 커야 한다. 따라서 필요한 득표수를 x라고 한다면, 다음과 같은 부등식을 세울 수가 있다.
   현재 표 차이 + x > 현재 남은 표 − x
   $(903 - 748) + x > 2,460 - x$
   $x > 1,152.5$가 되므로 B 후보가 필요한 최소득표수는 1,153이 된다.
· 총여학생회장선거
   D 후보가 당선을 확정 짓기 위해서는 개표되지 않은 표보다 D 후보와 E 후보의 표 차이가 더 커야 한다. 따라서 이 경우 역시 필요한 득표수를 y라고 하고 부등식을 만들면 다음과 같다.
   $(808 - 402) + y > 865 - y$
   $y > 229.5$가 되므로 D 후보가 필요한 최소득표수는 230이 된다.

47 자원관리능력 문제　　　　　　　　　　정답 ⑤

9/14 07:40에 인천을 출발해서 16시간 25분이 걸려서 뉴욕으로 이동했고, GMT 기준 서울이 +9, 뉴욕이 −5이므로 뉴욕에 도착하는 시간은 뉴욕 현지 시간을 기준으로 9/14 10:05이다. 뉴욕에서의 업무는 휴식 및 휴일을 포함하여 100시간 진행되었다고 했으므로 뉴욕에서 인천으로 다시 출발하는 시간은 4일 4시간 후인 9/18 14:05이다. 인천으로 돌아갈 때도 16시간 25분이 소요되었으므로 시차를 감안하면 인천에 도착하는 시간은 서울 현지 시간 기준으로 9/19 20:30이다. 다음날 달러를 원화로 환전했다고 했으므로 환전은 9월 20일에 시중 A 은행에서 진행되었다.
최초 공항 환전소에서 달러를 살 때는 1,287.2원/달러에 185달러를 구입했으며, 다시 판매할 때는 시중 A 은행에서 1,294.2원/달러에 185달러를 판매했으므로, 최초 달러를 구입할 때 사용한 원화는 1,287.2 × 185 = 238,132원이며, 판매할 때 받은 원화는 1,294.2 × 185 = 239,427원이다. 따라서 임동근 씨는 239,427 − 238,132 = 1,295원 이익을 봤다.

48 자원관리능력 문제　　　　　　　　　　정답 ①

제시된 작업 일정표에서 최초 선행 작업이 없는 A와 B 업무가 동시에 시작되고, 선행작업이 D로 동일한 E 작업과 F 작업, 그리고 선행작업이 H로 동일한 I와 J가 동시에 진행되므로 표로 나타내면 다음과 같다.

$$A_3 \atop B_2 \, \Big[\, C_5 - D_2 \, \Big[\, {E_5 \atop F_7} \, \Big] \, G_2 - H_5 \, \Big[\, {I_3 \atop J_4} \, \Big] \, K_5 - L_3 - M_1$$

여기서 제품개발팀장의 지시를 적용해 보면 경쟁사 제품 Spec 조사 (A)가 3일에서 1일로 단축되었으며, 신규 제품 공정 설계(F)는 7일에서 5일로 단축되었다. 반면 디자인 의뢰 업무(E)는 기존 5일에서 6일로 증가되었다. 마지막으로 1차 제품 전문기관 평가 의뢰 (J) 업무가 취소되었으므로 변경된 부분을 반영하여 표를 수정하면 아래와 같다.

$$A_1 \atop B_2 \, \Big[\, C_5 - D_2 \, \Big[\, {E_6 \atop F_5} \, \Big] \, G_2 - H_5 - I_3 - K_5 - L_3 - M_1$$

변경 전 최소 소요시간은 3+5+2+7+2+5+4+5+3+1 = 37일이었으며, 변경된 일정을 반영한 최소 소요시간은 2+5+2+6+2+5+3+5+3+1 = 34일이므로 총 단축된 시간은 37−34 = 3일이 된다.

[49-50]
49 자원관리능력 문제　　　　　　　　　　정답 ②

판촉물은 선호도를 최우선으로 선정한다고 했으므로 가장 먼저 고려해야 하는 것은 보조 배터리이다. 다만 판촉물의 1개당 가격이 신제품 1개당 순수익금을 넘거나 같을 수 없다고 했으므로 신제품 1개당 순수익금을 계산해 보면 8,250,000원 ÷ 1,000개 = 8,250원/개가 된다. 보조 배터리의 경우 1개당 가격이 8,500원이고 부가세 10%가 별도로 가산되므로 8,500원 × 1.1 = 9,350원으로 신제품 1개당 순수익금인 8,250원보다 높기 때문에 판촉물로 선정할 수 없다. 다음으로 선호도가 높은 항목은 보드게임인데, 보드게임의 가격은 7,500원이고 부가세 10%를 가산하면 7,500 × 1.1 = 8,250원으로 신제품 1개당 순수익금과 동일하므로 판촉물로 선정할 수 없다. 다음으로 선호도가 높은 항목은 미니 선풍기와 3단 우산이며, 이 두 가지 항목 중 3단 우산의 가격은 7,500원이고 부가세 10%를 가산하면 7,500 × 1.1 = 8,250원으로 신제품 1개당 순수익금과 동일하므로 판촉물로 선정할 수 없다. 미니 선풍기의 가격은 부가세를 포함하여 6,500 × 1.1 = 7,150원이고, 이보다 선호도가 1단계 낮은 에코백의 가격은 부가세를 포함하여 3,500 × 1.1 = 3,850원이므로 금액이 50% 이상 저렴하지 않다.

따라서 판촉물로 선정해야 하는 항목은 '미니 선풍기'이다.

50 자원관리능력 문제　　　　　　　　　　정답 ②

매진 시 예상 순수익이 8,250,000원이고, 판촉물의 구매 비용은 부가세를 포함하여 미니 선풍기 1개당 가격인 7,150원 × 1,000 = 7,150,000원이 된다. 또한 판촉물 구매 비용이 850만 원을 넘어가지 않으므로 별도의 할인은 없다.

따라서 판촉 행사를 통해 ○○기업이 얻은 순수익은 8,250,000 − 7,150,000 = 1,100,000원이 된다.

51 자원관리능력 문제　　　　　　　　　　정답 ④

원래 예정된 일정은 오후 7시 사장님 업무 미팅이었지만, 3시간 전에 사전 미팅을 진행하기로 했으므로 현재 안 팀장의 스케줄은 오후 4시 사전 미팅에 참석해야 하는 스케줄이다. 또한 회의 시작 30분 전에 회사에 도착해야 하므로 회사에 오후 3시 30분 전에는 도착해야 하고, 비행기 도착 후 회사에 들어가기까지 이동 시간이 1시간 30분 정도 소요되므로, 비행기 도착 시간은 오후 2시 이전이어야 한다. 비행기별 한국 공항 도착 시간을 살펴보면 다음과 같다.

OJ 0325: 뉴욕에서 13:30에 출발하고 총 소요 시간은 14시간 45분이므로 한국 공항 도착 시간은 뉴욕 시각 기준 04:15이며, 한국과 뉴욕의 시차가 14시간이므로, 이는 한국 현지 시각으로 18:15이다. 따라서 일정에 맞출 수 없다.

KS 517: 뉴욕에서 08:35에 출발하고 총 소요 시간은 16시간 30분이므로 한국 공항 도착 시간은 뉴욕 시각 기준 01:05이며, 한국과 뉴욕의 시차가 14시간이므로, 이는 한국 현지 시각으로 15:05이다. 따라서 일정에 맞출 수 없다.

LF 3227: 뉴욕에서 11:30에 출발하고 총 소요 시간은 15시간 05분이므로 한국 공항 도착 시간은 뉴욕 시각 기준 02:35이며, 한국과 뉴욕의 시차가 14시간이므로, 이는 한국 현지 시각으로 16:35이다. 따라서 일정에 맞출 수 없다.

US 2402: 뉴욕에서 09:30에 출발하고 총 소요 시간은 14시간 20분이므로 한국 공항 도착 시간은 뉴욕 시각 기준 23:50이며, 한국과 뉴욕의 시차가 14시간이므로, 이는 한국 현지 시각으로 13:50이다. 따라서 일정에 맞출 수 있다.

UK 418: 뉴욕에서 10:00에 출발하고 총 소요 시간은 14시간 30분이므로 한국 공항 도착 시간은 뉴욕 시각 기준 00:30이며, 한국과 뉴욕의 시차가 14시간이므로, 이는 한국 현지 시각으로 14:30이다. 따라서 일정에 맞출 수 없다.

[52-53]

52 자원관리능력 문제　　　　　정답 ②

최단 거리로 이동하는 경로를 구해 보면

본사 – A 지사 – E 지사 – B 지사 – F 지사 – D 지사 – C 지사 – 본사가 된다. 따라서 총 이동 거리는

230 + 183 + 144 + 173 + 182 + 165 + 87 = 1,164km가 된다.

53 자원관리능력 문제　　　　　정답 ④

과장 직급에 3박 4일 출장, 그리고 시외 출장이므로 1일당 지급받을 수 있는 출장비는 60,000원 × 1.5 × 4 = 360,000원이다. 여기에 유류비를 더해야 하므로 주어진 정보에 따라 유류비를 산출하면 1,164 km ÷ 12 km/L × 1,600 원/L = 155,200원이므로 총 금액은 360,000원 + 155,200원 = 515,200원이다.

54 자원관리능력 문제　　　　　정답 ⑤

제품의 납품 수량은 (7일~18일 사용량의 총합) – (4일 재고량 – 18일 재고량)을 통해서 파악할 수 있다.

제품 A는 4일 업무가 종료된 후 파악한 재고량이 15개이고, 18일 업무가 종료되고 파악한 재고량은 5개 이므로 7일~18일 사용하는 동안 재고량은 10개가 감소되었다. 해당 기간 동안 사용량의 총합은 32 + 45 + 65 + 40 + 35 + 45 + 42 + 35 + 46 + 28 = 413이다. 따라서 7일~18일 동안 납품된 제품의 수량은 413 – 10 = 403개이다.

제품 B는 4일 업무가 종료된 후 파악한 재고량이 22개이고, 18일 업무가 종료되고 파악한 재고량은 23개 이므로 7일~18일 사용하는 동안 재고량이 1개가 증가되었다. 해당 기간 동안 사용량의 총합은 23 + 35 + 15 + 22 + 43 + 32 + 33 + 28 + 34 + 20 = 285이다. 따라서 7일~18일 동안 납품된 제품의 수량은 285 – (–1) = 286개이다.

제품 C는 4일 업무가 종료된 후 파악한 재고량이 14개이고, 18일 업무가 종료되고 파악한 재고량은 14개 이므로 7일~18일 사용하는 동안 재고량의 변화가 없다. 해당 기간 동안 사용량의 총합은 15 + 45 + 15 + 52 + 32 + 43 + 37 + 28 + 30 + 31 = 328이다. 따라서 7일~18일 동안 납품된 제품의 수량은 328 – 0 = 328개이다.

제품 D는 4일 업무가 종료된 후 파악한 재고량이 31개이고, 18일 업무가 종료되고 파악한 재고량은 10개 이므로 7일~18일 사용하는 동안 재고량은 21개가 감소되었다. 해당 기간 동안 사용량의 총합은 33 + 24 + 23 + 25 + 30 + 24 + 25 + 15 + 33 + 40 = 272이다. 따라서 7일~18일 동안 납품된 제품의 수량은 272 – 21 = 251개이다.

위에서 구한 수량을 토대로 금액을 계산해 보면 403 × 6,000 + 286 × 7,400 + 328 × 4,600 + 251 × 5,500 = 7,423,700원이다.

[55-56]

55 자원관리능력 문제　　　　　정답 ③

갑, 을, 병, 정 4명이 샤워실, 세면대, 화장실을 각각 순서대로 1번씩 사용해야 하고, 2명이 동시에 같은 시설을 사용할 수 없다고 조건이 제시되어 있다. 또한 중간 과정인 세면대의 최대 시간이 샤워실의 최소시간 또는 화장실의 최소시간보다 작거나 같으므로 3개 공정에서의 Johnson's rule을 활용할 수 있다.

구분	샤워실 + 세면대	세면대 + 화장실
갑	14	10
을	8	7
병	11	12
정	6	7

이므로, Johnson's rule에 따라 순서는 정 – 병 – 갑 – 을 이 된다.

56 자원관리능력 문제　　　　　정답 ⑤

첫 번째 사람이 준비를 시작해야하는 가장 늦은 시간을 골라야 하는 문제이므로 준비에 소요되는 시간 및 이동에 소요되는 시간을 계산해 보면 각각 아래와 같다.

최소 준비 소요 시간은 다음 표와 같다.

	샤워실	세면대	화장실
1	정		
2	정		
3	정		
4	정		
5	병	정	
6	병	정	
7	병		정
8	병		정
9	병		정
10	병		정
11	병		정
12	갑	병	
13	갑	병	
14	갑	병	
15	갑	병	
16	갑		병
17	갑		병
18	갑		병
19	갑		병

20	갑		병
21	갑		병
22	을	갑	병
23	을	갑	병
24	을	갑	
25	을	갑	
26	을		갑
27		을	갑
28		을	갑
29		을	갑
30			갑
31			갑
32			을
33			을
34			을
35			을

이에 따라 35분이 소요되며, 이동 시간은 17 ÷ 60 × 60 = 17분이 므로 최소 52분이 소요된다.

따라서 08시 30분까지 식당에 도착하기 위해 첫 번째 사람은 아무리 늦어도 07시 38분에는 준비를 시작해야 한다.

57 자원관리능력 문제 정답 ②

각 항목을 1개씩 구매하는 경우 Festival 기본 할인을 감안하여 금액을 산출하면 186,000 × 0.8 + 214,000 × 0.8 + 162,000 × 0.6 = 417,200원이 된다.

이후 총 구매 품목 수가 3개이므로 대박 할인은 10% 적용 받을 수 있다. 따라서 417,200 × 0.9 = 375,480원이 된다. 해당 금액은 40만 원 이상이 아니므로 5만 원 할인 쿠폰은 사용할 수 없으며, 현재 금액은 375,480원이므로 A 사 카드로 결제하는 경우 4만 원의 청구 할인을 받을 수 있다. 따라서 최종적으로 해공이가 지불해야 하는 금액은 335,480원이다.

58 자원관리능력 문제 정답 ④

A 과장의 출장은 모두 국내 출장이므로 모든 급여 및 비용은 국내 출장을 기준으로 한다.

총 출장 일수는 천안 2일, 일산 1일, 대전 2일의 합인 5일이며, A 과장은 직급이 과장이므로 1일당 3만 원의 추가 급여를 지급받을 수 있어 5 × 30,000 = 150,000원의 추가 급여를 지급받을 수 있다.

숙박비는 총 숙박 일수가 2일이고, 1일 최대 20만 원을 지급받을 수 있으며, 실 사용금액을 기준으로 지급한다고 했으므로 천안 숙박비용은 175,000원, 대전 숙박비용은 200,000원을 지급받아 총 175,000 + 200,000 = 375,000원을 지급받을 수 있다. 교통비는 A 과장의 차량이 가솔린 차량이고, 연비는 11km/L이며, 총 이동 거리는 176 + 66 + 253 = 495km이므로, 사용된 휘발유는 495 ÷ 11 = 45L이다. L당 1,400원의 유류비가 책정되어 있으므로 A 과장이 지급받을 수 있는 교통비는 1,400 × 45 = 63,000원이다. 식비는 1식당 25,000원으로 규정되어 있고, 당일 출장의 경우 식사 횟수에 따라 지급한다고 되어 있으므로 일산 출장은 2식에 해당하는 금액을 지급받을 수 있고, 1박 2일 출장은 4식에 해당하는 금액을 지급한다고 되어 있으므로 천안 출장과 대전 출장은 각각 4식에 해당하는 금액을 지급받을 수 있어 총 10식에 해당하는 식비를 지급받을 수 있다. 따라서 25,000 × 10 = 250,000원을 지급받을 수 있다.
출장비는 추가 급여와 비용의 합이며, 비용은 숙박비, 교통비, 식비에 한하여 지급한다고 했으므로 위에서 계산한 항목들을 모두 합산하면 150,000 + 375,000 + 63,000 + 250,000 = 838,000원이 된다.

59 자원관리능력 문제 정답 ③

교육 계획표에 따르면 커뮤니케이션 스킬 강의와 프레젠테이션 스킬 강의는 오후에 진행되므로 4시간 동안 교육이 진행되며, 비즈니스 매너와 효율적인 문서 작성법 강의는 오전에 진행되므로 3시간 동안 교육이 진행된다. 모든 강의는 강의당 1명의 서로 다른 강사가 진행한다고 했으므로 강의료는
비즈니스 매너: 500,000원
효율적인 문서 작성법: 600,000원
프레젠테이션 스킬: 450,000 + 100,000 = 550,000원
커뮤니케이션 스킬: 550,000 + 120,000 = 670,000원이 된다.
총 4명의 강사가 강의를 진행하므로 총 왕복 교통비는 80,000원 × 4 = 320,000원이 되고,
이동 보상비는 이동 시간당 15,000원을 지급하므로 편도 2시간이 소요되는 연수원까지의 왕복 이동 보상비는 1인당 60,000원이 된다. 따라서 강사 4명에 대한 이동 보상비는 60,000원 × 4 = 240,000원이다.
따라서 총 강사 초빙 금액은 500,000 + 600,000 + 550,000 + 670,000 + 320,000 + 240,000 = 2,880,000원이다.

60 자원관리능력 문제 　　　　　정답 ③

전체 교통수단 중 예상 소요 시간이 짧은 3가지 교통수단은 +5의
편익을 얻는다고 했으므로 비행기, 기차, 고속버스는 각각 +5의 편
익을 얻는다.

전체 교통수단 중 총 소요 비용이 낮은 3가지 교통수단은 +5의 편
익을 얻는다고 했으므로 자차, 고속버스, 시외버스는 각각 +5의 편
익을 얻는다.

이용 편리성이 높은 순서대로 비행기는 +4, 기차는 +3, 고속버스는
+2, 시외버스는 +1의 편익을 각각 얻는다.

접근성이 낮은 순서대로 비행기는 -4, 시외버스는 -3, 고속버스는
-2, 기차는 -1의 편익을 각각 얻는다.

자율성 점수의 전체 평균은 (95 + 75 + 83 + 70 + 83) / 5 = 81.2점
이므로, 이보다 높은 자차, 고속버스, 시외버스는 각각 +3점, 이보다
낮은 기차와 비행기는 각각 -3점의 편익을 얻는다. 이를 계산하면,

자차: 5 + 3 = 8점

기차: 5 + 3 - 1 - 3 = 4점

고속버스: 5 + 5 + 2 - 2 + 3 = 13점

비행기: 5 + 4 - 4 - 3 = 2점

시외버스: 5 + 1 - 3 + 3 = 6점이 된다.

따라서 편익이 가장 높은 고속버스를 선택해야 한다.

김소원

이력

- (현) 해커스공기업 NCS 직업기초능력 및 직무적성능력 전임강사
- 공공기관 채용정보 박람회 NCS 직업기초능력 초빙강사(2022, 2021, 2019, 2017, 2016, 2015)
- 한국직업방송 취업전문가 패널 출연
- KBS 9시 뉴스 취업전문가 출연
- 성균관대, 이화여대, 경희대, 전북대, 전남대 외 40여 개 대학 및 고등학교 NCS 직업기초능력 특강 진행
- 서울대, 동국대, 성신여대 외 30여 개 대학 직무적성검사 강의 진행

저서

- 단기 합격 해커스공기업 NCS 직업기초능력평가+직무수행능력평가(2022)
- 해커스 민간경력자 PSAT 11개년 기출문제집(2021)
- 해커스공기업 PSAT 기출로 끝내는 NCS 수리 · 자료해석 집중 공략(2021)
- 해커스공기업 PSAT 기출로 끝내는 NCS 수리 · 자료해석 실전서(2021)
- NCS핵심요약 직무적성검사 + 직업기초능력평가(2015)
- 소원쌤의 공기업 통합 직무적성(2014)

김태형

이력

- (현) 해커스공기업 NCS 직업기초능력 및 직무상식 전임강사
- (현) 해커스잡 경제금융상식, 일반상식 전임강사
- (현) 해커스잡 자기소개서 / 면접 전임강사
- 공공기관 채용정보 박람회 NCS 직업기초능력 초빙강사(2022, 2021, 2019, 2017, 2015)
- 한국직업방송 취업전문가 패널 출연
- 뉴스핌 취업 면접 대비 영상콘텐츠 출연
- 성균관대, 이화여대, 서강대, 아주대 등 공기업 NCS 강의 진행
- 한양대, 성균관대, 이화여대 외 30여 개 대학 취업 특강 진행

저서

- 단기 합격 해커스공기업 NCS 직업기초능력평가+직무수행능력평가(2022)
- 해커스 한 권으로 끝내는 공기업 기출 일반상식(2022)
- 해커스공기업 쉽게 합격하는 NCS 면접(2021)
- NCS핵심요약 직무적성검사+직업기초능력평가(2015)
- 김태형 공무원사회(2014)

최수지

이력

- (현) 해커스공기업 자소서/NCS 전임강사
- (현) 해커스공기업 직무적성/PSAT 언어영역 전임강사
- (현) 해커스편입 논술 전임강사
- 공공기관 채용박람회 NCS 직업기초능력관 초빙강사(2017)
- 성균관대, 한국기술교육대, 이화여대 등 전국 30여 개 대학 취업 특강 진행
- 동구마케팅고등학교, 서울여자상업고등학교 등 고등학교 취업 특강 진행

저서

- 단기 합격 해커스공기업 NCS 직업기초능력평가+직무수행능력평가(2022)
- 해커스 한 권으로 끝내는 공기업 기출 일반상식(2022)
- 해커스 민간경력자 PSAT 11개년 기출문제집(2021)
- 해커스 쉽게 합격하는 공기업 논술(2021)
- 10일합격 해커스독학사 1단계 국어 빈출핵심정리(2021)
- 1달합격 해커스독학사 1단계 국어 최신기출 이론+문제(2021)
- 논술교재 및 모범답안 제작
- 수능 언어교재 집필모의고사 문제 출제

윤종혁

이력

- (현) 해커스공기업 공기업 취업 전문 컨설턴트
- (현) 해커스공기업 금융권/공기업 논술 전임강사
- 공공기관 채용정보 박람회 NCS 직업기초능력 초빙강사(2022, 2021, 2019, 2017, 2016, 2015)
- 한국직업방송 취업전문가 패널 출연
- 공기업 외부 면접관/대기업 신입사원 교육 진행
- 한국철도협회 및 지방자치단체 채용박람회 초빙강사
- 서울대, 이화여대, 고려대, 서강대, 전북대, 전남대 등 40여 개 대학 취업 특강 진행

저서

- 단기 합격 해커스공기업 NCS 직업기초능력평가+직무수행능력평가(2022)
- 해커스 한 권으로 끝내는 공기업 기출 일반상식(2022)
- 해커스공기업 쉽게 합격하는 NCS 면접(2021)
- 해커스 쉽게 합격하는 공기업 논술(2021)
- 해커스 쉽게 합격하는 공기업 NCS 자소서(2020)
- 해커스 스펙을 뒤집는 자소서(2019)
- 공기업 논술(윤종혁 교수의 멘토링)(2014)

복지훈

이력

- (현) 해커스공기업 NCS 직업기초능력 및 직무적성능력 전임강사
- 공공기관 채용정보 박람회 NCS 직업기초능력 초빙강사(2022, 2021, 2017)
- 중앙대, 한양대, 전남대 등 다수 대학 PSAT, LEET 강의 진행
- 이화여대, 동국대, 성균관대, 전북대 등 전국 30여 개 대학 직무적성검사 강의 진행
- 경희대, 부산대, 성균관대, 서강대 등 전국 30여 개 대학 NCS 문제해결능력 강의 진행

저서

- 단기 합격 해커스공기업 NCS 직업기초능력평가+직무수행능력평가(2022)
- 해커스 민간경력자 PSAT 11개년 기출문제집(2021)
- 해커스공기업 PSAT 기출로 끝내는 NCS 문제해결 · 상황판단 집중 공략(2020)

김동민

이력

- (현) 해커스잡 반도체 전공 전임강사
- (현) 해커스공기업 자원관리 전임강사
- 공공기관 채용정보 박람회 NCS 직업기초능력 초빙강사(2022)
- 삼성코닝 근무
- 경희대, 한국외대, 중앙대, 인천대, 목원대 등 20여 개 대학 취업 특강 진행

저서

- 단기 합격 해커스공기업 NCS 직업기초능력평가+직무수행능력평가(2022)
- 해커스 한 권으로 끝내는 공기업 기출 일반상식(2022)

공기업 최종 합격을 위한
추가 학습 자료 9종

본 교재 인강
30% 할인쿠폰

A8C3 3A34 BFC5 F9F7

전공필기 강의
20% 할인쿠폰

3FF7 8E38 2666 48SA

* 전공 단과강의에만 적용 가능

소원쌤의 시험장에서
통하는 수리 SKILL 강의
수강권

F775 538A 2EFD 7X3P

* 지급일로부터 30일간 PC로 수강 가능

경영학 온라인 모의고사
무료 응시권

CDDB A759 5E40 A000

* 지급일로부터 30일간 PC로 응시 가능 * [마이클래스-모의고사]에서 응시 가능

NCS 온라인 모의고사
무료 응시권

EB26 392E ECC3 8B5Q

* 지급일로부터 30일간 PC로 응시 가능 * [마이클래스-모의고사]에서 응시 가능

NCS 온라인 모의고사 해설강의
50% 할인쿠폰

F87A A957 38E4 42BY

이용방법 해커스잡 사이트(ejob.Hackers.com) 접속 후 로그인 ▶ 사이트 우측 상단 [나의정보] 클릭 ▶ [나의 쿠폰] 클릭 ▶
[쿠폰/수강권 등록]에 쿠폰번호 입력 후 이용

* 이용기한: 2025년 12월 31일까지 / 위 쿠폰은 한 ID당 1회에 한해 등록 및 사용 가능하며, 이벤트 강의 및 프로모션 강의에는 적용 불가, 쿠폰 중복 할인 불가합니다.
* 이 외 쿠폰 관련 문의는 해커스 고객센터(02-537-5000)로 연락 바랍니다.

NCS 빈출 개념 핵심 요약집(PDF)

A85A H87D ML2R HTK4

NCS 7개 영역 모듈이론 확인 문제(PDF)

L55A H87A ML2R HTK2

이용방법 해커스잡 사이트(ejob.Hackers.com) 접속 후 로그인 ▶ 사이트 메인 중앙 [교재정보 - 교재 무료자료] 클릭 ▶
교재 확인 후 이용하길 원하는 무료자료의 [다운로드] 버튼 클릭 ▶ 위 쿠폰번호 입력 후 다운로드

* 이 외 쿠폰 관련 문의는 해커스 고객센터(02-537-5000)로 연락 바랍니다.

FREE ## 무료 바로 채점 및 성적 분석 서비스

바로 이용▶

이용방법 해커스잡 사이트(ejob.Hackers.com) 접속 후 로그인 ▶ 사이트 메인 상단 [교재정보 - 교재 채점 서비스] 클릭 ▶
교재 확인 후 채점하기 버튼 클릭

해커스공기업과 함께
단기간 고득점 합격 가능!

공기업 궁금증 해결
**공기업
취업 GUIDE**

48시간 내로 답변
**강의/교재
1:1 질문하기**

빠르게 전하는 채용 소식
**채용공고
시간 알림 서비스**

해커스공기업의
**최종 합격
시스템**

기업별 대비 전략
**채용 대비
무료 라이브**

합격자의 취업 성공 노하우
합격스펙&자소서

무료 실력진단을 통한 합격전략
**인적성&NCS
레벨테스트**

헤럴드 선정 2018 대학생 선호 브랜드 대상 '취업강의' 부문 1위

▌이 책에 참여한 해커스공기업 스타강사군단

해커스공기업
NCS 통합
봉투모의고사

모듈형/피듈형/PSAT형+전공

개정 3판 3쇄 발행 2024년 9월 2일
개정 3판 1쇄 발행 2022년 6월 30일

지은이	김소원, 윤종혁, 김태형, 복지훈, 최수지, 김동민, 해커스 취업교육연구소 공저
펴낸곳	㈜챔프스터디
펴낸이	챔프스터디 출판팀

주소	서울특별시 서초구 강남대로61길 23 ㈜챔프스터디
고객센터	02-537-5000
교재 관련 문의	publishing@hackers.com
	해커스잡 사이트(ejob.Hackers.com) 교재 Q&A 게시판
학원 강의 및 동영상강의	ejob.Hackers.com

ISBN	978-89-6965-029-0 (13320)
Serial Number	03-03-01

취업강의 1위,
해커스잡 **ejob.Hackers.com**

해커스잡

- NCS 빈출 개념 핵심 요약집 & NCS 7개 영역 모듈이론 확인 문제
- 수리 영역 공략을 위한 소원쌤의 시험장에서 통하는 수리 SKILL 강의
- NCS 온라인 모의고사 & 경영학 온라인 모의고사(교재 내 응시권 수록)
- 내 점수와 석차를 확인하는 무료 바로 채점 및 성적 분석 서비스
- 공기업 전문 스타강사의 본 교재 인강 및 전공필기 강의(교재 내 할인쿠폰 수록)

해커스공기업
NCS 통합
봉투모의고사

모듈형/피듈형/PSAT형+전공

전공 실전모의고사
경제·경영/사무·행정/전기

해커스

경제·경영 실전모의고사

01. 다음은 X재의 수요곡선과 공급곡선이다. $P_Y = 10$, $P_Z = 5$라고 할 때, 시장균형점에서 X재의 공급의 가격탄력성은?

> 수요곡선: $Q_d = 215 - 2P_X + 4P_Y - 3P_Z$
> 공급곡선: $Q_s = 40 + 2P_X$
> (단, P_X는 X재의 가격, P_Y는 Y재의 가격, P_Z는 Z의 가격이다.)

① 2
② $\frac{5}{7}$
③ $\frac{5}{14}$
④ $\frac{5}{28}$
⑤ $\frac{17}{35}$

02. 경영환경에 대한 다음 설명 중 가장 옳은 것은?

① 미시적 환경은 기업이 속한 산업 밖에서 발생하여 기업활동에 영향을 미치는 요인이다.

② 조직은 지속적으로 환경에 직면하게 되는데, 환경이 복잡하고 불안정하게 됨에 따라 환경의 불확실성은 증가한다.

③ 환경불확실성의 원천 중 환경복잡성은 과업환경이나 일반환경이 얼마나 변화하는가에 대한 함수이다.

④ 외부환경 중 직접적으로 영향을 미치는 환경은 일반환경이고, 간접적으로 영향을 미치는 환경은 과업환경이다.

⑤ 정태적인 환경에서는 유기적인 조직구조가 적합하고, 동태적인 환경에서는 기계적인 조직구조가 적합하다.

03. A는 모든 소득을 효용극대화를 위해 소비한다. 소비자 A의 효용함수가 $U = 7X^{0.5}Y^{0.5}$일 때, 이에 관한 설명으로 옳은 것을 모두 고르면? (단, 두 재화만 존재하며 P_X와 P_Y는 각각 X재와 Y재의 가격, MU_X와 MU_Y는 각각 X재와 Y재의 한계효용이다.)

> ㉠ 한계대체율은 체증하고 있다.
> ㉡ X재 가격이 Y재 가격의 2배인 경우 효용극대화 시 $MU_X = 0.5MU_Y$를 충족한다.
> ㉢ A는 두 재화를 골고루 소비하는 것을 추구한다.
> ㉣ X재 가격과 관계없이 Y재 소비는 불변이다.
> ㉤ 두 재화 모두 소득이 증가하면 수요량이 증가한다.

① ㉠, ㉡, ㉢   ② ㉠, ㉢, ㉤   ③ ㉡, ㉢, ㉣   ④ ㉡, ㉢, ㉤   ⑤ ㉢, ㉣, ㉤

04. 기업의 사회적 책임에 대한 다음 설명 중 옳은 것은 모두 몇 개인가?

> ㉠ 윤리적 책임은 순전히 자유재량으로 사회에 공헌할 의도로 수행하는 책임을 의미하며, 사회적 기부행위, 약물남용방지 프로그램, 보육시설 운영, 사회복지시설 운영 등이 이에 속한다.
> ㉡ ESG 경영에서 ESG는 기업의 비재무적 요소인 환경(Environment)·사회(Social)·정부(Government)를 뜻하는 말이다.
> ㉢ 기업의 사회적 책임(CSR)은 기업의 몫을 일방적으로 사회에 떼어주는 것이라면, 공유가치창출(CSV)은 사회 문제를 해결하고 이 과정에서 기업도 이익을 늘리는 원원(Win-Win)을 추구한다.
> ㉣ 캐롤(Carroll)이 주장한 기업의 사회적 책임 중 첫 번째 책임은 법적 책임이다.

① 0개   ② 1개   ③ 2개   ④ 3개   ⑤ 4개

05. 효율적인 생산이 이루어지는 A 시장에는 동질적인 기업들이 존재하고 시장수요함수는 $Q = 5{,}000 - 2P$이다. 개별기업의 장기평균비용함수가 $c = q^2 - 20q + 350$일 때, A 시장의 장기균형에서 존재할 수 있는 기업의 수는? (단, Q는 시장수요량, q는 개별기업의 생산량을 나타낸다.)

① 100   ② 250   ③ 450   ④ 500   ⑤ 600

06. 마일즈(Miles)와 스노우(Snow)의 전략유형에 대한 다음 설명 중 가장 옳지 않은 것은?

① 공격형(Prospectors)은 기술과 정보의 급속한 발전과 변화를 조기에 포착하고 기술혁신을 통하여 신제품을 개발한다.

② 방어형(Defenders)을 채택하는 기업들은 가장 효율적으로 제품을 생산 및 공급하며 이들에게 있어서는 기술적 효율이 성공의 관건이다.

③ 반응형(Reactors)은 쇠퇴기에 있는 산업이나 안정적인 환경에 있는 조직에 적합한 전략이다.

④ 공격형(Prospectors)은 고도의 전문지식을 필요로 하고 분권적 조직과 수평적 의사소통이 필수적이다.

⑤ 방어형(Defenders)은 시장환경의 변화에 신속하게 적용하지 못한다는 단점이 있다.

07. 노동공급곡선이 L = w − 10이고, 노동시장에서 수요독점인 기업 A가 있다. 기업 A의 노동의 한계수입 생산물이 $MRP_L = 110 - 2L$일 때, 이 기업의 임금은? (단, L은 노동, w는 임금, 기업 A는 이윤극대화를 추구하고 생산물시장에서 독점기업이다.)

① 15 　　　　② 35 　　　　③ 45 　　　　④ 55 　　　　⑤ 60

08. 퀸(Quinn)과 로어바우(Rohrbaugh)가 개발한 경쟁적 가치모형에 대한 다음 설명 중 옳은 것끼리 짝지어진 것은?

　㉠ 조직의 한 부분에 집중하는 것이 아니라 조직의 다양한 부분들을 균형 있게 다루기 위해 몇몇 효과성 지표들을 지표 간의 경쟁이라는 관점에서 하나의 틀로 측정한다.
　㉡ 하나의 조직에 서로 상반되는 가치가 공존하고 있다는 것을 의미한다.
　㉢ 인간관계 접근은 분권화와 분화를 강조하는 유연성과 외부지향성의 차원을 가지는 경쟁적 가치에 해당한다.
　㉣ 내부프로세스 접근은 집권화와 통합을 강조하는 통제성과 외부지향성의 차원을 가지는 경쟁적 가치에 해당한다.

① ㉠, ㉡ 　　　② ㉠, ㉣ 　　　③ ㉡, ㉢ 　　　④ ㉡, ㉣ 　　　⑤ ㉢, ㉣

09. 2기간 소비선택모형에서 소비자의 효용함수는 $U(C_1, C_2) = 2C_1C_2$이고, 예산제약식은 $C_1 + \dfrac{C_2}{1+r} = Y_1 + \dfrac{Y_2}{1+r}$이다. 이 소비자의 최적소비 행태에 대한 설명으로 옳지 않은 것을 모두 고르면? (단, C_1은 1기의 소비, C_2는 2기의 소비, Y_1은 1기의 소득으로 100, Y_2는 2기의 소득으로 144, r은 이자율로 20%이다.)

> ㉠ 1기에 이 소비자는 차입자이다.
> ㉡ 1기에 이 소비자는 저축자이다.
> ㉢ 유동성제약이 발생하면 1기의 소비는 감소한다.
> ㉣ 이자율이 높아지면 미래소비가 감소한다.

① ㉠, ㉡　　　② ㉠, ㉢　　　③ ㉡, ㉢　　　④ ㉡, ㉣　　　⑤ ㉢, ㉣

10. 다음 중 카네기 의사결정모형(Carnegie decision model)에 대한 설명으로 가장 옳지 않은 것은?

① 제한된 합리성에 근거한 조직의사결정모형이다.
② 조직에서의 의사결정은 많은 관리자들이 관여하기 때문에 최종적 의사결정은 이들 관리자들의 연합인 세력집단에 의하여 이루어진다.
③ 만족해를 인정하고 있으며, 의사결정과정에 영향을 미치는 조직 내 세력집단의 존재를 중시한다.
④ 세력집단은 제한된 능력, 문제의 복잡성, 정보의 부족, 불확실성, 시간의 압박 등과 같이 합리적 의사결정을 방해하는 여러 제약요인이 존재할 때는 형성되지 않는다.
⑤ 의사결정은 경영자가 조직목표와 이해관계의 달성을 위해 만든 규칙 속에서 이루어진다.

11. 통화 공급에 관한 설명으로 옳은 것을 모두 고르면?

> ㉠ 지급준비율이 100%이면 통화량이 늘어나지 않는다.
> ㉡ 중앙은행이 공개시장운영을 통해 채권시장에서 채권을 매입하면 통화 공급이 증가한다.
> ㉢ 중앙은행의 은행에 대한 대출금리가 상승하면 통화 공급이 감소한다.
> ㉣ 금융위기로 인하여 은행의 안전성이 의심되어 예금주들의 현금인출이 증가하면 통화량이 증가한다.
> ㉤ 시중은행이 중앙은행으로부터 자금을 차입하는 경우 통화승수는 변함이 없다.

① ㉠, ㉡, ㉢　　　② ㉠, ㉢, ㉤　　　③ ㉡, ㉢, ㉣　　　④ ㉡, ㉢, ㉤　　　⑤ ㉢, ㉣, ㉤

12. 직무설계에 대한 다음 설명 중 가장 옳지 않은 것은?

① 직무설계의 주요 요인으로는 직무의 내용, 직무의 요건, 요구되는 대인관계 및 성과 등이 있다.

② 직무확대(Job enlargement)로 인해 과업완성에 대한 도전감이 증가되고 동기부여수준이 향상된다.

③ 직무순환은 작업집단에 이미 형성되어 있던 긴밀한 인간관계를 통한 협동시스템을 훼손시킬 수 있다.

④ 직무교차는 작업자가 서로 미루고 소홀히 할 경우 생산성에 문제가 야기될 수 있다.

⑤ 준자율적 작업집단은 작업집단 내 직무들 간의 상호의존성이 낮을 때, 직무들이 심리적 스트레스를 적게 야기시킬 때 그 효과가 보다 높게 나타난다.

13. A국 경제는 총수요 – 총공급 모형에서 현재 장기균형상태에 있다. 부정적 충격과 관련한 설명으로 옳은 것은?

> ㉠ 장기균형상태의 총공급 곡선은 수직이다.
> ㉡ 부정적 공급 충격 시 확장적 통화정책으로 단기에 충격 이전 수준과 동일한 물가와 생산으로 돌아갈 수 없다.
> ㉢ 부정적 수요 충격 시 정부의 개입이 없을 경우 장기적으로 물가는 상승한다.
> ㉣ 부정적 수요 충격 시 확장적 재정정책으로 단기에 충격 이전 수준과 동일한 물가와 생산으로 돌아갈 수 없다.

① ㉠, ㉡   ② ㉠, ㉢   ③ ㉡, ㉢   ④ ㉡, ㉣   ⑤ ㉢, ㉣

14. 다음 중 공정별 배치의 단점으로 가장 옳지 않은 것은?

① 생산과정에서 발생하는 재공품의 동선이 복잡하다.

② 한 제품에서 다른 제품으로 전환하는 과정에서 손실되는 시간이 크다.

③ 제품디자인의 변경이 있는 경우에 그 변경이 쉽지 않아 유연성이 떨어진다.

④ 많은 종류의 재고가 필요하여 공간과 자본이 묶이게 된다.

⑤ 다양한 제품을 생산하기 때문에 생산계획과 통제가 어렵다.

15. 다음 거시경제모형에서 생산물시장과 화폐시장이 동시에 균형을 이루는 소득은? (단, C는 소비, Y는 국민소득, I는 투자, G는 정부지출, T는 조세, r은 이자율, M^D는 화폐수요, M^S는 화폐공급이다. 물가는 고정되어 있고, 해외부문은 고려하지 않는다.)

- $C = 230 + 0.8(Y - T) - 1.5r$
- $I = 80 - 8.5r$
- $G = 70$
- $T = 100$
- $M^D = 150 + Y - 50r$
- $M^S = 650$

① 900 ② 950 ③ 1,000 ④ 1,100 ⑤ 1,200

16. 가빈(Gavin)의 품질측정에 대한 다음 설명 중 옳은 것은 모두 몇 개인가?

㉠ 성능은 제품이 가지는 기본적인 기능 외에 이를 보완해주기 위한 추가적인 기능을 의미한다.
㉡ 신뢰성이 높은 제품일수록 무상보증기간은 짧아진다.
㉢ 내구성은 일반적으로 제품수명의 척도로서 제품이 성능을 제대로 발휘하는 수명의 길이로 측정된다.
㉣ 일치성은 제품이 명세서의 규격과 일치하는 정확도를 의미하고, 설계품질이라고도 한다.

① 0개 ② 1개 ③ 2개 ④ 3개 ⑤ 4개

17. 솔로우 모형에서 한나라의 생산함수가 $Y = L^{0.5}K^{0.5}$이다. 자본의 감가상각률(d)은 15%, 저축률(s)은 60%, 인구 증가율(n)은 15%일 때, 이 경제의 균제상태(Steady state)에 대한 설명으로 옳은 것은? (단, 기술진보는 존재하지 않는다.)

> ㉠ 균제상태의 1인당 생산은 4이다.
> ㉡ 균제상태의 1인당 자본량은 4이다.
> ㉢ 균제상태의 총소득 증가율은 15%이다.
> ㉣ 균제상태의 1인당 자본량 증가율은 0%이다.

① ㉠, ㉡   ② ㉠, ㉢   ③ ㉡, ㉢   ④ ㉠, ㉡, ㉣   ⑤ ㉡, ㉢, ㉣

18. 다음에서 설명하는 표본추출방법으로 가장 옳은 것은?

> • 비확률적 표본추출방법이다.
> • 조사자가 적절하다고 판단하는 조사대상자들을 선정한 다음에 그들로 하여금 또 다른 조사대상자들을 추천하도록 하는 방법이다.
> • 조사자가 모집단 구성원들 중 극소수 이외에는 누가 표본으로 적절한지를 판단할 수 없는 경우에 사용될 수 있다.
> • 연속적 추천에 의해 선정된 조사대상자들 간에는 동질성이 높을 수 있으나 모집단과는 매우 다른 특성을 가질 수 있다.

① 무작위표본추출(Random sampling)
② 할당표본추출(Quota sampling)
③ 판단표본추출(Judgement sampling)
④ 층화표본추출(Stratified sampling)
⑤ 눈덩이 표본추출(Snowball sampling)

19. 환율결정이론 중 무위험 이자율 평가설에 대한 설명으로 옳은 것은?

① 자국의 이자율과 외국의 이자율이 동일하고 미래환율이 현재환율보다 크다면 해외자본 유출이 발생한다.

② 선물환율이 일정하다면 이자율과 현재 환율은 비례 관계를 갖는다.

③ 해외 투자자가 국내에 투자할 때 수익률은 (자국의 이자율 − 외국의 이자율) + 환율상승률이다.

④ 자국의 이자율이 외국의 이자율보다 크다면 국내 화폐의 가치는 미래에 상승할 것으로 예측된다.

⑤ 이자율 평가설이 성립할 경우 실질환율은 1로 결정된다.

20. 광고효과의 측정시기를 사전 테스트와 사후 테스트로 구분할 때, 다음 중 사전 테스트에 해당하는 방법끼리 짝지어진 것은?

㉠ 직접평가	㉡ 포트폴리오 테스트
㉢ 회상 테스트	㉣ 실험법
㉤ 의견조사법	㉥ 재인 테스트

① ㉠, ㉡, ㉣   ② ㉠, ㉣, ㉤   ③ ㉡, ㉢, ㉥

④ ㉢, ㉣, ㉤   ⑤ ㉢, ㉤, ㉥

정답

01	02	03	04	05	06	07	08	09	10
②	②	⑤	②	③	③	②	①	④	④
11	12	13	14	15	16	17	18	19	20
④	⑤	①	③	③	②	⑤	⑤	①	①

해설

01
정답 ②

문제에 주어진 수치를 대입하면 수요함수는 $Q_d = 215 - 2P_X + 40 - 15$ 이고, 공급함수는 $Q_s = 40 + 2P_X$이다. 이를 연립해서 풀면, $215 - 2P_X + 40 - 15 = 40 + 2P_X \rightarrow P_X = 50$, $Q = 140$이다.
공급의 가격탄력성을 구하면,
$\varepsilon = \dfrac{dQ}{dP} \times \dfrac{P}{Q} = 2 \times \dfrac{50}{140} = \dfrac{5}{7}$이다.

02
정답 ②

조직은 지속적으로 환경에 직면하게 되며, 환경이 복잡해지고 불안 정해짐에 따라 환경의 불확실성은 증가한다.

오답 체크

① 미시적 환경은 기업이 속한 산업의 주요 구성요소를 말하고, 기업이 속한 산업 밖에서 발생하여 기업활동에 영향을 미치는 요인은 거시적 환경이다.
③ 환경불확실성의 원천 중 환경복잡성은 조직이 관리해야 하는 특수하고 일반적인 영향력의 강도, 수, 상호결합성에 대한 함수이고, 과업환경이나 일반환경이 얼마나 변화하는가에 대한 함수는 환경동태성이다.
④ 외부환경 중 직접적으로 영향을 미치는 환경은 과업환경이고, 간접적으로 영향을 미치는 환경은 일반환경이다.
⑤ 정태적인 환경에서는 기계적인 조직구조가 적합하고, 동태적인 환경에서는 유기적인 조직구조가 적합하다.

03
정답 ⑤

© $MRS_{XY} = \dfrac{MU_X}{MU_Y} = \dfrac{7X^{-0.5}Y^{0.5}}{7X^{0.5}Y^{-0.5}} = \dfrac{Y}{X}$이다. 따라서 한계대체율은 체감하며 이는 원점에 대하여 볼록하므로 골고루 소비하는 것을 추구한다.

② 콥-더글러스 효용함수에서 Y재의 수요량공식은 $\dfrac{\alpha}{\alpha+\beta} \times \dfrac{M}{P_Y}$이다. 따라서 X재 가격과 관계없이 Y재 소비는 불변이다.
⑩ 두 재화 모두 정상재이므로 소득에 비례하여 소비가 증가한다.

오답 체크

㉠ 한계대체율은 체감한다.
㉡ $P_X = 2P_Y$일 때 최적조합은 무차별곡선과 예산선이 접하므로 $\dfrac{P_X}{P_Y} = \dfrac{MU_X}{MU_Y} \rightarrow \dfrac{2P_Y}{P_Y} = \dfrac{MU_X}{MU_Y}$이므로 최적 소비조합에서 $MU_X = 2MU_Y$를 충족한다.

04
정답 ②

기업의 사회적 책임에 대한 설명으로 옳은 것은 ⓒ이므로 총 1개이다.

오답 체크

㉠ 자선적 책임은 순전히 자유재량으로 사회에 공헌할 의도로 수행하는 책임을 의미하며, 사회적 기부행위, 약물남용방지 프로그램, 보육시설 운영, 사회복지시설 운영 등이 이에 속한다. 또한, 윤리적 책임은 기업의 직접적인 경제적 이익과 관계를 가지지 않으며 법률에도 규정되어 있지 않은 기업의 윤리적 의사결정에 관한 책임을 의미한다.
㉡ ESG 경영에서 ESG는 기업의 비재무적 요소인 환경(Environment)·사회(Social)·지배구조(Governance)를 뜻하는 말이다.
㉢ 캐롤(Carroll)이 주장한 기업의 사회적 책임 중 첫 번째 책임은 경제적 책임이다.

05 정답 ③

개별기업의 장기평균비용함수가 최저일 때의 한계비용이 장기균형가격이다. 평균비용을 미분하면 $2q - 20 = 0$이므로 $q = 10$이고, $q = 10$일 때 평균비용이 250이므로 장기균형가격은 250이다. $P = 250$을 시장수요함수에 대입하면 시장수요량 $Q = 4,500$이다. 개별기업의 생산량이 10이므로 장기균형에서 이 시장에는 450개의 기업이 존재하게 된다.

06 정답 ③

반응형(Reactors)은 적극적으로 환경을 개척하는 것이 아니라 전략형성에 실패한 기업군을 말한다. 그리고 쇠퇴기에 있는 산업이나 안정적인 환경에 있는 조직에 적합한 전략은 방어형(Defenders)이다.

07 정답 ②

생산요소시장의 균형은 $MRP_L = MFC_L$이다.
MFC_L은 $TFC_L(W \times L)$을 미분하여 얻으므로 $MFC_L = 2L + 10$이다.
한계수입생산 $MRP_L = 110 - 2L$이므로 이윤극대화 노동고용량을 구하기 위해 $MRP_L = MFC_L$로 두면 $110 - 2L = 2L + 10$, $4L = 100 \rightarrow L = 25$이다.
수요독점기업은 노동공급곡선 높이에 해당하는 임금을 지급하므로 $L = 25$를 노동공급곡선식에 대입하면 $w = 35$임을 알 수 있다.

08 정답 ①

㉠ 경쟁적 가치모형은 4가지 효과성지표들(인간관계 접근, 내부 프로세스 접근, 합리적 목표 접근, 개방 시스템 접근)을 하나의 틀로 표현하고 있기 때문에 옳은 설명이다.

㉡ 경쟁적 가치모형은 4가지 효과성지표들(인간관계 접근, 내부 프로세스 접근, 합리적 목표 접근, 개방 시스템 접근)은 대각선 방향으로 서로 상반되는 가치를 가지기 때문에 서로 상반되는 가치가 공존하고 있다는 설명은 옳은 설명이다.

오답 체크

㉢ 인간관계 접근은 분권화와 분화를 강조하는 유연성과 내부지향성의 차원을 가지는 경쟁적 가치에 해당하고, 분권화와 분화를 강조하는 유연성과 외부지향성의 차원을 가지는 경쟁적 가치에 해당하는 것은 개방시스템 접근이다.

㉣ 내부프로세스 접근은 집권화와 통합을 강조하는 통제성과 내부지향성의 차원을 가지는 경쟁적 가치에 해당하고, 집권화와 통합을 강조하는 통제성과 외부지향성의 차원을 가지는 경쟁적 가치에 해당하는 것은 합리적 목표 접근이다.

09 정답 ④

현재소비와 미래소비 간의 한계대체율을 구해보면,
$MRS_{C_1, C_2} = \frac{MU_{C_1}}{MU_{C_2}} = \frac{2C_2}{2C_1} = \frac{C_2}{C_1}$이다.
소비자균형에서는 예산선과 무차별곡선이 접하므로 $MRS_{C_1, C_2} = (1 + r)$로 두면 $\frac{C_2}{C_1} = 1.2$, $C_2 = 1.2C_1$이 성립한다.
따라서 이자율이 증가하면 미래소비가 증가한다.
$C_1 + \frac{C_2}{1.2} = 100 + \frac{144}{1.2}$에 대입하면 $2C_1 = 220$, $C_1 = 110$, $C_2 = 132$로 계산된다. 1기 소득이 100이고 1기 소비가 144이므로 이 소비자는 차입자임을 알 수 있다.
따라서, 차입을 위한 돈을 빌릴 수 없는 유동성제약이 발생하면 차입자인 이 소비자의 1기 소비는 감소한다.

10 정답 ④

세력집단은 제한된 능력, 문제의 복잡성, 정보의 부족, 불확실성, 시간의 압박 등과 같이 합리적 의사결정을 방해하는 여러 제약요인이 존재할 때 형성된다.

11 정답 ④

통화량의 변화분 $\triangle M =$ 통화승수 $\times \triangle H$,
통화승수는 $\frac{1}{c + z(1 - c)}$이다.

㉡ 중앙은행이 공개시장운영을 통해 채권시장에서 채권을 매입하면 본원통화가 증가하므로 통화 공급이 증가한다.

㉢ 중앙은행의 은행에 대한 대출금리가 상승하면 시중은행이 중앙은행으로부터의 차입을 줄이므로 본원통화가 감소하여 통화 공급이 감소한다.

㉣ 시중은행이 중앙은행으로부터 자금을 차입하는 경우 본원통화는 증가하지만 통화승수는 변함이 없다.

오답 체크

㉠ 지급준비율이 100%이면 통화승수가 1이므로 본원통화만큼 통화량이 증가한다.

㉤ 금융위기로 인하여 은행의 안전성이 의심되어 예금주들의 현금인출이 증가하면 현금통화비율이 증가하므로 통화승수가 감소하여 통화량이 감소한다.

12 정답 ⑤

준자율적 작업집단은 작업집단 내 직무들 간의 상호의존성이 높을 때, 직무들이 심리적 스트레스를 많이 야기시킬 때 그 효과가 보다 높게 나타난다.

13 정답 ①

부정적 수요 충격은 총수요곡선을 단기적으로 좌측으로 이동시킨다. 단기적으로 실제 GDP가 잠재 GDP보다 작으므로 임금을 비롯한 각종 생산요소의 가격이 하락한다. 생산요소 가격이 하락하면 단기 총공급 곡선이 다시 오른쪽으로 이동하여 제자리로 돌아가게 된다.

부정적 공급 충격은 총공급 곡선을 단기적으로 좌측으로 이동시킨다. 단기적으로 실제 GDP가 잠재 GDP보다 작으므로 임금을 비롯한 각종 생산요소의 가격이 하락한다. 생산요소 가격이 하락하면 단기 총공급 곡선이 다시 오른쪽으로 이동하여 제자리로 돌아가게 된다.

ㄱ 단기 총공급 곡선은 우상향, 장기균형상태의 총공급 곡선은 수직이다.

ㄴ 부정적 단기 공급 충격 시 확장적 재정정책을 실시하면 총수요가 증가하므로 생산은 원상태로 돌아갈 수 있지만 물가는 반드시 상승한다.

오답 체크

ㄷ 부정적 수요 충격 시 정부의 개입이 없을 경우 장기적으로 총공급이 증가하여 자연산출량 수준으로 돌아가므로 최초의 물가보다 하락한다.

ㄹ 부정적 수요 충격 시 확장적 통화정책으로 수요곡선이 우측으로 이동하므로 장기에 물가와 생산량은 최초와 동일하다.

14 정답 ③

제품디자인의 변경이 있는 경우에 그 변경이 쉽지 않아 유연성이 떨어진다는 것은 제품별 배치의 단점에 해당한다.

15 정답 ③

IS곡선: $Y = C + I + G \rightarrow Y = 230 + 0.8(Y-100) - 1.5r + 80 - 8.5r + 70 \rightarrow Y = 1,500 - 50r$

LM곡선: $\frac{M^d}{P} = \frac{M^s}{P} \rightarrow$ 물가는 고정되어 있으므로 $150 + Y - 50r = 650 \rightarrow Y = 500 + 50r$

균형을 구하면, $1,500 - 50r = 500 + 50r \rightarrow r = 10$, $Y = 1,000$이다.

16 정답 ②

가빈(Gavin)의 품질측정에 대한 설명으로 옳은 것은 ㄷ이므로 총 1개다.

오답 체크

ㄱ 성능은 제품의 기본적 운영특성을 말하는 것이고, 특징은 제품이 가지는 기본적인 기능 외에 이를 보완해주기 위한 추가적인 기능을 의미한다.

ㄴ 신뢰성이 높은 제품일수록 무상보증기간은 길어진다.

ㄹ 일치성은 제품이 명세서의 규격과 일치하는 정확도를 의미하고, 적합품질이라고도 한다. 설계품질(고성능설계)은 프로세스의 품질과 관련된 측면으로 무결점 제품을 생산하는 것을 말한다. 즉 우수한 성능, 엄격한 허용오차, 높은 내구성, 영업부문이나 서비스센터 종업원들의 숙련도, 고객에 대한 친절한 지원(판매 후 고객지원이나 고객 금융의 주선) 등을 포함한다.

17 정답 ⑤

균제상태의 조건은 $sf(k) = (n+d)k$이다.

문제에 주어진 조건을 대입하면 $0.6 \times \sqrt{k} = (0.15 + 0.15)k \rightarrow 2\sqrt{k} = k$, $k = 4$이다.

균제상태에서의 1인당 자본량 $k = 4$를 생산함수에 대입하면 1인당 생산량 $y = 2$이다.

균제상태는 안정적이므로 1인당 자본증가율과 자본량 증가율은 0%이고 총 소득 증가율은 인구증가율이다.

18 정답 ⑤

주어진 내용은 눈덩이 표본추출에 대한 설명이다.

19 정답 ①

국내이자율 – 외국이자율 = 환율변화율

자국의 이자율과 외국의 이자율이 동일하고 미래환율이 현재환율보다 크다면 1년 뒤 환율이 상승한다. 미래환율이 상승하기 위해서는 이자율이 하락해야 한다. 이로 인해 해외자본 유출이 발생한다.

오답 체크

② $i - i^f = \frac{s^{e_{t+1}} - s_t}{s}$이므로 예상환율이 일정하다면, 이자율이 증가하려면 현재환율이 작아야 한다. 따라서 반비례 관계를 가진다.

③ 해외 투자자가 국내에 투자할 때 수익률은 (자국의 이자율 – 외국의 이자율) – 환율상승률이다.

④ $i > i^f$일 때 환율이 상승하므로 국내 화폐의 가치는 미래에 하락할 것으로 예측된다.

⑤ 구매력 평가설이 성립할 경우 실질환율은 1로 결정된다.

20 정답 ①

광고효과의 측정방법은 다음과 같이 구분할 수 있으므로 사전 테스트에 해당하는 방법은 ㄱ, ㄴ, ㄹ이다.

측정시기 / 측정대상	사전 테스트	사후 테스트
커뮤니케이션 효과	· 직접평가 · 포트폴리오 테스트 · 실험법	· 회상 테스트 · 재인 테스트 · 의견조사법
판매 효과	실험자료분석법	통계기법

01. 최근 소비자, 근로자, 일반국민들의 삶에 위협을 주는 개인이나 집단의 행위를 제약·규제하는 사회적 규제를 강화하고 있다. 다음 중 사회적 규제에 해당하지 않는 것은?

① 환경규제

② 소비자보호규제

③ 진입규제와 퇴거규제

④ 작업장안전과 보건규제

02. 다음 중 행태론의 특징에 해당하지 않는 것은?

① 거시적 분석에 치중한다.

② 계량적 분석에 치중한다.

③ 인간행태의 규칙성을 전제로 한다.

④ 논리실증주의 접근방법을 강조한다.

03. 나카무라(R. T. Nakamura)와 스몰우드(F. Smallwood)가 제시한 정책집행의 유형 중 다음 설명에 해당하는 유형은?

> • 정책집행자는 자신들의 정책목표를 설정하고, 정책결정자로 하여금 이들의 목표를 채택하도록 모든 힘을 동원해서 설득한다.
> • 정책집행자는 자신들의 목표성취에 필요한 수단들을 정책결정자와 협상을 통해서 확보한다.
> • 정책집행자는 자신들의 정책목표를 성실하게 성취하려고 한다.

① 지시적 위임자형

② 협상자형

③ 재량적 실험가형

④ 관료적 기업가형

04. 다음 중 조직문화의 기능에 대한 설명으로 가장 적절하지 않은 것은?

① 조직구성원의 사고와 행동에 방향을 제시해준다.

② 조직의 변혁기에 변화를 촉진하는 순기능이 있다.

③ 조직구성원을 동일한 방향으로 응집시키고 결속시키는 역할을 한다.

④ 조직의 경계를 설정해준다.

05. 다음 중 막스 베버(M. Weber)의 관료제 모형에 대한 설명으로 가장 적절하지 않은 것은?

① 관료에게 지급되는 봉급은 업무수행 실적에 대한 평가에 따라 결정된다.

② 조직 구성원이 조직목표보다는 수단에 집착하여 목표의 전환 현상이 발생한다.

③ 모든 업무를 문서로 처리하는 문서주의는 번문욕례(繁文縟禮)를 초래한다.

④ 이상적인 관료제는 비정의성(Impersonality)에 따라 움직인다.

06. 다음 중 허츠버그의 욕구충족요인 이원론에 대한 설명으로 가장 적절하지 않은 것은?

① 낮은 임금을 인상하는 방안은 근무태도의 단기적인 변동을 야기할 뿐 적극적인 동기 유발에는 영향을 미치지 않는다고 본다.

② 매슬로의 욕구 5단계론, 앨더퍼의 ERG 이론과 마찬가지로, 인간의 동기를 유발하는 요인이 무엇인지에 초점을 두는 내용이론으로 분류된다.

③ 조직 구성원에게 만족을 주고 동기를 유발하는 요인과 불만을 유발하는 요인은 서로 다른 차원이라는 것을 제시하였다.

④ 조직 내에 인간의 본성을 두 가지 유형으로 구분하고, 그에 따라 조직 관리 방법 및 구성원에 대한 동기부여 방법이 달라져야 한다고 주장했다.

07. 공기업 민영화에 대한 설명으로 옳지 않은 것은?

① 공공영역을 일정 부분 축소하는 것으로 볼 수 있다.

② 공기업에서 제공하던 공공서비스가 사적서비스로 변환되기 때문에 서비스 배분의 형평성 문제가 제기될 수 있다.

③ 공기업 매각을 통해 공공재정의 확충이 가능하다.

④ 시장성과 공공성 중 공공성이 큰 서비스를 다루는 공기업을 민영화하게 되면 민영화의 효과가 크게 나타난다.

08. 다음 중 「공공기관의 운영에 관한 법률」에 따른 공공기관의 유형에 속하지 않는 것은?

① 위탁집행형 준정부기관

② 시장형 공기업

③ 기금관리형 공기업

④ 기타 공공기관

09. 다음 중 전략적 인적자원관리에 대한 설명으로 가장 적절하지 않은 것은?

① 조직의 목표 및 전략과 인적자원관리 활동 사이의 조화를 추구한다.

② 미시적인 시각보다는 거시적인 시각에서 인사관리 방식을 통합하고자 한다.

③ 조직의 전략적 목표 달성을 위해서라면 구성원 개인의 욕구는 희생해도 괜찮다고 여긴다.

④ 기업이 보유하고 있는 내부자원 중 인적자원을 가장 관리하기 어려운 자원으로 본다.

10. 다음 빈칸에 들어갈 인사행정 제도를 순서대로 나열한 것은?

> (㉠): 시험을 통해 능력과 자격 중심으로 개인을 평가하여 임용하는 제도로, 임용에의 기회균등을 실현하
> 는 제도
> (㉡): 학연·혈연·지연 등 개인적 관계를 바탕으로 임용하여 종신 고용이 보장되는 제도
> (㉢): 정당에 대한 공헌도와 충성심을 기준으로 임용하여 정권 교체 시 광범위한 경질을 유발하는 제도

	㉠	㉡	㉢
①	정실주의	실적주의	엽관주의
②	실적주의	엽관주의	정실주의
③	엽관주의	정실주의	실적주의
④	실적주의	정실주의	엽관주의

11. 다음 중 「국가공무원법」상 공무원의 징계에 관한 설명으로 가장 옳지 않은 것은?

① 견책은 6개월간 승급이 정지된다.

② 강등은 1계급 아래로 직급을 내리고, 공무원 신분은 보유하나 3개월간 직무에 종사하지 못하며, 그 기간 중 보수의 전액을 감하는 처분을 말한다.

③ 정직은 1개월 이상 3개월 이하의 기간 동안 공무원 신분은 보유하나 직무에 종사하지 못하며, 그 기간 중 보수의 3분의 2를 감하는 처분을 말한다.

④ 파면은 5년간 공무원 재임용이 불가하다.

12. 다음 설명에 해당하는 공무원 교육훈련 유형은?

> • 소규모 인원을 집중적으로 훈련하므로 구성원 능력에 따라 교육이 가능하다.
> • 근무지 내에서 관리자와 피교육자 간에 교육이 이루어져 시간 낭비가 적다.
> • 실제 업무를 수행하면서 기업 맞춤형 교육을 실시할 수 있다.

① 현장훈련(OJT)　　　② 감수성 훈련　　　③ 신디케이트　　　④ 사례연구

13. 부패에 대한 구성원의 용인 정도에 따라 부패의 종류를 구분할 때, 구성원의 다수가 어느 정도 용인하는 관례화된 부패는?

① 적색부패　　　② 흑색부패　　　③ 백색부패　　　④ 회색부패

14. 다음 예산 관련 제도 중 나머지 셋과 성격이 다른 것은?

① 예산의 이체와 예비비　② 이월과 계속비　　③ 이용과 전용　　④ 배정과 재배정

15. 다음 중 우리나라에서 예산과 법률의 차이에 대한 설명으로 옳은 것은?

① 예산으로는 법률의 개폐가 불가능하지만, 법률로는 예산을 변경할 수 있다.

② 법률과 예산안은 정부만이 제출할 수 있다.

③ 대통령은 국회가 의결한 법률안에 대해 거부권이 있고, 국회의결 예산에 대해서는 재의요구권이 있다.

④ 일반적으로 법률은 국가기관과 국민에 대해 구속력을 갖지만, 예산은 국가기관에 대해서만 구속력을 갖는다.

16. 행정통제는 통제력 행사 주체와 그 방향에 따라 외부통제와 내부통제로 나눌 수 있다. 다음 중 외부통제에 해당하지 않는 것은?

① 입법부에 의한 통제

② 옴부즈맨에 의한 통제

③ 매스컴에 의한 통제

④ 감사원에 의한 통제

17. 다음 중 행정개혁의 접근방법에 대한 설명으로 가장 적절하지 않은 것은?

① 행태적 접근방법은 조직의 목표달성뿐만 아니라 개인 개혁에 초점을 두어 인간중심적 접근방법이라고도 한다.

② 구조적 접근방법은 행정개혁의 목표를 달성하기 위한 조직 구조의 최적화가 주요 목적인 전통적 접근방법이다.

③ 기술적 접근방법은 운영 과정 및 업무의 흐름을 개선하기보다 기술력 자체의 개선에 중점을 둔다.

④ 다양한 접근방법을 종합적으로 고려하여 가장 이상적이고 합리적인 해결방안을 모색하는 접근방법은 종합적 접근방법이다.

18. 다음 중 우리나라의 전자정부 서비스에 대한 설명이 잘못 짝지어진 것은?

① 나라장터 – 조달청에서 운영하는 국가 종합 전자 조달 시스템으로, 입찰공고, 입찰, 계약, 대금 지급 등 공공 기관의 조달 업무 전 과정을 온라인으로 처리할 수 있다.

② 국민신문고 – 국민권익위원회에서 운영하는 범정부 온라인 소통 창구로, 정부에 대한 민원, 제안, 참여 등을 인터넷으로 신청하고 처리할 수 있다.

③ 대한민국 구석구석 – 한국철도공사에서 운영하는 온라인 여행 플랫폼으로, 승차권, 기차 여행 패키지, 숙박, 렌터카 예매 등의 종합 여행 서비스를 이용할 수 있다.

④ 홈택스 – 국세청에서 운영하는 종합 국세 서비스로, 인터넷을 통해 세금 신고 납부, 민원증명 발급, 현금영수증 조회, 전자 세금계산서 조회/발급 등을 이용할 수 있다.

19. 다음 중 지방정부의 자치법규인 조례에 대한 설명으로 가장 적절하지 않은 것은?

① 지방자치단체장은 법령의 범위 안에서 그 사무에 관하여 조례를 제정할 수 있다.

② 개별 법률의 위임이 있을 경우 벌칙에 대한 규정도 가능하다.

③ 기관위임사무에 대해서는 조례로 제정할 수 없는 것이 원칙이다.

④ 시·군·자치구의 조례는 특별시·광역시·도의 조례를 위반해서는 안 된다.

20. 다음 중 주민자치에 대한 설명으로 옳은 것을 모두 고르면?

> ㉠ 지방행정에 대한 주민 참여를 핵심으로 하는 정치적 의미의 자치이다.
> ㉡ 중앙 정부와 지방 정부 간에 권력적 감독 관계가 형성된다.
> ㉢ 자치권이 자연법상의 천부적 권리라는 고유권설을 전제로 한다.
> ㉣ 지방세제에 있어서 독립세주의를 채택한다.
> ㉤ 독일, 프랑스 등 유럽 대륙계 국가에서 발달해왔다.

① ㉠, ㉡   ② ㉢, ㉣   ③ ㉠, ㉢, ㉣   ④ ㉡, ㉢, ㉤

정답·해설

정답

01	02	03	04	05	06	07	08	09	10
③	①	④	②	①	④	④	③	③	④

11	12	13	14	15	16	17	18	19	20
③	①	③	④	④	④	③	③	①	③

해설

01   정답 ③

가격규제, 품질규제, 독과점 및 불공정거래규제, 진입규제, 퇴거규제
는 경제적 규제에 해당된다.

> **🔍 더 알아보기**
>
> **경제적 규제와 사회적 규제의 비교**
>
> | 구분 | 경제적 규제(광의) | | 사회적 규제 |
> |------|------|------|------|
> | | 경제적 규제(협의) | 독과점 규제 | |
> | 개념 | · 기업의 본원적 활동에 대한 규제
· 경제적 규제는 기업 간의 자유로운 경쟁을 제약한다는 공통점이 있음 | 독과점 및 불공정거래에 대한 규제는 시장경쟁을 창달하는 규제 | 기업의 사회적 행동에 대한 규제 또는 기업의 사회적 횡포를 막기 위한 규제 |
> | 종류 | · 가격규제
· 품질규제
· 진입규제
· 퇴거규제 | · 부당한 공동행위의 제한
· 불공정거래 행위의 금지 | · 공해규제와 환경보전
· 소비자보호규제
· 작업장안전과보건규제 |

02   정답 ①

행태론은 인간행태를 중심으로 미시적 분석에 치중하였다.

> **🔍 더 알아보기**
>
> **행태적 접근방법의 특징**
> · 행정의 본질을 합리적·집단적·협동적 의사결정으로 인식
> · 연구 대상을 '행태'에 초점
> · 분석수준은 방법론적 개체주의
> · 논리실증주의에 근거한 연구

· 가치와 사실의 분리
· 계량적 분석
· 순수과학적·종합과학적 성격
· 미시적 접근

03   정답 ④

나카무라(R. T. Nakamura)와 스몰우드(F. Smallwood)는 정책
집행의 유형을 정책결정자와 정책집행자 간의 관계를 중심으로 하
여 고전적 기술자형, 지시적 위임자형, 협상자형, 재량적 실험가형,
관료적 기업가형으로 분류하였으며, 관료적 기업가형은 정책집행자
가 정책결정자의 권한을 빼앗아 강력한 권한을 갖고 정책과정의 전
체를 지배하는 유형이다.

> **🔍 더 알아보기**
>
> **나카무라와 스몰우드의 정책집행유형 분류**
>
> | 구분 | 정책결정자의 역할 | 정책집행자의 역할 | 정책평가 기준 |
> |------|------|------|------|
> | 고전적 기술자형 | · 구체적인 목표를 설정
· 정책집행자에게 기술적인 권한을 위임 | 정책결정자의 목표를 지지하며 그 목표를 달성하기 위한 기술적 수단을 강구 | 목표 달성도 |
> | 지시적 위임자형 | · 구체적인 목표를 설정
· 정책집행자에게 행정적인 권한을 위임 | 정책결정자의 목표를 지지하며 목표달성을 위해 집행자 상호 간에 행정적 수단에 관하여 교섭을 벌임 | 능률성 |

협상자형	• 목표를 설정 • 정책집행자와 목표 또는 목표달성을 위한 수단에 관하여 협상	목표달성에 필요한 수단에 관하여 정책결정자와 협상을 벌임	주민 만족도
재량적 실험가형	• 추상적 목표를 지지 • 정책집행자가 목표달성수단을 구체화시킬 수 있도록 광범위한 재량권을 위임	정책결정자를 위해 목표와 수단을 명백히 함 (재정의)	수익자 대응성
관료적 기업가형	정책집행자가 설정한 목표와 목표달성수단을 지지	목표와 그 목표달성을 위한 수단을 형성시키고 정책결정자로 하여금 그 목표를 받아들이도록 설득	체제 유지도

04
정답 ②

조직문화는 장기적으로는 그 경직성으로 인하여 환경에의 적응성을 떨어뜨리고 변화와 개혁에 장애가 되기도 하므로 가장 적절하지 않다.

오답 체크

① 조직문화는 인간의 사고와 행동을 결정하는 주요 요인이므로 적절하다.

③ 조직문화는 구성원을 통합하여 응집력과 동질감, 일체감을 높여줌으로써 사회적·규범적 접착제로서의 역할을 하므로 적절하다.

④ 구성원들로 하여금 조직에 몰입하도록 하여 조직의 경계를 설정하므로 적절하다.

05
정답 ①

막스 베버(M. Weber)의 관료제 모형은 보수나 승진 등 전반적인 인사가 연공서열에 따라 이루어진다. 즉, 보수는 실적에 따라 지급되는 것이 아니라 연공서열에 따라 이루어지게 되므로 적절하지 않다.

오답 체크

② 목표와 수단이 대치하는 현상은 수단에 지나치게 동조하여 목표와 수단의 전도나 창의력 결여 등과 같은 부작용을 초래하는 관료제의 병리현상에 해당하므로 적절하다.

③ 책임의 한계를 명확히 하기 위한 문서에 의한 업무처리는 문서다작주의·형식주의를 초래할 수 있으므로 적절하다.

④ 관료는 개인의 자의적인 행동 개입 없이 법규에 정해진 바에 따라 공정하게 업무를 처리해야 하므로 적절하다.

06
정답 ④

조직 내의 인간 본성을 X 또는 Y로 가정하고, 이 가정에 따라 조직관리 방법이나 조직 구성원에 대한 동기부여 방법을 달리해야 한다고 주장한 것은 맥그리거의 XY 이론이므로 가장 적절하지 않다.

오답 체크

① 허츠버그의 욕구충족요인 이원론에 따르면 임금은 구성원의 불만을 초래하는 위생 요인에 해당하는 것으로 위생 요인이 충족되더라도 불만이 감소하나 동기가 유발되는 것은 아니므로 적절하다.

07
정답 ④

공공성보다는 시장성이 강한 조직일수록 시장에 잘 적응하여 공기업의 민영화 효과가 크게 나타나므로 옳지 않은 설명이다.

오답 체크

① 공기업의 민영화는 감축의 방식으로 공공부문을 줄이는 것이므로 옳은 설명이다.

② 민영화는 형평성 문제가 제기될 수 있으므로 옳은 설명이다.

③ 공기업을 매각할 경우 매각대금 수입으로 공공재정이 확충될 수 있으므로 옳은 설명이다.

🔍 더 알아보기

민영화의 장단점

장점	단점
• 행정기능 재분배를 통한 행정기능의 적정화 • 행정서비스의 효율성 제고 • 행정서비스의 질 향상 • 민간경제의 활성화 • 행정서비스 공급의 신축성 향상 • 주민의 선택폭 확대 • 작은 정부의 구현	• 공공서비스 생산에 대한 행정책임 확보의 곤란(정부가 직접 생산하는 것에 비해) • 행정의 안정성과 계속성 저해 • 공공성의 침해(특히 구매력 없는 소비자의 소외를 통한 형평성 저해)

08
정답 ③

공기업은 시장형과 준시장형으로 구별하며, 준정부기관은 기금관리형과 위탁집행형으로 구별한다.

🔍 더 알아보기

공공기관의 구분

공기업	자체수입액이 총수입액의 1/2을 초과하는 기관(정원 50인 이상) 1. 시장형 공기업 　• 자산규모가 2조 원 이상이고 자체수입액이 대통령령이 정하는 기준(85%)인 기관 　• 한국가스공사, 한국전력공사, 한국석유공사 등 2. 준시장형 공기업 　• 시장형 공기업이 아닌 공기업 　• 한국토지주택공사, 한국마사회 등

		공기업이 아닌 공공기관 중에서 지정(정원 50인 이상)
준정부기관		1. 기금관리형 준정부기관 • 「국가재정법」에 따라 기금을 관리하거나 관리를 위탁받은 준정부기관 • 공무원연금공단, 국민연금공단, 예금보험공사, 신용보증기금 등 2. 위탁집행형 준정부기관 • 기금관리형 준정부기관이 아닌 준정부기관 • 국립공원공단, 한국산업인력공단, 대한무역투자진흥공사, 한국농어촌공사, 한국환경공단, 한국가스안전공사, 한국연구재단, 한국소비자원 등
기타 공공기관		공기업과 준정부기관을 제외한 공공기관으로서 이사회 설치, 임원 임면, 경영실적평가, 예산, 감사 등의 규정을 적용하지 아니함

중징계	정직	공무원의 신분은 보유하나 1개월 이상 3개월 이하의 기간 동안 직무에 종사하지 못하며 보수 전액을 감한다. (18개월간 승급 정지)
	강등	공무원의 신분은 보유하나 1계급 아래로 직급을 내리고 3개월간 직무에 종사하지 못하며 보수 전액을 감한다. (18개월간 승급 정지)
	해임	강제퇴직의 한 종류로서 공무원직이 박탈된다. 퇴직급여에는 원칙적으로 영향을 주지 않으며 3년간 공무원 재임용이 불가하다. 단, 공금횡령 및 유용 등으로 해임된 경우에는 퇴직급여의 8분의 1 내지는 4분의 1을 삭감하여 지급한다.
	파면	강제퇴직의 한 종류로서 공무원직이 박탈된다. 5년간 공무원 재임용이 불가하며, 5년 미만 근무자는 퇴직급여의 4분의 1이 삭감되고 5년 이상 근무자는 퇴직급여의 2분의 1을 삭감하여 지급한다.

09
정답 ③

전략적 인적자원관리는 조직 구성원을 통제의 대상이 아닌 지속적인 경쟁우위의 원천이 되는 인적자본으로 여기고 구성원 개인의 욕구와 조직 목표 간의 조화, 일과 삶의 조화 등을 중시하므로 가장 적절하지 않다.

오답 체크

④ 전략적 인적자원관리에서는 인적자원이 가장 관리하기 어려운 자원인 동시에 목표 달성에 있어 가장 결정적인 요인이 된다고 보고 인적자원을 조직의 전략적 자원으로 활용하고자 하므로 적절하다.

10
정답 ④

㉠은 실적주의, ㉡은 정실주의, ㉢은 엽관주의에 대한 설명이다.

11
정답 ③

정직은 1개월 이상 3개월 이하의 기간 동안 공무원 신분은 보유하나 직무에 종사하지 못하고 보수의 전액을 감하는 징계처분이므로 옳지 않은 설명이다.

🔍 더 알아보기

징계처분의 종류

	견책	전과에 대하여 훈계하고 회개하는 등 주의를 주는 것으로, 인사기록에 남는다. (6개월간 승급 정지)
경징계	감봉	직무수행은 가능하나 1개월 이상 3개월 이하의 기간 동안 보수의 3분의 1을 감한다. (12개월간 승급 정지)

12
정답 ①

제시된 내용은 피교육자가 직무를 수행하는 동시에 관리자로부터 직무 수행에 필요한 지식과 기술을 배우는 교육훈련인 현장훈련(OJT)에 대한 설명이다.

13
정답 ③

부패에 대한 구성원의 용인 정도에 따라 백색부패, 흑색부패, 회색부패로 분류되며, 도덕적 비난의 대상이 되지만 구성원 다수가 어느 정도 용인하는 부패는 백색부패이다.

오답 체크

② 흑색부패: 사회 체제에 명백하고 심각한 해를 끼치며, 사회 구성원 모두가 부정적으로 인식하여 처벌을 원하는 유형

④ 회색부패: 사회 체제에 파괴적인 영향을 미칠 수 있는 잠재적인 부패이며, 처벌에 대해 구성원의 견해가 대립하는 유형

14
정답 ④

배정과 재배정은 예산집행의 재정통제 수단이다.

오답 체크

①, ②, ③ 예산의 이체와 예비비, 이월과 계속비, 이용과 전용은 모두 예산집행의 신축성 유지안에 해당한다.

15
정답 ④

일반적으로 법률은 국가기관과 국민에 대해 구속력을 가지며, 예산은 국가기관에 대해서만 구속력을 가지므로 옳은 설명이다.

① 우리나라에서는 예산이 법률이 아닌 의결형식이므로 예산과 법률은 그 성립요건과 형식이 본질적으로 달라 상호 간에 수정·개폐·변경이 불가능하므로 옳지 않은 설명이다.

② 법률은 정부와 국회가 모두 제출 가능하지만, 예산은 정부만이 제출할 수 있으므로 옳지 않은 설명이다.

③ 대통령은 국회가 의결한 법률에 대해 거부권이 있지만, 국회의결 예산에 대해서는 거부권이나 재의요구권이 없으므로 옳지 않은 설명이다.

🔍 더 알아보기

예산과 법률의 차이

구분	예산	법률
법적 근거	예산의결권: 헌법 제54조	법률의결권: 헌법 제53조
제출권	· 예산안 편성 및 집행권은 정부만 보유 · 예산심의 시 국회는 정부 동의 없이 지출예산 각 항의 금액 증가나 신비목 설치 불가능	법률안은 국회·정부 모두 제출 가능
제출기한	회계연도 개시 120일 전	제한 없음
대통령의 거부권 행사	불가	가능
의사표시의 대상	정부에 대한 재정권 부여의 국회의 의사표시	국민에 대한 국가의 의사표시
효력	회계연도 → 한시적 효력 발생	대체로 영속적 효력 발생
효력 발생 시기	국회의 의결로 효력 발생 (정부는 공고만 할 뿐)	국회의 의결 후 정부의 공포로 효력 발생
구속력	· 정부와 국회 간 효력 발생 · 정부에 대한 구속	· 국민과 국민 간 효력 발생 · 국민과 정부에 대한 구속
법규 변경·수정	예산으로 법률 개폐 불가	법률로 예산 변경 불가

16 정답 ④

외부통제는 국회나 사법부와 같은 행정 조직 외부의 사람 및 기관에 의한 통제로, 입법부에 의한 통제, 사법부에 의한 통제, 옴부즈만 제도, 시민에 의한 민중통제, 이익집단에 의한 통제, 여론과 매스컴에 의한 통제 등이 외부통제에 해당한다.

④ 감사원은 대통령 직속의 국가 최고 감사기관이므로 내부통제에 해당한다.

17 정답 ③

기술적 접근방법은 기술을 결부시켜 조직 내 행정과정이나 업무 흐름을 함께 개선하는 접근방법이므로 가장 적절하지 않다.

18 정답 ③

한국철도공사에서 운영하는 온라인 여행 플랫폼은 레츠코레일 (Let's Korail)이며, 대한민국 구석구석은 한국관광공사에서 운영하는 국내 관광·여행 정보 제공 서비스이다.

🔍 더 알아보기

전자정부 서비스: 행정 업무의 효율성과 생산성 제고를 위하여 행정기관 및 공공기관의 업무를 전산화·정보화하여 제공하는 서비스

19 정답 ①

조례의 제정권자는 지방자치단체이며, 지방자치단체장은 규칙의 제정권을 가지므로 가장 적절하지 않다.

② 조례 제정 시 주민의 권리 제한 또는 의무 부과에 관한 사항이나 벌칙을 정할 때는 법률의 위임이 있어야 하므로 적절하다.

③ 기관위임사무는 집행기관에 위임된 사무이므로 의결기관인 지방의회가 관여할 수 없는 것이기 때문에 조례로 정할 수 없으므로 적절하다.

④ 시·군·자치구 등 기초자치단체의 조례는 특별시·광역시·도 등 광역자치단체의 조례를 위반하여 제정할 수 없으므로 적절하다.

20 정답 ③

주민자치에 대한 설명으로 옳은 것은 ㉠, ㉢, ㉣이다.

㉡, ㉤은 모두 단체자치에 대한 설명이다.

🔍 더 알아보기

주민자치와 단체자치 비교

구분	주민자치	단체자치
자치의 의미	정치적 의미 (민주주의 사상)	법률적 의미 (지방분권 사상)
자치권의 인식	고유권설	전래권설
자치의 중심	지방자치단체와 주민과의 관계	지방자치단체와 국가와의 관계
중앙통제 방식	입법·사법적 통제	행정적 통제
중앙과 지방의 관계	기능적 협력 관계	권력적 감독 관계
자치사무와 국가위임사무 구분	구분하지 않음	구분함
자치단체의 성격	단일적 성격 (자치단체)	이중적 성격 (자치단체 + 국가의 하급 기관)
지방세제	독립세주의	부가세주의
주요 국가	영국, 미국 등 영미계	독일, 프랑스 등 대륙계

01. 다음 중 가공 전선로에 사용하는 전선의 구비 조건으로 옳은 것의 개수는?

> ㉠ 전압강하가 작아야 한다.
> ㉡ 고유 저항이 커야 한다.
> ㉢ 기계적 강도가 작아야 한다.
> ㉣ 도전율이 커야 한다.
> ㉤ 밀도가 작아야 한다.

① 1개   ② 2개   ③ 3개   ④ 4개   ⑤ 5개

02. 두 전류 $i_1(t) = 2\sqrt{2}\sin(wt + \frac{\pi}{4})$, $i_2(t) = 2\sqrt{3}\cos(wt - \frac{\pi}{3})$의 합은?

① $(2+\sqrt{3})\sin wt + 5\cos wt$

② $(2+\sqrt{3})\cos wt - (2+\sqrt{3})\cos wt$

③ $5\sin wt + (2+\sqrt{3})\cos wt$

④ $5\sin wt - (2+\sqrt{3})\cos wt$

⑤ $5\cos wt + (2+\sqrt{3})\cos wt$

03. 다음 중 R-L-C 직렬 회로에서 일어나는 과도현상의 진동이 생기지 않을 조건으로 적절한 것은?

① $\left(\frac{R}{2L}\right)^2 - \frac{1}{CL} > 0$

② $\left(\frac{R}{2L}\right)^2 - \frac{1}{CL} < 0$

③ $\left(\frac{R}{2L}\right)^2 - \frac{1}{CL} = 0$

④ $\frac{R}{2L} - \frac{1}{CL} = 0$

⑤ $\frac{R}{2L} - \left(\frac{1}{CL}\right)^2 = 0$

04. 평균 전압이 191[V]인 정현파의 최대 전압은 약 얼마인가? (단, π = 3.14이고, 소수점 첫째 자리에서 반올림하여 계산한다.)

① 270[V]　　　② 280[V]　　　③ 300[V]　　　④ 320[V]　　　⑤ 350[V]

05. 다음 중 회전계자형 동기발전기의 특징으로 옳지 않은 것을 모두 고르면?

> ㉠ 직류를 사용하여 소요 전력이 작다.
> ㉡ 기전력의 파형 개선이 용이하다.
> ㉢ 고장 시 회전자의 관성을 높여 과도안정도를 높이기 쉽다.
> ㉣ 계자극을 만드는 것이 복잡하나, 기계적으로 튼튼하다.

① ㉠, ㉡　　　② ㉠, ㉢　　　③ ㉡, ㉢　　　④ ㉡, ㉣　　　⑤ ㉢, ㉣

06. 다음 중 발전기의 보호 장치에 대한 설명으로 옳지 않은 것은?

① 용량 2,000[kVA] 이상 수차 발전기의 스러스트 베어링 온도가 현저히 상승한 경우 전로로부터 자동 차단하는 보호 장치를 설치한다.
② 용량 500[kVA] 이상 발전기를 구동하는 수차 압유 장치의 유압이 현저하게 저하하는 경우 전로로부터 자동 차단하는 보호 장치를 설치한다.
③ 발전기에 과전류나 과전압이 생긴 경우 전로로부터 자동 차단하는 보호 장치를 설치한다.
④ 용량이 5,000[kVA]를 넘는 발전기에 내부 고장이 생긴 경우 전로로부터 자동 차단하는 보호 장치를 설치한다.

07. 저압 가공 전선로의 지지물로 목주를 사용할 때 풍압 하중에 대한 안전율은?

① 1.0 이상　　　② 1.2 이상　　　③ 1.3 이상　　　④ 1.5 이상

08. 단자전압이 110[V]이고, 전기자 저항이 2[Ω], 부하전류가 35[A], 계자전류가 20[A]인 분권발전기의 유기 기전력은?

① 0[V]　　　② 70[V]　　　③ 110[V]　　　④ 180[V]　　　⑤ 220[V]

09. 다음 중 유도성 부하에서 필요로 하는 다이오드로 적절한 것은?

① 환류 다이오드

② 제너 다이오드

③ 발광 다이오드

④ 터널 다이오드

⑤ 버랙터 다이오드

10. 정격 주파수가 50[Hz]이고, 슬립이 0.3인 유도전동기가 회전자의 속도 700[rpm]으로 운전 중일 때, 이 유도전동기의 극수는?

① 6　　　② 7　　　③ 8　　　④ 9　　　⑤ 10

11. 전압이 95[kV]인 특고압 가공 전선로의 전선과 지지물과의 이격 거리는?

    ① 40[cm]　　　　　② 45[cm]　　　　　③ 65[cm]　　　　　④ 90[cm]

12. 다음 중 2차 전지에 해당하지 않는 것은?

    ① 니켈 수소 전지　　② 납 축전지　　　　③ 알칼리 축전지　　④ 아연-산화은 전지

13. 다음 중 소호매질로 자계의 전자력을 이용하고 전류 절단이 우수한 차단기는?

    ① ABB　　　　　　② MBB　　　　　　③ OCB　　　　　　④ ACB

14. 플라이휠 효과가 200[kg·m²]인 전동기가 3,000[rpm]으로 회전할 때, 축적 에너지는? (단, π=3으로 계산한다.)

    ① 2,250,000[J]　　② 2,480,000[J]　　③ 2,880,000[J]　　④ 3,120,000[J]

15. 다음 중 Nyquist 판별법에 대한 설명으로 옳지 않은 것은?

① 폐루프 전달 함수의 Nyquist 선도를 통해 개루프 제어 시스템의 안정성을 판별하는 방법이다.

② 안정성과 안정도를 동시에 판별할 수 있다.

③ 시스템의 주파수 응답에 대한 정보를 알 수 있다.

④ 공칭 안정도에 관해 Routh-Hurwitz 판별법과 같은 정보를 준다.

16. 다음 중 유전 가열의 특징으로 옳지 않은 것은?

① 유전체손에 의해서 피열물을 직접 가열하는 방법이다.

② 표면을 손상하지 않고 가열할 수 있다.

③ 전원이 끊어지면 가열은 즉시 멈추게 된다.

④ 주로 반도체가 가열 대상에 해당한다.

17. 다음 중 맥스웰의 방정식에 해당하지 않는 법칙은?

① 패러데이의 법칙

② 암페어의 법칙

③ 가우스 법칙

④ 쿨롱의 법칙

⑤ 비오사바르의 법칙

18. 송전계통의 안정도를 향상하고자 전력계통에서 수립할 수 있는 대책으로 적절하지 않은 것은?

① 고속도 재폐로 방식을 적용한다.
② 발전기 및 변압기의 직렬 리액턴스를 크게 한다.
③ 계통 연계를 확대하여 전압 변동을 작게 한다.
④ 중간 개폐소를 설치하여 계통이 받는 충격을 경감한다.
⑤ 고장 시 발전기 입출력의 불평형을 최대한 작게 한다.

19. 다음 중 변류기 개방 시 2차측을 단락하는 이유로 적절한 것은?

① 1차측 과전류 방지
② 1차측 절연 보호
③ 2차측 과전류 방지
④ 2차측 절연 보호
⑤ 접지전류 제한

20. 다음 중 자기회로와 전기회로의 대응 관계에서 자기회로의 자속과 대응되는 전기회로의 양으로 적절한 것은?

① 기전력   ② 기자력   ③ 도전율   ④ 전계   ⑤ 전류

정답

01	02	03	04	05	06	07	08	09	10
③	③	①	③	④	④	②	⑤	①	①

11	12	13	14	15	16	17	18	19	20
③	④	②	①	①	④	④	②	④	⑤

해설

01　　　　　　　　　　　정답 ③

가공 전선로에 사용하는 전선의 구비 조건으로 옳은 것은 ㉠, ㉣, ㉤으로 총 3개이다.

오답 체크

㉡, ㉢ 고유 저항은 작고 기계적 강도는 커야 하므로 옳지 않다.

02　　　　　　　　　　　정답 ③

삼각함수의 덧셈 공식 $\sin(x+y)=\sin x\cos y+\cos x\sin y$, $\cos(x+y)=\cos x\cos y-\sin x\sin y$임을 적용하여 구한다.

$i_1(t)=2\sqrt{2}\sin(wt+\frac{\pi}{4})=2\sqrt{2}(\sin wt\cos\frac{\pi}{4}+\cos wt\sin\frac{\pi}{4})$
$=2\sqrt{2}(\frac{\sqrt{2}}{2}\sin wt+\frac{\sqrt{2}}{2}\cos wt)=2\sin wt+2\cos wt$이고,
$i_2(t)=2\sqrt{3}\cos(wt-\frac{\pi}{3})=2\sqrt{3}\{\cos wt\cos(-\frac{\pi}{3})-\sin wt\sin(-\frac{\pi}{3})\}$
$=2\sqrt{3}(\frac{1}{2}\cos wt+\frac{\sqrt{3}}{2}\sin wt)=\sqrt{3}\cos wt+3\sin wt$이다.

따라서 두 전류의 합은 $2\sin wt+2\cos wt+\sqrt{3}\cos wt+3\sin wt=5\sin wt+(2+\sqrt{3})\cos wt$이다.

03　　　　　　　　　　　정답 ①

저항 R, 인덕턴스 L, 콘덴서 C인 R-L-C 직렬 회로에서 발생하는 과도현상이 진동되지 않을 조건은 $\left(\frac{R}{2L}\right)^2-\frac{1}{CL}>0$이고, 과도현상이 진동할 조건은 $\left(\frac{R}{2L}\right)^2-\frac{1}{CL}<0$이며, 과도현상이 임계진동할 조건은 $\left(\frac{R}{2L}\right)^2-\frac{1}{CL}=0$이다.

04　　　　　　　　　　　정답 ③

정현파에서 평균 전압$(V_a)=\frac{2\times\text{최대 전압}(V_m)}{\pi}$임을 적용하여 구한다.

따라서 최대 전압 $V_m=\frac{V_a\times\pi}{2}=\frac{191\times\pi}{2}≒300[V]$이다.

05　　　　　　　　　　　정답 ④

㉡ 기전력의 파형을 개선하기 위해서 단절권과 분포권을 사용해야 하므로 옳지 않다.

㉣ 계자극은 기계적으로 튼튼하게 만들기 쉬우므로 옳지 않다.

따라서 회전계자형 동기발전기의 특징으로 옳지 않은 것을 모두 고르면 ㉡, ㉣이다.

06　　　　　　　　　　　정답 ④

용량이 10,000[kVA]를 넘는 발전기에 내부 고장이 생긴 경우 전로로부터 자동 차단하는 보호 장치를 설치하므로 옳지 않은 설명이다.

07　　　　　　　　　　　정답 ②

저압 가공 전선로의 지지물로 목주를 사용할 때 풍압 하중에 대한 안전율은 '1.2 이상'이다.

08　　　　　　　　　　　정답 ⑤

분권발전기에서 유기 기전력(E)=단자전압(V)+전기자 전류(I_a)×전기자 저항(R_a)임을 적용하여 구한다.

이때, 전기자 전류 I_a=부하전류(I)+계자전류(I_f)이므로 $I_a=35+20=55$이다.

따라서 유기 기전력은 $110+55\times2=220[V]$이다.

09

저항(R)과 코일(L)로 이루어진 정류회로의 부하 임피던스의 리액턴스가 양수인 유도성 부하에서 필요로 하는 다이오드는 '환류 다이오드'이다.

오답 체크

② 제너 다이오드: 어떤 전압값에서 전류가 급격히 증가하고 그 후에는 일정한 전압을 유지하는 다이오드로 PN 접합 반도체의 P형에 음의 전압을, N형에 양의 전압을 걸 때 활용

③ 발광 다이오드: 접합부에 전류가 흐르면 빛을 내는 금속간화합물 접합 다이오드로 전자 제품에서 문자 또는 숫자를 표시할 때 활용

④ 터널 다이오드: 불순물의 농도가 높은 반도체를 이용한 다이오드로 터널 효과에 따른 음성 저항 특성이 있어 발진 또는 증폭에 활용

⑤ 버랙터 다이오드: 가하는 전압에 따라서 정전기 용량이 바뀌는 성질을 이용한 다이오드로 주파수 변조나 주파수 조정에 활용

10

극수(p) = $\frac{120 \times 주파수(f)}{고정자의 속도(N_s)}$ 이고, 슬립(s) = $1 - \frac{회전자의 속도(N)}{N_s}$ 임을 적용하여 구한다.

고정자의 속도(N_s) = $\frac{N}{1-s}$ = $\frac{700}{1-0.3}$ = 1,000[rpm]이고, 유도전동기의 주파수는 50[Hz]이다.

따라서 이 유도전동기의 극수는 $p = \frac{120 \times f}{N_s} = \frac{120 \times 50}{1,000}$ = 6이다.

11

특고압 가공 전선로의 전선과 지지물, 완금류, 지주 또는 지선과의 이격 거리는 전압에 따라 아래와 같다.

전압	이격 거리	전압	이격 거리
15[kV] 미만	15[cm]	70[kV] 이상 80[kV] 미만	45[cm]
15[kV] 이상 25[kV] 미만	20[cm]	80[kV] 이상 130[kV] 미만	65[cm]
25[kV] 이상 35[kV] 미만	25[cm]	130[kV] 이상 160[kV] 미만	90[cm]
35[kV] 이상 50[kV] 미만	30[cm]	160[kV] 이상 200[kV] 미만	110[cm]
50[kV] 이상 60[kV] 미만	35[cm]	200[kV] 이상 230[kV] 미만	130[cm]
60[kV] 이상 70[kV] 미만	40[cm]	230[kV] 이상	160[cm]

따라서 전압이 80[kV] 이상 130[kV] 미만인 구간에 해당하는 95[kV]의 이격 거리는 65[cm]이다.

12

아연-산화은 전지는 1차 전지이므로 2차 전지에 해당하지 않는다. 니켈 수소 전지, 납 축전지, 알칼리 축전지 등은 사용 후 재충전이 불가능한 1차 전지와 달리 충전 후 재사용이 가능한 2차 전지에 해당한다.

13

소호매질로 자계의 전자력을 이용하며 전류 절단이 우수한 차단기는 'MBB'이다.

오답 체크

① ABB: 소호매질로 압축공기를 사용한 차단기

③ OCB: 절연유의 분해 가스 열전도 및 압력에 의한 폭발을 이용하는 차단기

④ ACB: 공기 중에서 아크를 길게 하여 소호실에서 냉각하는 차단기

14

축적 에너지(W)는 W = $\frac{1}{2}J\omega^2$, 관성 모멘트(J)는 J = $\frac{GD^2}{4}$,

각속도(ω)는 $\omega = \frac{2\pi N}{60}$임을 적용하여 구한다.

따라서 플라이휠 효과(GD^2)가 200[kg·m^2]이므로 축적 에너지는

W = $\frac{1}{2}J\omega^2 = \frac{1}{2} \times \frac{GD^2}{4} \times (\frac{2\pi N}{60})^2 = \frac{200 \times 3^2 \times 3,000^2}{7,200}$

= 2,250,000[J]이다.

15

Nyquist 판별법은 특성방정식의 근을 직접 구하지 않고 개루프 전달 함수의 Nyquist 선도를 통해 폐루프 제어 시스템의 안정성을 판별하는 방법이므로 옳지 않은 설명이다.

16

반도체를 주로 가열하는 방식은 유도 가열이므로 옳지 않은 설명이다.

17

쿨롱의 법칙은 맥스웰의 방정식에 해당하지 않는다.

18

송전계통의 안정도를 높이기 위해서는 발전기나 변압기의 직렬 리액턴스가 가능한 작은 것이 좋으므로 적절하지 않다.

19

정답 ④

변류기를 사용할 때 2차측을 개방하면 1차측의 모든 부하전류는
여자전류가 되고, 이로 인해 2차측에 고전압이 유기되어 절연이 파
괴될 위험이 높아질 수 있으므로 변류기 개방 시 2차측을 단락하여
야 한다.

20

정답 ⑤

자기회로와 전기회로의 대응 관계에서 자기회로의 자속과 대응되는
전기회로의 양으로 가장 적절한 것은 전류이다.

오답 체크

① , ② 전기회로의 기전력과 자기회로의 기자력은 서로 대응 관계에 있
   으므로 적절하지 않다.
③ 전기회로의 도전율은 자기회로의 투자율과 대응되므로 적절하지 않다.
④ 전계란 전기를 띤 물체 주위에 전기 작용이 존재하는 공간을 의미하므
   로 적절하지 않다.